꼼꼼한
아마존 셀러
가이드북 전면개정판

꼼꼼한
아마존 셀러
가이드북 전면개정판

초판 1쇄 발행 | 2018년 6월 8일
초판 3쇄 발행 | 2019년 4월 30일
개정증보판 1쇄 발행 | 2019년 10월 30일
개정증보판 4쇄 발행 | 2020년 10월 21일
개정증보 2판 1쇄 발행 | 2021년 7월 10일
개정증보 3판 1쇄 발행 | 2022년 5월 10일
개정증보 3판 2쇄 발행 | 2023년 10월 17일

지은이 | 서주영
펴낸이 | 이은성
펴낸곳 | e비즈북스
편　집 | 김윤성, 김지은, 최지은, 구윤희

주　소 | 서울시 종로구 창덕궁길 29-38, 4-5층
전　화 | (02)883-9774
팩　스 | (02)883-3496
메　일 | ebizbooks@naver.com
등록번호 | 제2021-000133호

ISBN 979-11-5783-243-9 03220

e비즈북스는 푸른커뮤니케이션의 출판브랜드입니다.

전면개정판

가입부터 마케팅까지

꼼꼼한 아마존 셀러 가이드북

서주영 지음

아마존 셀러가 알아야 할 A to Z

e비즈북스

프롤로그

필자는 어려서부터 열정과 희망이라는 단어에 가슴이 뛰었습니다. 특히, 성인이 된 후에는 아마존 회장 제프 베조스Jeff Bezos가 말한 "당신이 열정을 선택하는 것이 아니라, 열정이 당신을 선택합니다."(You don't choose your passions, your passions choose you.)와 중국의 사상가이자 문학가 루쉰Lỗ Xùn이 말한 "희망이란 있다고도 할 수 없고, 없다고도 할 수 없다. 그것은 정말 땅 위의 길과 같다. 본래 땅 위에 길이란 없지만, 걸어가는 사람이 많아지면 그것이 곧 길이 되는 것이다."(希望是本无所谓有, 无所谓无的. 这正如地上的路, 其实地上本没有路, 走的人多了, 也便成了路.)라는 명언을 마음에 간직하고 수시로 꺼내 봅니다.

또한 아마존 창업 강사로서 필자는 서산대사의 "답설야중거: 눈 내린 들판을 밟아갈 적에는 그 발걸음을 어지러이 걷지 말라, 오늘 걸어가는 나의 발자국은 뒤에 오는 사람의 이정표가 되리니"(踏雪野中去: 踏雪野中去 不須胡亂行 今日我行跡 遂作後人程)라는 시구를 정말 많이 생각하곤 합니다. 아마존에서 셀러로 활동한다는 것과 아마존으로 창업을 할 수 있도록 가르친다는 것이 얼마나 엄중한 일이고, 쉽지 않은 길인지를 너무나도 잘 알기 때문입니다.

아마존 셀러에 대해 많은 분이 갖고 계신 오해가 있습니다. "나는 이거 팔아서 돈 벌었다, 이렇게만 하면 나처럼 된다, 이렇게 하면 2~3시간만 투자하고도 대박 셀러가 되고 디지털노마드의 삶을 살 수 있다." 등 유튜브나 블로그 등 여러 매체를 통해 전달되는 무용담 같은 이야기들을 접했다면 당연히 오해할 수밖에 없다는 생각이 듭니다. 그렇게 아마존에 대한 선입견이 생긴 상태로 저에게 수업을 받고 싶다고 하시는 분들이 상당히 많습니다. 그들의 말대로라면 우리나라에서 아마존 셀러로 실패한 사람은 없어야 하고, 가난한 사람은 없어야 합니다만, 실상은 전혀 그렇지가 않습니다. 그렇기에, 저는 여지없이 그런 환상을 깨뜨릴 수밖에 없습니다. 그렇지 않으면 글로벌 셀러로서 끝까지 살아남을 수가 없기 때문입니다. 아마존에서 셀러로 판매를 시작한다는 것은 쥐비도 아니요, 단순 투잡two job을 위한 것도 아니요, 엄청난 양의 공부와 철저한 준비 및 피나는 노력이 필요한 나의 사업**을 영위하겠다는 의미입니다.

사업이란 어떤 일을 일정한 목적과 계획을 가지고 짜임새 있게 지속적으로 경영하는 행위를 의미하며, 정말 전력 질주를 다하고 최선을 다해도 넘어지고 또 넘어지고, 다치기도 하고, 실패도 하지만, 또 일어나서 포기하지 않고 가야 하는 길입니다. 그런 길을 가야 할 사람들이 너무 가볍게만 생각하고 도전하는 것을 필자는 원하지 않습니다. 이 세상에 사업이라는 글자가 들어간 것은 그 어느 것 하나 쉬운 것이 없습니다.

글로벌 셀러, 특히 아마존 셀러는 매우 매력적인 직업이요, 사업임은 분명합니다. 그러나 이 매력적인 일을 계속 영위하기 위해서는 백조가 물 밑에서 엄청난 발길질을 하는 것처럼 그렇게 쉼 없이 노력하지 않으면 안 됩니다. 쉽게 돈 벌려 하신다면 이 아마존 사업은 맞지 않습니다. 아마존 사업, 결코 쉽지 않습니다. 기업적 마인드와 전략으로 공부에 임해야 오래도록 안정적으로 영위할 수 있습니다.

특히 필자는 아마존 창업 강사로서 이 '공부'라는 부분을 지나치리만큼 강조합니다. 아마존 창업의 시작이 생각보다 훨씬 어렵기 때문에 공부는 필수인데, 이 공부를 어떻게 하느냐도 매우 중요합니다. 최근에는 정말 너나 할 것 없이 매우 많은 교육기관에서 비싼 수강료를 받고 아마존에 대해 가르치면서, 쉽게 돈을 벌 수 있다고 홍보합니다. 셀러로서 제대로 설 수 있는 기본과 마인드, 운영할 수 있는 능력, 판단할 수 있는 생각과 눈을 갖게 하는 수업보다는 가벼운 접근으로만 수업을 하는 것 같습니다. 물론 필자도 결코 저렴하다고 할 수 없는 비용을 받고 소수 정예 교육을 합니다만, 이 수업은 인생의 터닝포인트를 위한 수업이기에 작금의 아마존 교육 현황이 아쉽습니다.

그래서 1년 전, 처음 이 책을 집필하기로 마음먹었지요. 진짜 노력하고 공부를 열심히 한다면, 꼭 수업을 듣지 않아도 혼자서도 시작할 수 있게, 아마존 셀러를 위한 사전, 혹은 교과서를 만들어보자 하는 생각으로 시작했습니다. 아마존 셀러로서 궁금하거나 막히는 부분이 있다면 언제든지 펼쳐볼 수 있는 책을 만들고 싶었습니다. 그래서 나름대로 최선을 다해서 썼는데, 독자분들의 놀라운 응원에 힘입어 2018~2019년 4월까지 초판을 3쇄 찍고, 그 후 2019년 10월에 개정증보판을 제작해 1년 만에 4쇄까지 발행했습니다. 그 베풀어 주신 사랑에 감사하는 마음으로, 여력이 되는 한 최신 정보를 담아 전하고자 노력했습니다. 그래서 2019년 10월에 개정증보판을 발행하였고, 2021년 개정증보 2판에 이어 이번엔 개정증보 3판을 내게 되었습니다. 더 많은 정보와 더 많은 내용을 담으려 노력했습니다. 어쩌면 400쪽이 넘는 책을 보며 너무 많다고 생각하실 수도 있지만, 아마존 셀러로서 이 정도는 꼭 알아야 한다고 생각합니다.

아마존에서 판매를 한다는 것은 결국 온라인으로 수출을 하는 행위입니다. 더구나 FBA라는 아마존의 시스템을 이용하게 될 여러분들은 완벽히, 무역을 하는 기업가입니다. 그러므로, 세계의 흐름을 알아야 하고, 통관을 비롯한 무역을 알아야 합니다. 그뿐입니까, 한층 치열해지는 아마존 판매 경쟁에서 내 상품을 판매해야 하기 때문에 더 좋은 상품을 개발(소싱 및 생산)해야 하고, 그 상품을 다양한 마케팅을 이용하여 효과적으로 노출해야 하며, 셀러들에게 잔인할 정도로 엄격한 아마존의 시스템과 정책에 맞춰 안정적으로 운영을 해야 합니다.

그러기 위해 필요한 모든 것을 이 책에 조금씩이라도 담으려, 부족하지만 최선을 다했습니다. 아직 담아내지 못한 부분도 있고, 설명이 부족한 부분도 있을 테지만, 이 책이 이제 시작하는 셀러들에게는 물론, 이미 판매를 하는 분들에게도 도움이 될 수 있기를 바라는 마음뿐입니다. 이 책이 글로벌 셀러 여러분들이 사업을 시작하고 영위하는 데 도움이 되었다는 말씀을 들을 수 있다면 필자는 정말 행복할 것 같습니다. 우리나라의 아마존 셀러들이 아마존 월드에서 크게 크게 성장하고, 행복한 열매를 맛보실 수 있기를 진심으로 기원합니다.

2022. 4. 서주영

contents

프롤로그 005

CHAPTER 1
아마존, 급변하는 온라인 무역 세상에서 나의 파트너가 될 만한가?

01 급변하는 온라인 무역 현황 016
  1. 세계의 전자상거래 016 | 2. 미국의 전자상거래 017 | 3. 한국의 전자상거래 019

02 아마존닷컴 간략 살펴보기 020
  1. 시작부터 지금까지 변천사 020 | 2. 숫자로 보는 아마존 022 | 3. 아마존의 M&A 024

03 아마존 VS 이베이 026
  1. 마켓플레이스 026 | 2. 노출 방식 026 | 3. 배송 방식 027 | 4. CS 주체 027 | 5. 상품 페이지 제작 028 | 6. 셀러 진입 028 | 7. 대금 정산 028 | 8. 셀러 피드백과 상품 리뷰 028 | 9. 수수료 029

04 아마존 수수료 체계 029
  1. 아마존 셀러 구분 029 | 2. 수수료 종류 030

CHAPTER 2
아마존! 맘에 들었어~ 그럼 슬슬 첫발을 떼 볼까?

01 셀러 가입을 위해 준비할 사항들 034
  1. 사업자등록증 034 | 2. 이메일 034 | 3. 신용카드 035 | 4. 영문 이름, 주소, 디스플레이 네임 035 | 5. 미국 은행계좌(가상계좌) 035 | 6. 여권 035 | 7. Bank Statement 036

02 해외 가상계좌 만들기 036
    1. 페이오니아 가입하기 037 | 2. 월드퍼스트 가입하기 056

03 아마존 셀러 가입하기 067

04 SIV 078

05 IPV(In Person Verification) 비디오 콜 084

06 주소 인증(Address Verification) 088

07 TSV 적용하기 089

08 Tax Information Interview 093
    1. 순수 개인의 택스 정보 제공 방법 094 | 2. 법인 및 개인사업자의 택스 정보 제공 방법 097

09 가상계좌 연동 099
    1. 페이오니아 계좌 연동 101 | 2. 월드퍼스트 계좌 연동 102

10 VAT Information 등록 103

11 아마존코리아 입점 정보 설문조사 105

12 판매를 위한 카테고리 승인 받기 105
    1. 승인이 필요한 카테고리 확인 105 | 2. 카테고리별 승인 절차 및 필요 문서 107 | 3. 카테고리 승인 신청 111

13 브랜드 등록하기 111
    1. Brand Registry 정책 111 | 2. 브랜드 등록 시 셀러가 받는 혜택 112 | 3. 아마존의 IP Accelerator 와 한국의 KOTRA 113

14 바코드 확인 114
    1. 개념 이해 114 | 2. 바코드 준비 116

15 브랜드 네임 등록 방법 119
    1. 미국 상표권 출원이 완료된 경우 119 | 2. 미국 상표권 출원이 되지 않은 경우 120

CHAPTER 3

그런데 어떤 물건을 팔아야 할까?

01 아마존에서의 판매 방식 이해하기 122

    1. RA 판매 방식과 바이 박스 122 | 2. PL 판매 방식과 마케팅 124

02 아마존 시장 조사 125

    1. 판매 제한 상품부터 확인 125 | 2. 취급하지 않으면 좋을 제품 126 | 3. 유료 종합 상품 분석 툴 소개 127 | 4. 아마존 상품 분석 130 | 5. 가격 분석 137 | 6. 아마존닷컴에서 트렌드 분석 - Best Seller 138 | 7. 아마존닷컴 외부에서 트렌드 분석 - 구글트렌드 139 | 8. 키워드 검색 툴 141

CHAPTER 4

소싱을 어디서 어떻게 해야 하지?

01 국내 소싱 148

    1. 스마트스토어 148 | 2. 공공 및 민간 무역 알선 사이트(e-Market place) 150 | 3. 국내 소싱 전시회 151 | 4. 오프라인 도매시장, 도매처 152

02 해외 소싱 152

    1. 알리바바닷컴 152 | 2. 그 외 B2B 사이트 154 | 3. 해외전시회 155 | 4. PL 셀러를 위한 알리바바 이용법 155 | 5. PL 셀러를 위한 간단 무역 상식 159 | 6. HS CODE 160

CHAPTER 5

소싱이 끝났으면 판매를 시작해 보자

01 SEO에 맞는 상품 등록 가이드 166

    1. Title / Product name(상품명) 166 | 2. Bullet Points(상품 핵심 특징) 166 | 3. Product Description(상품 상세 설명) 167 | 4. Image(이미지) 168 | 5. Search term(키워드, 연관검색어) 169 | 6. 상세페이지 제작을 위한 새로운 툴 - PickFu 169

02 FBM 셀러를 위한 배송 방법 이해 및 설정 172

    1. 배송 정책 이해 172 | 2. 배송비 설정 173

03 FBM & FBA 셀러를 위한 배송사 소개 178

    1. FBM 배송을 위한 우체국 K-packet 179 | 2. FBA 배송을 위한 도어로 - 특송 180 | 3. FBA 배송을 위한 삼성SDS Cello Square - 특송 180 | 4. FBA 배송을 위한 우체국 기업화물 해상 서비스 181 | 5. FBA 배송을 위한 KW International - 해상(항공도 가능) 182 | 6. FBA 배송을 위한 FBA4YOU - 해상(항공도 가능) 182

04 상품 등록 183

    1. Sell yours로 아마존에 이미 등록된 기존 상품 등록하기 183 | 2. 단품인 경우 웹상에서 신규 상품 등록하기 186 | 3. 옵션 사항이 있을 때 웹상에서 신규 상품 등록하기 193 | 4. 엑셀 파일을 이용한 대량 등록 198

CHAPTER 6
이제는 아마존 창고로 상품을 보내 볼까?

01 Prime과 FBA 이해 208

02 FBA 수수료 210

    1. 각종 FBA 수수료 210 | 2. FBA 예상 수수료 계산 218

03 FBA 신청 및 발송하기 221

    1. FBA 신청하기 221 | 2. 배송 계획 만들기 224 | 3. 통관 바로 이해하기 239

CHAPTER 7
판매 및 매출 확대를 위한 내 상품 홍보하기

01 캠페인(키워드 검색광고) 활용 246

    1. 캠페인 개괄 246 | 2. 캠페인 생성 247 | 3. 캠페인 설정된 내역 확인 및 진행 상황 체크 256 | 4. 캠페인 리포트 259

02 딜 261

    1. 참여 자격 및 요구 사항 262 | 2. 신청하기 263

03 디지털 쿠폰 266

04 프로모션 271

    1. Social Media Promo Code 271 | 2. Percentage off & Coupon 272 | 3. 외부 마케팅 275

CHAPTER 8

전반적인 운영 A to Z를 익히자

01 셀러 센트럴 메인 화면 및 대메뉴 이해 298

    1. 셀러 센트럴 메인 화면 298 | 2. Catalog 300 | 3. Inventory 300 | 4. Pricing 309
    5. Orders 310 | 6. Advertising 311 | 7. Stores 311 | 8. Growth 312 | 9. Reports 313
    10. Performance 313 | 11. Partner Network 314 | 12. B2B 315 | 13. Brands 315

02 셀러 퍼포먼스 317

    1. Account Health 317 | 2. Feedback 321 | 3. A-to-z Guarantee Claims 322
    4. Chargeback Claims 324

03 주문 관리 325

    1. 상품 발송 326 | 2. 배송 확정 처리 328 | 3. 배송 조회 328 | 4. 주문 취소 329

04 반품 / 환불 관리 331

    1. Authorize Request 334 | 2. Close Request 335 | 3. Issue refund 335

05 리포트 활용 337

    1. Payments 337 | 2. Business Reports 340 | 3. Fulfillment 342

06 셀링 파트너 서포트팀의 도움 받기 342

07 고객과 대화 346

08 계정 정지 347

09 판매 대금 인출 350

    1. 페이오니아 350 | 2. 월드퍼스트 352

10 FBM 셀러를 위한 배송 준비 기간(핸들링 타임) 조정 355

    1. Inventory Loader 엑셀 템플릿 다운로드 355 | 2. Active Listing Report 다운로드 356 | 3. 엑셀 문서 작성 및 저장 356 | 4. 파일 업로드 358

11 MCF 오더 359

    1. 개괄적 시스템 이해 359 | 2. 수수료 360 | 3. 주문 방법 362

12 FBA Export 363

    1. 개괄적 시스템 이해 363 | 2. FBA Export 옵션 이용이 가능한 리스팅 확인 364 | 3. 국제 MCF 주문의 경우 364

CHAPTER 9
모든 설정은 한곳에서 간편하게

01 셀러 계정 설정 368

    1. Your Seller Profile 369 | 2. Going on a vacation? 370 | 3. Manage 370 | 4. Deposit Methods 371 | 5. Charge Methods 372

02 글로벌 계정 관리 374

03 알림과 로그인 설정 374

04 반품 정보 설정 376

    1. General Setting 376 | 2. Resolution 376 | 3. Manage Return Addresses 378 | 4. Return Program Settings 378

05 Your Information & Policies 379

06 FBA 설정(Fulfillment by Amazon Settings) 381

CHAPTER 10
글로벌 셀러를 위한 간단 세무 지식

01 사업자 선택과 소득세 신고 384
  1. 업종 코드 선택 384 | 2. 단순경비율, 기준경비율 387

02 부가세 신고(부가세 환급 받는 방법) 390

CHAPTER 11
수출자로서 받을 수 있는 혜택을 누립시다

01 수출이란 394
  1. 통관고유부호 395 | 2. 신고인부호 396 | 3. 수출신고 398 | 4. 수출신고 혜택 400

알아두면 쓸 만한 부록

01 아마존 용어 정리표 404
02 K-Packet 입력 방법 406
03 Hazmat(Dangerous goods) review 409
04 유료 툴 할인 쿠폰 411
  1. Helium10 411 | 2. Viral-launch 412 | 3. Merchantwords 413 | 4. PickFu 414
05 저자 강의 소개 414

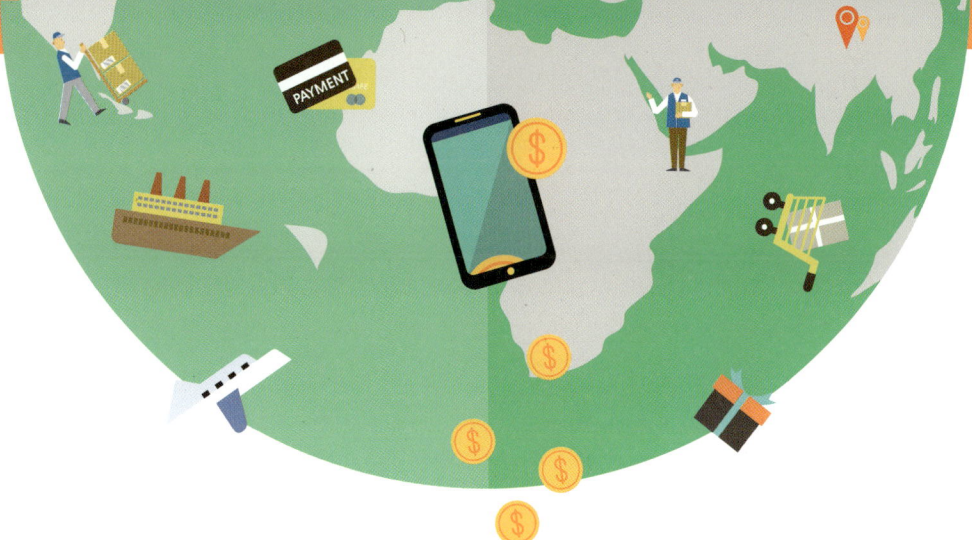

CHAPTER 1

아마존,
급변하는 온라인 무역 세상에서
나의 파트너가 될 만한가?

01 급변하는 온라인 무역 현황

1. 세계의 전자상거래

디지털 기술의 발달과 글로벌 네트워크 인프라의 확산 등으로 전자상거래가 시공간 제약을 극복하는 새로운 경제 활동이라는 인식이 자리 잡으면서, 세계 각국은 국가 경쟁력 강화를 위한 핵심 수단으로 이커머스 활성화를 추진했습니다. 이를 바탕으로 이커머스 시장은 지난 20년 동안 꾸준히 성장하고 있습니다.

또한 국제 배송 시스템의 발달과 전 세계를 연결하는 인터넷으로 인해 온·오프라인의 경계가 점차 사라져 가고, B2B와 B2C의 경계도 사라지고 있습니다. 이 중, B2C 거래에 대해 조금 더 살펴보겠습니다. 아래 표는 시장 조사 회사 이마케터 eMarketer가 발표한 2019~2025년의 전 세계 소매 전자상거래 매출액 현황과 전망입니다. 2019년 전 세계 전자상거래 시장 규모(매출)는 3조 3510억 달러에 달했고, 2022년에는 5조 5450억 달러, 2025년에는 7조 3850억 달러까지 증가할 것으로 전망하고 있습니다.

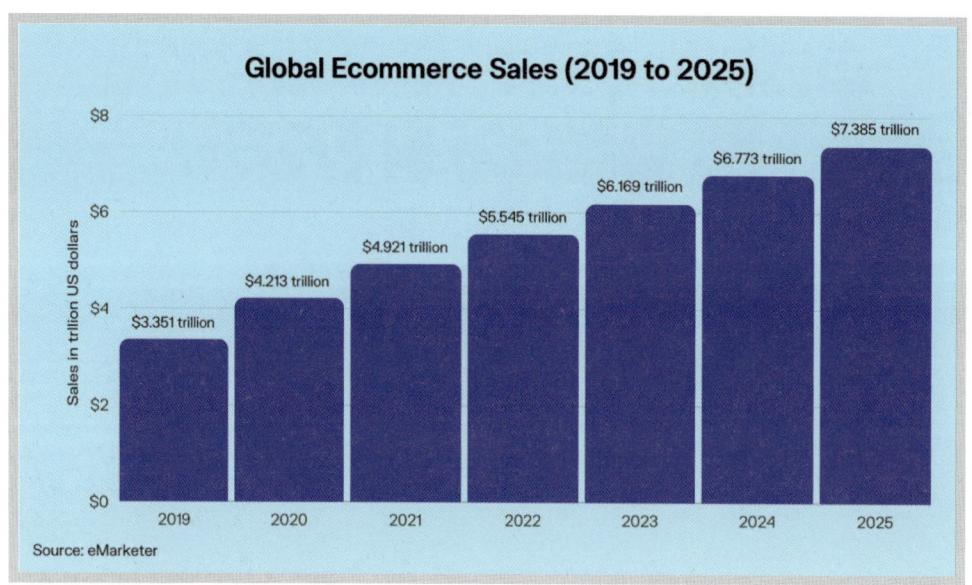

2019~2025 전 세계 소매 전자상거래 매출액

이어서 2015~2025년 전 세계 소매 매출에서 이커머스가 차지하는 비중입니다.

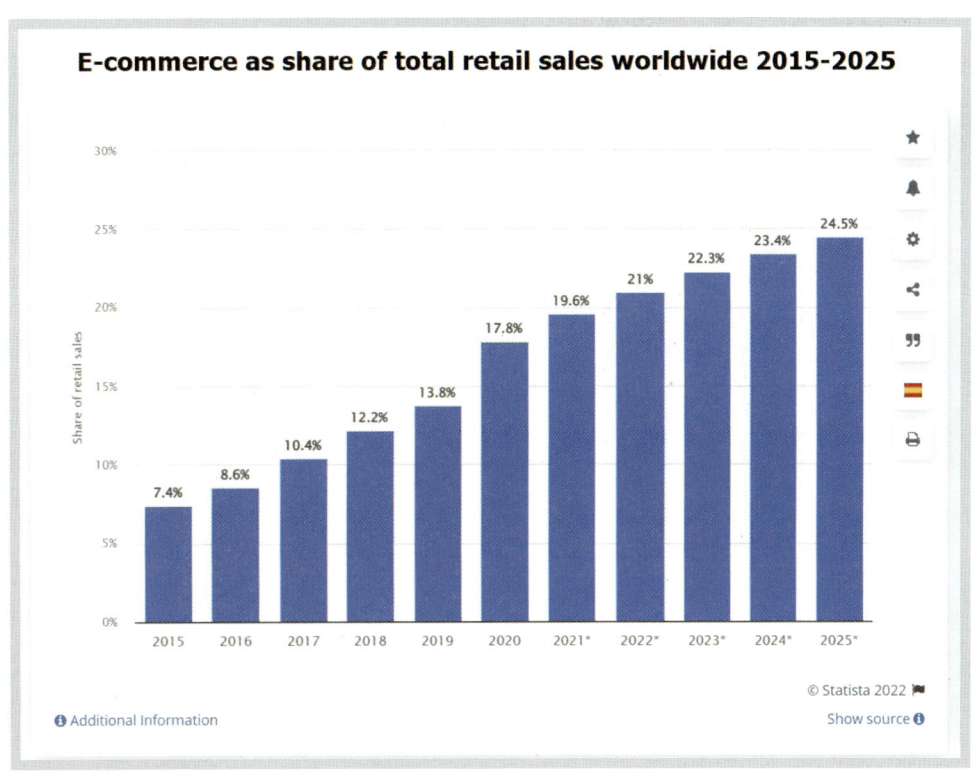

2015~2025 전 세계 소매 매출에서 이커머스가 차지하는 비중

보시는 바와 같이 2017년에 이커머스 판매가 전 세계 소매 판매의 10.4%를 차지했고, 2020년에는 17.8% 성장에서 2022년에는 21%로, 또 2025년에는 24.5%까지 성장할 것으로 전망하고 있습니다. 이렇듯 세계의 유통시장은 전자상거래를 중심으로 빠르게 변화하며 확장되는 추세에 있습니다.

2. 미국의 전자상거래

미국의 전자상거래 시장은 지난 10년 동안 끊임없이 성장해 왔습니다. 그래서 미국의 소매 전자상거래 매출은 2018년 약 5억 달러에서 2023년 7억 3500만 달러로 성장할 것으로 예상되고 있습니다.

   전문가들은 미국 온라인 소매업에 대한 고객의 만족도가 높기 때문이라고 분석합니다. 특히, 2020년 COVID-19를 겪으면서 미국 총 소매 판매에서 전자 상거래 점유율은 2분기 16.1%, 3분기 14.3%로 각각 전년(2019년) 동기의 10.8%와 11.1%보다 크게 증가하는 양상을 보여주었습니다.

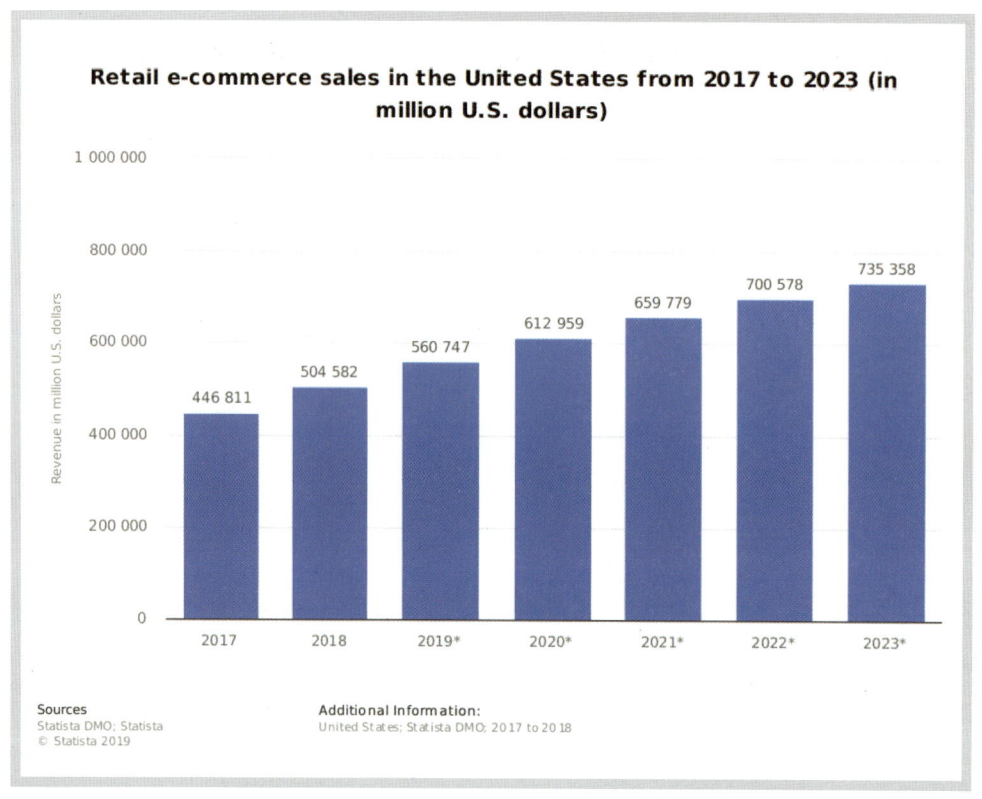

2017~2023 미국 온라인 매출 현황 및 예상

[미국 소매 판매 중 온라인 판매가 차지하는 비중]

(단위: %)

분기	2012	2013	2014	2015	2016	2017	2018	2019	2020	2021
1분기	5.1	5.6	6.2	6.9	7.8	8.5	9.4	10.2	11.4	13.6
2분기	5.3	5.8	6.3	7.1	8.0	8.9	9.6	10.8	15.7	13.3
3분기	5.4	5.9	6.5	7.3	8.2	9.1	9.7	11.2	13.8	13.0
4분기	5.5	6.1	6.6	7.5	8.2	9.1	9.9	11.4	13.6	12.9

출처: US Department of Commerce; US Census Bureau

이처럼 온라인 판매가 차지하는 비중은 일반적으로 사람들이 생각하는 것만큼 크지는 않지만, 매우 빠른 성장세를 보여주고 있습니다.

[미국 전자상거래 매출]

(단위: 백만 달러)

분기	2012	2013	2014	2015	2016	2017	2018	2019	2020	2021
1분기	54,896	62,025	70,492	80,344	92,182	106,207	122,534	140,346	160,414	215,290
2분기	56,067	63,949	73,480	83,370	96,283	110,505	126,985	147,141	211,595	221,951
3분기	58,157	65,804	75,883	86,569	99,875	114,186	130,068	153,976	209,251	214,931
4분기	60,439	68,179	77,755	88,968	101,776	118,216	132,992	158,049	199,794	218,533

출처: US Census Bureau

전문가들은 이러한 온라인 소매 매출은 통계로도 입증된 바와 같이 지속적으로 증가할 것으로 예측하고 있습니다. 온라인 기반 사업을 진두 지휘하는 곳이 바로 '아마존'이라는 점에 우리는 주목하게 됩니다.

3. 한국의 전자상거래

한국은 전통적으로 수출 장려 국가로, 일찍부터 무역이 국가 경제에 미치는 영향이 대단히 큰 나라입니다. 그러나 최근 무역의 형태가 변하기 시작했습니다. 전통적으로 오프라인 B2B 무역이 강했던 한국이지만, 전자상거래 수출입의 비중이 과거에 비해서 훨씬 높아졌습니다.

[최근 6년간 일반 수출입과 전자상거래 수출입 비교]

(단위: 달러)

기간	전자상거래 수출				전체 수출	
	금액	비중	건수	비중	금액	건수
2021년	858,411,670	0.13	7,490,398	49.59	644,400,368,420	15,105,999
2020년	409,049,877	0.08	4,555,245	38.92	512,498,037,591	11,704,320
2019년	193,384,913	0.04	2,509,998	25.34	542,232,609,969	9,907,139
2018년	135,268,731	0.02	1,675,506	18.72	604,859,656,650	8,950,209
2017년	103,047,245	0.02	1,235,156	14.66	573,694,420,822	8,423,120
2016년	128,861,901	0.03	1,270,849	15.36	495,425,939,637	8,273,729

출처: 한국무역통계진흥원

한국무역통계진흥원의 통계에 따르면, 한국의 전자상거래 수출은 아직 전체 수출 시장에서 금액상으로는 1%가 안 되는 수준을 보이고 있으나, 수출 건수 통계로는 50%에 육박하며 매년 30% 이상의 성장을 거듭해 오고 있습니다. 특히 COVID-19의 영향으로 2020년 한국의 전자상거래 수출은 100%가 넘는 성장률을 기록하기도 했습니다. 이것이 B2B 중심의 일반적인 수출입 거래가 전자상거래 수출입으로 빠르게 전환되고 있다는 것으로 판단하는 이유라고 할 수 있습니다.

그렇기에 이제 한국 정부는 더 늦기 전에 조직, 제도, 통관시스템, 통관절차, 수출기업에게 주는 혜택 등 일반수출, 일반수입에 맞춰서 설계되었던 모든 것들을 전자상거래에 초점을 두고 빠르게 재설계를 하고 있으며, 이미 여러 정부 부처에서 전자상거래 수출 활성화를 적극 지원하기 위한 각종 정책들을 내놓고 제도를 정비하고 있습니다. 이러한 국내외 여러 변화들을 잘 분석하여, 우리 글로벌 셀러들은 전 세계 전자상거래 현황, 미국의 전자상거래 현황 등 거시적 분석을 기반으로 더 과감히 해외 진출을 모색할 때이며, 특히 미국의 전자상거래를 선도하고 있는 아마존을 놓쳐서는 안 된다고 말하고 싶습니다.

02 아마존닷컴 간략 살펴보기

1. 시작부터 지금까지 변천사

아마존닷컴은 1994년, 창업자인 제프 베조스가 시애틀의 자신의 차고에서 직원 3명으로 시작한 온라인 서점이었습니다.

아마존은 인터넷 보급이 대중화되면서 매우 빠른 성장세를 보이며 역량을 키워 나갑니다. 온

아마존의 초기 웹사이트

라인 서점에서 점점 온라인 오픈마켓으로 그 체제를 확장한 것이죠.(당시 오픈마켓의 선두주자는 이베이였습니다.) 그러나 2000년대 접어들며 닷컴 버블 dot-com bubble 의 붕괴가 전 세계적으로 일어났습니다. 아마존은 이 위기에서 대규모 감원을 하면서 살아남았고 새로운 도전을 하게 됩니다. 2002년에는 데이터 센터에 투자를 시작하면서 클라우드 서비스 사업을 필두로, 2007년에는 전자책 ebook 사업과 더불어 하드웨어 킨들을 직접 개발 및 판매하면서 전자책 시장을 잠식해 나가기 시작합니다. 그 이후 2011년에는 자체 모바일 OS인 '파이어 OS'를 만들고, 2012년에는 로봇 회사인 키바 시스템즈를 인수하여 미국 전역의 유통 창고에 로봇 시스템을 설치하면서 물류 자동화를 꾀하기 시작합니다.

그뿐 아니라, 2013년에는 워싱턴 포스트를 인수하고, 같은 해 드론을 이용한 무인 택배 서비스인 '아마존 프라임 에어' 개발도 시작합니다. 2016년에는 보잉 767-300 기종 20대를 임대하여 미국 내 프라임 서비스 '아마존 원'을 확대하고, '아마존 고'라는 대형 오프라인 식료품 매장까지 오픈합니다. 이 매장은 '그냥 집어가 Just grab and go'라는 캐치프레이즈를 걸고, 물건 구매 후 계산을 하기 위해 기다릴 필요가 없이 바로 결제가 되도록 하여 '계산대 없는 마트'의 시작을 알렸습니다. 그뿐이 아닙니다. 아마존은 인공지능 개인비서 '알렉사'를 만들었고, 이를 지원하는 자체 브랜드 단말기의 종류를 늘렸습니다. 대표적으로 스피커 형태의 '에코'가 있고, '클라우드 캠'이라는 보안카메라가 있습니다. 이 카메라를 기반으로 아마존은 2018년도 '아마존 키' 서비스를 개시하여, 온라인으로 주문한 상품이 배송 과정에서 분실되거나 파손되는 경우가 발생하지 않도록 '인홈 딜리버리' 서비스를 시작했습니다. 이 서비스는 월마트, ICA 등 다른 여러 업체에서도 도입하기 시작하여 점점 확대되는 추세이고, 2019년에는 상품 배송 자율주행 로봇 '아마존 스카우트'의 주행 테스트를 시작했습니다. 또한 2020년에는 소형 위성 3236개를 우주에 쏘아올려 전 세계에 초고속 인터넷을 제공하는 사업인 '카이퍼 프로젝트'를 시작했고, 2021년에는 가정용 AI 로봇인 Astro 로봇을 런칭했습니다.

이처럼 아마존은 지속적인 중장기 투자, M&A 등을 통해 창업 후 약 28년 만에 세계 유수의 거대 기업으로 성장하며 '세계 1위의 오픈마켓'이라는 현재 모습에 이르게 됩니다.

아마존 물류 로봇

아마존 프라임 에어

아마존 원

아마존 고

아마존 키

아마존 스카우트

2. 숫자로 보는 아마존

2004년부터 2021년까지의 아마존 순매출액 그래프를 통해서도 알 수 있듯이 아마존은 매년 가파른 상승곡선을 그리며 성장을 하고 있으며, 전문가들은 이러한 성장세가 당분간 지속될 것으로 전망합니다.

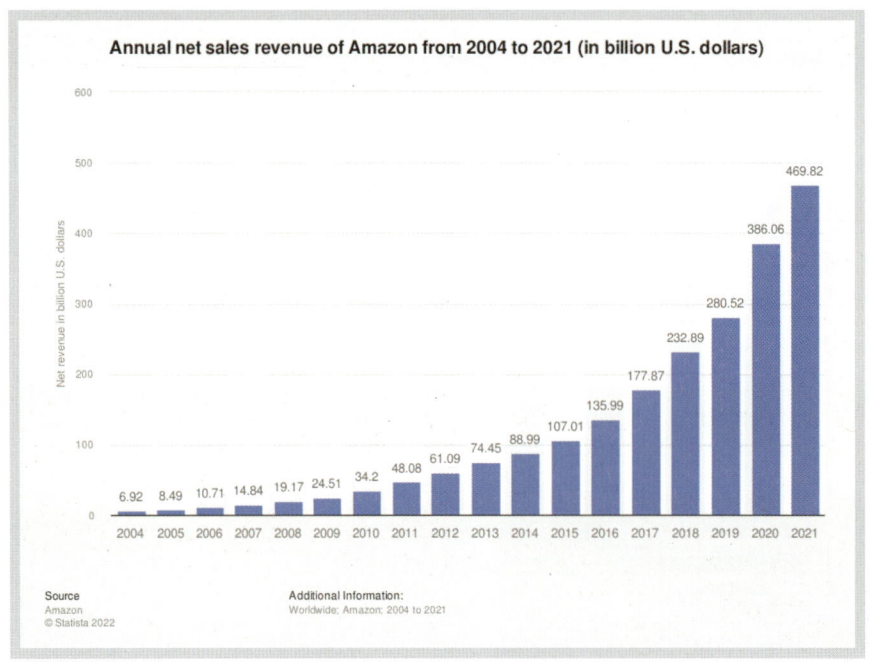

2004년부터 2021년까지 아마존의 순매출액

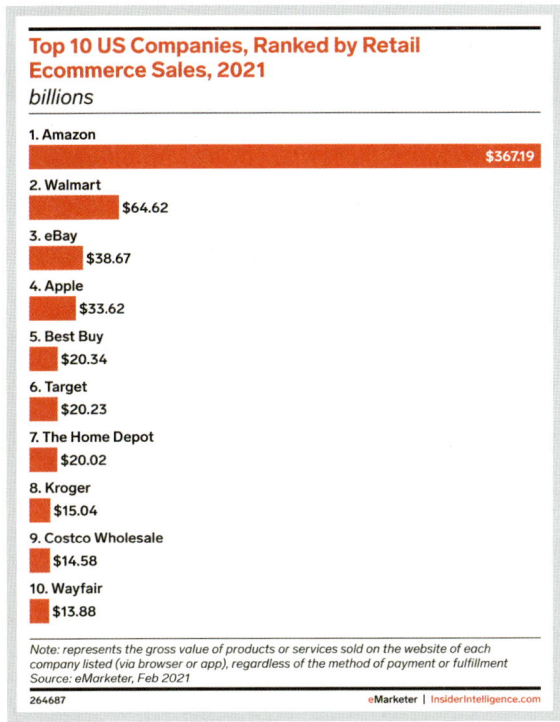

이커머스 매출액으로 본 미국 내 상위 탑 10 기업

항목	통계	비고
전 세계 마켓플레이스	20개	미국, 영국, 독일, 프랑스, 캐나다, 일본, 인도, 이탈리아, 스페인, 멕시코, 호주, 터키, 브라질, 중국, 네덜란드, UAE, 사우디, 스웨덴, 폴란드, 싱가포르
Fulfillment Center	185여 곳	전 세계 종합(2021.10.18일자)
2021년 브랜드 가치	약 6839억 달러	-
2021년 셀러 수(미국)	620만여 명	전 세계 아마존 마켓 플레이스 판매자의 38% 차지
2021년 프라임 회원 수	1억 5천만 명	미국 약 1억 2천 8백만 가구 중 약 117% 차지
프라임 회원의 평균 지출 (2019년 기준)	연간 1400달러	일반 회원의 경우: 연간 600달러
2021년 아마존 순수익	약 4700억 달러(약 566조 원)	2020년 순수익: 약 3860억 달러(약 435조 원)
2021년 아마존 당기순이익	약 334억 달러(약 40조 원)	2020년 당기 순이익: 약 213억달러(약 24조)
아마존 글로벌 셀러 매출	전체 셀러의 $\frac{1}{4}$ 차지	2017년 글로벌 셀러 매출 50% 이상 증가
2021년 연간 매출 성장률	22%	-

출처: www.statista.com/topics/846/amazon/

참고로 아마존에서 인기 있는 카테고리를 소개해 드리니 참고하십시오. 괄호는 셀러 비율입니다.

가정 및 주방(40%) / 스포츠, 아웃도어(21%) / 장난김 및 게임(19%) / 미용, 퍼스널케어(19%) / 건강, 가정 및 베이비케어(18%) / 주방 및 식당(16%) / 사무용품(15%) / 정원 및 야외(14%)/ 애완 동물 용품(13%)

출처: 정글스카우트 2021 아마존 셀러 보고서

3.아마존의 M&A

여러분은 아마존이 M&A의 대가라는 사실을 알고 있습니까? 앞서 잠깐 소개한 아마존의 인수합병 역사는 1994년 회사를 설립한 이래 1998년부터 시작됩니다. 물론 2000년 닷컴 버블로 인해 M&A 사업이 잠시 중단이 되기는 했지만, 곧 다시 쉬지 않고 기업들을 M&A하는 데 열을 올렸습니다. 크고 작은 미국의 기업들은 물론 영국, 독일, 중국, 캐나다, 프랑스, 스페인, 네덜란드, 이스라엘, 이탈리아, 인도, 아랍에미리트 등 전 세계의 유수한 기업들을 사들여, 2021년까지 100여 개가 넘는 회사를 아마존 회사로 만들었습니다. 그중에는 우리가 잘 아는 알렉사 인터넷, 자포스, 키바 시스템, 트위치, 클라우드9, 홀푸드마켓, 스쿠닷컴 등도 포함되어 있죠.

아마존의 빅 회사들

왜 아마존은 이렇게까지 세계의 기업들을 공격적으로 사들일까요? 앞서 언급했듯이 아마존의 2021년 순매출액은 566조 원($469.82b)입니다만, 당기순이익은 약 40조 원($33.40b)으로, 순이익의 약 7.1%에 그칩니다. 그것도 1~2년 이런 행보를 걸어온 것이 아닙니다. 다음 페이지의 그래프를 보시면 아시겠지만, 그들은 20년째 이렇게 낮은 이익 전략을 유지하고 있습니다.

도대체 그 많은 돈은 다 어디에 쓰고, 당기순이익이 마이너스에서 이제 겨우 7%대로 올라온 것일까요? 그 이유는 여기까지 읽어 온 독자들이라면 눈치챘겠지만, 끊임없는 중장기 연구개발, 투자와 M&A에 있습니다. 심지어 그들은 주주들에게 배당도 하지 않습니다. 그래서 어떤 이들은 아마존을 국내 대기업같이 "문어발식 경영"을 한다고 말합니다. 게임 방송, 엔터테인

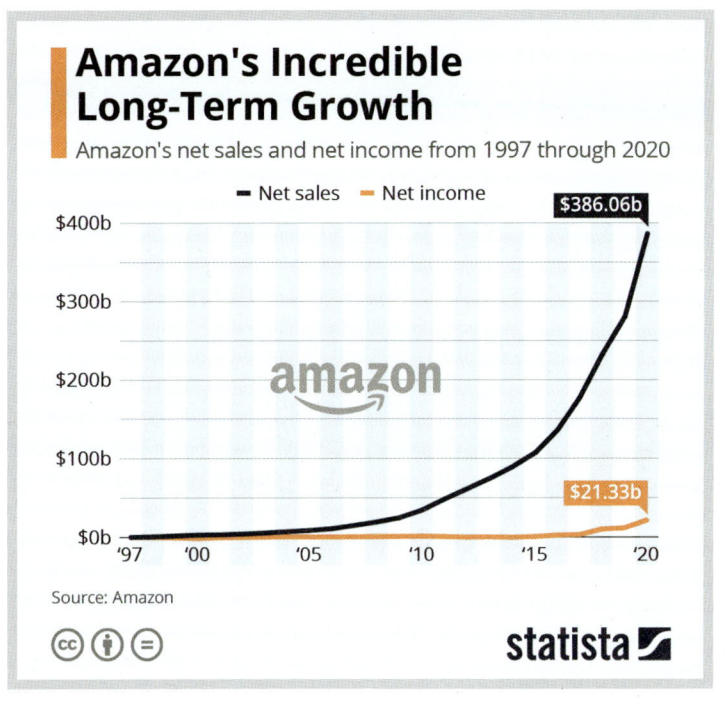

아마존의 순매출액과
당기순이익 성장률

먼트, 음식료, 제약, 로봇산업 등 정말 생각지도 못한 영역에서 인수를 하니 그렇게 생각할 수도 있습니다.

그러나 M&A는 중장기 연구개발과 더불어 아마존의 핵심 성장 전략 중 하나입니다. 제프 베조스는 당장 눈에 보이는 이익보다 시장의 지배적 사업자가 되는 게 훨씬 더 중요하다고 주장하는 것으로 유명합니다. 이익을 낼 수 있는 재원을 전산망이나 물류 등 기본 인프라에 집중 투입해 2위권 업체와의 격차를 벌리면 이익은 자연스럽게 따라온다는 것이 제프 베조스의 전략인 것입니다. 그래서 그들의 인수합병은 거의 대부분 인프라 확충에 초점을 맞춰 이루어지고, 그렇게 투자하고 인수하고 합병해서 생겨나는 새로운 서비스들은 다시 고객의 편의로 돌아갑니다. 그렇게 고객들로부터 믿음을 사는 아마존은 경쟁자들과는 비교가 안 되는 경쟁우위에 서게 되는 거죠. 그래서 아마존에 대한 세간의 평가는 "두 얼굴의 기업"입니다. 미국인에게 아마존은 존경받는 1위 기업이요, 고객들에게 또한 아마존은 흑자를 목표로 하지 않는 회사라는 절대적인 이미지를 구축하여, 아마존을 좋아하게 만들었습니다. 그러나 다른 한편으로는 아마존은 악마와 같은 기업입니다. 미국에서 가장 일하기 힘든 기업 중 3위 안에 들고, 직원들이 2년 이상 버티기 힘들다는 곳이 아마존이며, 낮은 공급가를 요구하여 협력사들을 곤란에 빠뜨리기도 합니다.

결국 아마존은 아마존 밖의 모든 것을 아마존 안으로 넣으며, 재고 관리부터 물류까지 모든 것을 통제하면서 시장을 장악하고, 제국을 만들어 가고 있습니다. 우리가 아마존에 셀러로 등록을 한다는 것은 이러한 아마존을 우리의 비즈니스 파트너로 삼는다는 의미가 되기도 합니다.

03 아마존 VS 이베이

아마존과 이베이 모두 미국의 온라인 마켓플레이스이지만 서로 매우 다른 판매 시스템을 가지고 있습니다. 두 서비스를 비교해 보면 아마존이 어떤 마켓인지 더욱 확실히 알 수 있습니다.

1. 마켓플레이스

아마존이 로컬 마켓이라면, 이베이는 글로벌 마켓이라 할 수 있습니다. 즉, 아마존은 마켓플레이스를 전 세계 20개로 분리하고, 셀러와 고객에게 해당 마켓을 이용하도록 권장합니다. 예를 들어, 일본 사람들은 아마존 재팬에 셀러로 등록하거나, 고객 역시 아마존 재팬에서 구매하도록 권장하고, 유럽인들은 아마존 유럽에서 구매하거나 셀러로 등록하도록 권장한다는 것입니다. 그래서 로컬 마켓이라고 합니다. 물론 타 마켓플레이스에서도 판매 및 구매가 가능합니다. 반면, 이베이는 대표적으로 알려져 있는 미국을 비롯해 영국, 독일, 프랑스, 호주 마켓플레이스를 통해 전 세계 구매자와 셀러가 거래합니다.

2. 노출 방식

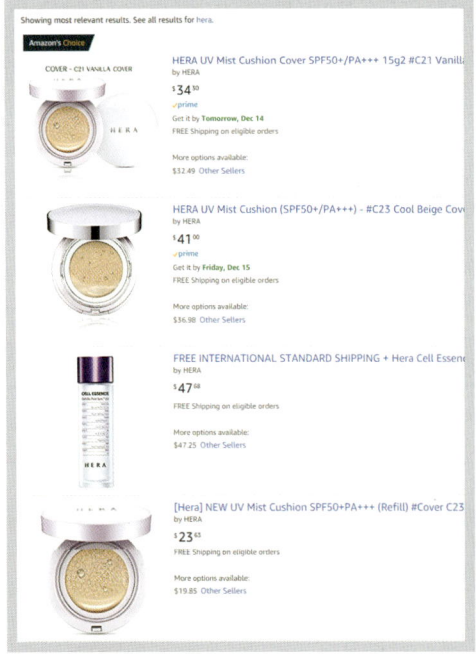

아마존의 카탈로그 노출 방식

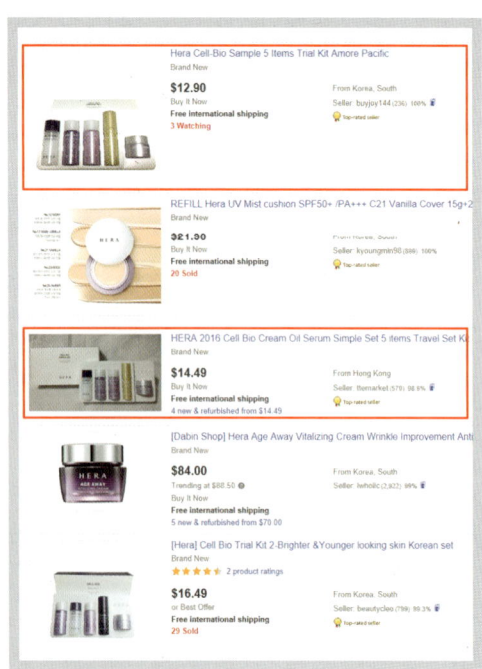

이베이의 스토어 노출 방식

아마존은 카탈로그 방식을, 이베이는 스토어 방식을 통해 상품을 노출시킵니다. 즉 아마존은 셀러가 등록하려는 상품을 기존에 다른 셀러가 이미 등록했다면, 또 다시 새로운 상품 페이지를 만들도록 허용하지 않습니다. 동일 상품, 동일 모델의 경우 하나의 상품 페이지를 가지고 모든 셀러가 공유하여 사용하도록 되어 있는 것입니다. 따라서 해당 상품을 판매하는 각각의 셀러를 보기 위해서는 상품 페이지를 클릭해 그 안에서 확인해야 합니다. 이러한 방식에서 'Sell yours'라는 개념이 시작됩니다. 'Sell yours'란 다른 셀러가 업로드한 상품에 나의 판매 가격과 판매 수량을 기입해서 동일한 화면을 공유하며 같이 판매를 할 수 있는 시스템입니다.

반면, 이베이는 모든 셀러가 자신의 스토어를 운영하면서, 각자 자신의 상품 페이지를 만들고 노출시킵니다. 예를 들어 "hera"를 검색하면 아마존에서는 중복되어 나오는 상품이 없습니다. 이미지가 같아 보이는 상품도 색상이 다르다거나(21호, 23호 등), 리필 상품을 판매하는 것들입니다. 이베이에서 "hera"를 검색하면 여러 셀러가 'Cell Bio Simple Set'이라는 동일한 상품을 각자 다른 상품 타이틀로 만들어 판매하고 있습니다. 이는 이베이는 동일한 상품이라도 셀러가 다르면 상품 화면을 따로 만들 수 있기 때문입니다.

3. 배송 방식

아마존과 이베이는 배송 방식에 있어서도 차이를 보입니다. 아마존은 셀러가 직접 고객에게 배송을 하는 셀러 Fulfilled By Merchant: FBM 혹은 Merchant Fulfilled Network: MFN 시스템과 아마존이 셀러 대신 배송과 고객 서비스 등을 해주는 FBA Fulfilled By Amazon 시스템이 있습니다. FBA는 셀러가 상품을 아마존 창고로 먼저 보내 놓고 고객이 물건을 구매할 때마다 아마존에서 포장과 배송을 대신 해주며 고객 서비스까지 맡아서 처리해 주는 시스템입니다. 이 FBA에 대해서는 6장 '이제는 아마존 창고로 상품을 보내 볼까?'에서 자세히 설명되어 있습니다.

반면 이베이는 셀러가 직접 배송하거나 3PL(제3자 물류: 물류 관련 비용을 절감하기 위해 생산을 제외한 물류 전반을 특정 물류 전문업체에 위탁하는 것) 업체를 통해서만 배송이 가능하며, 아마존과 같은 시스템을 갖추고 있지 않습니다.

4. CS 주체

이베이는 셀러가 대고객 서비스 Customer Service를 해야 합니다. 그러나 아마존의 경우 FBA 시스템을 이용하는 셀러들에 한해, 아마존이 셀러를 대신하여 대고객 서비스를 진행해 줍니다. 아마존이 바이어와의 커뮤니케이션을 대신하므로, 영어에 어려움을 겪는 글로벌 셀러들도 부담을 덜 수 있으며 소싱과 판매에만 집중할 수 있습니다. 다만, 셀러가 직접 배송하는 경우는 아마존 셀러도 이베이 셀러와 마찬가지로 직접 CS를 모두 진행해야 합니다.

5. 상품 페이지 제작

아마존은 HTML 사용을 허용하지 않기 때문에 텍스트로만 상품 페이지를 만들어야 합니다. 단, 아마존에 브랜드 등록을 한 기업들은 상품 상세페이지에 이미지와 영상을 넣어 상품에 대해 설명할 수 있습니다. 이 부분은 2장 13절의 '브랜드 등록하기'에서 자세히 확인할 수 있습니다. 그러나 이베이는 HTML 태그와 이미지를 제약 없이 사용하여 셀러의 상품을 표현할 수 있습니다.

6. 셀러 진입

아마존은 셀러 신원 확인^{Seller Identity Verification:SIV} 제도와 카테고리 승인 제도를 통해 셀러의 신원을 파악하고, 셀러가 판매하고자 하는 상품이 적격한 루트를 통해 정품으로 공급되고 있는지 등을 파악합니다.(모든 판매 카테고리를 승인받아야 하는 것은 아닙니다.) 이러한 승인을 통과하지 못하면 가입 및 판매를 할 수 없습니다. 대신, 통과가 되면 신규 셀러라도 마음껏 매출을 일으킬 수 있습니다. 이러한 철저한 시스템을 거쳐 셀러가 되기 때문에 고객과 셀러 모두 아마존에 대한 신뢰도가 매우 높습니다. 자세한 SIV 및 카테고리 승인에 대해서는 2장 4절 'SIV'와 12절 '판매를 위한 카테고리 승인 받기'에서 확인할 수 있습니다.

반면, 이베이는 아무런 제약 없이 누구든지 쉽게 셀러 등록을 할 수 있고 물건을 판매할 수가 있습니다. 하지만 이베이에는 셀링 리밋^{Selling limit}이라는 제도가 있어서 처음 셀러 활동을 시작하면 월 10개 혹은 $500까지만 등록할 수 있습니다. 이것을 다 판매하고 나서, 증액 신청을 통해 등록할 수 있는 수량과 금액이 늘어나게 되지만, 지난 증액일로부터 30일이 지나야 다시 증액을 신청할 수 있고, 현재 리밋의 80% 이상을 소진한 후에 신청이 가능하기 때문에 일정 수준 이상의 매출을 일으키는 데 아마존보다 오랜 기간이 필요합니다.

7. 대금 정산

아마존은 바이어로부터 결제를 받은 후 14일 주기로 판매 대금을 페이오니아^{Payoneer}나 월드퍼스트^{World First}로 정산을 해줍니다. 따라서 자금의 유동성 측면에 있어서 여유 자금이 없을 경우 어려움이 발생할 수 있습니다. 이에 반해, 이베이는 고객이 직접 셀러에게 결제를 하기 때문에 판매 시 바로 대금이 정산됩니다. 이베이도 페이오니아를 통해 셀러에게 정산해 줍니다.

8. 셀러 피드백과 상품 리뷰

아마존과 이베이 모두 고객이 셀러에게 피드백을 줄 수 있고, 상품에 대한 리뷰를 남길 수 있습니다. 아마존은 상품에 대한 리뷰 활동이 셀러에 대한 피드백보다 더욱 활발하고, 이베이는 반대로 셀러에 대한 피드백을 남기는 활동이 더욱 활발합니다. 따라서 아마존은 고객의 리뷰 수가 많은 상품이 잘 팔리지만, 이베이에서는 오래된 셀러(피드백이 많은 셀러)의 상품이 잘 팔리는 경향이 있습니다.

9. 수수료

아마존과 이베이 수수료를 비교해 보겠습니다.

	아마존	이베이
상품 등록 수수료	아마존의 리스팅은 기본적으로 무료이나, 10만 개가 넘어갈 경우는 초과 분량에 대해 상품당 $0.005 수수료를 부과함	기본 $0.30이고, 스토어 구독 시 등급에 따라 월간 무료 리스팅 숫자가 지정되어 있음
상품 판매 수수료	Referral Fee라고 하며, 카테고리별로 상이하나 일반적으로 15%	Final Value fee라고 하며, 카테고리별로 상이하나 일반적으로 10%
월 계정 수수료	프로페셔널 셀러는 $39.99이고, 개인 셀러는 수수료가 없음. 개인 셀러는 판매 건당 수수료가 $0.99 있음	월 계정 수수료는 없으나, 스토어 구독 시 스토어 구독료가 있음(매월 스토어 구독료 $19.95 ~ $349.95)
기타	음반, 책, 게임 등 미디어 상품을 판매할 경우 아이템당 $1.80 수수료 추가됨	-

04 아마존 수수료 체계

1. 아마존 셀러 구분

아마존의 셀러는 프로페셔널 셀러와 개인 셀러로 구분되고, 다음과 같은 차이를 갖습니다.

	개인 셀러 Individual Seller	프로페셔널 셀러 Professional Seller
가입 대상	한 달 40건 미만 판매 셀러	한 달 40건 이상 판매 셀러
수수료	· 월 멤버십 비용이 없음 · (판매가+배송비)의 15% · 판매 건당 수수료 $0.99	· 월 멤버십 비용: $39.99 · (판매가+배송비)의 15% (일반적) 단, 카테고리별로 상이 · 판매 건당 수수료 없음
배송비	아마존이 정해 놓은 배송비를 따라야 하며 개인이 별도로 설정할 수 없음	셀러가 자유롭게 설정 가능

운영	· 카테고리 승인이 필요한 제품 판매 불가 · FBA 이용 가능 · 프로모션 불가	· 대량 업로드 가능 · FBA 이용 가능 · 프로모션 가능 · Buy box 자격(Featured Merchant)

2. 수수료 종류

1 판매 수수료

아마존에서 판매되는 상품에는 판매 수수료 Referral Fee가 부과됩니다. 배송비를 포함해 고객이 지불하는 총 금액에 부과되며 프로페셔널 셀러와 개인 셀러 모두 동일하게 적용됩니다. 아마존은 적용 가능한 상품 판매 수수료와 적용 가능한 아이템당 최소 상품 판매 수수료 중 높은 금액을 차감합니다.

2021년 현재 주요 카테고리별 판매 수수료율은 다음과 같습니다.

카테고리	상품 판매 수수료 비율	적용 가능한 최소 상품 판매 수수료
아마존 디바이스 액세서리	45%	$0.30
유아 용품(유아 의류 제외)	총 판매 가격이 $10.00 이하인 상품에 대해: 8%	$0.30
	총 판매 가격이 $10.00 초과인 상품에 대해: 15%	
도서	15%	-
카메라 및 사진	8%	$0.30
휴대폰 기기	8%	$0.30
전자제품	8%	$0.30
전자제품 액세서리	총 판매 가격 중 $100.00 이하 금액에 대해: 15%	$0.30
	총 판매 가격 중 $100.00 초과 금액에 대해: 8%	
가구(아웃도어 가구 포함)	총 판매 가격 중 $200.00 이하 금액에 대해: 15%	$0.30
	총 판매 가격 중 $200.00 초과 금액에 대해: 10%	
홈/가든	15%	$0.30
주방 용품	15%	$0.30
악기	15%	$0.30
사무 용품	15%	$0.30

카테고리	수수료율	건당 수수료
아웃도어 용품	15%	$0.30
PC	8%	$0.30
애완 용품	15%(단, 처방식 사료는 22%)	$0.30
스포츠(스포츠 관련 수집품 제외)	15%	$0.30
소형 가전제품(부품 및 악세사리 포함)	총 판매 가격 중 $300.00 이하 금액에 대해: 15% 총 판매 가격 중 $300.00 초과 금액에 대해: 8%	$0.30
공구/주택 개조 용품	15%(단, 기본 장비 전동 공구는 12%)	$0.30
완구/게임	15%	$0.30
휴대폰(언락 상태)	8%	$0.30
비디오 및 DVD	15%	-
3D 프린팅 상품	12%	-
자동차/모터 스포츠	12%(단, 타이어 및 휠 상품은 10%)	$0.30
화장품	총 판매 가격이 $10.00 이하인 상품에 대해: 8% 총 판매 가격이 $10.00 초과인 상품에 대해: 15%	$0.30
의류 및 액세서리	17%	$0.30
수집용 도서	15%	-
기프트 카드	20%	-
식료품 및 고급식품	총 판매 가격이 $15.00 이하인 상품에 대해: 8% 총 판매 가격이 $15.00 초과인 상품에 대해: 15%	-
건강/개인 관리 용품	총 판매 가격이 $10.00 이하인 상품에 대해: 8% 총 판매 가격이 $10.00 초과인 상품에 대해: 15%	$0.30
산업/과학 (식료품 서비스 및 청소/위생 용품 포함)	12%	$0.30
주얼리	총 판매 가격 중 $250.00 이하 금액에 대해: 20% 총 판매 가격 중 $250.00 초과 금액에 대해: 5%	$0.30
여행 가방/여행 관련 액세서리	15%	$0.30
신발, 핸드백, 선글라스	15%	$0.30
시계	총 판매 가격 중 $1500.00 이하 금액에 대해: 16% 총 판매 가격 중 $1500.00 초과 금액에 대해: 3%	$0.30

2 변동 수수료

변동 수수료Variable Closing Fee는 도서, 음반, DVD, 게임 등 미디어 관련 상품의 판매 시 추가적으로 붙는 수수료로, $1.80입니다. 프로페셔널 셀러와 개인 셀러 모두 동일하게 지불합니다.

(단위: $)

Product Type	Domestic Standard
도서	1.80
음반	1.80
소프트웨어 및 컴퓨터 게임	1.80
비디오 및 DVD	1.80
비디오 게임	1.80
비디오 게임 콘솔	1.80

CHAPTER 2

아마존! 맘에 들었어~
그럼 슬슬 첫발을 떼 볼까?

01 셀러 가입을 위해 준비할 사항들

1장을 통해서 아마존이 어떤 회사인지 간략하게나마 살펴보았습니다. 아마존에서 판매를 한다는 것은 이런 거대한 아마존을 나의 파트너로 만든다는 것과 같습니다. 이들이 펼쳐 놓은 큰 무대에서 우리는 멋지게 공연을 하는 것이죠. 그렇다면 이런 쇼타임을 위해서 우리는 무엇부터 시작해야 할까요? 바로 셀러 등록입니다. 아마존에 셀러로 가입을 하기 위해 필요한 몇 가지 사항들을 살펴보겠습니다.

1. 사업자등록증

아마존에서 회원 가입을 위해 사업자등록증이 반드시 필요한 것은 아닙니다. 부업으로 하려는 셀러는 사업자등록을 하지 않고도 셀러 회원 가입을 할 수 있습니다. 그러나 전문적으로 아마존에 뛰어들겠다고 생각한다면 사업자등록을 하고 시작하기를 추천합니다.

왜냐하면 아마존에서의 판매 활동은 B2C 수출 활동으로 간주되며, 한국은 수출회사들에게 영세율을 적용하여 부가세를 환급해 주는데, 아마존 셀러들도 동일한 혜택을 받을 수 있기 때문입니다. 단, 사업자를 등록할 때는 반드시 '일반과세자'로 등록해야 합니다. '간이과세자'는 부가세 환급 대상이 아닙니다. 또한 사업자등록번호를 아마존에 제출하지 않으면 멤버십 수수료, 판매 수수료, 광고비 등에 10%의 부가세가 붙기 때문에 꼭 사업자등록증을 준비하시기를 권합니다. 자세한 사항은 10절을 참조하십시오.

2. 이메일

아마존에서 셀러 아이디로 사용할 용도라면, 기존에 사용하고 있던 이메일을 그대로 사용해도 무방하나, 새롭게 이메일 주소를 만들기를 추천합니다. 아마존에 가입을 하고 판매가 시작되면 공지사항, 등록사항, 판매사항, 변경사항 등 정말 많은 이메일을 받게 되는데 기존 이메일과 혼용을 할 경우 관리상의 어려움이 발생할 수 있습니다. 따라서 기존의 이메일과는 다른 별도의 이메일 주소를 사용하기를 권하며, 특히 지메일 등의 외국 이메일을 사용하기를 추천합니다. 국내 이메일의 경우는 해외에서 발송된 이메일을 스팸으로 인식하여 걸러낼 수 있으므로 셀러가 중요 공지사항 등을 놓치게 되는 일들이 생기기도 하기 때문입니다.

3. 신용카드

회원 가입 시 필수적으로 기입해야 하는 'Billing method'라는 정보가 있습니다. 이곳에 기입해야 하는 것이 바로 신용카드 정보입니다. 신용카드는 반드시 해외결제가 가능한 카드로 준비해야 하고, BC카드나 국내 전용 카드는 안 됩니다. American Express, Diners Club, Discover, JCB, MasterCard, Visa 카드로 준비하시기를 권합니다. 만약, 회원 가입을 법인명으로 한다면 신용카드도 법인카드로 준비해야 합니다.

4. 영문 이름, 주소, 디스플레이 네임

자신의 이름, 주소를 영문으로 준비하되 반드시 여권상의 이름과 신용카드상의 이름과 동일해야 합니다. 다를 경우, 신원 확인 SIV 단계에서 통과가 안 되는 경우가 많습니다. 디스플레이 네임이란 회원 가입 시에 기재해야 하는 내 상점명입니다. 다음은 아마존 구매 페이지에서 보이는 디스플레이 네임의 예시입니다.

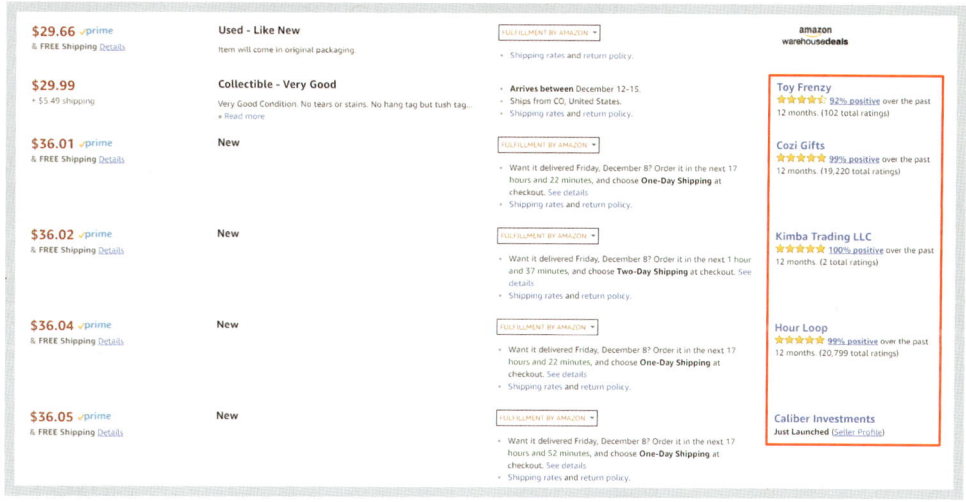

5. 미국 은행계좌(가상계좌)

아마존에서 판매한 대금을 정산 받을 은행계좌가 필요합니다. 그런데 이 계좌는 미국이나 영국 등 아마존이 허용하는 국가의 계좌여야 합니다. 한국은 이 범위에 속하지 않기 때문에, 한국의 은행계좌로는 등록할 수 없습니다. 그래서 우리가 페이오니아나 월드퍼스트 같은 미국 내 은행계좌를 만들어 주는 전자결제 서비스에 가입을 하는 것입니다.

6. 여권

SIV 단계에서 제출해야 할 필수 서류입니다. 사진으로 제출하는 것이 아니라 반드시 스캔을

해서 제출해야 합니다. 자세한 내용은 4절 'SIV'의 설명을 참조하십시오.

7. Bank Statement

계좌 소유 증명서로 이 역시도 SIV 단계에서 제출해야 하는 필수 서류입니다. 이 서류는 한국의 은행에서 받는 것이 아니라, 가상계좌 서비스사에서 받아야 합니다. 이 부분 역시 자세한 내용은 4절 'SIV'의 설명을 참조하십시오.

02 해외 가상계좌 만들기

다음의 표는 아마존이 지원하는 국가와 통화 리스트입니다. 이 리스트에는 원화도 포함되어 있습니다. 하지만 불행히도 하단에 참조로 표시된 내용을 보면, 'Disbursements in these currencies are supported via a partnership with Payoneer, a third party, and require a separate Payoneer account.(표시된 통화의 지급은 제3자 파트너사인 페이오니아를 통해 지원되며 별도의 페이오니아 계좌가 필요합니다.)'라고 되어 있고, 원화는 이 범주에 해당합니다.

Countries and Currencies Supported by Amazon Currency Converter for Disbursement

Note: Disbursements can only be made in the home currency of the country where the bank account is located. For example, if your bank account is located in the UK, then disbursements can only be made in GBP, even if your bank account is capable of accepting deposits in both GBP and EUR currencies.

Country	Currency
Cambodia*	KHR
South Korea*	KRW
Laos*	LAK
Thailand*	THB
Taiwan*	TWD
Turkey*	TRY
Vietnam*	VND
South Africa*	ZAR

* Disbursements in these currencies are supported via a partnership with Payoneer, a third party, and require a separate Payoneer account. Learn more about Using Payoneer with Amazon.

그래서 아마존에서 판매한 대금을 정산 받기 위해서는 미국 내 가상계좌를 제공해 주고 전자 결제가 가능하도록 해주는 페이오니아 혹은 월드퍼스트에 가입해야 합니다.

두 회사는 모두 아마존에서의 판매 대금을 국내 통장으로 송금해 주는 역할을 하지만, 약간의 차이가 있습니다. 다음 표를 참고해 두 업체를 비교해 보시고 선택하여 사용하십시오.

	페이오니아	월드퍼스트
로컬 가상계좌	미국, 영국, 유럽, 일본, 호주, 캐나다, 중국 총 7개 로컬 가상계좌 개설, 추가 예정	미국, 캐나다, 영국, 유럽, 일본, 호주, 중국 총 7개 로컬 가상계좌 개설
수수료	가입시 1.2%. 단, 본 책(38쪽)에서 필자가 제공하는 QR코드로 가입하는 경우 페이오니아의 프로모션 적용을 받아 0.9%	기본 수수료 0.5%, 최저 0.15%까지 송금 금액에 따라 적용
사용 가능한 마켓	아마존, 쇼피, 라자다, 이베이, 씨디스카운트, 뉴에그 등	아마존, 라자다, 라쿠텐, 이베이 및 자사몰 해외송금 가능
한국어 지원 서비스	가능	가능
체크카드 발급	별도 신청시 발급 가능(단, 연회비 발생 및 수수료 증가)	발급 불가
이체	원화 및 외화(USD, GBP, EUR, JYP, SGD)로 이체 가능	외화로만 이체 가능
가입 절차	온라인으로 간편하게 가입 가능	외환거래 규정준수 위한 실명확인(서류) 필요
이체한도	일 $5만 / 월 $20만. 한도 증액 가능	한도 없음

1. 페이오니아 가입하기

페이오니아는 아마존뿐 아니라 쇼피, 라자다, 씨디스카운트 같은 신규 마켓플레이스들과도 파트너십을 맺고 있어 다양한 마켓플레이스로 확장이 가능하다는 장점이 있습니다. 또한 페이오니아의 호주 달러 수령 계좌로 아마존 호주를 포함한 호주의 다른 마켓플레이스로부터 판매 대금을 받을 수도 있습니다. 페이오니아 회원 가입 절차는 매우 간단합니다. 여기서는 회원 가입 및 아마존 회원 가입 시 반드시 필요한 Bank Statement를 받는 방법까지 살펴보겠습니다. 아마존 계정과의 연동은 3절 '아마존 셀러 가입하기'를 참조하십시오. 원래 페이오니아는 업데이트가 잦은 편이 아니나, 2021년도는 아마존 정책과 부합하게 보안을 강화하는 가운데 변화가 있었습니다. 새로운 내용을 확인하실 수 있도록 필자의 '글로벌셀링 유니버시티 https://cafe.naver.com/faemkiss/4251'에 새로운 가입 방법 및 업데이트 내용들을 정리해 놓았으니 확인해 주시길 바랍니다.

1 계정 생성

페이오니아는 회원 가입 후 고객으로부터 판매 대금 $1000를 받으면 $50를 리워드로 입금해 주는 프로모션을 진행하고 있는데, 일반 페이오니아 대표 사이트에서 바로 가입하는 경우 이 리워드를 받지 못합니다. 다음 페이지의 QR코드를 이용하여 접속하거나 웹사이트 http://tracking.

payoneer.com/SH2dE로 접속하면 이 프로모션에 참여할 수 있습니다. 또한 수수료가 1.2%가 아닌 0.9%로 적용되므로 꼭 본 QR코드를 이용하시기 바랍니다. 접속 후 [가입하고 $50*받기] 버튼을 클릭하여 회원 가입을 시작합니다.

먼저 비즈니스 타입과 월 평균 수입을 선택하는 화면이 나오는 경우가 있고 바로 1단계로 이동하는 경우가 있습니다. 만약 아래 화면이 보이면, 각각 '이커머스 셀러 및 수출기업체'와 '비즈니스 준비중'을 선택 후 [가입 진행하기]를 클릭하시면 '시작하기' 단계로 이동합니다.

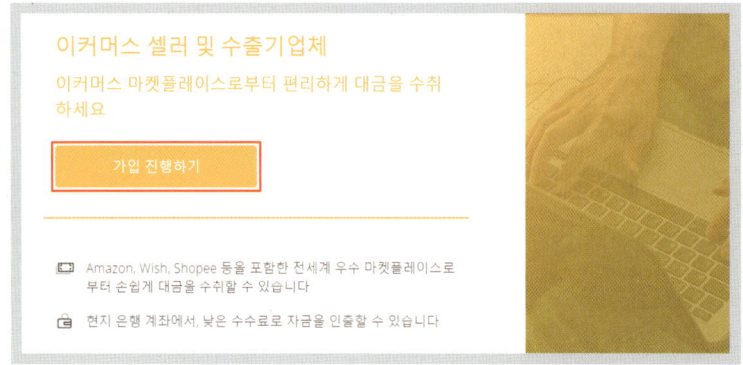

페이오니아 가입 절차는 한글로 안내가 되어 있으나, 입력은 영문으로 하셔야 합니다.

첫 단계는 이름과 이메일 주소를 기재하는 '시작하기' 단계입니다. 이 시작하기 단계에서 먼저 개인과 기업 중에서 선택을 해야 하는데, 개인은 사업자 등록을 하지 않는 순수 개인을 의미합니다. 그러므로 개인사업자나 법인사업자는 모두 '기업'을 선택해야 합니다. 따라서 필자도 '기업'을 기준으로 설명하겠습니다. 익스플로러에서는 가입이 원활하지 않은 경우가 있으므로 크롬 사용을 권장합니다.

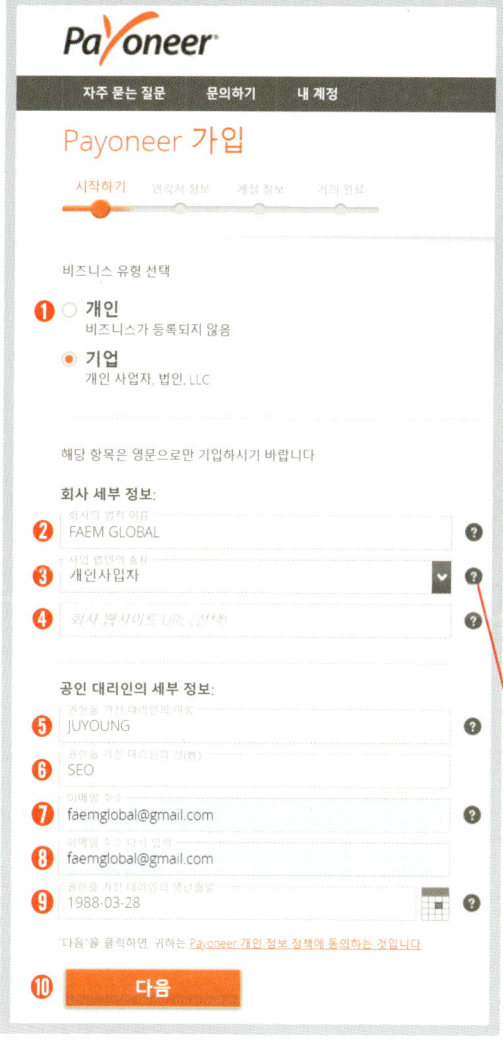
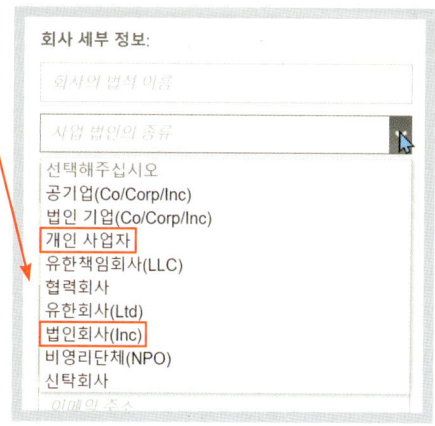

❶ 개인사업자와 법인사업자 모두 기업을 선택합니다.

❷ 회사명을 기재하되, 정부가 발행한 증명서에 기재된 것과 동일하게 회사의 전체 법적 이름을 기재합니다. 다만 주식회사의 경우 회사명 뒤에 붙는 Inc. 혹은 Co., Ltd.는 기재하지 마십시오. 또한 이는 아마존에 등록할 셀러(회사)명과 동일해야 합니다.

❸ 사업 법인의 종류를 선택합니다. 개인사업자는 '개인사업자', 법인은 '법인회사' 등 각자의 회사 종류에 따라 선택힙니다.

❹ 회사의 웹사이트를 기재합니다. 옵션이므로 기재하지 않아도 무방합니다.

❺ 담당자의 성을 제외한 이름을 기재합니다. 여권상 이름과 동일하게 기재하고 대문자로 기재합니다. 담당자는 대표자로 하는 것이 좋습니다.

❻ 이름을 제외한 성을 기재합니다. 역시 여권과 동일해야 합니다.

❼ 페이오니아 로그인에 사용할 이메일을 기재하는 칸입니다. 이 이메일은 아마존에 등록할 셀러 이메일과도 동일해야 합니다. 네이버 등 국내 이메일 계정보다는 지메일 등 해외에서 제공하는 이메일을 이용하기를 권합니다.

❽ 이메일 주소를 한 번 더 입력합니다.

❾ 옆의 달력 모양의 버튼을 클릭하여 생일을 선택합니다.

❿ [다음] 버튼을 누르면 '연락처 정보' 단계로 넘어갑니다.

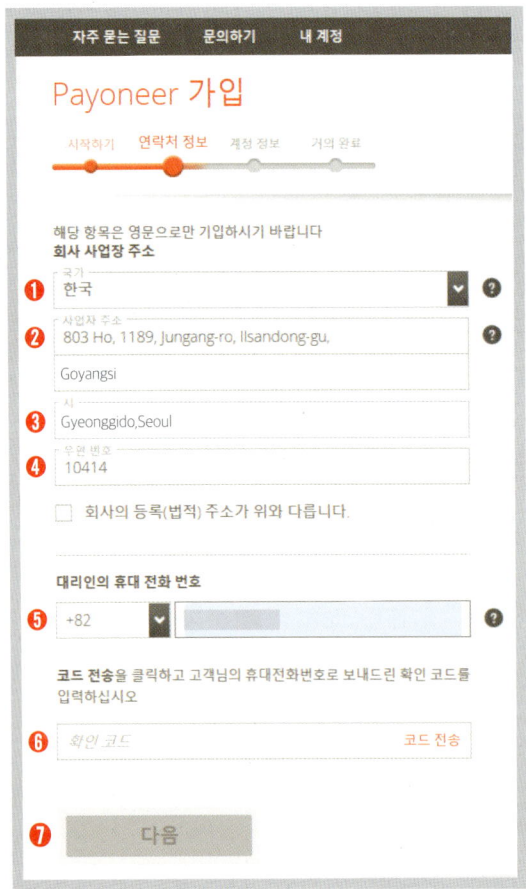

❶ 한국이 기본값으로 나옵니다.

❷ 회사의 영문 주소를 기재합니다. 도로명 주소로 기재하되 한 줄에 40자까지 입력 가능합니다. 40자를 초과하는 경우에는 둘째 줄에 쓰시면 됩니다. 또한 경기도 등 '도' 거주자는 '시' 정보를 둘째 줄에 기재하시기 바랍니다. 도시명을 입력할 때는 하이픈을 넣지 않습니다. 영문 주소는 네이버에서 "영문주소 변환"을 검색하면 나오는 창에 주소를 입력하면 확인할 수 있습니다.

　　Ex Goyang(○), Goyangsi(○), Goyang si(○), Goyang-si(×)

❸ 서울시나 광역시 거주자는 '도시명'을 기재합니다.(Ex Seoul, Suwonsi, Buchensi) 그러나 '도' 거주자는 이 칸에 '도' 정보를 기재합니다. 필자는 '도' 정보를 기재할 때도 하이픈을 넣지 않는 것을 권합니다.(Ex Gyeonggido)

❹ 5자리 우편번호를 기재합니다.

❺ 휴대전화 번호를 기재합니다. 기재 시에는 앞의 '0'을 빼고 기재합니다. 전화번호 앞에 국가 코드(82)를 입력하면 앞의 0은 기재하지 않습니다.

　　Ex 1012345678(○), 01012345678(×)

❻ 코드 전송을 클릭하면 입력했던 휴대전화 번호로 코드번호가 수신됩니다. 번호를 입력하면 확인됨으로 바뀌고 [다음] 버튼이 활성화됩니다.

❼ [다음] 버튼을 누르면 '계정 정보' 단계로 넘어갑니다.

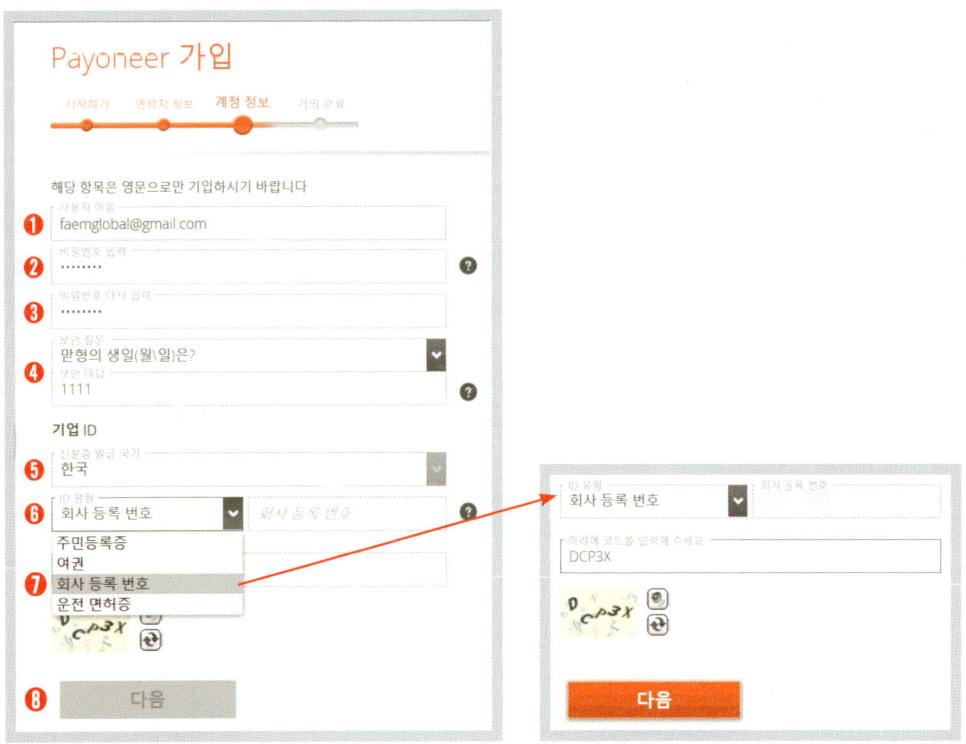

❶ 가입 1단계에서 기재한 이메일 주소가 자동으로 입력됩니다.

❷ 페이오니아에 로그인할 때 사용하게 됩니다. 비밀번호는 최소 7자리 이상이어야 하며, 적어도 알파벳과 숫자(0~9)가 각각 하나씩은 포함되어야 합니다.

❸ 동일한 비밀번호를 한 번 더 입력합니다.

❹ 비밀번호 오류 등의 이유로 본인 확인이 필요할 때 필수 사항입니다. 선택지를 보고 질문 한 개를 선택하고, 하단에 그에 대한 대답을 영문 혹은 숫자로 기재합니다.

❺ '한국'으로 기본 설정되어 있습니다.

❻ 주민등록증, 여권, 회사 등록 번호, 운전 면허증 중 회사 등록 번호를 선택하고 사업자등록 번호를 기재합니다.

❼ 문자 코드를 입력합니다.

❽ [다음] 버튼을 누르면 아마존에서 판매한 대금을 받을 국내 은행 정보를 기재하는 '거의 완료' 단계로 넘어갑니다. 거의 완료 단계에서는 개인사업자, 법인사업자에 따라 작성법이 달라집니다.

[개인사업자 중 대표자 개인 명의 통장으로 등록하는 경우]

[법인사업자의 경우와 개인사업자 중 회사 통장으로 등록하는 경우]

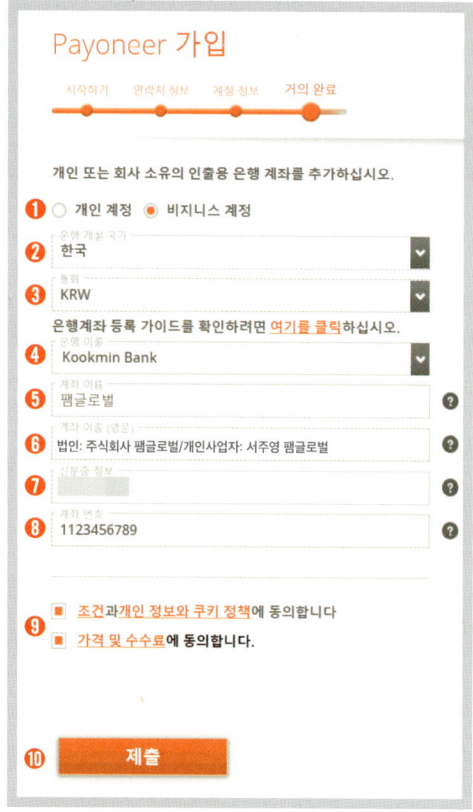

❶ 개인사업자 중 대표자 개인 명의 통장을 등록하려는 경우는 개인 계정을, 법인사업자와 개인사업자 중 회사명으로 된 통장을 등록하려는 경우는 비즈니스 계정을 선택합니다.

❷ '한국'으로 기본 설정되어 있습니다.

❸ 기본적으로 KRW(원화)가 선택됩니다.

❹ · 개인 계정을 선택한 경우: 대표자명의 국내 통장의 은행명을 선택합니다.(영문)
　· 비즈니스 계정을 선택한 경우: 회사명의 국내 통장 은행명을 선택합니다.(영문)

❺ · 개인 계정을 선택한 경우: 대표자의 계좌 이름을 한글로 입력합니다.
　· 비즈니스 계정을 선택한 경우

　- 법인: 회사 통장의 한글 계좌 이름을 입력합니다.(Ex 주식회사 팸글로벌. 만약 통장에 '(주)팸글로벌'이라고 기재되어 있다면 괄호는 빼고 '주 팸글로벌'이라고 기재합니다.)

　　- 개인사업자: 대표자명과 회사명을 같이 기재합니다. 즉, 통장에 기재되어 있는 한글 통장명과 같게 기재합니다.(Ex 서주영 팸글로벌)

❻ · 개인 계정을 선택한 경우: 대표자의 계좌 이름을 영문으로 입력합니다.
　· 비즈니스 계정을 선택한 경우: 법인/개인회사 모두 1단계에서 기재한 회사의 법적 이름과 같게 기재합니다.(Ex FAEM GLOBAL)

❼ · 개인 계정을 선택한 경우: 주민등록번호나 여권번호를 기재합니다.
　· 비즈니스 계정을 선택한 경우: 사업자등록 번호를 기재합니다.

❽ 한국 통장 계좌번호를 입력합니다.

❾ 약관, 전자 정보 공개, 개인정보 보호정책, 가격 및 수수료에 동의합니다.

❿ [제출] 버튼을 누릅니다. 이후 페이오니아 가입 당시 입력한 이메일 주소로 다음과 같이 계정 신청이 접수되었다는 메일과, 이메일을 확인해 달라는 메일과, 승인이 완료되었다는 메일 세 가지를 받게 됩니다.

다만, 현재 일부에 한해서 페이오니아 가입 시 검증센터에 여권 등의 증명서를 제출하고 질의 응답을 해야 가입이 완료되는 경우가 있을 수 있습니다. 회원 가입 시 그러한 경우를 만나면 당황하지 마시고, 서류를 제출하시기 바랍니다. 계정 신청을 하면 보통 1~2시간 이내에 페이오니아에서 아래와 같은 이메일을 보내옵니다.

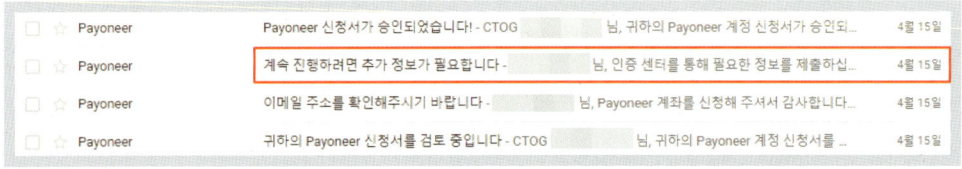

그런데 이 이메일 리스트 중에는 2020년까지는 없었던 내용 하나가 보입니다. 바로 '계속 진행하려면 추가 정보가 필요합니다. ○○님, 인증 센터를 통해 필요한 정보를 제출하십시오'라는 제목의 이메일입니다. 이는 2021년 새로 시작된 KYC^{Know Your Customer} 제도로 인해 받게 된 이메일로, 아마존의 정책에 부합하여 오차를 줄이고 보안을 강화하기 위해 셀러의 신원을 검증하는 제도입니다. 현재는 베타 버전으로 운영하며 회원 가입을 하는 사람들의 10% 정도만 임의 선정하여 신원을 검증하는 단계를 진행하고 있으나, 베타 운영 기간이 끝나면 회원 가입을 진행하는 모든 사람들에게 적용이 될 것으로 예상됩니다. 이에 베타 버전 기준으로 진행 방법을 소개하고자 합니다.

먼저, 해당 이메일을 열면 아래와 같은 화면이 나옵니다. [인증 센터로 가기]를 클릭해 인증 센터로 바로 이동할 수 있습니다.

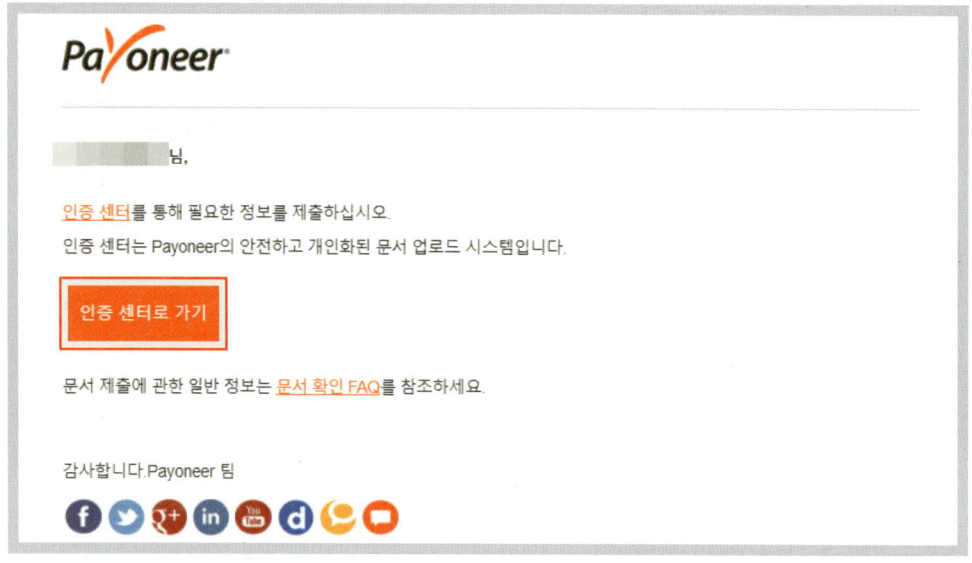

만약 로그인 화면이 뜨면 먼저 로그인을 진행해 주세요. 로그인 방법은 51페이지를 참조해 주시기 바랍니다. 로그인 후 보이는 화면은 아래와 같습니다.

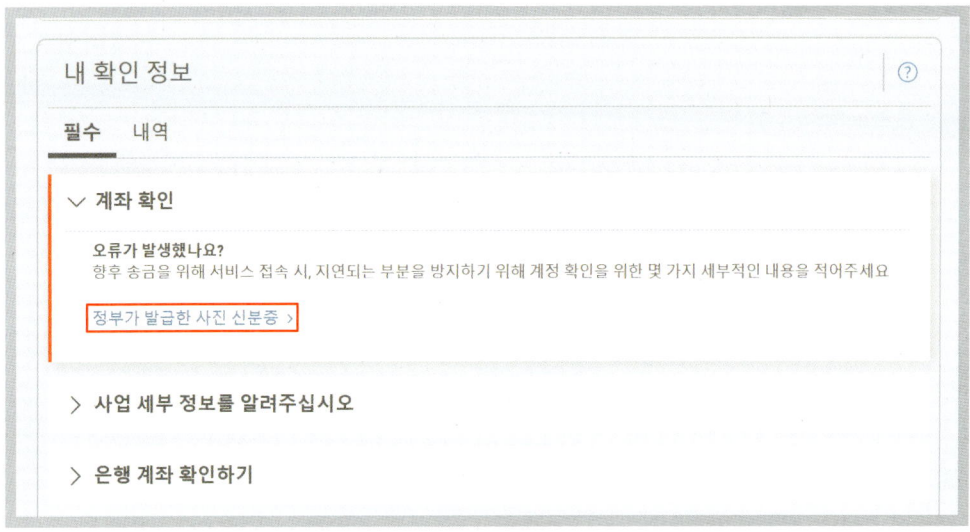

'계좌 확인'을 클릭하시고, '정부가 발급한 사진 신분증'을 클릭하여 여권을 업로드하시기 바랍니다. 주민등록증을 업로드하면 추가 인증이 필요하기 때문에 빠른 처리를 위해 여권 업로드를 권합니다.

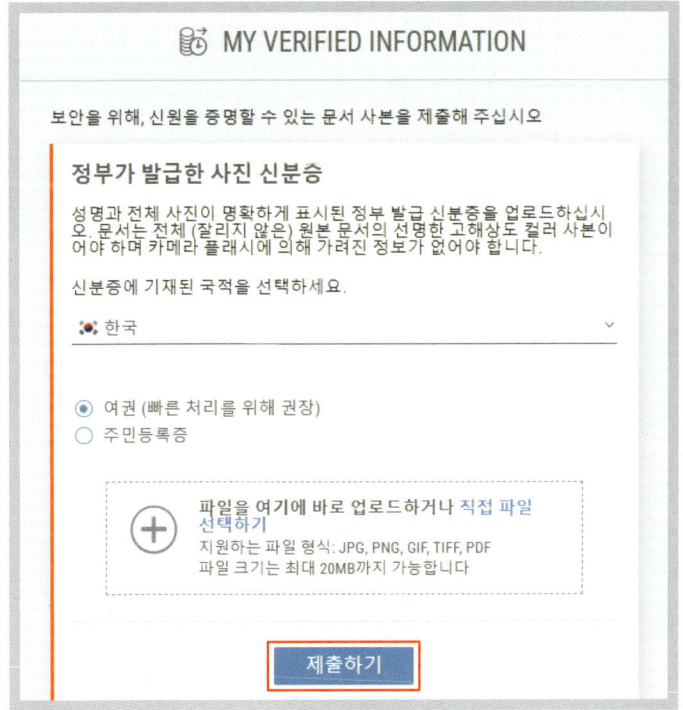

여권 업로드 후 [제출하기]를 클릭합니다. 그리고 두 번째 '사업 세부 정보를 알려주십시오'에서 '글로벌 대금 수취 서비스 Global Payment Service 관련 질문지'를 클릭하여 설문을 시작합니다.

Chapter 2 아마존! 맘에 들었어~ 그럼 슬슬 첫발을 때 볼까? **45**

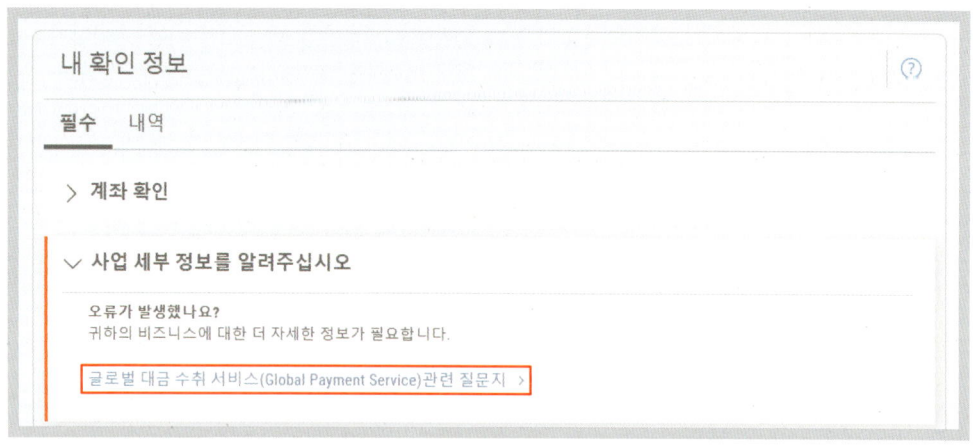

처음 보여지는 설문지에는 4개의 질문이 있습니다. 그러나 첫번째 질문인 '판매하는 제품 또는 서비스를 가장 잘 나타내는 카테고리를 선택하십시오'에서 '상품 - 공급 및 물류'를 선택하시면 질문이 하나 더 생겨서 5개의 질문에 대답을 하게 됩니다.

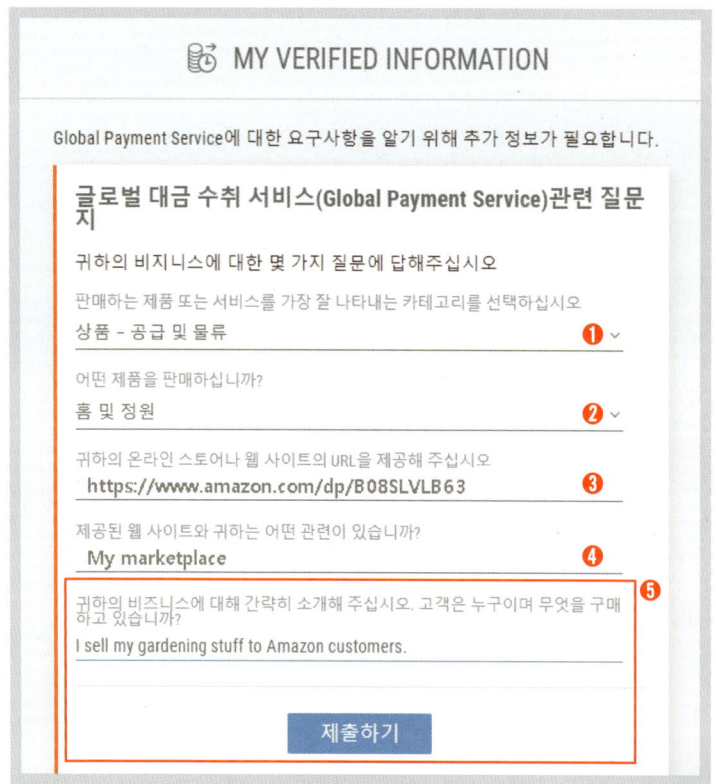

❶ '상품 - 공급 및 물류'를 선택합니다.

❷ 자신의 상품과 연관된 구체적인 상품류를 보기 중에서 선택합니다.

❸ 사이트의 URL은 필수기재 사항으로 아마존의 판매 웹페이지, 쇼피 판매 웹페이지, 국내 B2B

사이트(고비즈, 바이, 트레이드코리아) 내 판매 웹페이지, 자사몰 사이트의 판매 웹페이지 URL 등을 기재하고, 만약 사이트가 없는 경우는 N/A^{Not Applicable}를 기재해야 합니다.

❹ 위 질문에 URL을 기재한 경우 'My marketplace'라고 기재합니다. 위에 N/A를 기재한 경우 여기에도 N/A를 기재합니다.

❺ "I sell my _____ to Amazon customers."라고 기재한 후 [제출하기]를 클릭합니다.

마지막 확인 단계인 '은행계좌 확인하기'에서 '은행계좌 이름 확인'을 클릭하여 진행합니다.

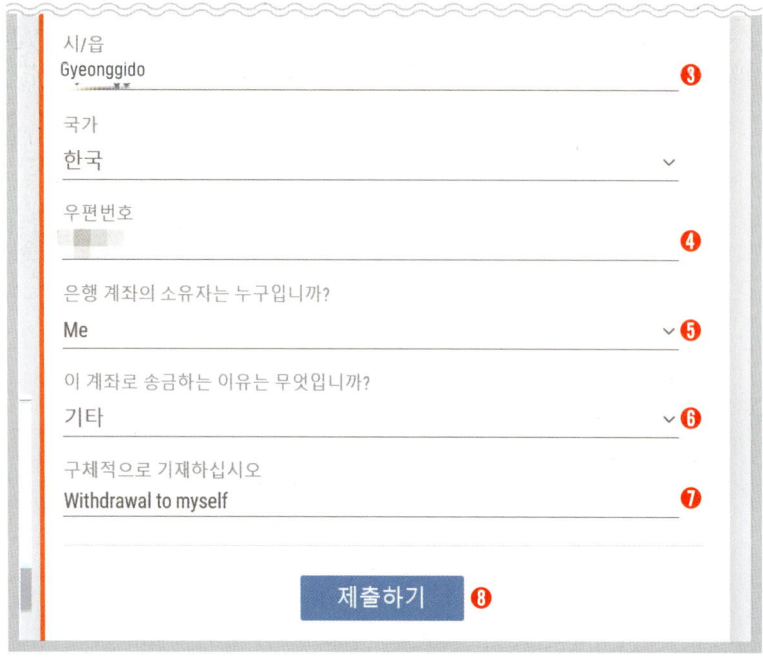

❶ '주소' 1은 40자까지 기재가 가능합니다. '구' 정보까지 기재하되 구 정보 끝에는 쉼표를 쓰지 않습니다.

❷ '주소 2'는 40자가 넘어가는 경우 사용하거나, 경기도 등 '도'에 거주하는 경우, '시' 정보를 기재합니다. 시를 기재할 때는 하이픈 사용을 하지 않습니다.

❸ 서울 거주자는 이곳에 'Seoul'이라고 기재하고, 도 거주자는 각 도를 기재합니다.

> 주소1: xxx동, xxx호, xxx로, xxx길 → 아파트 동호수, 도로명 번지수 입력
> 주소2: xxx시(고양시, 성남시 등)
> 시/읍: xxx도(경기도, 서울시, 인천시, 경상남도, 전라남도, 제주도 등)

❹ 우편번호를 기재합니다.

❺ 여러 가지 중에 해당하는 것을 선택하는데 대부분 'Me'를 선택할 것입니다.

❻ 여러 가지 중에 '기타'를 선택합니다.

❼ '기타'를 선택하는 경우 생기는 항목으로 구체적인 이유를 기재하는 란입니다. "Withdrawal to myself"로 기재하면 됩니다.

❽ [제출하기]를 클릭하면 모든 검증 단계가 종료됩니다. 이렇게 서류 제출과 설문을 마치고 나면 승인이 되기까지 약 1~2일 정도가 소요되며, 다음과 같이 신청이 접수되었다는 메일과 승인이 완료되었다는 메일 두 가지를 받게 됩니다. 이 작업이 완료되지 않으면 뱅크스테이트먼트를 다운로드할 수 없으니 꼭 진행하시기 바랍니다.

███████ 님,

귀하의 Payoneer 계정 신청서를 검토 중입니다. 신청서를 검토하는 데에는 최대 3영업일이 소요됩니다.

신청서가 승인되면 이메일을 보내드리며, 대금을 받으실 수 있습니다.

한편, 자주 묻는 질문(FAQ)에서 Payoneer의 결제 서비스에 대한 자세한 내용을 확인하실 수 있습니다.

궁금한 점이 있으면 문의하여 주십시오.
귀하의 고객 ID는 ███████ 입니다.

감사합니다.Payoneer 팀

███████ 님,

귀하의 Payoneer 계정 신청서가 승인되었음을 알려드립니다.

이용하실 준비가 되셨나요? 이제 귀하의 계정에 로그인하여 전 세계 회사로부터 대금을 받으실 수 있습니다. 귀하의 사용자 이름은 ███████@gmail.com 입니다.

앞으로 몇 주 동안 결제금 수령, 신규 고객 창출, 수익금 인출에 관한 유용한 정보를 제공해 드립니다.

궁금한 점이 있으면 문의하여 주십시오.
귀하의 고객 ID는 ███████ 입니다.

감사합니다.Payoneer 팀

승인 완료 메일을 받았으면 페이오니아에 접속해 로그인하십시오. 만약 검증센터 메일은 오지 않고 승인 완료되었다는 메일만 받으면 바로 로그인 후 뱅크스테이트먼트를 발급받을 수 있습니다. 만약 검증센터 메일과 승인되었다는 메일 둘 다 오지 않으면 페이오니아의 고객센터에 연락해 확인을 해야 합니다.

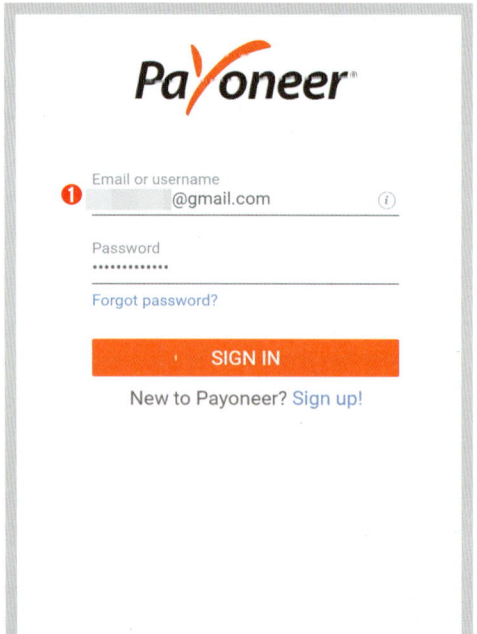
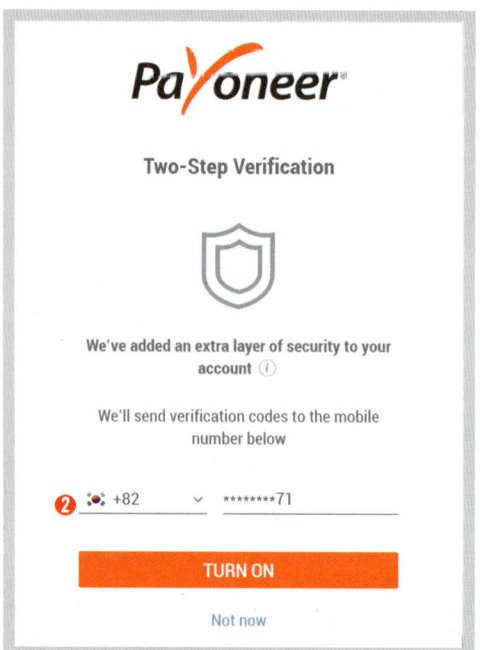
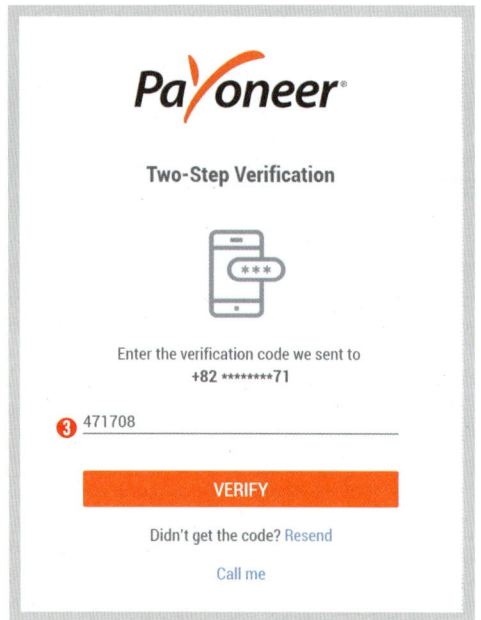
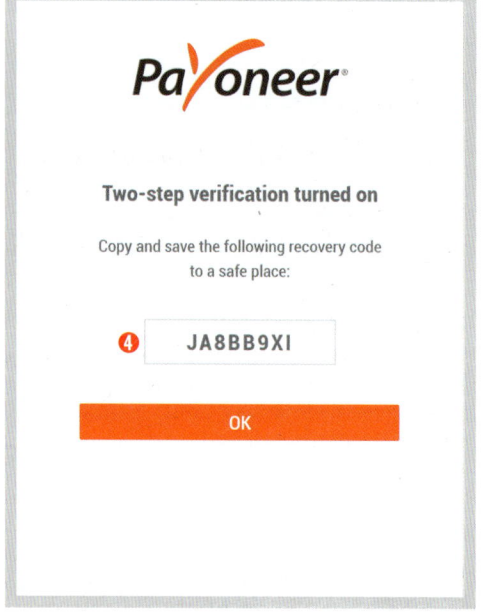

❶ 회원 가입 시 입력한 이메일 주소와 비밀번호로 로그인을 하면, 2단계 보안을 진행하라는 메시지가 뜹니다.

❷ 핸드폰 번호를 기재 후 [Turn on]을 클릭하면 핸드폰으로 보안코드가 도착합니다.

❸ 받은 보안코드를 입력한 후 [Verify]를 클릭합니다.

❹ 마지막으로 복구 카드를 보관하라는 메시지와 함께 복구 코드번호가 보입니다.

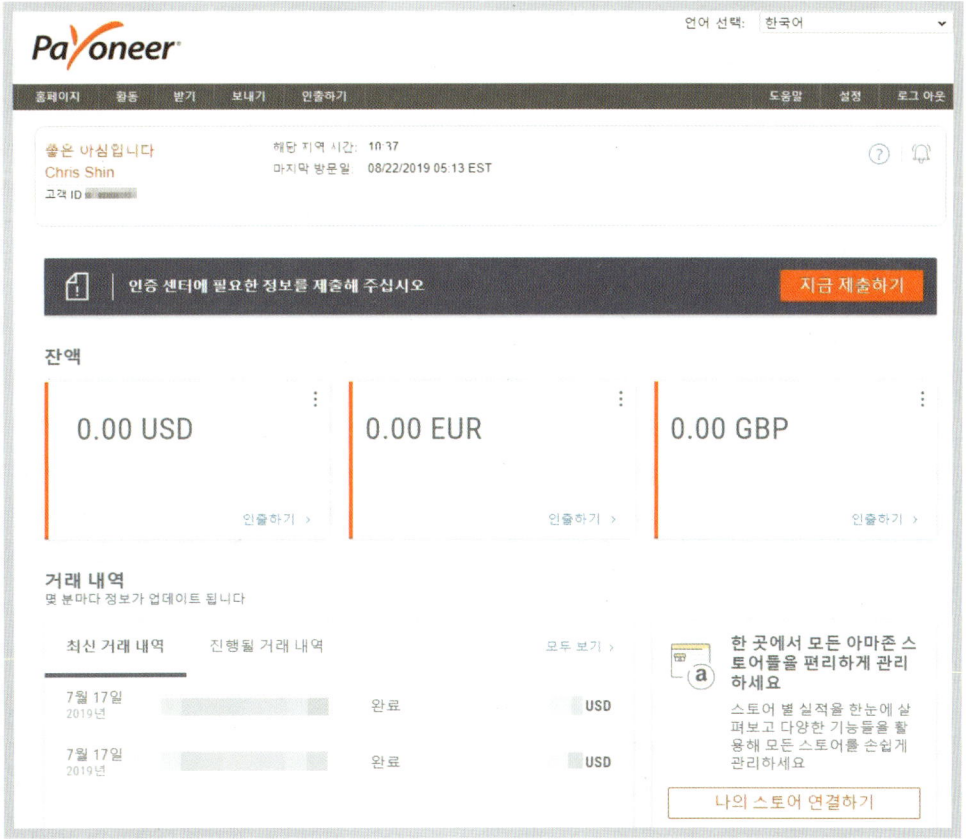

첫 로그인 시, 보안 질문 2개를 더 묻습니다. 계정 정보 입력 단계에서 물었던 보안 질문과 비슷한 방식입니다. 나중에 로그인에 문제가 생기면 필요하니 기억해 두세요. 보안 질문에 답변을 하고 나면 다음과 같은 메인 화면이 보입니다. 이제 회원 가입의 모든 절차가 끝났습니다.

2 Bank Statement 발급 받기

아마존은 매년 정책들이 추가되고 보완되는 등 변화가 많은 시장입니다. 그중에서도 2017년은 아마존의 정책이 대거 변경된 해라고 할 수 있습니다. 변경된 정책 중 하나는 SIV라고 하는 셀러 신원 증명 서류를 제출해야 한다는 것입니다. 이는 아마존 셀러 가입 단계에서 필요한 것으로, 여권 사본과 계정 소유 증명서, 이 두 가지를 준비해야 합니다. 그중 Bank Statement _{계정 소유 증명서}는 페이오니아 혹은 월드퍼스트를 통해 발급됩니다.

페이오니아의 Bank Statement는 페이오니아 '서류센터' 기능을 통해 별도의 신청 작업 없이 아주 간단하게 발급 받을 수 있게 되었습니다. 자, 그럼 이제 '서류센터'를 통해 Bank Statement를 발급 받는 방법에 대해 설명하겠습니다.

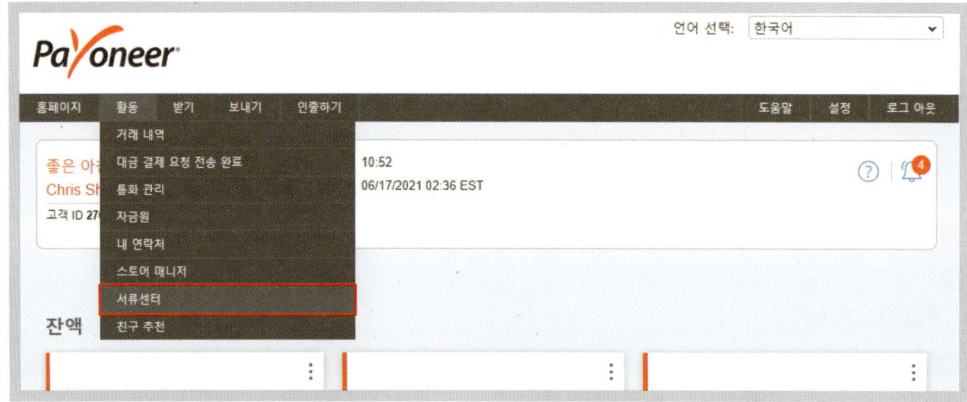

페이오니아에 로그인 후, '활동' 메뉴에서 '서류센터'를 클릭합니다.

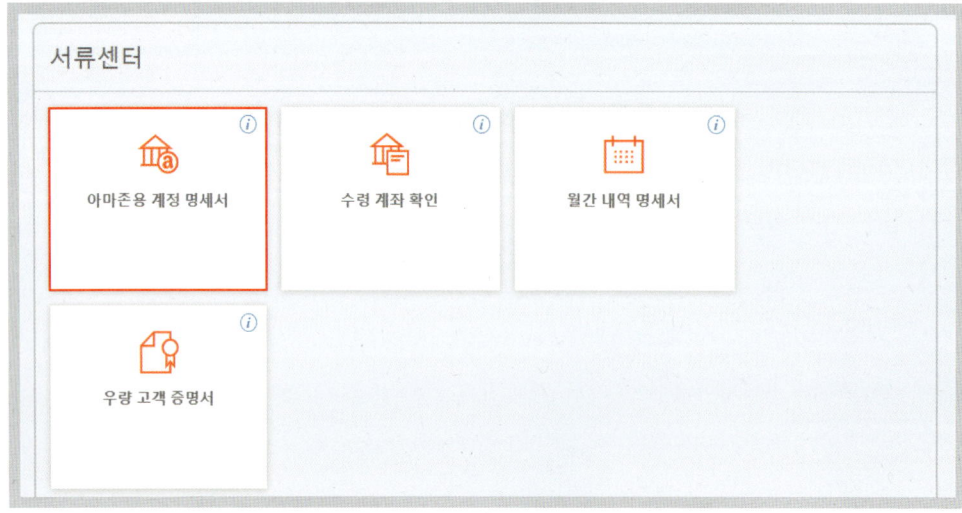

서류센터에서 '아마존용 계정 명세서'를 클릭하세요.

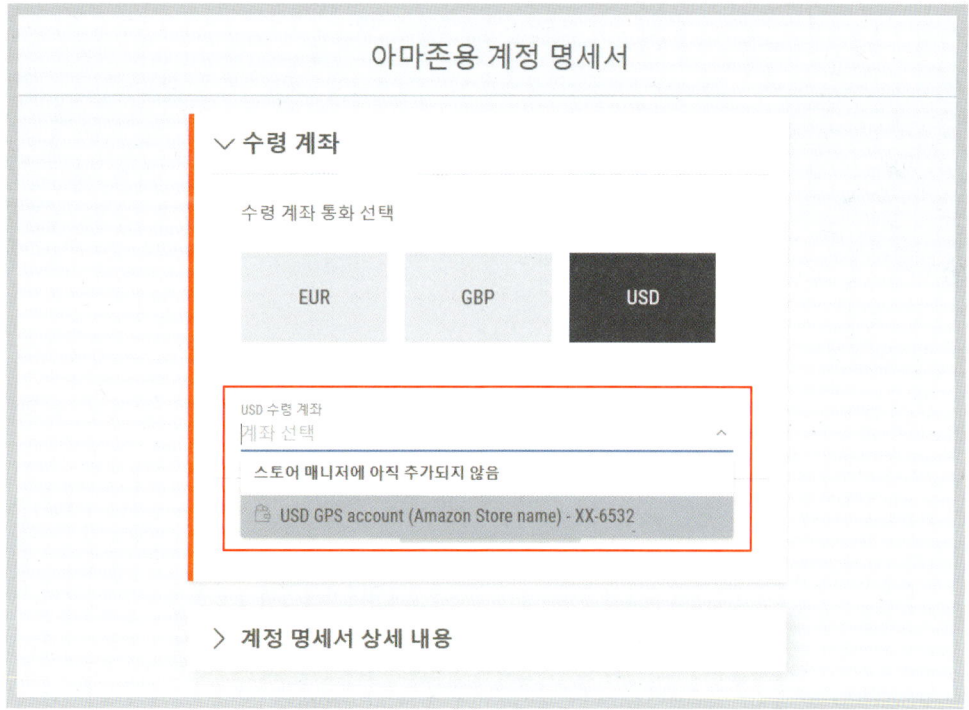

Bank Statement 발급이 필요한 필요한 통화를 선택해야 하는데, USD로 합니다.

통화를 USD로 선택 후 바로 하단에 있는 'USD 수령 계좌'를 클릭하여 페이오니아가 미리 생성해 놓은 계좌를 선택합니다.

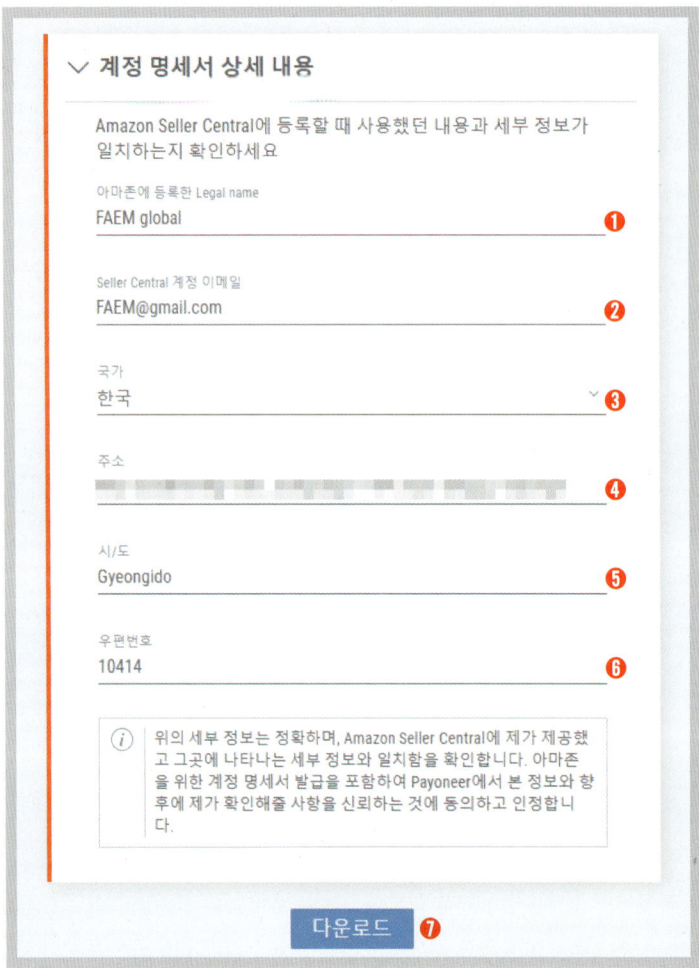

계정 명세서 상세 내용은 가장 중요한 부분입니다. 이 부분의 내용 때문에 아마존 가입 시 보류가 떨어지는 경우가 많기 때문입니다.

❶ 아마존에 등록한 Legal name: 아마존에 기입한 '영문 회사명'을 기재합니다. 무조건 아마존 셀러 센트럴 가입 시 입력했던 사업자 정보를 그대로 입력해야 합니다. 대·소문자, 띄어쓰기 등 모든 것이 일치하도록 입력합니다.

❷ Seller Central 계정 이메일: 아마존에 가입한 이메일을 입력하세요. 이때 주소 역시 아마존에 등록한 사업장 주소여야 합니다.

❸ 국가: 한국을 선택하세요.

❹ 주소: 120자까지 기재가 가능합니다. 서울에 거주하는 사람의 경우 '시' 전까지인 '구/읍/면/동'을 기재하고, 서울/광역시 이외에 거주하는 경우는 (경기도처럼 '도'에 거주하는 경우) 주소란에 '시/ 군' 정보까지 모두 기재하고, '시'란에는 '도' 정보를 기재합니다. 이때 주소 역시 아마존에 등록한 사업장 주소여야 합니다. 띄어쓰기, 대문자 모두 아마존에 등록한 주소 정

보와 일치하도록 입력합니다.

❺ 시/도: 시/도를 입력하세요. 이때 주소 역시 아마존에 등록한 사업장 주소와 똑같이 입력합니다.

❻ 우편번호: 우편번호를 입력하세요.

❼ 다운로드: [다운로드] 버튼을 클릭하세요.

[다운로드]를 클릭하면 다음과 같은 팝업창이 뜹니다.

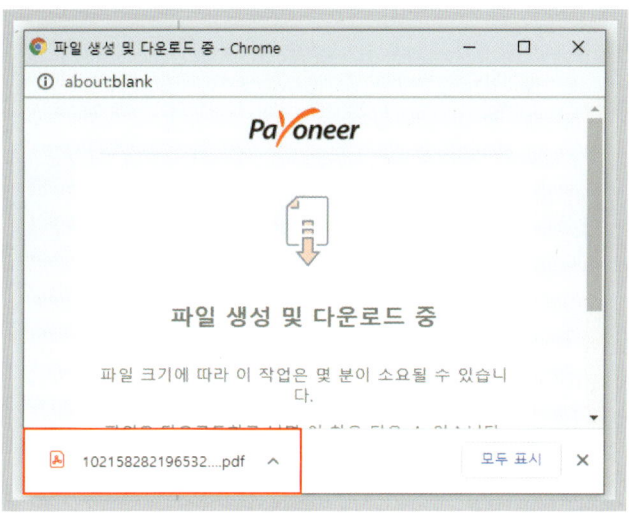

다운로드가 완료되면 클릭하여 다음과 같은 파일을 확인할 수 있습니다. 파일명을 바꾸지 말고 그대로 아마존에 제출하셔야 합니다.

3 Payoneer 계정에 대한 FAQ

- 계정 등록 관련
  - Payoneer에 한국 수령 계좌로 원화(KRW) 또는 외화(USD, EUR, GBP, JPY 등) 등록 가능
  - 개인 회원 가입 후 사업자 회원으로 변경 불가, 필요 시 신규 가입
  - 메일 주소로 한메일^{hanmail.net} 대신 다음^{daum.net} 주소 사용 권장
  - 계정 가입 시 크롬 / 파이어폭스 브라우저로 진행, 익스플로러 사용 시 에러 가능성 높음
- 인출 관련
  - 인출 신청 확인 이메일 수령 후 영업일 기준 1~3일 소요
  - 인출 수수료: 기본 1.2%. 단, 프로모션으로 0.9% 적용
  - 인출 가능 한국 계좌는 기본 3개 등록 가능(첫 가입 시 원화 계좌 필수), 추가 필요 시 고객센터 문의
  - 환율: 글로벌 환시장 실시간 환율 적용(한국 시중은행 고시환율 미적용)
- 은행계좌 증명 관련
  - 계정 소유 증명서^{Bank Statement} 재발급 / 수정 발급 필요 시 고객센터 및 페이오니아 플러스 친구 이용
  - 계정 소유 증명서에 회사명 특수기호 포함이 필요한 경우 고객센터를 통해 따로 발급
  - 가상계좌 추가 발급 필요 시 고객센터 문의
  - 한국어 고객센터 070-4784-4047, 페이오니아 플러스 친구 이용

2. 월드퍼스트 가입하기

월드퍼스트는 2004년에 설립된 영국계 핀테크 글로벌 기업으로 2019년 알리바바에 인수합병된 회사입니다. 세계 유수의 은행(Citi, Barclays, Deutsche Bank)과 협업을 하면서 외환 솔루션을 제공하고 있고, 이들과의 협업을 바탕으로 USD는 씨티은행, GBP는 바클레이즈 은행의 가상계좌를 제공하고 있습니다. 이체 수수료는 최저 0.15%, 최대 0.5%이며, USD, GBP, EUR, JPY 등 총 10가지 통화를 지원하고, 런던(영국), 시드니(호주), 홍콩, 싱가포르, 암스테르담(네덜란드), 도쿄(일본) 등 7개 국가에 법인을 두고 80개국의 고객들에게 서비스를 제공하고 있습니다. 최근 들어 아시아에 역량을 집중하고 있으며, 한국에도 다시 집중적 마케팅 활동을 시작하여 안정적으로 성장하고 있습니다.

여기서는 월드퍼스트 가입 방법과 Bank Statement 발급 방법에 대해 살펴보겠습니다. 월드퍼스트는 국내외 금융 관련법을 준수하는 가운데 회원 가입 시 실명 확인을 실시하기 때문에 페이오니아 회원 가입보다 상세한 절차가 요구됩니다. 그러므로 여권상의 이름, 월드퍼스트의 이

름, 주소와 아마존의 이름, 주소, 그리고 거주지 정보가 일치하도록 하십시오.

1 계정 생성

월드퍼스트와 저희 회사가 함께 제공하는 월드퍼스트 등록 페이지 https://bit.ly/3pc9ok5에 접속합니다. 물론 영문으로 된 월드퍼스트 https://www.worldfirst.com/uk/?ID=4018로 시작하셔도 됩니다. 다만, 첫 번째 링크로 가입 시는 바로 한글 안내 페이지에서 시작할 수 있고, 셀러 형태를 선택할 필요가 없어 조금 더 편리하게 가입하실 수 있습니다. 아래 QR 코드는 첫번째 링크로 연결이 됩니다.

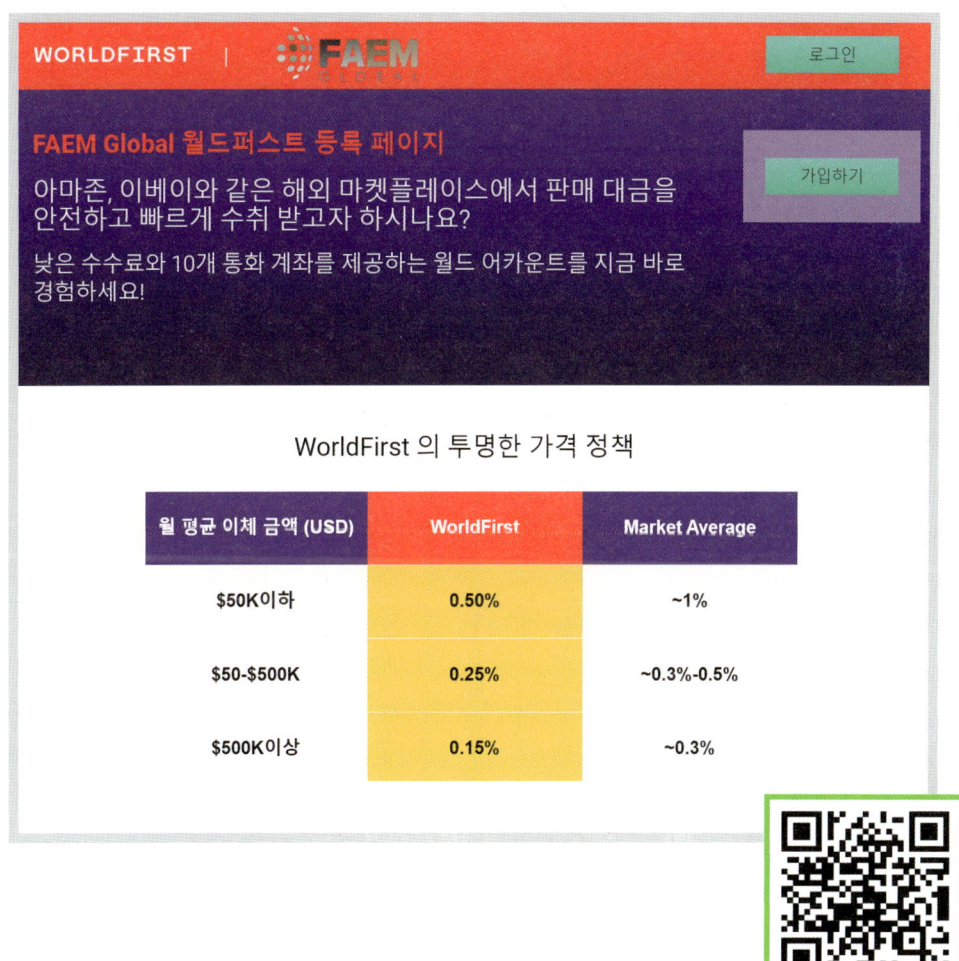

우측 상단의 [가입하기]를 클릭하면 가입 채널을 선택하라는 팝업창이 뜹니다. 이때 국문으로도 가입할 수 있으나, 영문으로 가입하면 가입 심사가 1~2일 더 빨리 진행되므로, 영문으로 계정 가입하시기를 추천합니다. 필자는 영문으로 설명을 하겠습니다.

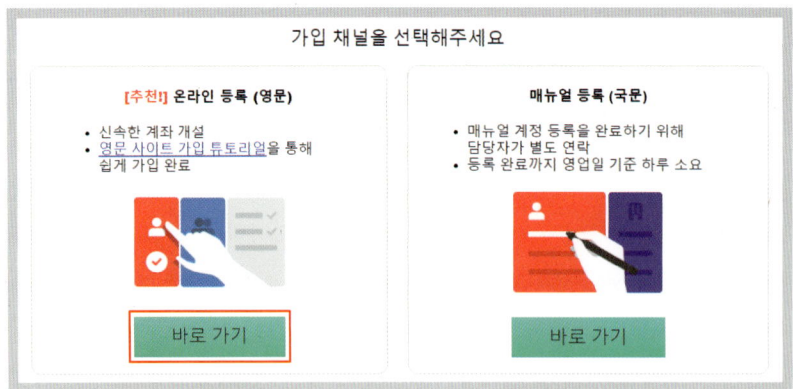

영문 쪽 [바로 가기]를 클릭합니다.

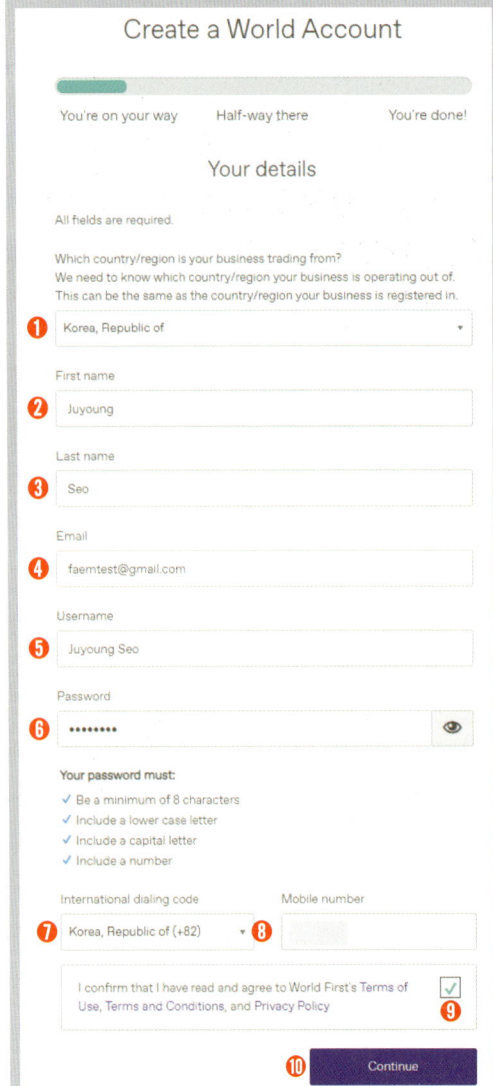

❶ 한국을 선택합니다. 다른 나라에 거주하는 경우는 해당 국가를 선택합니다.

❷~❸ 반드시 여권상의 영문 이름을 기입합니다. 대문자로 기재하는 것이 좋습니다.

❹ 이메일 주소를 기재합니다. 지메일 등 해외 이메일 서비스를 사용할 것을 추천합니다.

❺ 월드퍼스트에서 로그인에 사용하게 될 아이디입니다.

❻ 비밀번호는 8자 이상의 대소문자, 숫자가 포함되어야 합니다.

❼~❽ 국가번호 82를 선택합니다. 전화번호는 앞의 0은 생략하고 기재합니다.
　　Ex 010-1234-5678 → 1012345678

❾ 월드퍼스트가 보내는 전문 환율 정보, 월드퍼스트 상품 정보, 프로모션 등의 정보를 받지 않고자 할 경우에만 체크합니다. 일반적으로 체크하지 않습니다.

❿ [Continue] 버튼을 눌러 'Your details' 화면으로 넘어갑니다.

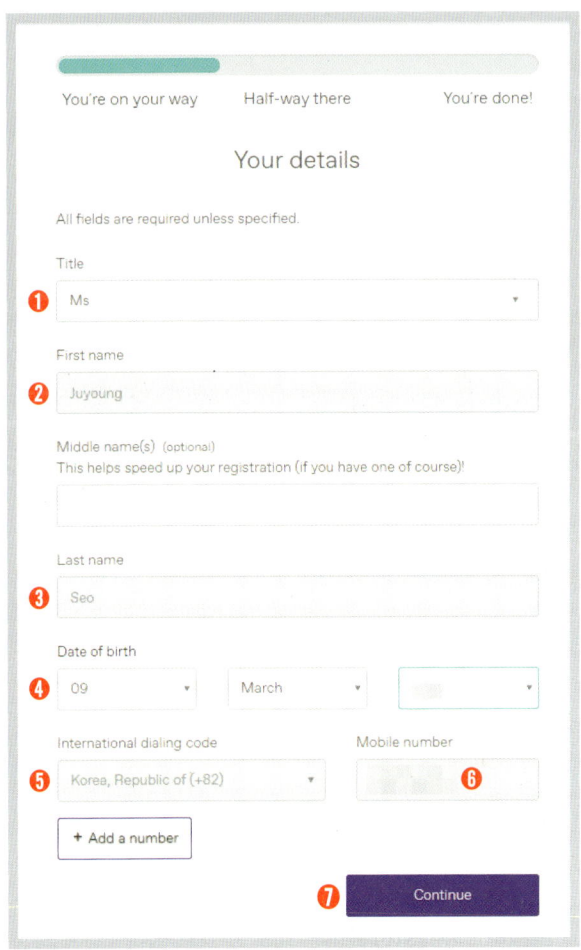

❶ Mr, Mrs, Ms, Miss, Dr 중에 자신에게 해당하는 것을 선택합니다.

❷~❸ 이름은 자동으로 기재됩니다. 'Middle name'은 따로 기재하지 않습니다.

❹ 생년월일을 선택합니다.

❺~❻ 전화번호도 역시 자동으로 기재되어 보입니다.

❼ [Continue] 버튼을 누르면 'Your home address' 화면이 나옵니다.

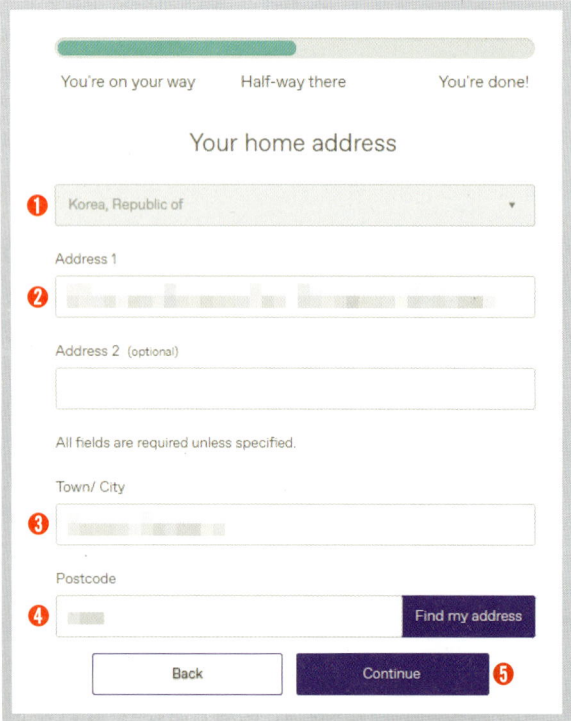

❶ 'Korea, Republic of'가 선택되어 나옵니다.

❷ 가입자 본인의 자택 주소를 영문 도로명으로 기재합니다. 네이버에서 영문주소 변환을 통해 영문 주소를 확인할 수 있습니다. 'Address1'에 기재하되 50자가 넘어가면 'Address 2'를 이용합니다.

❸ 도시를 기재합니다.

❹ 우편번호를 기재합니다

❺ [Continue] 버튼을 누르면 'Your Company details' 화면이 나옵니다. 개인사업자, 법인사업자에 따라 작성법이 달라집니다.

> **Tip. 계좌 소유 증명서 관련 유의점**
> - 계좌 소유 증명서 발급 시 입력한 자택 주소 정보가 반영되니 정확하게 기입해 주시기 바랍니다.
> - 사업자명 또는 사업자 주소로 계좌 소유 명세서 발급을 원하는 경우, 사업자등록증 확인 후 사업자 정보 추가가 가능합니다.

[개인사업자의 경우]

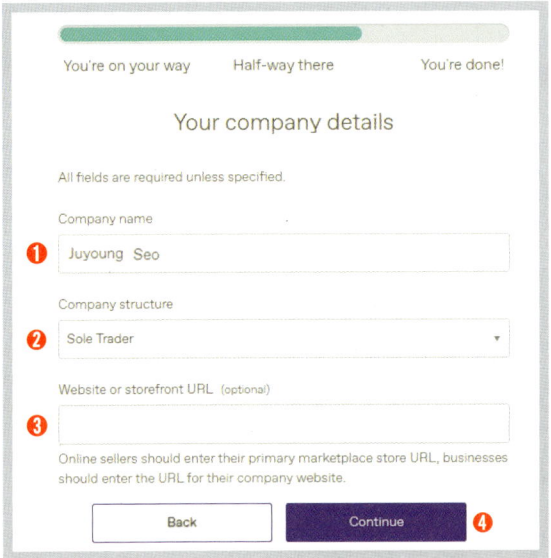

❶ 영문 여권 이름을 기재합니다. 이름, 성 순으로 씁니다.

❷ 개인 및 개인사업자의 경우는 'Sole Trader'를 선택합니다.

❸ 회사 홈페이지가 현재 없는 경우는 공란으로 비워둡니다.

❹ [Continue] 버튼을 누르면 'Final step' 화면으로 넘어갑니다.

[법인사업자의 경우]

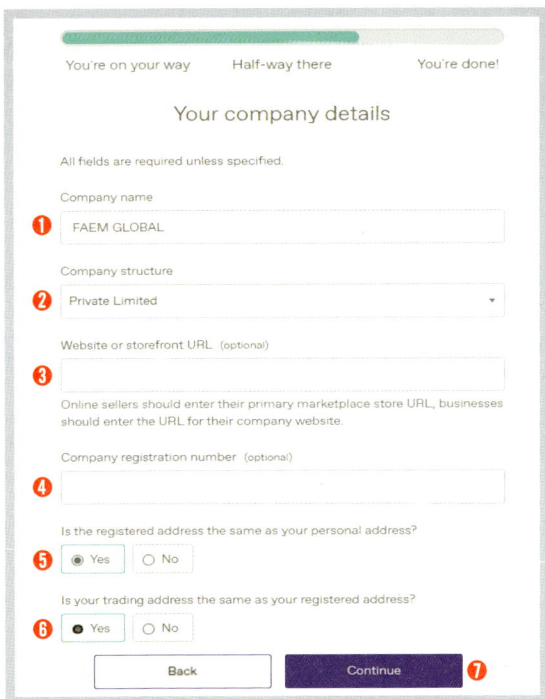

❶ 영문사업자등록증상의 법인명을 기재합니다.

❷ 하위 항목 중 'Private Limited'를 선택합니다.

❸ 회사 웹사이트가 없는 경우는 공란으로 비워둡니다.

❹ 사업자등록번호를 기재합니다.

❺ 등록된 사업장 주소가 개인 주소와 같으면 'Yes'를, 아니면 'No'를 선택합니다.

❻ 실제 사업장 주소가 등록된 사업장 주소와 같으면 'Yes'를 선택합니다.

❼ [Continue] 버튼을 누르면 'Final step' 화면이 나옵니다.

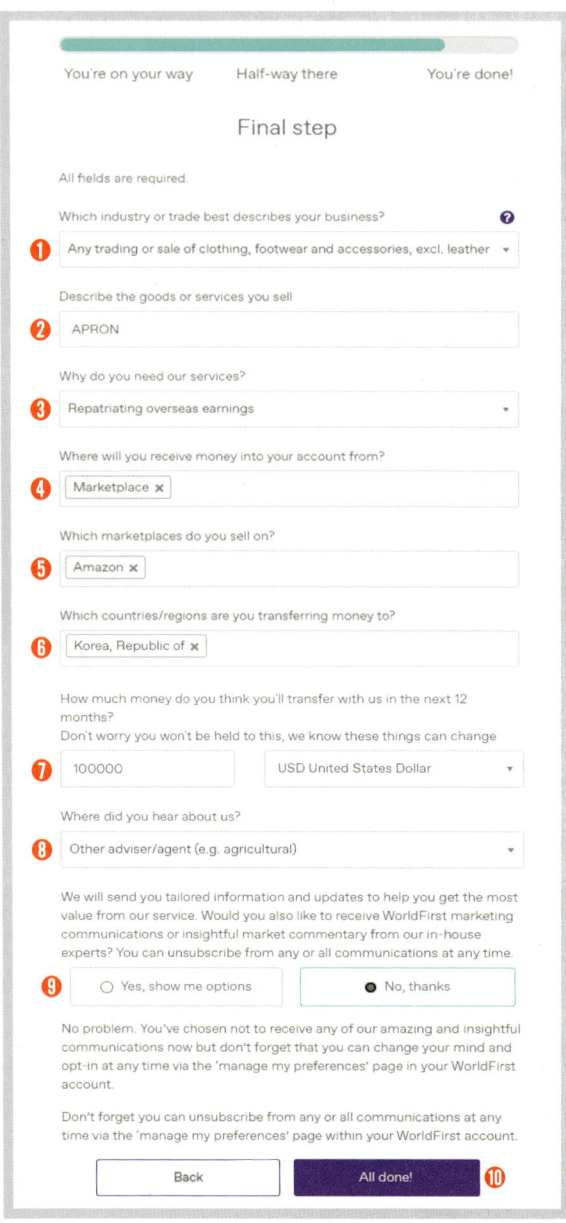

❶ 판매하고자 하는 상품의 카테고리를 선택합니다.

❷ 판매할 구체적인 상품명을 영문으로 기재합니다.

❸ 이용할 서비스 종류를 선택합니다. 'Repatriating overseas earnings(해외로부터 자금 수취)'를 선택하면 됩니다.

❹ 어디로부터 수취할 것인지 묻는 질문입니다. 'Marketplace(마켓플레이스)'를 선택합니다.

❺ 어느 마켓 플레이스에서 판매할지 묻는 질문입니다. 'Amazon'을 선택합니다.

❻ 송금할 국가를 선택합니다. 'Korea, Republic of'을 선택하겠습니다.

❼ USD 기준으로 1년간의 예상 매출액을 기재하고 우측의 화폐 단위를 선택합니다.

❽ 월드퍼스트를 알게 된 경위를 선택합니다.

❾ 월드퍼스트의 소식 및 공지 등의 안내를 받을지 결정합니다.

❿ [All done!] 버튼을 눌러 월드퍼스트 회원 가입 신청을 마무리합니다.

온라인 가입 신청을 마무리하면 월드퍼스트 서류 담당자가 메일로 서류를 요청합니다. 메일을 받은 후 계좌 개설 관련 서류를 korea@worldfirst.com으로 발송하십시오. 보내야 하는 서류는 법인 혹은 개인사업자에 따라 다릅니다.

	개인/개인사업자	법인
대표자 여권	O	O (Director 부서장 서류 대체 가능)
영문 사업자 등록증	개인사업자	O
영문 주주명부	X	O

2 Bank Statement 다운로드하기

월드퍼스트 역시 가입 완료 후 사이트에서 직접 다운로드받을 수 있습니다. 먼저 월드퍼스트에 로그인하여 'Currency accounts'를 클릭해 주십시오.

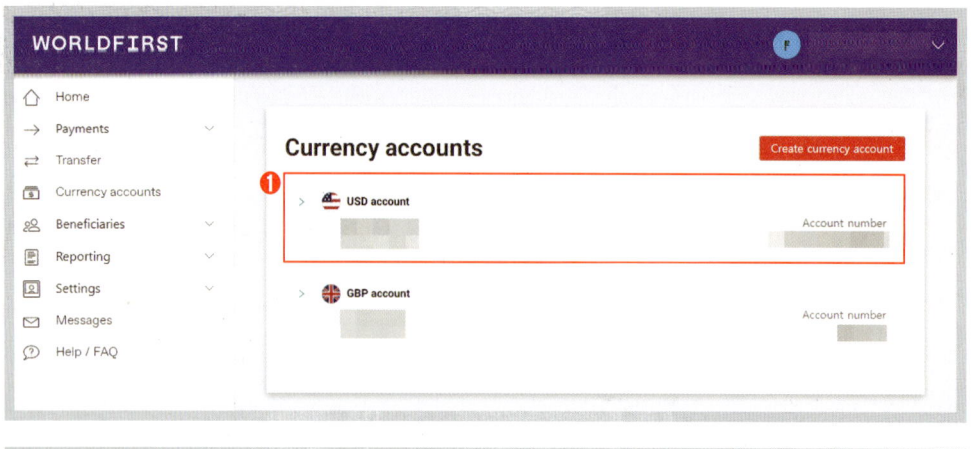

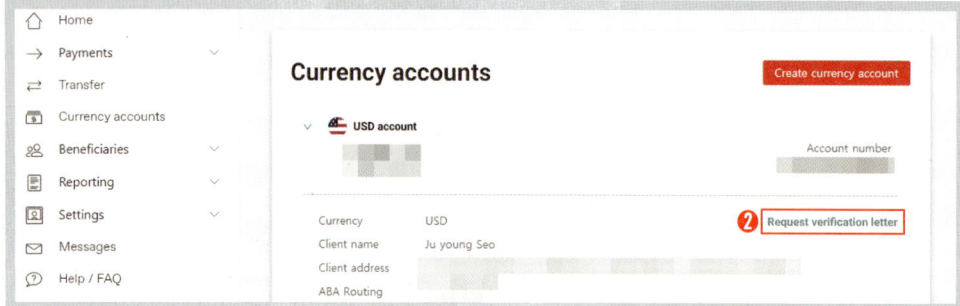

❶ 발급받고자 하는 계좌 정보를 클릭한 후 ❷ 'Request verification letter'를 선택하십시오.

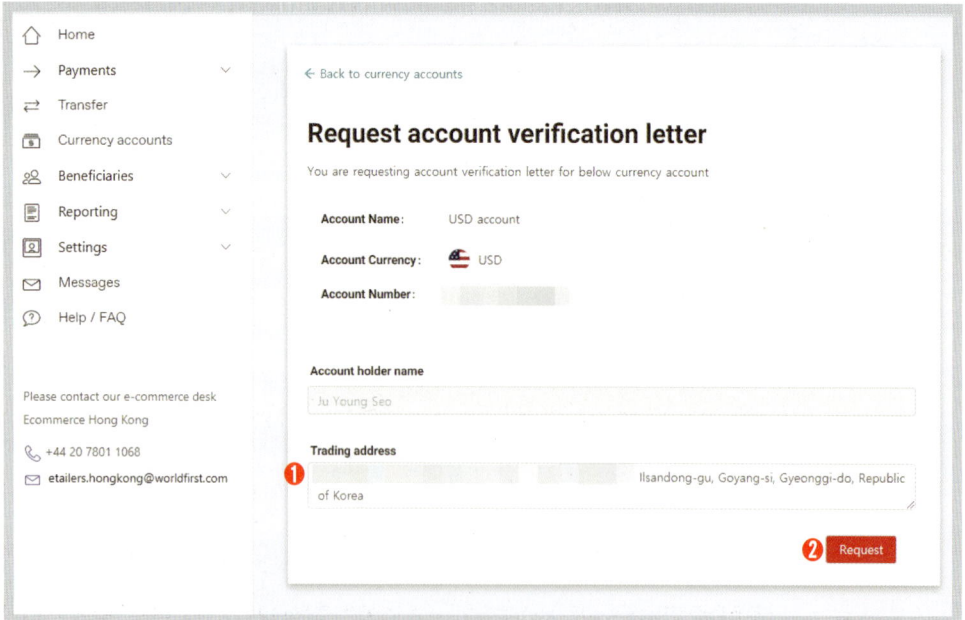

❶ 'Trading address' 란에 아마존에 입력한 주소를 직접 입력한 후 ❷ [Request] 버튼을 클릭합니다.

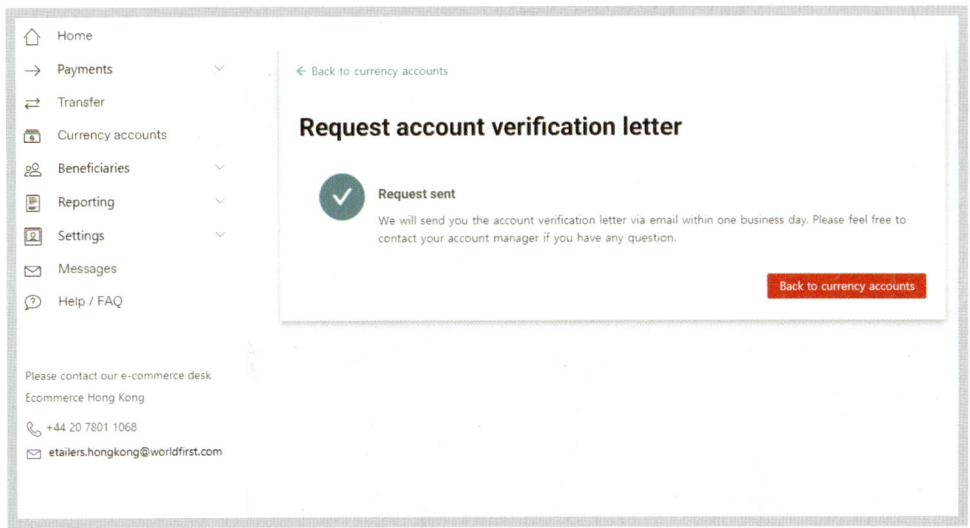

잠시 후, 등록한 이메일로 신청한 계좌 명세서가 다음과 같이 'Account Ownership Letter - 고객번호'라는 제목으로 옵니다.

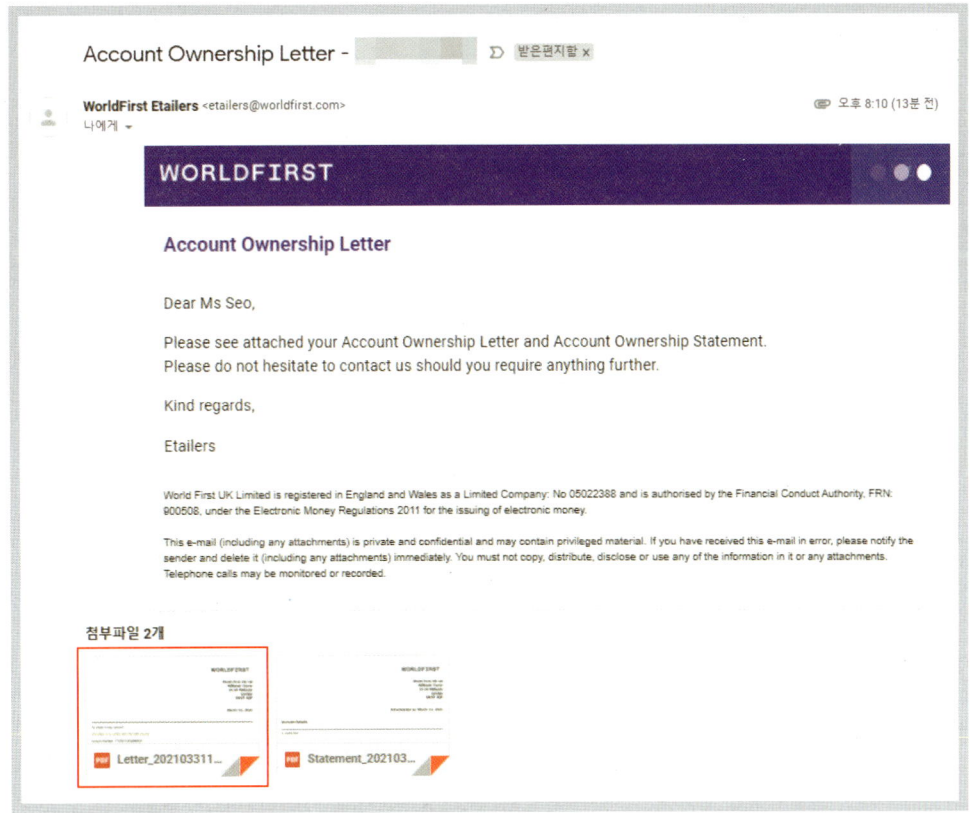

첨부파일을 클릭하면 다음과 같은 증명서를 확인할 수 있습니다.

WORLDFIRST

World First UK Ltd
Millbank Tower
21-24 Millbank
London
SW1P 4QP

March 31, 2021

To whom it may concern:

This letter is to certify that the USD account:

Account Number:
ABA Routing Number:
SWIFT/BIC Code: CITIUS33
Bank Name: Citibank New York
Bank Address: 111 Wall Street, New York, NY 10005, USA, United States

Is for the sole use of: Ju young Seo
Address: Ilsandong-gu, Goyang-si, Gyeonggi-do, Republic of Korea

Please contact me if you have any questions

Contact details
Pureum Kim, Team Lead - Relationship Management
Telephone:

Yours faithfully,

Jeff Parker
CEO

World First UK Limited is registered in England and Wales as a Limited Company: No 05022388 and is authorised by the Financial Conduct Authority, FRN: 900508, under the Electronic Money Regulations 2011 for the issuing of electronic money.

Tip. 롱테일 키워드, 숏테일 키워드

사람들이 네이버나 구글에서 검색을 할 때 "봄 청바지 코디"처럼 여러 키워드를 조합합니다. 왜냐하면 "청바지"로 검색하면 무수히 많은 웹페이지가 나오고 여기서 코디와 관련된 정보를 찾기 어렵기 때문입니다. 반면 아마존이나 네이버 쇼핑 같은 마켓 플레이스에서는 "청바지"나 "봄 청바지"처럼 짧은 키워드를 사용합니다. 왜냐하면 가격비교를 하려는 의도가 강하기 때문입니다. 콘텐츠의 제목을 뽑을 때는 이런 점을 염두에 두고 만들어야 유입 효과를 누릴 수 있습니다.

03 아마존 셀러 가입하기

아마존 회원 가입을 위해 준비해야 할 사항들이 준비되었고, 가상계좌 가입도 완료했다면, 이제 드디어 아마존 셀러 가입을 시작합니다. 회원 가입 전 반드시 기억해야 할 사항은 아마존에 등록하는 모든 내용이 가상계좌에 입력한 모든 내용과 완벽히 일치해야 한다는 것입니다. 아마존은 대 / 소문자, 사이 띄기까지 모두 체크하여 조금이라도 틀리면 가입이 보류됩니다. 이것을 풀려면 Utility bill을 제출해야 하는 추가적인 공정이 필요하게 되기 때문입니다. 문제는 이 추가 공정을 통과하기가 매우 어렵다는 것입니다. 이 단계에서 통과하지 못해 처음 가입과 동시에 계정 정지를 당하는 사람들이 매우 많습니다.

다음과 같이 아마존코리아 웹사이트 https://sell.amazon.co.kr에 접속 후 [입점 시작하기] 버튼을 클릭하여 가입을 시작합니다.

아마존 셀러 가입은 1장 4절 '아마존 수수료 체계'의 아마존 셀러 구분 설명에서 소개했듯이 프로페셔널 셀러 Professional seller와 개인 셀러 Individual seller로 가입할 수 있습니다만, 아마존코리아 웹사이트를 이용할 경우 개인 셀러로 가입하는 링크는 없습니다. 개인 셀러로 가입을 희망하는 경우, 아마존 웹사이트 www.amazon.com에서 진행해야 합니다. 여기서는 프로페셔널 셀러로 가입하는 방법을 소개하기 때문에 개인 셀러 가입 방법은 별도로 소개하지 않겠습니다.

위 화면에서 [입점 시작하기]를 누르면 'Get started with your Sell on Amazon account'

화면으로 이동합니다.

> **Tip. 아마존 셀러로 가입 시 주의할 점**
> 반드시 그래야 하는 것은 아니나 기존 아마존 구매자 계정이 있는 경우, 사전에 미리 구매자 계정을 탈퇴하고 셀러로 가입하시기를 필자는 권합니다. 이유는 구매자로 가입 시 아마존에 제공한 정보와 셀러로 가입 시 제공할 정보가 다를 수 있고, 연관 계정이 되어 이중 계정으로 오해받을 소지가 있기 때문입니다.

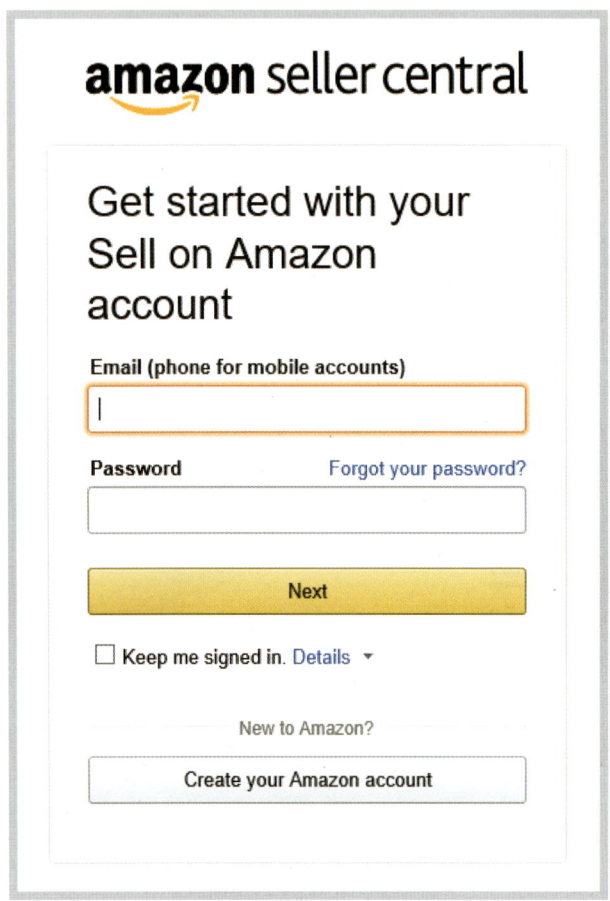

이 단계에 보이는 이메일이나 비밀번호 작성은 기존에 아마존 계정이 있는 경우 사용하는 것입니다. 그러니 위 란들은 건너뛰고 맨 하단의 [Create your Amazon account]를 클릭하여 회원 가입을 시작하시기 바랍니다.

다음은 [Create your amazon account]를 클릭한 후 회원 가입을 하는 방법입니다.

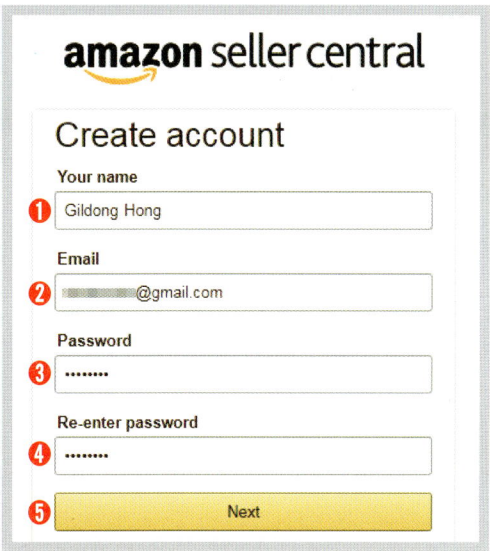

❶ 셀러의 이름을 기재하되 반드시 여권상의 이름과 동일하게 영문으로 이름-성 순서로 입력합니다. 참고로 여권에 이름이 'GIL DONG'으로 떨어져 있으면 아마존에도 떨어뜨려 기입하고, 'GILDONG'으로 붙어 있으면 붙여서 기입합니다. 법인의 경우는 대표자명을 기재하는 것이 좋습니다.

❷ 아마존에서 사용할 이메일 주소를 기재합니다. 추후 셀러 계정 로그인 아이디로 사용되며, 지메일 같은 해외 이메일 서비스를 이용할 것을 추천합니다. 가상계좌에 등록한 이메일과도 같도록 합니다.

❸ 계정 로그인 시 사용할 비밀번호를 최소 6자 이상으로 입력합니다.

❹ 비밀번호를 한 번 더 입력합니다.

❺ [Next] 버튼을 누르면 'Verify email address' 화면으로 이동합니다.

입력한 이메일로 아마존이 인증 코드를 발송합니다. 그 코드를 복사하여 'Enter code'에 입력하고 [Verify]를 클릭해 인증합니다. 인증이 완료되면 'Before starting, please ensure you have the following handy' 화면으로 이동합니다. 개인인지 법인이나 개인사업자인지에 따라 내용이 달라집니다.

[사업자로 등록하지 않은 순수 개인의 경우]

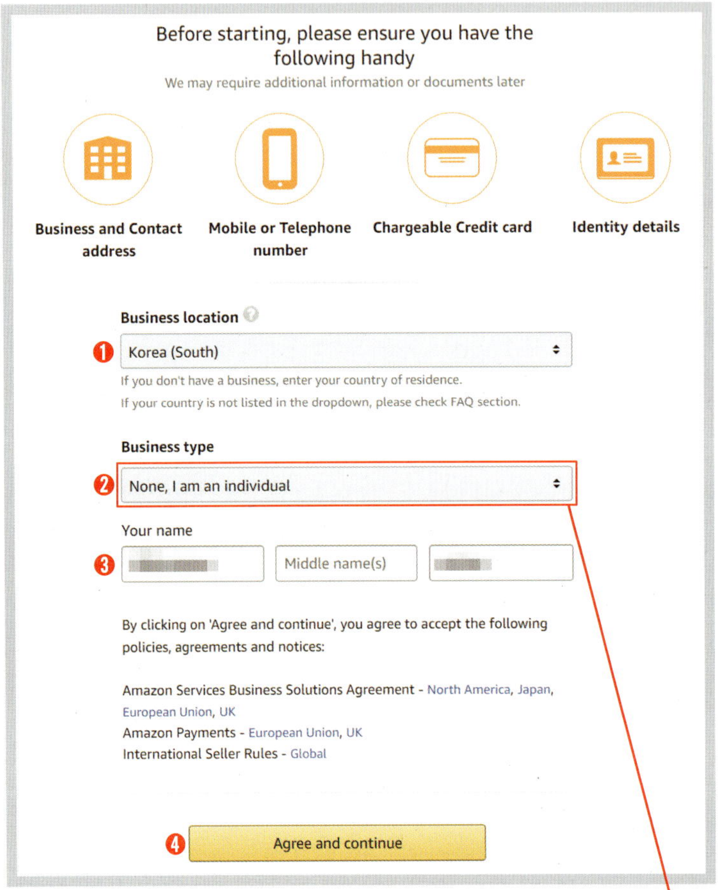

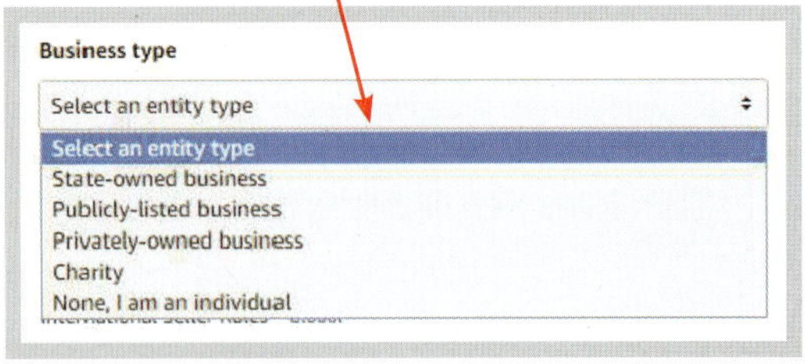

❶ 'Korea(South)'를 선택합니다.

❷ 'Business type'은 3가지 중 하나를 선택합니다. 상장된 법인이라면 'Publiclylisted business'를, 비상장 법인 혹은 개인사업자라면 'Privately-owned business'를, 개인이라면 'None, I am an individual'을 선택합니다.

❸ 개인을 선택하면, 이름을 기재하는 칸이 생깁니다. 여권과 일치하는 대표자의 성명을 기입하되 'middle name'은 기재하지 않고 이름 / 성 순으로 여권과 동일하게 기재합니다.

❹ [Agree and continue] 버튼을 누르면 다음 화면이 나옵니다.

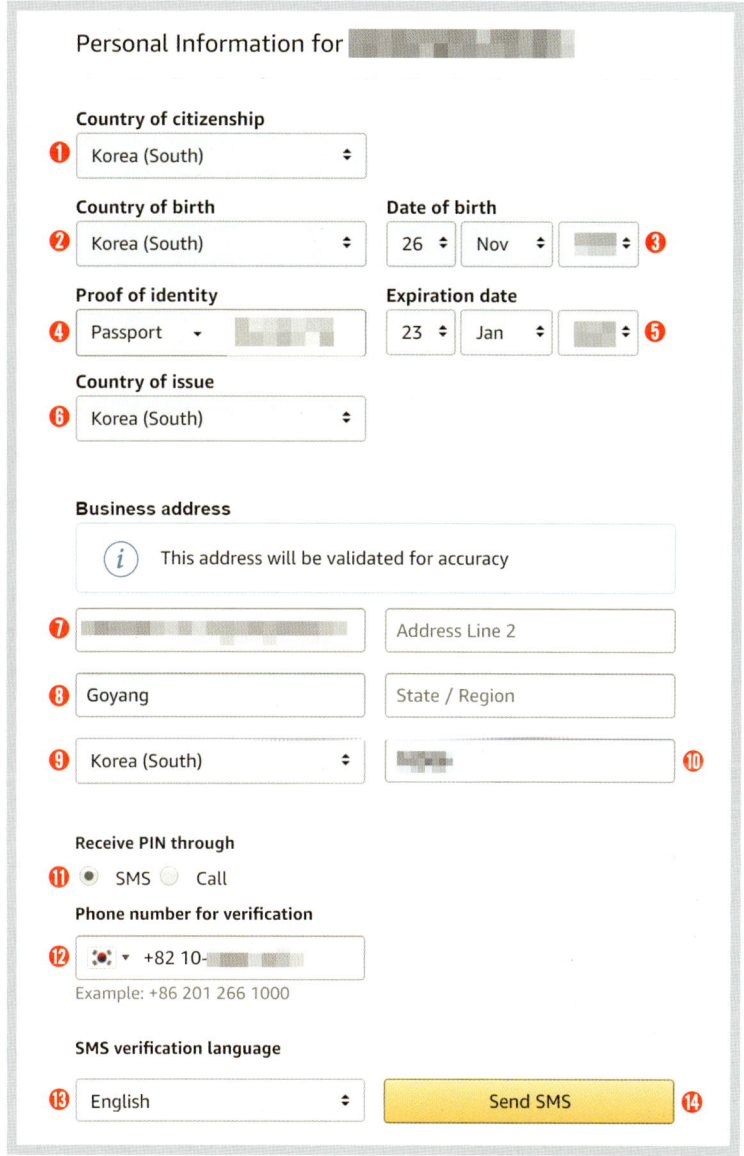

❶ Korea(South)를 선택합니다.　　❷ 출생 국가를 선택합니다.
❸ 생년월일을 선택합니다.　　　　❹ 여권번호를 기재합니다.
❺ 여권의 유효기한을 기재합니다.　❻ 여권 발급 국가를 선택합니다.
❼ 도로명 주소를 '시' 전까지 기재합니다. Address Line이 1, 2로 구분이 되어 있고 원칙적으로 아파트 동 호수 등은 Address Line 2에 기재하는 것이 맞으나 Address Line 2에 기재

시 동호수가 주소의 중간에 위치하게 됩니다. 이 단계에서 페이오니아의 Bank Statement 와 주소가 상이해 지는 경우가 종종 있으나, 일치를 시키기 위해 되도록이면 Address Line 1 에 모든 정보를 기재하되 동 호수는 맨 앞에 기재하는 것을 추천합니다. 그러나 아마존상의 정보와 페이오니아 상의 정보가 정확히 맞다면, 동 호수가 가운데 들어가도 상관없습니다.

> Ex 101-101, 1001, Jungang-ro, Ilsandong-gu

❽ '시'(도시명)를 기재할 때도 페이오니아와 일치해야 합니다. 페이오니아는 '시' 부분에서 하이폰을 인식하지 못하기 때문에 '-'을 기재하지 않습니다. 따라서 아마존에도 하이폰을 기재하지 않습니다.

> Ex 페이오니아 기재가 Goyangsi면 아마존에도 Goyangsi, 페이오니아 기재가 Goyang이면, 아마존에도 Goyang

❾ Korea(South)를 선택합니다.

❿ 우편번호를 기입합니다.

⓫ 인증코드를 받을 형태를 선택합니다. 보통 SMS로 코드를 받습니다.

⓬ 인증코드를 받을 핸드폰 번호를 기입합니다. 앞에 국가코드 82가 있으므로 번호 맨 앞의 0은 제외하고 기재합니다.

⓭ 한국어가 없으므로 English에서 변경하지 마십시오.

⓮ [Send SMS] 버튼을 클릭하면 Pin 번호를 입력하는 레이어창이 나타나고, 잠시 후 입력한 핸드폰 번호로 Pin 번호 6자리가 도착합니다.

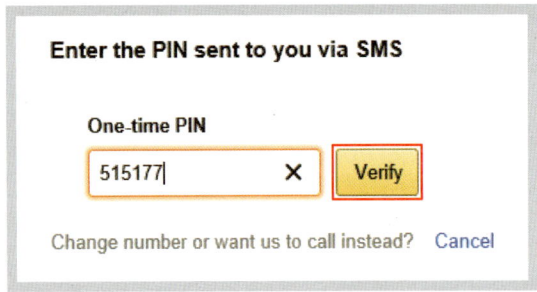

문자로 온 Pin 번호 숫자를 입력하고 [Verify] 버튼을 클릭하면 인증이 됩니다.

인증이 완료되면 [Next] 버튼이 활성화됩니다. 클릭하면 다음 화면으로 넘어갑니다.

[법인 및 개인사업자의 경우]

앞서 나온 'Before starting please ensure you have the following handy' 화면에서 개인사업자와 법인사업자 중 비상장사라면 'Privately-owned business'를, 상장사라면 'Publicly-listed business'를 선택하시라고 알려드렸습니다.

'Privately-owned' 혹은 'Publicly-listed business'를 선택하면 아래 이미지처럼 하단에 'Business name'을 기재하는 칸이 뜹니다. 이곳에는 '영문회사명과 대표자명'을 기재하되, 주식회사의 경우 붙는 Inc.나 Co., Ltd. 등은 넣지 않고, 회사명과 개인명 사이에는 '-'을 넣어 기재합니다.

Ex 회사명이 팸글로벌이고 대표자명이 서주영일 경우, 'FAEM GLOBAL - JUYOUNG SEO'라고 기재

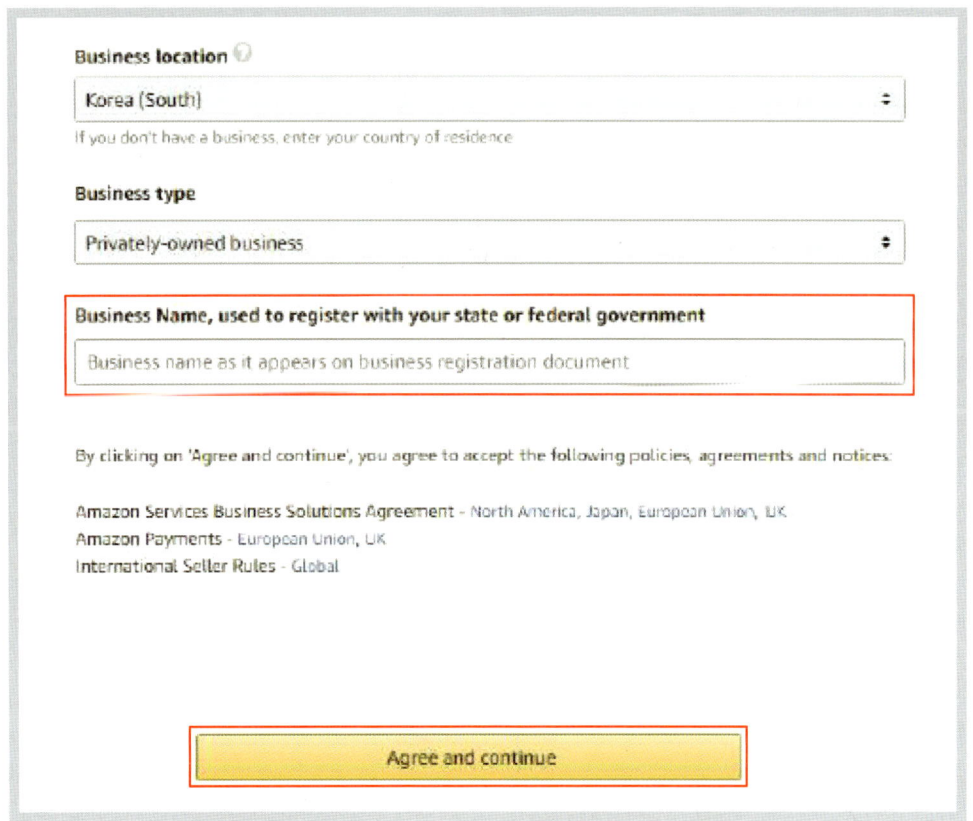

기재 후 [Agree and continue]를 클릭하면 다음과 같은 화면이 보입니다.

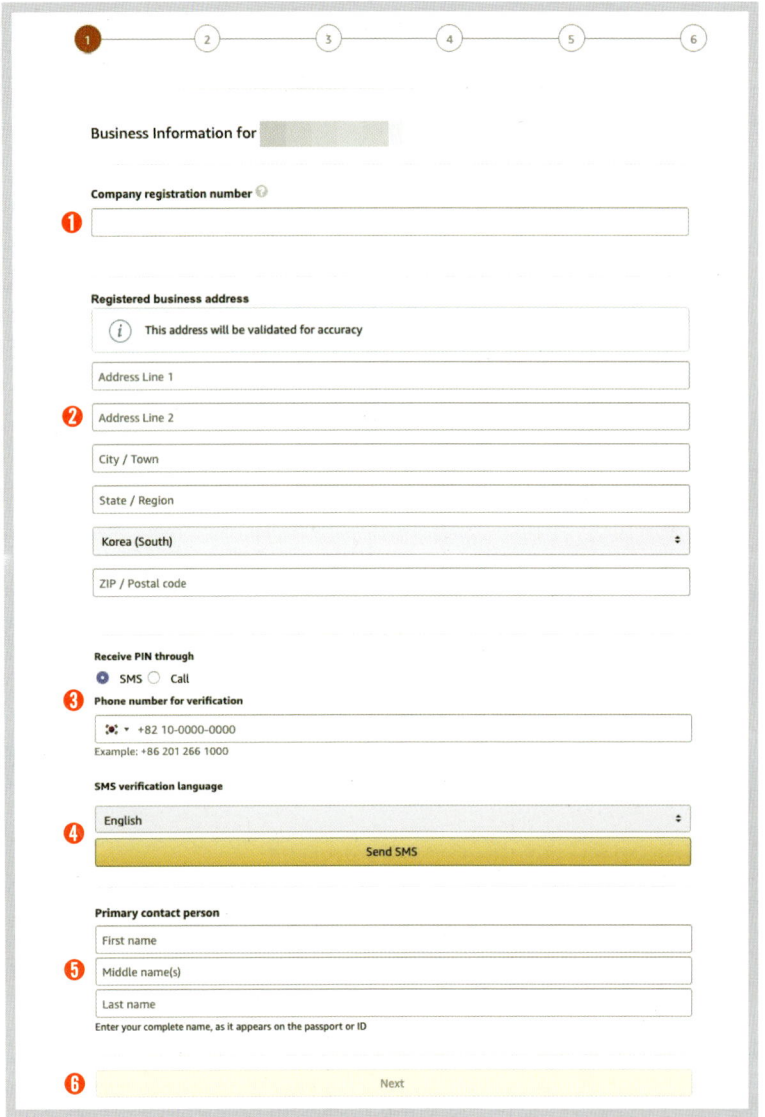

❶ 사업자등록번호를 기재합니다.

❷ 주소는 앞의 개인 및 개인사업자 선택 시 기재하는 방법과 동일하게 기재하고, 우편번호까지 기재합니다.

❸ 인증코드를 받을 전화번호를 기재합니다. 대표자의 번호를 입력하여 인증받는 것이 좋습니다.

❹ 언어는 'English'로 두고, [Send SMS]를 클릭하여 인증합니다.

❺ 'Primary contact person' 역시 대표자명을 기재하기를 권합니다. 'First name'에는 이름, 'Last name'에는 성을 기재하고, 'Middle name'에는 절대 아무것도 기재하지 않습니다.

❻ [Next]를 클릭하여 다음 화면으로 넘어가면 대표자 정보를 기재하는 칸이 나옵니다.

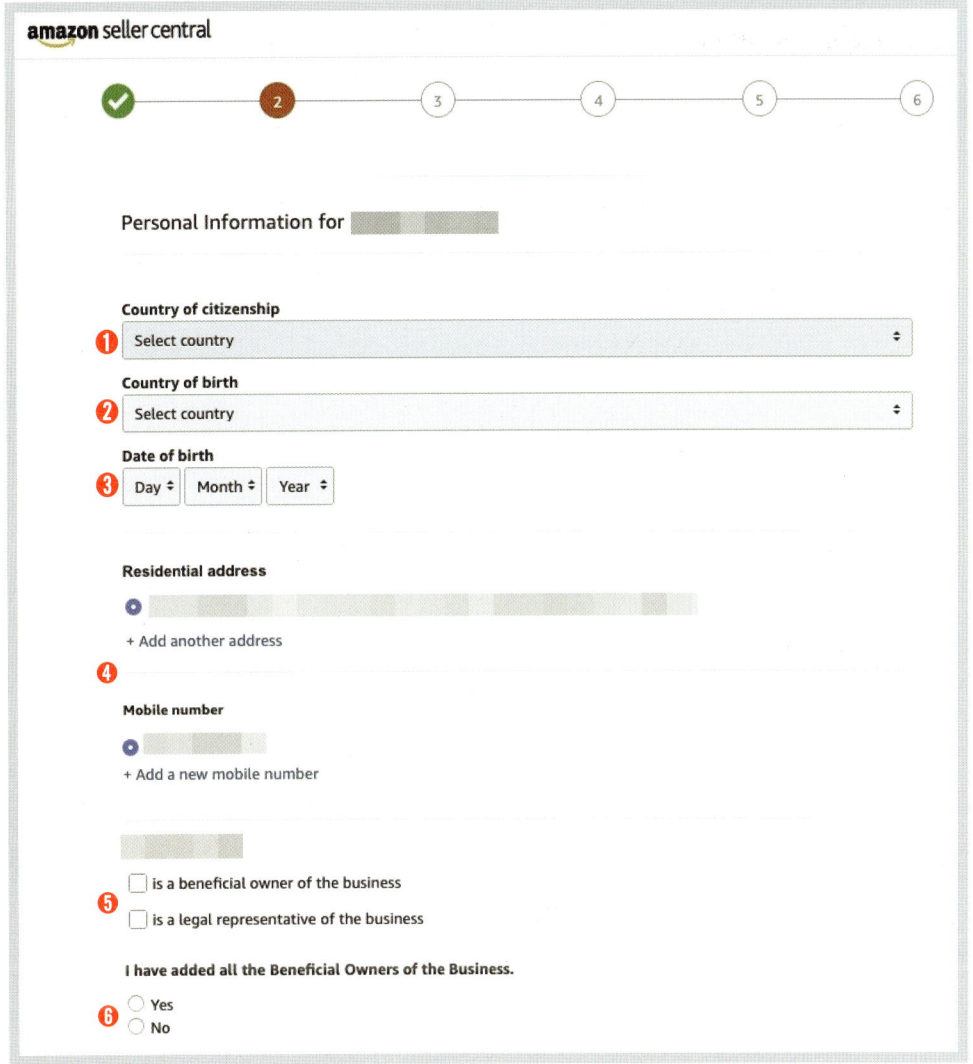

❶~❷ 한국(South, Korea)을 선택합니다. 한국을 선택하면 여권 정보를 기재하도록 항목이 추가됩니다.

❸ 생년월일을 표시합니다.

❹ 'Residential address'와 'Mobile number'는 기재가 된 상태로 나옵니다.

❺ 대표자가 회사의 실 소유주(주주)라면 'beneficial owner'를, 법정 대표자라면 'legal representative'를 클릭합니다. 두 가지 모두를 선택할 수도 있습니다.

❻ 'Yes'를 선택합니다.

화면을 스크롤해 내리면 [Next] 버튼이 있는데, 클릭해 다음 화면으로 넘어갑니다. 다음부터는 개인이나, 법인 및 개인사업자 모두에게 공통으로 보이는 화면입니다.

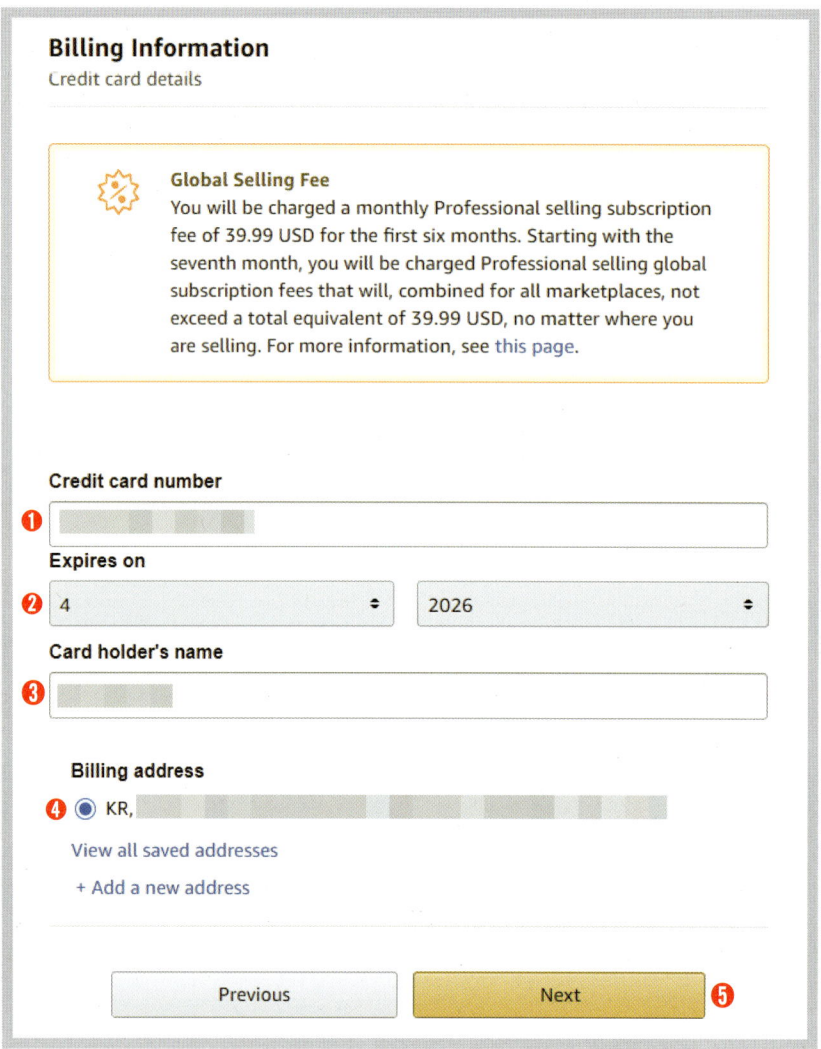

이미지 상단의 박스 내용은 처음 6개월 동안 월별 프로페셔널 셀링 구독료 39.99 USD가 청구되고 7개월부터는 판매 위치에 관계 없이 모든 마켓 플레이스에 대해 합산하여 총 39.99 USD를 초과하지 않는 프로페셔널 셀링 글로벌 구독 요금이 청구된다는 안내입니다. 확인하신 후 카드 정보를 입력합니다.

❶ 비자나 마스터 카드 등 해외결제가 가능한 신용카드의 번호를 기재합니다.

❷ 유효기간을 선택합니다.

❸ 카드 소유주의 영문 이름을 기재합니다.(법인의 경우는 법인카드명을 기재합니다.)

❹ 앞서 입력한 주소가 표시됩니다. 만약 동일하지 않다면 '+ Add a new address'를 클릭하여 새 주소를 기재합니다.

❺ [Next]를 누르면 'Store Information'을 기재하는 화면으로 이동합니다.

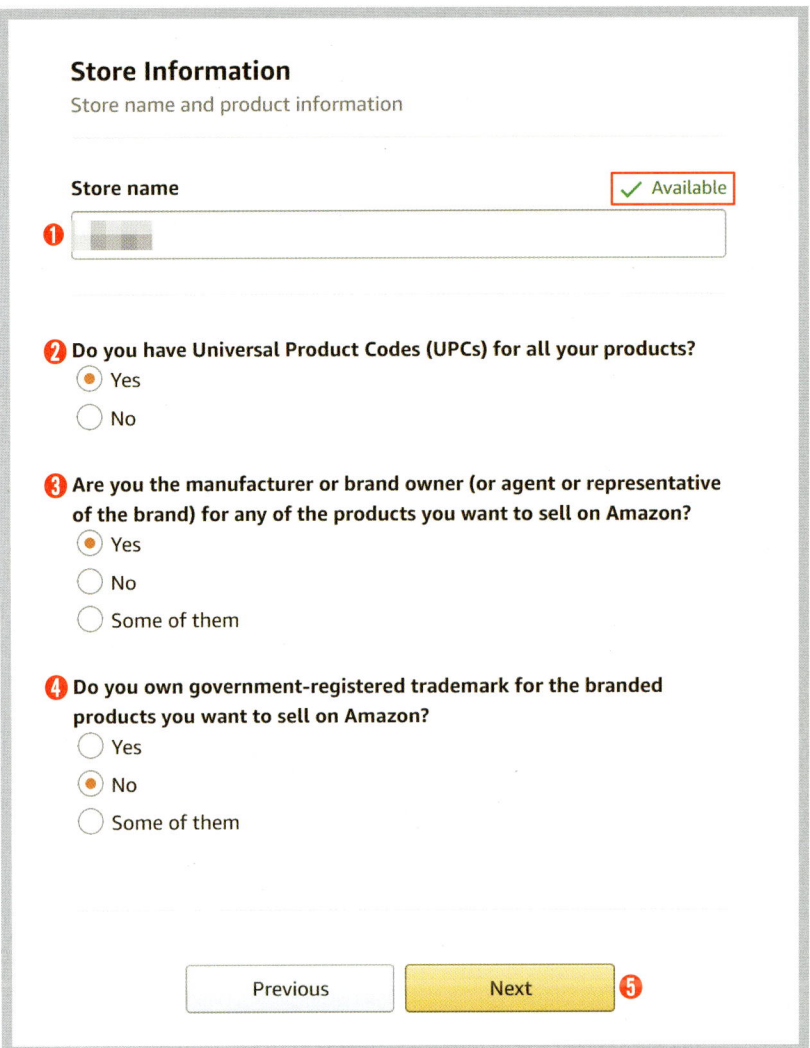

❶ 아마존에서 사용할 스토어 이름을 입력합니다. 사용 가능 여부(Available)가 우측에 자동으로 보입니다. 이 부분 때문에 페이오니아의 Bank Statement는 이 단계까지 완료한 후 발급을 받으라고 권하는 것이며, 스토어 이름은 추후 수정이 가능합니다.

❷ 아마존에서 판매하려는 상품이 바코드가 있는지를 묻습니다. 반드시 'Yes'로 답해야 합니다.

❸ 아마존에서 판매할 상품을 제조하는지 브랜드를 가지고 있는지 묻습니다. 순수 리셀러reseller 의 경우는 'No'에 클릭합니다. 만약 'No'에 클릭할 경우 아래 ❹ 항목이 보이지 않습니다. 제조업체나 브랜드 오너의 경우는 'Yes'를 선택하십시오.

❹ 미국 정부에 등록된 상표권이 있는지의 여부를 묻습니다. 있는 경우 'Yes', 없는 경우 'No'를 선택합니다.

❺ [Next]를 클릭하여 SIV 화면으로 이동합니다.

04 SIV

다음으로는 SIV 단계입니다.

    SIV는 보안을 강화하기 위해 2017년에 도입된 시스템입니다. 아마존을 통해 판매하려는 모든 셀러들은 신규 셀러 등록 과정에서 두 종류의 서로 다른 신원 확인 문서를 제출해야 합니다. 이 셀러 신원 확인에 필요한 서류는 여권 사본과 가상계좌의 Bank Statement입니다. Bank Statement 받는 방법은 2절 '해외 가상계좌 만들기'를 참고하시기 바랍니다. 셀러 신원 확인 절차에서 아무 이상이 없으면 IPV라는 비디오 콜Video Call 신원 인증 단계로 넘어가지만, 종종 아무 이상이 없을지라도 확인이 필요하다고 판단되는 경우 2일을 기다리라는 메세지가 나옵니다.

❶ [Upload Passport] 버튼을 클릭하여 스캔한 여권을 업로드합니다. 이때 반드시 지켜야 할 사항은 다음과 같습니다.
- 여권 문서는 반드시 스캔본으로 제출해야 합니다.
- 서명란이 보이도록 컬러 스캔해야 합니다. 스캔 시 해상도가 300dpi 정도면 무난하지만, 필자는 꼭 600dpi의 고해상도 jpg 파일로 준비하기를 권합니다.(pdf 파일은 10MB가 넘는 경우가 있으므로 jpg로 준비하시기 바랍니다.)
- 반드시 서명란에는 영문 서명이 되어 있어야 합니다.
- 약식 사인이 아닌 정식 영문명 이름과 성 대문자로 서명해야 합니다.
- 만약 서명란에 이미 정식 영문명이 아닌 사인으로 기재되어 있다면 주변 빈 여백에 서명하십시오.
- 문서에 표기된 이름은 반드시 위의 'Name' 항목과 동일해야 합니다.
- 기한이 만료된 문서는 인정되지 않기 때문에(기한이 만료된 여권은 제출 불가), 여권의 만료 기간이 적어도 6개월 이상 남아 있어야 합니다.
- PC 화면 또는 스마트 디바이스 상에서 캡처한 문서는 인정되지 않습니다.
- 여권 스캔본은 화질이 흐리지 않은 문서여야 합니다.
- 카메라 플래시의 반사나 번쩍거린 자국 등이 없이 선명해야 합니다.
- 파일 여백은 잘라내고 업로드하되 여권의 가장자리는 보이도록 잘라내십시오.
- 파일명은 영문으로 간단히 기재합니다.

❷ 여권 외에 업로드할 신원 확인 서류를 선택하는 드롭다운 메뉴입니다. 'Bank account statement'를 선택합니다.

❸ [Upload Additional] 버튼을 클릭하여 가상계좌 회사(페이오니아 혹은 월드퍼스트)에서 발급받은 Bank Statement를 업로드합니다. 이때 주의사항은 다음과 같습니다.
- 문서는 최근 90일 이내에 발행된 것이어야 합니다.
- 문서에 나와 있는 계좌 소유자 Account Holder 의 이름과 주소 모두 셀러 센트럴에 입력한 개인 혹은 사업자 이름 및 주소와 반드시 일치해야 합니다.
- 문서는 해당 가상계좌사로부터 다운로드 혹은 발급받은 것이어야 합니다.
- PC 화면 또는 스마트 디바이스 상에서 캡쳐한 문서는 인정되지 않습니다.

❹ [Submit] 버튼을 클릭하여 SIV를 마무리합니다.

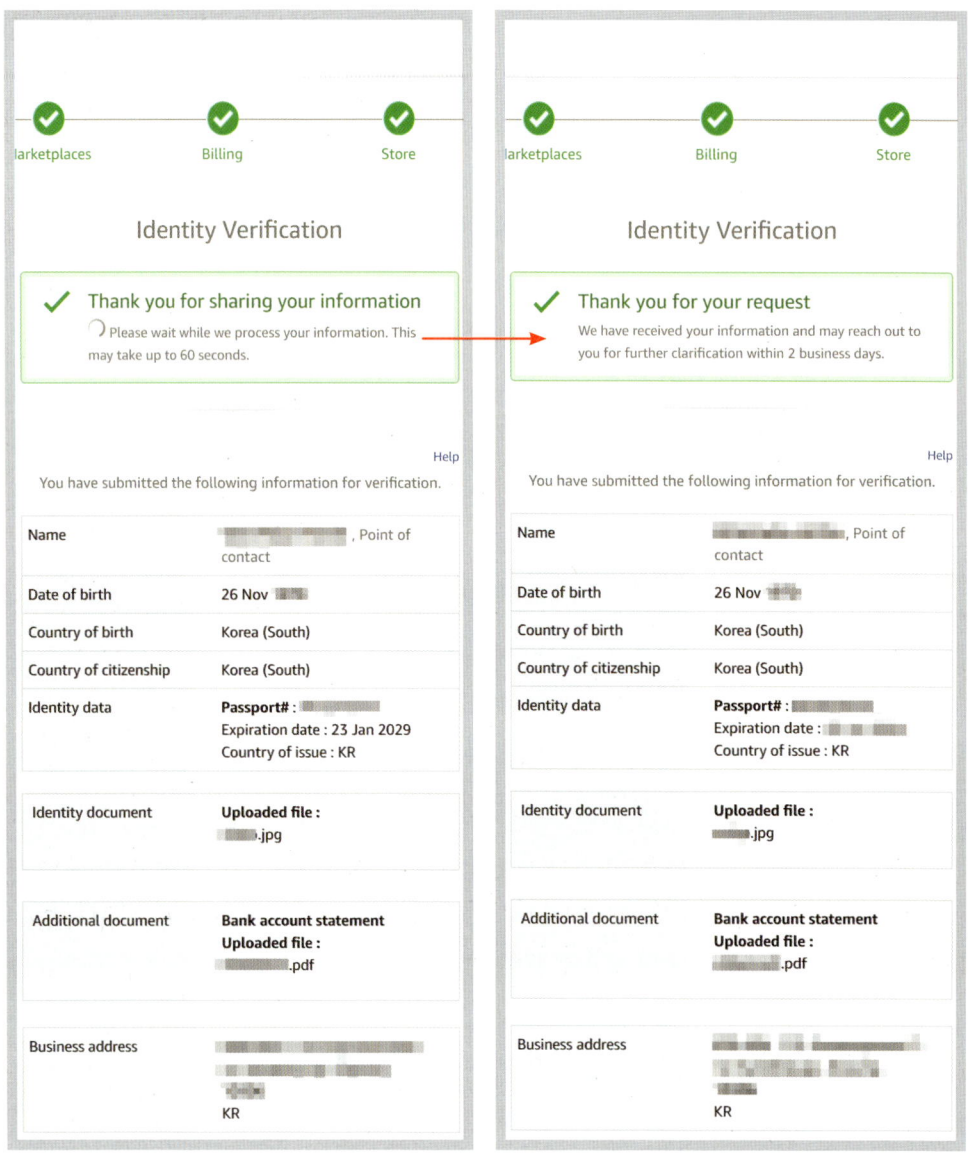

제출이 완료되어 바로 통과가 되면 IPV(5절 참조) 단계로 이동하지만, 그렇지 않은 경우 'Thank you for your request'라는 메시지가 뜨고 영업일 기준 약 2일 뒤에 서류 통과 여부에 대해 이메일로 안내받게 됩니다. 그런데 여권과 Bank Statement를 제출한 후, 아마존으로부터 다음과 같은 이메일이 오는 경우가 있습니다. 이 경우는 계정 승인이 보류된 상황이 아니고, 아마존 AI가 제출된 여권과 Bank Statement 파일을 인식하지 못해 다시 제출하라는 의미입니다.

이런 메일을 받으면 많은 분들이 현재는 Utility bill 공공요금 고지서 등을 안 받는다는 문구(아래 붉은 문구 부분)가 있음에도 불구하고 Utility bill을 제출하여 계정 정지를 당하곤 합니다. 이런 이메일을 받으면 Utility bill을 제출하는 단계가 아니라는 것을 기억하시기 바랍니다. 이렇게 여권과 Bank Statement를 다시 제출하라는 기회는 처음 제출을 포함하여 총 3회까지 가능합니다. 만약 3회 제출까지 통과가 안되면 거절 처리가 되고, 재가입을 위해서는 새로운 이메일 주소를 생성하여 처음부터 다시 시작해야 합니다.

Dear Seller,

As part of our commitment to providing a more secure and trusted marketplace for our buyers and sellers, we recently asked you to provide documentation that confirms your account information. We were unable to verify the information you provided and are requesting that you resubmit the information so we can complete our review and activate your account.

These guidelines cover common scenarios that will help us review your documentation:

- For national ID cards, both sides of the card must be submitted in one digital file.
- Each document must be clearly readable in its entirety without any blurry information or camera flash reflections.
- The information you enter into the verification form (such as your ID number or name) must match the information on the documents you submit.
- If we ask you to provide a bank account or credit card statement, we are unable to accept screenshots. The digital statement file must include:
  - The bank's name, logo, and address
  - The account holder's name
  - The date the statement was issued (must be issued in the past 180 days)
- We are currently unable to accept these documents for verification:
  - Bank passbook (except in India and Japan)
  - Utility bills (for example, electricity or natural gas bills)
  - Business registration certificate
  - Photo of a credit card
  - MS Word file (file extension .doc or .docx)

For more information about the review process and documentation requirements, please visit our help page.

When you're ready to resubmit your information, log in to Seller Central and follow the instructions on the identity verification page.

그러나 만약 이런 이메일 내용이 아닌 다음 내용이 포함된 이메일을 받게 된다면 이 경우는 보류가 된 것이므로 Utility bill을 준비하셔야 합니다.

Hello,

We are reviewing your Amazon seller account because we were unable to verify some of the information you provided. During our review, you will not be able to sell on Amazon. Please ship any open orders. If you have any funds in your account, they will be available after any amounts paid for A-to-Z claims or chargebacks on your orders have been deducted. This usually takes about 90 days, but funds may be held longer.

How do I reactivate my account?

Please provide one of the following documents and confirm there is a valid credit card on file:

- **A bill that is dated within the last 90 days for piped or natural gas, electricity, water, or internet service with name and address visible.**
- **Business license, if applicable.**

The name and address on the document must match your name and address in Seller Central.

요는, 이 Utility bill과 신용카드 정보입니다. Utility bill이란, 수도·전기·가스·인터넷 서비스 요금 등 매달 납부하는 공공요금 청구서를 의미하는데, 아마존은 여기에 기재된 가입자명과 주소 및 카드 정보가 아마존과 가상계좌에 등록한 가입자명과 주소 및 아마존에 기입한 카드 정보가 일치하는지 확인하기 위하여 이 서류를 제출하라고 합니다.

이전에는 아마존의 SIV 정책에 다음과 같은 규정이 있고, 아마존이 한국어를 지원하지 않았기 때문에 공공요금 고지를 받아 영문 공증을 한 후 제출하라고 알려드렸습니다. 현재도 아마존의 해당 정책 페이지를 보면 여전히 지원 언어에 한국어는 없고, 아마존은 아마존이 지원하는 언어가 아니면 공증을 받으라고 권하고 있습니다.

Document rejection

To avoid having your documents rejected, make sure they meet the following criteria:

All documents:
- Must be valid (not expired, revoked, or closed)
- Must be high-quality, in color, and unobstructed (not angled, blurry, or cropped)
- Must show the full page
- Must not be a screenshot
- Must be in one of these supported languages: Chinese, English, French, German, Italian, Japanese, Portuguese, and Spanish.

If your documents are in another language, you can submit notarized translations in a supported language.

그런데 실제로 보류가 떨어진 경우 다음과 같이 한국어가 지원된다고 아마존에서 메일이 옵니다.

> Hello,
>
> We have reviewed the document(s) your recently provided but do not have enough information to reactivate your seller account at this time. We were unable to verify the document(s) you provided because they are not in a supported language. During our review, you will not be able to sell on Amazon.
> […]
> The name and address on the document(s) must match your name and address in Seller Central. Please certify that you have provided the document(s) in one of the supported languages. Supported languages include: Arabic, simplified Chinese, Dutch, English, French, German, Hebrew, Italian, Japanese, **Korean**, Portuguese, Spanish, and Turkish.

하여, 이제는 굳이 공증을 받지 않고 제출해도 된다고 말씀드리고 싶습니다. 다만, 한국어로 제출했을 때 다시 제출을 요청받는다면 그때는 공증을 해 보시기를 권하며, 해당 요금을 아마존에 등록한 신용카드로 납부한 정보는 여전히 필요하다는 것을 잊지 마시기 바랍니다.

그런데 만약 아파트에 거주하는 경우 전력공사나 도시가스에서 직접 명세서를 받지 않고 관리사무실에서 주는 관리비 고지서에 그 내용이 포함되어 있는 줄 압니다. 이렇게 아파트에서 자체적으로 처리하여 공과금 고지서가 없을 경우는 아파트에서 대신 지불했다는 증빙 자료를 제출해야 합니다.

예를 들어 아파트가 전기·수도·가스 요금을 내는 대신 그 금액의 전체나 일부를 세입자한테 부과하는 것을 확인할 수 있는 증빙 서류가 있어야 한다는 것이고, 이 증빙 서류에는 어떤 식으로든 본인의 '이름과 주소'가 표기되어 있어야 합니다.

이런 부분이 어렵기 때문에, 많은 분들이 일반적으로 인터넷 서비스 청구서를 제출하는데, 만약 인터넷 서비스 요금을 신용카드로 납부하지 않았다면, 통신사에 연락해서 먼저 지불 방법을 아마존에 등록한 신용카드로 변경하고, 해당 신용카드 정보와 이름, 주소가 보이도록 하여 재발급을 해 달라고 요청하십시오. 그런데 아무리 신용카드로 지불 방법을 변경하여 재발급을 받아도 통신사에서 제공하는 고지서에는 신용카드 정보가 100% 보이지 않고, 카드번호 일부를 별표(****) 처리합니다. 그래서 해당 카드사에 연락하여 카드 발급 내역서도 같이 받고 신용카드를 스캔한 부분까지, 같이 제출하시라고 권하고 싶습니다.

그 외에 Business license^{사업자 등록증} 사본은 홈택스에서 영문 증명 발급이 가능합니다. 이 경우

회사 공인인증서가 필요합니다. 다만 이것은 필자의 수업 경험을 토대로 하여 드리는 조언이므로 이렇게 제출을 해도 안 될 수도 있습니다.

만약 아마존이 제출하라는 서류가 아닌 다른 서류를 제출하거나, 증빙자료 없이 아마존으로부터 받은 메시지에 '무엇이 잘못되었는지 이유를 알려주면 준비하겠다'는 등의 아무 증빙자료 없는 회신을 1~2회 하게 되면, 아래와 같이 더 이상 아마존에서 판매할 수 없다는 메시지를 받게 될 것입니다.

그러므로, Utility bill을 제출하라는 보류 메시지를 받았을 때는 성급하게 아마존에 회신하지 말고, 서류를 꼼꼼히 준비하여 회신하시기 바랍니다.

> Hello,
> We reviewed your account and the information you provided, and we have decided that you may not sell on Amazon.com.
> Please ship any open orders. If you have any funds in your account, they will be available after any amounts paid for A-to-Z claims or chargebacks on your orders have been deducted. This usually takes about 90 days, but funds may be held longer.
> You can see your balance and settlement information in the Payments section of Seller Central. If you have questions about those, please send an email to payments-funds@amazon.com.

사실, 이렇게 승인 보류가 떨어지는 경우는 매우 다양하고, 아마존 강사라고 해도 그 모든 해결책을 다 가지고 있지 않습니다. 따라서 보류가 떨어진 경우는 아마존의 해당 부서를 통해 직접 소통하시는 것이 가장 나은 방법일 것입니다. 다만, 최근 '고지서' 제출로 연결되는 사례가 현저히 줄어들고 있으니 가입에 지나치게 두려워하지 않으시기 바랍니다.

05 IPV(In Person Verification) 비디오 콜

비디오 콜을 통한 신원 인증인 IPV 제도는 2020년 12월 이후 추가된 셀러 신원 인증 방법입니다. 사실 이 제도는 2020년 초, 아마존이 아마존 플랫폼에서 사기 계정을 걸러내고 리스팅의 양을 최소화하기 위해서 우리와 같은 Third-party 3자 판매자 셀러들을 확인하기 위해 베타 버전으로 미국 로컬에서 시행을 했었던 제도입니다.

애초 시작을 할 때는 대면In person으로 진행했는데 COVID-19 때문에 화상으로 전환이 되었고, 미국, 영국, 중국, 일본 같은 마켓플레이스에서 시범으로 실시하다가 2020년 말 한국에서도 전격적으로 시행되었습니다.

요약을 하면 이 제도는 아마존에 제출한 서류가 맞는지 아마존 직원이 화상을 통해서 문서 일치를 확인하는 것을 말합니다. 따라서 셀러는 신청 시 사용했던 여권과 뱅크스테이트먼트Bank Statement를 준비하시고 비디오 콜에 임하시기 바랍니다. 물론 이 절차는 대부분 여권과 참여자의 얼굴이 일치하는지 정도 보고 금방 종료가 되므로 매우 쉽습니다. 절대 긴장하지 마세요. 그러면 어떤 순서로 진행이 되는지 살펴보겠습니다.

SIV에서 통과가 되면 바로 다음과 같은 'Identity Verification' 화면이 보입니다. 'Over a live video call' 옵션을 선택하고, [Next] 버튼을 클릭합니다.

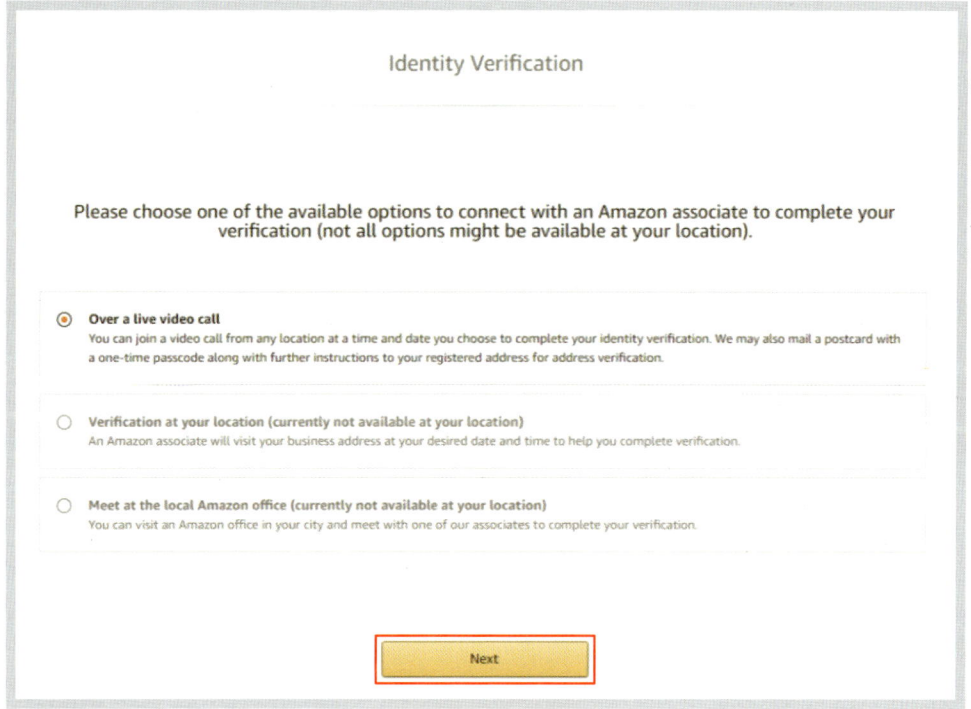

비디오 콜이 가능한 날짜 및 시간대를 선택하고, [Next]를 클릭합니다. 이 단계에서 주의할 사항은 한 번 선택한 시간대는 변경하지 않아야 한다는 것입니다. 일정이 변경이 되면 가입 절차가 더욱 지연되기 때문입니다.

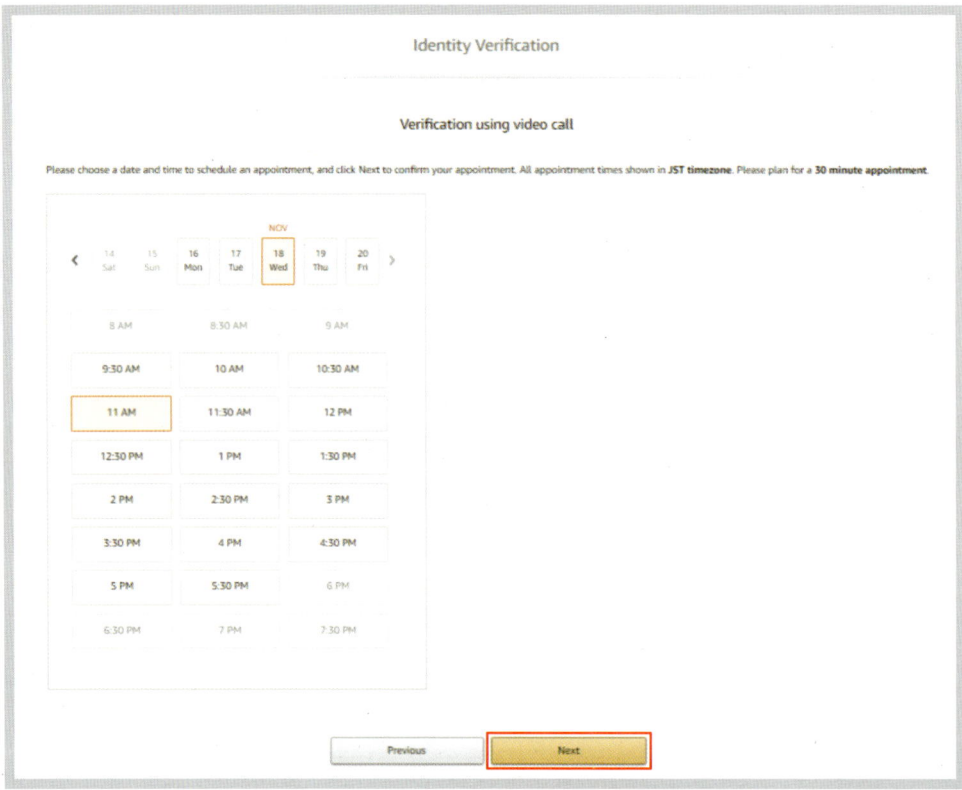

다음 화면에서 한 번에 6가지 안내 사항을 보여줍니다.

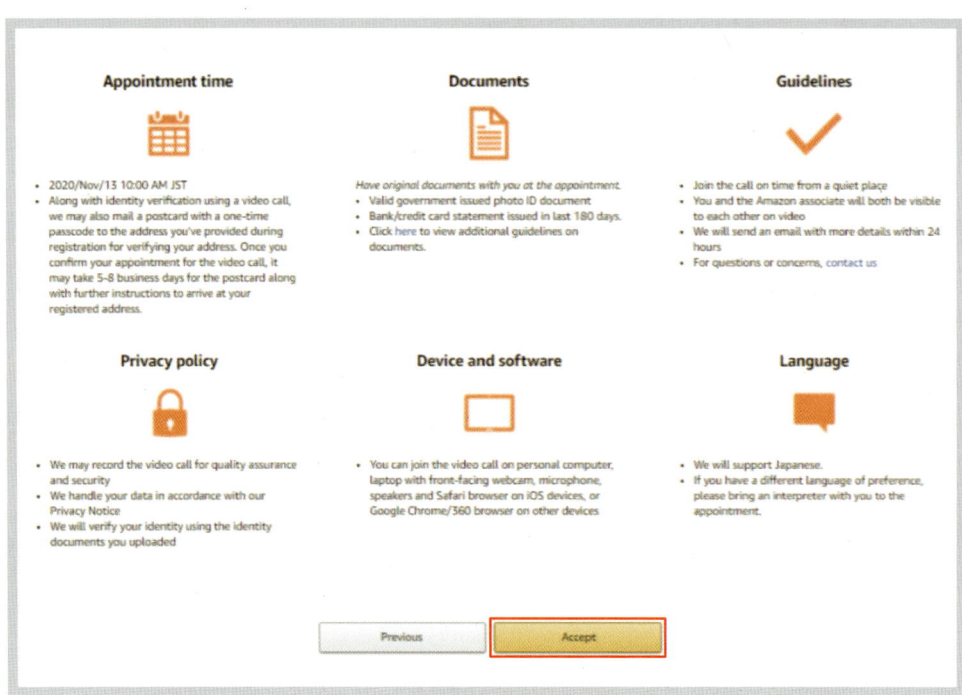

첫 번째, 비디오 콜은 조용한 곳에서 진행이 되어야 하고, 아마존과 셀러 모두 영상으로 볼 수 있어야 한다는 것과 두 번째, 비디오 콜은 녹화될 수 있다는 안내입니다.

세 번째, 셀러가 선택한 비디오 콜 시간 확정 및 아마존이 메일을 통해 가입한 주소로 1회용 패스워드를 비디오 콜 확정 후 5~8일 이내에 발송할 수 있다는 내용과, 네번째, 비디오 콜을 위해 준비해야 할 서류를 안내합니다. 필요한 서류는 신원 확인을 위한 여권과 180일 이내 발행된 은행계좌 명세서입니다.

다섯 번째, 비디오 콜은 개인용 컴퓨터에서 마이크와 스피커가 부착된 웹캠으로 진행하고, 사파리, 구글 크롬에서 가능하다는 내용과 마지막 여섯 번째, 비디오 콜은 한국어로 진행이 된다는 안내를 합니다.

이렇게 모든 내용을 확인한 후 하단의 [Accept]를 클릭해 비디오 콜 시간 예약을 마무리합니다.

원하는 일자에 IPV가 신청 완료되었다는 메시지가 마지막으로 뜹니다. 해당 날짜에 화면에 접속하면 [Join call] 버튼이 활성화되어 비디오 콜을 진행할 수 있습니다.

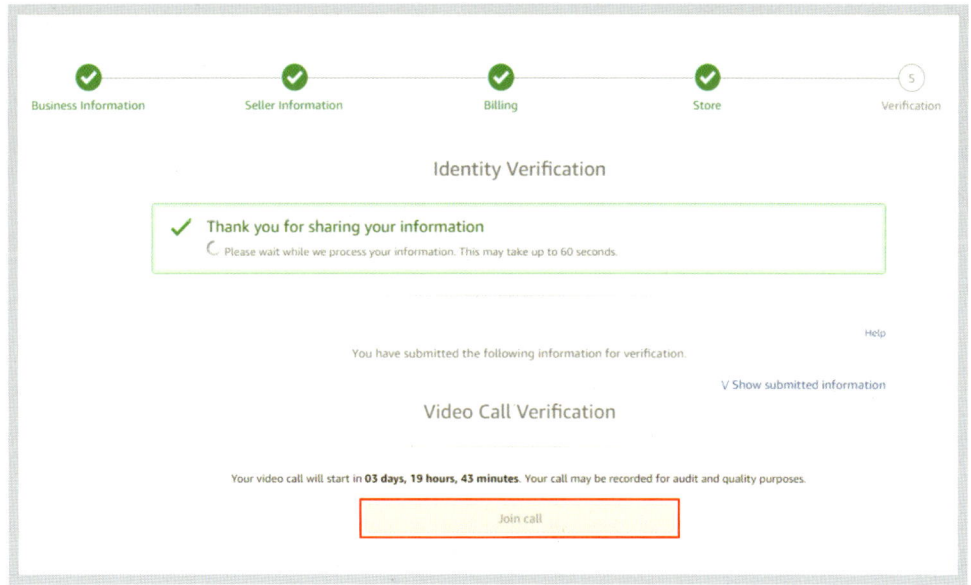

> **Tip. http와 https의 차이**
> 구글에서 검색한 후 웹페이지의 주소를 보면 http와 https로 구분되는 것을 볼 수 있습니다. https는 보안을 강화한 사이트로 평가되며 구글 검색엔진은 https 사이트의 콘텐츠를 더 상위로 노출시키는 경향이 있습니다. 따라서 여러분이 사이트를 만든다면 https가 지원되는 서비스를 이용하는 것이 좋습니다.

06 주소 인증(Address Verification)

앞장에서 IPV를 위한 시간 예약을 완료하면 아래와 같이 안내 화면을 보게 될 것이고, 해당 시간에 [Join video call] 버튼을 클릭하여 IPV를 진행하게 됩니다. 그런데 그 아래에 이전에는 없던 'Address Verification(주소 인증)' 부분이 보이는 분들도 있을 겁니다.

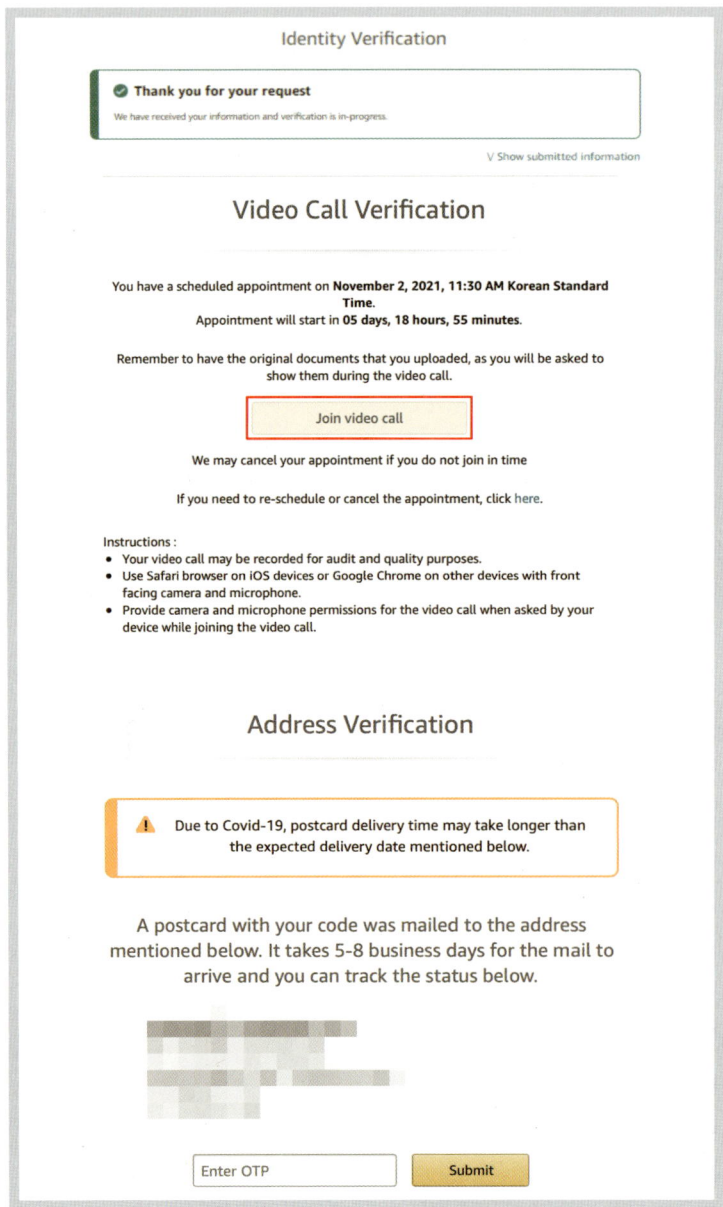

이 Address Verification 제도는 2021년 11월 아마존이 새로 시작한 제도입니다. 신규로 가입하는 셀러들의 신원을 증빙하는 방법 중 하나로 우편물을 셀러가 기재한 주소로 발송하여 셀러의 주소가 진짜인지 거짓인지를 확인하는 것입니다.

아마존이 이 제도를 도입한 이유는 악의적인 셀러를 차단하고 고객과 선량한 셀러를 보호하기 위함입니다. 신규로 셀러로 가입할 때 실제 주소가 맞는지 아마존에서 엽서를 보내고 그 안에 있는 코드를 가입화면에 입력하도록 함으로써 악의적인 셀러를 차단할 수 있다는 것입니다. (주소가 확인이 되지 않으면 불법인 것으로 간주하여 아마존은 모든 계정을 차단합니다.)

아마존은 이 제도를 미국 내에서는 신규 셀러만이 아니라 기존 셀러들도 포함하여 진행하고 있으니 한국도 머지않아 기존 셀러들의 주소를 확인하지 않을까 하는 생각을 해 봅니다.

그러면 아마존은 어떻게 주소 확인을 할까요? 이를 위해 우편물은 미국 아마존에서 UPS를 통해 발송을 합니다. 그래서 우편물을 받기까지 그리 오랜 시간이 걸리지 않습니다.

받아 보시면 아래 이미지와 같습니다. 본 책에서는 모자이크 처리를 했지만, 원래는 여섯 자리 숫자가 적혀 있습니다. 15일 이내에 이 숫자를 앞 이미지 하단의 OTP 자리에 입력하고 제출해야 가입을 완료할 수 있습니다. 다만, 아직은 가입하고자 하는 모든 셀러들에게 적용되는 것은 아니고 랜덤으로 선정된 일부에게 적용이 되고 있습니다. 추후에는 모든 셀러 가입자들에게 적용될 것으로 예상합니다.

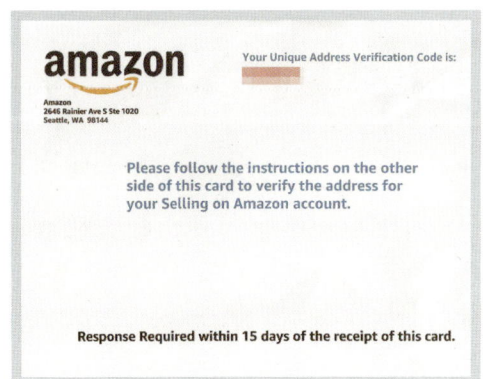
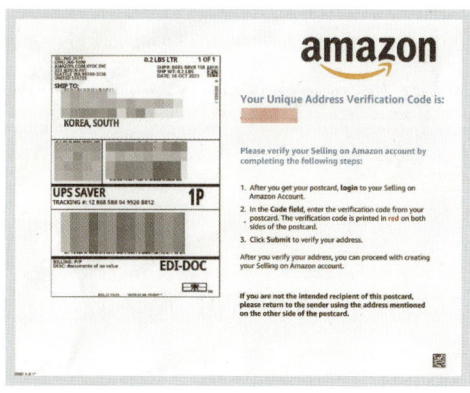

07 TSV 적용하기

가입 절차가 통과되면 아마존으로부터 다음과 같은 내용의 이메일을 받게 됩니다.

Dear Seller,

Thanks for creating a Selling on Amazon account! Your account was successfully verified and now you can log into your Seller Central account.

Go to Seller Central and log in using the email and password used to create the account.

[…]

Sincerely,

The Selling on Amazon team

이런 이메일을 받으시면 https://sellercentral.amazon.com으로 접속하셔서 TSV를 진행하시기 바랍니다. TSV는 비밀번호를 도용 당하거나 동일한 비밀번호를 여러 사이트에서 사용하는 경우라도 셀러 계정에 대한 무단 액세스를 차단하기 위해 2017년에 도입된 시스템입니다. 로그인을 하면 가장 먼저 아래와 같이 보일 것입니다. [Go to North America marketplace]를 클릭합니다.

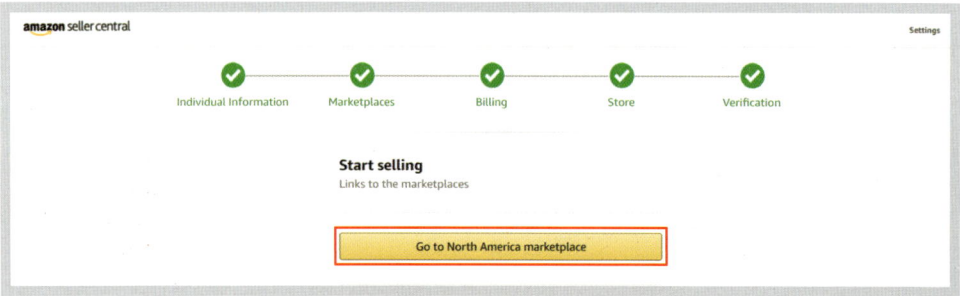

그러면 아래와 같이 가입 시 셀러가 기재한 이메일로 승인 공지를 발송한다는 메시지가 나옵니다.

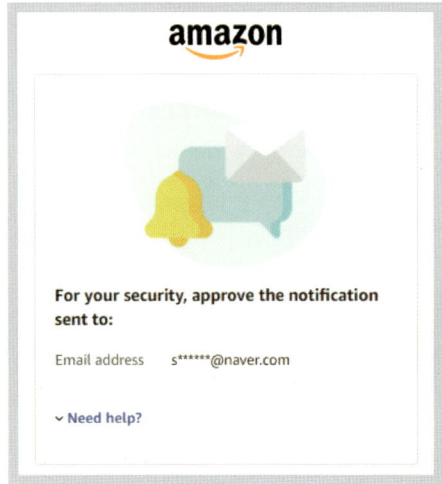

이메일로 가면 접속을 승인할 것인지 거부할 것인지 클릭하라는 안내 메일이 아래 좌측의 이미지처럼 도착해 있을 겁니다. 'Approve or Deny'를 클릭하세요.

그리고 우측의 이미지처럼 변경된 화면에서 [Approve]를 클릭합니다.

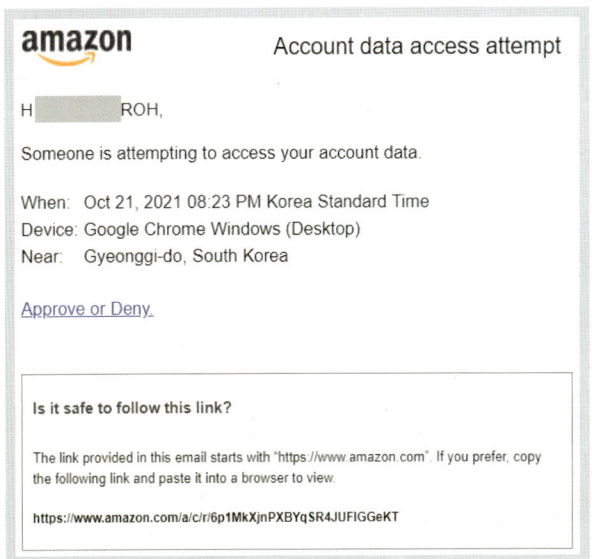 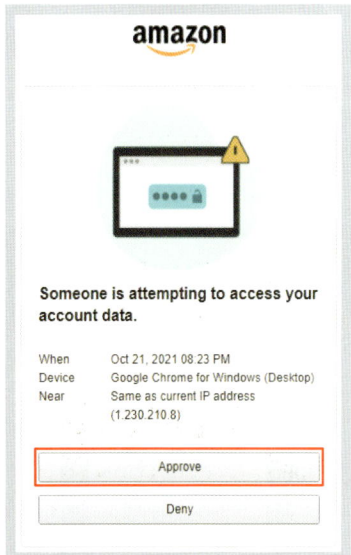

그러면 다음 화면에서 'Enroll a 2SV authenticator'를 진행하라는 안내를 보게 됩니다. 셀러 본인의 핸드폰 번호를 입력하여 인증 코드를 받는 단계입니다.

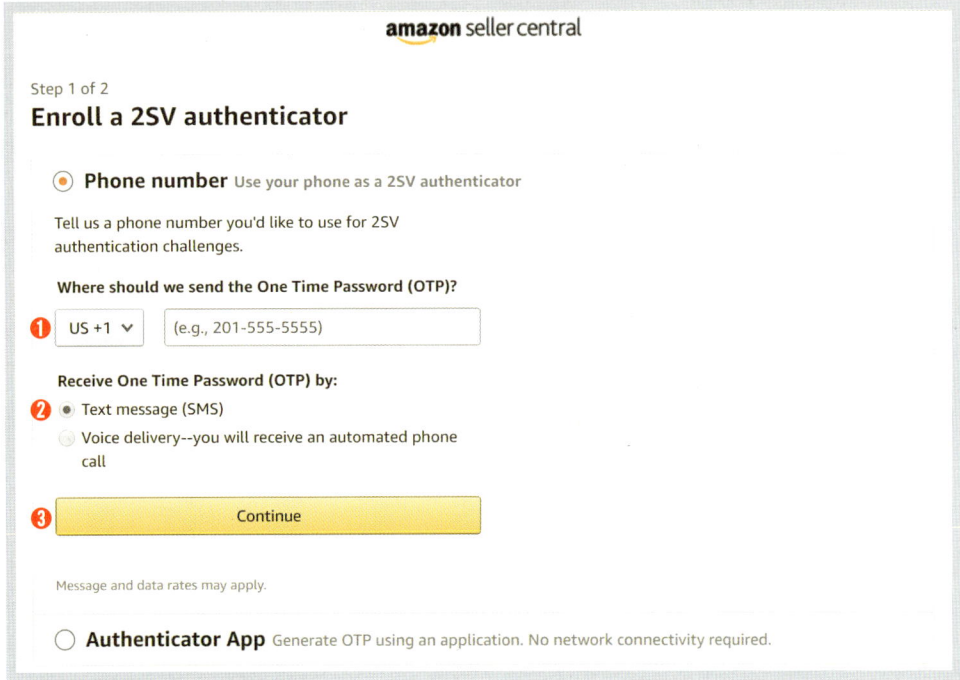

Chapter 2 아마존! 맘에 들었어~ 그럼 슬슬 첫발을 떼 볼까? 91

❶ 국가는 82(한국, Korea, South)를 선택합니다. 핸드폰 번호 앞의 0은 빼고 나머지 번호만 입력합니다. ❷ SMS를 받는 것으로 체크한 후, ❸ [Continue]를 클릭하면 인증코드를 받게 됩니다. SMS로 받은 인증코드를 입력하고, [Continue]를 클릭하여 다음 단계로 넘어갑니다.

다만, 아마존이 업데이트되면서 현재 아마존의 화면과 책의 이미지가 일치하지는 않습니다. 그러나 내용은 동일하니 참고 부탁드립니다.

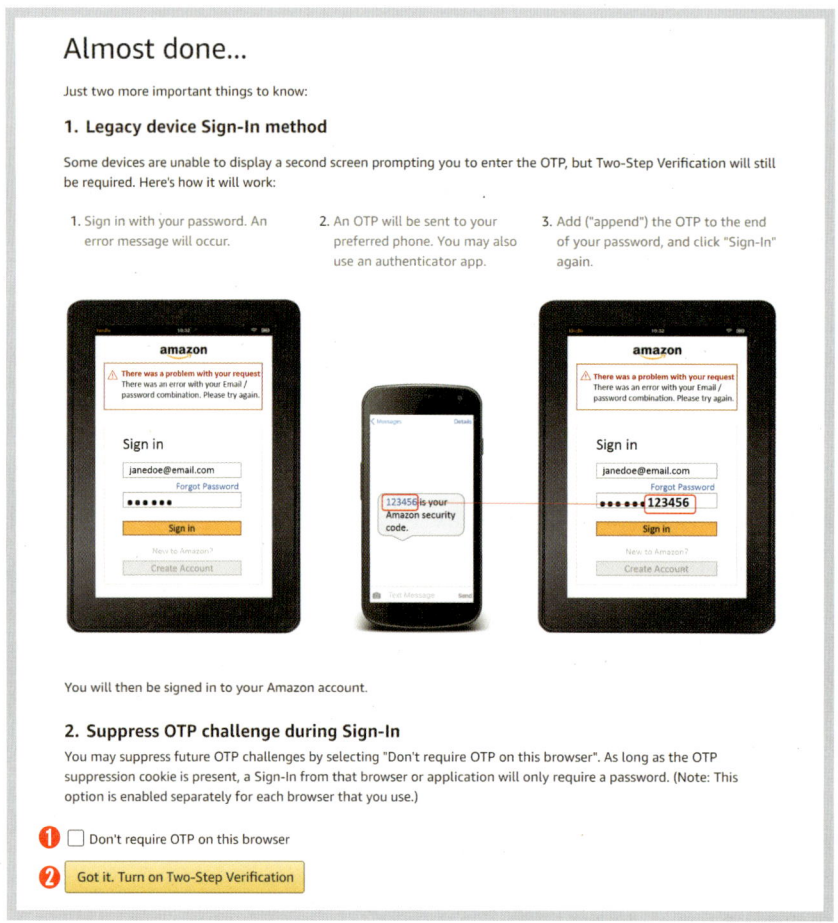

일부 기기에서는 보안코드 입력창이 보이지 않을 수 있습니다. 그러나 이 경우에도 TSV는 필요합니다. 이럴 경우에는 비밀번호를 입력하여 로그인을 합니다. 에러가 발생했다는 메시지가 로그인 화면에 나타나면, 보안코드가 핸드폰으로 자동으로 보내집니다. 받은 보안코드를 비밀번호 뒤에 붙여서 입력 후 로그인을 하면 됩니다.

❶ 화면 하단의 'Don't require OTP on this browser'를 체크하면 이후부터는 해당 브라우저에서 로그인 시 보안코드를 입력하지 않아도 접속이 됩니다.

❷ [Got it. Turn on Two-Step Verification] 버튼을 눌러 TSV 등록을 마칩니다.

08 Tax Information Interview

TSV까지 마무리하고 [Got it. Turn on Two-Step Verification]을 클릭하면 드디어 다음과 같이 셀러 센트럴 메인 페이지에 접속됩니다.

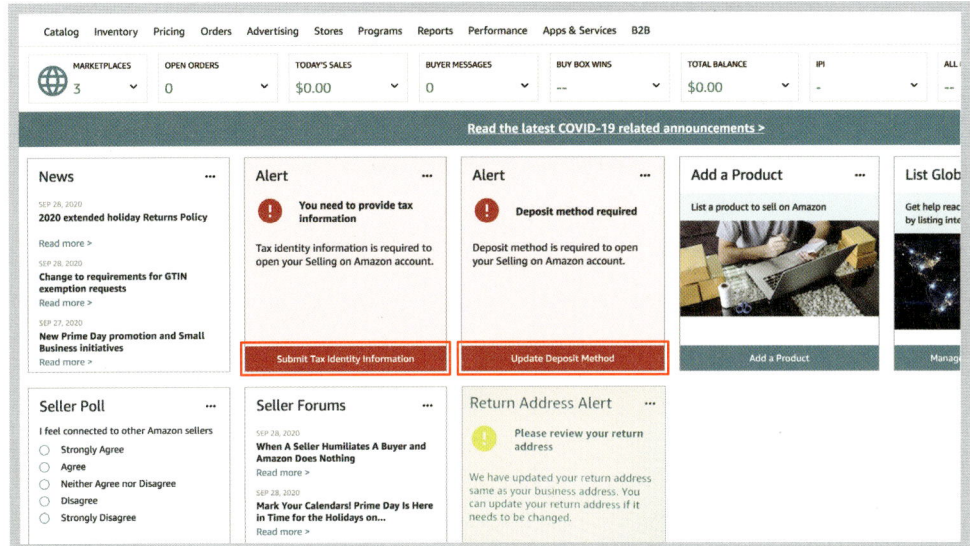

그런데 이 메인 페이지에는 붉은색 박스로 표시된 두 개의 'Alert'가 있어서 신규 셀러들에게 아마존 판매 계정을 오픈하려면 택스 정보를 제공하고 은행계좌를 연동하라고 알려줍니다. 또 노란색의 'Return Address Alert' 박스도 보이는데, 이 박스는 반품받을 주소를 입력하라는 메세지입니다. FBA를 할 예정이라면 신경쓰시지 않아도 됩니다. 붉은색 각 박스의 [Submit Tax Identity Information]과 [Update Deposit Method]를 클릭하면 각각을 진행할 수 있습니다.

둘 중 어느 것이나 먼저 시작해도 되지만, 필자는 택스 정보 제공^{Tax Information Interview}부터 진행해 보도록 하겠습니다. 이 택스 정보는 미국인인지 확인하고 주소와 서명 등을 통해 W-8BEN 세금 신고를 하도록 합니다. W-8BEN는 미국 원천징수 실질 소유자의 외국인 자격 증명서로, 비과세 또는 면제를 받기 위해 제출하는 서류입니다. 미국 이외 국가에 거주하는 판매자는 일반적으로 결제가 처리되기 전, 유효한 W-8BEN 파일이 접수되어 있다면 원천징수가 적용되지 않습니다. [Submit Tax Identity Information]을 클릭하여 택스 정보 제공을 시작합니다. 택스 정보 제공은 순수 개인과 법인 및 개인사업자가 기재하는 내용이 약간 다르므로, 구분하여 설명하겠습니다.

1. 순수 개인의 택스 정보 제공 방법

먼저 순수 개인의 경우부터 살펴보겠습니다.

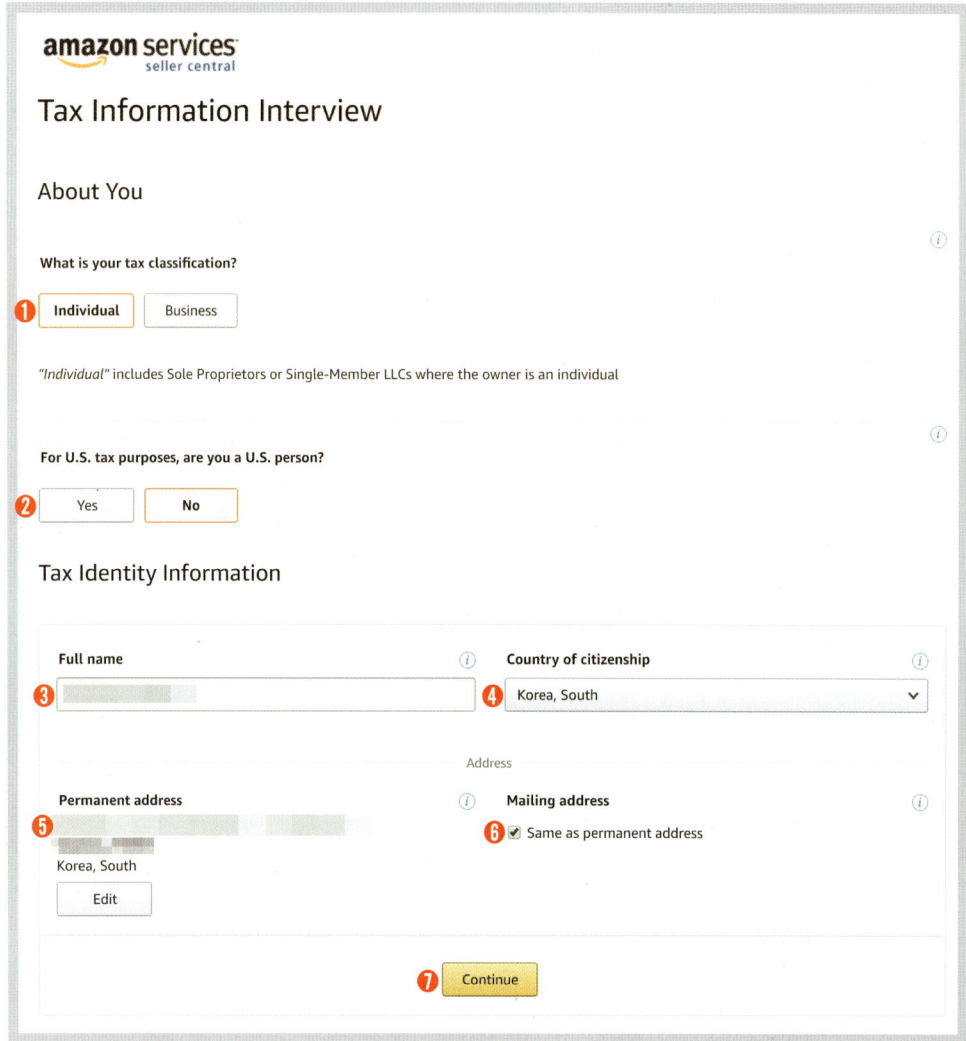

❶ tax classification을 묻는 질문에 개인의 경우는 [Individual]을 선택합니다.

> **Tip. 'Individual'은 순수 개인만!**
> 개인에는 개인사업자 또는 소유자가 개인인 1인 LLC기업이 포함된다고 기재되어 있으나, 아마존코리아에서는 순수 '개인'에 한해서 Individual을 선택할 것을 권하고 있습니다.('Individual' includes Sole Proprietors or Single-Member LLCs where the owner is an individual.)

❷ 세금 납부를 위해 미국인인지 여부를 묻습니다. [No]를 선택합니다.

❸ 여권과 동일한 영문명을 기재합니다.

❹ '한국(Korea, South)'을 선택합니다.

❺ '한국(Korea, South)'을 선택하면 전 단계에서 기재했던 주소가 자동 기입됩니다.

❻ 'Same as Permanent Address'에 체크합니다.

❼ [Continue]를 클릭하면 다음과 같이 서명을 하는 화면이 생성됩니다.

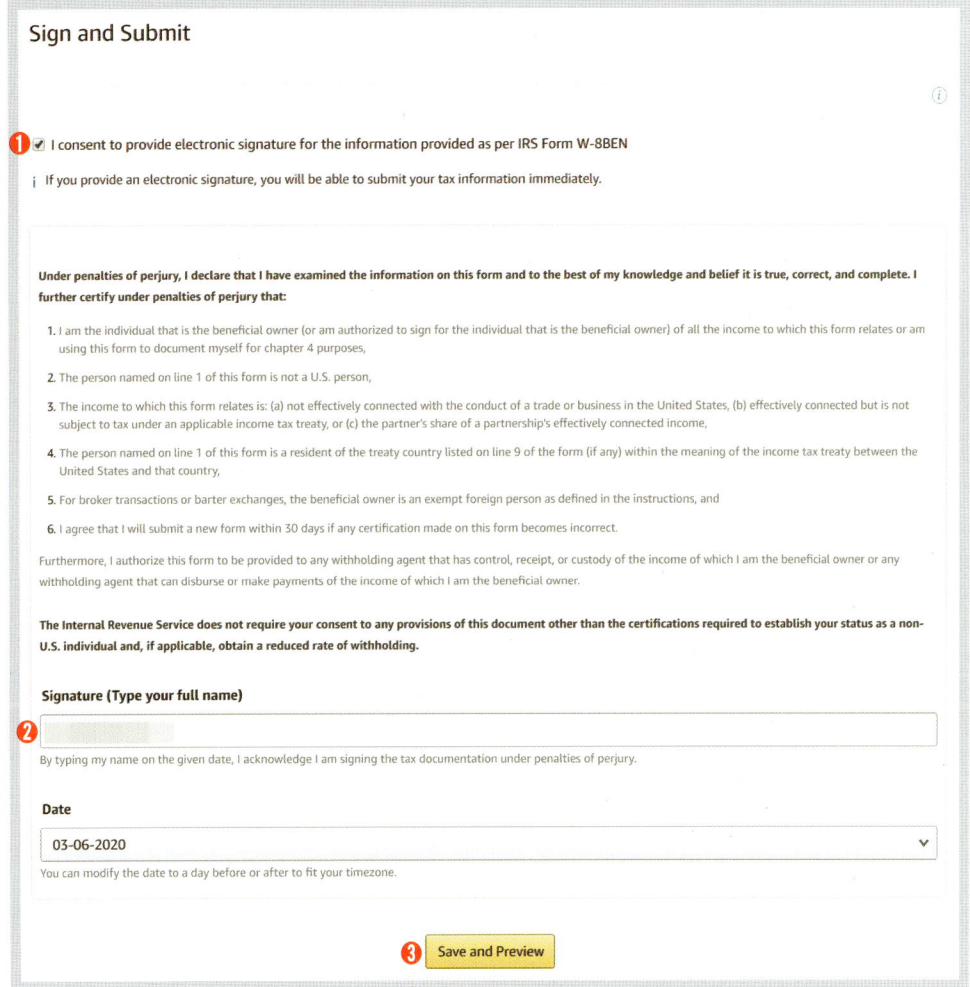

❶ 자동으로 체크가 되어 있는 경우는 건너뛰어도 되지만, 체크가 안 되어 있는 경우는 반드시 체크를 하고 아래 서명으로 넘어갑니다.

❷ 여권과 동일한 영문명을 기재합니다.

❸ [Save and Previw] 버튼을 누르면 다음과 같이 리뷰 화면이 보입니다.

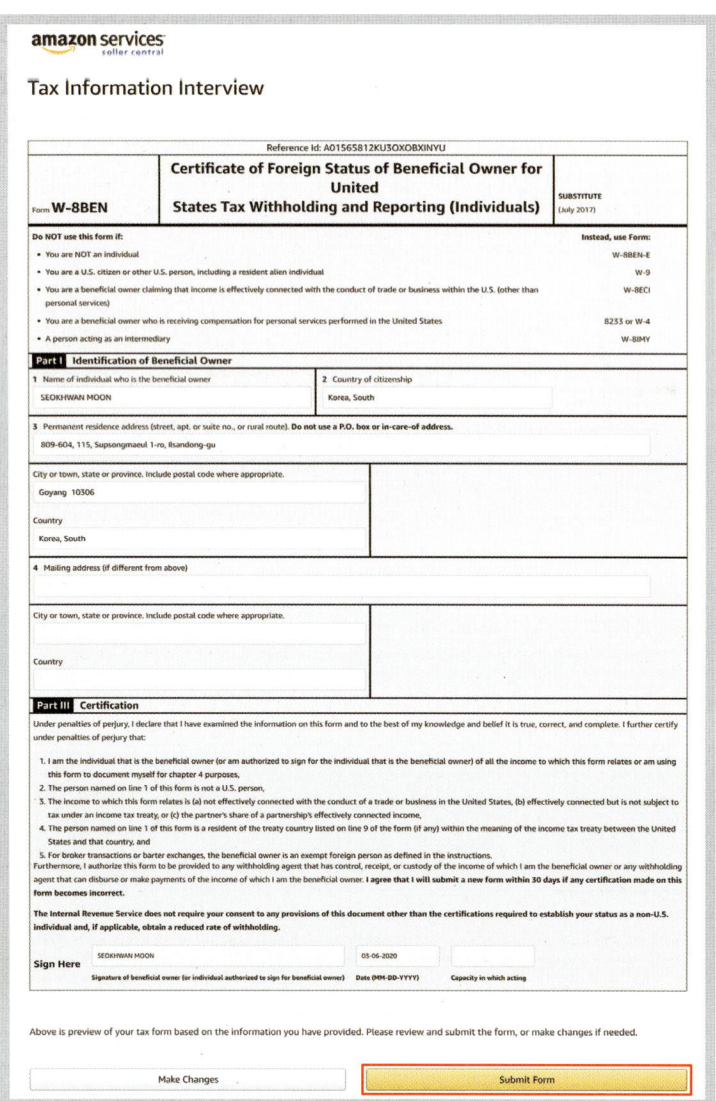

리뷰 화면 하단의 [Submit Form]을 클릭하면, 아래 이미지와 같이 'Validated'가 되었다는 화면이 보입니다. [Exit Interview]를 클릭하여 택스 인터뷰를 마무리 짓습니다.

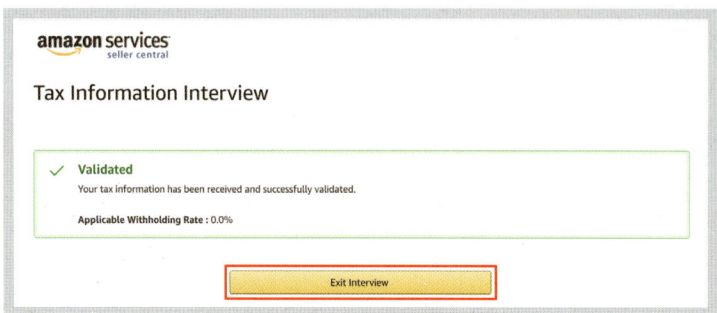

2. 법인 및 개인사업자의 택스 정보 제공 방법

순수 개인이 아닌 법인사업자 및 개인사업자의 경우를 보겠습니다.

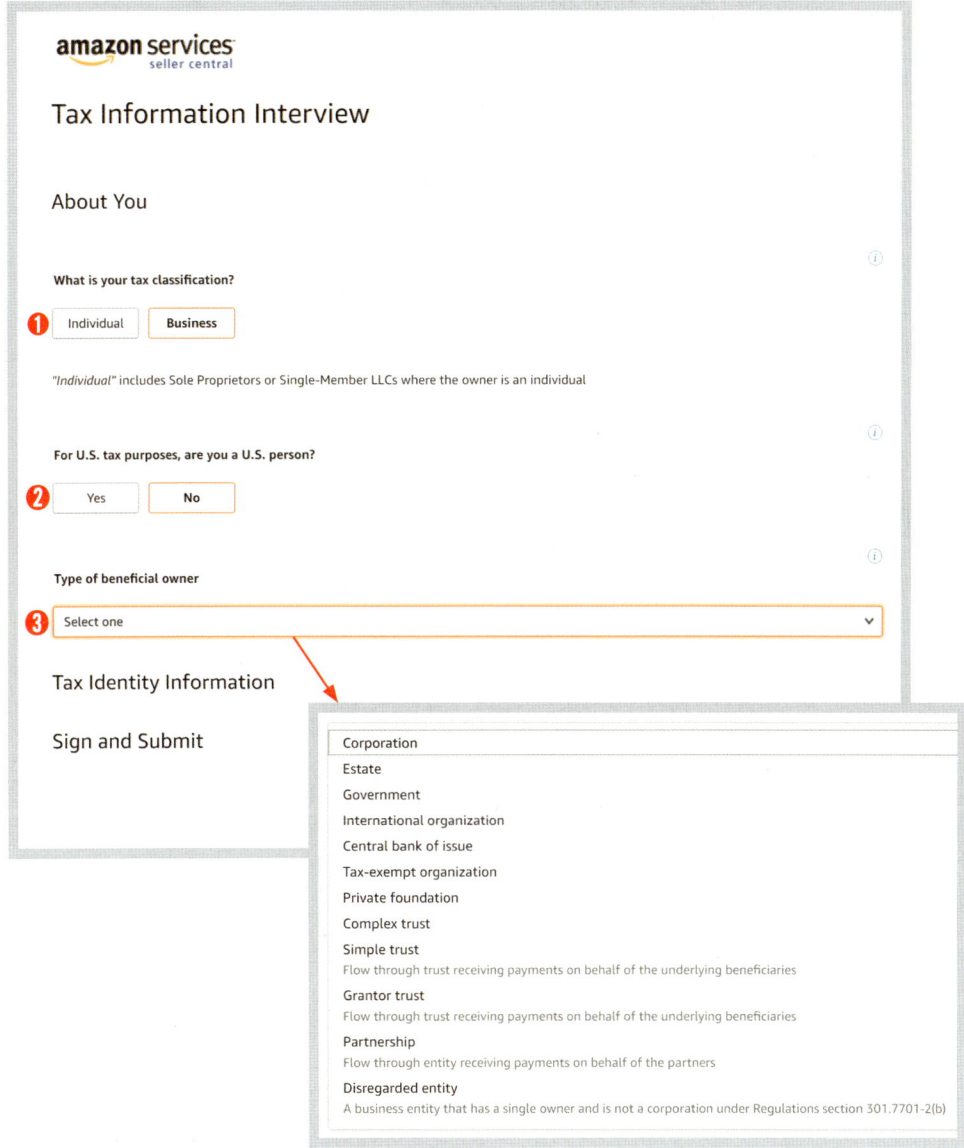

❶ 개인이 아니므로 [Business]를 선택합니다.

❷ 세금 납부를 위해 미국인인지 여부를 묻습니다. [No]를 선택합니다.

❸ 회사 형태를 선택합니다. 법인사업자는 물론 개인사업자도 'Corporation'을 선택합니다.

    회사 형태를 선택하고 나면, 아래와 같이 회사명을 기재하고 주소를 확인하는 'Tax Identity Information' 화면이 나타납니다.

❶ 회사명을 기입합니다.

❷ 'Korea, South'를 선택합니다.

❸ 기재하지 않습니다.

❹ 전 단계에서 기재했던 주소가 자동으로 기재되어 보입니다.

❺ 'Same as permanent address'에 체크합니다.

❻ [Continue]를 클릭하면 다음과 같이 서명을 하는 화면이 생성됩니다.

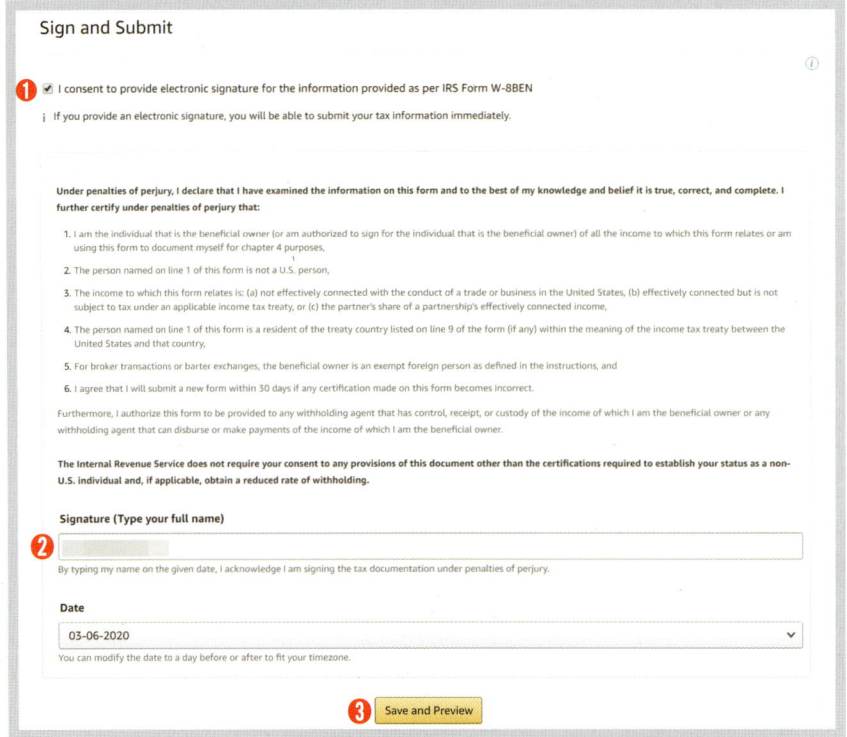

❶ 자동으로 체크가 되어 있는 경우는 건너뛰어도 되지만, 체크가 안 되어 있는 경우는 반드시 체크를 하고 아래 서명으로 넘어갑니다.

❷ 법인은 영문 회사명을 기재하고, 개인사업자는 영문명을 기재합니다.

❸ [Save and Previw] 버튼을 클릭하여 리뷰 화면으로 이동합니다. 이후 과정은 바로 앞에 소개한 개인사업자의 경우와 동일합니다.

09 가상계좌 연동

이번에는 은행계좌를 아마존 계정에 연동하는 작업을 해 보겠습니다. 아마존 회원 가입 단계에서 가상계좌와 연동을 하지 않았기 때문에, 가상계좌와 아마존을 연동하는 작업을 별도로 해야 합니다. 93쪽에서 보았던 셀러 센트럴 메인 페이지에 표시된 두 개의 'Alert'를 기억하실 겁니다. 그중 'Deposit method required'에 관련된 내용입니다.

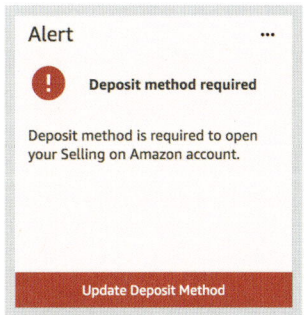

[Update Deposit Method]를 클릭하면 아래와 같은 설정 화면으로 이동합니다. 설정 화면에서 'Deposit Methods'를 클릭하여 연동 작업을 시작합니다.

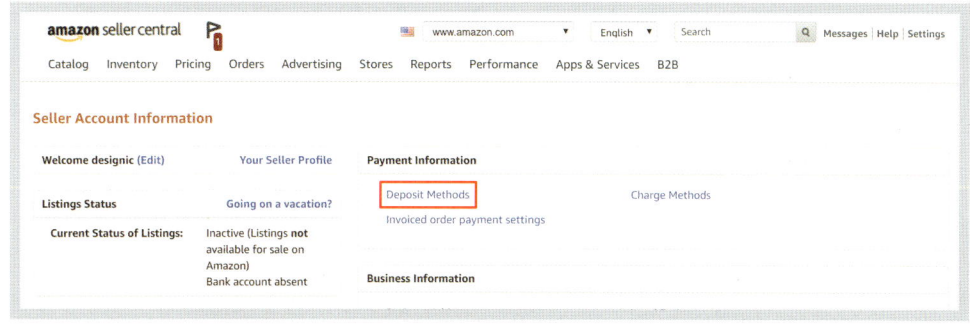

'Deposit Methods'를 클릭하면 다음과 같은 화면으로 이동합니다. Amazon.com 옆에 보이는 [Assign] 버튼을 클릭합니다.

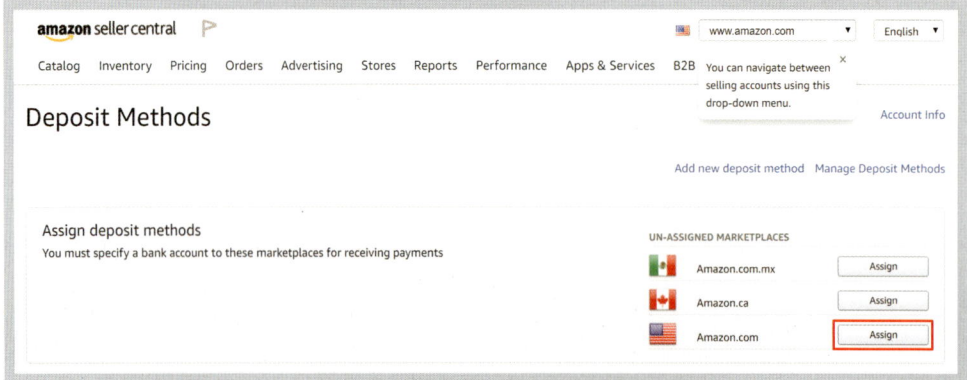

아래와 같은 화면이 나오는 것을 확인한 후에는, 새 탭에서 가입한 가상계좌 사이트에 로그인합니다.

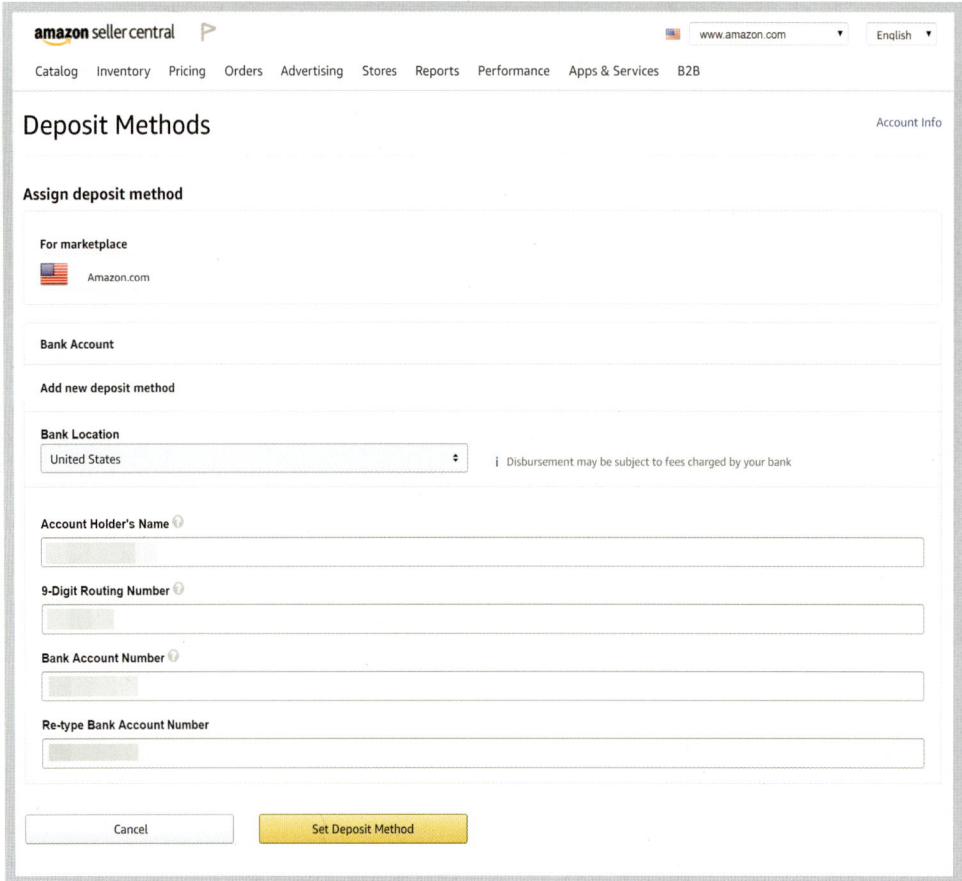

1. 페이오니아 계좌 연동

페이오니아에 로그인한 후 상단 메뉴 중 '받기' 탭의 'Global Payment Service'를 클릭합니다.

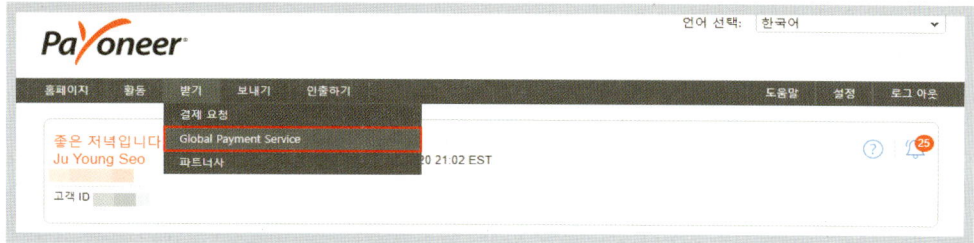

아래와 같이 화면이 보이면, 'USD 수령 계좌'를 클릭합니다.

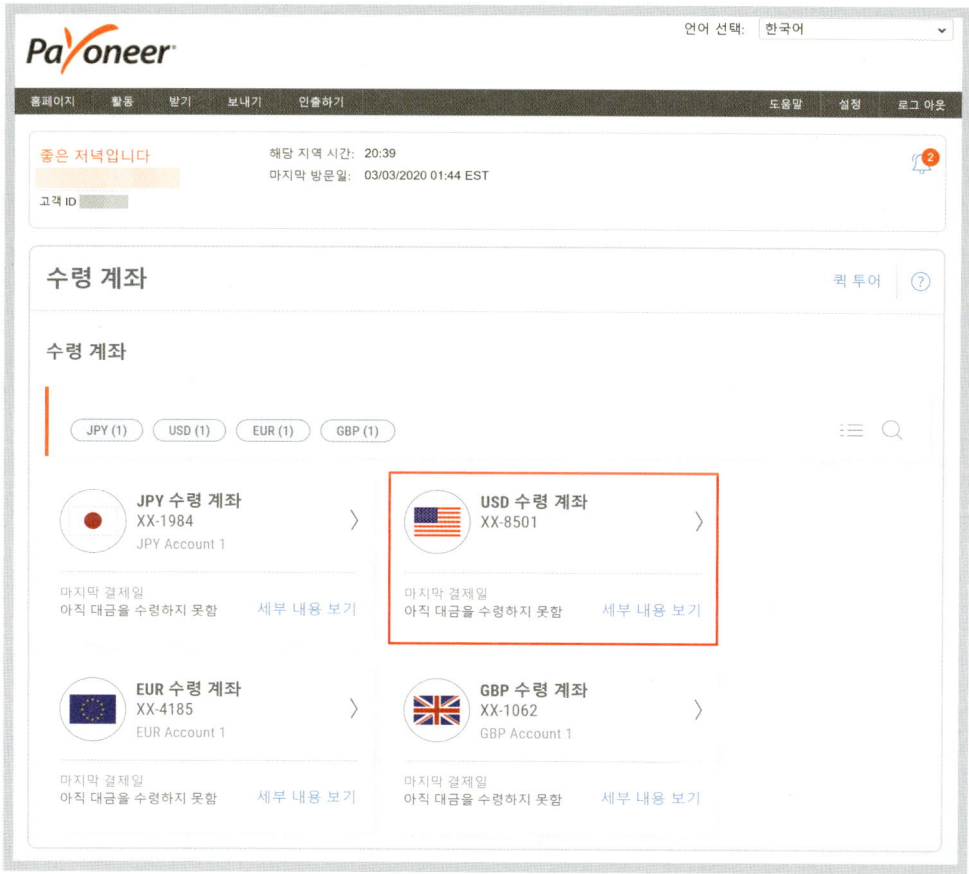

다음과 같이 새 창이 나타나면 붉은색 상자로 표시한 자동 복사 아이콘을 클릭합니다. 이 복사된 내용을 아마존 해당 칸에 붙여넣습니다. 'Deposit Methods'의 'Bank Location'은 '미국'에서 변경하지 않습니다. [Set Deposit Method]를 클릭하면 성공적으로 업데이트되었다는 메시지가 뜹니다. 이로써 연동이 완료됩니다.

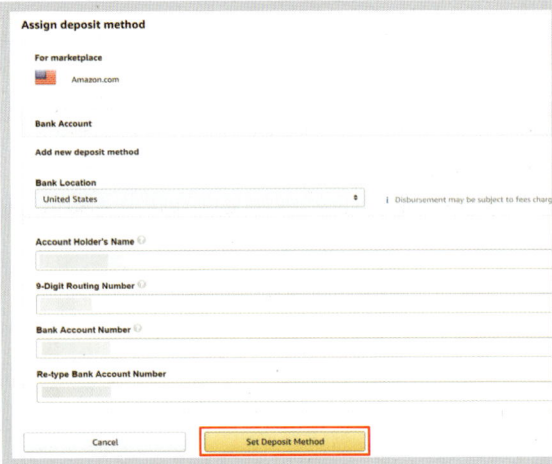

2. 월드퍼스트 계좌 연동

월드퍼스트에 로그인한 후 'Currency accounts > USD account'에서 계좌번호를 클릭하면, 하단에 창이 열리며 연동에 필요한 정보가 보입니다.

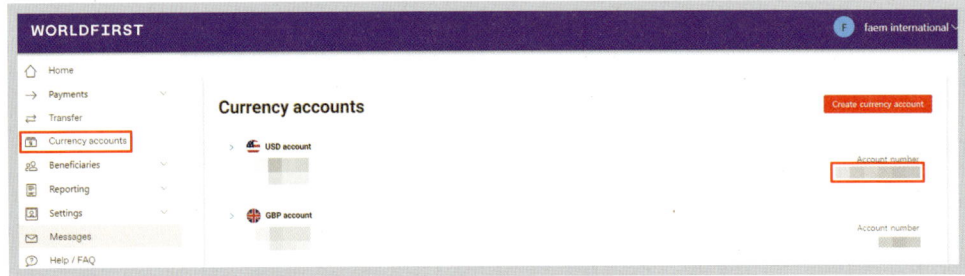

해당 정보를 아마존의 해당 란에 복사하여 붙여 넣습니다. 이때도 아마존의 'Bank Location'은 '미국'에서 변경하지 않습니다. [Set Deposit Method]를 클릭하면 성공적으로 업데이트되었다는 메시지가 뜹니다. 이로써 연동이 완료됩니다.

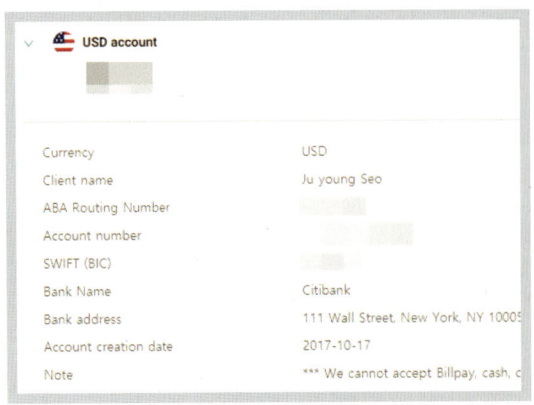
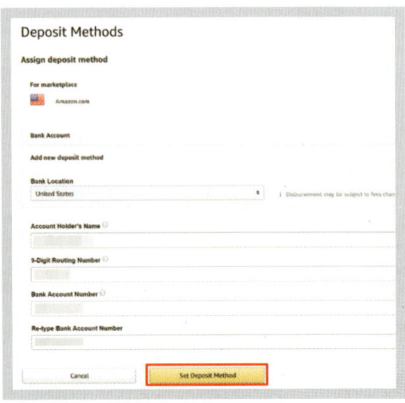

10 VAT Information 등록

대한민국 정부는 2019년 9월 1일자로 국외사업자가 대한민국 거주자를 대상으로 해당 전자적 용역을 제공하는 경우, VAT를 징수하도록 법률을 개정했습니다. 이에 따라 아마존의 '전자적 용역'에는 아마존 판매 수수료(리스팅/판매 수수료), 월 이용료 및 Sponsored Ads가 포함되었습니다.(단, FBA 관련 비용은 VAT 징수 대상이 아닙니다.)

그러나 대한민국에 있는 셀러의 경우 VAT 등록이 되어 있음을 증명하는 대한민국 사업자등록번호BRN를 아마존에 제공하는 경우는 VAT가 추가 징수되지 않습니다. BRN이 없거나 제공하지 않는 경우에 한해 아마존이 셀러들에게 글로벌 셀링 서비스 수수료(아마존 판매 수수료, 프로페셔널 계정 월 이용료, Sponsored 광고비)의 10%(표준세율)를 VAT로 징수하여 관련 기관에 납부합니다. 그러므로, VAT 징수가 이루어지지 않도록 사업자등록번호를 아마존에 제공하시기 바랍니다. 제공 방법은 매우 간단합니다. 다음의 순서로 진행하시면 됩니다.

셀러 센트럴에 로그인한 뒤, 메인 화면 우측 상단의 'Setting'로 들어간 다음, 하단의 'VAT Information'을 클릭합니다.

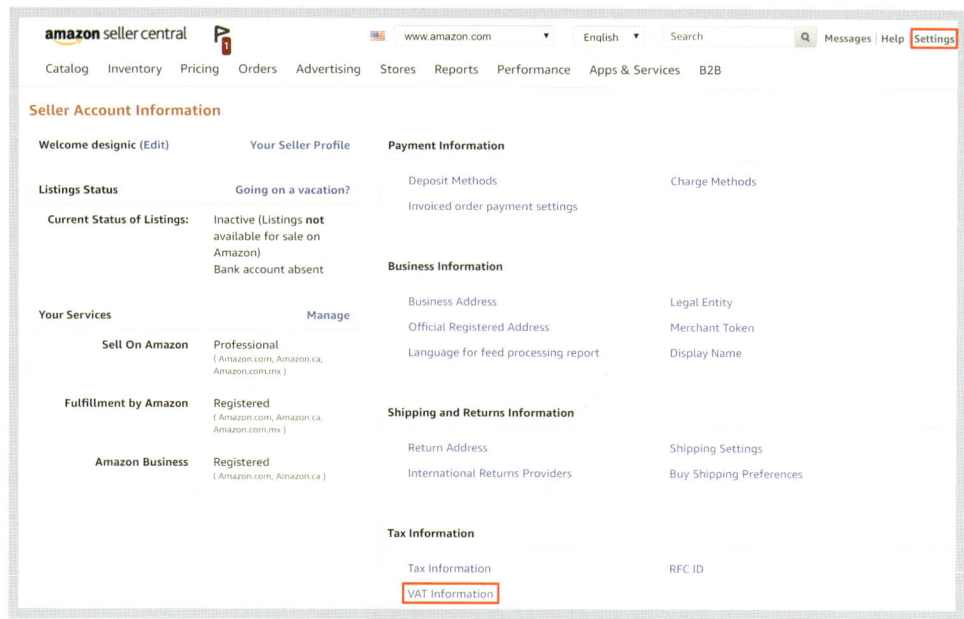

'VAT / GST Registration Numbers' 화면이 보이면 'Add new VAT / GST registration number'를 클릭합니다.

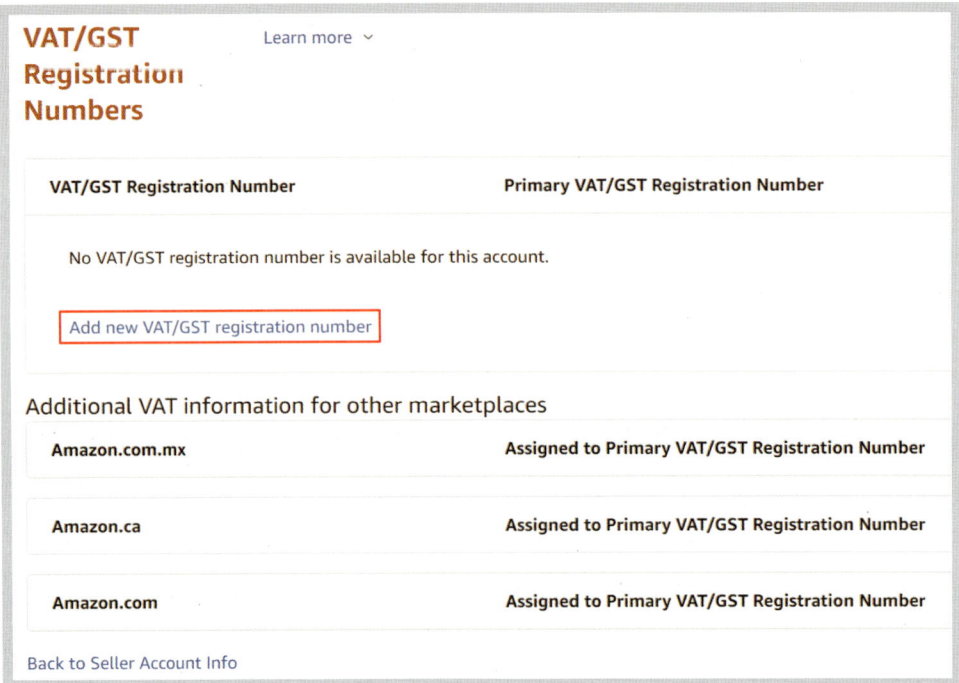

'Korea(South)'를 선택하고 '123-45-67890' 형식으로 10자리 대한민국 사업자등록번호를 입력합니다. 반드시 하이픈이 들어가야 오류가 뜨지 않습니다. 주소를 선택하고, 아래 약관에 동의한 후 [Save]를 클릭하면 정보 제공이 마무리됩니다.

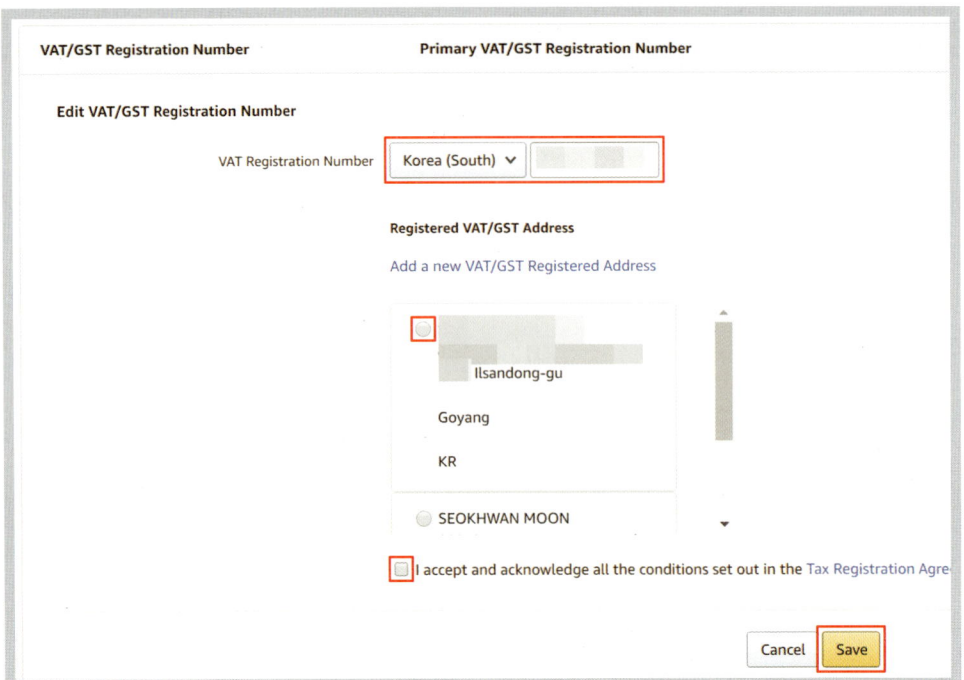

11 아마존코리아 입점 정보 설문조사

아마존은 처음 시장 진입이 다른 오프마켓 시장에 비해 현저히 까다로운 편입니다. 회원 가입 하나만 해도 하루에 끝나지 않습니다. 회원 가입 후에는 아이템에 따라 카테고리 승인을 받아야만 판매가 가능한 경우도 있습니다.

이런 여러 가지 어려움들의 해결을 돕기 위해 아마존코리아는 매월 입점 세미나를 진행합니다. 세미나에서는 아마존에 대한 개괄적인 안내(아마존을 활용한 성공 전략 등), 한국 기업의 아마존 성공 사례, 간편한 아마존 입점 절차 등을 알려주기 때문에 들으면 도움이 될 것입니다. 그리고 세미나 중에 설문조사를 진행하는데, 설문조사(온라인 판매 경험 유무, 해외 수출 경험 유무, 판매할 상품의 카테고리, 판매하고자 하는 아마존 마켓플레이스 등)에 참여한 분들에게는 혜택이 있습니다. 아마존 입점 컨설팅 및 계정 생성 가이드라인을 제공하고, 또 아마존코리아에서 진행하는 실습세미나에 우선 초대합니다. 또 조건에 해당되는 경우 아마존코리아의 매니저가 일대일 매칭이 되어 아마존 입점을 도와주고 있습니다. 다만 입점세미나 안내 링크가 매월 변경되기 때문에, 필자가 운영하는 카페에서 매월 해당 링크를 전체공지로 공유하고 있습니다. 왼쪽 QR 코드나 https://bit.ly/3I2RI3q 링크로 접속하셔서 공지 확인 후 신청하시기 바랍니다.

아마존코리아 웨비나

마지막으로 아마존코리아의 많지 않은 매니저들이 우리나라에서 아마존에 가입하고자 하는 많은 희망자들을 모두 지원하기에는 현실적으로 어려움이 있습니다. 그러므로, 아마존코리아 매니저 지원에 선정이 되지 못한다고 해도 실망하시지 않기 바랍니다.

12 판매를 위한 카테고리 승인 받기

1. 승인이 필요한 카테고리 확인

아마존은 다른 오픈 마켓과 달리 어떤 상품들은 셀러가 판매하고자 할 때 먼저 상품을 판매할 수 있는 자격을 얻어야만 판매를 허용하는 상품들이 있습니다. 이것을 '카테고리 승인' 제도라고 합니다. 또한 이 카테고리 승인을 위한 신청은 월 $39.99의 멤버십 수수료를 지불하는 '프로페셔널' 셀러에 한해서만 가능합니다.

아마존이 이러한 제도를 운영하는 이유는 셀러들의 상품 및 리스팅을 일정 수준 이상으로 유지하도록 하여 구매자들이 아마존에서 안심하고 상품을 구매할 수 있도록 하기 위함입니다.

이러한 카테고리 승인 정책이 2017년에 대거 변경이 되었습니다. 구글 검색 사이트 및 셀러 센트럴에 로그인 후 검색창에 'Categories and Products Requiring Approval'이라고 입력하면 카테고리 승인이 필요한 항목을 확인할 수 있습니다.

Categories and products requiring approval

- Collectible Coins
- Personal Safety and Household products
- Entertainment Collectibles
- Fine Art
- Holiday Selling Requirements in Toys & Games
- Jewelry
- Join Amazon Handmade
- Join Amazon Subscription Boxes
- Made in Italy
- Music & DVD
- Requirements for selling Automotive & Powersports products
- Services
- Sports Collectibles
- Streaming Media Players
- Video, DVD, & Blu-ray
- Watches

2016년만 해도 승인이 필요한 카테고리가 26가지나 되었으나, 2017년 정책 변경을 기점으로 대거 줄어들었다가 현재 다시 늘어나는 추세입니다. 위 이미지는 승인이 필요한 최상위 카테고리만 보여주는 것으로, 최상위에서는 승인을 받지 않아도 되지만, 판매하는 상품에 따라 하위 카테고리에서 승인을 받아야 하는 품목들이 늘었습니다. 예를 들어, Beauty 및 Health & Personal Care(HPC)는 최상위 카테고리 승인 항목이었으나 2017년에 변경되면서 더 이상 최상위 카테고리 승인을 받지 않아도 되는 항목이 되었습니다. 하지만 건강보조식품, 의료용기기, 여성상품 등의 상품은 HPC의 하위 카테고리별로 승인을 받아야만 합니다. 특히, COVID-19 팬데믹과 관련하여 특정 개인안전용품 및 가정용품 판매에 대해 승인 제도를 실시하여 인증된 제조업체가 아니면 판매를 불허하는 정책을 시행했습니다. 그러므로 셀러가 판매하고자 하는 상품이 어떤 카테고리에 해당하는지를 먼저 파악해야 합니다.

아마존 구매 사이트에서 판매하고자 하는 상품을 입력하여 유사 상품 및 동일 상품이 어떤 카테고리에 속하는지 상품 페이지 하단을 통해 확인을 할 수 있습니다. 예를 들어 "toothpaste(치약)"을 검색해 보겠습니다. 검색 결과 중 아무 상품이나 클릭하여 상세 화면으로 들어가면 화면 하단에 'Product details'가 있습니다.

그중 Amazon Best Sellers Rank를 확인하십시오. 세부 카테고리를 확인해야 하므로, 제일 아래에 있는 카테고리를 확인하시면 됩니다.

```
Product details
    Product Dimensions: 9.2 x 1.7 x 6 inches
    Shipping Weight: 1.6 pounds (View shipping rates and policies)
    Domestic Shipping: Currently, item can be shipped only within the U.S. and to APO/FPO addresses. For APO/FPO
    International Shipping: This item can be shipped to select countries outside of the U.S. Learn More
    ASIN: B015S1MLG6
    UPC: 035000510037
    Item model number: 6611837
    Average Customer Review: ★★★★½ ▾  9 customer reviews
    Amazon Best Sellers Rank: #5,682 in Beauty & Personal Care (See Top 100 in Beauty & Personal Care)
        #136 in Health & Household > Oral Care > Toothpaste
        #4707 in Health & Household > Personal Care
    Would you like to tell us about a lower price?
```

이 방법 이외에 셀러 센트럴에서 'Add a product' 기능을 통해 기존에 아마존에 등록된 상품을 찾아볼 수도 있습니다. 이렇게 확인한 결과, 카테고리 승인이 필요한 상품이라면 승인에 필요한 문서들을 준비해서 제출해야 합니다. 그러나 아마존은 제품 등록 전 선 판매 승인을 진행하지 않는다는 것을 기억하십시오. 아마존은 특정 상품에 대한 판매 승인 필요 여부를 리스팅 완료 후 결정하기 때문에, 카테고리 승인을 요구하는 제품이더라도 ASIN별 / 셀러별로 판매 승인 요건이 다릅니다.

2. 카테고리별 승인 절차 및 필요 문서

승인이 필요한 카테고리와 필요하지 않은 카테고리를 자세하게 살펴보겠습니다.

1 카테고리 승인이 필요한 항목

- **COA**: Certificate of Analysis 분석성적서
- **GMP**: Good Manufacturing Practice 우수 의약품 제조 및 품질관리 기준
- **FDA**: Food and Drug Administration 미식품의약청
- **CPC**: Children's Product Certificate 아동용 상품 인증서

카테고리마다 승인을 받는 방법이 다릅니다. 이에 한국 셀러들이 많이 판매하고자 하는 카테고리에 대해 카테고리별 승인 필요 여부와 필요 서류를 간단히 표로 정리해 드립니다. 이미 언급했듯이 아마존은 정책들이 자주 변경되기 때문에 다음의 정리 사항은 추후 변경될 수도 있습니다.

카테고리	분류 체계	예제	필요 서류
Automotive	최상위 카테고리	차량용 핸드폰 거치대, 와이퍼 등	스타일 가이드에 부합하는 이미지(1001픽셀 이상, 순백색 배경) 및 판매 중인 웹사이트 정보(독립 전자상거래 웹사이트를 보유하고 있어야 함). 회사 소개 준비 후 신청 * Fitment specific의 경우 카테고리 승인 후 자세한 리스팅 방법과 관련하여 담당 매니저에게 문의하는 것이 좋음
Personal Care Appliance	HPC의 하위 카테고리	면도기, 전동칫솔 리필모 등	1. 제조업자: "제조업" 이라는 업태가 명시된 사업자등록증 제출 2. 유통업자: 거래명세서, 거래송장(invoice), 혹은 세금계산서1장을 제출(국문가능) * 공급자의 정보 표시(업체명, 주소지, 연락처, 담당자 명 및 사업자 등록번호 등) * 공급받는 자의 정보 표시(아마존에 등록된 그대로의 셀러 업체명, 주소지, 연락처, 담당자 명 및 사업자 등록번호 등)
Watches	최상위 카테고리	시계류	
Music		K-pop음반 등	
Dietary Supplements	HPC의 하위 카테고리	홍삼, 영양제, 건강보조식품 등	1. 제조업자(직접 제조, 시험, 판매까지 하는 경우): 사업자등록증 등 기본 서류 제출 2. 제조판매업체/유통업체: 거래명세서, 전자세금계산서, 인보이스(국/영문 모두 가능) 　* 인보이스 조건 　· 제조업체 혹은 유통업체로부터 발급된 거래명세서/전자세금계산서/인보이스(발주서, 계약서, Commercial invoice 등 인정 안 됨) 　· 현재로부터 6개월 이내의 거래 내용에 대한 서류일 것 　· 공급받는 자의 정보 표시(아마존에 등록된 그대로의 셀러 업체명, 주소지, 연락처, 담당자명 및 사업자등록번호 등) 　· 함께 제출하는 상품 사진에 대한 거래 내용이 상품명으로 정확히 인보이스 상에 기재 필요 　· 구매 수량 표기 필수(최소 10개 구매여야 인보이스로 인정) 3. 제조업체 유통업체 공통 필요서류: 영문 라벨링이 된 사진 　* 사진 조건 　· 정확한 상품명(Product name) 　· 제조업체의 상호명과 주소지(Manufacturer name and address)(제조판매업체가 따로 있다면 해당 업체명과 주소지도 함께) 　· 상품 전성분(Ingredients) 　· 건강기능식품 성분표시 라벨(Supplement facts) 　· 사용 시의 주의사항(Safety information) 　· 상품과 상품 단상자(패키징)의 모든 면이 상세히 확인될 것 　· 디지털 렌더링이나 포토샵 파일은 제출 불가. 실제 상품의 사진만 가능 　· 스티커 라벨을 붙이는 경우 라벨의 규격이 정해져 있지는 않지만, 정식 라벨지 사용하여 본래 정보를 가리지 않게 빈 면에 깔끔하게 부착해야 함(쉽게 떨어질 것 같아 보이면 통과 되기 어렵습니다) 　· 사진에서 위에 나열된 필수 내용들이 다 잘 보일 수 있는 화질의 사진 　· 모델 넘버의 경우, 없으면 생략해도 되나 상품 바코드가 보이는 것이 좋습니다. 4. 통관의 이슈로 FSVP 등록이 필요합니다.

Grocery	최상위 카테고리	음료, 아침사용식품, 간식류 등	· Dietary Supplements의 경우와 같습니다. 다만, Dietary Supplements가 건강기능식품 성분표시 라벨(Supplement facts)을 제출해야 했다면, Grocery는 상품 영양 전성분(Nutrition facts)을 제출해야 합니다.
Feminine Hygiene	HPC의 하위 카테고리	생리대 등 여성용 상품	1. 판매하고자 하는 카테고리 상품의 COA, GMP, FDA 등록 서류 중 선택하여 사본1종 제출(8개월 이내에 발행한 것) 2. 제조사로부터 해당 상품을 직접 구매한 거래명세서, 거래송장 혹은 세금계산서 1부 제출
Medical supplies		의료용기기, 상품 등	
Baby Topicals		유아용 화장품류	
Baby Feeding/ Formula/ Infant toy	HPC의 하위 카테고리	유아용품, 유아장난감 등	(영문/국문 가능) 1. 제조사로부터 해당 상품을 직접 구매한 거래명세서, 거래송장, 세금계산서 1부 제출 2. 판매하고자 하는 카테고리 상품의 CPC(Children's Product Certificate) 사본 1종 제출
카테고리 불문하고, 배터리가 내장된 제품			FCC 인증과 UN38.3 시험성적서 필요 KC 인증 불가 그 외에 상품에 따라 UL인증 등 관련한 인증이 추가될 수 있습니다
카테고리 불문하고, 무선주파수 장치 제품			FCC 인증

참고: 많은 기업들이 이런 인증이 필요한 경우 어떻게 진행해야 하는지 몰라 어려움을 겪습니다. 이에 필자는 2020년 1월부터 FDA 등록(식품, 화장품), FSVP, CPC, FCC 등의 인증이 필요한 경우 국내외 최고 유관 기관들을 연결해 주는 서비스를 운영하고 있습니다. 필요하신 분들은 www.faem.co.kr에서 '프라임 > 프라임 서비스'를 클릭하여 신청서를 제출해 주시기 바랍니다.

거래명세서, 인보이스, 세금계산서는 다음과 같은 조건을 충족해야 합니다.
· 180일 이내에 거래된 내역
· 구매자 / 공급자의 이름, 연락처 정보 표시(주소, 전화번호, 웹사이트)
· 구매한 상품의 이름 및 수량이 명시되어 있을 것(최소 10개 이상 수량 구매내역 필요)

또한 제출 시 반드시 주의해야 할 사항이 있습니다. 건강보조식품 판매를 예로 들어 보겠습니다. 셀러가 제조사로부터 직접 매입을 한다면, 제조사 발급의 COA, GMP, FDA 중 하나와 거래 명세서를 제출하면 됩니다. 하지만 셀러가 제조사가 아닌 총판사에서 매입을 한다면, 제조사 발급의 COA, GMP, FDA 중 하나와 제조사와 총판사의 거래 내역이 있는 거래내역서 1장, 그리고 총판사와 셀러와의 거래 내역이 있는 거래내역서 1장을 제출해야 합니다. 셀러가 제조사와 직접 거래를 하는 경우라 할지라도, 그 제조사가 화장품 제조를 자사 공장에서 직접 생산하는 것이 아니라 OEM 생산을 하는 경우라면, 아마존은 이 경우를 총판사로부터 매입을 하는 경우로 판단하기 때문에 총판사 매입에 필요한 서류들로 준비해야 합니다.

2 카테고리 승인이 필요하지 않은 항목

위에 언급되지 않은 스포츠용품, 가정용품, 도서류, 사무용품, 사진기, 전자상품 등은 카테고리 승인이 필요하지 않습니다. 카테고리 승인이 필요하지 않은 항목들은 아래 표를 참조하십시오.

카테고리	판매 가능한 상품 상태	승인 여부
Amazon Kindle	Used	불필요
Baby Products (excluding apparel)	New	불필요(Holiday 시즌에는 승인이 필요할 수 있음)
Beauty	New	불필요
Camera & Photo	New, Certified refurbished, Used	
Consumer Electronics		
Health & Personal Care	New	
Home & Garden	New, Certified refurbished, Used, Collectible	
Kindle Accessories and Amazon Fire TV Accessories	New, Certified refurbished, Used	
Musical Instruments	New, Certified refurbished, Used, Collectible	
Office Products		
Outdoors	New, Certified refurbished, Used	
Personal Computers		
Pet Supplies		
Software	New, Used	불필요(특정 상품은 승인이 필요할 수 있음)
Sports	New, Certified refurbished, Used	불필요
Tools & Home Improvement		
Video Games	New, Used, Collectible	불필요(특정 상품은 승인이 필요할 수 있음)

3. 카테고리 승인 신청

어떤 상품은 카테고리 승인은 필요하지 않지만, 브랜드 승인을 받아야 하는 경우도 있습니다. 이런 경우는 제조사로부터 180일 이내에 발행된 최소 10개 이상 구매한 영문 인보이스와 해당 브랜드사에서 자사 제품을 취급하는 셀러임을 확인하는 확인서를 제출하시면 됩니다.

앞에서 아마존은 특정 상품에 대한 판매 승인 필요 여부를 리스팅 완료 후 결정하기 때문에 카테고리 승인이 필요한 제품이라 해도 제품별, 셀러별로 판매 승인 방법이 다르다고 안내해 드렸습니다. 그래서 자동차용품과 같은 특정 카테고리가 아닌 이상은 일반적으로 셀러가 먼저 리스팅을 진행합니다. 그러면 해당 리스팅에서 사용된 정보들을 보고 아마존에서 이메일과 셀러 센트럴 내 공지사항으로 셀러에게 해당 상품의 승인을 받으라고 알려 옵니다. 그 공지 내용에 승인을 위해 문서들을 제출할 수 있는 링크가 포함되어 있으며, 그 링크를 통해서 카테고리 승인 신청을 위한 서류들을 제출하면서 진행할 수 있습니다.

그러나 만약 RA^{Retail Arbitrage} 셀러로서 이미 아마존에서 판매 중인 제품을 같이 판매하고자 하는 경우에는 'Sell yours' 하고자 하는 상품의 정보를 입력함과 동시에 카테고리 승인 여부를 확인할 수 있습니다. 이에 대한 자세한 내용은 5장 4절 '상품 등록' 내용을 참조하기 바랍니다.

13 브랜드 등록하기

1. Brand Registry 정책

아마존에는 브랜드 등록이라는 제도가 있습니다. PL^{Private Label} 상품을 판매하고자 하는 제조사나 해당 브랜드의 독점권을 가지고 있는 유통업체가 브랜드를 등록함으로써 브랜드 상품에 대한 관리를 용이하게 할 수 있도록 하는 제도인데, 이는 2015년에 런칭했습니다. 런칭 당시 브랜드 등록을 한 셀러는 UPC / EAN 등의 바코드 등록을 면제해 주고, 상품 컨텐츠를 쉽게 컨트롤할 수 있도록 하는 혜택을 주었습니다. 그러다가, 아마존의 정책들이 점점 PL셀러들을 위한 정책들로 변화되고 강화되면서 2017년 5월 이 제도 역시 대폭 강화되었습니다.

변경된 브랜드 등록 정책을 BR 2.0이라고 하는데, 가장 큰 변화는 아마존에 브랜드 등록을 하려면 미국특허청^{USPTO}에 '상표권^{Trademark}'을 먼저 출원해야 한다는 것입니다. 아마존은 USPTO에 등록된 상표를 보호하고, 고객에게 정확하고 신뢰할 수 있는 경험을 제공하며, '독자적인 텍스트 및 이미지 검색', '의심되는 지적 재산권 침해 리포트를 기반으로 한 예측 자동화', '브랜드

명에 기반한 상품 리스팅에 대한 권한 강화' 등을 포함한 강력한 기능에 접근할 수 있도록 합니다. 즉, 셀러의 브랜드와 아마존이 협력하여 지적 재산권을 위반할 수 있는 경우를 줄이고, 아마존에서 내 브랜드를 명확히 지키면서 홍보할 수 있게 되어 세계에 내 브랜드를 효과적으로 알릴 수 있습니다.

아마존 등록 역시 어렵지 않습니다. USPTO에 상표권 출원을 하고 나면 받게 되는 Serial NO를 가지고 아마존에서 브랜드 등록을 진행하게 되는데, brandservices.amazon.com에서 진행할 수 있습니다. 진행하는 방법은 필자가 운영하는 유튜브 채널 '서주영의 꼼꼼한 팸TV' 혹은 bit.ly/3esnyLe를 입력하여 확인하실 수 있습니다.

2. 브랜드 등록 시 셀러가 받는 혜택

아마존은 브랜드를 등록한 셀러들에게 주던 혜택을 처음 몇 가지에서 지속적으로 가고 있습니다. 계정에 대한 강력한 보호뿐만 아니라 제공되는 마케팅 툴에서도, 분석 툴에서도 큰 차이를 보여 주고 있고, 향후에도 혜택은 계속 추가될 예정입니다. 현재의 혜택들을 간단히 표로 정리합니다.

혜택	주요 내용
바코드 면제	바코드가 없어도 리스팅 생성이 가능합니다.
컨텐츠 수정 권한	브랜드명을 제외한 모든 컨텐츠를 임의로 자유롭게 수정 가능합니다.
A+ Contents	상세페이지 설명 부분에 이미지를 통해 구체적이고 시각적 설명을 할 수 있습니다.(전체 판매를 평균 3 ~ 10 % 증가시키는 데 도움)
Video upload	상품의 비디오를 노출시켜 구매 전환율을 높일 수 있습니다.
Brand Store	아마존 내에 자신만의 홈페이지를 구축하여 브랜드를 홍보할 수 있습니다.
Brand Store Link	브랜드 스토어에 바로 접속할 수 있는 웹사이트 주소가 제공됩니다.
Sponsored Brands	검색페이지 최상단에 브랜드와 함께 동시에 3개의 상품을 노출시킬 수 있습니다.
Brand Dashboard	브랜드를 관리하는 도구로 전환, 트래픽 등을 개선하는 데 도움을 줍니다.
Brand Analytics	브랜드 오너가 데이터에 기반해서 전략적 결정을 할 수 있도록 제품과 포트폴리오에 대한 소비자 인사이트를 제공합니다.(아마존 검색어 리포트/시장 장바구니 분석 리포트/품목 비교 및 대체 구매 행동 리포트/인구통계 리포트)
Social Media Promo Codes	할인 프로모션을 설정하여 고유한 마케팅 페이지를 만들고, 소셜 미디어에서 더 쉽게 상품에 대한 고객의 관심을 유도할 수 있습니다.
Sponsored Brands Video	상품 비디오를 검색화면에 바로 노출시키는 광고. 클릭시 상세페이지로 바로 연결이 되어 클릭율 제고할 수 있는 광고입니다. 광고는 검색 결과 첫 페이지 하단의 웹 사이트 및 웹 사이트 검색 결과에 게재됩니다.
Vine	아마존 리뷰어에게 상품을 소개할 수 있는 고객 리뷰 프로그램으로 최대 30개까지 받을 수 있습니다.

Amazon Live	아마존 자체 라이브 비디오 스트리밍 서비스로 실시간 및 녹화 홍보를 통해 팔로워를 늘릴 수 있습니다.
Editorial recommendations	아마존에서 외부 컨텐츠 크리에이터(제품 리뷰 웹사이트, 인플루언서)들을 초대하여 크리에이터들이 제품에 대해 알아보고, 사용해 보고 추천해 주어 소비자들의 구매를 돕는 프로그램입니다.
Subscribe & Save	고객들이 정기 구독을 할 수 있도록 설정할 수 있습니다.
Product Display Ads	Add to cart 등 눈에 잘 띄는 곳에 노출시키는 광고입니다.
NO 5665 error	상품 리스팅 바로 진행 가능합니다.
Post	아마존의 쇼핑 가능한 피드에서 큐레이트된 라이프스타일 이미지를 통해 브랜드 및 상품을 홍보하고 구매를 유도하는 방법입니다.

3. 아마존의 IP Accelerator와 한국의 KOTRA

미국 이외의 지역에서 거주하는 사람이 USPTO에 상표권을 출원할 때는 개인이 직접 할 수 없고, 반드시 미국 변호사를 통해서만 진행할 수 있습니다. 그런데 미국은 상표권을 출원한 이후 등록이 되기까지 평균 약 10개월(6~12개월) 정도가 소요되기 때문에, 아마존 셀러들은 USPTO에 상표 등록이 완료될 때까지 아마존에 브랜드 등록을 신청하지 못했습니다. 왜냐하면, 브랜드 등록 신청시 반드시 USPTO에 상표가 등록이 완료되었다는 등록 번호를 기재하도록 했기 때문입니다. 이로 인해 10개월 정도를 기다려야 하는 불편함을 다소나마 해소하고자 아마존은 IP Accelerator라는 프로그램을 만들어 런칭했습니다.

이 IP Accelerator 프로그램은 아마존의 브랜드 등록 서비스로, 셀러의 USPTO(미국 특허청) 상표권 출원 진행 및 아마존 브랜드 소유주가 활용할 수 있는 기능들을 10개월 동안 기다리지 않고도 조기 활성화시켜 주는 서비스입니다. 신청은 brandservices.amazon.com/ipaccelerator를 통해서 가능한데, 아마존과 연결된 11개 미국 로펌 중에서 한 곳을 이용해야 하며 신청 후 소요시간은 약 2~4주 정도로 매우 짧으나 비용이 1000~3000달러까지 다양하게 구성되어 있습니다. 미국 상표 출원 비용만은 600~700달러이지만, 미리 해당 상표가 출원 가능한지 검색하는 비용과 브랜드 검토 비용이 각각 500달러, 1800달러 정도씩 별도로 들기 때문입니다. 그래서 이 제도는 주로 기업 위주, 혹은 이미 모든 준비가 다 되어 있어서 빠르게 브랜드 등록을 하고자 하는 셀러들이 주로 사용해 왔습니다.

그 외의 대다수 아마존 셀러는 10개월 정도가 소요되어도 코트라의 해외지식재산권보호 제도를 통해 USPTO에 상표권을 출원했는데, 그 이유는 600달러의 등록 비용을 지원해 주기 때문입니다.

신청은 코트라에 로그인 후, '맞춤형 서비스 > 해외지식재산권보호 > 지원신청'을 통해 진행할 수 있습니다. 다만, 코트라 지원은 코트라에 등록된 변호사 중 한 곳을 선택해야만 가능합니다.

이렇듯, 코트라의 지원을 받으면 빠른 등록이 안 되고, 빠른 등록을 선택하면 비용 지원을 못 받게 되는 불편함이 있자, 아마존코리아와 뉴욕코트라가 함께 IP Accelerator 프로그램에 등록된 11개 변호사 중 Loza & Loza LLP라는 곳과 MOU를 맺고 코트라 지원을 받으며 빠른 등록이 가능하도록 2021년 초 지원을 시작했습니다. 그런데 공교롭게도 아마존이 2020년 말, USPTO에 상표권이 '등록 완료'가 되어야 아마존에 브랜드 등록을 신청할 수 있도록 했던 제도를 USPTO에 상표권이 '출원'만 되면 바로 신청할 수 있도록 변경하는 바람에 반드시 Loza & Loza LLP를 선택해야 할 이유는 약해졌습니다. 기존 코트라에 등록된 변호사들 중 한 곳을 선택하셔도 셀러가 서류 준비만 조속히 하여 코트라에서 신청하면 출원까지는 오랜 시간이 걸리지 않기 때문입니다.

필자는 당사의 파트너 로펌이자 코트라 등록 변호사, AT 센터 고문변호사, 한국프랜차이즈협회 고문변호사로, 유명 기업들의 미주 담당 로펌인 Yohan Lee Law Offices를 소개하고 싶습니다. 필자와 2019년부터 아마존 브랜드 등록을 위한 상표권 출원 업무를 진행하여 DB를 기반한 노하우를 보유하고 있습니다. 저작권, 상표권 및 각종 소송, 이주, 계약 등 필요 시 전방위에 걸쳐 지원을 받으실 수 있을 뿐만 아니라, 상표권 출원 가능 여부를 무료로 사전 조사해 드리고 있습니다. 등록 완료 시까지 자세한 유선 상담과 등록 실패 예상 시 추가 지원 등 셀러들을 위한 부가 혜택을 드립니다.

변호사소개 신청방법

보다 자세한 사항은 cafe.naver.com/faemkiss/1244를 꼭 읽어 보시고, 필자에게 필요 정보를 보내 주시기 바랍니다.

14 바코드 확인

1. 개념 이해

아마존에 자신의 상품을 브랜드 등록 하거나, 혹은 Sell yours(RA) 방식으로 판매를 한다면 바코드에 대해 신경을 쓰지 않아도 되지만, PL 방식 판매나 직접 제조는 아니더라도 아마존에 아직 업로드되어 있지 않은 상품을 판매하고자 할 경우는 상품 등록 시 반드시 EAN, UPC, ISBN 등의 상품 바코드를 입력하셔야 합니다. 미입력 시 등록이 불가합니다. 아마존은 이것을

Product ID라고 하며, 여러 코드 중 한 가지 코드만 있으면 됩니다.

1 EAN(GTIN-8/GTIN-13)

EAN은 'European Article Number'의 약자로 유럽 등 세계 44개국 이상이 공통으로 사용하는 상품 코드 약칭입니다. 표준형과 단축형으로 구분되며, 표준형은 13자리 바코드, 단축형은 8자리 바코드로 표현됩니다. 단축형 8자리 바코드는 껌과 같이 매우 작은 상품의 식별을 위해 사용하는 코드이고, 일반적인 소매 상품 식별에 사용하는 코드는 13자리입니다.

표준형 바코드는 국가번호(3자리, 한국은 880) + 제조업체 코드번호(4자리) + 상품품목 코드번호(5자리) + 체크디지트(1자리)로 구성됩니다. 아마존 셀러는 보통 13자리 바코드를 사용하게 됩니다. 참고로 물류센터에서 유통되는 박스나 팔렛트는 식별을 위해 14자리 숫자코드를 사용합니다.(GTIN-14)

표준
(100%, 가로3.73cm x 세로2.6cm)

2 UPC

UPC는 'Universal Product Code'의 약자로 주로 북미 지역에서 사용하는 바코드로 12자리로 구성되어 있습니다.(단축형은 8자리)

표준
(100%, 가로3.73cm x 세로2.59cm)

3 ISBN

ISBN은 'International Standard Book Number'의 약자로 국제 표준 도서 번호입니다. 즉 책을 식별하기 위한 바코드입니다. ISBN은 10 또는 13으로 나뉘는데, 2007년 1월 1일 후 할당된 모든 ISBN은 13자리인 ISBN-13을 사용합니다.

2. 바코드 준비

바코드는 대한상공회의소 유통물류진흥원에서 발급하는 정식 바코드를 사용하시기 바랍니다.

1 대한상공회의소 유통물류진흥원에서 준비

기본적으로 한국에서 생산 및 판매가 되는 모든 상품은 대한상공회의소 유통물류진흥원의 코리안넷 http://koreannet.or.kr 에서 바코드를 발급 받도록 되어 있습니다.

(단위: 만 원)

등급	업체 규모 (연간 총 매출액)	입회비	연회비 (3년 기준)	합계
1	50조 이상	20	3000	3020
2	10조 이상 ~ 50조 미만	20	2100	2120
3	5조 이상 ~ 10조 미만	20	1500	1520
4	1조 이상 ~ 5조 미만	20	1050	1070
5	5,000억 이상 ~ 1조 미만	20	750	770
6	1,000억 이상 ~ 5,000억 미만	20	450	470
7	500억 이상 ~ 1,000억 미만	20	300	320
8	100억 이상 ~ 500억 미만	20	180	200
9	50억 이상 ~ 100억 미만	20	90	110

10	10억 이상 ~ 50억 미만	20	60	80
11	5억 이상 ~ 10억 미만	20	30	50
12	5억 미만	20	15	35

GS1이란 상품 및 거래처의 식별과 거래정보의 교환을 위한 국제표준 식별코드, 바코드, 전자문서의 개발, 보급, 관리를 전담하고 있는 표준기구를 말합니다. 따라서 각 국가의 GS1기관에서 발급되는 GS1 유통표준코드는 전 세계 어느 곳에서든 활용이 가능합니다. 현재 유통, 물류, 의료, 운송, 화학, 군수 등 10여 개 업종에 100만 개 이상의 기업이 GS1 국제표준바코드를 사용하고 있고, 1988년 대한상공회의소는 대한민국을 대표하여 GS1 회원으로 가입하였습니다. 이에 따라, GS1 국제표준바코드를 사용하기 위해서는 대한상공회의소 유통물류진흥원 GS1 Korea 으로부터 유통표준코드를 발급받아야 합니다.

대한상공회의소 유통물류진흥원에서 회원 가입을 하려면, 회원 가입 신청서, 사업자등록증 사본, 매출액 증명서 등이 필요하고, 신규 회원은 기초 교육(약 2시간)을 이수하여야 합니다. 또한 회비를 납부하여야 하는데, 입회비와 연회비(3년 기준)로 구성이 되어 있습니다. 연회비는 매출액에 따라 다르지만 최저 15만 원(매출액 5억 원 미만)이고, 입회비는 20만 원입니다. 단, 스타트업기업(사업자등록증상의 개업 연월일이 회원 가입 신청일 이전 6개월 이내인 경우) 입회비는 50% 할인되어 10만 원입니다.

제조기업은 물론 유통업체의 경우도 회원 가입 후 바코드 발행이 가능합니다. 그러므로, 아마존에 업로드되어 있지 않은 상품을 위주로 소싱을 하고자 하시는 분들과 특히 PL 방식의 판매를 원하는 분들께서는 GS1에서 정식으로 바코드를 발급받으시기를 권합니다.

왜냐하면, 아마존의 UPC 정책을 보면, 아마존은 GS1 데이터베이스를 검사하여 상품 UPC의 진위 여부를 확인하고 일치하지 않는 경우 해당 UPC 목록이 제거되며 ASIN 작성 또는 판매 특권이 일시적으로 또는 영구적으로 없어질 수 있다고 규정하고 있기 때문입니다.

2 바코드 없이 상품 등록하기, GTIN 면제 상품 및 브랜드 네임 등록

물건을 판매하다 보면 바코드가 없는 상품을 생산·소싱할 수 있으므로 아마존은 바코드 없이 상품을 등록할 수 있는 GTIN 면제 GTIN Exemption 시스템을 갖추고 있습니다. GTIN이란 'Global Trade Item Number'의 약자로, EAN, UPC, ISBN 등의 바코드를 총칭하는 표준화된 상품 바코드를 뜻합니다. 자체 개발 브랜드 상품·핸드메이드 상품, 자동차 부품·모바일 액세서리처럼 GTIN이 없는 상품 또는 번들 상품은 GTIN 면제 대상이 될 수 있습니다.

GTIN 면제를 신청하는 방법도 아주 쉽습니다. 다만 이를 신청하기 전에 반드시 '브랜드 네임 등록'을 먼저 진행하고 신청하여야 통과가 됩니다. 브랜드 네임 등록은 앞장에서 설명한 브랜드 등록과는 다른 제도이므로 혼동이 없으시기 바랍니다. 브랜드 네임 등록은 다음 절을 참조하시기 바랍니다.

GTIN 면제 신청을 위해서는 상품 이름과 상품 및 상품 포장의 모든 면을 보여주는 최소 2장(최대 9장)의 이미지를 준비하여 https://sellercentral.amazon.com/gtinx/browser를 통해서 제출하면 됩니다. 신청하는 방법까지 간단하게 살펴보겠습니다.

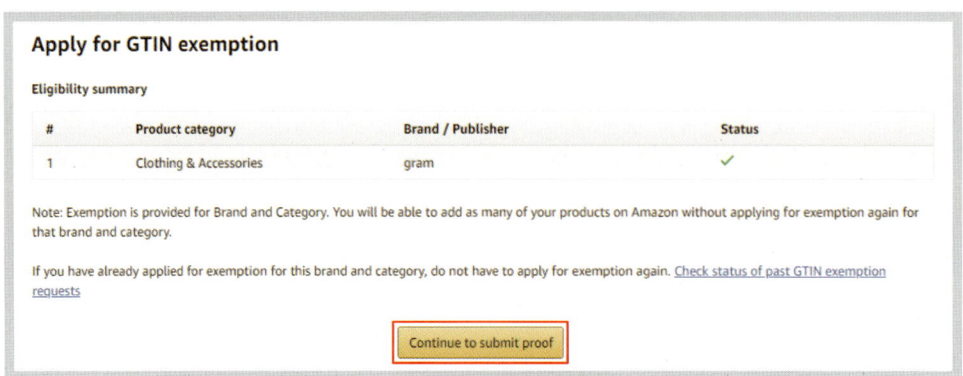

❶ [Select] 버튼을 클릭하면 뜨는 팝업 목록에서 상품 카테고리를 선택합니다.

❷ 'Brand / Publisher' 필드에 브랜드명(대소문자 구분)을 입력하되, 브랜드가 없는 상품 및 번들은 "Generic"을 입력합니다.

❸ [Check for eligibility]를 클릭합니다. 이때 브랜드 네임 등록이 먼저 되어 있지 않으면 'Brands require approval'이라는 오류가 뜹니다. 오류가 뜨지 않는 경우는 다음과 같이 증빙자료를 제출하라는 버튼이 보입니다.

[Continue to submit proof] 버튼을 클릭하면 다음과 같이 상품명을 기재하고 준비한 사진을 올릴 수 있는 화면이 보입니다. 업로드 후 [Submit request]를 클릭하면 48시간 내에 승인 안내 이메일을 받게 됩니다. 이렇게 바코드 면제를 받고 나면 해당 카테고리 내 해당 브랜드에 대해서는 더 이상 바코드 면제를 신청하지 않아도 됩니다.

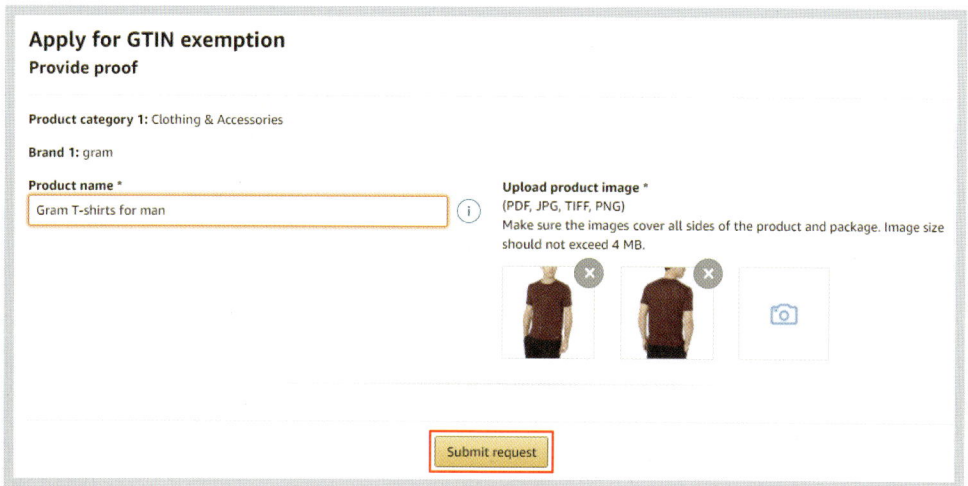

15 브랜드 네임 등록 방법

아마존에 등록되지 않은 상품을 새롭게 아마존 카탈로그에 등록할 때, 'Error code 5665'라는 메시지를 보게 될 것입니다. 이는 셀러가 등록하려는 브랜드 이름을 아마존에 등록하지 않았기 때문에 발생하는 문제입니다. 아마존은 해당 브랜드에 대한 정보 및 브랜드 소유자 정보를 확인함으로써 검증된 브랜드 소유자 및 브랜드의 지적재산권 보호를 하고 있습니다. 그래서 아마존에 브랜드 등록을 한 경우는 아무 문제 없이 등록이 되지만 그렇지 않은 경우는 상품 등록 시 'Error code 5665' 에러 메세지가 뜨며 리스팅을 할 수가 없는 것입니다. 이런 오류를 만나지 않기 위해서는 아래의 방식으로 아마존에 올리고자 하는 상품의 브랜드 네임 등록을 하시기 바랍니다.

1. 미국 상표권 출원이 완료된 경우

해당 브랜드의 소유자라는 것을 증명하기 위해 https://brandservices.amazon.com/에 접속하여 브랜드 등록을 진행합니다. USPTO에서 검색이 가능한, 출원이 완료된 상태의 브랜드 상표권이어야 등록이 가능합니다.

2. 미국 상표권 출원이 되지 않은 경우

아직 셀러가 미국에서 해당 브랜드의 소유자라는 것을 증명하기 어려우므로, 다음과 같이 브랜드의 진위 여부를 확인해야 합니다. '셀러 센트럴 > 도움말 > 아마존에 연락하기 > 상품 및 재고 > 기타 상품 또는 재고 관련 문의 선택 > 문의 내용'에 아래와 같이 작성하세요.

> 아래 브랜드명으로 상품을 등록하고자 하는데, error code 5665가 발생하여 문의드립니다.
> 브랜드명(영문으로 스펠링 주의하여 정확하게 기입): (예) TEST KOREA
> 첨부파일에 브랜드명이 확인 가능한 사진 공유 드리니 확인해 주세요.

파일을 첨부할 때 다음 두 가지에 주의해야 합니다.
- 상품의 실제 사진이어야 하며, 해당 이미지에 상품의 브랜드명이 확인 가능해야 합니다.
- 상품의 포장지, 라벨 등에 신청하는 브랜드명과 동일한 브랜드명이 표시되어야 합니다.

이 두 가지 조건이 갖추어져 있다면 해당 사진은 상품 페이지에 올릴 이미지와는 달라도 무관하며, 손에 들고 있거나, 테이블 위에 놓은 채로 사진을 찍어도 무방합니다. 만약, 이런 준비를 할 수 없다면 상품 리스팅 시, 브랜드명에 해당 브랜드명을 넣을 수 없고, N/A라고 표기하셔야 등록이 가능합니다.

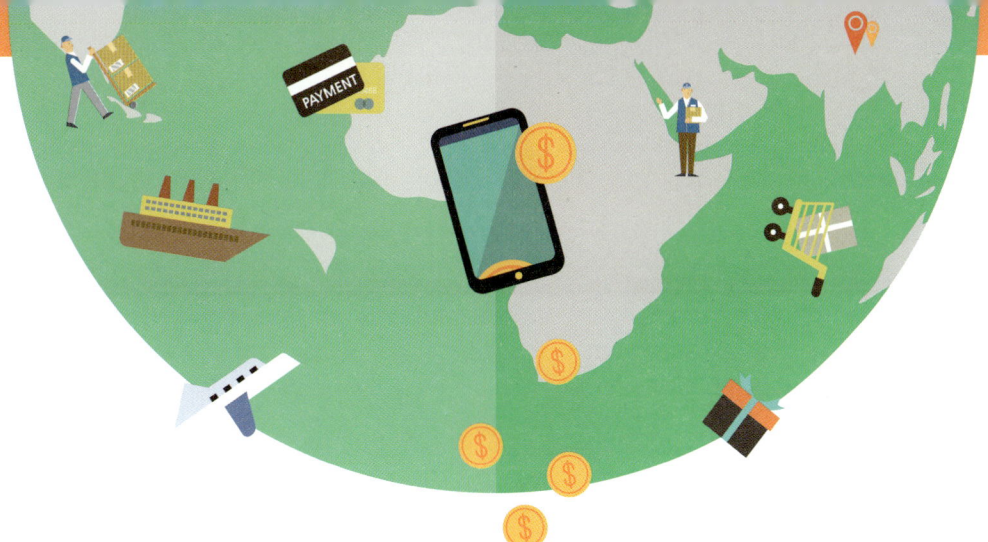

CHAPTER 3

그런데 어떤 물건을 팔아야 할까?

01 아마존에서의 판매 방식 이해하기

아마존 판매에 대해서 조금이라도 관심을 가지고 있거나 공부를 해본 사람이라면 RA 방식과 PL 방식이라는 말을 들어보았을 것입니다. 이 두 가지가 아마존의 대표적인 판매 방식입니다. 이 방식들을 이해하고, 나는 어떤 방식으로 판매를 할 것인가를 결정하는 것은 아마존 셀러로 시작하는 데 있어 매우 중요한 의사결정 활동입니다.

1. RA 판매 방식과 바이 박스

RA^{Retail Arbitrage} 판매 방식은 기존에 있는 상품을 다른 곳에서 구매해서 아마존에서 판매하는 방식을 의미합니다. 쉽게 설명해서 도매처에서 물건을 저렴하게 구매해서 소매가로 소비자들에게 판매하여 차익을 수익으로 얻는 일반적인 유통 방식입니다.

이 방식을 아마존에 적용하면, 'Sell yours' 방식이 됩니다. Sell yours란 다른 셀러가 업로드한 상품에 나의 판매 가격과 판매 수량을 기입해서 동일한 화면을 공유하며 같이 판매를 하는 형태를 의미합니다. 아마존 판매를 처음 시작하는 대부분의 셀러들이 이 방식을 이용해 왔고, 지금도 많은 셀러가 이 방식으로 판매를 하고 있습니다.(1장 3절 '아마존 VS 이베이' 참고)

이 방식을 사용할 때 알아야 할 또 하나의 중요한 개념이 바이 박스^{Buy box}입니다. 아마존은 같은 상품을 판매하는 여러 명의 셀러들 중 가격과 셀러 퍼포먼스 등 다양한 기준을 근거로 해당 상품에 대한 셀러 순위를 정하여 1위에서 4위까지 랭크되는 셀러를 상품 상세페이지에서 보여줍니다. 여기서 1위를 차지하는 셀러를 위너^{winner}라고 합니다. 그리고 이렇게 디스플레이 되는 곳을 바이 박스 존^{Buy Box zone}이라고 합니다. 이러한 시스템 때문에 나의 상품을 판매하기 위해서는 셀러들 사이에서 경쟁을 해야 합니다. 그래서 일반적으로 "바이 박스를 차지한다"라고 표현합니다. 바이 박스를 차지하고 있는가의 여부는 매출로 직결되기 때문에 매우 중요한 사항입니다.

예를 들어, 아마존에서 'hand cream'으로 검색 후 특정 상품의 상품 페이지로 이동해 보겠습니다. 'Swedish Dream Sea Salt Hand Creme 2팩'이 $22.69로 판매되고 있는 걸 볼 수 있습니다.

만약 고객이 우측 상단의 ❶ [Add to Cart] 버튼을 클릭한다면, ❷ $22.69에 판매하고 있는 ❸ 'Red Co Products'라는 아이디를 가진 셀러의 상품이 판매됩니다. 이 셀러가 이 상품에서 현재 바이 박스를 차지한 것입니다.

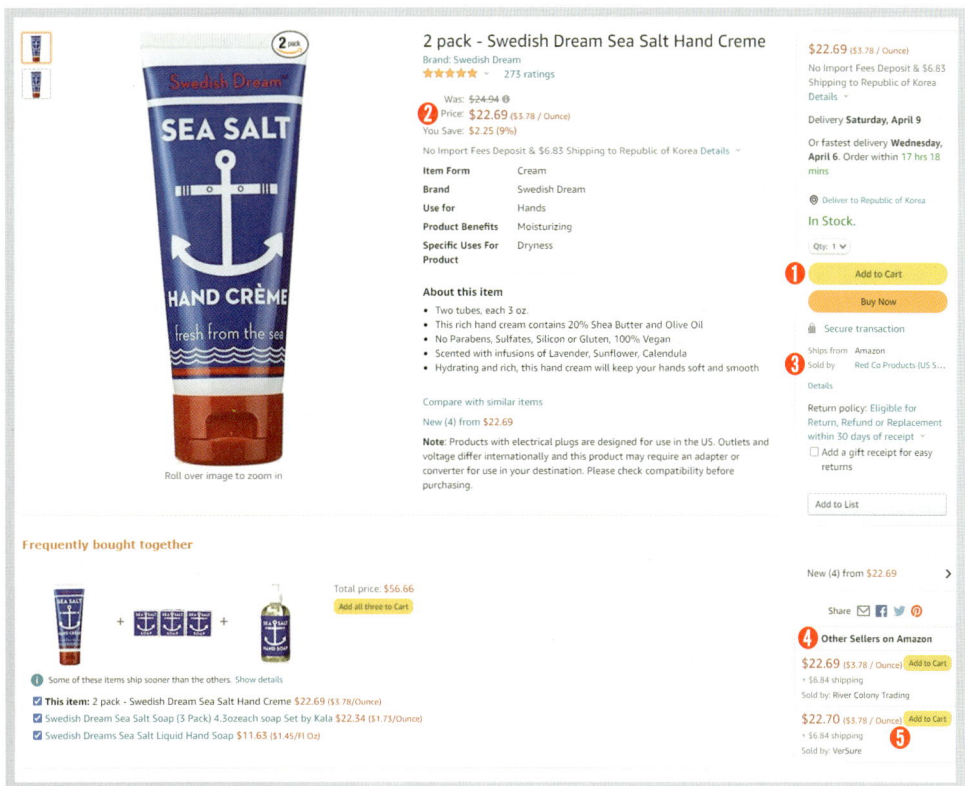

하단의 ❹ 'Other Sellers on Amazon'을 보면 다른 셀러들이 $22.69, $22.70에 판매하고 있습니다. 이들이 2, 3위 셀러입니다. 만약 아래에 'VerSure'라는 아이디 위에 있는 ❺ [Add to Cart] 버튼을 클릭하면 이 셀러의 물품이 판매됩니다.

그러나 고객들은 일반적으로 상단에 있는 [Add to Cart] 버튼을 클릭해서 구매하기 때문에, 바이 박스를 차지하면 매출과 직결되는 것입니다.

따라서 RA 방식의 판매를 하는 셀러들에게 있어서, 바이 박스 개념 이해는 매우 중요하다고 할 수 있습니다. 그러나 셀러들이 바이 박스를 차지하기 위하여 지나치게 가격 경쟁에 집중하는 경향이 있습니다. 그러다 보니 수익률이 떨어져 매출이 하락하는 현상이 나타나고 있고, RA 셀러들은 지속적인 소싱으로 새로운 상품을 발굴해야 하는 부담이 있습니다. 그래서 최근 아마존은 바이 박스를 차지하는 알고리즘을 변경하여, 셀러들이 FBA로 판매를 하고 있고, 가격이 같다면, 돌아가면서 바이 박스를 차지할 수 있도록 관리하고 있습니다. 그러나 정확한 알고리즘은 아마존이 발표하지 않기 때문에 알 수 없고, 또 이 정책이 언제 변경될지도 알 수 없습니다.

2. PL 판매 방식과 마케팅

PL^{Private Label} 판매 방식은 셀러가 제조업체에 주문하여 생산(OEM 혹은 ODM 생산)한 상품에 자사의 상표를 붙여 판매하는 자체 개발 상품을 뜻합니다. 소비자의 취향을 충족시키는 다양한 상품을 신속하게 개발하여 판매함으로써 타 셀러와의 차별성을 통해 매출을 높일 수 있습니다. 특히 자사 브랜드이므로 타 셀러가 진입하기 어려워 안정적인 매출을 꾀할 수 있다는 점은 매우 큰 장점입니다. 다만, PL 판매를 위해서는 생산을 해야 하므로 어느 정도의 자금력은 필수이며, 품질 또한 우수해야 한다는 전제가 있습니다. 품질이 낮아 고객에게 좋지 않은 평가를 받으면 아마존 판매는 어려워질 수 있습니다. 또한 최근 대부분의 셀러들이 PL 판매 방식을 선호하게 되면서 1페이지에 내 상품을 노출시키기 위한 검색광고 등 마케팅에 많은 투자를 해야 하는 상황이 되었습니다. 따라서 PL 판매를 위해서는 어느 정도의 자금력은 필수이며 자본 없이 시작하기가 쉽지 않습니다.

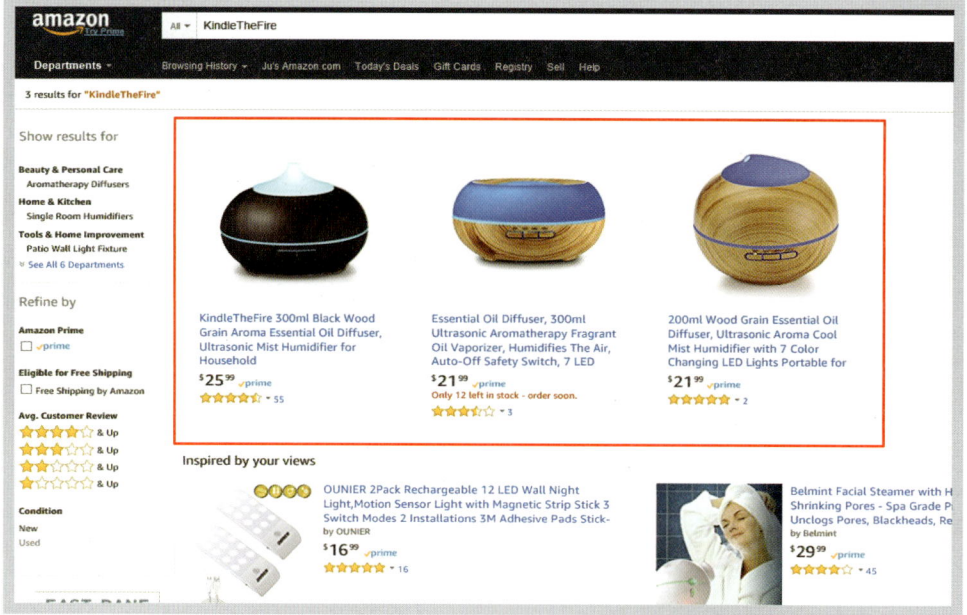

예를 들어 보겠습니다. 아마존에서 "KindleTheFire"를 검색하여 찾은 위 상품은 판매자가 'FI-ZILI_store'라는 한 사람뿐입니다. 이 셀러는 'KindleTheFire'라는 브랜드를 만들어 세 개의 상품을 판매하고 있고, 이 상품 모두 단독으로 판매 중입니다.

이렇듯 PL 방식의 판매는 타 셀러의 진입이 어렵기 때문에 100% 바이 박스를 차지하므로 매출을 향상시킬 수 있습니다. 그러나 이 방식도 유사 상품과의 경쟁은 피할 수 없으며, 앞서 언급한 바와 같이 최근에는 셀러들이 쉽게 PL 상품을 만들 수 있게 되어 상품 경쟁이 심화되고 있는 추세입니다.

02 아마존 시장 조사

동일한 상품이라도 아마존에서는 판매가 잘 되는데, 이베이나 다른 시장에서는 판매가 잘 안 되는 경우가 많습니다. 모든 시장은 그 시장마다 특색이 있기 때문입니다. 따라서 그 시장에 맞는 상품을 찾고 판매하는 것이 매우 중요합니다. 그러면 어떤 상품이 아마존에서 잘 판매가 될까요? RA 판매를 위한 소싱 차원에서든, PL 판매를 위한 시장조사 차원에서든 이를 파악하는 것은 매우 중요합니다. 분석을 위한 기본 사항들을 살펴보도록 하겠습니다.

1. 판매 제한 상품부터 확인

아이템은 셀러로서의 성공을 가늠할 수 있는 매우 중요한 항목입니다. 따라서 아이템 선정에 신중을 기울여야 하며 아마존에서 제한하는 상품이 무엇인지를 먼저 파악해 볼 필요가 있습니다.

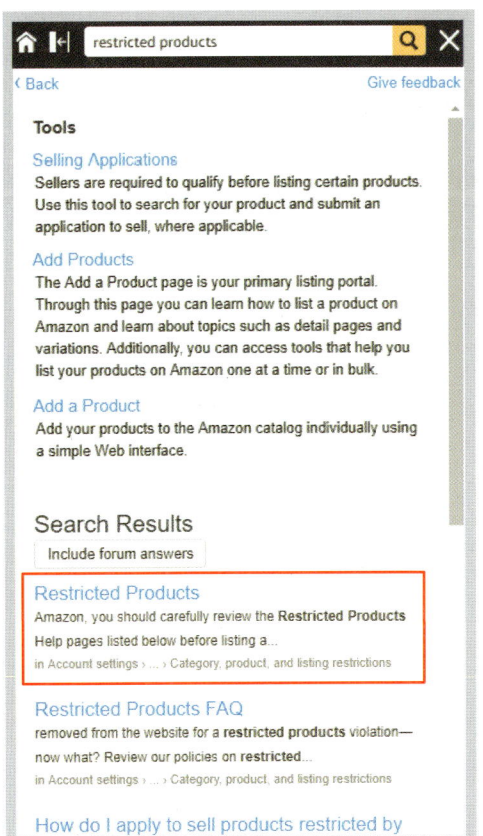
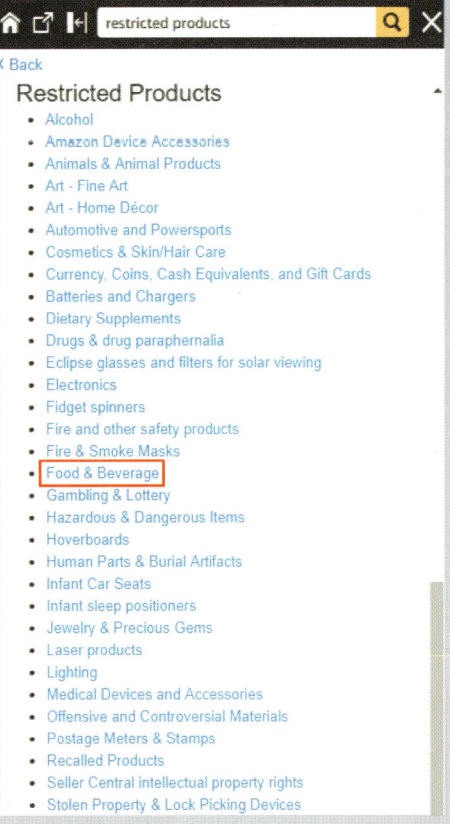

셀러 센트럴 상단의 검색창에 "restricted products"를 입력한 후 검색 결과 중 'Restricted Products'를 클릭합니다. 아마존에서 판매되는 모든 카테고리가 나열됩니다. 각각의 카테고리를 클릭하면 허용되는 상품과 제한이 되는 상품들을 자세히 확인할 수 있습니다.

예시로 'Food & Beverage'를 클릭해 보겠습니다. 다음과 같이 리스팅이 허용되는 사항과 불허되는 사항을 확인할 수 있습니다.

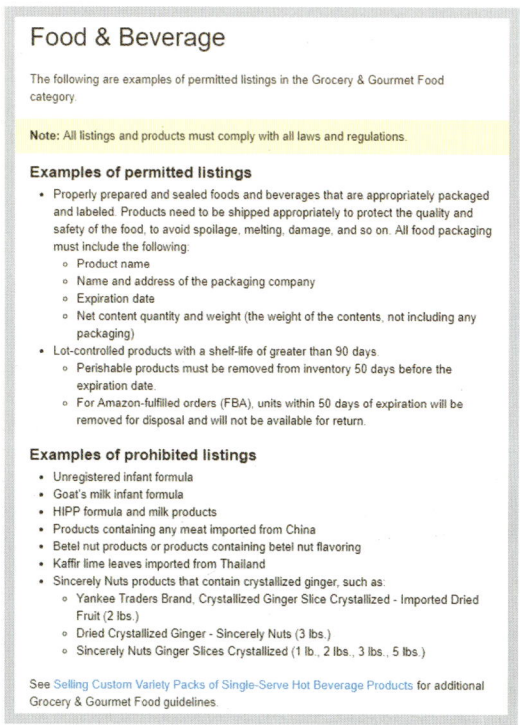

만약 확인 없이 상품을 올렸다가 해당 상품이 제한 상품에 속하게 되면, 리스팅 목록 취소뿐만 아니라 리스팅 권한이 제한 및 정지될 수도 있고, 심한 경우 판매 권한 자체가 없어질 수도 있습니다.

2. 취급하지 않으면 좋을 제품

다음과 같은 제품들은 취급하지 않는 편이 좋습니다.

· 깨지기 쉬운 제품

아마존은 미국 내 150여 곳에 물류창고를 가지고 있습니다. 빠른 배송을 위해서 상품들을 한 곳에만 보관하는 것이 아니라 이곳에서 저곳으로 옮기는 작업들을 종종 합니다. 그러는 중에 유리나 도자기 같이 깨지기 쉬운 제품들은 결함이 발생할 수 있습니다.

· Sold by Amazon.com 제품

아마존은 자사에서도 상품을 제조사로부터 낮은 공급률로 공급받아 판매를 합니다. 그렇기 때문에 아마존이 바이 박스를 차지하는 제품이나 카테고리들은 가격 경쟁이 쉽지 않습니다.

· 전기 제품

한국의 전기 제품은 220V 전압을 사용하고, 미국은 110V 전압을 사용합니다. 이런 제품을 판매하려면 변환이 가능하도록 어댑터 등을 포함하여 판매하여야 합니다.

· 배터리 제품

배터리, 특히 리튬 배터리 등 상품에 일체형으로 배터리가 포함된 상품은 항공운송이 안 되며, (배송사마다 운송 가능한 수량이 조금씩 다릅니다.) 아마존 창고에서도 추가 보관료를 지불해야 합니다.

· 상표권·특허가 등록된 제품, 캐릭터 제품

이러한 상품을 판매하면, 해당 저작권자가 아마존에 신고하여 지적재산권 침해로 계정이 정지될 수 있습니다.

· 의류, 신발 등 옵션이 많은 제품

신체 특성, 유행, 사이즈 단위 등 많은 것이 다르기 때문에 쉽게 소싱하여 판매할 수 없고, 반품률도 높습니다.

· 계절성 제품

특정 시즌에만 판매되는 제품들은 안정적인 매출을 창출하는 데 저해 요인이 됩니다.

3. 유료 종합 상품 분석 툴 소개

PL 셀러 수가 급증하면서, 상품을 빠르게 찾고, 정밀하게 분석하고, 내 상품이 더 많이 노출될 수 있는 키워드를 찾고, 더 좋은 조건으로 상품 페이지를 구성할 수 있도록 도움을 주는 유료 종합 분석 툴이 매우 많이 생겼습니다.

사실 필자는 이전에는 유료 툴을 사용하는 것을 그다지 반기지 않았습니다. 물론 지금도 그렇기는 하지만, 빠르게 달려가는 경쟁 속에서 나 혼자 걸어갈 수는 없기에 업무의 효율성을 생각해서 이제는 오히려 유료 툴을 적극적으로 사용할 것을 이야기합니다.

그러나 만약 여러분이 오직 상품을 빠르게 찾기 위해서 이 유료 툴들을 사용하고자 한다면, 필자는 말리고 싶습니다. 소싱의 기본은 아마존에 올라와 있는 모든 상품을 찾아보는 정성과 노력에 있습니다. 그런데 아마존의 판매 흐름은 전혀 개의치 않고 그저 툴에만 의지해서 상품을 소싱한다면, 상품을 제대로 평가하는 눈을 가지기 어렵고, 롱런하기도 쉽지 않다고 생각하기 때문입니다. 이러한 툴들을 상품을 찾는 것과 동시에 분석하고 연구하는 데 더 많이 사용하시면 좋겠다는 바람이 있습니다. 그리고 제가 여기서 소개하는 툴 각각의 상세 기능은 이 책이 이 툴들을 홍보하는 책이 아니므로 담지 않겠습니다. 직접 공부하면서 알아 가시기 바랍니다.

1 Helium10

Helium10 www.helium10.com은 제가 이 책 초판에 Helium10을 소개할 당시만 해도 정말 생소한 이름이었는데, 이제는 한국 셀러들이 가장 많이 사용하는 툴 중의 하나가 되었습니다. 사용하시는 분들의 만족도가 상당히 높은 툴이지요. Helium10은 키워드 연구, 제품 분석, 경쟁 추적, 상품 조사 등에 특히 중점을 두고 20가지 이상의 다양한 기능을 제공하는 종합 분석 툴입니다. 따라서 PL 셀러들에게 Helium10은 상품과 매출과 경쟁자들을 다각도로 분석할 수 있도록 하여 큰 도움을 줍니다. 아래 이미지는 로그인했을 때 보이는 20가지 이상의 기능이 모여 있는 메인 화면과, 이외에 크롬 확장으로 작용하는 5가지 기능이 있는 화면입니다.

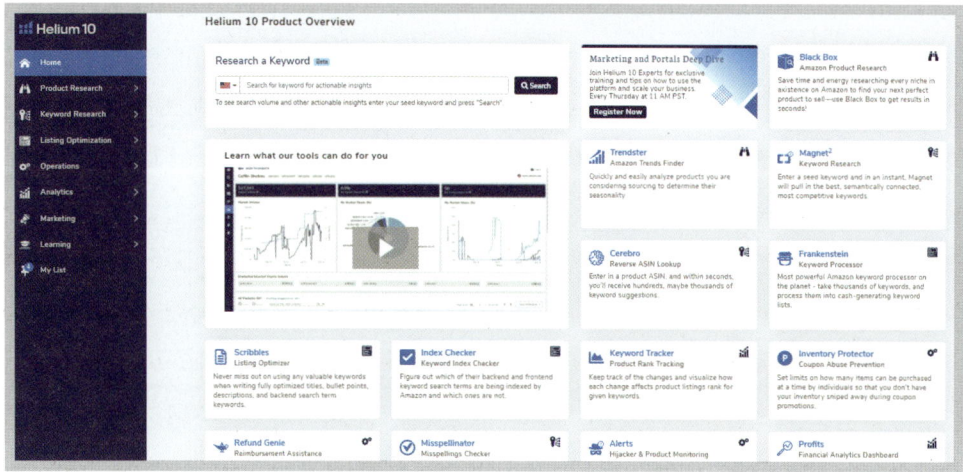

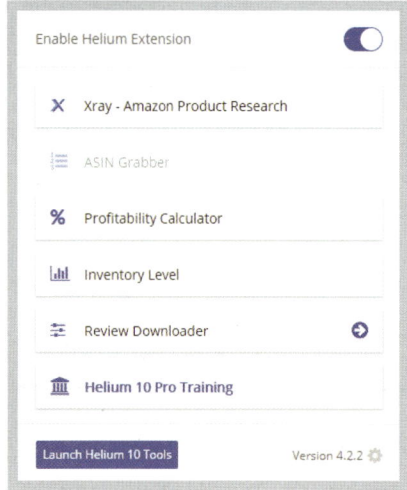

이 각각의 기능들은 매우 유기적이면서도 독립적으로 작용하며, 다양한 방면에서 분석을 할 수

있도록 도와주기 때문에 셀러는 효과적으로 내 상품을 관리 및 운용하고, 새로운 상품을 찾는 데도 효율적으로 이용할 수 있습니다. 그러나 이 툴을 이용하기 위해서는 적지 않은 멤버십비를 지불해야 합니다. 멤버십비는 월 단위와 연 단위로 결제할 수 있는데, 기본 Platinum Plan을 사용할 경우 월 결제는 $99, 연 단위 결제는 $999입니다. 1년 사용에 백만 원이 넘는 적지 않은 고정 비용인 셈입니다.

그래서 필자는 한국의 셀러들을 위해 Helium10 본사에 연락하여 할인을 받을 수 있는 쿠폰을 요청해 받았습니다. 본 책 부록에 할인 쿠폰 QR코드를 준비해 두었습니다. 큰 혜택은 아니지만, 조금이나마 도움이 되기를 바랍니다.

2 Viral-launch

Viral-launch www.viral-launch.com 는 유튜버들의 소개로 입소문을 타서 많은 신규 셀러들이 사용하시는 것으로 압니다. Viral-launch 역시 Helium10과 같이 다방면으로 분석할 수 있도록 지원하는 툴이지만, 특히 아마존 시장 정보에 관한 툴이라고 말하고 싶습니다. Viral-launch는 여러 종류의 다른 서비스를 제공하기 때문입니다.

현재 Viral-launch는 Software와 Service로 구분하여 제공하는데, 제가 느끼기에 Viral-launch의 가장 좋은 기능 중 하나는 '마켓 인텔리전스'라는 기능입니다. 정글 스카우트의 '크롬익스텐션 프로' 및 Helium10의 'Xray'와 같은 기능이지만, 마켓 인텔리전스가 더 많이 사용되는 이유는 훨씬 더 정교하고 많은 기능들을 담고 있기 때문입니다. 물론 이 역시 크롬 익스텐션 형태로 이용하고, 이외에도 제품을 찾고, 키워드를 조사하고, 경쟁자들의 상품을 모니터링하고, 리스팅을 분석할 수 있는 다양한 기능들을 제공합니다. 이 각각의 기능은 Helium10과 마찬가지로 직접 살펴보시기 바랍니다.

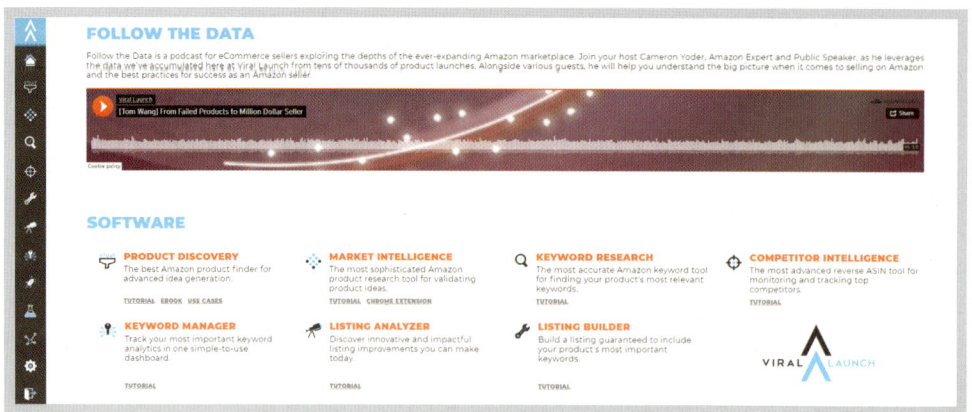

기본 Pro의 경우 월 결제 99달러, 연 결제 996달러로 이용할 수 있습니다. Viral-launch의 할인 쿠폰도 본사에 요청하여 부록에 준비해 두었습니다.

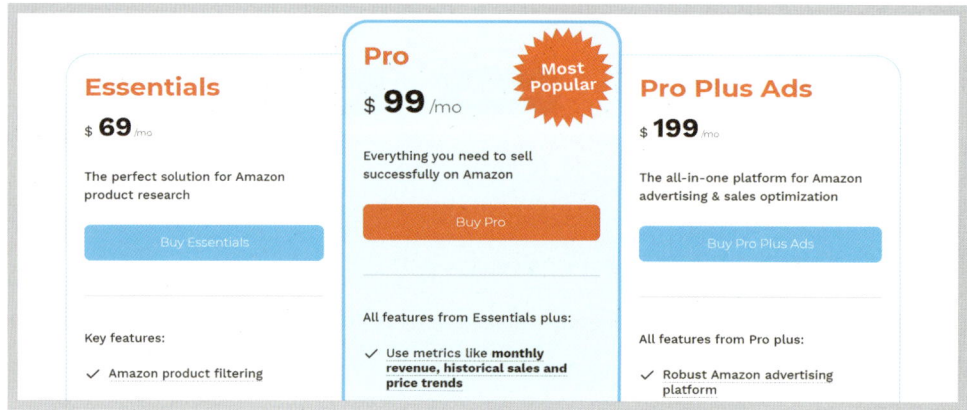

3 기타

이 외에도 기존 한국 셀러들이 많이 사용하고 있는 정글 스카우트를 비롯하여 Seller App, Sellics, Unicorn Smasher, Amz Scout, CamelCamelCamel 등 정말 많은 분석 툴이 있습니다. 이 툴들도 모두 각자 약간씩 다른 특성화된 기능들이 있으므로 한 번 정도는 살펴보시고, 비교하여 나에게 더 적절할 것으로 판단되는 툴을 이용하시기 바랍니다. 그러나 다시 한 번 말씀 드리자면, 툴은 이용을 하는 것이지, 툴에 의존하시면 안 됩니다. 툴을 잘 이용해서서 효율적인 분석과 판매로 매출을 올리는 데 사용하시기 바랍니다.

4. 아마존 상품 분석

1장 3절 '아마존 VS 이베이'에서 언급한 바와 같이 아마존은 카탈로그 방식을 채택하고 있습니다. 그래서 셀러가 등록하려는 상품이 이미 등록이 되었다면, 동일 상품, 동일 모델의 경우는 하나의 상품 화면을 가지고 모든 셀러가 공유하여 사용해야 합니다. 이런 차이를 인지하고, 상세화면을 살펴보도록 하겠습니다.

1 상단 - 기본적인 상품 정보 및 바이 박스

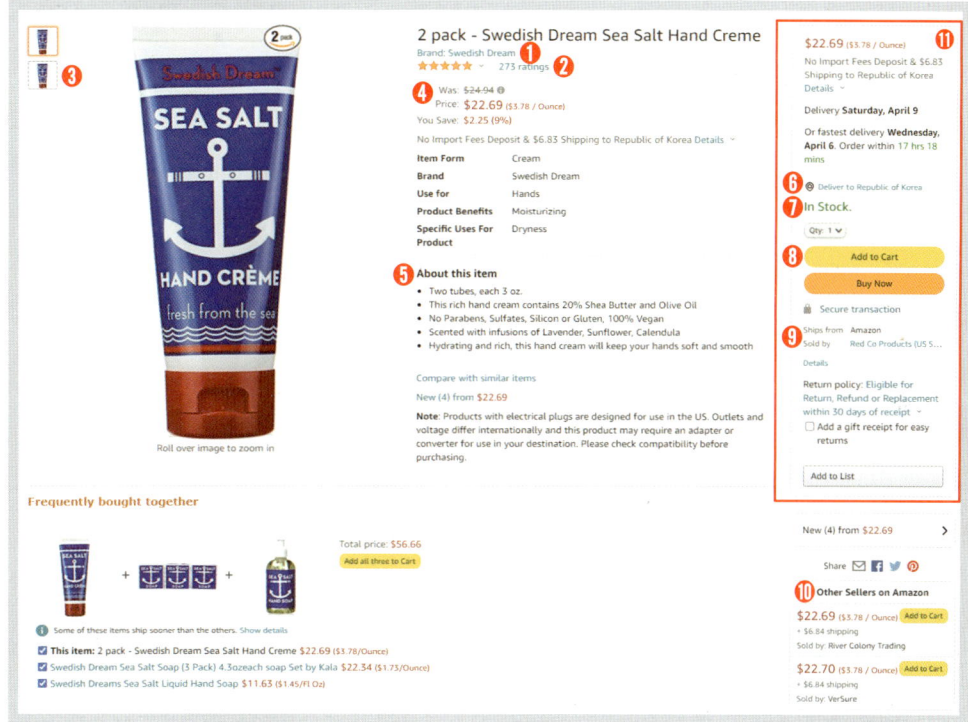

아마존의 상세화면은 텍스트 위주이며, 화면을 만드는 것이 매우 간단합니다. 아마존에 접속해서 'hand cream'으로 검색을 한 후, 하나의 상품을 선택하여 상품 페이지로 이동하였습니다. 화면이 구성되는 방식을 숙지하십시오.

❶ 셀러가 작성해야 하는 부분입니다. 어떤 식으로 타이틀을 구성했는지 살펴보고, 나는 어떻게 제목을 작성할 것인지 생각합니다. 타이틀 옆의 'Swedish Dream'이라는 것은 판매자를 의미하는 것이 아니라 브랜드 명을 의미합니다.

❷ 고객들이 남긴 별점과 273개의 리뷰를 살펴봅니다. 질의응답이 있는 경우 그것도 살펴보십시오. 소싱할 경우, 고객의 리뷰를 검토하는 것은 중요한 작업입니다.

❸ 셀러가 작성해야 하는 부분입니다. 이미지의 퀄리티를 확인하십시오. 아마존은 기본적으로 확대 이미지를 제공합니다만, 제공하지 않는 경우가 있습니다. 그것은 셀러가 1000픽셀 이하의 이미지를 업로드했기 때문입니다. 그러나 아마존의 고객들은 확대 이미지를 통해 상품을 꼼꼼히 검토하는 경향이 있으므로 되도록이면 고화질 이미지를 사용하십시오.

❹ 'List Price'는 정가로 제조업체, 공급 업체 또는 판매자가 제공한 상품의 권장 소매 가격을 의미하며, 셀러가 최초 상품을 등록 시 기재한 가격입니다. 반면 Price는 현재의 판매 가격을 의미합니다. 이 상품을 취급할 때 해당 가격으로도 마진을 얻을 수 있을지를 생각하는 것은 매우 중요합니다.

❺ 셀러가 작성해야 하는 부분입니다. 'Product Key Features' 혹은 'Bullet point'라고 불리는 영역으로 가장 강조하려는 상품의 특징 및 특성을 확인할 수 있습니다. 최대 다섯 개까지 업로드됩니다.

❻ 상품을 받을 주소를 입력합니다. 만약 한국으로 입력했는데, 해당 상품이 한국으로 배송을 하지 않는다면, 'This item does not ship to Korea, Republic of(South Korea). Please check other sellers who may ship internationally.'라고 표시가 됩니다.

❼ 현재 재고가 있다는 것을 의미합니다.

❽ 상품을 구매하고자 할 때 클릭합니다.

❾ 'Ships from Amazon, Sold by Red Co Products'는 해당 상품의 판매자 이름이 Red Co Products이고, FBA 상품이라는 것을 의미합니다.

❿ 본 상품을 판매하고 있는 다른 판매자들을 확인할 수 있습니다. 본 상품은 4명의 셀러(New (4) from $22.69)들이 판매를 하고 있습니다. 아마존은 최대 4명의 셀러까지 상품 페이지에서 노출시켜 주는데, 이 상품의 경우는 Red Co Product, River Colony Trading, VerSure라는 아이디를 가진 3명의 셀러가 노출되고 있습니다.

⓫ 붉은색 박스 안이 Buy box zone입니다.

2 중간 - 아마존 시스템에 의한 노출

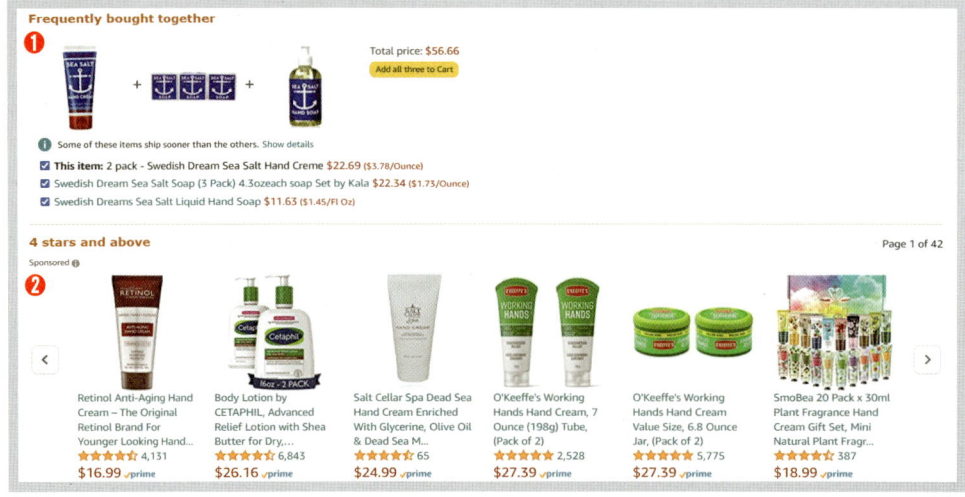

132

중간 부분은 아마존의 빅데이터 시스템을 이용하여 같이 잘 판매가 되는 상품이나 검색광고를 하고 있는 상품을 보여주는 부분입니다.

❶ 아마존은 자신의 시스템을 이용해서 종종 해당 상품과 같이 판매되는 상품을 보여주고, 해당 상품을 구매한 고객이 또 어떤 상품들을 구매했는지를 자동으로 보여줍니다.

❷ 아마존 검색광고Campaign를 진행하고 있는 상품들을 보여줍니다. 검색광고에 대해서는 7장 1절 '캠페인(키워드 검색광고) 활용'의 설명을 참조하십시오.

3 하단 - 상품 정보 및 BSR

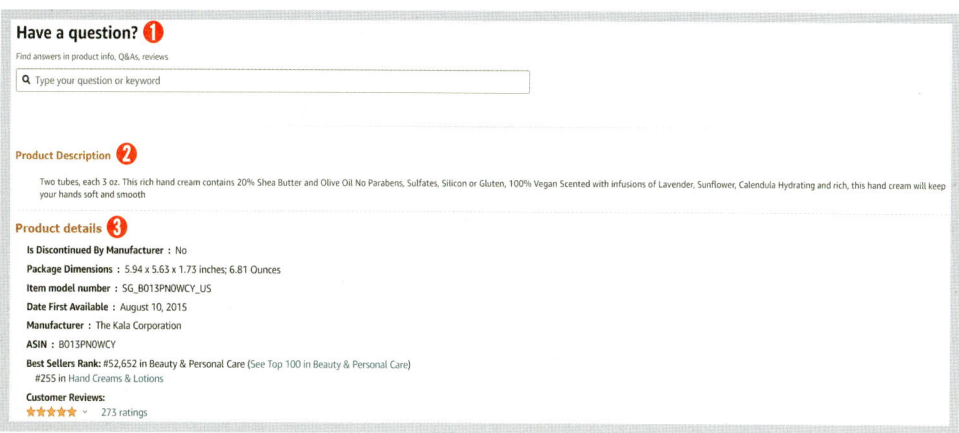

하단에는 질문과 상품의 상세설명, 정보를 보여줍니다.

❶ 고객이 질문할 수 있는 공간입니다.

❷ 셀러가 작성해야 하는 부분입니다. 상단의 'Product Key Features'에서 다 언급하지 못한 상세한 상품의 설명이 보입니다. 브랜드 등록을 하지 않는 이상 이 부분은 텍스트로만 이루어지며, 기재를 하지 않거나 간단히 기재하는 경우도 있습니다. 그러나 작성 가이드에 따라 충실히 자세한 정보를 제공할 것을 권합니다. 물론 브랜드 등록을 한 셀러라면 A+ Contents 기능을 이용해 이미지를 넣어 시각적으로 뛰어난 화면을 만들 수 있습니다.

❸ 상품에 대한 객관적 정보입니다.

· Package Dimensions: 셀러가 상품을 등록 시에 기재합니다.

· ASIN: 아마존에 등록된 모든 상품들에 부여하는 아마존의 상품 관리 번호입니다. 10자리로 구성이 되고, 상품을 등록하면 이 번호는 아마존에 의해 자동 부여가 됩니다.

· Customer Review: 상품에 대한 고객의 평점입니다.

· Amazon Best Sellers Rank: 'BSR'이라고 합니다. 본 상품이 해당 카테고리에서 몇 번째로 잘 판매가 되고 있는지를 보여줍니다. 이 상품은 'Beauty & Personal Care'라는 최상위

카테고리에서 52,652번째로 많이 판매가 되고 있고, 그 하위인 'Hand Cream & Lotions' 카테고리에서는 255번째로 판매가 되고 있습니다.

이 BSR을 토대로 월 매출 수량을 파악할 수 있기 때문에 상품 소싱을 할 때는 이 BSR을 꼭 체크하기를 권합니다. 이때 참고할 BSR은 최상위 순위만 보면 됩니다. 이 월 매출량과 매출액을 파악하기 위해 많은 셀러들이 3절에서 언급한 유료 조합 분석 툴을 사용하거나, 아래 정글스카우트의 무료 판매 추정 계산 툴 www.junglescout.com/estimator 을 이용합니다.

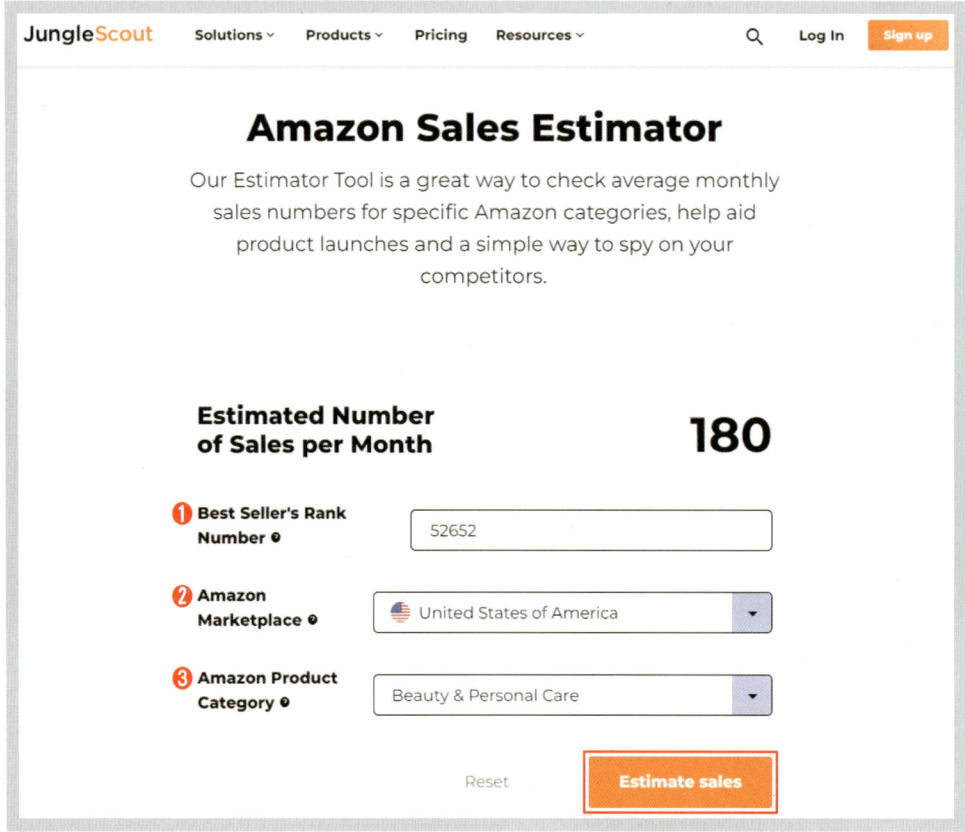

❶ "52652"를 입력합니다.

❷ 'United States of America'를 선택합니다.

❸ 상품이 해당하는 카테고리를 선택하고 [Estimate sales]를 클릭합니다.

이 외에, BSR 옆의 'See Top 100 in Beauty & Personal Care'를 클릭하면 해당 카테고리의 상위 100위까지의 상품을 별도로 확인할 수 있습니다. See Top 100에 대해서는 2절 6항 '아마존닷컴에서 트렌드 분석 - Best Seller'의 설명을 참조하십시오.

4 최하단 - 고객 리뷰

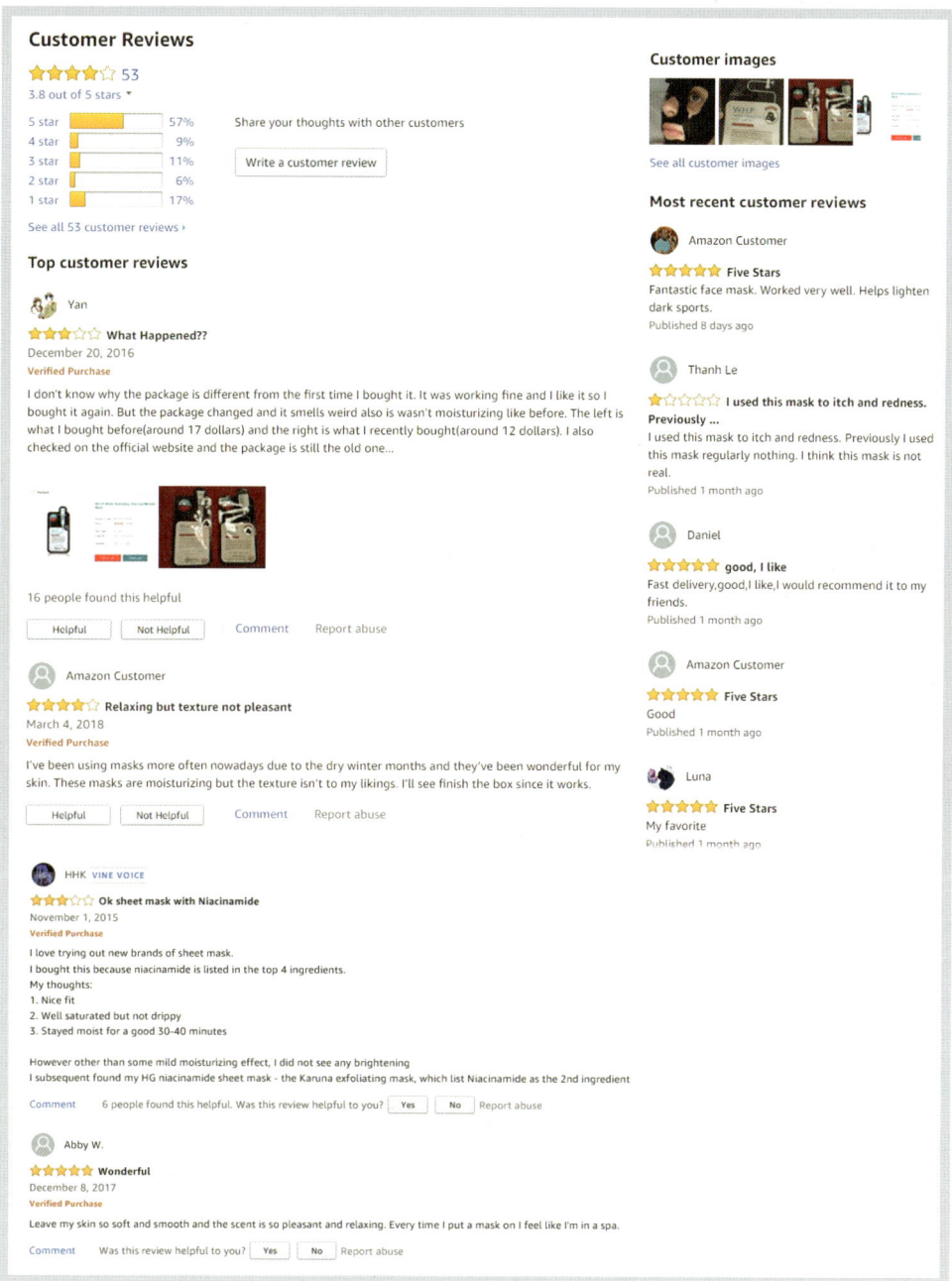

상품 페이지 최하단은 고객들의 리뷰들로 채워집니다. 아마존은 고객의 리뷰가 매우 중요시되는 시장입니다. 고객들의 상품 리뷰 활동이 매우 활발하고, 많은 고객들이 리뷰를 보고 구매를 결정하기 때문에 고객의 리뷰는 매출에 큰 영향을 줍니다. 따라서 판매자들이 판매할 아이템을 찾을 때에도 고객 리뷰 내용과 리뷰 수를 체크하기를 권합니다.

리뷰를 자세히 확인하려면, 리뷰 하단에 있는 'See all reviews' 부분을 클릭합니다.

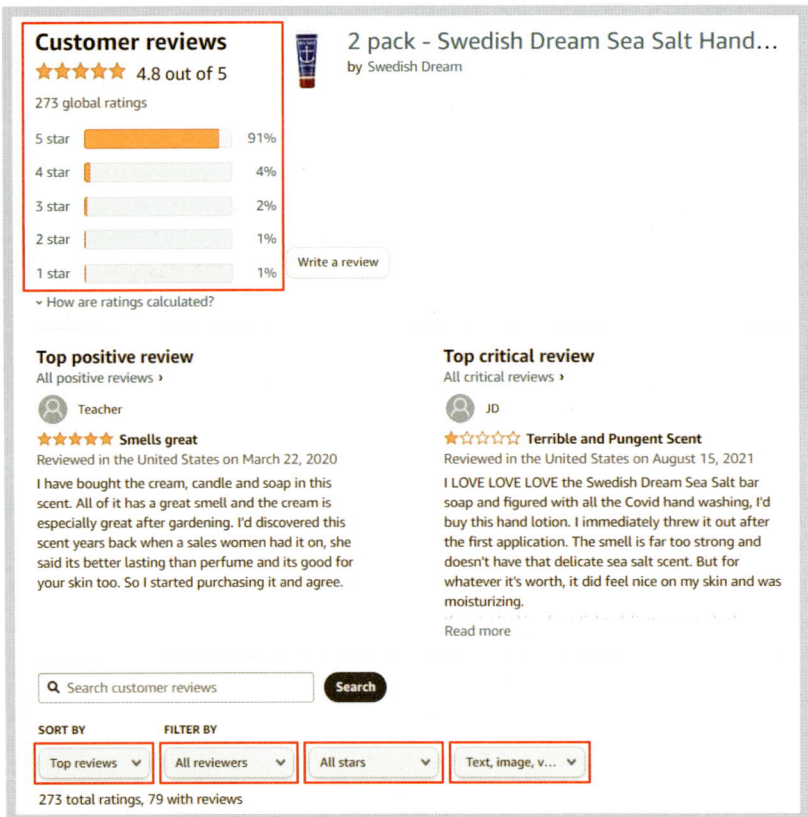

해당 상품이 받은 총 상품 리뷰 수 및 별점이 표시되며, 'SORT BY'를 'TOP Reviews' 혹은 'Most recent'로 선택해 리뷰들을 정렬할 수 있고, 'FILTER BY'를 통해 별점 등급별로도 확인이 가능합니다.

5. 가격 분석

설명을 위해 'AHC HYDRA Soother Facial Mask Sheets'라는 상품을 살펴보겠습니다.

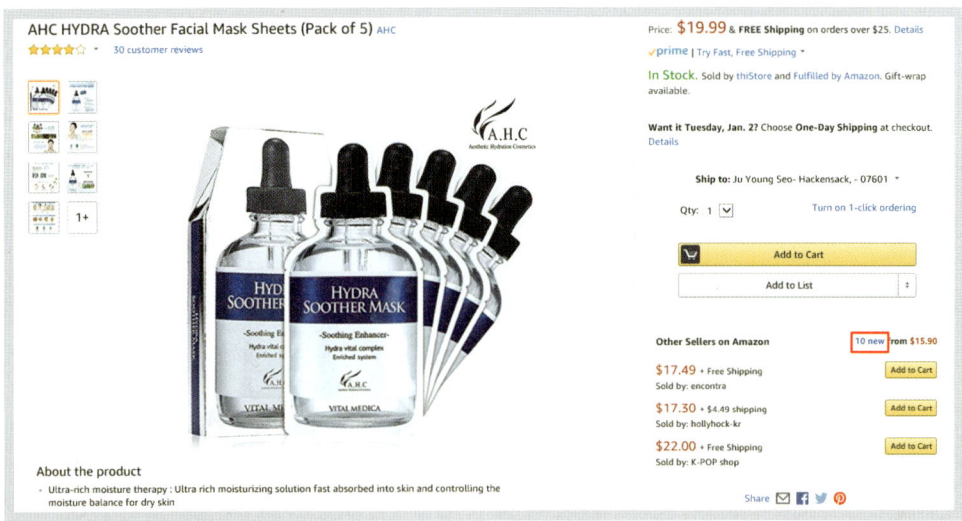

이 상품은 몇 명의 셀러가 판매를 하고 있을까요? 10명의 셀러가 있습니다. '10 new'라고 되어 있는 것이 셀러 수를 의미하고 이것을 클릭하면 판매하고 있는 모든 셀러를 확인할 수 있습니다.

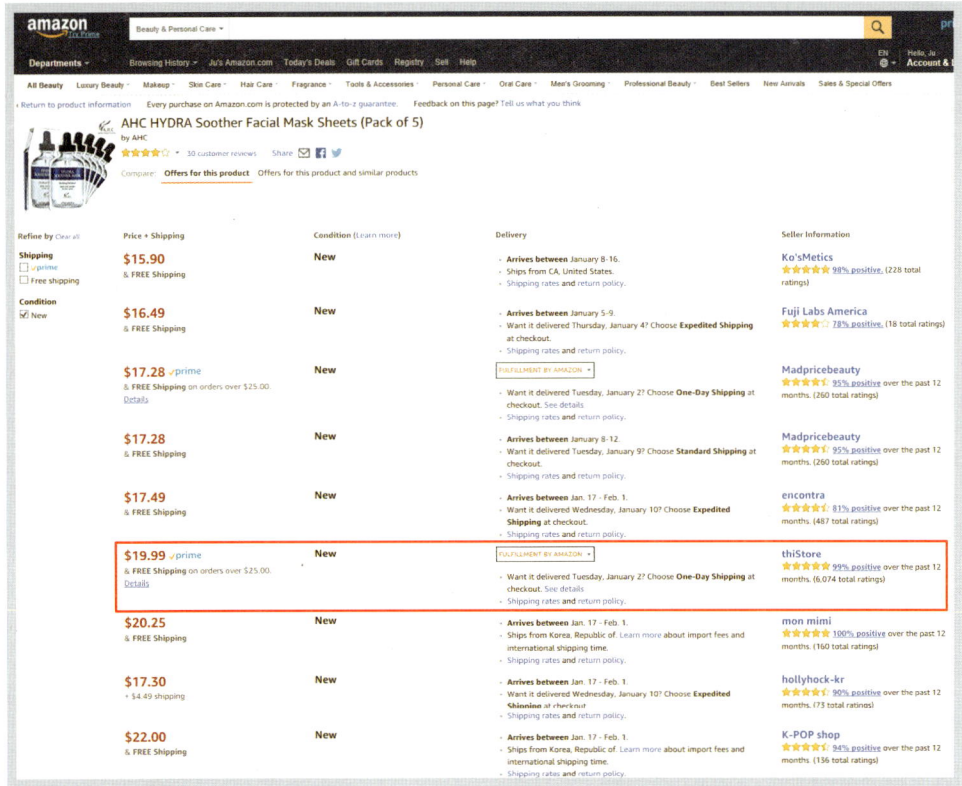

이렇게 모든 셀러들이 판매금액이 낮은 순으로 나열됩니다. 이 화면을 'Offers' 화면이라 합니다. 그런데 잘 살펴보면, 바이 박스를 차지하고 있는 thiStore 셀러는 가격 상으로는 6번째로 낮은 가격에 판매를 하는 셀러입니다. 총 10명 중 6번째인데, 어떻게 이 셀러가 바이 박스를 차지할 수 있었을까요? 다른 셀러들과의 차이를 비교하면 바이 박스를 차지하는 기준도 유추할 수 있습니다.

- **Ko'sMetics vs thiStore**: Ko'sMetics는 가격은 낮지만, 아마존 창고에서 물건을 발송하는 FBA를 하고 있지 않습니다.
- **Fuji Labs America vs thiStore**: FBA도 하지 않고, 셀러 피드백도 18개로 적은데 그중 긍정 피드백 율이 78%에 불과하여, 6,704개의 피드백 중에서 99%가 긍정 피드백인 thiStore에 비해 월등히 낮습니다.
- **Madpricebeauty vs thiStore**: 두 셀러는 모두 FBA를 하고 있고 가격은 오히려 Madprice beauty가 낮습니다. 다만, 셀러피드백이 260개 중 95% 긍정 피드백으로 thiStore에 비해 많이 낮습니다.

바이 박스는 FBA를 하고 있는지의 여부, 낮은 가격, 고객 피드백 수 및 positive 비율, 판매자의 레벨/신뢰도, 셀러 퍼포먼스, 판매량, 품질 평가 지수 등을 기준으로 셀러를 평가하여 주어지게 됩니다. 이 중 신규 셀러는 다른 부분에서는 경쟁 우위를 점할 수 없기 때문에 FBA를 하고, 경쟁력 있는 가격을 책정할 수밖에 없는 것입니다. 따라서 소싱을 할 때, 현재의 판매 가격 혹은 그 이하로 판매가 가능한지를 생각해야 합니다. 물론 PL로 만들려 할 때도 가격은 중요한 요소이지만, 가격 경쟁을 피하기 위해 상품에 다른 기능들을 추가하여 차별화를 꾀할 수 있어 RA 셀러보다는 운용의 폭이 넓습니다.

6. 아마존닷컴에서 트렌드 분석 - Best Seller

아마존은 일정 기간 동안 판매량과 최근 판매량을 기준으로 모든 대 카테고리의 최하위 카테고리까지 베스트 셀러 아이템을 시간별로 업데이트합니다. 주소창에 "www.amazon.com/gp/bestsellers"를 입력하거나 구글에서 "amazon best items"로 입력하면 검색 가능합니다.

또한 'New Releases', 'Mover & Shakers', 'Most Wished For', 'Gift Ideas' 등 4개 항목별로도 베스트 아이템들을 제공합니다.

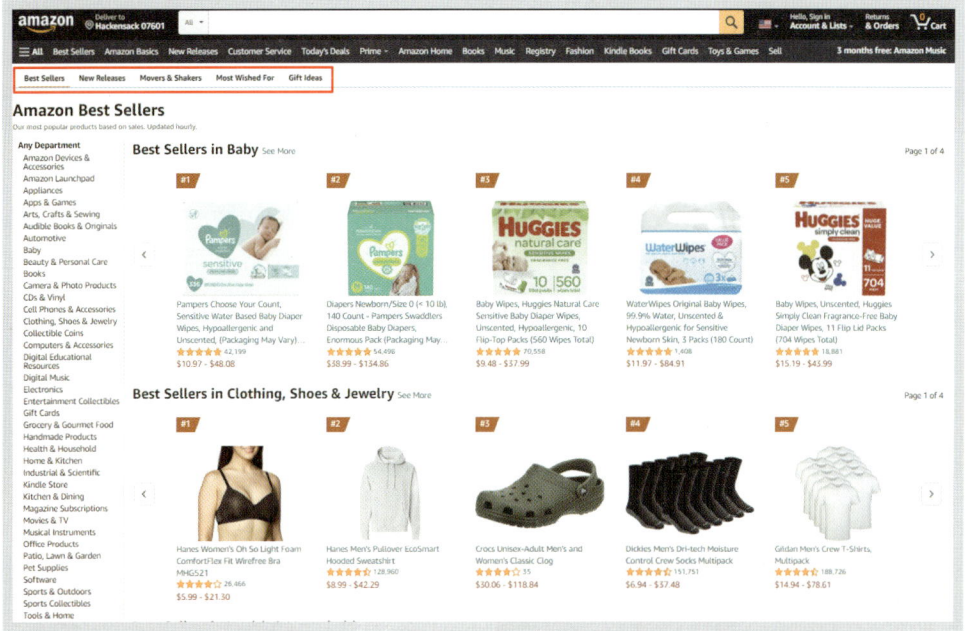

이 베스트셀러 상품들을 통해 현재 아마존 고객의 트랜드를 파악해 볼 수 있습니다.

- **Best Sellers**: 카테고리별 상위 100개의 베스트셀러 상품(매시간 업데이트)
- **New Releases**: 최근 출시되어 판매량이 높은 상품(매시간 업데이트)
- **Movers & Shakers**: 24시간 내 판매 순위에 가장 큰 변동이 있는 상품(매시간 업데이트)
- **Most Wished for**: 바이어가 갖고 싶은 상품으로 가장 많이 등록(Wishlist)한 상품(매일 업데이드)
- **Gift Ideas**: 선물로 가장 많이 선택된 상품(매일 업데이트)

7. 아마존닷컴 외부에서 트랜드 분석 - 구글트렌드

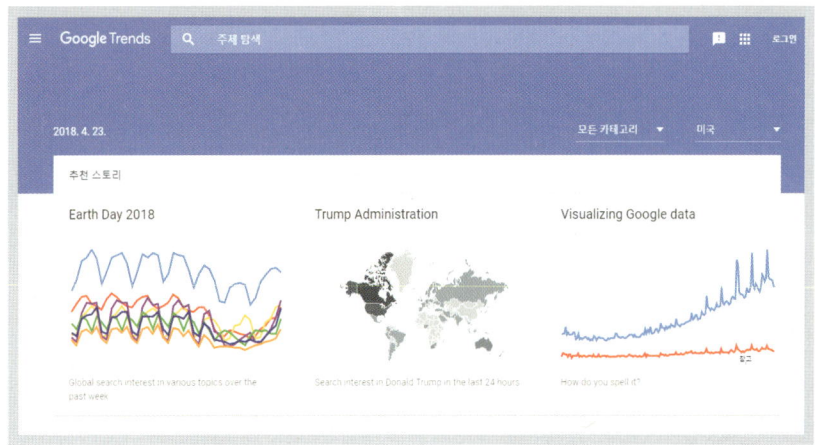

Chapter 3 그런데 어떤 물건을 팔아야 할까?

구글 검색 트렌드 trends.google.com/trends는 아이템을 찾고 검색 관련 추세를 모니터링하는 데 유용한 도구입니다. 검색 키워드가 시간 경과에 따라 어떤 추세를 보이는지, 데이터를 지역별로 구분하여 그래프로 제공합니다. 구글이 제공하는 무료 서비스입니다.

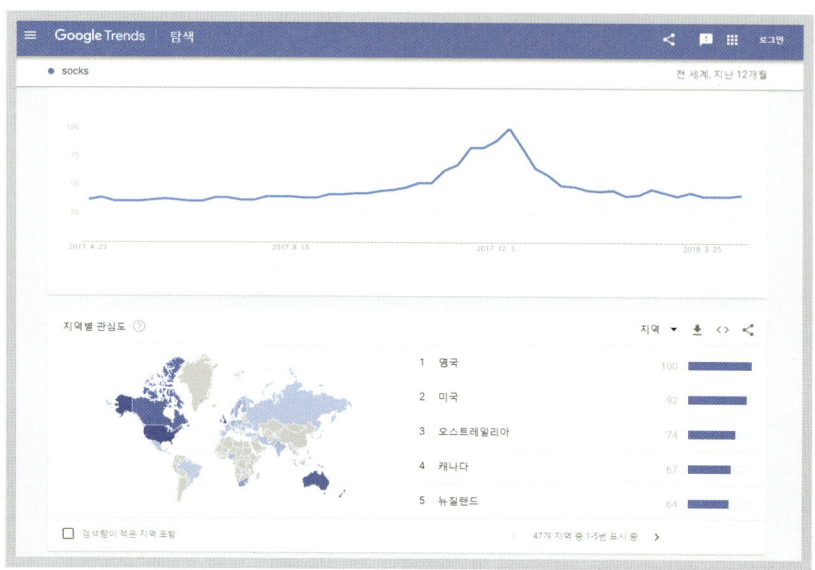

"socks"를 입력해 본 결과입니다. 1년 중 언제 가장 관심도가 높았으며, 어느 지역의 관심도가 높았는지 등을 파악할 수 있고, 지역을 한 나라로 지정하면 그 나라의 어느 지역에서 가장 관심도가 높았는지를 확인할 수 있습니다. 이런 트렌드는 언제 소싱을 시작해야 하는지 판단하는 데 도움을 줍니다. 상품을 검색할 때 기간은 5년 정도로 하여 상품 추이를 보십시오.

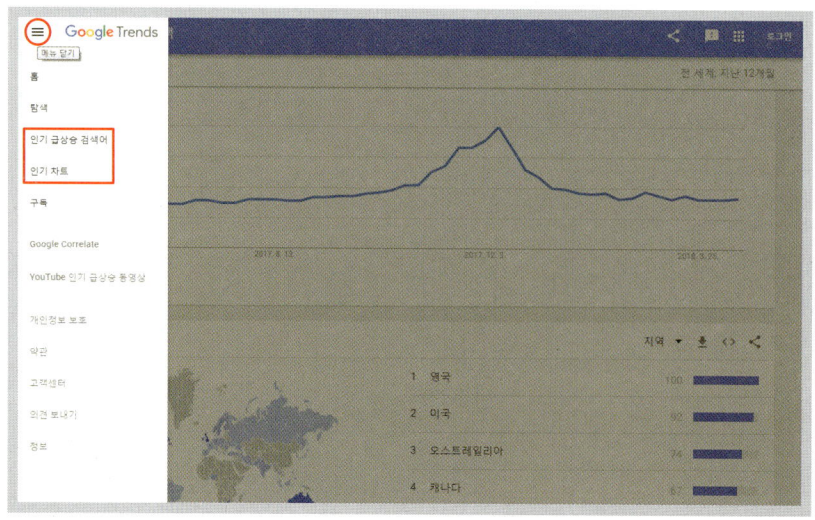

또한 좌측 상단의 메뉴를 열면 인기 급상승 검색어와 인기 차트도 확인할 수 있습니다.

8. 키워드 검색 툴

1 유료 키워드 검색 사이트

· Merchantwords

머천트워드 www.merchantwords.com 는 무수히 많은 키워드 리서치 웹사이트 중에 하나입니다. 이 사이트의 특징은 다른 사이트들처럼 구글에서 검색되는 검색 볼륨이 아니라 순수 아마존에서 검색되는 검색 볼륨을 보여준다는 것입니다. 그래서 아마존에서 시장조사를 하기에 더욱 편리한 면이 있어 최근 많은 아마존 셀러들이 이용하기 시작했습니다.

이해를 돕기 위해 필자가 'Toy container'라는 단어로 키워드 검색을 해 보았습니다. 보시는 바와 같이 해당 키워드의 월 검색량과 유사 단어들의 검색량을 나열합니다. 그뿐 아니라, 좌측에 있는 돋보기를 클릭하면 해당 키워드로 아마존 1페이지에 노출되는 상품들의 리스트와 각 상품들의 ASIN, 가격, 리뷰 수 등의 정보도 알 수 있고, 관심이 있는 키워드들을 수집 및 별도 저장할 수 있습니다.

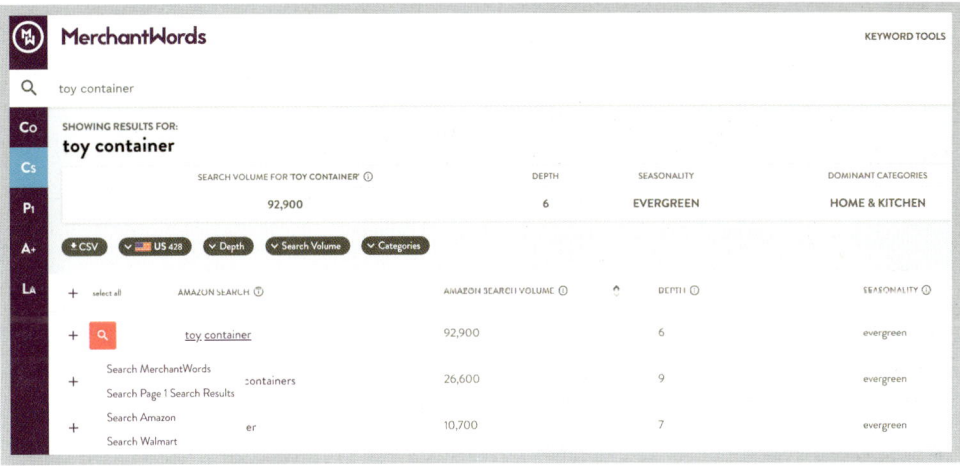

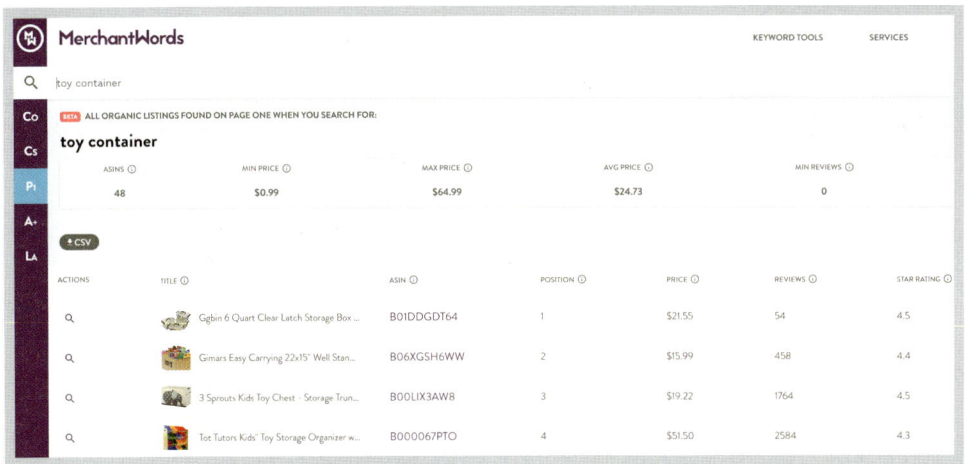

머천트워드는 미국 셀러 계정만 이용할 경우 30달러를 지불해야 하는 유료 사이트이며 추가 서비스 이용 시 더 많은 비용이 듭니다. 필자가 머천트워드 본사에 요청하여 받은 할인 쿠폰을 본 책 부록에 실었으니 활용하시기 바랍니다.

· wordtree

워드트리 www.wordtree.io 는 다른 유료 사이트들과 달리 월 멤버십비를 납부하는 형태가 아닌 사용 건당 비용을 납부하는 형태입니다. 경쟁자들의 백엔드 키워드(Back-end-keywords, 아마존 상품 등록 시 Keyword 단계에 넣는 연관 검색어 Search term 로, 상품 상세페이지에 노출되지 않고 뒷단에서만 작용하는 키워드)를 찾아 주는 유료 키워드 리서치 툴입니다. 물론 Rank tracker, listing builder 등 여러 가지 기능들이 있습니다만, 필자는 키워드 검색 분야에 초점을 맞추어 소개하고자 합니다.

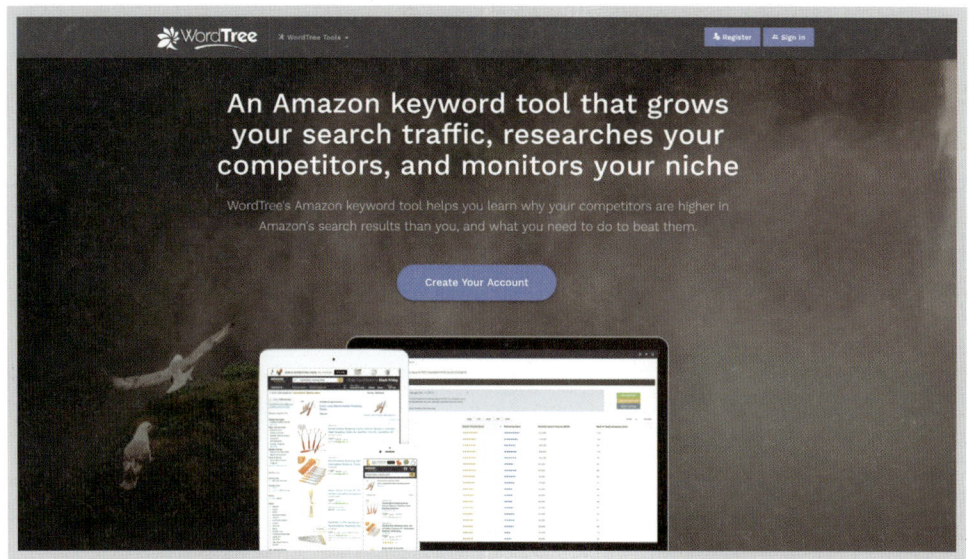

회원 가입 후 로그인을 하면 먼저 나의 상품 ASIN을 기재하라고 합니다. 기재 후 다음 단계로 가면, 경쟁자들의 ASIN을 최대 10개까지 기재하라고 합니다. 기재를 완료하면 다음 단계에서 결제를 요청하는데, 첫 거래 시에는 10달러이고, 두 번째 거래부터는 매번 20달러를 결제해야 합니다. 그렇게 결제가 되면 얼마 시간이 지나지 않아 조사된 내용이 엑셀 자료로 옵니다. 그 안에는 Relevancy Score, Broad Search Volume, Exact Search Volume, Sales Velocity 항목으로 내 상품과 경쟁자들의 상품을 분석한 결과가 있습니다.

Keyword	Relevancy Score	Broad Search Volume	Exact Search Volume	Sales Velocity
	20.168	152871	32580	43
	19.579	64110	14657	47
	13.158	16354	14382	15
	1.000	50421	12437	1
	19.513	70902	12060	40
	11.980	5018	4157	12
	13.223	9051	3578	13
	15.282	25080	2164	34
	15.668	3377	2117	35
	14.463	1632	1611	13
	18.136	1632	1474	35
	15.926	1315	1277	34
	11.196	1435	1071	11

2 무료 키워드 검색 사이트

유용한 무료 키워드 검색 사이트도 있습니다. 몇 가지 소개해 드리겠습니다.

• Keyword Tool

'Keyword Tool keywordtool.io/amazon'은 아마존, 이베이, 유튜브 등의 다양한 채널에서 사용되는 키워드를 찾습니다.

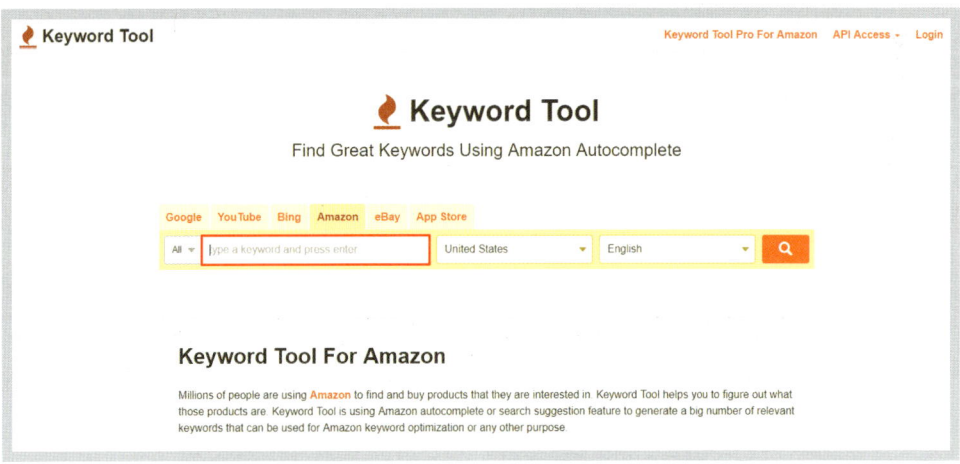

원하는 키워드를 검색하면 연관 단어가 나옵니다. 만약에 더 많은 단어를 얻고자 한다면, 유료 회원으로 전환하여야 합니다.

• Keyword.io

'Keyword.io www.keyword.io'는 아마존, 이베이, 유튜브 등의 다양한 채널에서 사용되는 키워드를 찾습니다.

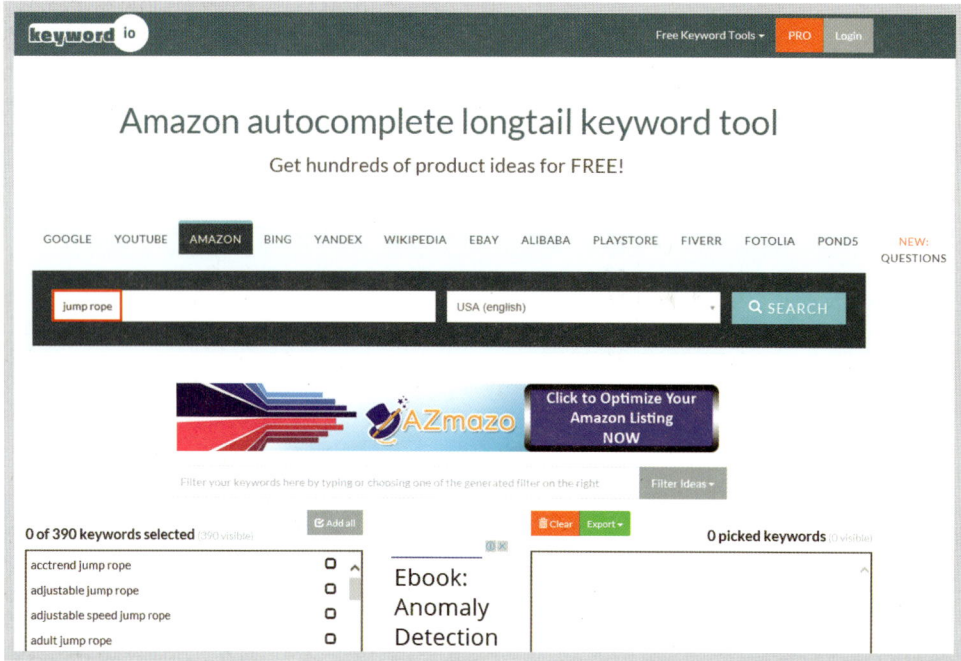

"Jump rope"를 검색해 보겠습니다. 390개의 연관 단어를 찾았습니다. 단, 검색한 단어들을 엑셀로 다운로드받기 위해서는 유료 회원으로 전환하여야 합니다.

· Wordtracker

'워드트래커 www.wordtracker.com'는 유료 사이트이지만, 하루 12개 단어까지 무료로 이용할 수 있으며, 한 단어당 최대 50개의 키워드 결과값을 볼 수 있습니다.

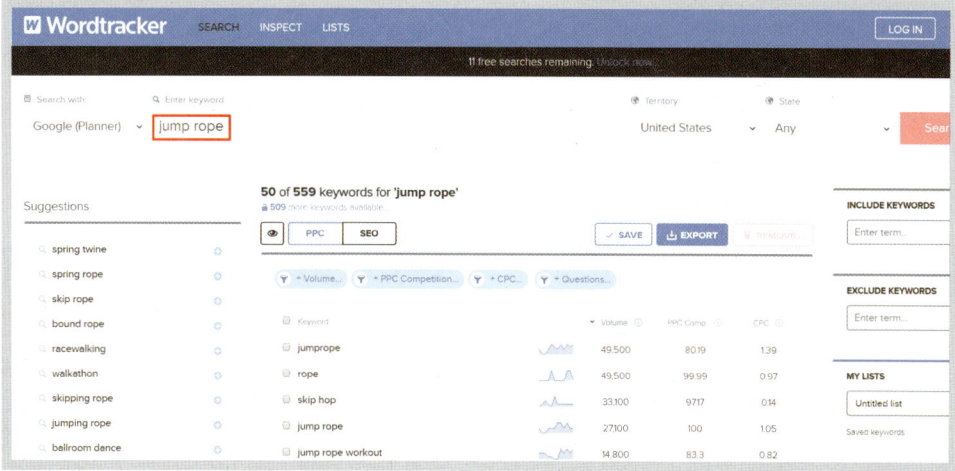

동일하게 "Jump rope"를 검색해 보겠습니다. 559개의 연관 단어를 찾고, 무료 사용자에게는 연관 키워드를 50개까지 보여줍니다.

다섯 단어까지 각 단어별 월별 검색량, 구글 결과와 도메인 파워, 백 링크 수, 페이스북 좋아요 수 등을 분석하여 경쟁 가능성을 보여줍니다.

· Answer The Public

'Answer the Public answerthepublic.com'은 'for', 'like', 'near', 'with', 'without' 등과 같은 전치사를 사용하여 입력한 키워드와 어울리는 문구를 조합하여여 제시합니다. 결과는 원형 모양으로 제시되지만, 제안 사항을 목록으로 다운로드할 수도 있습니다. 따라서 Answer the Public은 사람들이 일반적으로 검색어에 사용하는 전치사를 사용하여 긴 문구를 찾을 수 있도록 도와줍니다.

이뿐만 아니라, 'what', 'which', 'where', 'how', 'are' 등이 포함된 질문을 제안해주고, A~Z까지의 어울리는 단어를 조합한 결과도 보여줍니다.

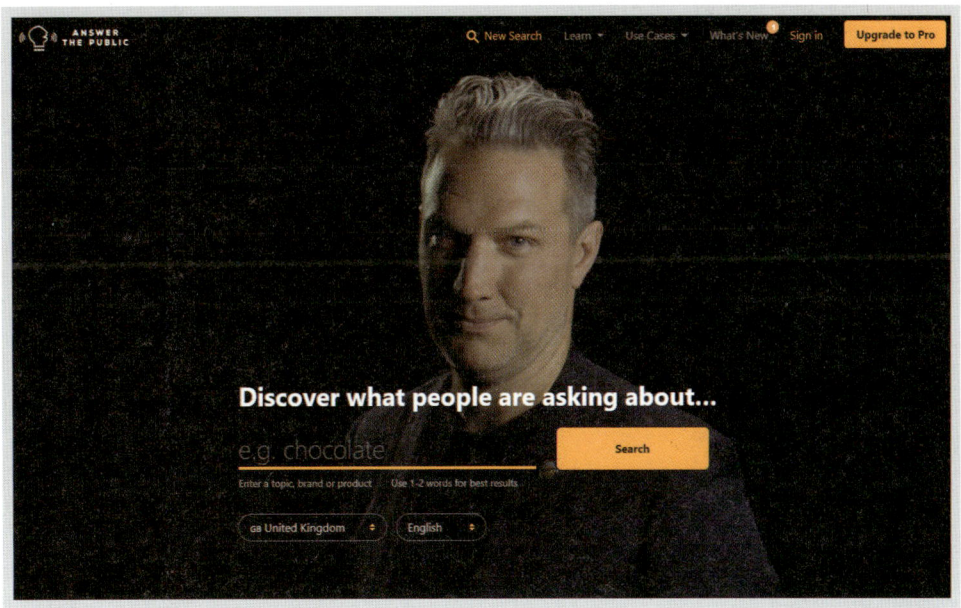

"Jump rope"를 검색해 보겠습니다. 아래 검색 결과는 전치사와 키워드를 조합한 결과입니다.

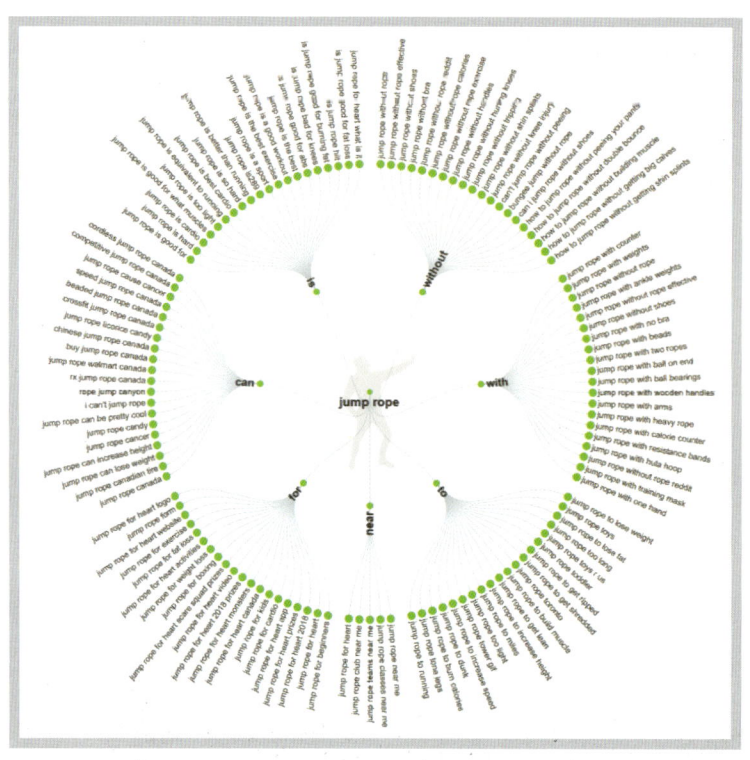

· Ubersuggest

'Ubersuggest neilpatel.com/ubersuggest'는 구글 키워드 플래너에서 제공하지 않는 키워드를 찾아 제공합니다. "Jump rope"를 검색한 결과, 약 850여 개의 단어를 찾았습니다. 이 단어들은 엑셀 다운로드가 가능합니다.

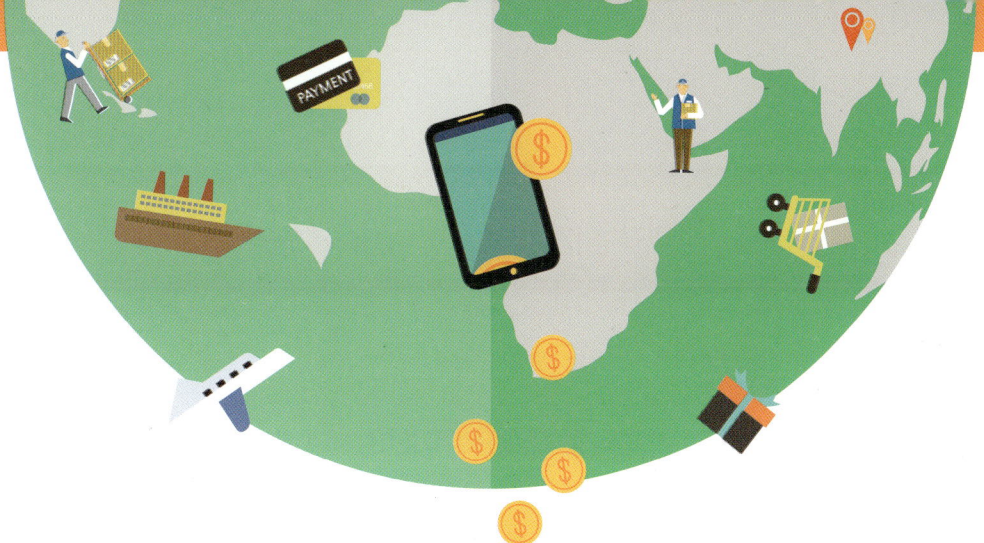

CHAPTER 4

소싱을
어디서 어떻게 해야 하지?

01 국내 소싱

상품의 공급을 어디서 받느냐 하는 것은 매우 중요한 사항입니다. 기존에 유통업에 종사하거나 온라인 판매를 하던 분들이라면 안정적인 거래처가 있겠지만, 유통업에 종사하지 않았고, 온라인 판매가 처음이신 분들은 아무리 동대문, 남대문 등 도매 시장을 다녀도 처음에 거래처를 찾기가 쉽지 않을 수 있습니다. 그런 분들을 위한 간략한 정보를 드리고자 합니다.

소싱의 방법은 다양합니다만, 크게는 다음과 같이 정리할 수 있습니다.

- 오프라인 국내 도매 거래처를 이용한 소싱
- 오프라인 무역을 통한 소싱(수입)
- 해외 온라인 B2B, B2C 사이트를 이용한 소싱
- 국내 온라인 도매(B2B) 사이트를 이용한 소싱

위의 네 가지 방식 중 자본금이 넉넉하지 않은 상태에서 처음 시작하시는 분들이 많이 이용하는 방식이 바로 온라인 도매 사이트를 이용하는 것입니다. 온라인 도매 사이트에서의 구매는 세금계산서 발행이 가능하기 때문에 부가세 환급을 받을 수 있고, 물건을 대량으로 구매하지 않아도 되기 때문입니다. 그러나 필자는 아마존 셀러는 절대 이런 온라인 도매 사이트에서 구매하시지 말라고 조언합니다. 예전에는 가능했으나, 지금은 이런 경로로 구매하는 상품에 대해 지적재산권, 가품 이슈가 발생 시 100% 계정 정지가 되기 때문입니다. 아마존 판매를 위한 소싱은 무조건 제조사 직거래 혹은 총판사와의 거래 및 직접 제조 방식의 조달이어야 문제가 발생했을 때 대처가 가능합니다.

1. 스마트스토어

스마트스토어는 예전부터 유통, 판매를 하는 많은 기업들에게 중요한 판매처가 되고 있습니다. 그러나 얼마 전부터 유통, 판매업체뿐만 아니라 제조기업들도 직접 샵을 열고 판매를 하는 비율이 매우 높아졌습니다. 그래서 스마트스토어에서 제조사를 찾는 방법이 매우 쉬워졌습니다.

해당 상품의 제조사가 직접 입점을 했는지 여부는 다음과 같은 방법을 통해서 확인할 수 있습니다. '머니클립'이라는 검색어를 네이버 쇼핑에 입력해 보겠습니다. 다음과 같이 다양한 판매 상품이 검색됩니다.

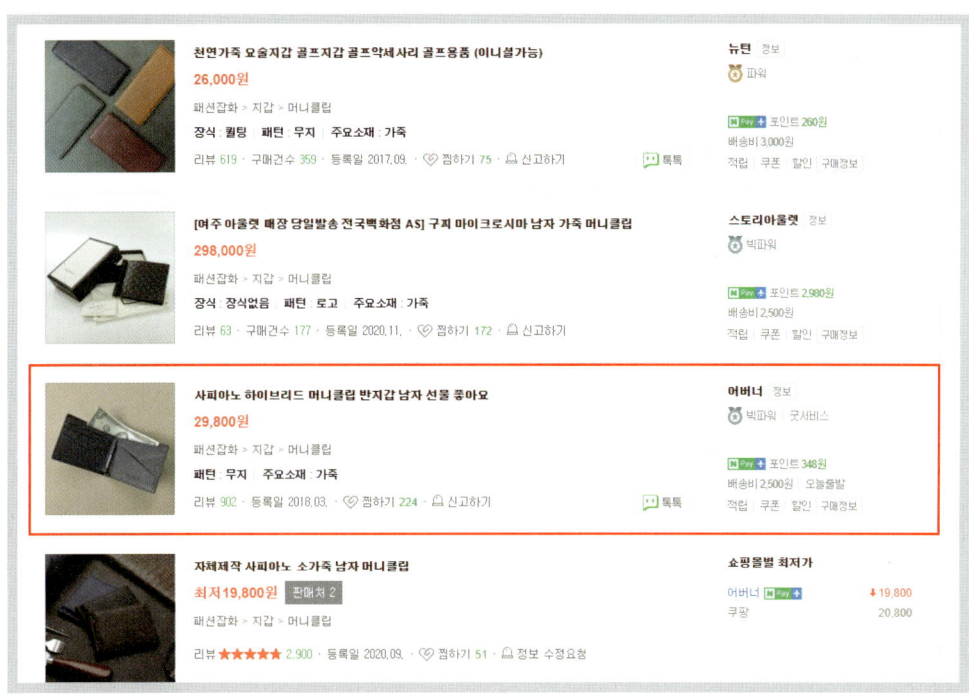

우측 셀러명에서 '어버너'라는 셀러의 상품을 클릭해 보겠습니다.(참고로 필자는 이 셀러가 누구인지 모릅니다.) 먼저, 상세페이지에서 스크롤을 조금 내려 상세정보를 확인하십시오.

상품 정보 중 ❶ 제조사에 '어버너'라고 되어 있습니다. 그리고 상품이 언제 생산되었는지, 브

Chapter 4 소싱을 어디서 어떻게 해야 하지?   149

랜드는 무엇인지 등도 나와 있습니다. 이렇게 샵 이름과 제조사가 같은 경우는 거의 대부분 제조사가 직접 입점한 경우라고 보아도 무방합니다. 연락처는 A/S 번호를 이용해도 되시만, ❷ '반품/교환정보' 탭을 클릭하면 대표자명, 주소, 이메일 주소, 연락처까지 조금 더 자세하게 나옵니다. 이제 업체에 연락하는 일만 남았습니다.

2. 공공 및 민간 무역 알선 사이트(e-Market place)

B2C 글로벌 셀러를 시작하면서 많은 사람들이 갖는 고민 중 하나는, 중국이 아니라 한국에서 OEM 생산을 하고 싶은데 국내 제조사를 어디서 찾아야 할지 모르겠다는 것입니다. 그런 분들을 위해, 한국의 유명한 몇몇 무역 알선 사이트를 소개하고자 합니다. 이런 사이트를 e-Market place라고 하고, ETOs Electronic Trading Opportunities 사이트라고도 합니다.

이런 사이트는 원래 해외 수출을 위한 판로 개척을 위해 한국의 중소기업이 해외로부터 인콰이어리를 받을 수 있도록, 상품 카탈로그 및 기업 디렉터리 정보 등을 등록한 사이트로서 공공 e마켓플레이스와 민간 마켓플레이스로 나눌 수 있습니다.

다음 사이트들에는 국내 많은 제조업체가 등록되어 있고, 그들의 상품을 확인할 수 있으므로, 글로벌 셀러가 비교적 손쉽게 국내 제조업체들을 찾아 거래 제의 및 주문을 할 수 있을 것입니다. 그러나 주의해야 할 사항은 국내 대부분의 제조업체의 MOQ^{Minimum Order Quantity, 최소 주문 수량}가 중국 제조업체보다 크다는 것과, 단가가 생각한 것만큼 저렴하지 않을 수 있다는 것입니다. 이것을 협상하고 조율하는 것은 셀러분들의 역량임을 잊지 마십시오. 또한 이런 조율에는 왕도가 없습니다. 잘 거래할 수 있는 팁을 찾기보다는 많이 두드리고 만나고 발로 뛰어야 한다는 것도 잊지 마십시오.

사이트	운영기관	비고
바이코리아 www.buykorea.org	KOTRA(공공)	KOTRA 해외무역관에서 발굴한 구매오퍼에 특화된 B2B 사이트
TradeKorea www.tradekorea.com	무역협회(공공)	무역협회 B2B 사이트로 한민족네트워크와 연계한 글로벌 사업 수행
고비즈코리아 www.gobizkorea.com	중소기업진흥공단(공공)	온라인을 통한 중소기업 제품의 해외홍보를 지원하기 위해 1996년 출범한 인터넷 중소기업관
EC21 www.ec21.com	(주)이씨이십일 (민간)	55만 개 회원사를 보유한 한국 최대 글로벌 B2B 사이트
ECPlaza www.ecplaza.net	이씨플라자(주) (민간)	KTNET 자회사로 40만 개의 회원사를 보유(영, 일, 중, 한 4개국어 사이트 운영)

출처 : KITA.net

3. 국내 소싱 전시회

한국은 코엑스, 킨텍스 등 여러 전시회장에서 서울국제소싱페어, 소비재전시회 등 거의 일년 내내 전시회가 개최됩니다. 이런 전시회장에 방문하면 무수히 많은 기업들을 만나고, 그들의 상품을 실제로 확인하고, 바로 견적 요청을 진행하고, 일반 견적보다는 약간이라도 낮은 견적가를 받을 수 있다는 등의 많은 장점이 있습니다.

그래서 필자는 국내 소싱 전시회에 참관해 볼 것을 권유합니다. 물론, 일년 내내 있는 각종 전시회를 다 다닐 필요는 없으나, 종합 전시회 또는 각 산업별로 개최되는 전시회 등의 일정을 미리 체크해 놓고 참관과 미팅을 하는 것도 공급처를 찾는 좋은 방법 중 하나가 될 것입니다. 이러한 국내 전시회 일정은 국내 전시회 정보포털인 쇼알라^{https://www.showala.com}를 통해 손쉽게 확인할 수 있습니다.

4. 오프라인 도매시장, 도매처

이 방법이야말로 선봉석인 유통거래라 할 수 있습니다. 우리나라는 거의 모든 물품의 도매 거래를 할 수 있는 동대문·남대문시장을 비롯하여 화곡동 화장품 도매시장, 그릇·용기의 중앙상가, 도기·타일의 을지로 2가와 3가, 침구·타올 등의 고속터미널 상가, 조명기구의 세운상가, 악기의 낙원상가 등등 제품별로 특성화된 도매시장들이 많이 있습니다. 물론 이곳에서의 거래를 위해서는 시간 투자가 많이 필요하다는 어려움이 있으나, 일단 거래가 시작되면 기업 간 신뢰를 바탕으로 온라인에서 물품을 공급받는 것보다 안정적으로 물품을 공급받을 수 있고, 이로 인해 재고 관리 역시 용이하며, 더 저렴하게 소싱을 할 수 있다는 장점이 있습니다.

02 해외 소싱

1. 알리바바닷컴

알리바바닷컴 www.alibaba.com 은 PL 방식으로 판매를 하는 대부분의 아마존 셀러들이 이용하는 B2B 사이트입니다. 알리바바그룹이 운영하는 알리바바닷컴은 중국 중소 제조기업을 해외 기업과 이어주는 B2B 전자상거래 사이트로 중소규모 소공상인들이 전 세계 바이어, 소매사, 대리점, 유통기업과 거래를 할 수 있게 해 줍니다. 따라서 철저하게 중소기업을 위한 서비스를 제공합니다. 소량의 OEM 생산 주문이 가능하고, Verified supplier, Trade Assurance 등의 시스템을 운영하며 구매자의 안심을 위해서도 노력을 하고 있습니다. 알리바바닷컴은 처음 입문하는 사람들도 쉽게 이용할 수 있도록 설계되어 있지만, 상품 문의(인콰이어리)를 하고, 견적서를 발송하는 작업만 온라인으로 이루어지고 그다음 단계는 정통 무역 방식을 이용하고 있기 때문에 수출입 무역의 경험이 있는 분이라면 더욱 쉽게 접근할 수 있습니다. 예를 들어 보겠습니다.

[알리바바 외의 중국 사이트]

사이트	간단 정보
www.1688.com	1999년 중국 내 도매 바이어와 판매자를 연결하기 위해 구축된 마켓 플레이스
www.made-in-china.com	1998년에 구축된 중국의 종합적인 B2B 전자 상거래 플랫폼
www.dhgate.com	2004년에 구축된 Wholesale B2C 마켓 플레이스

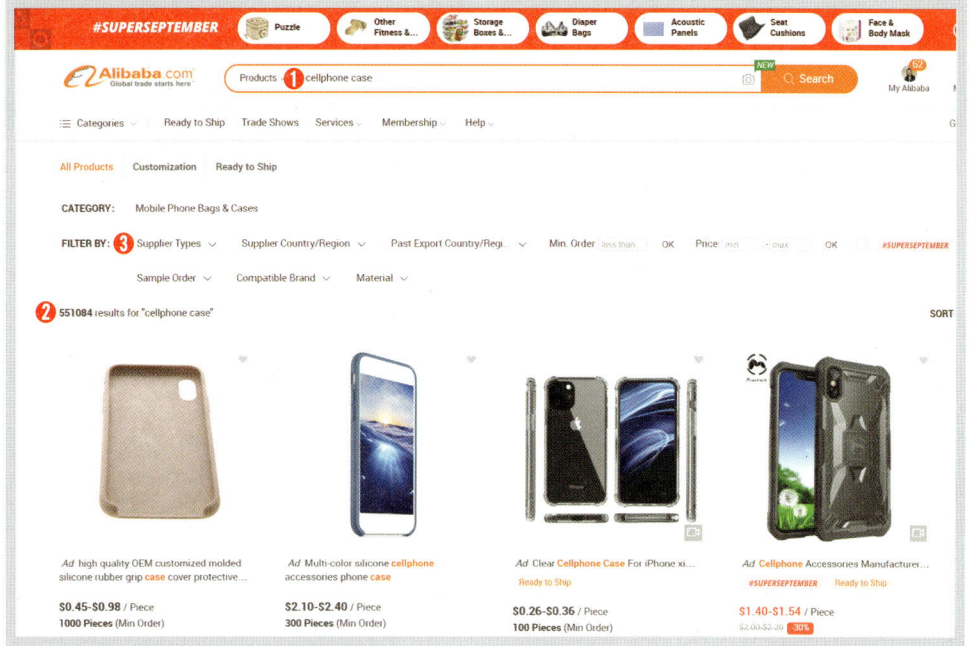

❶ "cellphone case"를 검색해 보겠습니다.

❷ 총 551,084개 상품이 업로드되어 있습니다. 상품이 너무 많으면 상단의 필터를 통해 범위를 좁힐 수 있습니다.

❸ 'Supplier Types'에는 'Trade Assurance', 'Verified Supplier'라는 것이 있습니다. 이들은 모두 바이어의 신뢰를 위해서 알리바바가 제공하는 시스템으로 다음의 의미들이 있습니다.

- **Trade Assurance**: 알리바바가 제공하는 거래 보증 서비스로 판매자의 대금 결제, 상품 품질, 정시 배송 등을 바이어에게 보증하는 서비스입니다.
- **Verified Supplier**: 이 뱃지를 보유한 공급 업체는 회사 프로필, 관리 시스템, 생산 능력, 제품 및 프로세스 제어의 특정 측면이 온오프라인을 통해 독립적인 제3자 기관에 의해 평가, 인증 및 검사된 공급 업체라는 의미입니다.

그러므로, 공급처를 찾을 때 'Trade Assurance'와 'Verified Supplier'를 표시하고 검색을 하고, 오랫동안 골드 서플라이어 자격을 유지한 공급처 중 단가와 MOQ를 맞출 수 있는 곳을 선택하는 것이 좋습니다. 이렇게 알리바바 등에서 상품을 OEM 생산을 할 경우, 필자는 다음의 사항들을 진행하기를 권합니다.

- 정식 주문 전 샘플 주문을 받아 볼 것
- 반드시 문서화된 Quotation^{견적서}를 받을 것
- PO^{Purchase Order} 혹은 Contract^{계약서} 문서를 중국의 공급업체에게 발송하여 주문할 것

· 주문 후 받은 물건을 가능하면 전수 조사를 할 것

만약, 상품의 검수를 에이전시를 통해 진행할 경우 계약서나 발주서상에 Quality 기준을 정하고, 검수 단계에서 통과하지 못하여 다시 진행하게 된다면 그 비용은 공급업체에서 지불한다는 문구를 삽입해 두는 것이 좋습니다.

지속적 거래를 위해 불량률이 어느 정도 되는지 전수 조사를 통해 체크할 필요가 있습니다. 다만, 직접 갈 수 없는 상황이 대부분이므로, 이럴 경우는 알리바바의 Trade Assurance에 있는 Inspection 옵션을 사용하거나, 전문 검수 업체와 계약을 맺어서 진행하는 것이 좋습니다.

2. 그 외 B2B 사이트

1 글로벌소시스

글로벌소시스 www.globalsources.com 는 1971년에 홍콩을 기반으로 창립된 B2B 전자상거래의 선발주자입니다. 알리바바닷컴의 성장으로 인해 1위 자리를 내주기는 하였으나 무역을 촉진시키기 위해 프린트 및 디지털 버전 매거진, 소싱 리서치 리포트, 프라이빗 소싱 이벤트, 전시회와 온라인 소싱 페어 서비스를 제공하고 있는 전통 있는 B2B 사이트입니다. 한국을 포함해 전 세계에 약 50여 개의 지사가 있으며, 무역업에서 오래 종사를 해 오신 분들은 대부분 글로벌소시스를 잘 알고 있습니다. 이들은 O2O Online to Offline 를 캐치프레이즈로 걸고, 온라인에서 상품을 검색한 후 홍콩의 전시장에 방문하여 많은 기업체들로부터 보다 저렴한 견적을 받으라고 홍보를 합니다.

진행 방식은 알리바바닷컴과 동일합니다.

2 인디아마트

인디아마트 www.indiamart.com 은 B2B 시장 점유율의 60%를 차지하는 인도 최대 B2B 온라인 마켓플레이스 중 하나로, 2017년 GMASA에서 Best Business App Award를 수상하기도 했습니다.

3 토가

토가 www.toggar.com 는 2014년에 시작된 유럽 및 중동 기업을 위한 최초의 Euro-Arab B2B 마켓플레이스로 간주됩니다.

4 메이드인차이나

메이드인차이나 www.made-in-china.com 는 중국의 Focus Technology사에 의해 개발된 플랫폼으로 모든 제품은 중국 또는 대만에서 생산됩니다.

5 이월드트레이드

이월드트레이드 www.eworldtrade.com 는 미국에 기반을 둔 Reckon Media LLC의 자회사로 디지털 미디어 및 기술 서비스를 제공합니다.

이 외에도 전 세계에 유명 B2B e마켓플레이스는 매우 많습니다. 다만, 이 모든 업체들을 통해 공급업체를 찾을 때는 반드시 해당 기업이 아마존 FC센터에 입고를 해 본 경험이 있는지를 꼭 확인하고 진행하시기 바랍니다.

3. 해외전시회

무역업에 계속 종사하셨던 분이라면 해외 전시회에 참가(판매 및 홍보를 목적으로 부스를 임대하여 전시하는 행위)하거나 참관(소싱 및 시장조사 등의 목적으로 전시회를 방문하는 행위)하는 일이 일상적인 일일 수 있습니다만, 그렇지 않은 분들이라면 해외 전시회 참가 및 참관이라는 것은 매우 낯설 수 있습니다. 그러나 해외에서 시행하는 국제 전시회는 소싱을 하는 데 있어서 매우 매력적인 기회가 됩니다. 전 세계의 많은 기업들의 상품을 한 장소에서 모두 만날 수 있고 거래 상담을 진행할 수 있기 때문에 해외 비즈니스에 종사하는 많은 사람들이 고정적으로 참가 및 참관을 합니다. 다만, 왕복 교통비 및 해외 체류비가 적지 않기 때문에 참가 및 참관 전 꼼꼼히 체크해 보는 것이 좋으며, 전시회 참관 전문 여행사를 통해 참관을 하는 것도 좋은 방법입니다. 전체 전시회 정보는 글로벌 전시 포털 사이트 www.gep.or.kr/overseas-exhibition/info 에서 엑셀 다운로드가 가능합니다.

이외에 중국의 광저우와 상하이, 베이징 등에서도 국제 전시회가 지속적으로 열리고 있으며 저가의 중국산 공산품을 찾고자 할 경우는 거대 도매시장인 이우 시장(義烏國際商貿城, 이우국제상무성)을 체크해 보는 것도 좋습니다. 이우 시장은 중국에서 물동량 1위를 차지하고 있는 내수 시장이며, 전 세계 잡화 상품의 30%를 장악하며(수만 개의 업체들이 도매로 입점) 이우시 전체가 상가/상인들로 이루어졌다고 할 수 있을 정도로 세계적인 시장으로 발전하고 있습니다. 일용품, 신발, 문구, 의류 화장품, 주방용품, 가정용품, 각종 통신 장비, 양말, 안경, 가전, 공예품, 자동차용품, 보석, 액세서리 등 거의 모든 공산품을 조사할 수 있습니다. 다만, 불량률이 높아 상품의 품질을 꼼꼼히 체크해야 합니다.

4. PL 셀러를 위한 알리바바 이용법

1 일반적인 주문 프로세스

알리바바와의 거래는 기존의 오프라인 무역 진행 방법과 동일합니다. 거래를 완성하기 위한 모든 단계별 사안이 오프라인 무역의 체제를 따르고 있기 때문입니다. 그래서 알리바바에서의 주문 프로세스라고 하는 것은 오프라인 무역 한 건을 진행하는 프로세스와 같다고 생각하셔도 무방합니다.

따라서 필자는 알리바바 이용법을 일반적인 무역 프로세스를 기반으로 간략하게 소개하려 합니다. 물론, 무역 프로세스라는 것은 100% 똑같을 수는 없습니다. 상품에 따라, 조건에 따라, 지불 방법에 따라, 무역 형태에 따라, 기타 여러 가지 이유로 다 다르기 때문에, 이 프로세스는 일반적인 경우라고 생각하고 참조하시면 좋을 것 같습니다.

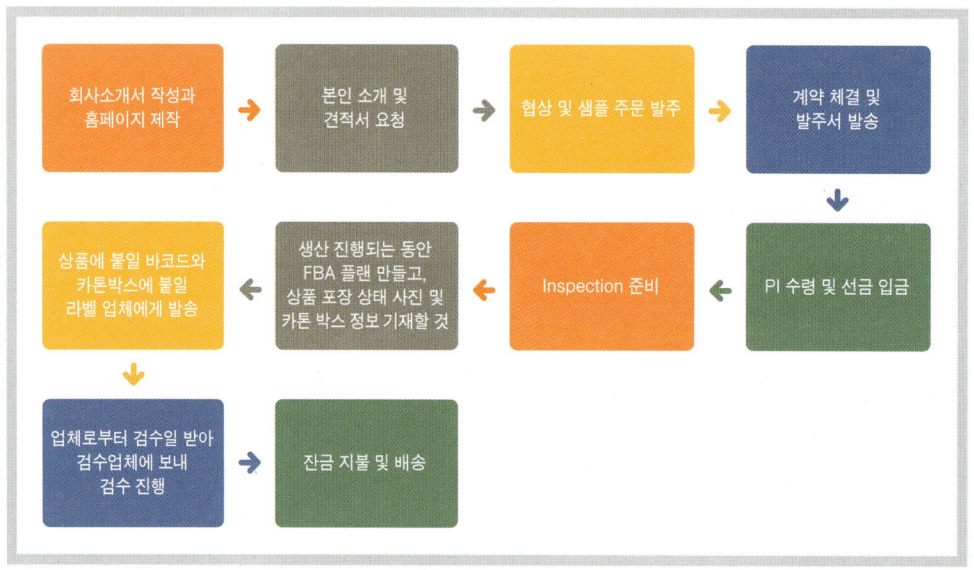

· **회사소개서 작성과 홈페이지 제작**

알리바바에서의 거래는 기업 간 거래입니다. 기업 간 거래에 있어서 회사의 정보를 살펴보는 것은 안정적으로 오랜 기간 거래를 할 수 있는지의 여부를 판단하는 매우 중요하면서도 일반적인 단계입니다. 따라서 필자는 PL 셀러로서 공급업체에게 상품 문의를 하기 전, 간단하게라도 자사 홈페이지를 만들기를 권장합니다. 물론 이는 필수사항은 아닙니다.

· **본인 소개 및 견적서 요청**

한 기업의 대표로서 혹은 담당자로서 자신을 거래 상대방에게 소개하는 일은 매우 중요한 부분입니다. 격식을 갖추고 예의를 지켜서 본인을 소개한 후, 알리바바 온라인 상에서 MOQ나 Unit price를 묻지 마시고 정식으로 Quotation견적서을 달라고 요청하십시오. 기업 간 거래에 있어서 정보를 문서로 남기는 작업은 매우 의미있는 일입니다. 또한 한 곳에서만 받으면 안 됩니다. 견적서는 적어도 3~5개의 업체로부터 받는 것이 좋습니다.

· 협상 및 샘플 주문

여러 업체로부터 받은 견적서를 바탕으로 가격 협상을 진행하고, 샘플을 주문합니다.

· 계약 및 발주서

정식으로 계약서를 체결하거나, 구매 발주서 $^{Purchase\ Order:\ PO}$를 작성하여 진행하십시오. 두 문서는 거래에 문제가 발생할 경우 증빙자료로 인정되는 공식 문서들입니다. 계약 체결 및 발주서 발행 시 검수^{Inspection} 실시에 대한 내용을 언급합니다.

· PI 수령 및 선금 입금

계약 및 발주를 하고 나면 공급업체는 선금 입금을 요청합니다. 이때도 바로 입금하지 말고, PI$^{Proforma\ Invoice:\ 견적송장}$를 받은 후 결제하시기 바랍니다.

· Inspection 준비

공급업체가 생산을 시작하면, 셀러는 상품 검수를 준비하는 것이 좋습니다. 품질에 대한 검수는 별도의 비용이 들지만, 이 부분은 매우 중요한 부분이므로 건너뛰는 것은 절대 권하지 않습니다. 알리바바 TA$^{Trade\ Assurance}$의 Inspection 옵션을 사용하거나, Inspection 업체와 별도의 계약을 통해 준비할 수 있습니다.

· FBA 준비

공급업체의 생산이 어느 정도 진행이 되면, 셀러는 아마존 셀러 센트럴에서 FBA 플랜을 만들고, 입력해야 하는 정보를 공급업체에게서 받아 기재합니다.

· 바코드 및 라벨 발송

기재하고, 공급업체가 준비해야 할 아마존 바코드^{FNSKU}와 박스 라벨 등을 다운로드받아 공급업체에게 보내는 등 양사가 협력하여 아마존 창고로 상품을 발송할 준비를 합니다.

· Inspection 진행

생산이 완료되었다면 계약에 의거, Inspection을 진행합니다.

· 잔금 지불 및 배송

Inspection이 통과되면 잔금을 지불하고 배송을 시작합니다. 배송 시 필요한 서류(Commercial Invoice, Packing List, B/L or Airway Bill, C/O 등)들도 챙겨 두시기 바랍니다.

2 공급업체에게 연락하는 방법

알리바바는 중국을 기반으로 한 사이트이지만, 거래는 영어로 진행합니다. 그래서 우리가 인콰이어리를 발송할 때도 영문으로 진행해야 하는데, 언어에 어려움이 있으실 수 있는 분들을 위해 인콰이어리를 보내는 이메일 서식을 알려드리려 합니다. 이 이메일 양식을 참조하셔서 본인의 상황에 맞추어 변경하여 사용하십시오. 반드시 이대로 보내야만 한다는 말씀은 절대 아닙니다.

Dear Michelle[받는 관계자 이름],

I hope this email finds you well. I found out through Alibaba and emailed you. My name is Juyoung Seo[영문 이름] and I am the owner of FAEM International[회사/브랜드 이름], a company specializing in the sales of Health & home improvement [회사 브랜드의 카테고리] in Amazon.[회사 소개를 조금 더 해도 좋습니다. ex. 설립년도, 주요시장, 비즈니스필드 등]

We are doing market research to expand our product line. And, we have found your products[검색한 상품 이름, 모델명 및 링크] and are interested in this product.

Please provide a quotation including the following additional information to help us determine if this is a good fit for our product line.

1. Have you ever had a chance to ship goods to Amazon FC?
2. Are you able to provide custom packaging and put our company name or logo on the product?
3. What is the DDP & FOB price per unit (including packaging) at the following MOQs:
   - Less than 100 pcs:
   - 100 to 500 pcs:
   - 501 to 1000 pcs:
   - 1001 to 5000 pcs:
   - More than 5001 pcs:

I appreciate your time and look forward to hearing from you soon.

Regards,
Juyoung Seo[이름]
CEO[직급]
FAEM International[회사명]

이 이메일 양식을 통해 필자가 강조하고자 하는 것은 다음과 같습니다.

- 제대로 된 소개: 상대방에게 안정적으로 오래 거래할 수 있다는 신뢰를 줍니다.

- 견적서 요청: 채팅이나 메시지로 견적을 받는 것이 아니라, Quotation을 요구함으로써 기록을 남기고, 격식을 갖추는 규모 있는 회사로의 면모를 보입니다.
- 아마존 창고 입고 경험 유무 체크: FBA 플랜을 작성하면서 양사의 협력이 필요하므로, 아마존 창고에 입고한 경험이 없다면, 설명을 별도로 해야 하는 번거로움이 있습니다.
- 수량별 단가: 단가는 향후 협상을 할 수 있도록 주문 수량별 단가를 받는 것이 좋습니다. 이때 가격 조건은 DDP와 FOB를 모두 받으시기를 권합니다.

5. PL 셀러를 위한 간단 무역 상식

인코텀즈Incoterms는 'International Commercial Terms'의 약어로 국내 및 국제 거래조건의 사용에 관한 국제상업회의소ICC의 규칙입니다. 모든 무역은 이 거래조건에 의거하여 진행되며, 이 조건은 10년 단위로 개정됩니다. 일반적으로 구매자와 판매자 간의 위험과 비용의 분기점을 제시하므로 '가격 조건'이라고도 하고, 비용과 위험부담을 명확히 규정지어 이 조건을 기초로 가격이 산정됩니다. 따라서 이 인코텀즈는 무역실무의 기본이 되며, 중국에서 OEM 생산을 하고자 하는 아마존 셀러라면, 이 조건의 의미를 알고 있어야 합니다.

인코텀즈는 해상 및 내수로 운송에만 사용되는 조건과 단일, 또는 복수의 방식에 사용되는 조건 방식 두 가지로 구분이 되며, 글로벌 셀러의 경우 주거래 조건은 DDP 조건이지만, FOB 조건을 사용하기도 합니다. 참고로 다음 표를 보시면 아시겠지만, DDP 조건은 복수 운송 방식에 사용되는 조건이고, FOB 조건은 해상 및 내수로 운송에만 사용되는 조건입니다.

[해상 및 내수로 운송에 사용되는 조건(RULES FOR SEA AND INLAND WATERWAY TRANSPORT)**]**

FAS	Free Alongside Ship	선측 인도 조건
FOB	Free on Board	본선 인도 조건
CFR	Cost and Freight	운임 포함 인도 조건
CIF	Cost, Insurance and Freight	운임-보험료 포함 인도 조건

> **Tip. API란**
> API란 Application Programming Interface의 약자로 프로그래밍을 어느 정도 알아야 활용할 수 있다. 셀러들이나 일반인들이 주로 접하는 API는 아마존이나 구글, 네이버 같은 대형 플랫폼이 제공하는 웹 API이다. 이들 플랫폼은 자사의 일부 DB에 대해 파트너사나 허가받은 개발자등이 접근할 수 있도록 허용한다. 이를 통해 파트너사나 개발자들이 유용한 애플리케이션을 개발할 수 있다. 아마존 MWS는 셀러가 리스팅, 주문, 결제, 보고서에 대한 데이터에 접근해 애플리케이션을 만들 수 있도록 서비스를 제공한다.

[단일 또는 복수의 운송 방식을 위한 조건(RULES FOR ANY MODE OR MODES OF TRANSPORT)]

EXW	Ex Work	공장 인도 조건
FCA	Free Carrier	운송인 인도 조건
CPT	Carriage Paid to	운송비 지급 인도 조건
CIP	Carriage and Insurance Paid to	운송비 보험료 지급 인도 조건
DAT	Delivered at Terminal	도착 터미널 인도 조건
DAP	Delivered at Place	목적지 인도 조건
DDP	Delivered Duty Paid	관세 지급 인도 조건

[조건에 따른 비용 부담(거래조건에 따라 각 항목에 대한 지불을 해야 할 거래 당사자가 달라짐)]

조건	EXW	FCA	FAS	FOB	CFR	CIF	CPT	CIP	DAT	DAP(DDU)	DDP
포장	S or B	S	S	S	S	S	S	S	S	S	S
상차료	B	S	S	S	S	S	S	S	S	S	S
출발지 내륙 운송료	B	S	S	S	S	S	S	S	S	S	S
수출통관료 외	B	S	S	S	S	S	S	S	S	S	S
출발지 터미널 비용	B	B	S	S	S	S	S	S	S	S	S
선적료	B	B	S	S	S	S	S	S	S	S	S
항공료/선적료	B	B	B	B	S	S	S	S			
보험료	B	B	B	B	B	S	B	S	S	S	S
도착지 터미널 비용	B	B	B	B	B	B	B	B	S	S	S
도착지 내륙 운송료	B	B	B	B	B	B	B	B	B	S	S
관세, 세금, 수입 통관료	B	B	B	B	B	B	B	B	B	B	S

*S: Seller(판매자) / B: Buyer(구매자)

6. HS CODE

1 HS code란?

HS code란 국제통일상품분류체계(harmonized commodity description and coding system)의 약칭입니다. 관세

나 무역통계, 운송, 보험 등을 목적으로 무역 거래 상품을 숫자코드로 분류한 것으로, 상품 분류 체계를 표준화하기 위해 세계관세기구WCO에서 재정하여 1988년부터 적용하기 시작했습니다. 나라마다 물건을 부르는 명칭이 다르고 하나의 단어가 다른 나라의 단어로 정확하게 대응하지 않는 경우가 많아 무역 분쟁의 소지와 소통의 어려움이 있을 수 있어 이를 방지하고자 물건마다 고유번호를 지정한 것입니다. 이 번호 중 7~10번째 숫자는 각 나라에서 세분화하여 사용할 수 있으며 6번째 숫자까지는 국제적으로 동일하게 사용합니다. 특정 제품에 어떤 코드를 부여하는가는 수입국이 결정하고, 이 코드번호에 따라 관세율이 달라집니다. 또한 수출입 시 허가받아야 하는 사항이 달라지기 때문에 무역을 할 때 HS code는 아주 중요할 수밖에 없습니다. 한국에서는 세번부호라고 표현하기도 합니다.

2 HS code 찾는 법

그러면 HS code를 찾는 법에 대해 알아보겠습니다. 내 상품의 HS code를 찾을 수 있는 웹사이트는 여러 곳이 있습니다. 관세법령정보포털unipass.customs.go.kr/clip/index.do과 트레이드내비www.tradenavi.or.kr가 있으며, 또 정확히 모를 경우에는 유니패스unipass.customs.go.kr/csp/index.do에서 품목분류사전심사를 통해 정확한 HS code를 안내받을 수도 있습니다.

이 중 해외 관세율과 수출하고자 하는 나라에 필요한 인증까지 쉽게 같이 찾아볼 수 있는 트레이드내비를 통해 HS code를 확인하는 방법을 알아보겠습니다. 트레이드내비tradenavi.or.kr에 접속합니다.

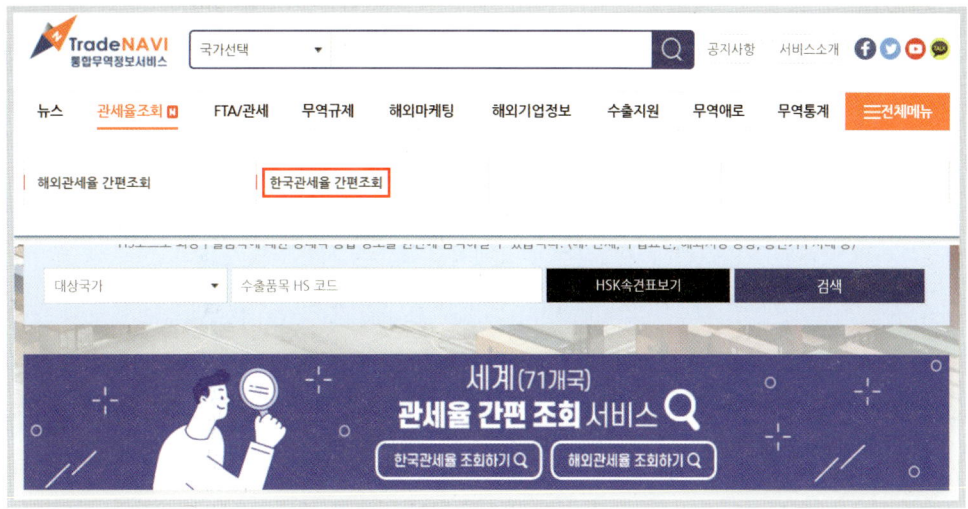

맨 상단의 '관세율 조회 > 한국관세율 간편조회'로 들어가면 다음과 같은 화면이 나옵니다. 품명에 여러분의 상품을 입력하고 [결과보기]를 클릭하세요.

필자는 볼펜을 입력해 보겠습니다.

9608100000이라는 HS code가 나오는 것을 확인할 수 있습니다. 이 HS code를 수출신고 때 인보이스에 기재하는 겁니다. 다만, 이는 한국에서 사용하는 HS code입니다. 앞에서 설명한 대로 특정 제품에 어떤 코드를 부여하는가는 수입국이 결정하고, 이 코드번호에 따라 관세율이 달라집니다. 그러므로 싱가포르에서는 어떤 HS code를 부여하고 관세율은 어떻게 되는지도 살펴봐야 합니다.

이 역시 맨 상단의 '관세율 조회'에서 확인할 수 있는데, 해외의 경우를 보는 것이니 '해외관세율 간편조회'를 선택합니다. '해외관세율 간편조회'를 클릭해, 대상국을 싱가포르로 변경하고, HS코드에 좀 전에 찾아 둔 9608100000을 입력합니다.

이미지에서 보시는 것대로 앞 6자리 960810은 한국이나 싱가포르나 같습니다. 그러나 한국은 뒤에 4자리를 붙여 10자리 HS code를 사용하는 데 반해, 싱가포르는 96081010으로 뒤에 2자리만 붙여 8자리 HS code를 사용하는 것을 확인할 수 있습니다. 이 96081010이 싱가포르에서 볼펜에 부여한 코드이고, 이 코드로 수입이 될 경우 1순위인 KR-SG 한-싱가포르 FTA, AK 한-아세안 FTA, RCEP 아세안+6, 역내포괄적경제동반자협정 중 그 어느 형태로 보아도 모두 0%의 관세율을 부여하는 것도 동시에 확인이 가능합니다.

수출을 하는 우리는 HS code를 한국에서 수출할 때, 목적국 국가에서는 어떤 HS code로 매칭을 하고 관세율은 어떻게 되는지까지 같이 살펴봐야 합니다. 그런데 많은 다른 강의나 서적에서는 그저 한국 HS code 찾는 법만 알려줍니다. 그것은 반쪽 지식에 지나지 않다는 것을 기억하시기 바랍니다. 그것은 다른 나라에서 한국에 물건을 수입해 들어오려고 할 때만 유용한 것이기 때문입니다. 제대로 HS code를 찾는 방법을 익히시기 바랍니다.

그리고 본 책에서 다 설명하지 못한 추가적인 부분들이 있으니 필자의 유튜브 채널, '서주영의 꼼꼼한 팸 TV www.youtube.com/c/faemglobal'에서 나머지 중요한 사항들을 꼭 확인하시기 바랍니다. 최근 트레이드내비 사이트가 개편이 되면서 UI가 다소 변경되기는 했지만 주요 내용은 같습니다.

CHAPTER 5

소싱이 끝났으면
판매를 시작해 보자

01 SEO에 맞는 상품 등록 가이드

앞에서 이미 살펴본 바와 같이 Sell yours를 할 경우 단순히 판매 수량과 가격만 기재하면 판매를 시작할 수 있습니다. 그러나 업로드되어 있지 않은 새로운 상품을 판매하고자 할 경우는 상품 페이지를 만들어야 합니다. 이때 아마존이 제시하는 가이드를 준수하여 페이지를 만들어야 하는데, 이는 검색 최적화와도 관련이 되어 있으므로, 기준을 숙지하시기 바랍니다.

1. Title / Product name(상품명)

상품명은 고객이 상품 페이지를 방문할 때 처음으로 보게 되는 항목으로, 상품명에는 상품과 관련한 정보만을 포함시키되 검색률이 높은 단어들을 사용하시는 것이 좋습니다. 상품 이름에 포함된 각 단어는 그 자체로 검색이 되어 상품에 대한 트래픽을 높이기 때문입니다. 최대 250자 안에 상품의 특징, 재료, 모양, 크기, 수량, 효과 등에 대한 내용으로 구성하는 것이 좋습니다. 다만, 최근 아마존은 모바일로 접속하는 고객들을 위해 80자 정도를 권하고 있습니다. 또한 상품명은 판매가 이루어진 이후에는 수정이 어려우므로 처음 작성 시 벤치마킹 등을 통해 완성도를 높이시기 바랍니다.

권장 사항	금지 사항
• 각 단어의 첫 글자를 대문자로 작성	• 가격 및 수량 포함 금지
• 아라비아 숫자 사용 Ex Two 대신 2	• 전체를 대문자로 작성 금지
	• 다음을 대문자로 작성 금지
• 번들 상품의 경우 괄호 안에 단위 수 표시 Ex 1 x 10 pcs	- 접속사(and, or, for)
	- 관사(the, a, an)
• 중요 정보를 포함하여 간결하게 작성	- 5자 이하의 전치사(in, on, over, with 등)
• 일반적으로 최대 250자 (카테고리별 최대 입력 글자 수 50자, 100자 등 상이)	• '세일' 또는 '무료배송' 등의 홍보용 메시지 포함 금지
	• 상품이 자가 상표가 아닌 경우 판매자 이름을 브랜드나 제조업체 정보로 사용 금지
	• 게시물에 기호 등 사용 금지(!, $, *, ? 등)
	• '인기상품', '베스트 셀러' 등의 주관적인 문구 금지
	• 특정 판매자 정보 포함 금지

2. Bullet Points(상품 핵심 특징)

상품 페이지 상단에 있는 핵심 상품 특징은 고객들에게 판매 중인 상품의 특징을 알려줌으로

써 고객들의 구매 의사 결정에 영향을 미치는 항목입니다. 총 다섯 가지 특징을 기재할 수 있고, 한 항목당 500자까지 기재 가능합니다.(카테고리에 따라 100자인 것도 있습니다. 불렛포인트 역시 검색에 직접 노출이 되므로, 검색량이 높은 단어들로 기재하는 것이 좋습니다. 다만, 불렛포인트 역시 최근 아마존은 다섯 개 항목을 다 합해 1000자 정도를 권합니다). 다음은 아마존의 주요 특징 작성 가이드입니다.

권장 사항	금지 사항

• 고객이 고려했으면 하는 다섯 가지 핵심 특징 강조
    Ex 특징, 장점, 개선사항, 원산지, 사용법 등
• 일정한 순서를 계속 유지하여 작성
    Ex 1번째 강조사항을 '원산지'로 한다면, 판매 중인 다른 상품에서도 같은 순서로 기입
• 상품명과 상품 설명에 있는 핵심 정보는 반복 가능
• 각각의 주요 특징을 대문자로 시작. 설명은 자세하게 기재
• 모든 수치는 숫자로 작성
• 한 강조사항 내에선 세미콜론(;)으로 문장을 구분
• 쿼트quart, 인치inch, 피트feet와 같은 수치들을 간결하게 표기(g, cm, ml 등도 병행 표기하면 좋음)
	• 프로모션 혹은 가격 관련 정보 입력 금지
	• 배송 혹은 회사와 관련된 정보 작성 금지
	• '세일' 또는 '무료배송' 등의 홍보용 메시지 포함 금지
	• 하이픈(-), 기호, 구두점(.) 혹은 느낌표(!) 사용 금지
	• 모호한 표현 자제

3. Product Description(상품 상세 설명)

상품 주요 특징에서 다 설명하지 못한 내용을 상세 설명란을 이용하여 소개합니다. 상품을 상세하게 설명하고자 할 때도 상품 주요 특징에 언급했던 몇몇 주요 특징을 다시 포함할 수 있습니다. 핵심만 언급하는 단순한 설명보다는 느낌, 사용법, 장점과 같은 상품에 대해 더 자세하고 상세하게 설명하는 것이 좋습니다. 아마존은 원칙적으로 html을 허용하지 않지만 〈br〉 코드는 허용하고 있어 텍스트 줄 내리기를 이용하여 가독성을 조금이라도 높이는 것도 방법입니다. 단, 상품 설명은 최대 2000자로 제한됩니다. 다음은 아마존의 상세 설명 작성 가이드입니다.

권장 사항	금지 사항
• 상품의 주요 특징을 설명하고 사이즈, 용도, 스타일을 포함한 상품 정보에 대해서 설명 • 주요 내용을 포함하여 짧게 기재 • 정확한 치수, 부피, 주의 사항, 보증 정보 등을 포함 • 정확한 문법과 완전한 문장으로 기재	• 판매자의 이름, 이메일 주소, 웹사이트 URL, 회사의 자세한 정보 금지 • '세일' 또는 '무료 배송' 등의 홍보용 메시지 포함 금지

4. Image(이미지)

이미지는 상품 검색 페이지와 상세 정보 페이지에 보이는 것으로 매출을 일으키는 데 가장 중요한 요소입니다. 따라서 전문적인 이미지는 판매자의 상품이 눈에 쉽게 띄도록 만들어 상품을 확인하는 고객을 늘리는 데에 도움을 줍니다. 다음은 아마존의 이미지 제작 가이드인데, 특히 메인 이미지에 대한 정책은 반드시 지키시기를 권합니다.

권장 사항	금지 사항
• 깔끔하고 단순한 하얀색의 배경을 이용 • 해상도 최소 500픽셀(1000픽셀 권장) • 메인 이미지는 긴 면이 1600픽셀 이상 사용 • 상품이미지는 컬러 이미지 사용 • 상품의 전체 모습 사진 사용 • 상품이 전체 이미지의 최소 85%를 차지해야 함 • 번들 상품일 경우 전체 묶음을 보여줄 필요는 없이 상품의 이미지 하나면 충분	• 브랜드 태그나 포장된 이미지 • 중고 상품의 이미지 • 테두리, 워터마크, 텍스트 및 기타 장식 • 상품에 대한 그림(실제 이미지만 사용 가능) • 색상이 있는 배경 또는 라이프 스타일 이미지 • 이미지 대신 사용한 문구 • 상품 평가 그래프가 포함된 이미지 • '세일' 또는 '무료 배송' 등의 홍보용 텍스트

5. Search term(키워드, 연관검색어)

상품을 업로드할 때 키워드를 작성하여 구매자의 검색 결과에 상품이 노출될 수 있는 관련 키워드를 입력하는 것이 좋습니다. 이 키워드는 고객에게는 표시되지 않습니다.

 Search term의 입력 가능한 키워드 글자수가 미국 및 유럽 마켓플레이스 기준 한 줄 250 바이트 미만, 일본 마켓플레이스는 500바이트 미만으로 제한되어 있습니다. 만약 제한된 글자 수 이상 입력할 경우 입력된 값 전체가 반영되지 않으니 작성 시 초과되지 않도록 조심하십시오.

변경된 핵심 사항	키워드 최적화 방법
• 글자 수는 최대 250 바이트를 초과할 수 없음 • 제한된 글자 수 이상 입력할 경우 입력된 값 전체가 반영되지 않음 • 라틴어 알파벳과 숫자는 '한 글자 = 1 바이트' Ex a~z, 0~9 • 특정 문자의 경우 2바이트 혹은 그 이상이 됨 Ex ä (2 바이트), £ (2 바이트), € (3 바이트), ♥ (3 바이트). • 공란이나 문장부호(; , .)는 글자 수에 포함되지 않음 • 반드시 공란(스페이스)으로 구분되어야 하며 문장부호는 불필요	• 상품과 관련이 없는 키워드 입력 금지 • 경쟁사 상품명이나 브랜드, 저자명, 다른 성별 등 본인의 상품과 관계가 없는 정보 입력 금지 • 검색 키워드에 여러 개의 단어를 한꺼번에 입력할 경우, 가장 논리적인 순서로 배열 Ex 고객은 일반적으로 "큰 봉제 테디 베어"(Big Stuffed Teddy Bears)라고 검색하고 "테디 봉제 베어"(Teddy Stuffed Bears)라고 검색하지 않음 • 상품명과 특징 사항(Bullet point)에 이미 기재된 내용 중복 입력 금지 • 동의어, 상위어 혹은 철자의 변형을 입력 권장 Ex 만약 상품명에 "Whiskey"라는 단어를 사용했다면, 같은 뜻의 철자 변형 단어인 "Whisky"를 키워드로 사용 • 주관적인 내용 입력 금지 • 사람들이 자주 틀리는 철자/단어 포함 금지 • 같은 단어에 띄어쓰기, 구두점, 대/소문자, 단/복수형의 변형을 주어 입력 금지 Ex "Computer"와 "Computers", "80GB"와 "80 GB" 등 • 모든 단어는 소문자로 입력

6. 상세페이지 제작을 위한 새로운 툴 - PickFu

앞 1~5항에 걸쳐 아마존에 상품을 등록하기 위한 가이드를 안내해 드렸습니다. 그러나 사실 한국에 살면서 미국 소비자를 상대로 상품을 잘 어필할 수 있도록 만드는 것은 그렇게 쉬운 일은 아닙니다. 미국에서 살아봤던 사람들에게도 쉽지 않은데 하물며 살아보지 않았고, 미국을 잘 모르는 우리가 그들의 취향을 저격하기란 여간 어려운 것이 아니죠. 내 눈에는 좋은데 그들에게는 최악의 화면이 될 수도 있습니다. 이런 어려움을 조금이나마 해소할 수 있는 툴을 소개해 드리고자 합니다.

 바로 PickFu https://www.pickfu.com/ 라는 설문조사 툴입니다.

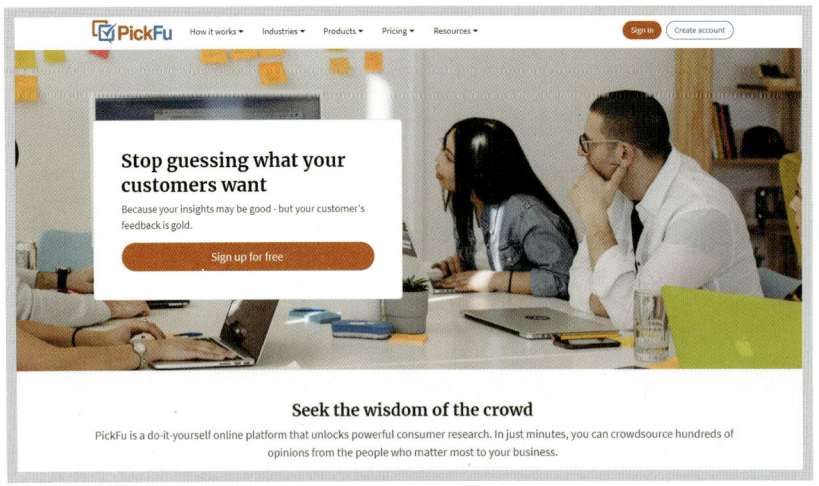

이것은 AB테스트를 기반으로 합니다. 버킷테스트 혹은 분할-실행테스트라고도 불리는 AB테스트는 두 개의 변형 A와 B를 사용하는 종합 대조 실험 controlled experiment 입니다. 쉽게 말해 기준 집단(서비스) A와 비교집단 B를 만들어 놓고 타겟에게 A 또는 B를 보여주고 더 좋은 반응이 나오는 것이 무엇인지를 테스트하는 것입니다. 이를 통해 타겟의 선호도를 파악할 수 있기 때문에 마케팅 쪽에서는 매우 중요한 기법이기도 합니다.

그래서 아마존을 비롯한 온라인 셀러들은 A 화면을 만들고, B 화면을 만들어 고객에게 번갈아 가면서 노출을 시켜 어떤 것이 더 매출을 일으키는지를 관찰하고, 더 나은 결과의 화면을 선택해 왔습니다.

필자도 2019년부터 splitly.com에서 유료로 상세페이지를 테스트했었습니다. 물론 무료인 Listing Dojo도 사용했지요. 그러나 이들에게는 치명적인 단점이 있습니다.

첫번째는 결과를 도출하기까지 최소 2주 이상(평균 1개월)의 오랜 시간이 걸리고, 두 번째는, 만약 시험 결과 A가 B보다 좋았다면, B가 노출된 시간에는 매출을 놓치게 될 수밖에 없다는 것입니다. 이런 단점들로 인해 필자는 이렇게 두 개의 화면을 만들어 번갈아 가면서 노출시켜 테스트를 하는 방식에서 벗어나 사전 설문조사 형식의 AB 테스트 툴을 사용하기 시작했습니다. PickFu가 바로 그 툴입니다.

PickFu 사이트를 통해 타이틀, 로고, 패키지, 제품 컨셉, 이미지, 상품 설명, A+컨텐츠, 비디오, 상품 디자인 등 모든 방면을 사전에 설문조사하여 고객들의 선호도를 체크해 볼 수 있습니다. 특히 PickFu의 설문은 미국 내에 거주하는 아마존 프라임 고객들만을 대상으로 합니다. 그리고 그들이 왜 A 혹은 B를 선택했는지 자세하게 코멘트를 단 의견을 들을 수 있을 뿐만 아니라 다양한 인구통계 Demographics 적 선택도 가능합니다. 무엇보다도 최소 15분(길면 하루) 만에 결과를 받을 수 있기 때문에 페이지 제작의 방향성을 잡기에 정말 아주 좋은 툴이라고 생각합니다다. 필자는 매번 새로운 페이지를 만들 때마다, 혹은 매출이 좀 떨어진다 싶을 때마다, 혹은 새로운 제품의 런칭을 앞두고서는 항상 이 툴을 이용합니다.

다만, 이 서비스는 유료입니다. 1명의 결과를 얻는 데 1달러이고, 최소 50명(50달러)에서 최대 500명에게 설문을 할 수 있고 조건을 부여하는 것에 따라서 금액이 더 증가합니다. 하여, 필자는 한국의 셀러들을 위해 PickFu 본사에 연락하여 할인을 받을 수 있는 쿠폰을 준비했습니다. 본 책 부록에 할인 쿠폰 코드를 준비했습니다. 큰 혜택은 아니지만 조금이나마 도움이 되기를 바랍니다.

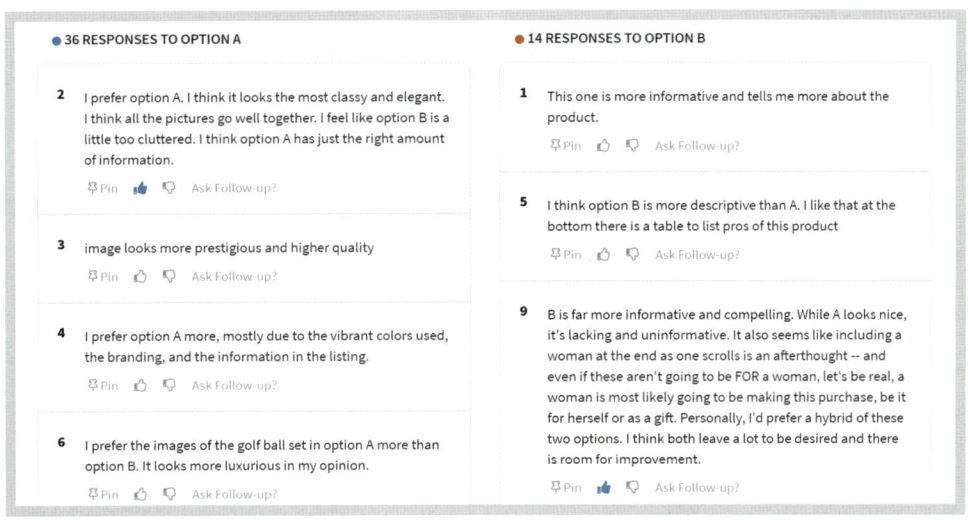

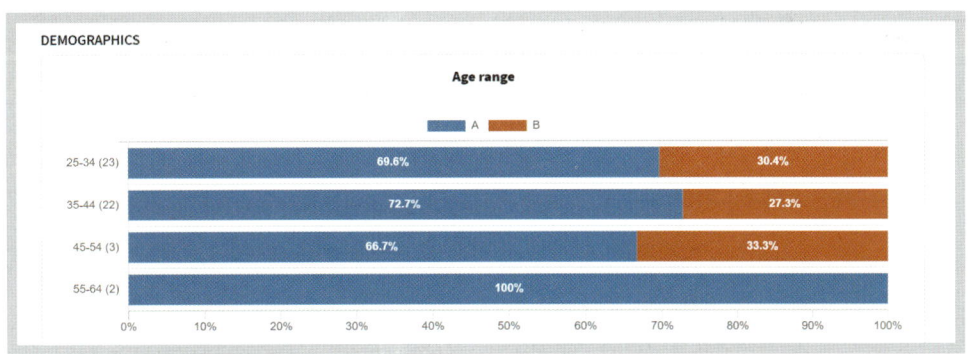

더 자세한 설명은 '꼼꼼한 팸TV'에서 확인하시기 바랍니다.(https://www.youtube.com/watch?v=J9O6K3ywJjQ&t=13s)

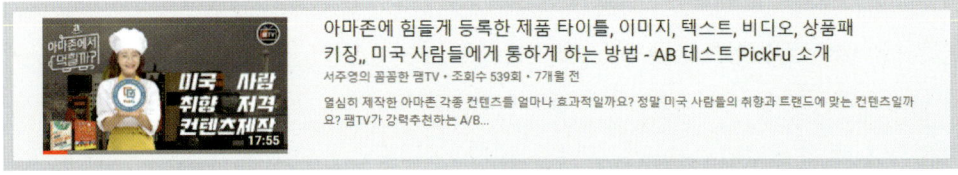

02 FBM 셀러를 위한 배송 방법 이해 및 설정

아마존의 배송 방법은 크게 두 가지가 있습니다. 하나는 FBM 혹은 MFN으로, 셀러가 직접 고객에게 배송하는 방법이고, 다른 하나는 FBA로, 아마존 창고로 물건을 보내어 고객이 주문 시 아마존이 대신 배송을 하게 하는 방식입니다. 이 장에서는 FBM을 기준으로 설명합니다. FBA에 대해서는 6장의 설명을 참조하십시오.

1. 배송 정책 이해

아마존의 배송비는 'Per shipment' 혹은 'Per order'라고 하는 고정비와 'Per-pound' 혹은 'Per-item'이라고 하는 가변비로 구성이 됩니다. 고정비는 물건이 한 번 배송이 될 때에 기본적으로 청구하는 비용이고, 가변비는 구매 아이템의 무게나 수량에 따라 추가적으로 청구하는 비용입니다. 무게의 경우 1 파운드(lb)는 453.59g입니다. 또한 고객에게 직접 배송하는 경우 요금을 책정하는 방법에는 'Per Item/Weight-Based' 모델과 'Price Banded' 모델이 있습니다. 'Per Item/Weight-Based' 모델이란 배송비를 구매 상품의 아이템 수량 혹은 무게를 기반으로 청구하는 것을 의미하고, 'Price Banded' 모델은 배송비를 구매 가격대별로 설정하여 청구하는 것을 의미합니다.

1 Per Item-Based 배송

구매 상품의 수량에 따라 배송비를 책정하는 경우입니다. 예를 들어 셀러가 고정비를 $4.49로 책정하고, 개당 $2.00를 받겠다고 책정을 했다고 가정합니다. 이때, 한 고객이 50lb 텔레비전 1개와 2lb 카메라 1개를 구매했다면, 셀러가 고객에게 청구하는 비용은 다음과 같습니다.

- **고정비**: $4.49 (두 상품이 한 번에 동시 출고되므로)
- **가변비**: (1개 + 1개) x $2.00 = $4.00
- **총 청구 배송비**: $8.49

2 Per Weight-Based 배송

구매 상품의 무게에 따라 배송비를 책정하는 경우입니다. 예를 들어 셀러가 고정비를 $4.49로 책정하고, 1lb당 $0.50를 받겠다고 책정을 했다고 가정합니다. 이때, 한 고객이 50lb 텔레비전

1개와 2lb 카메라 1개를 구매했다면, 셀러가 고객에게 청구하는 비용은 다음과 같습니다.

- **고정비**: $4.49(두 상품이 한 번에 동시 출고되므로)
- **가변비**: (50lb + 2lb) x $0.50 = $26.00
- **총 청구 배송비**: $30.49

3 Price Banded 배송

이것은 구매 금액별로 배송비를 책정하는 것으로, 예를 들어 구매 금액이 $1.00~$50.00일 때는 배송비를 $10.00를 받고, $50.00~$100.00일 때는 $5.00를 받고, $100.00 이상 구매를 하면 무료 배송을 하겠다고 설정하는 식의 방법입니다.

이러한 배송 방법 중 글로벌 셀러들은 배송 시 무게에 따라 배송비가 달라지므로, Per Weight-Based 배송 방법을 선택해야 합니다.

2. 배송비 설정

배송비를 설정하는 절차를 살펴보겠습니다.

1 Migrated Template

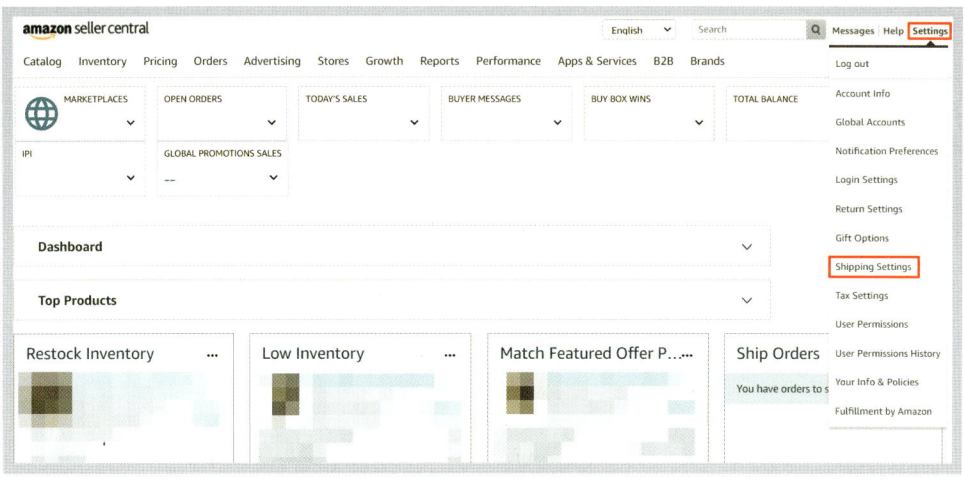

배송비 설정은 셀러 센트럴의 오른쪽 상단에 있는 'Setting > Shipping Settings'를 통해서 할 수 있습니다. 'Shipping Settings'를 클릭하면, 아마존이 고정비와 가변비를 기본으로 설정해 놓은 'Migrated Template' 화면이 보입니다.

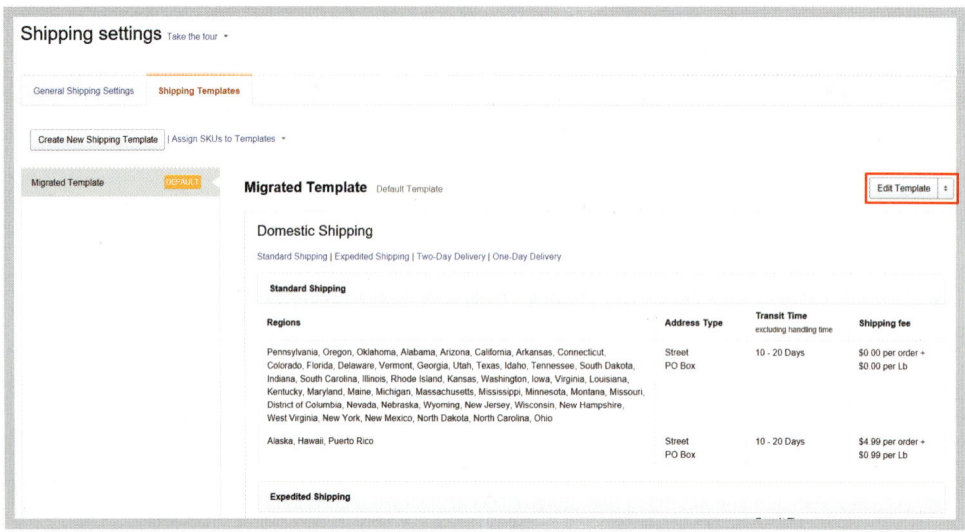

이 배송비를 수정하고자 할 경우 우측에 있는 [Edit Template] 버튼을 눌러서 변경할 수 있습니다. 변경 방법은 아래의 '새 배송 정책 만들기'의 절차를 참고하십시오.

2 새 배송 정책 만들기

아마존이 설정해 놓은 Migrated Template이 아닌 무게나 가격 등 여러 조건을 바탕으로 나만의 새로운 배송 정책을 만들고자 한다면(무료 배송 등) 배송비 설정 화면에서 [Create New Shipping Template] 버튼을 클릭하여 시작할 수 있습니다.

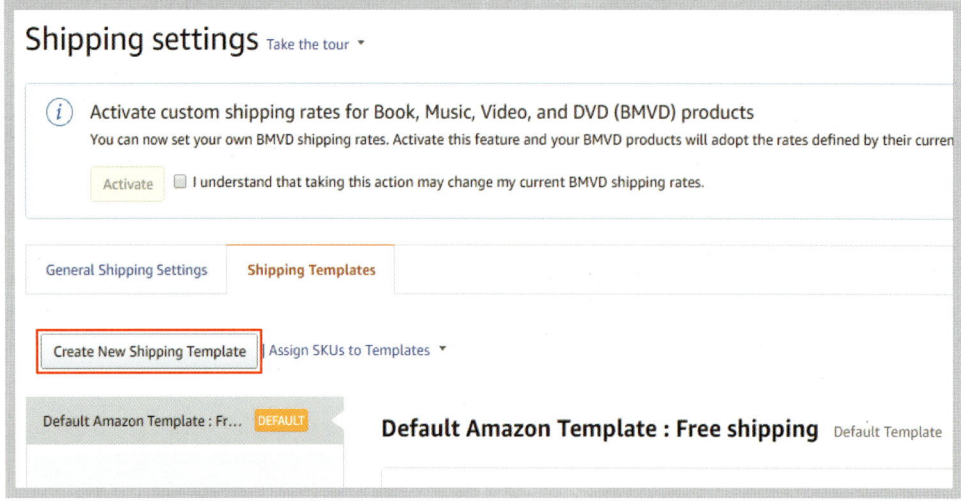

[Create New Shipping Template] 버튼을 클릭하면 완전히 새롭게 템플릿을 만들 것인지, 아니면 기존의 배송 템플릿을 복사해서 사용할 것인지 선택하라는 대화창이 뜹니다.

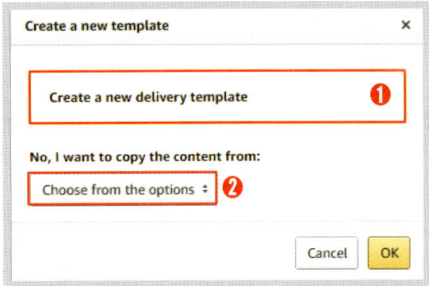

❶ 완전히 새롭게 템플릿을 만들고자 할 때 선택합니다.

❷ 기존에 만들었던 템플릿을 복사하여 사용하고자 할 때 선택합니다.

필자는 ❶을 선택하여 설명을 하겠습니다. 클릭하면 먼저 'Domestic Shipping^{미국 내 배송}'이 보입니다.

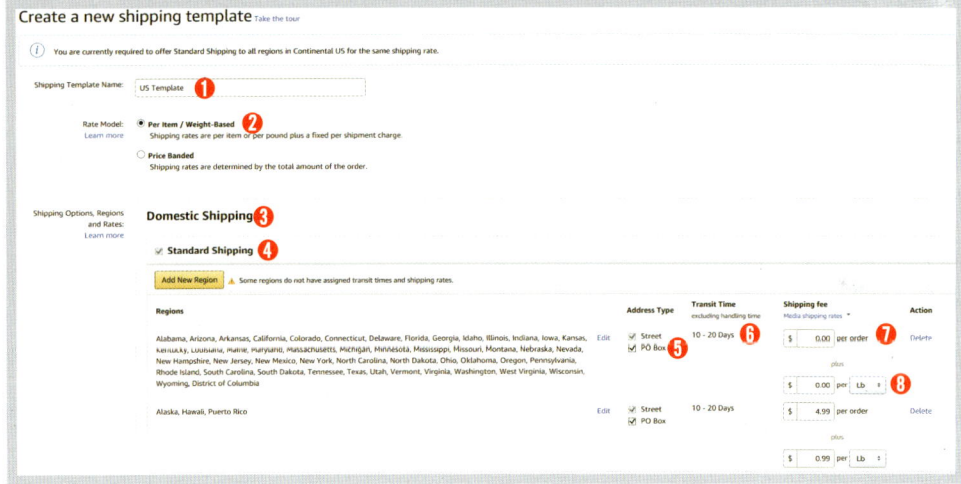

'Domestic Shipping'은 Standard shipping, Expedited shipping, Two-day shipping, One-day shipping 총 네 가지 옵션이 체크되어 있으나, 글로벌 셀러들에게 Two-day shipping과 One-day shipping은 적절한 기간이 아니므로 해제할 것을 권합니다.

❶ 최대 20개까지 배송 템플릿을 만들 수 있으므로 각각의 배송 템플릿에 이름을 입력합니다.

   Ex US Template, Free shipping Template 등

❷ Per Item/Weight-Based로 할 것인지, Price Banded로 할 것인지 선택합니다.

❸ 미국 내 배송을 의미합니다.

❹ 이 옵션은 일반 표준 배송으로, Continental US 내의 모든 주^州로 배송을 해야 합니다. 또한 이 지역의 배송 비용비는 모두 동일해야 합니다. 단, 하와이, 알래스카, 미국 보호령은 제외입니다.

❺ PO Box ^{사서함} 배송을 하지 않는다면, 체크되어 있는 것을 해제합니다.

❻ 10~20일로 지정되어 있고, 수정이 불가합니다.

❼ 고정비를 입력합니다.

❽ 추가적으로 받는 가변비를 무게^{파운드}당 책정할 것인지, 아이템 수량당 책정할 것인지 정하고, 비용을 입력합니다.

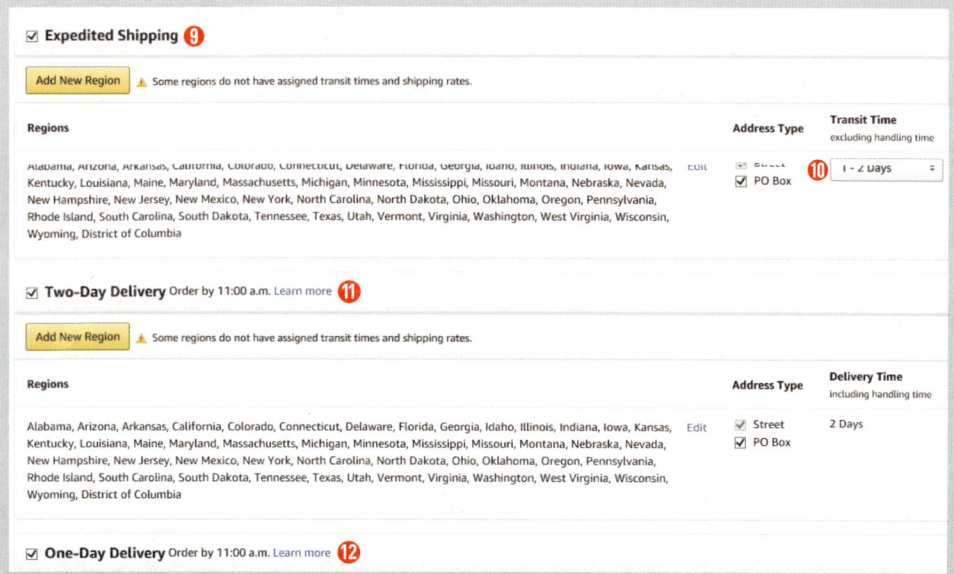

❾ 빠른 배송을 의미합니다.

❿ 빠른 배송의 배송 기간은 1~2일, 1~3일, 2~4일, 3~5일 중 하나를 선택할 수 있습니다.

⓫ 글로벌 배송은 1~2일 배송이 어려우므로 체크를 풀어 줍니다.

⓬ 글로벌 배송은 1~2일 배송이 어려우므로 체크를 풀어 줍니다.

다음은 'International Shipping ^{국제 배송}'에 대한 설명입니다. 'Domestic Shipping' 아래쪽에 항목이 있습니다.

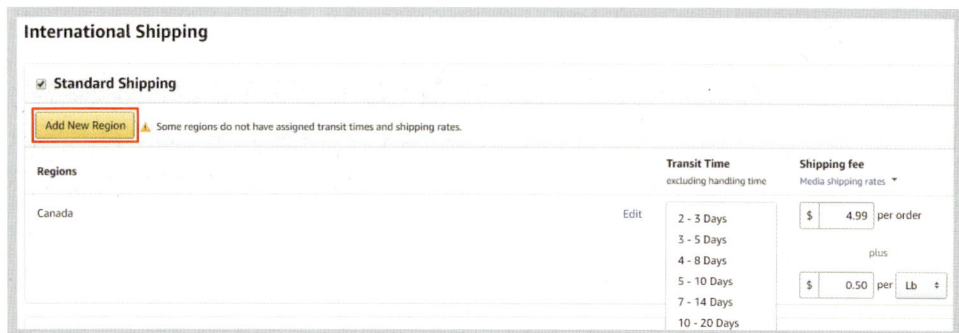

'International Shipping'의 경우는 'Standard Shipping'과 'Expedited Shipping' 두 가지 옵션이 있습니다. 'Expedited Shipping'의 경우 배송 기간이 최대 5일을 넘길 수 없으므로, 특송사 등을 이용하여 배송하는 경우가 아니라면 체크를 해제할 것을 권합니다. 'Standard Shipping'의 경우 기본적으로 캐나다가 설정이 되어 있습니다만, 배송 기간과 비용 수정을 원하면 'Transit Time'과 'Shipping fee'를 설정할 수 있습니다. 그 외의 지역에 대한 배송비를 설정하려면 노란색 [Add New Region] 버튼을 클릭합니다.

　필자는 새로운 지역에 대한 배송비를 설정하기 위해 [Add New Region] 버튼을 클릭해 보겠습니다. 클릭하면 다음과 같이 지역을 선택하는 화면이 나옵니다.

Free shipping을 만든다면 거래를 원하는 나라를 모두 선택 후 [OK] 버튼을 클릭하면 됩니다. 만약 지역별 배송비를 다르게 책정하고자 한다면, 지역별로 [OK] 버튼을 클릭해야 합니다. 예를 들어 유럽과 아시아의 배송비를 다르게 설정하려면, 'Europe' 선택 후 [OK] 버튼을 클릭하고 다시 [Add New Region] 버튼을 클릭하여 'Asia'를 선택 후 [OK]를 클릭하는 방식으로 추가해야 합니다.

❶ 이때 지역 좌측에 있는 네모 박스에 체크하지 말고, 우측에 있는 ∨를 선택하여 나라별로 확

인한 후 선택하기를 권합니다.

❷ [OK] 버튼을 클릭하면 대화창이 사라지고, 배송 기간Transit Time과 배송비Shipping fee를 설정할 수 있게 됩니다.

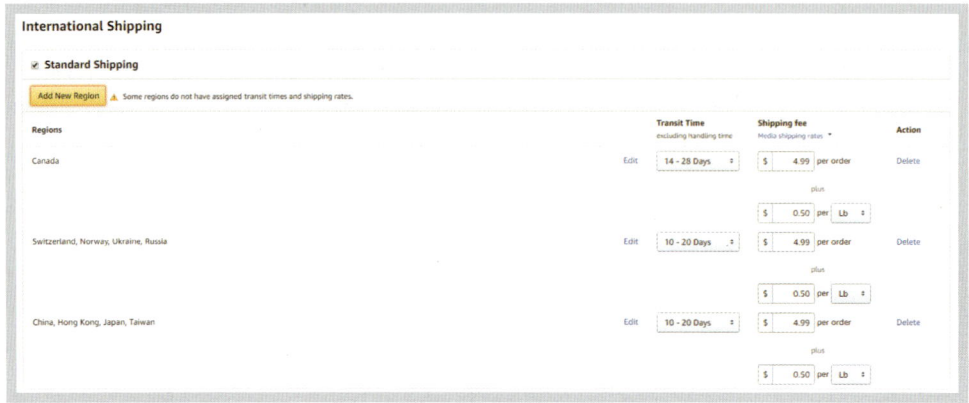

위 화면은 비EU국가와 동아시아 국가 배송시간과 배송비를 각각 설정한 예시입니다.

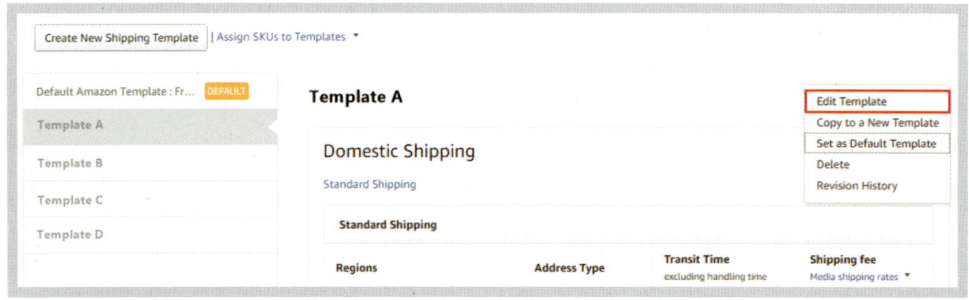

만약 템플릿을 여러 개 설정하였고, 그중 하나를 기본 배송 정책으로 설정하고자 할 경우는 해당 배송 템플릿을 클릭한 후 우측 상단에 있는 'Edit Template' 옆의 세모 아이콘을 클릭한 후 드롭메뉴에서 'Set as Default Template'을 클릭하면 됩니다.

03 FBM & FBA 셀러를 위한 배송사 소개

글로벌 셀러는 물건이 안전하고 빠르게 도착할 수 있는가, 판매 가격 설정에 최소한의 영향을 미칠 수 있는가, 이 두 가지 요소를 고려하여 배송사와 배송 서비스를 선택해야 합니다. 특히 아마존은 셀러 평가 요소 중에 'Valid tracking rate'라는 항목으로 유효한 트래킹을 얼마나 제공했는지를 평가합니다. 셀러는 95% 이상 유효한 배송 방법으로 트래킹 번호를 제공해야 합니다. 이러한 아마존의 정책에 부합되는 배송사 및 배송 서비스는 UPS, DHL, FedEx 등의 특송사 및 USPS, EMS, K-packet 등의 우체국 배송 및 아마존 전문 배송사를 이용한 FBA 창고 입고 등 다양한 배송 방법이 있습니다.

1. FBM 배송을 위한 우체국 K-packet

이 서비스는 우체국의 온라인 전용 상품으로 온라인으로 판매되는 소형 물품(2Kg까지)의 해외 배송에 적합한 국제우편 서비스입니다. FBM 배송을 하는 아마존 셀러들에게 가장 저렴한 배송 방법이기 때문에 인기 있는 배송 방법입니다. 다음과 같은 특징이 있습니다.

- 사용을 위해서는 우선 우체국과 계약을 해야 합니다. 계약을 위해서는 근처 우체국을 방문하거나, 전화(우체국 콜센터: 1588-1300)로 상담 후 체결하시면 됩니다.
- 계약을 체결하고 나면, 인터넷 우체국 계약고객 전용 시스템 또는 API 시스템 설치 후에 각 셀러들의 사이트를 통해 접수를 하게 됩니다. 우체국에서 방문 접수를 하기도 하지만, 월 발송 물량 및 접수 우체국에 따라 방문 접수를 하지 않을 수도 있습니다.
- 주소, 세관신고서(CN23) 등을 따로 작업할 필요 없이 한 장의 라벨 표지로 출력하여 간편하게 발송할 수 있습니다. 미국까지 배송 기간은 약 7~10영업일 정도이고, 우편 요금은 지역별로 다르고, 100g당 책정이 되어 있습니다.
- 요금 감액 제도를 실시하고 있습니다.
- 발송 가능한 최대 무게는 2kg, 크기는 (가로+세로+높이)=90cm이고, 한 변이 60cm를 초과할 수 없습니다.

K-packet은 월간 이용 금액이 다음과 같은 경우 할인이 적용되고 다음 달 셀러의 통장에 자동으로 환급됩니다.

(단위: 만 원/%)

이용 금액	50~100	100~200	200~300	300~400	400~500	500~1000	1,000~3000	3000~5000	5000~1만	1만 초과~
감액률	5	6	7	8	9	10	12	13	14	15

우체국이 계약을 할 때 K-packet Light로 계약을 하는 국가들이 있습니다. 이 특정 국가에 한해서 발송 시 5%p를 감액해 줍니다. 이는 배달 시 수취인 서명을 받지 않고 우편함에 물건을 넣는 것으로 배달 완료가 되기 때문이고, 대상 국가는 계속 증가하고 있습니다.

구분	감액 요건	감액률
전자상거래활성화	· K-Packet Light를 이용하는 경우 · 대상 국가: 미국, 호주, 홍콩, 베트남, 일본, 싱가포르, 말레이시아, 인도네시아, 브라질, 독일, 스페인, 프랑스, 영국, 러시아, 캐나다, 태국	5%p

2. FBA 배송을 위한 도어로 - 특송

도어로는 아마존 전문 배송사 중 한 곳으로, 주로 대다수의 아마존 RA 셀러들이 이용하는 배송사입니다. 다른 특송사 대비 최대 50~90% 할인된 요금을 제공하기 때문에 아주 저렴하게 이용할 수 있고, 또한 배송 소요 기간도 매우 짧습니다. 미국 기준 배송 의뢰 시, 대전에 있는 도어로 집하지에서 출발하여 대략 영업일 기준 1~3일 정도 소요된다고 보시면 됩니다.

도어로는 비단 배송만이 아닌 FBA 판매 가격 산출기, 아마존 API, 페이오니아 bank statement 발급 서비스 등 다양한 방면에서도 서비스를 제공하고 있으니 도어로 홈페이지 www.doorro.com에 방문해서 자세히 알아보시는 것도 좋을 것 같습니다.

다만, 도어로의 집하지가 대전에만 있는 관계로 발송을 위한 국내 택배비가 발생하고, 배송일이 1~2일 추가될 수 있다는 단점이 있습니다. 그래서 최근 홈픽 서비스를 통해 픽업 서비스를 진행하여 셀러들의 편의를 도모하고 있고 계속 서비스를 개발 중인 것으로 압니다. 여러분들이 위치한 곳의 타 배송사의 가격도 확인해 보시고 이용을 시작해 보시기 바랍니다.

마지막으로, 모든 특송이 그러하듯이 도어로 역시 비용 산출 시 무게 중량과 용적 중량(가로x세로x높이/5000) 중 큰 중량으로 계산된다는 점은 기억해 두시기 바랍니다. 이런 무게 적용 방식은 특송이나 항공운송에서 가격을 계산하는 일반 룰입니다.

· 도어로: 070-4640-4288, doorroservice@gmail.com

3. FBA 배송을 위한 삼성SDS Cello Square - 특송

삼성은 이미 오래전부터 물류 공급망의 각 프로세스를 최적화, 실시간으로 관리 및 분석하여 물류 지연을 예방하고 물류비용을 절감할 수 있도록 하는 물류 솔루션 플랫폼인 첼로Cello를 운영해 왔습니다. 특히 2018년 6월 크로스보더 e커머스 물류(글로벌셀러)를 위한 전용 서비스인 첼로스퀘어3.0을 공개하였고, 2021년 하반기에는 4.0을 공개하며 특송, 항공, 해상까지 종합 서비스를 제공하기 시작했습니다.

첼로스퀘어는 e커머스에 특화된 물류에 웹 기반 플랫폼을 제공하기 때문에, 운임이 매우 경쟁력이 있습니다. EMS로 20kg 한 박스 발송 시 금액의 대략 35% 선입니다. 송장/트래킹/정산/CS 등의 창구가 일원화되고, 실시간 커뮤니케이션이 가능해서 배송이나 통관상에서 이슈 발생

시 조기 대응도 할 수 있습니다. FBA 입고 시 일정 물량 이상을 발송하면 전용 셔틀로 상품 픽업을 해 주고, 보관, 라벨링, 포장 등의 Prepping 대행 서비스와 미국 관·부가세 발생 시 DDP 관세대납 수수료가 발생하지만 이 수수료까지 면제해 주는 등 다양한 서비스들도 제공합니다.

다만 이 첼로스퀘어 서비스를 이용하려면, 삼성 SDS 규정상 회원 가입 후 사업 진행 전에 회사의 신용평가를 받아야 하고, 국가별 월 물동량 정보 등을 제출해야만 이용이 가능했고, 제출이 불가능할 경우는 별도 운영대행사를 통해 이 서비스를 이용해야 하는 불편함이 있었습니다.

이 단점을 보완하기 위해 첼로스퀘어4.0 시스템을 통해 회원 가입하면서 신용평가를 받을 수 없는 고객들은 기업은행과 연결하여 선결제를 진행할 경우 직접 계약을 진행할 수 있도록 하였습니다.

· 삼성 SDS 첼로: cello.square@samsung.com
· 삼성 SDS 첼로 회원 가입 신청: https://www.cello-square.com

4. FBA 배송을 위한 우체국 기업화물 해상 서비스

우체국은 글로벌 온라인 마켓플레이스에서 판매하는 글로벌 셀러들을 위해 KW International과 함께 우체국 기업화물 해상 서비스를 개발하여 2020년부터 시행하고 있습니다. 이 서비스는 미국 아마존 FBA 입고 전용 서비스로 아마존 FBA 창고 입고가 원칙이며, 관세 발생 시 대납 후 청구하는 서비스를 진행하고 있습니다. 이 서비스의 좋은 점은 아래와 같습니다. 다만 식품, 스프레이, 의약품, 칫솔, 자석 포함 제품, 배터리 포함 제품 등은 선적이 불가하므로 관련 상품 판매자는 꼭 미리 확인하시기 바랍니다.

1. 박스당 최대 30kg까지 취급 가능(박스 수량 제한 없음)
2. 민간 특송사 대비 유리한 부피 무게(약 17%)
    · 우체국 기업화물 서비스: 가로＊세로＊높이/6000 (민간 특송사: 가로＊세로＊높이/5000)
3. 배송 기간: 출항일로부터 20~28일 이내(미국 통관 이슈로 지연될 수 있음)
4. 손해배상: 분실/도난/파손 시 최대 10만 원
5. 선적 스케줄: 매주 일요일 출항, 화요일 접수 마감 건까지 해당 주에 선적 가능. 이후 접수 건은 차주 스케줄로 진행(선사 스케줄로 인해 변동 가능)
6. 박스 규격: (가로＊세로＊높이)의 합이 160cm를 초과하지 않아야 함
7. 접수: 인터넷 우체국을 통해 화물 접수

이의 사용을 위해서는 K-packet과 마찬가지로 우체국과 계약을 해야 합니다. 계약을 위해서는 사업자등록증과 아마존 계정을 가지고 근처 우체국을 방문하거나, 전화(우체국 콜센터: 1588-1300)로 상담 후 체결하시면 됩니다.

계약을 체결하면, 아마존에서 FBA 배송 계획을 작성하고 발송 준비를 마친 후 우체국 기업화물로 접수하시면 됩니다. KW에서 자동으로 수출신고필증을 발급 후 화주에게 전달합니다.

5. FBA 배송을 위한 KW International - 해상(항공도 가능)

KW International은 미국의 종합 물류 회사로서 일반 B2B 무역과 e커머스 배송을 모두 진행할 수 있는 기업이고, 국내 아마존 셀러들 중 중국 OEM 생산을 하거나, 제조업체이거나, 브랜드 오너들이 주로 이용하는 배송사 중 한 곳입니다. 오랜 기간 B2B를 해 왔기에, KW International은 통관 및 관세 등에 대해 높은 이해도를 바탕으로 FBA 대량 발송도 문제없이 통관을 진행하고 있습니다.

KW International은 본사 외에 미국 내 20여 개 이상의 자사 창고를 보유하고 있어 물류창고를 제공할 수도 있고, 한국, 중국, 캐나다 등에도 지사를 보유하고 있기 때문에 중국 OEM 생산 시 중국에서 바로 아마존 창고로 입고시킬 수 있다는 특징이 있습니다. 또한 FBA 배송을 위한 수입 대행 업무를 진행해 주고, 특송과 항공운송, 해상운송 등 다양한 서비스를 제공합니다.

· KW International: 02-3143-6868, ecommercekr@kwinternational.com

6. FBA 배송을 위한 FBA4YOU - 해상(항공도 가능)

미국 워싱턴주에 본사를 두고 있는 FBA4YOU는 Amazon, Sephora, 1psy, Walmart 등 B2C 온라인 셀러들을 위한 배송을 전문으로 하는 기업입니다. KW International과 마찬가지로 항공과 해송 서비스를 진행하고 있고, 해상의 경우 타코마Tacoma항으로 도착하여 통관 지연이 LA, 롱비치항보다 덜하여 조금 더 빠른 배송이 가능합니다.

출발지부터 선편, 통관, 보관, 아마존 FBA 창고까지 논스톱 입고 서비스를 진행하고 있으며, 중국, 베트남, 태국에서도 출발하고 있습니다. 미국 현지 물류 창고를 이용한 보관 및 Prep Service, Removal Service 등이 가능하고, FBM 개별 주문 배송 서비스도 진행하며, User permission을 통해서 직접 고객들의 계정에 접속하여 입/출고 리무벌 서비스 등 인벤토리 관리 서비스도 제공합니다. 다양한 서비스를 제공하고 있으나, FBA4YOU의 경우 국내 사무실이 아직 없기 때문에 문의를 위해서는 카카오톡이나 국제전화 및 메일을 통해서 문의하여야 합니다.

· FBA4YOU: +1-425-224-2467 (1번 : 한국어 서비스) / Kakao ID: fba4you

04 상품 등록

1. Sell yours로 아마존에 이미 등록된 기존 상품 등록하기

Sell yours에 대해서는 1장 3절 '아마존 VS 이베이' 중 노출 방식 비교에서 이미 설명했듯이, 내가 판매하려는 상품이 이미 아마존에서 판매 중인 상품이라면 새로운 화면을 만들 필요 없이 Sell yours를 통해 내가 판매하려는 수량과 금액만 입력하여 다른 셀러들과 함께 물건을 판매할 수 있습니다. 식사를 하기 위해 나만의 밥상을 별도로 준비하는 것이 아니라, 이미 차려 놓은 밥상에 나의 숟가락을 하나 더 올려 상 위의 밥과 반찬을 같이 먹으며 함께 식사를 하는 것이라고 생각하면 쉽게 이해가 될 것입니다.

Sell yours하는 방법은, 먼저 아마존에 접속하여 Sell yours하려는 상품의 타이틀이나 ASIN을 복사합니다. 아래의 'Rolling Play Balls'를 Sell yours한다고 가정해 보겠습니다.

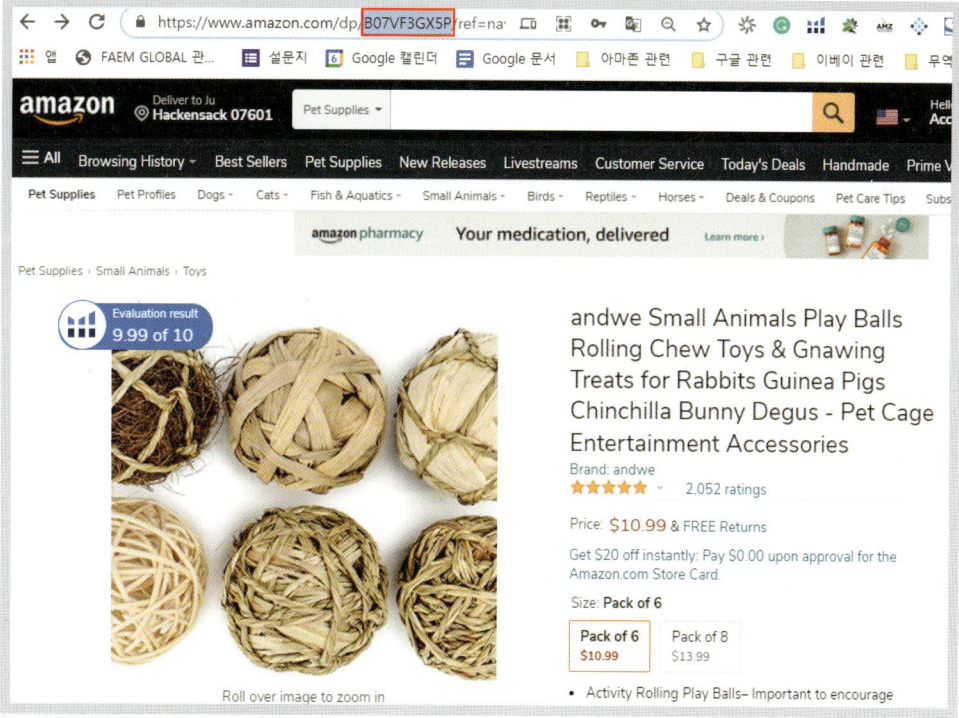

상품 페이지 상단 주소에 있는 ASIN(B로 시작하는 번호: B07VF3GX5P)을 복사한 후 셀러 센터럴에 접속합니다. 메인 페이지에 상단의 'Catalog > Add Products'를 클릭합니다. 혹은 'Inventory > Add a Product'를 클릭해도 무방합니다.

Chapter 5 소싱이 끝났으면 판매를 시작해 보자   **183**

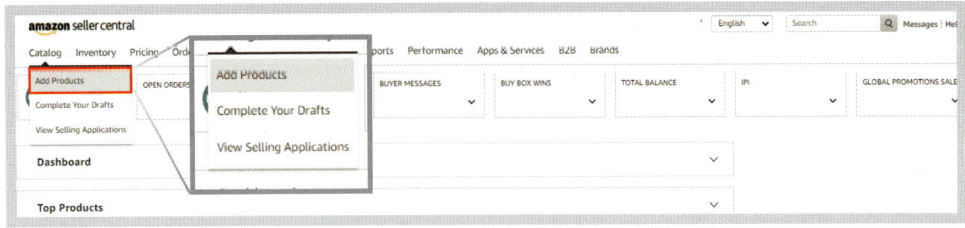

그러면 'Find your products in Amazon's catalog' 화면이 나오는데, 검색창에 앞서 복사해 두었던 ASIN을 붙여넣기한 후 클릭합니다.

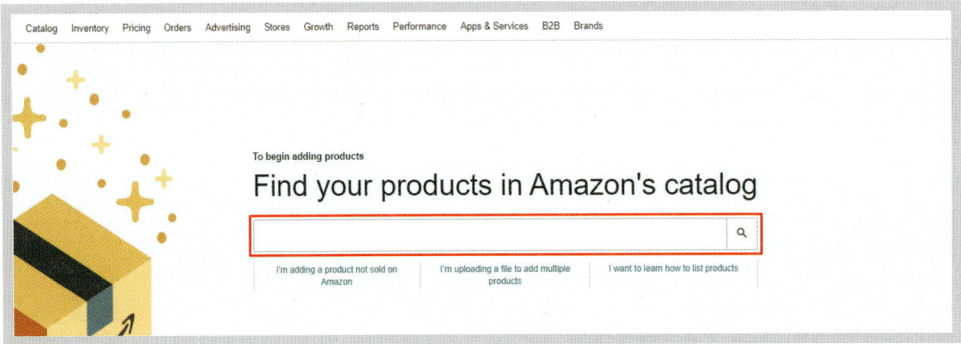

검색결과가 보이고, 우측에 'Select a condition'가 있습니다. 클릭하면 'New'와 'Used'가 뜹니다. 'New'를 클릭하면 [Sell this product] 버튼이 활성화됩니다.

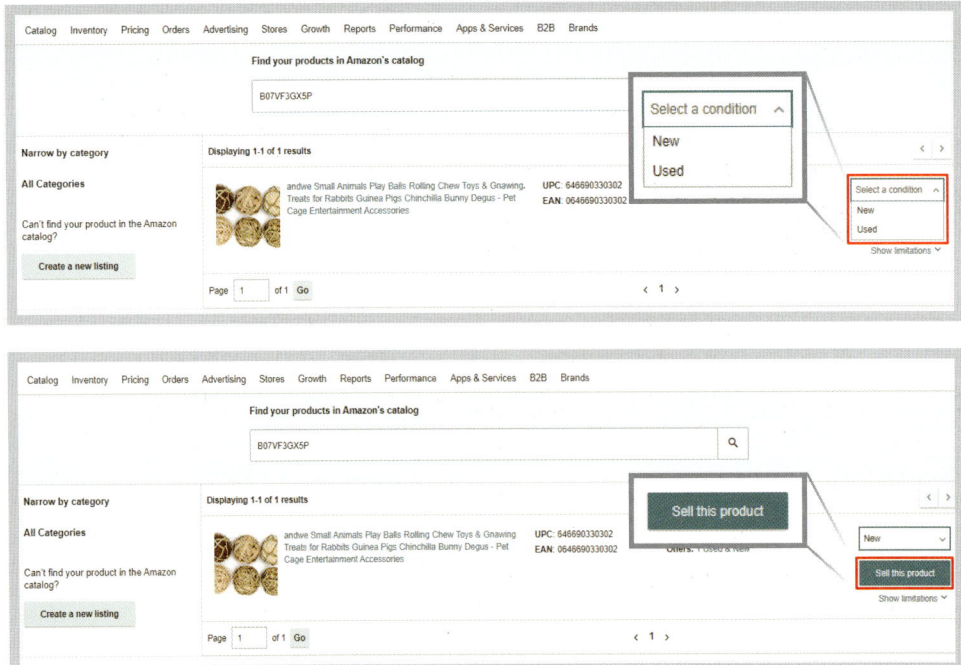

Tip. 만약 ASIN 번호를 입력하고 클릭했을 때 아래 이미지처럼 [Apply to sell] 버튼이 보이면 이는 'Sell yours'가 불가하고, 브랜드 혹은 카테고리 승인을 받아야 한다는 의미입니다. [Apply to sell] 하단의 'Show limitations'를 클릭하면 지침이 나옵니다.

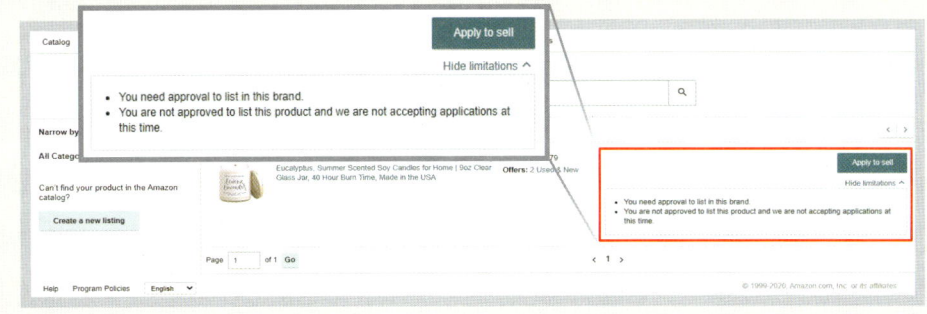

활성화된 [Sell this product]를 클릭하면 정보를 입력할 수 있는 항목들이 보입니다.(상품 카테고리에 따라 보이는 입력 항목들이 조금씩 다를 수 있습니다.)

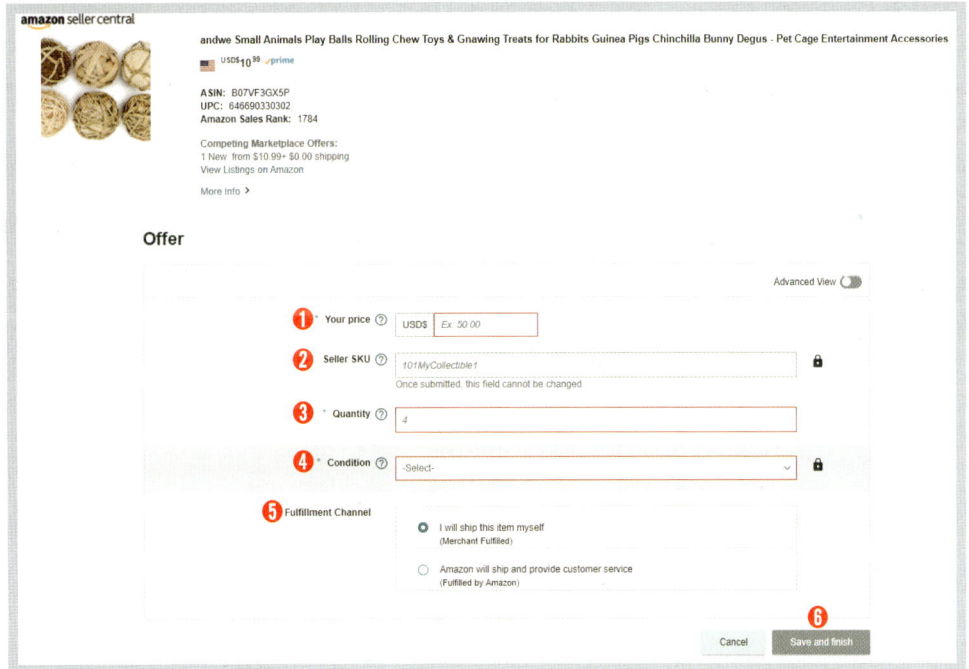

❶ Your price: 판매 가격을 입력합니다.

❷ Seller SKU: 셀러의 재고 관리 번호입니다. 셀러가 이를 작성하지 않으면 아마존이 임의로 관리번호를 부여합니다.

❸ Quantity: 판매할 수량을 기재합니다.

❹ Condition: 상품의 상태를 체크합니다.

❺ Fulfillment Channel: FBM으로 판매할 것인지, FBA로 판매할 것인지 선택합니다.

❻ [Save and finish] 버튼을 클릭하여 상품 등록을 완료합니다. 약 15분이 지나면 업데이트한 상품이 셀러의 Inventory 리스트에 추가된 것을 확인할 수 있습니다.

2. 단품인 경우 웹상에서 신규 상품 등록하기

아마존에 등록되지 않은 상품을 업데이트하는 방법에는 웹상에서 단품 등록하기, 웹상에서 옵션상품 등록하기, 그리고 엑셀을 이용한 대량 등록, 이렇게 세 가지가 있습니다. 먼저 웹상에서 단품 상품 등록하는 방법부터 살펴봅니다. 맨 처음 시작은 Sell yours와 동일합니다. 셀러 센트럴에 접속하여 메인 페이지에 상단의 'Catalog > Add Products'를 클릭합니다. 'Inventory'에서 'Add a Products'를 클릭해도 무방합니다.

　'Find your products in Amazon's catalog' 아래 'I'm adding a product not sold on Amazon'을 클릭합니다.

가장 먼저 카테고리를 선택합니다. 업데이트하려는 상품의 일반명칭을 입력하고 적절한 카테고리를 찾아 선택합니다. 혹은 아래의 Browse를 이용해 단계별 찾기를 이용하여 선택할 수도 있습니다. 필자는 입력창에 "mug cup"이라고 입력해 검색해 보겠습니다.

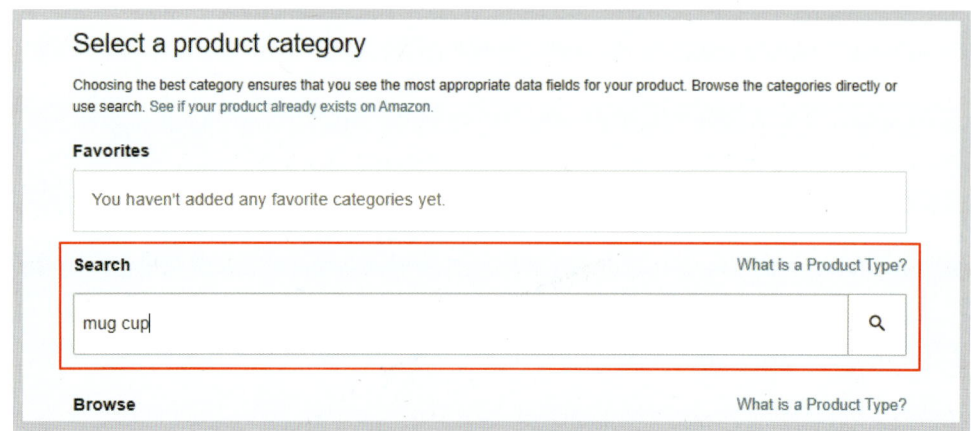

아래처럼 여러 개의 카테고리를 아마존이 추천해 줍니다. 확인 후 나에게 가장 적당하다고 판단되는 것을 선택하세요. 필자는 제일 처음에 있는 카테고리를 선택하여 [Select category]를 클릭해 보겠습니다.

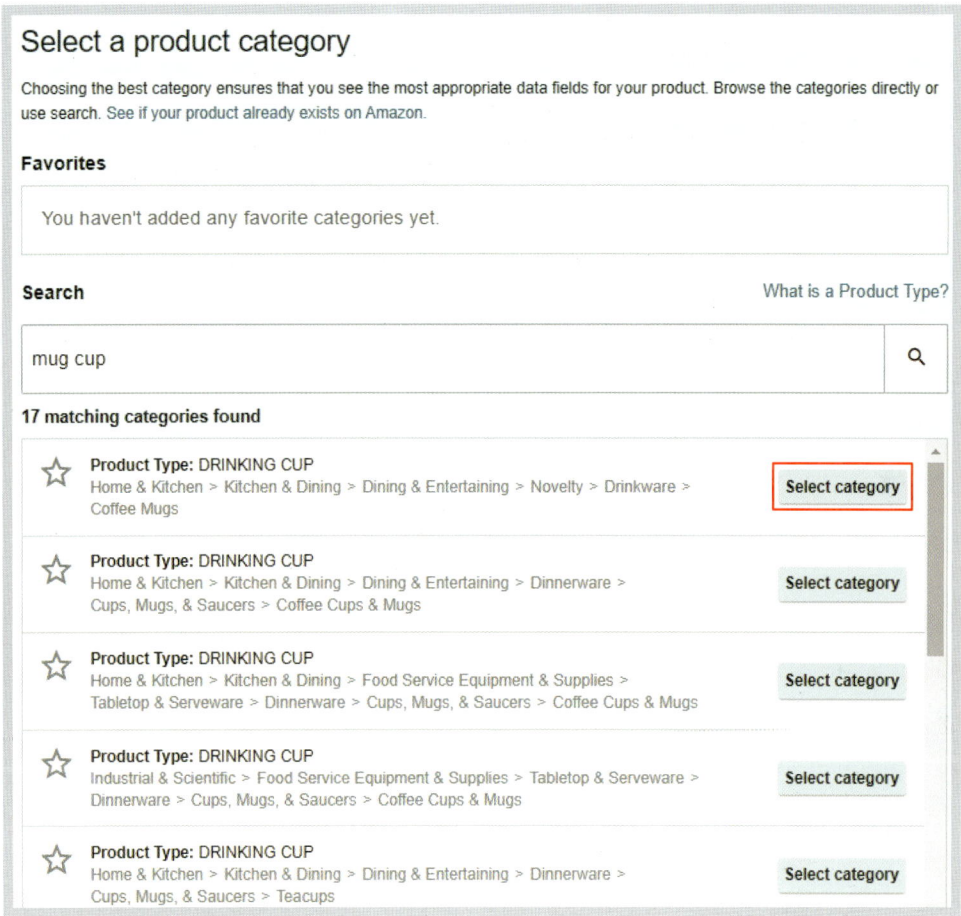

카테고리를 선택하면, 상품 입력 화면이 나타납니다. 첫 단계는 상품명, 바코드 등 상품의 기본적인 정보를 작성하는 'Vital Info' 단계입니다. 상품을 업데이트 할 때는 'Advanced view'로 상태를 변경하고 시작하기를 권합니다. 'Light view' 상태에서는 상품을 설명하는 Description 단계나 상품 검색에 사용될 키워드를 입력하는 Search term 단계 등이 보이지 않습니다. 또한 앞서 언급했듯이, 상품의 기재할 항목들은 카테고리에 따라 모두 다르다는 것을 참고해 주시기 바랍니다.

본 카테고리의 경우, 'Vital Info' 기재란이 매우 길어 필수 기재 사항이 있는 곳을 위주로 보여드립니다. 정보를 업데이트하실 때에 *로 표시된 필수 기재 사항은 꼭 기재하시고, 그 이외의 내용은 더 기재하시고자 할 경우 작성하시기 바랍니다.

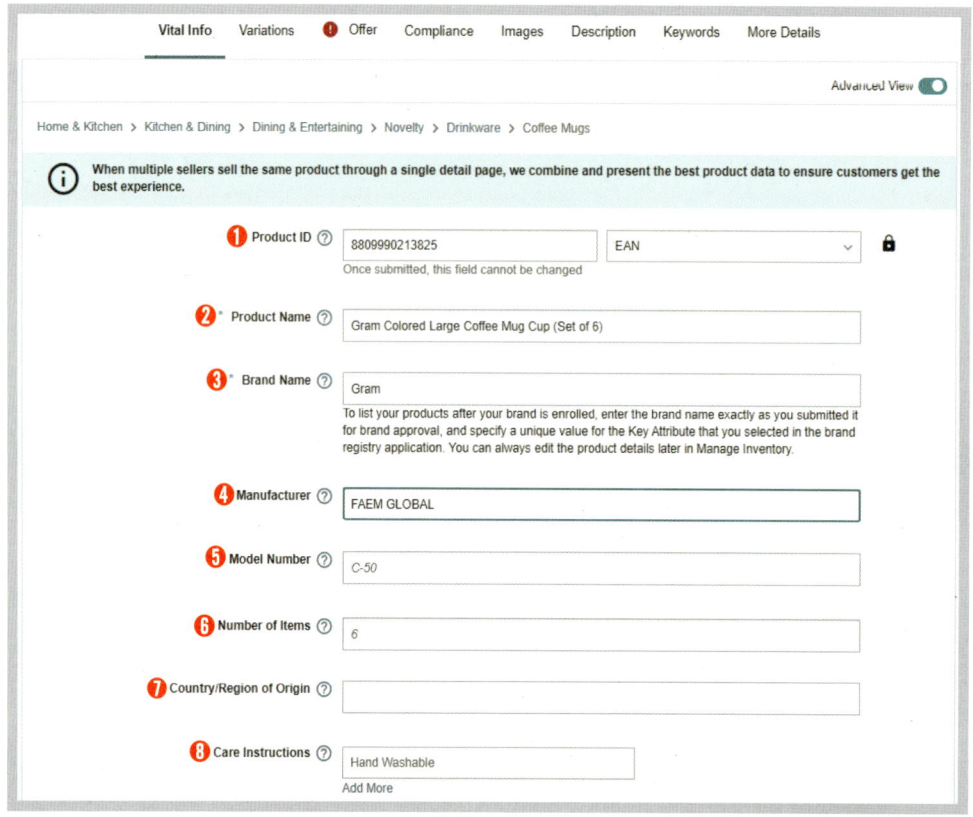

❶ 상품의 바코드를 입력합니다. 한국 상품의 경우 880으로 시작하는 13자리 EAN 바코드를 사용합니다. 바코드를 입력 후, EAN을 선택합니다.

❷ 상품명을 기재합니다. 해당 카테고리에서 지정한 타이틀 글자 수((50자, 100자, 250자 등)를 넘기지 않도록 작성합니다.

❸ 브랜드명을 기재합니다.

❹ 제조사명을 기재합니다.

❺ 제조사 상품 번호를 기재합니다. 없는 경우는 셀러의 SKU 번호를 기재해도 무방하고, 본 카테고리의 경우는 옵션 항목이므로 기재하지 않아도 무방합니다.

❻ 상품의 개수를 기재합니다. 옵션 항목이므로 기재하지 않아도 무방합니다.

❼ 상품의 원산지를 기재합니다. 옵션 항목이므로 기재하지 않아도 무방합니다.

❽ 상품의 주의사항을 기재합니다. 옵션 항목이므로 기재하지 않아도 무방합니다.

밑으로 스크롤을 내리면 [Save and finish] 버튼이 있는데, 클릭해 'Offer' 단계로 넘어가겠습니다. 상품의 가격과 수량 등을 기재합니다. 기재할 항목이 많지만, 필수 기재 사항만 작성하면 됩니다.

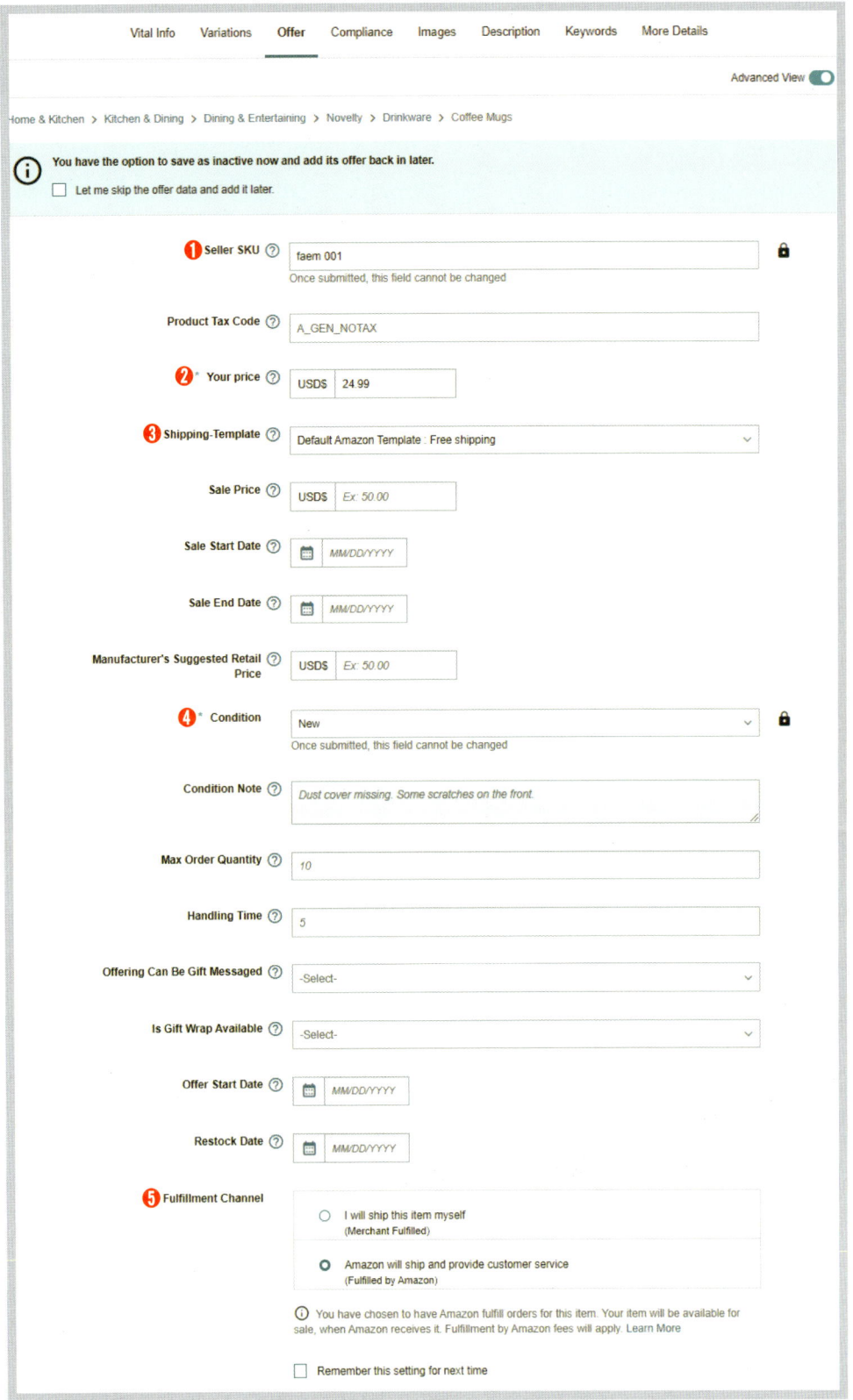

❶ Seller SKU: 셀러의 재고 관리 번호입니다. 셀러가 이를 작성하지 않으면 아마존이 임의로 관리번호를 부여합니다.

❷ Your price: 판매 가격을 기재합니다.

❸ Shipping Template: FBM으로 판매할 경우, 셀러가 만들어 놓은 배송 정책을 선택할 수 있습니다. FBA 판매의 경우는 그대로 두고 넘어갑니다.

❹ Condition: 상품의 상태를 체크합니다.

❺ Fulfillment Channel: 상품의 배송 방식을 선택합니다. 위는 FBM으로 배송하겠다는 의미이고, 아래는 FBA로 배송하겠다는 의미입니다. FBA를 하시고자 할 때는 아래 항목을 선택하세요. 그러면, 상품이 아마존 창고에 도착할 때까지 해당 상품은 구매자 사이트에서 노출되지 않는다는 문구가 보입니다. 그 외의 항목들은 필수 기재 항목이 아니므로, 기재를 원할 경우 작성하면 됩니다.

필요한 정보를 기재했으면 이제 'Images' 단계로 넘어가겠습니다. 'Images' 앞에 있는 'Compliance'는 배터리 관련한 정보를 기재하는 단계이므로 무관한 상품이라면 넘어갑니다.

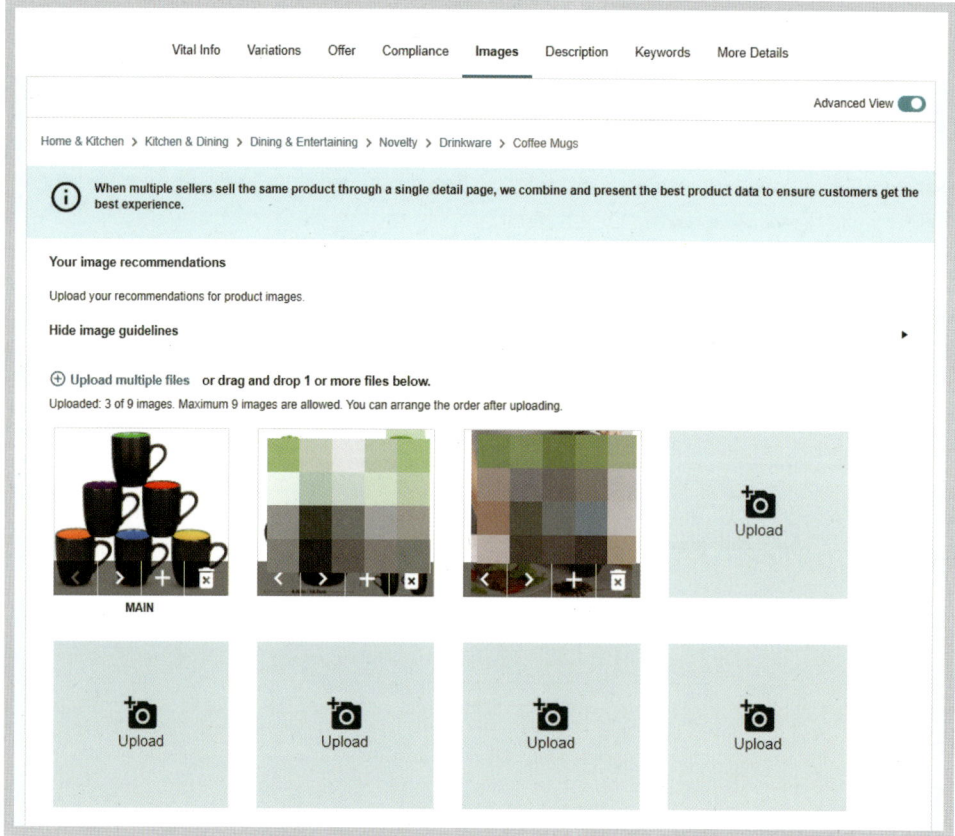

상품 이미지를 업로드합니다. 메인 이미지 1장과 서브 이미지 8장, 총 9장까지 업로드가 가능합니다. 브랜드 등록을 한 경우는 6장, 등록을 하지 않은 경우는 7장을 업로드하시기를 권합니다. 1절 4항 'Image(이미지)'를 참조하여 이미지를 만드십시오. 이미지를 등록했으면 이제 'Description' 단계로 넘어가겠습니다.

Key Product Features 혹은 Bullet point라고 하는 상품의 핵심적인 내용(특징) 다섯 가지 및 상품 페이지 하단에 보이는 Description(추가적인 상세 설명)을 기재하는 항목입니다. 이 항목들을 기재하지 않아도 상품은 등록이 되지만 고객에게 자신의 상품을 어필하려면 반드시 필요한 부분입니다. 그리고 검색에도 활용되기 때문에 될 수 있으면 다섯 가지 특징과 설명 모두 기재하시기를 권합니다.

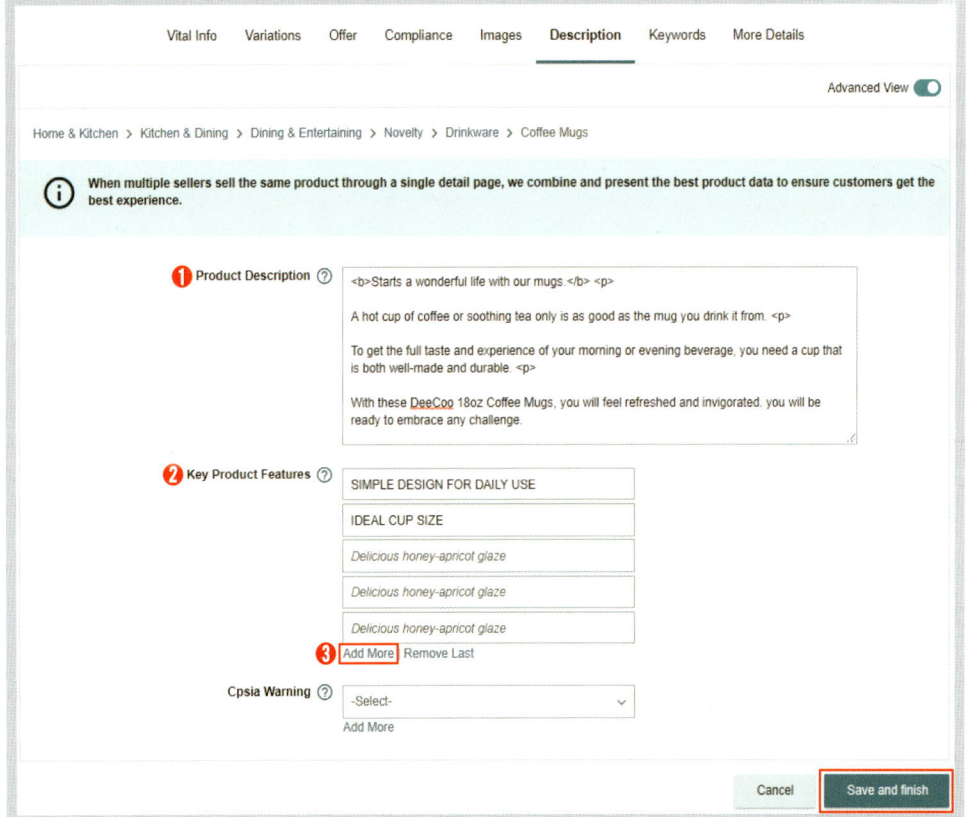

❶ 상품의 추가적인 정보를 적는 곳입니다. 아마존은 기본적으로 HTML을 허용하지 않기 때문에 셀러가 상품 정보를 입력할 때 아무리 줄 바꿈을 하더라도 구매자가 보는 상품 페이지에서는 한 줄로 길게 이어져 보입니다. 하지만 위 화면에 보이는 예시처럼 HTML ⟨b⟩, ⟨/b⟩ 코드를 이용하여 텍스트를 굵게, ⟨p⟩ 코드를 이용하여 줄 바꿈을 할 수 있어 가독성을 높일 수 있습니다.

❷ 상품의 핵심 특징을 기재합니다. 처음 화면에서는 한 줄만 보입니다.

❸ 'Add More'를 클릭하면 상품의 핵심 특징을 기재하는 곳을 최대 5개까지 만들어 추가할 수 있습니다. 기재가 끝났으면 [Save and finish]를 클릭합니다.

이제 'Keywords' 단계로 넘어가겠습니다. 구매자의 검색 결과에 나의 상품이 노출될 수 있도록 관련한 단어(키워드)들을 입력하는 단계입니다.

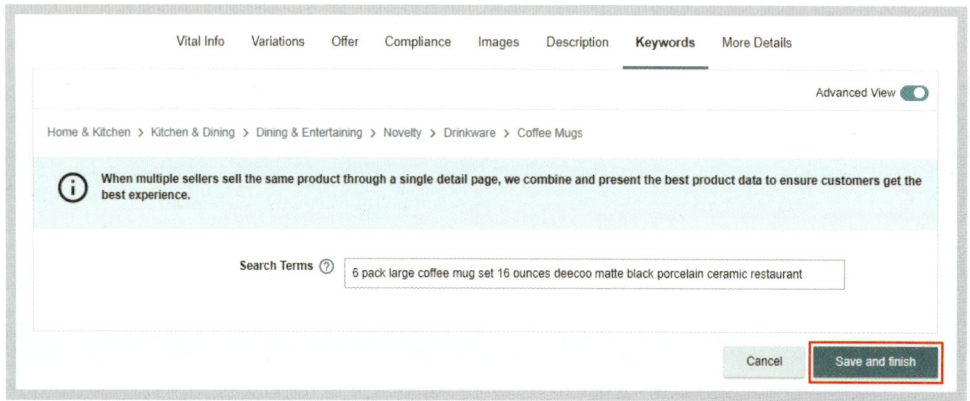

'Search Terms'에 입력 가능한 키워드 글자 수는 미국 및 유럽 마켓플레이스 기준 한 줄에 249 바이트임을 기억하시고, 그 외 작성 가이드는 1절 5항 'Search term(키워드, 연관검색어)'을 참조하십시오. [Save and finish] 버튼을 클릭해 'More Details' 단계로 넘어갑니다.

'More Details' 항목을 기재하면 고객에게 더 많은 정보를 줄 수 있으나, 많은 항목들이 있으므로 관련한 항목만 입력하면 됩니다. 그중 아이템 크기, 무게 등은 꼭 기재하시기를 권합니다.

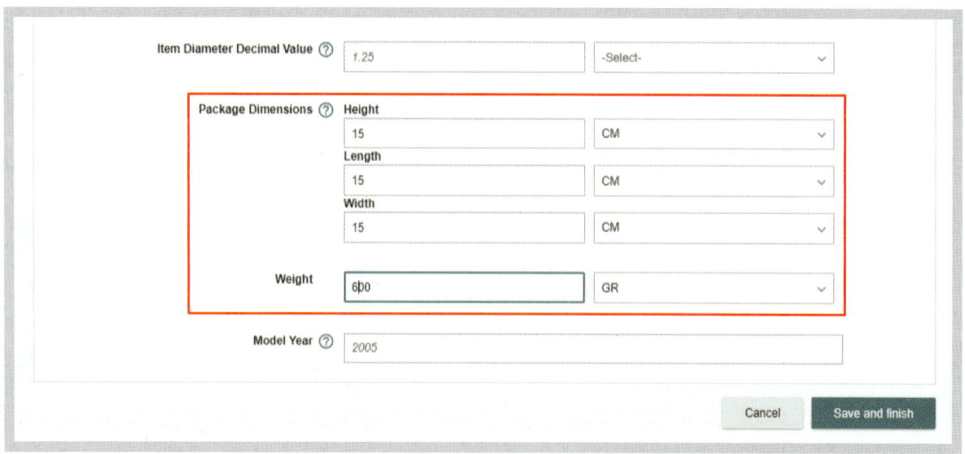

여기까지 입력하고 [Save and Finish] 버튼을 클릭하여 상품을 업로드합니다.

3. 옵션 사항이 있을 때 웹상에서 신규 상품 등록하기

하나의 상품에 다양한 옵션이 있는 경우 이것을 옵션 상품이라고 하는데, 옵션 상품의 업로드 방식은 단품 상품의 업로드 방식과는 약간 다릅니다. 기본적으로는 동일하나, 'Variation' 단계를 작성하고, 'Images' 부분의 작성이 약간 달라집니다.

'Vital Info' 단계에서도 단품과 거의 기재 사항은 같으나, 'Product ID'는 'Variations' 단계에서 기재하므로, 이 단계에서는 기재하지 않습니다. 이번에는 'dish towels'를 가지고 등록해 보겠습니다. 필수로 기재해야 하는 항목은 카테고리에 따라 달라질 수 있습니다.

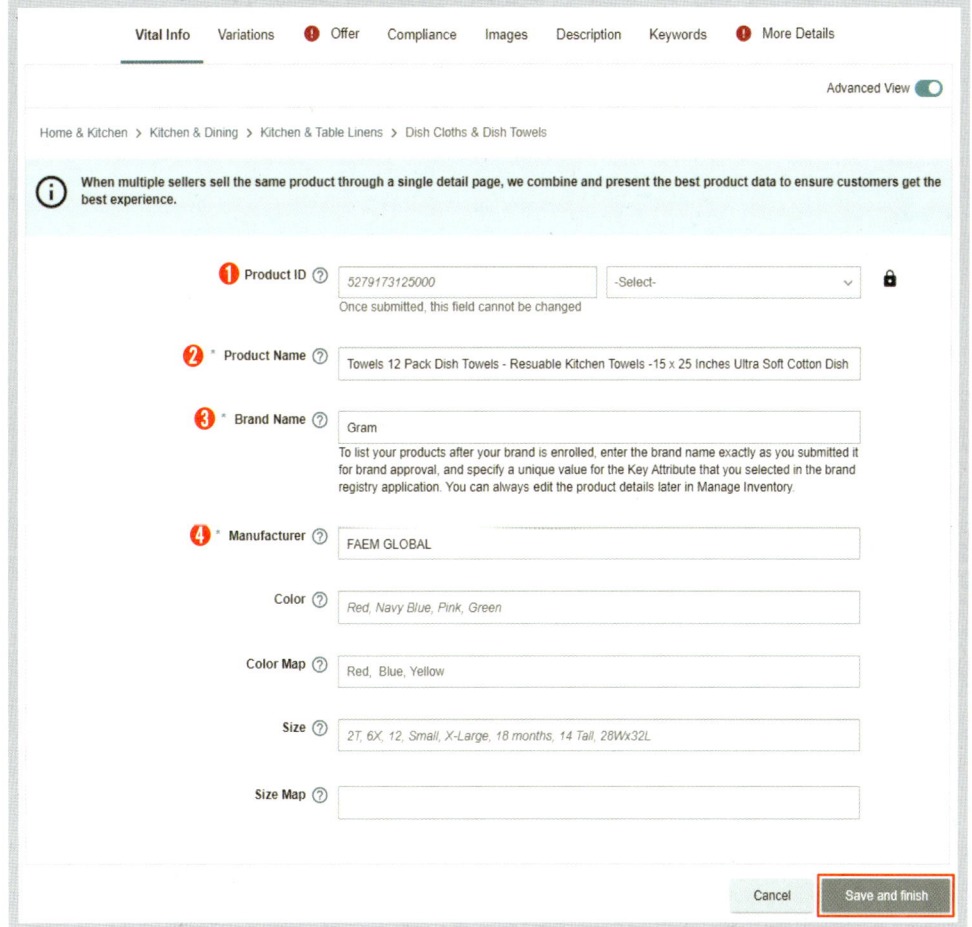

❶ 바코드를 기재하는 란이지만 기재하지 않습니다.

❷ 상품명을 기재합니다. 카테고리마다 지정된 타이틀 글자 수(250자, 200자, 100자 등)를 넘기지 않도록 주의합니다. 또한 옵션 사항은 타이틀에 포함하지 않습니다.

❸ 브랜드명을 기재합니다.

❹ 제조사명을 기재합니다. 나머지는 필수 기재 사항이 아니니 원하는 경우에 작성합니다.

정보를 입력했으면 [Save and finish] 버튼을 클릭해 'Variation' 단계로 넘어가겠습니다.

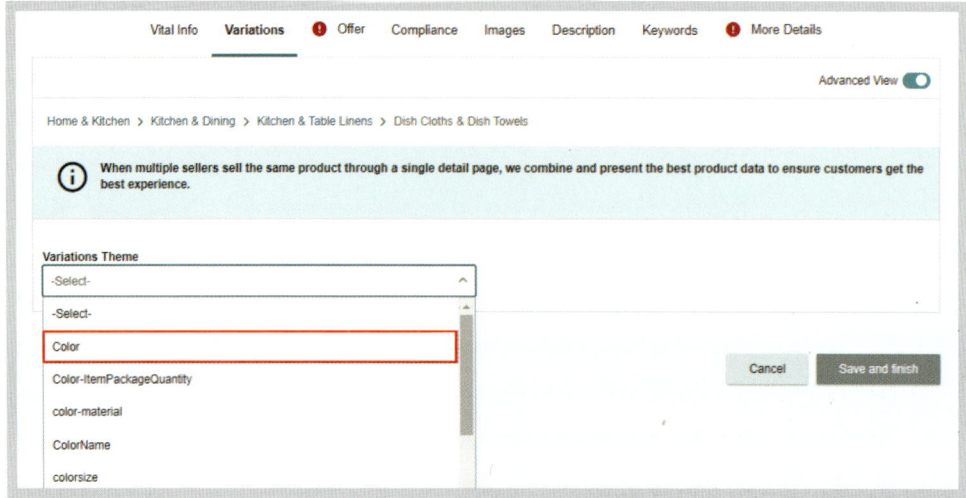

먼저 옵션의 테마를 선택합니다. 사이즈, 컬러, 패턴 등 다양한 옵션이 있으나, 이 중에 만들고자 하는 옵션이 없다면 가장 적절한 것을 선택합니다. 만약, 'Variation' 단계에서 테마가 보이지 않는다면, 그것은 옵션 상품을 등록할 수 없다는 의미입니다. 카테고리에 따라 옵션을 만들 수 있는 여부가 결정되기 때문입니다. 필자는 색상별 옵션 상품을 만들어 업로드하고자 합니다. 그래서 'Color'를 선택했습니다.

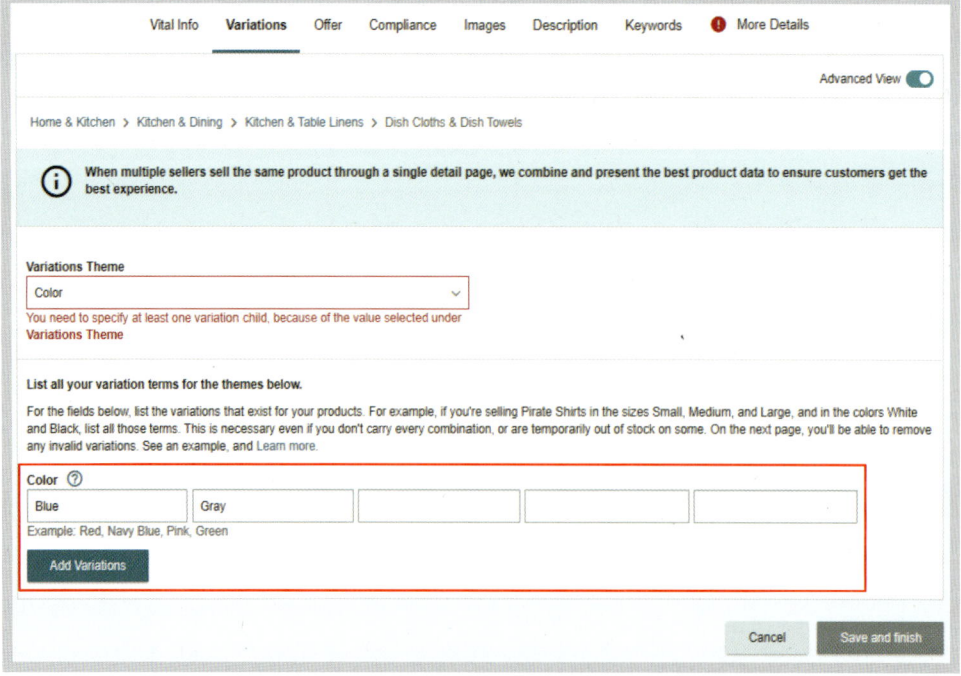

테마를 선택하면 위와 같이 정보를 입력할 수 있는 빈 칸이 보입니다. 이 빈 칸은 입력함에 따라 자동으로 늘어나게 됩니다. 이곳에 색상 정보(Blue, Grey)를 입력한 후 [Add Variations] 버튼을 클릭하면 입력한 정보가 아래로 옮겨집니다.

Blue, Grey 항목이 아래로 내려가면서 추가적으로 정보를 입력해야 하는 칸이 생성이 되었습니다. 이곳에서 각각의 정보를 기재합니다.

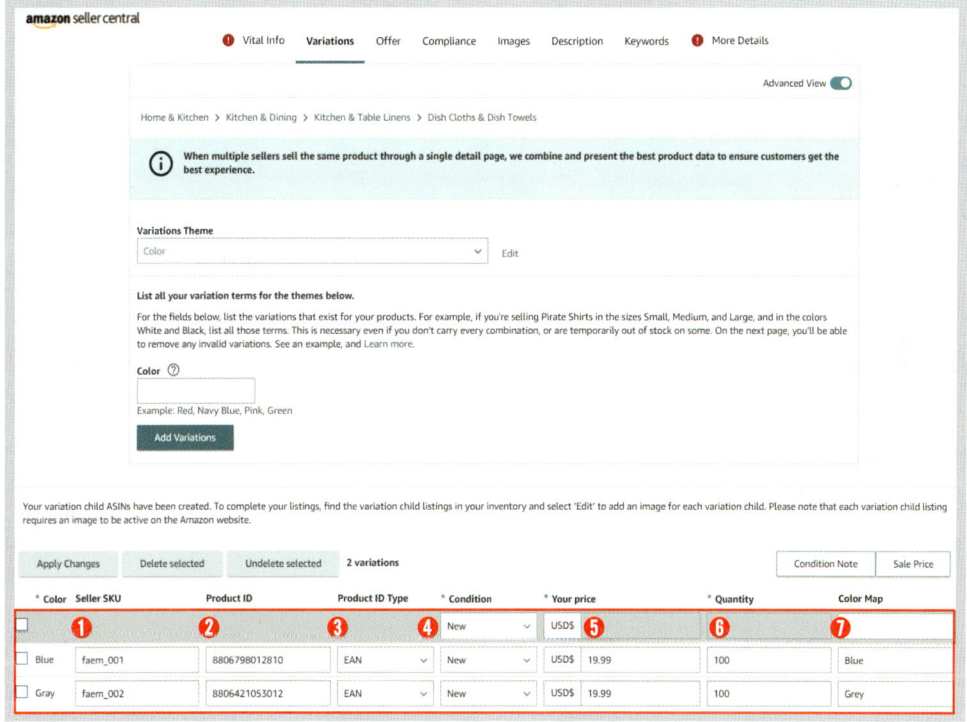

❶ 셀러의 재고 관리 번호를 넣는 곳입니다. 셀러가 작성하지 않으면 아마존에서 임의로 재고 관리 번호를 부여합니다.

❷ 상품의 바코드를 입력합니다.

❸ 바코드의 타입(EAN, UPC 등)을 선택합니다.

❹ 상품의 상태를 선택합니다.

❺ 판매 가격을 입력합니다.

❻ 판매할 수량을 입력합니다.

❼ 옵션 테마를 Color나 Size를 선택할 경우, Color map 혹은 Size map이 나타납니다. 이는 해당 색의 대표 색상 혹은 대표 사이즈를 기재하라는 의미입니다.

'Variation' 단계를 마쳤으면 'Offer' 단계로 넘어가겠습니다.

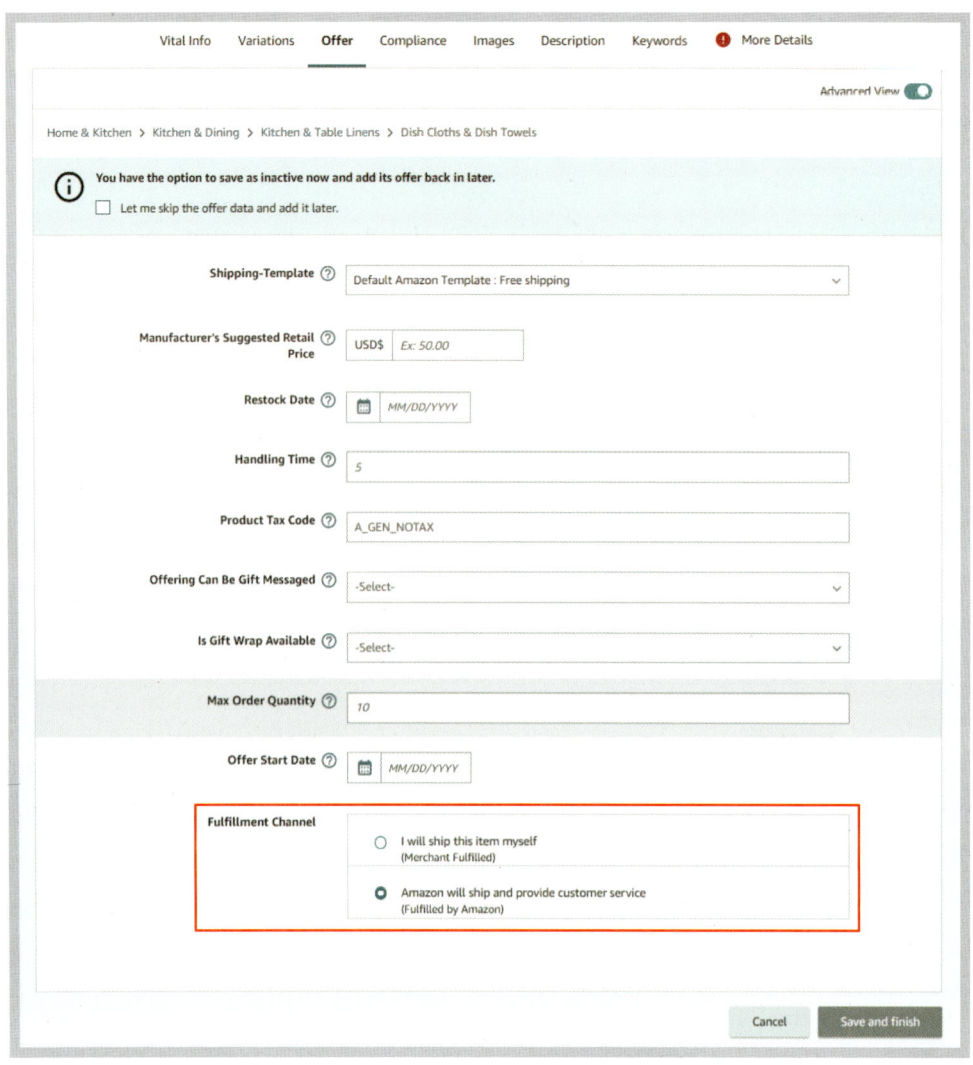

　단품 상품의 경우 'Offer' 단계에서 기재하는 Seller SKU, Conditions, Price, Quantity 등이 모두 'Variation' 단계에서 입력이 되었으므로, 'Offer' 단계에서 FBM 셀러의 경우는 'Handling Time'과 'Shipping-Template'만 기재하면 됩니다. 'Handling Time'은 'Advanced View' 상태에서만 나타난다는 것을 기억하십시오. FBA 셀러의 경우는 다른 항목은 기재하지 않고 'Fulfillment Channel'만 두 번째를 선택하시면 됩니다.

　다음으로 'Images'와 'Description' 단계를 살펴보겠습니다. 이 단계에서 상품을 제대로 업데이트하기 위해서는 먼저 'Parent'와 'Child'라는 개념을 이해해야 합니다. 동일한 상품이 하나 혹은 그 이상의 요소(사이즈나 색상 등)에 따라 다양한 하위 옵션을 가질 경우 상위 상품을 Parent, 하위 상품을 Child라고 합니다. 아마존은 이 개념을 다음의 이미지를 가지고 설명하고 있습니다.

즉, 상위 상품은 실제 상품이 아닌 묶음 용도로 사용하기 위한 가상의 상품이고, 하위 상품이 실제 판매될 상품입니다.

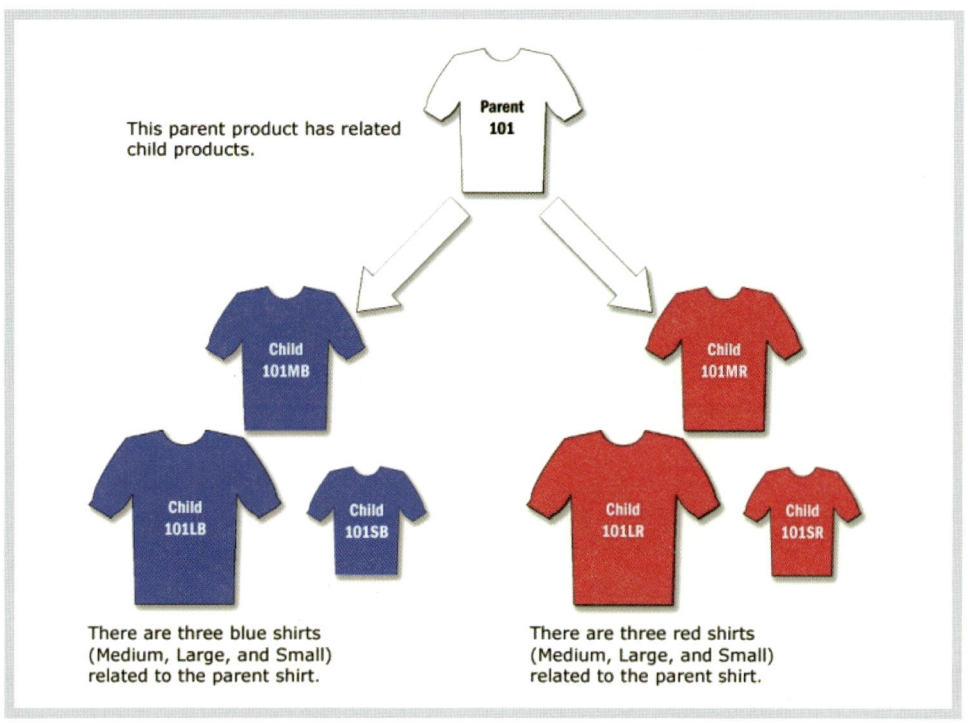

이해를 돕기 위해 예시를 들겠습니다. 아래 화면에서 'L'Oreal Paris Infallible Le Rounge Lipstick'이라는 Parent에 33개의 다양한 색깔의 립스틱이 있는 것을 볼 수 있습니다. 이 색깔별 립스틱이 Child입니다.

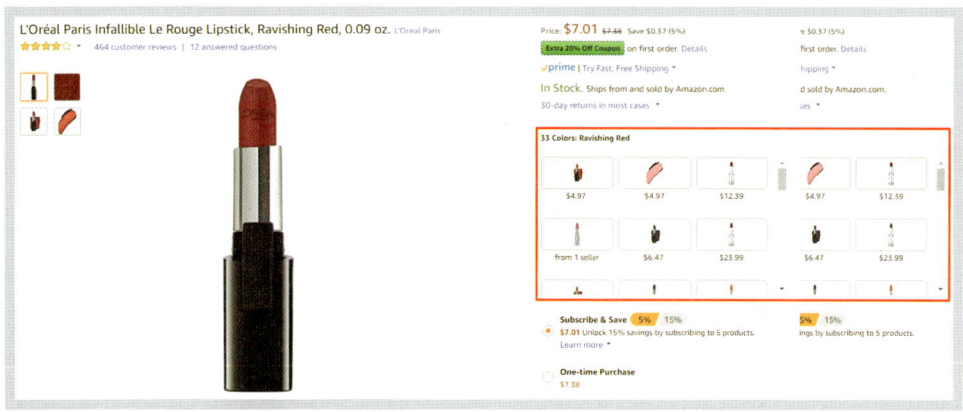

이 의미를 이해한다면, 이미지와 상품 설명은 상품별로 달라질 수 있다는 것을 이해할 수 있을 것입니다. 그래서 이 두 가지의 작성법이 단품 상품을 업데이트할 때에 달라지는 것입니다. 우선, 단품 상품을 업데이트하는 경우와 동일하게 이미지를 올리고, 상품 설명과 키워드, More detail까지 입력한 후 상품 업데이트를 완료합니다. 약 15분 정도 지나면 업데이트한 상품을 Inventory 리스트에서 확인할 수 있습니다.

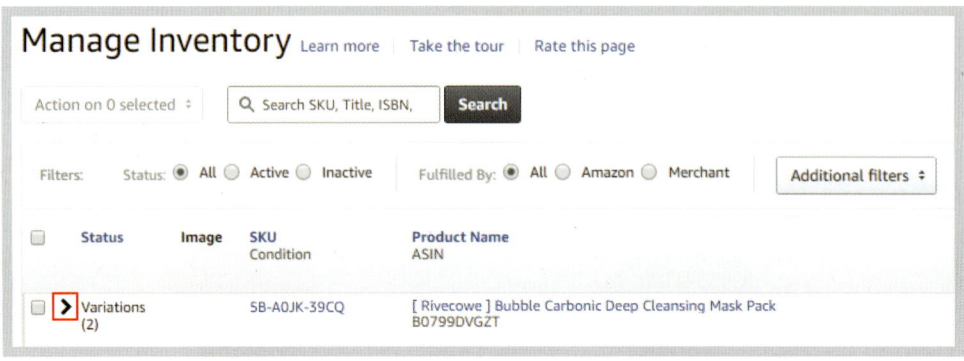

그런데 등록했던 옵션들은 가장 왼쪽의 '>'를 클릭했을 때에만 확인할 수 있습니다. 클릭해 보면 아래처럼 화면이 변경되며 세부 내용이 보입니다.

위 붉은 상자의 목록이 Parent이고, 아래 상자의 옵션 목록이 Child입니다. 각각의 Child 항목 맨 우측에 있는 [Edit] 버튼을 클릭하여 해당 옵션별로 이미지를 올리고 'Description'을 입력합니다. 만약 각각 입력하지 않으면 Parent 목록을 만들 때 기재된 내용이 그대로 보입니다.

4. 엑셀 파일을 이용한 대량 등록

업데이트하려는 상품의 종류가 여러 개일 경우는 웹을 통해 하나씩 올리는 것보다는 엑셀을 이용하여 한꺼번에 올리는 것이 효율적입니다. 이 엑셀 파일은 셀러 센트럴에서 다운로드받을 수 있으며, 'Flat file'이라고 합니다. 단, Flat file을 이용하여 상품을 등록하기 위해서는 그 전에 이미지 호스팅을 통해 이미지를 그 웹사이트에 업로드하고 해당 URL을 준비해야 합니다. 또한 Flat file 템플릿은 상품 카테고리별로 항목이 조금씩 다르다는 것도 유념하시기 바랍니다.

1 Flat file 다운로드받기

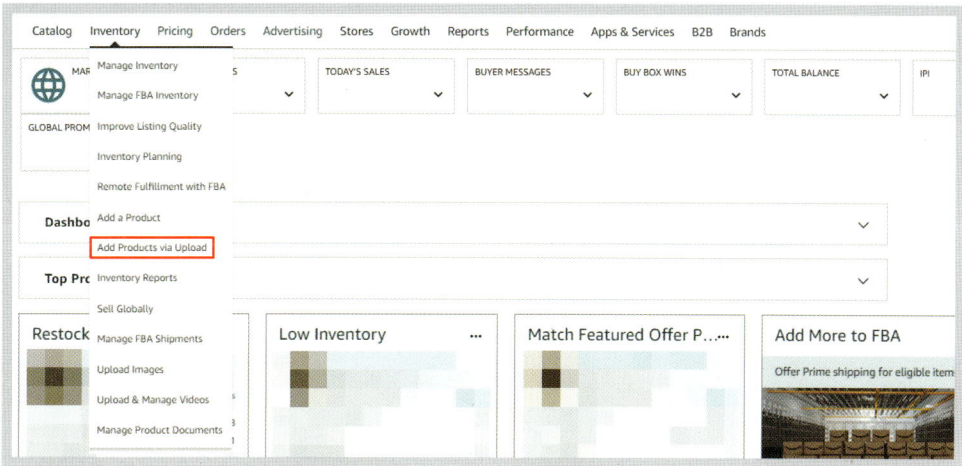

셀러 센트럴 상단 'Inventory > Add Products via Upload'를 클릭합니다.

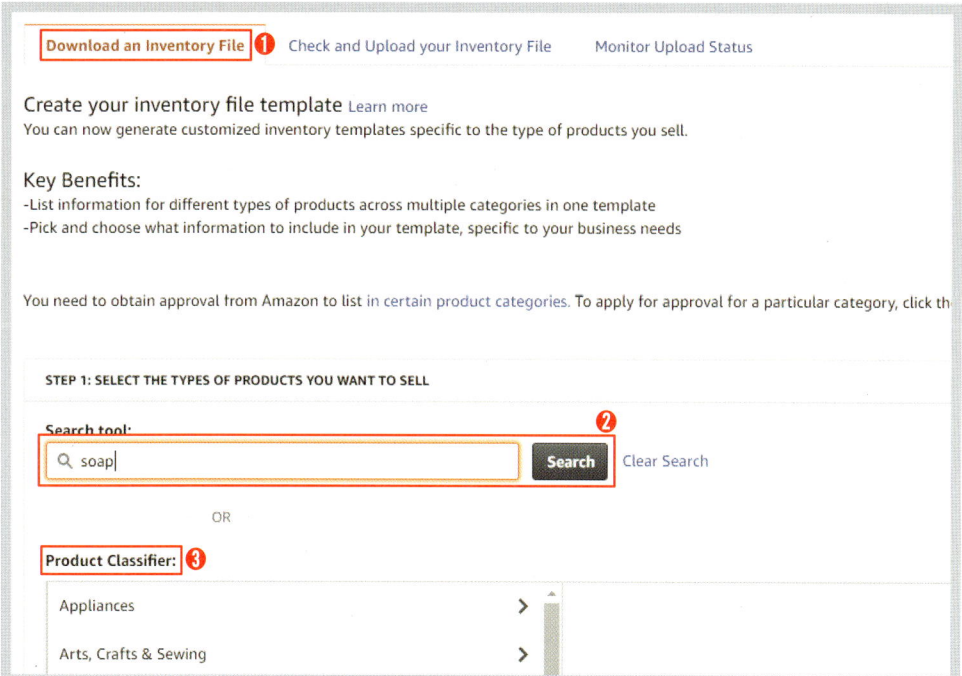

❶ 'Add Products via Upload' 화면 상단의 'Download an Inventory File'을 선택합니다.
❷ 'Search tool'을 이용해서 해당 상품의 카테고리를 찾을 수 있습니다.
❸ 'Product Classifier'를 통해 단계별로 해당 카테고리에 접근하여 찾을 수도 있습니다.

필자는 'Search tool'에서 "soap"를 입력하여 Flat file을 받겠습니다.

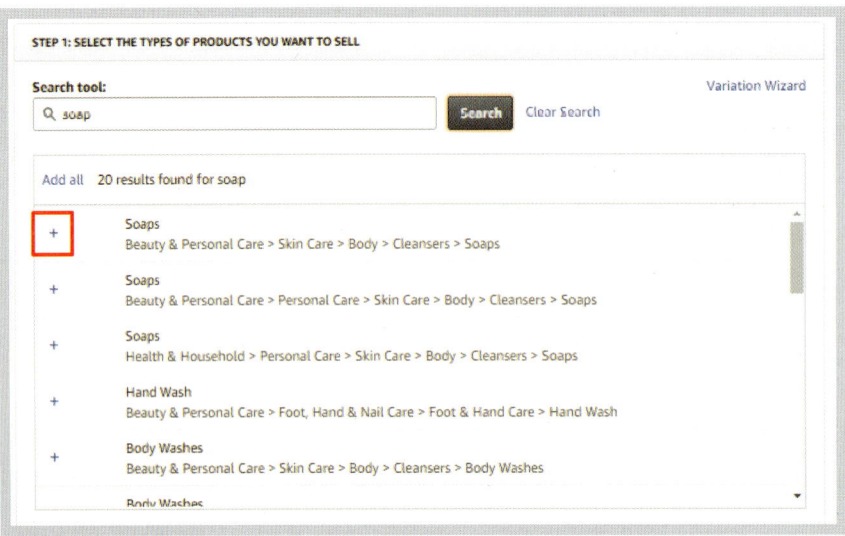

[Search] 버튼을 클릭하니, 비누와 관련한 20개의 카테고리를 찾아 줍니다. 이 중에서 나의 상품과 가장 관련이 있다고 생각되는 카테고리를 찾아 분류 앞에 있는 '+'를 클릭하면 아래와 같은 화면이 됩니다.

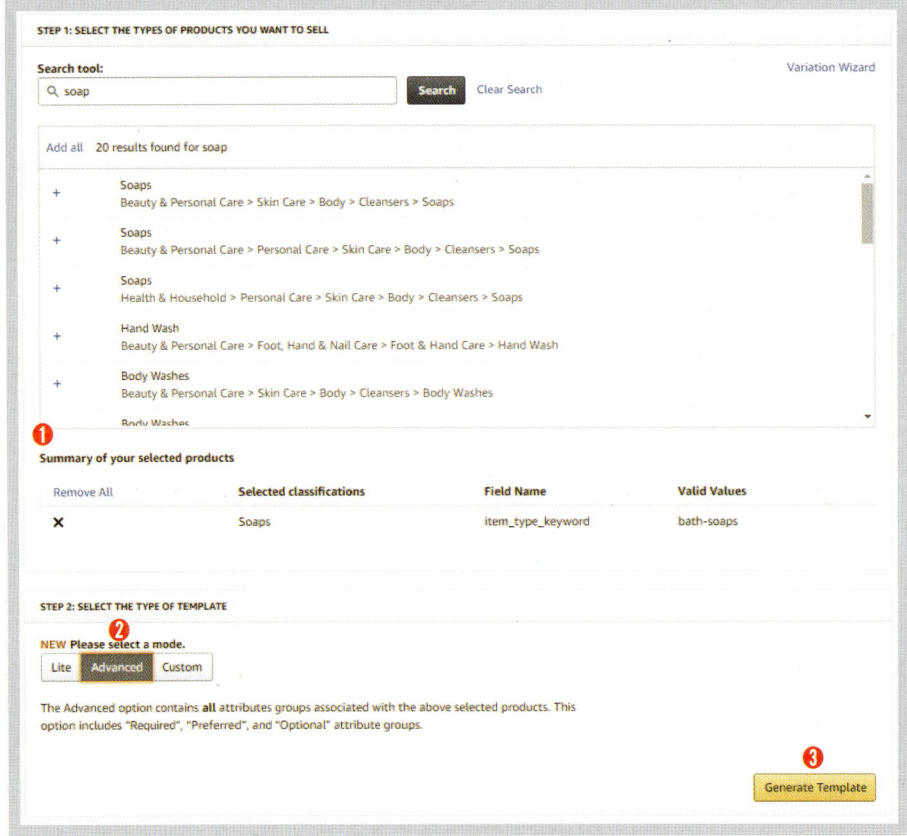

❶ 카테고리 목록 아래에 선택한 상품이 표시됩니다.

❷ Step 2의 'Please select a mode.' 중 [Advanced] 버튼을 클릭합니다.

❸ [Generate Template] 버튼을 클릭하면 엑셀 Flat file이 다운로드됩니다.

2 Flat file 작성하기

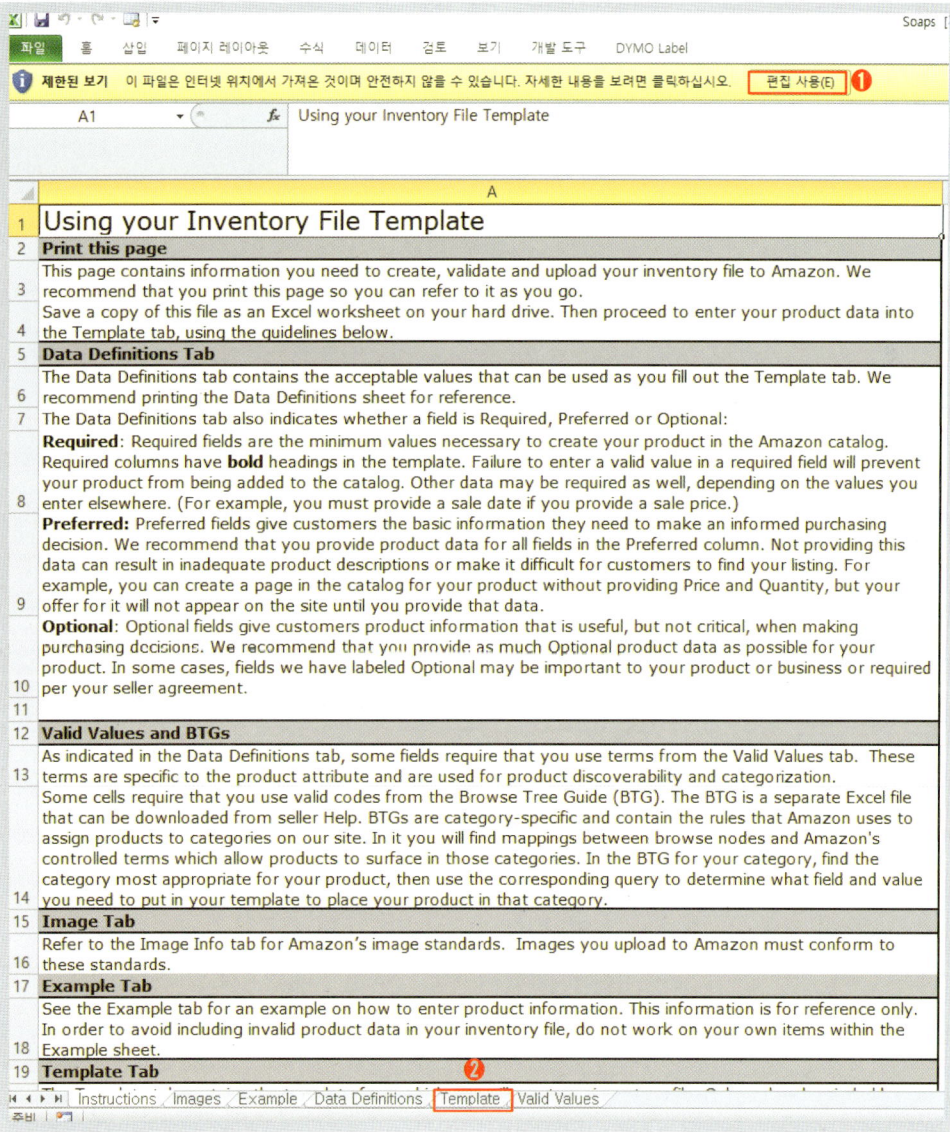

❶ 다운로드된 Flat file을 열면 상단의 [편집 사용] 버튼을 클릭합니다.

❷ 하단의 'Template' 시트로 이동합니다. 나머지 시트들은 'Template' 시트 작성을 위한 참고 사항이므로 간략하게 훑어만 보셔도 좋습니다.

	A	B	C	D	E	F	G
1	How to complete your inventory template						
2	Field Name	Local Label Name	Definition and Use		Accepted Values	Example	Required?
106	fahric_type7	fabric_type71 - fabric_type710					Optional
107	fabric_type8	fabric_type81 - fabric_type810					Optional
108	fabric_type9	fabric_type91 - fabric_type910					Optional
109	fabric_type10	fabric_type101 - fabric_type1010					Optional
110	import_designation	import_designation					Optional
111	are_batteries_included	Batteries are Included	Indicates if batteries are included with item.		Select: true or false	true	Required
112	batteries_required	Are Batteries Required	Indicates if batteries are required for product to function.		Select: true or false	false	Required

단, 'Data Definitions' 시트에서 각 항목이 필수 기재 사항인지의 여부를 꼭 확인하시고, 'Required'는 반드시 기재하십시오. 누락 시 업데이트가 되지 않습니다. 필자는 세 가지 다른 향의 수제 비누를 작성해 보겠습니다.(옵션이 있는 상품) 옵션이 있는 경우 Parent 상품은 실제 상품이 아니고 묶음을 위해 사용하는 가상 상품이므로 'Product Type', 'Seller SKU', 'Brand Name', 'Product Name' 정도만 기재합니다. 특히 상품명 기재 시에는 옵션 내용이 들어가지 않도록 주의하여야 합니다. 마지막으로 각 항목은 카테고리별로 작성해야 할 항목들이 조금씩 다릅니다. 예시로 작성한 비누의 경우, 빈 공란은 기재하지 않아도 되는 것입니다.

이제 'Template' 시트를 보면 행으로 각 항목들이 길게 나열되어 있습니다. 이 중 맨 앞의 'Vital info' 부분입니다.

	A	B	C	D	E	F	G	H
	TemplateType=fptcu	Version=201	TemplateSignature=C	The top 3 rows are for Amazon.com use only. Do not modify or delete the top 3 rows.				
	Product Type ❶	Seller SKU ❷	Product ID ❸	Product ID Type ❹	Brand Name ❺	Item Type Keyword ❻	Product Name ❼	Manufacturer ❽
	feed_product_type	item_sku	external_product_id	external_produ	brand_name	item_type	item_name	manufacturer
	beautymisc	exam_A			Rivecowe		Handmade Soap Bar	
	beautymisc	exam_A1	8809270475561	EAN	Rivecowe	bath-soaps	made Soap Bar	J international
	beautymisc	exam_A2	8809270475585	EAN	Rivecowe	bath-soaps	ade Soap Bar-	U international
	beautymisc	exam_A3	8809270475578	EAN	Rivecowe	bath-soaps	ade Soap Bar-	J international

❶ 칸 옆에 선택 버튼이 있습니다. 클릭하여 선택합니다.

❷ 셀러의 재고 관리 번호를 기재합니다.

❸ 바코드 번호를 기재합니다.

❹ 바코드 번호의 종류를 선택합니다. (EAN, UPC 등)

❺ 브랜드명을 기재합니다.

❻ Flat file을 만들기 위해 카테고리를 선택할 때 보이는 Valid Values를 기재합니다.

❼ 상품명을 기재합니다. Parent 상품은 옵션 내용이 들어가지 않도록 기재하고, Child 상품에는 구체적인 옵션 내용을 기재합니다.

  Ex • Parent 상품명: Handmade Soap Bar

     • Child 상품명: Handmade Soap Bar Rose/Lavender/Lemon

❽ 제조사명을 기재합니다.

I	J	K	L	M	N	O
Manufacturer Part Number	Unit Count	Unit Count Type	Quantity	Standard Price	Shipping-Template	Main Image URL
part_number	unit_count	unit_count_type	quantity	standard_price	merchant_shipping_group_name	main_image_url
❾	❿	⓫	⓬	⓭	⓮	⓯
exam_A1	100	Gram	10	19.99	ult Amazon Template : Free ship	etic/Rivecowe/ch
exam_A2	100	Gram	10	19.99	ult Amazon Template : Free ship	etic/Rivecowe/ch
exam_A3	100	Gram	10	19.99	ult Amazon Template : Free ship	etic/Rivecowe/ch

❾ 제조사의 파트번호를 기재하되, 자신의 Seller SKU 번호를 기재해도 무방합니다.

❿ 개당 용량을 기재합니다.

⓫ 용량 단위를 선택합니다. (Gram, Ounce 등)

⓬ 판매할 수량을 기재합니다.

⓭ 판매 가격을 기재합니다.

⓮ 미리 작성했던 배송 정책 중 하나를 선택합니다. 한 개만 있다면 그것을 선택하면 됩니다.

⓯ 이미지는 이미지 호스팅 사이트에 업로드하고, 그 URL 주소를 기재합니다.

다음으로 오른쪽에 있는 'Images'를 살펴보겠습니다.

P	Q	R	S	T	U	V	W	X
Images								
Swatch Image URL	Other Image URL	Other Image URL	Other Image URL	Other Image URL	Other Image URL	Other Image URL	Other Image URL	Other Image URL
swatch_image_url	other_image_url1	other_image_url2	other_image_url3	other_image_url4	other_image_url5	other_image_url6	other_image_url7	other_image_url8
iffon lipstick/Chiffon lipstick_02.JPG								
iffon lipstick/Chiffon lipstick_04.JPG								

메인 이미지와 마찬가지로 이미지 호스팅 웹사이트의 URL을 기재합니다. 이미지는 최대 9장까지 등록 가능합니다.

다음은 'Variation'입니다.

AA	AB	AC	AD
Variation			
Parentage	Parent SKU	Relationship Type	Variation Theme
parent_child	parent_sku	relationship_type	variation_theme
Parent			Scent
❶ Child	❷ exam_A	❸ Variation	❹ Scent
Child	exam_A	Variation	Scent
Child	exam_A	Variation	Scent

'Variation' 항목은 옵션 항목이 있는 경우만 작성합니다. 필자는 세 가지 향이 다른 비누 업데이트를 작성 중이므로 항목들을 기재합니다.

❶ Parentage는 Parent인지 Child인지 선택하는 항목입니다.

❷ Child 상품들만 기재하되, Parent의 SKU 번호를 기재합니다.

❸ Variation인지 Accessory인지 선택합니다.

❹ 어떤 타입의 옵션인지 선택합니다. (색깔, 맛, 향, 크기 등)

오른쪽에 있는 'bullet point'와 'Description' 부분입니다.

Basic			Discovery					
Product Description	Update Delete	Catalog Number	Key Product Features	Key Product Features	Key Product Features	Key Product Features	Key Product Features	
product_description	update_delete	catalog_number	bullet_point1	bullet_point2	bullet_point3	bullet_point4	bullet_point5	
	Update ❶		❸					
s a handmade prod	Update ❷		Handmade soap	Made in Korea	to human body due to natural plant	Rose scents	100g / 10x 7cm	
	Update		Handmade soap	Made in Korea	to human body due to natural plant	Lavender scents	100g / 10x 8cm	
	Update		Handmade soap	Made in Korea	to human body due to natural plant	Lemon scents	100g / 10x 9cm	

❶ 최대 2000자까지 작성할 수 있으며, 상품에 대한 상세 설명을 기재합니다.

❷ 신규 작성이므로 'Update'를 선택합니다.

❸ 다섯 가지 핵심 특징 사항들을 기재합니다

오른쪽에 있는 'Search Terms' 부분을 살펴보겠습니다.

Search Terms	Search Terms	Search Terms	Search Terms	Search Terms	Platinum Keywords
generic_keywords1	generic_keywords2	generic_keywords3	generic_keywords4	generic_keywords5	platinum_keywords1
soapbar	Naturalmaterial	bodyandface	handmade	refresh	
soapbar	Naturalmaterial	bodyandface	handmade	refresh	
soapbar	Naturalmaterial	bodyandface	handmade	refresh	

고객들의 검색에 노출이 되도록 키워드를 작성하는 항목입니다. 자세한 작성법은 1절 5항 'Search term(키워드, 연관검색어)'를 참조하십시오.

이제 'Ungrouped' 부분을 살펴보겠습니다.

BQ	BR	BS	BT	BU
Ungrouped				
Size	Color	Scent Name	Colour Map	Pattern Name
size_name	color_name	scent_name	color_map	pattern_name
		Rose		
		Lavender		
		Lemon		

옵션 테마에 매칭되는 항목을 기재하십시오. 만약 컬러로 옵션을 만들었으면 컬러를 기재하고, 컬러의 대표 색깔을 'Colour Map'에 기재해야 합니다.

Ex 'Color'에 'Deep red'라고 기재했다면, 'Colour Map'에는 'Red'라고 기재합니다.

끝으로 'Dimension'과 'Offer' 부분입니다.

	BV	BW	BX	BY	BZ	CA	CB	CC
Dimensions								
	Website Shipping Weight Unit Of Measure	Shipping Weight	Item Weight Unit Of Measure	Item Weight	Item Length Unit Of Measure	Item Length	Item Width	Item Height
	website_shipping_weight_unit_of_measure	website_shipping_weight	item_weight_unit_of_measure	item_weight	item_length_unit_of_measure	item_length	item_width	item_height
	GR	400	GR	200	CM	10	7	4
	GR	400	GR	200	CM	10	7	4
	GR	400	GR	200	CM	10	7	4

상품의 크기와 무게, 배송 무게 등을 기재하되, 측정 단위는 분리해서 별도로 선택합니다.

Offer									
Item Condition	condition_note	Currency	Max Order Quantity	Handling Time	Restock Date	Is Discontinued by Manufacturer	Max Aggregate Ship Quantity	Product Tax Code	Launch Date
condition_type	condition_note	currency	max_order_quantity	fulfillment_latency	restock_date	is_discontinued_by_manufacturer	max_aggregate_ship_quantity	product_tax_code	product_site_launch_date
				3					
				3					
				3					

다른 항목은 기재하지 않아도 무방하지만, 리셀러의 경우는 'Handling Time'을 꼭 자신의 상황에 맞추어 설정하십시오.

3 Flat file 업로드하기

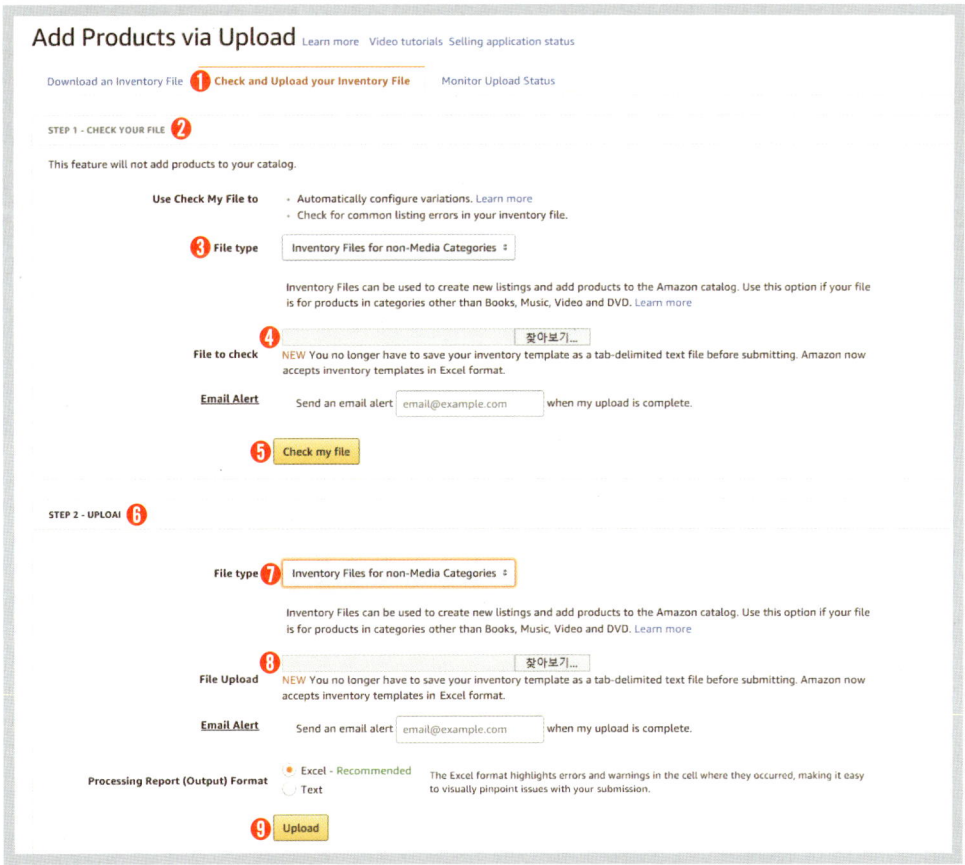

❶ 파일 작성이 완료되었으면 저장 후, 'Inventory > Add Products via Upload'로 이동하여 2번째 탭 'Check and Upload your Inventory File'을 클릭합니다.

❷ 작성한 파일이 제대로 작성이 되었는지 확인하고자 한다면 'STEP 1 - CHECK YOUR FILE'에 먼저 파일을 업로드합니다.

❸ 파일의 타입은 'Inventory Files for non-Media Categories'를 선택합니다.

❹ 저장한 엑셀 파일을 'File to check'에 업로드합니다.

❺ [Check my file] 버튼을 클릭하면 업로드가 되고, 'Monitor upload status' 탭으로 자동 변경되어 결과 사항을 알려줍니다. 오류가 있는 경우는 오류 종류를 알려주므로 그것을 수정하여 다시 동일한 업로드 작업을 해야 합니다.

❻ 파일 체크를 통해 작성에 오류가 없다는 것이 확인이 되었으면, 'STEP 2 - UPLOAD FILE'에 파일을 올리는 작업을 합니다.

❼ 파일의 타입은 'Inventory Files for non-Media Categories'를 선택합니다.

❽ 저장한 엑셀 파일을 'File Upload'에 업로드합니다.

❾ [Upload] 버튼을 클릭하면 업로드가 됩니다.

CHAPTER 6

이제는 아마존 창고로 상품을 보내 볼까?

01 Prime과 FBA 이해

아마존의 최대 강점 중 하나는 가입자들의 'Lock-In' 효과일 것입니다. 이는 프라임 멤버십 서비스를 통해 가능했다고 볼 수 있습니다. 연간 $119의 멤버십 회비를 내면 상품 금액과 수량에 관계 없이 미국 내 무료 배송을 받을 수 있으며, 무제한 스트리밍 서비스(음악, 영화, TV프로그램)가 제공되고 킨들에서 무료로 책을 대여할 수 있기 때문입니다. 그뿐만 아니라, Prime Day라는 독점적인 쇼핑 이벤트에도 참여 가능합니다. 이러한 프라임 회원 제도는 2005년에 처음 도입되었고, 도입 당시에는 연회비가 $79였습니다.

이러한 혜택들은 아마존의 프라임 회원이 기하급수적으로 증가하는 모티브가 되었습니다. 시장조사 업체인 소비자인텔리전스리서치파트너CIRP에 따르면 프라임 회원 수는 매년 증가하여 2021년 1억 5천만 명 넘어섰고 이들이 아마존에서 평균 $1400을 지출한다고 추정합니다. 참고로 일반 회원은 $600을 지출한다고 합니다. CIRP는 미국 센서스를 바탕으로, 미국에는 약 1억 2천 8백만 가구가 있고, 대부분의 프라임 회원들은 그 회원 자격을 가정에서 공유하기 때문에 아마존 프라임이 미국 가정에서 차지하는 비율은 100%가 넘는다고 추정합니다.

그런데 이런 프라임 회원의 증가가 과연 셀러들과 어떤 관계가 있는 것일까요? 다음 두 상품을 비교해 보겠습니다.

위의 상품은 'Prime' 표시와 함께 'FULFILLMENT BY AMAZON'이라고 되어 있으나, 아래는 아무런 표시가 없습니다. 위의 상품은 셀러가 상품을 아마존 물류 창고로 보내 아마존이 배송하게 하는 FBA 상품을 의미하고, 아래는 비FBA 상품으로 셀러가 직접 배송하는 FBM 상품이라는 것을 의미합니다.

이 표시가 있고 없고에는 큰 차이가 있습니다. 'Prime'이라고 표시된 상품을 프라임 회원이 구매한다면, 아마존 물류 창고를 통해 2일 이내 무료 배송이 됩니다. 프라임 회원들의 구매력이 비프라임 회원들에 비해 월등하고, 또 매년 프라임 회원이 증가하는 현 추세에서 셀러에게 FBA를 하는 것이 왜 중요한지 이제 이해되실 것입니다. 셀러는 FBA 시스템을 이용해서 매출을 극대화할 수 있는 기회를 가지게 되는 것입니다.

이렇게 셀러의 매출에 큰 영향을 끼치는 FBA 제도에는 장점만 있을까요? 그렇지는 않습니다. 장단점 및 수수료를 살펴보고 FBA를 진행할지 여부를 판단하시기 바랍니다.

먼저 장점을 살펴보겠습니다. FBA를 진행하는 상품에 한해 'Prime' 표시가 붙어서 노출되며, 프라임 회원들은 프라임 상품 구매를 선호합니다. 그리고 아마존이 배송하고 CS를 대신하기 때문에 셀러는 생산 및 소싱에 집중할 수 있어 퍼포먼스가 좋아지고 인건비 등을 줄여 고정 유지비를 낮출 수 있습니다. 또한 고객의 신뢰감이 올라갑니다. FBA를 진행할 때 상품의 노출이 잘 되며, 특히 신규 셀러가 바이 박스를 차지할 수 있는 자격을 얻을 수 있습니다. 1인 기업이 최대의 매출을 창출할 수 있는 것이죠.

반면에 상품을 먼저 구매 및 생산해서 아마존 창고로 보내야 하기 때문에 물품 사입비 혹은 생산비가 증가합니다. 또한 FBA 이용에 따라 기존의 아마존 판매 수수료 외에 FBA Fulfillment 수수료와 Storage 수수료가 추가적으로 발생해 판매에 따른 수수료가 올라갑니다. 셀러가 직접 발송할 때보다 고객이 반품을 하기가 월등히 쉬워서 반품 비율이 높아집니다. 창고에 미리 보내둔 상품이 원활히 판매되지 않으면 재고에 대한 부담이 생길 수 있습니다. 그리고 'Hazmat'이라고 하여 위험물질을 포함한 상품이라고 판단되는 경우, 셀러가 직접 배송은 할 수 있으나 FBA 입고가 제한이 됩니다. 혹, 입고 후 아마존의 정기적 검사에서 Hazmat 상품이라고 판단되면 해당 제품의 판매가 중지되고 그에 대한 소명을 해야 복구가 됩니다. 복구가 안 되는 경우, 반품도 할 수 없고 셀러의 비용으로 폐기해야 합니다.

02 FBA 수수료

아래 이미지는 FBA 수행을 위한 아마존 물류창고 Fulfillment Center: FC 모습입니다. 아마존은 이런 거대한 FC를 미국 내 전역에 수십 곳을 세웠습니다. 셀러가 상품을 입고시키면, FC에서 상품을 보관, 관리하고, 고객이 주문을 하면 배송을 하는 시스템입니다. 그래서 FBA 수수료가 발생되는 것입니다.

1. 각종 FBA 수수료

일반 FBA 수수료는 주문 처리 수수료 Fulfillment Fee 와 월 재고 보관 수수료 Monthly inventory storage fees 로 구성이 됩니다. 그 외에 장기 보관 수수료 Long-term storage fees, 재고 보관 초과 수수료 Inventory storage overage fees, 재고 처분 및 폐기 수수료 Removal order fees, 라벨 수수료 Label service fee, 멀티 채널 주문 수수료 Multi-Channel Fulfillment, MCF 등으로 다양합니다. 하나하나 알아보겠습니다.

1 FBA 주문 처리 수수료

실제 판매가 이루어졌을 때 건마다 아이템 크기와 무게를 기준으로 부과되는 수수료입니다. 표준 크기인지 표준 크기를 초과하는지에 따라 수수료를 부과하는 방식이 다릅니다. FBA 수수료는 매년 2~3월 사이에 변경되어 적용됩니다. 2022년 역시 변경이 있었습니다. 주문 처리 수수료는 1월 18일 인상이 되었으나 4월 28일자로 2차 인상되었고, 보관 수수료는 2월 1일부로, 장기 보관 수수료는 5월 15일부터 변경되게 되었습니다. 펜데믹의 완화로 정상 복귀를 기대했으나 유류비 상승과 인플레이션의 어려움으로, 기존 1월 18일에 올렸던 요금에 5%의 유류비와 인플레이션 요금을 부과하는 것입니다.

[주요 FBA 주문 처리 수수료 변경 사항(의류 제외)]

(단위: $)

크기 등급	배송 중량	2022년 1월 18일 변경 상품당 주문 처리 수수료	2022년 4월 28일부터 적용 상품당 주문 처리 수수료
소형 표준	6oz 이하	2.92	3.07
	6oz 초과 12oz 이하	3.07	3.22
	12oz 초과 16oz 이하	3.59	3.77
대형 표준	6oz 이하	3.54	3.72
	6oz 초과 12oz 이하	3.77	3.96
	12oz 초과 16oz 이하	4.52	4.75
	1lb 초과 2lb 이하	5.14	5.40
	2lb 초과 3lb 이하	5.79	6.08
	3lb 초과 20lb 이하	6.13 + 0.30/lb(최초 3lb 초과분)	6.44 + 0.32/lb(최초 3lb 초과분)
소형 크기 초과	70lb 이하	8.94 + 0.38/lb(최초 1lb 초과분)	9.39 + 0.40/lb(최초 1lb 초과분)
중형 크기 초과	150lb 이하	12.73 + 0.44/lb(최초 1lb 초과분)	13.37 + 0.46/lb(최초 1lb 초과분)
대형 크기 초과	150lb 이하	82.58 + 0.79/lb(최초 90lb 초과분)	86.71 + 0.83/lb(최초 90lb 초과분)
특별 크기 초과	150lb 초과	150.94 + 0.79/lb(최초 90lb 초과분)	158.49 + 0.83/lb(최초 90lb 초과분)

* 리튬 배터리 및 리튬 배터리를 포함하거나 그와 함께 판매되는 아이템에는 상품당 $0.11의 추가 주문 처리 수수료가 부과됩니다.
* 소형 표준 크기 상품에는 용적 중량이 적용되지 않습니다.
* 단위 중량과 용적 중량 중 큰 값이 모든 대형 표준 크기 상품에 적용됩니다.

[의류에 대한 FBA 주문 처리 수수료 변경 사항]

(단위: $)

크기 등급	배송 중량	2022년 1월 18일 변경 상품당 주문 처리 수수료	2022년 4월 28일부터 적용 상품당 주문 처리 수수료
소형 표준	6oz 이하	3.27	3.43
	6oz 초과 12oz 이하	3.43	3.60
	12oz 초과 16oz 이하	3.95	4.15
대형 표준	6oz 이하	4.22	4.43
	6oz 초과 12oz 이하	4.40	4.62
	12oz 초과 16oz 이하	5.07	5.32
	1lb 초과 2lb 이하	5.81	6.10
	2lb 초과 3lb 이하	6.50	6.83
	3lb 초과 20lb 이하	6.68 + 0.30/lb(최초 3lb 초과분)	7.01 + 0.32/lb(최초 3lb 초과분)

소형 크기 초과	70lb 이하	8.94 + 0.38/lb(최초 1lb 초과분)	9.39 + 0.40/lb(최초 1lb 초과분)
중형 크기 초과	150lb 이하	12.73 + 0.44/lb(최초 1lb 초과분)	13.37 + 0.46/lb(최초 1lb 초과분)
대형 크기 초과	150lb 이하	82.58 + 0.79/lb(최초 90lb 초과분)	86.71 + 0.83/lb(최초 90lb 초과분)
특별 크기 초과	150lb 초과	150.94 + 0.79/lb(최초 90lb 초과분)	158.49 + 0.83/lb(최초 90lb 초과분)

[위험물에 대한 주문 처리 수수료 변경 사항]

(단위: $)

크기 등급	배송 중량	2022년 1월 18일 변경 상품당 주문 처리 수수료	2022년 4월 28일부터 적용 상품당 주문 처리 수수료
소형 표준	6oz 이하	3.85	4.04
	6oz 초과 12oz 이하	4.08	4.28
	12oz 초과 16oz 이하	4.16	4.37
대형 표준	6oz 이하	4.29	4.50
	6oz 초과 12oz 이하	4.52	4.75
	12oz 초과 16oz 이하	5.09	5.34
	1lb 초과 2lb 이하	5.71	6.00
	2lb 초과 3lb 이하	6.23	6.54
	3lb 초과 20lb 이하	6.57 + 0.30/lb(최초 3lb 초과분)	6.90 + 0.32/lb(최초 3lb 초과분)
소형 크기 초과	70lb 이하	9.66 + 0.38/lb(최초 1lb 초과분)	10.14 + 0.40/lb(최초 1lb 초과분)
중형 크기 초과	150lb 이하	13.56 + 0.44/lb(최초 1lb 초과분)	14.24 + 0.46/lb(최초 1lb 초과분)
대형 크기 초과	150lb 이하	93.94 + 0.79/lb(최초 90lb 초과분)	98.64 + 0.83/lb(최초 90lb 초과분)
특별 크기 초과	150lb 초과	170.74 + 0.79/lb(최초 90lb 초과분)	179.28 + 0.83/lb(최초 90lb 초과분)

또한 무게가 0.75lb를 초과하는 소형 표준 크기 및 대형 표준 크기 단품과 모든 소형 특대, 중형 특대 및 대형 특대 단품의 경우 단품 중량보다 용적 중량이 클 때 용적 중량을 사용합니다.

크기 계층	선적 무게(총합을 가장 가까운 전체 파운드로 반올림)
표준 크기(0.75lb 이하)	단위 무게
표준 크기(0.75lb 초과)	더 큰 단위 중량 또는 용적 중량
특대	더 큰 단위 중량 또는 용적 중량
특별 특대	단위 무게

[크기 등급 기준]

- 소형 표준 크기

  12oz 이하, 가장 긴 면이 15in 이하, 가장 짧은 면이 0.75in 이하, 중간 길이의 면이 12in 이하인 모든 포장 아이템

- 대형 표준 크기

  20lb 이하, 가장 긴 면이 18in 이하, 가장 짧은 면이 8in 이하, 중간 길이의 면이 14in 이하인 모든 포장 아이템

- 소형 크기 초과

  70lb 이하, 가장 긴 면이 60in 이하, 중간 길이의 면이 30in 이하, 가장 긴 면과 둘레를 더해서 130in 이하인 모든 포장된 단품

- 중형 크기 초과

  150lb 이하, 가장 긴 면이 108in 이하, 가장 긴 면과 둘레를 더해서 130in 이하인 모든 포장된 단품

- 대형 크기 초과

  150lb 이하, 가장 긴 면이 108in 이하, 가장 긴 면과 둘레를 더해서 165in 이하인 모든 포장된 단품

- 특별 크기 초과

  다음 중 하나 이상을 넘는 모든 포장된 단품: 150lb 초과(단위 중량 또는 용적 중량), 가장 긴 면이 108in 초과 또는 가장 긴 면과 둘레를 더해서 165in 초과. 이에 더해 특별 취급이나 배송이 필요하다고 확인된 상품도 특별 크기 초과로 지정

  · 중간 길이의 면: 상품의 가장 긴 면과 가장 짧은 면이 아닌 면

  · 둘레: (중간 길이의 면 + 가장 짧은 면)의 2배에 해당하는 단품 측정

■ 1in는 약 2.5cm, 1oz는 약 28g, 1lb는 약 453g

2 FBA 월 보관 수수료 변경 사항

2022년 2월 1일부터 비성수기(1~9월) 월별 재고 보관 수수료가 인상되었습니다. 이 변경 사항은 2월에 보관되는 상품부터 적용되며, 3월 청구 비용에 처음 반영됩니다. 아래 표는 위험물이 아닌 상품의 월별 재고 보관 수수료입니다.

(단위: $)

	1~9월		10~12월	
	표준 크기	크기 초과	표준 크기	크기 초과
2022년 2월 1일 이전	세제곱피트당 0.75	세제곱피트당 0.48	세제곱피트당 2.40	세제곱피트당 1.20
2022년 2월 1일 이후	세제곱피트당 0.83	세제곱피트당 0.53	세제곱피트당 2.40	세제곱피트당 1.20

3 장기 보관 수수료

2019년 일시적으로 중단되었지만, 2022년 5월 15일부터 주문 처리 센터에 271~365일 동안 보관된 상품에 대해 장기 보관 수수료를 물리는 제도가 부활합니다.

2022년 5월 15일 이전		
재고 평가 날짜	271~365일 동안 주문 처리 센터에 보관된 아이템	365일 이상 주문 처리 센터에 보관된 아이템
월 1회(매월 15일)	해당 사항 없음	세제곱피트당 $6.90 또는 상품당 $0.15 (둘 중 더 큰 금액)

2022년 5월 15일 이후		
재고 평가 날짜	271~365일 동안 주문 처리 센터에 보관된 아이템	365일 이상 주문 처리 센터에 보관된 아이템
월 1회(매월 15일)	세제곱피트당 $1.50	세제곱피트당 $6.90 또는 상품당 $0.15 (둘 중 더 큰 금액)

4 재고 보관 초과 수수료

2022년부터는 재고 퍼포먼스 지수 Inventory Performance Index: IPI 가 400점 미만인 판매자의 창고 저장 용량을 제한합니다. 재고 퍼포먼스 지수는 3개월간의 판매, 재고 및 비용을 단일 측정 항목으로 결합한 것으로, 재고 퍼포먼스 대시보드에서 확인할 수 있습니다. 점수는 셀러의 재고 관리 현황에 따라 주 1회 업데이트됩니다.

재고 퍼포먼스 지수 점수가 400점 이상인 셀러는 표준 크기 아이템과 크기 초과 아이템을 무제한 보관할 수 있습니다. 단, 월별 보관 수수료와 장기 보관 수수료는 종전과 동일하게 적용됩니다.

재고 퍼포먼스 지수가 400점 미만인 판매자는 재고 수준이 재고 한도 미만으로 떨어지기 전까지 아마존으로 보내는 새 배송을 생성할 수 없습니다. 기존 인벤토리가 해당 월의 저장 용량 한도를 초과하는 경우 월 재고 보관 수수료, 장기 보관 수수료 외에 보관 한도 초과분에 대한 재고 보관 초과 수수료가 부과됩니다. 초과 수수료는 해당 달의 보관 한도 초과분의 일일 평균 부

> **[IPI 점수를 개선하는 법]**
> - 초과(과잉) 재고 줄이기
> - 장기 보관 수수료를 피하기
> - 문제 있는 리스팅을 수정하여 구매 가능한 상태로 변경
> - 인기 상품의 재고를 적정수준으로 유지

피를 기준으로 1세제곱피트당 $10.00씩 부과되며, 월 1회 청구됩니다. 다만, 활성 상태 기간이 26주 미만인 신규 셀러 또는 (두 번의 점수 확인 주간 모두에서 IPI 점수가 생성되기에) 판매 데이터가 충분하지 않은 경우는 보관 한도를 받을 수 없습니다.

	IPI 400점 미만	IPI 400점 이상
보관 한도	분기마다 1번 업데이트	무제한
월 보관 초과 수수료	보관 한도 초과분에 대해 1세제곱피트당 $10.00	해당 없음

보관 한도는 부피에 따라 설정되고 분기별로 조정됩니다. 보관 한도는 해당 분기 중 두 번의 점수 확인 주간, 즉 해당 분기가 종료되기 6주 전과 해당 분기의 마지막 주에 기록한 IPI 점수를 기준으로 결정됩니다. 두 점수 확인 주간 중 하나에서 재고 퍼포먼스 점수가 400점 이상인 경우 무제한 보관이 가능합니다. 다음 표에서 점수 확인 주간과 보관 한도의 적용 분기를 확인할 수 있습니다.

첫 번째 점수 확인 (분기 종료 6주 전)	마지막 점수 확인 (분기 마지막 주)	보관 한도 적용 기간
7주차	13주차	4월 1일~6월 30일
20주차	26주차	7월 1일~9월 30일
33주차	39주차	10월 1일~12월 31일
46주차	52주차	1월 1일~3월 31일

재고 보관 초과 수수료Inventory Storage Overage Fee는 월별 재고 보관 수수료 및 (해당하는 경우) 장기 보관 수수료와 별도로 부과됩니다. 초과 수수료는 해당 달의 보관 한도 초과분의 일일 평균 부피를 기준으로 1세제곱피트당 $10.00씩 부과되며, 월 1회 청구됩니다. 또한 FBA 재고 보관 한도 정책에 따라, 셀러는 재고 수준이 해당 보관 유형의 한도 미만으로 떨어지기 전까지 아마존으로 보내는 새 배송을 생성할 수 없습니다.

예를 들어 현재 표준 크기 재고 한도가 25세제곱피트이고 아마존 주문 처리 센터에 보관 중인 표준 크기 재고가 26세제곱피트인 경우, 표준 크기 재고에 대한 새 배송을 생성할 수 없습니다. 단, 크기 초과 재고가 보관 한도 미만인 경우에는 크기 초과 재고에 대한 배송을 생성할 수 있습니다.

허용 보관 한도보다 많은 재고를 보내는 경우, 주문 처리 센터에서 초과 재고가 거부될 수 있습니다.

이벤트 및 샘플 날짜		샘플 값
재고 보관 초과 수수료 발생(7월 1일)		
셀러의 재고가 표준 크기 보관 한도보다 100세제곱피트 많습니다. 추가 조치를 취하지 않으면 1세제곱피트당 $10씩 또는 총 $1,000의 초과 수수료가 발생합니다. 초과 수수료는 8월에 계산되어 청구됩니다.	표준 크기 보관 한도	1000세제곱피트
	기존의 표준 크기 재고가 차지하는 공간	1200세제곱피트
	현재 표준 크기 초과량	100세제곱피트
	예상 보관 초과 수수료	$1000
셀러가 한도를 초과하는 재고를 줄임(7월 5일)		
셀러가 7월 5일에 표준 크기 재고 80세제곱피트에 대한 재고 처분 주문을 생성합니다. 7월에 판매되거나 처분된 표준 크기 재고는 없습니다.	표준 크기 초과, 7월 1~4일	100세제곱피트
	표준 크기 재고 처분, 7월 5일	80세제곱피트
	표준 크기 초과, 7월 5~31일	20세제곱피트
재고 보관 초과 수수료 청구(8월)		
7월 기준 셀러의 평균 초과량은 30.322세제곱피트입니다. 1세제곱피트당 $10를 곱한 총 $303.22가 7월분으로 청구됩니다.	7월 평균 표준 크기 초과량	30.322세제곱피트
	1세제곱피트당 초과 수수료	$10
	7월분 총 보관 초과 수수료	$303.22
재고 보관 초과 수수료 청구(8월 5일)		
이번 달의 평균 초과분은 30.322세제곱피트 입니다. 여기에 1세제곱피트당 $10를 곱한 총 $303.22가 7월분 초과 수수료로 청구됩니다.	7월 표준 크기 재고의 평균 초과 부피	30.322세제곱피트
	1세제곱피트당 보관 초과 수수료	$10.00
	7월분 총 보관 초과 수수료	$303.22

셀러가 해당 월의 말일 이전에 초과 재고를 처분하거나 판매하지 않은 경우 다음 달 시작 시 재고 보관 초과 수수료가 발생합니다.

5 상품 재고 처분 및 폐기 수수료

아마존 창고에 있는 상품을 제거하거나 폐기할 때 청구되는 수수료로 셀러가 제거 주문을 넣어야 합니다. 제거 비용은 제거된 항목당 부과되고, 영업일 기준 10~14일 이내에 완료됩니다. 그러나 휴가철 및 제거 주문이 집중되는 기간(2월, 3월, 8월, 9월)에는 제거 주문 처리가 최대 30일 이상 걸릴 수 있습니다. 2022년 1월 18일부터 상품 재고 처분 및 폐기 수수료가 아래와 같이 상향 조정되었습니다.

[재고 처분 및 폐기 수수료]   (단위: $)

크기 등급	배송 중량	2022년 1월 18일 이전 상품당 재고 처분 및 폐기 수수료	2022년 1월 18일 이후 상품당 재고 처분 및 폐기 수수료
표준 크기	0 초과 0.5lb 이하	0.32	0.52
	0.5lb 초과 1.0lb 이하	0.35	0.75
	1.0lb 초과 2.0lb 이하	0.48	1.14
	2lb 초과	0.67 + 0.35/lb(2lb 초과분)	1.51 + 0.63/lb(2lb 초과분)
크기 초과 및 특수 취급 아이템*	0 초과 1.0lb 이하	0.60	1.50
	1lb 초과 2.0lb 이하	0.72	1.96
	2.0lb 초과 4.0lb 이하	1.26	2.89
	4.0lb 초과 10.0lb 이하	2.32	5.05
	10.0lb 초과	3.50 + 0.35/lb(10lb 초과분)	7.25 + 0.63/lb(10lb 초과분)

*특수 취급 아이템에는 의류, 신발, 시계, 쥬얼리 및 위험물이 포함될 수 있습니다.

6 라벨 수수료

FBA 라벨 서비스를 사용하여 FNSKU 라벨을 부착하고 접수한 각 상품별로 $0.3의 수수료가 부과됩니다. 언제든지 FBA 라벨 서비스의 기본 설정을 변경할 수도 있습니다. FNSKU란 'Fulfillment Network Stock Keeping Unit'의 약자로 FBA를 이용하기 위해 아마존 창고에 물건을 입고시킬 때 발급되는 번호입니다. 아마존 창고 내 재고 및 배송 관리를 위해 부여하는 상품별 고유 식별 번호를 의미합니다.

7 멀티 채널 주문 수수료

멀티 채널 주문 처리MCF는 아마존 창고에 보내 놓은 물품이 아마존 외 이베이나 엣시 등 다른 마켓에서 판매되었을 때, 한국에서 물품을 보내지 않고 아마존 창고에 있는 물품을 내보낼 수 있도록 조치를 취할 수 있는 시스템을 의미합니다.

2020년 4월 1일부터 MCF 수수료 책정 방식이 다음과 같이 변경되었습니다. 자세한 수수료율은 8장 11절 'MCF 오더'를 참고하시기 바랍니다.

· 빠른 2일 배송에 대한 요금 인하(크기 등급에 따라 최대 30%)
· 표준 배송에 대한 요금 인하
· 표준 및 빠른 배송을 위한 새로운 크기 등급 소개

2. FBA 예상 수수료 계산

FBA 장단점과 각종 수수료를 바탕으로 나의 모든 상품을 아마존 창고로 입고시킬 것인지, 아니면 상품 중 일부만 입고시킬 것인지를 미리 결정해야 합니다. 유료 분석 툴을 사용하지 않고 이의 판단에 도움을 받을 수 있는 것이 바로 'FBA Calculator'입니다. 이것은 아마존이 제공하는 FBA 수수료와 수익 등을 예상해 볼 수 있도록 지원하는 계산 도구로, FBM으로 할 때와 FBA로 할 때를 비교할 수 있도록 되어 있어 한눈에 이익을 파악하고 비교 분석할 수 있습니다.

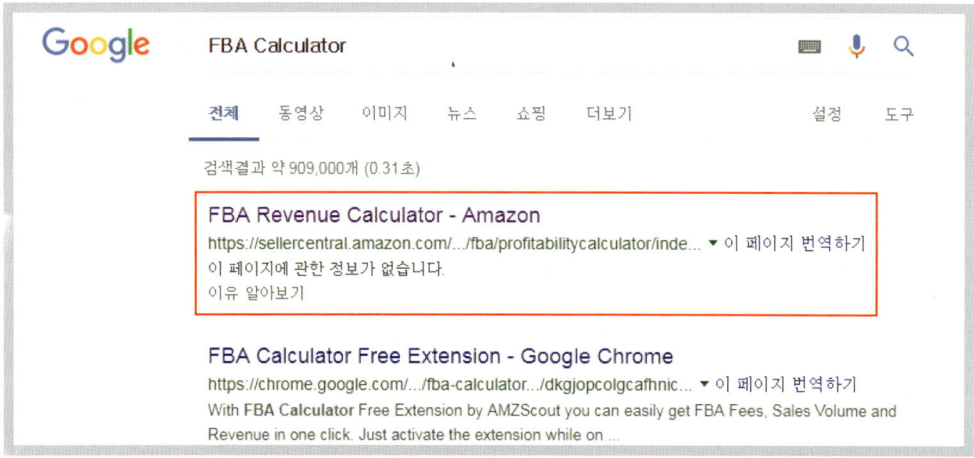

먼저 구글에서 'FBA Calculator'라고 입력 후 나온 검색 결과 중 'FBA Revenue Calculator'를 클릭하면 다음 화면이 보입니다. 현재 아마존에서 UI가 업그레이드 된 새로운 버전을 테스트용으로 선보이고 있습니다만, 아직은 기존 버전이 기본으로 되어 있기에 새로운 버전은 차후 설명을 드리겠습니다. 새로운 버전을 사용해 보고자 한다면 이 링크(https://sellercentral.amazon.com/revcal?ref=RC1)를 이용하시기 바랍니다.

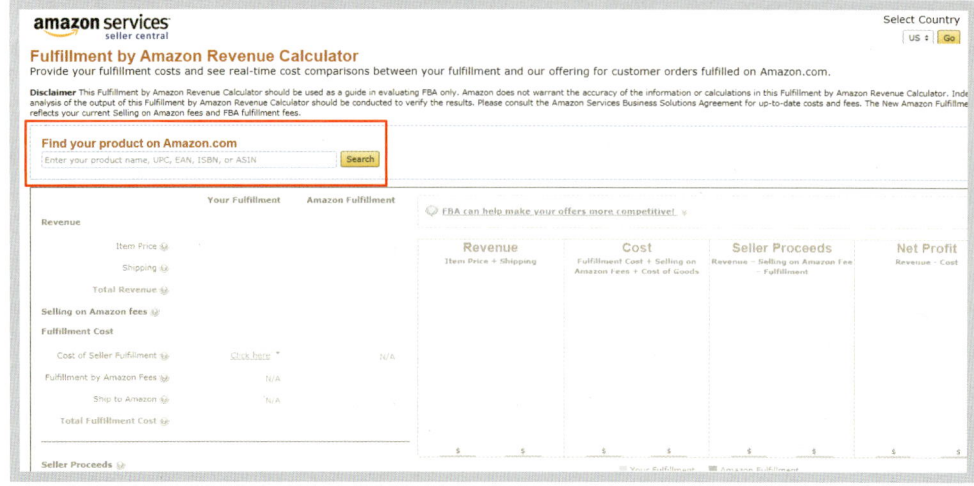

상단의 'Find your product on Amazon.com' 박스란에 FBA로 보내고자 하는 상품의 이름이나 UPC, EAN, ASIN 번호 등을 입력하고 [Search] 버튼을 클릭합니다. 필자는 '12 Pack Dish Towels' 상품의 ASIN을 입력하여 FBA로 발송을 할 경우 수수료가 어떻게 되는지 확인해 보겠습니다. 참고로, 아마존에 등록되지 않은 상품은 FBA 예상 수수료를 확인할 수 없습니다.

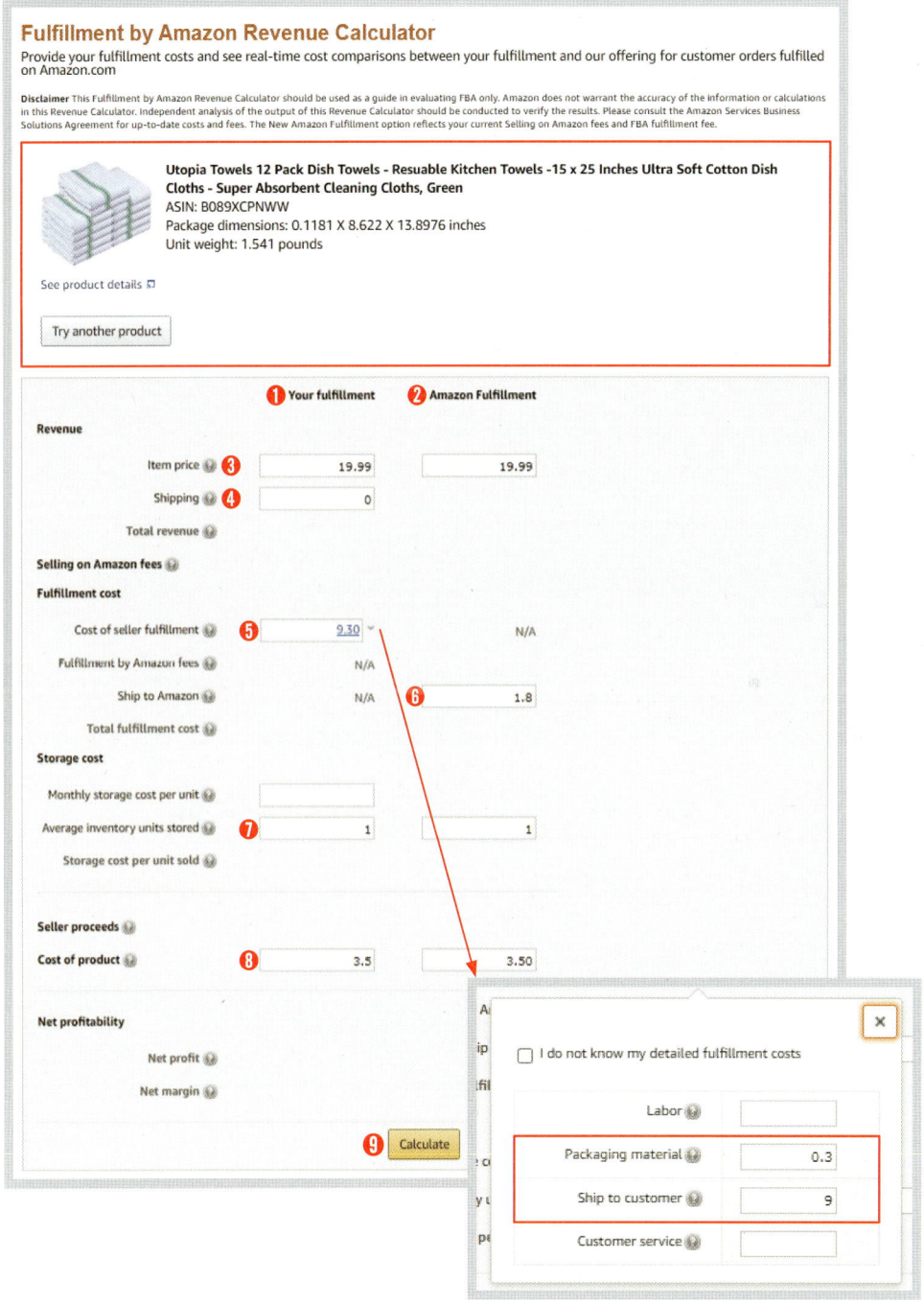

위와 같이 해당 ASIN의 상품이 자동적으로 보여지고 하단이 입력할 수 있도록 활성화됩니다. 각각의 빈 항목을 입력합니다.

❶ FBM인 경우 예상되는 수수료를 계산하는 열입니다.

❷ FBA인 경우 예상되는 수수료를 계산하는 열입니다.

❸ 판매가를 입력합니다.

❹ FBM의 경우 고객에게 받는 배송비를 입력합니다. 무료 배송의 경우는 0을 입력합니다.

❺ 고객에게 배송하기 위해 투입되는 비용들의 합계 금액이 보입니다. 해당 칸을 클릭하면, 각각의 항목에 대해 입력할 수 있는 창이 뜹니다. 기본적으로 포장비와 고객에게 발송할 때 들어가는 실제 배송비를 기재하면 합계 금액이 자동으로 계산됩니다.

❻ FBA의 경우 아마존 창고로 배송 시에 투입되는 배송비를 기재합니다. 만약 10개를 보내는 금액이 $20라면 개당 금액인 $2를 기재를 합니다.

❼ 창고에 평균 몇 개 정도 저장하는지 수량을 기재합니다.

❽ 본 상품의 매입 혹은 생산 원가를 기입합니다.

❾ [Calculate] 버튼을 클릭하면 다음과 같은 결과가 도출됩니다.

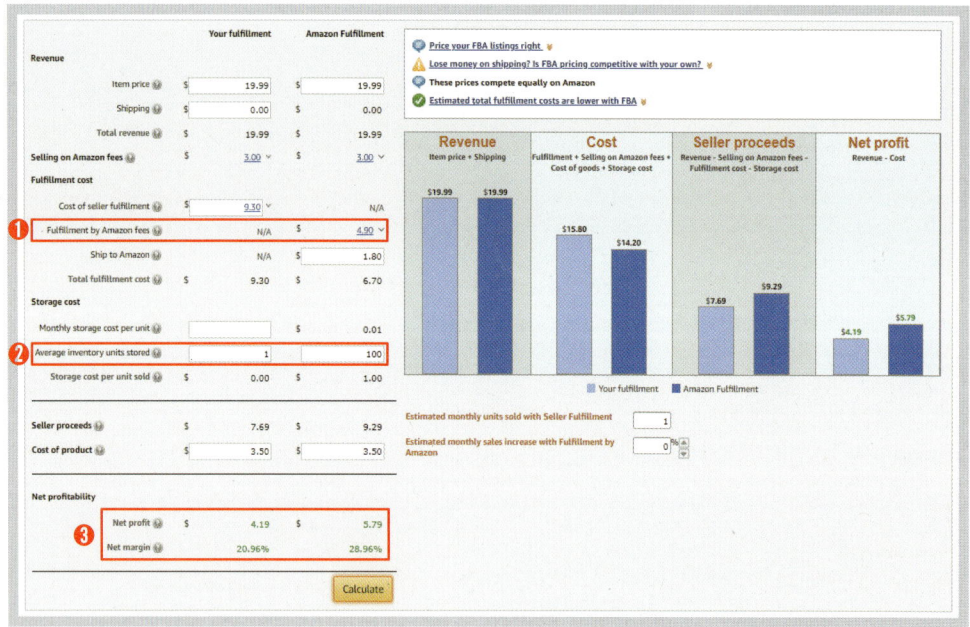

❶ FBA 예상 주문 처리 수수료입니다.

❷ FBA 월별 예상 창고 보관 수수료입니다.(예시는 100개 보관 시 비용이 $1.00라는 의미)

❸ FBM, FBA 각각의 경우일 때 순수익Net profit과 순수익율Net margin입니다.

03 FBA 신청 및 발송하기

앞에서 살펴본 바와 같이 FBA는 아마존이 타 마켓과 구별되는 가장 큰 특징 중 하나입니다. Prime과 FBA라는 두 시스템은 아마존 고객의 이탈을 막는 동시에 아마존에 대한 충성도를 높이기 때문에 셀러는 이를 사용하시라고 적극 권장합니다. 특히, 신규 셀러의 경우 FBA를 이용하지 않으면 바이 박스를 차지하기가 쉽지 않기 때문에 더욱 FBA 시스템을 이용할 필요가 있습니다.

1. FBA 신청하기

이제 실전으로 들어가 FBA를 신청하고 발송하는 방법에 대해 알아보겠습니다. 먼저 발송할 상품을 선정해야 합니다.

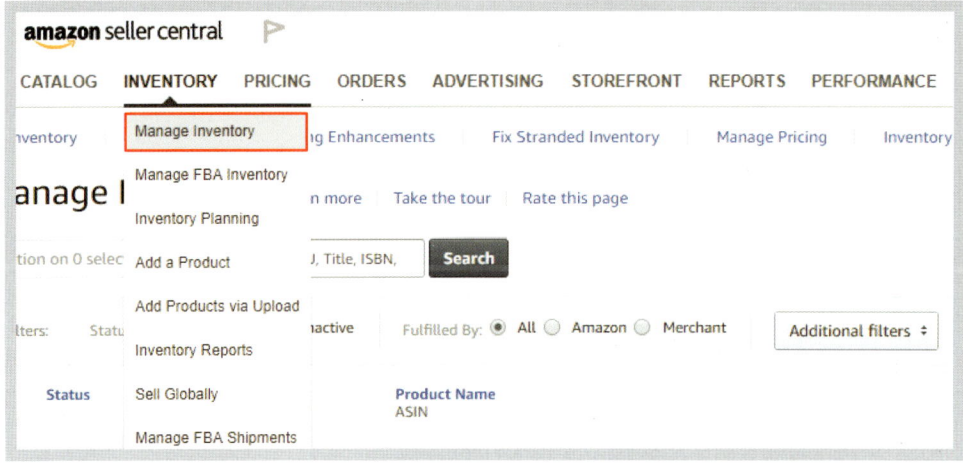

셀러 센트럴의 'INVENTORY > Manage Inventory' 메뉴에서 업로드한 상품들을 확인합니다.

> **Tip. jpg와 png의 차이**
> 이미지를 그대로 저장할 경우 용량이 커져서 보통 압축 저장을 하게 됩니다. 이 가운데 많이 사용되는 것이 jpg와 png파일입니다. jpg파일은 손실 압축 방식이고 png는 비손실 압축방식을 채택합니다. 사람이나 풍경사진 같은 복잡한 이미지의 경우 jpg를 사용하면 적은 용량으로 고퀄리티의 이미지를 저장할 수 있습니다. 반면 png파일로 저장하면 용량이 상당히 커져서 압축의 효과를 비약적으로 누리지 못합니다. 텍스트 위주의 웹페이지 같은 경우, 즉 이 책에 실린 아마존 웹사이트같은 경우에는 png방식을 사용하면 jpg보다 더 적은 용량으로 저장할 수 있습니다.

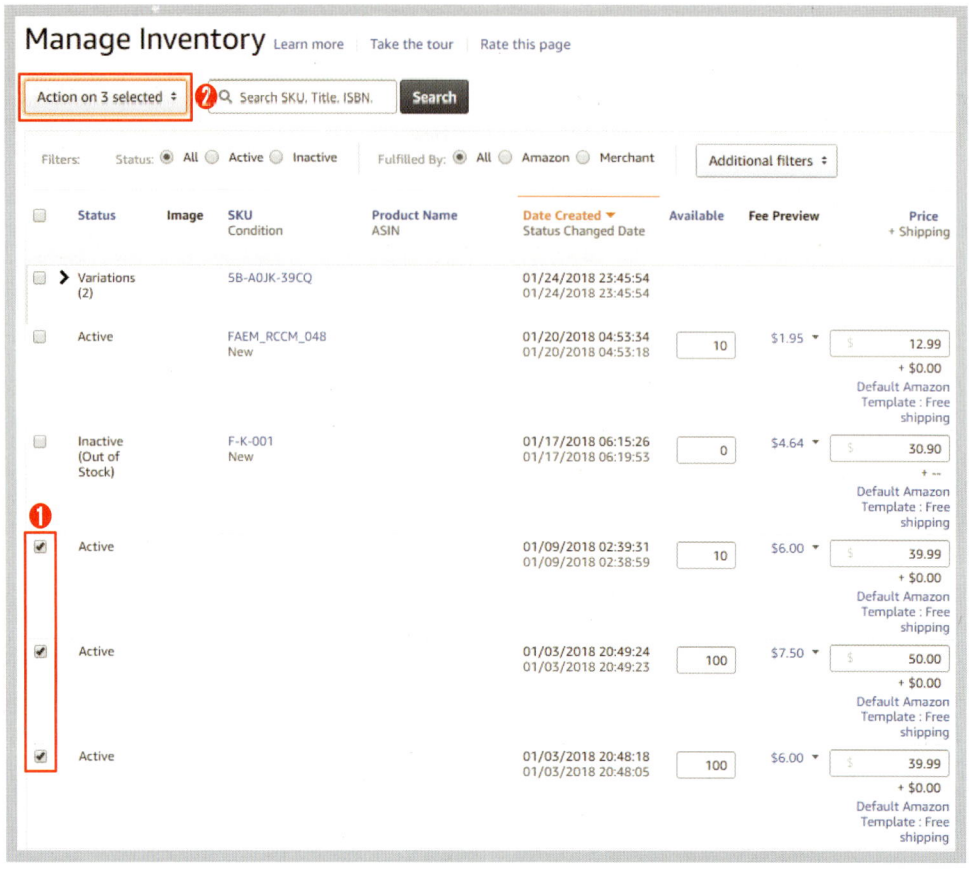

❶ FBA로 전환할 상품들을 선택하여 네모 박스에 체크합니다.

❷ 이 버튼은 처음에는 비활성화 상태로, [Action on 0 selected]로 나옵니다. ❶에서 네모 박스에 체크를 하면 활성화되는데, 여기에서는 상품을 3개 선택했기 때문에, [Action on 3 selected]로 나옵니다. 만약 상품을 4개 선택했다면 [Action on 4 selected]라고 나옵니다.

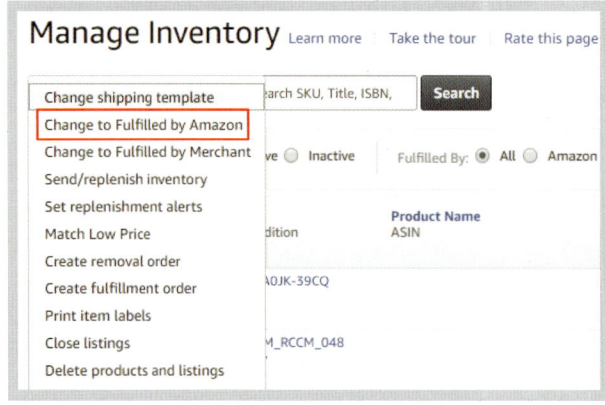

활성화된 [Action on 3 selected] 버튼을 클릭하면 드롭다운 메뉴가 보입니다. 그중 상단에 있

222

는 'Change to Fulfilled by Amazon'을 선택합니다. 물론, 세 번째에 있는 'Send/replenish inventory' 메뉴를 사용해도 됩니다만, 필자는 맨 처음 한 번은 'Change to Fulfilled by Amazon' 메뉴를 선택하기를 권합니다. 'Send/replenish inventory' 메뉴를 선택할 경우 바코드를 선택하는 메뉴가 보이지 않기 때문입니다.

선택한 상품을 정말로 'Change to Fulfilled by Amazon' 상태로 변경할 것인지를 묻습니다. [Yes, continue] 버튼을 클릭합니다.

처음으로 FBA를 시작할 때만 다음과 같이 아마존의 FBA 라벨 서비스를 이용할 것인지 여부를 묻습니다.

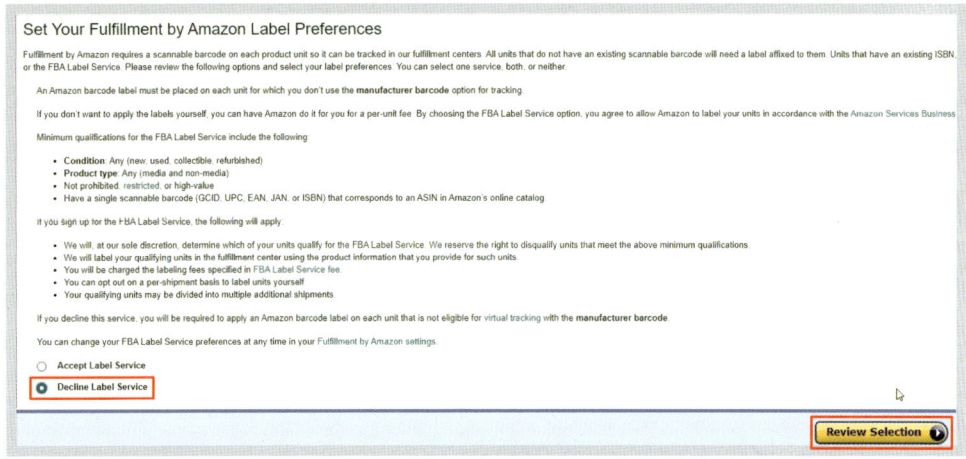

FBA 라벨서비스는 FNSKU 라벨을 아마존이 유료로 셀러 대신 부착해 주는 서비스를 사용할 것인지를 묻는 것입니다. 추후 변경이 가능하므로, 우선은 'Decline Label Service'를 클릭합니다. 이것은 셀러가 직접 라벨을 붙인다는 의미입니다. 'Accept Label Service'를 선택하면 아마존의 유료 서비스를 받겠다는 의미입니다. [Review Selection]을 클릭하여 다음으로 이동합니다.

그러면 'Convert to 'Fulfilled by Amazon'' 화면이 나오는데, 여기서 바코드 타입을 선택합니다.

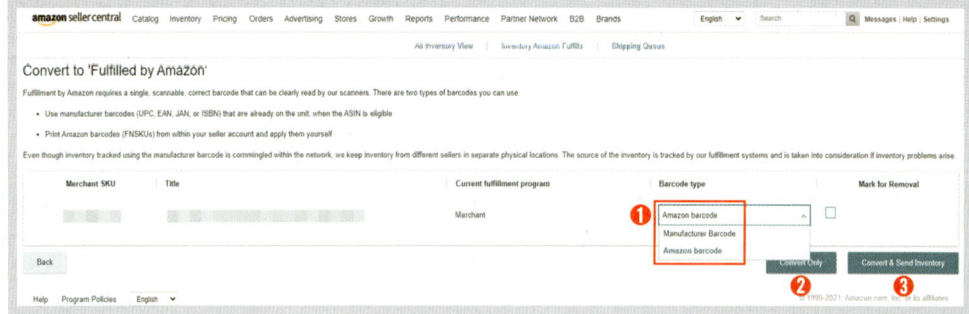

바코드 타입으로는 'Amazon barcode'와 'Manufacturer barcode'가 있습니다. 만약 상품을 등록할 때 원래 상품에 붙어 있는 바코드를 그대로 입력하여 등록을 했다면 'Manufacturer barcode'를 선택해도 되지만, 만약 일치하지 않는다면 'Amazon barcode'를 선택해야 합니다.

❶ 바코드 타입을 Manufacturer barcode와 Amazon barcode 중에서 선택합니다. 'Manufacturer barcode'는 EAN이나 UPC, ISBN 등의 바코드가 상품에 표시되어 있고, 상품을 등록할 때 EAN, UPC, ISBN 번호로 입력을 했어야 선택할 수 있습니다. Manufacturer barcode를 사용하면 다음 단계에서 FNSKUs 바코드를 출력하지 않아도 되지만, 재고는 아마존 네트워크 내에서는 혼합됩니다.

❷ FBA로 발송을 하기 위해 상태만 전환하겠다는 의미입니다.

❸ 상품의 상태 변환과 함께 실제로 상품을 보낼 작업을 진행하겠다는 의미입니다. 클릭하면 배송 계획을 만들 수 있습니다.

2. 배송 계획 만들기

위에서 바코드를 선택하고 ❸ [Convert & Send Inventory]를 클릭하면 2021년 전면 개정된 신규 배송 플랜 짜기 화면으로 이동합니다. 기존 화면이 6단계로 나뉘어 단계별 진행을 하도록 구성되어 있었다면, 신규 화면에서는 단계가 Step 1~3으로 대폭 줄었습니다. 그리고 각 단계에서 셀러가 어떤 것을 선택하느냐에 따라 내용이 달라지기 때문에, 설명이 다소 복잡해진 경향이 있습니다. 그러나 더 쉽게 변경되었으니, 차근차근 따라하며 한두 번 진행해 보면 곧 익히실 수 있을 것입니다.

1 Step 1: Choose inventory to send

위에서 [Convert & Send Inventory]를 클릭하면 가장 먼저 보이는 화면입니다.

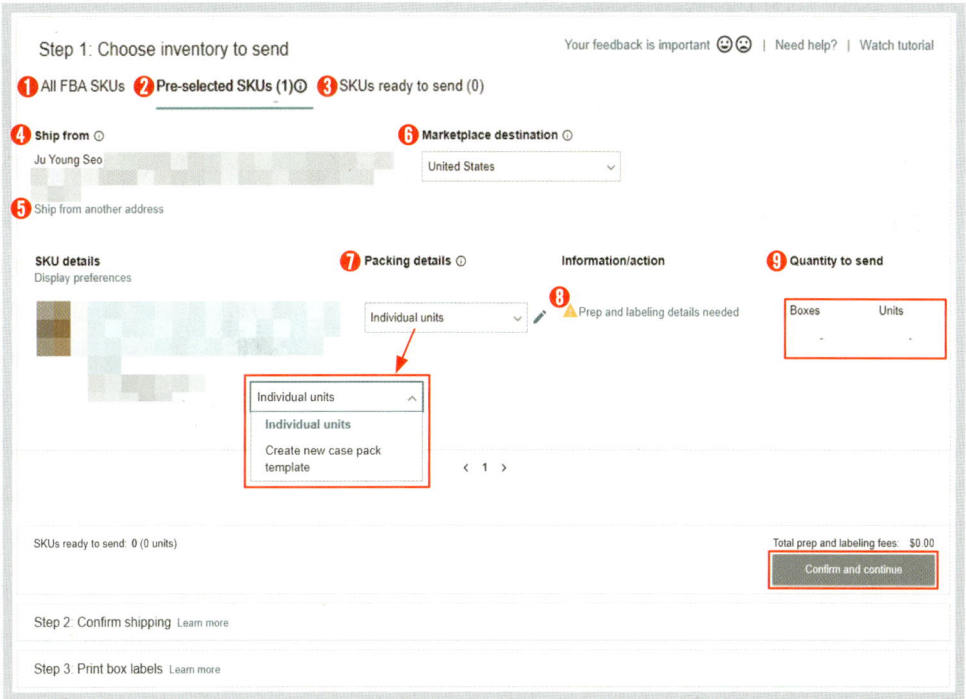

❶ 현재 아마존 창고에 있는 상품의 리스트를 보여줍니다. 그렇기 때문에 처음 상품을 발송할 때보다는 두 번째로 상품을 발송하는 경우부터 주로 사용하게 됩니다. 상품을 보충하고자 할 때 이 리스트에서 상품을 선택해서 시작하면 됩니다.

❷ 처음 상품을 리스팅하고 해당 상품을 아마존에 발송하겠다고 선택했을 때는 자동으로 'Pre-selected SKUs' 탭에서 시작됩니다.

❸ 발송 준비가 완료된 상품들의 리스트입니다.

❹ 상품이 출발하는 위치입니다. 맨 처음에는 입력을 해 주어야 하고, 이후부터는 셀러가 등록한 주소지가 보입니다. 만약 등록한 주소와 실제로 물건이 출발하는 곳이 다르다면 'Ship from another address'를 클릭하여 등록합니다.

❺ 'Ship from another address'를 클릭하면 물건이 발송될 주소를 입력할 수 있습니다.

❻ 상품이 도착할 국가를 표시해 줍니다.

❼ 'Packing details'를 선택합니다. 여러 종류의 상품을 하나의 박스에 담는 경우 'Individual units'를 선택하고, 동일 상품(한 개의 SKU)으로 한 박스를 모두 채우는 경우는 'Create new case pack template'을 선택합니다. 어느 것을 선택하느냐에 따라 다음 단계가 달라집니다. 우선 'individual units'를 선택한 경우를 알아보겠습니다.

['Individual units'를 선택한 경우]

Individual units를 선택했을 때는 ❽ Prep and labeling details needed를 클릭하여 각 상품별 개별 포장이 필요한지 여부와 누가 포장을 할 것인지 선택합니다.

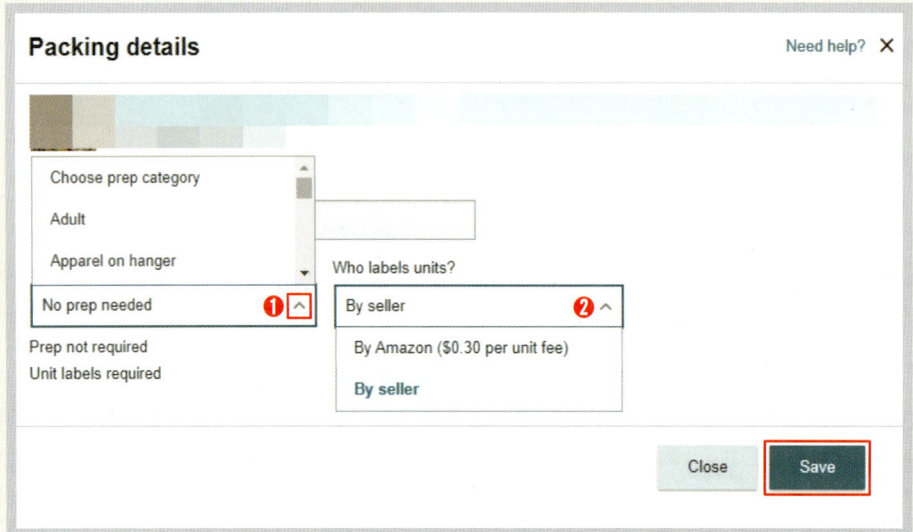

❶ 'No prep needed' 옆의 [^]를 클릭하면 여러 카테고리 리스트가 보입니다. 내 상품이 해당하는 카테고리를 선택하십시오. 이때 'Apparel on hanger'처럼 특정 카테고리를 선택하면 하단에 어떤 포장을 해야 하는지 알려주고, 또 옆 'Who preps units'에서 개별 포장을 어떻게 해야 하는지 알려주는 'Get prep guidance'라는 링크가 뜹니다. 해당 링크를 통해 전반적인 포장 방법을 익혀 보는 것이 좋습니다. 만약, 나의 상품이 그런 특정 카테고리가 아니라면 'No prep needed'를 선택합니다.

❷ 셀러가 라벨을 붙일 것인지, 아마존에 위탁할 것인지를 선택합니다. 아마존이 라벨을 붙이는 경우, 개당 $0.3이 소요됩니다. 선택 후 [Save]를 클릭합니다. 팝업창이 닫히며, 다음처럼 'Information/action'란에 'Unit labeling: By seller - Print SKU labels, Prep not required'라고 나옵니다.

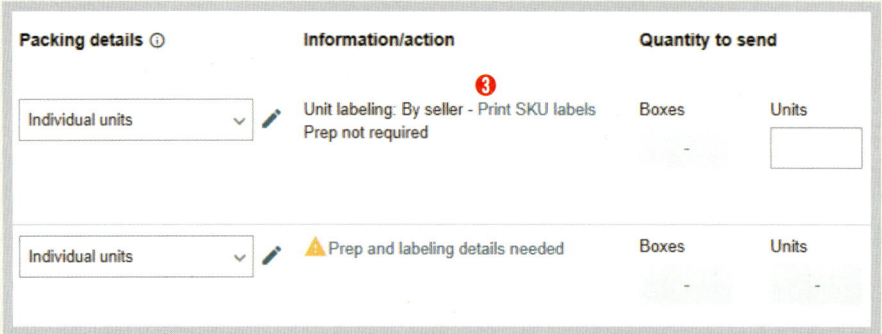

❸ Print SKU labels를 클릭해서 발송할 상품 수량만큼 FNSKU 아마존 바코드를 다운로드받아 출력합니다. 필자는 A4지 한 장에 44개까지 출력할 수 있는 '44-up labels 48.5mm x 25.4mm on A4'를 선택하기를 권합니다.

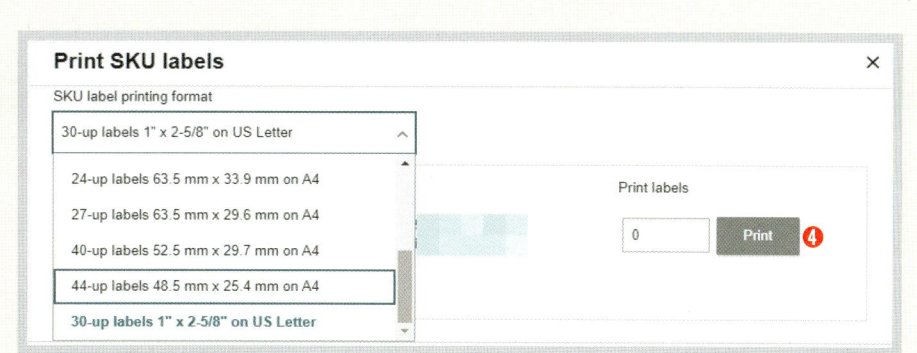

❹ [Print]를 클릭하면 다음과 같은 pdf 파일이 다운로드 됩니다. 만약 중국 등에서 OEM 생산을 하는 경우라면 다운로드받은 파일을 제조사에게 보내어 상품 패키지 혹은 포장 후에 붙일 수 있도록 가이드하시기 바랍니다.

❽ 'individual units'를 선택할 경우 ❾의 'Boxes' 칸은 비활성화되고, 'Units' 칸만 활성화됩니다. 'Units' 칸에 발송하고자 하는 수량을 기재하면, 하단에 [Ready to pack] 버튼이 새로 나타납니다. 이 버튼을 클릭하면, 하단에 있던 [Confirm and continue] 버튼이 [Pack individual units] 버튼으로 변경되면서 위 ❸에서 설명한 'SKUs ready to send'에 숫자 '(1)'이 생성됩니다. 이는 한 개의 상품이 발송할 준비가 되었다는 의미입니다.

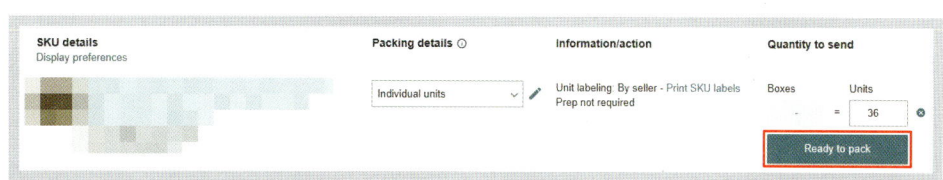

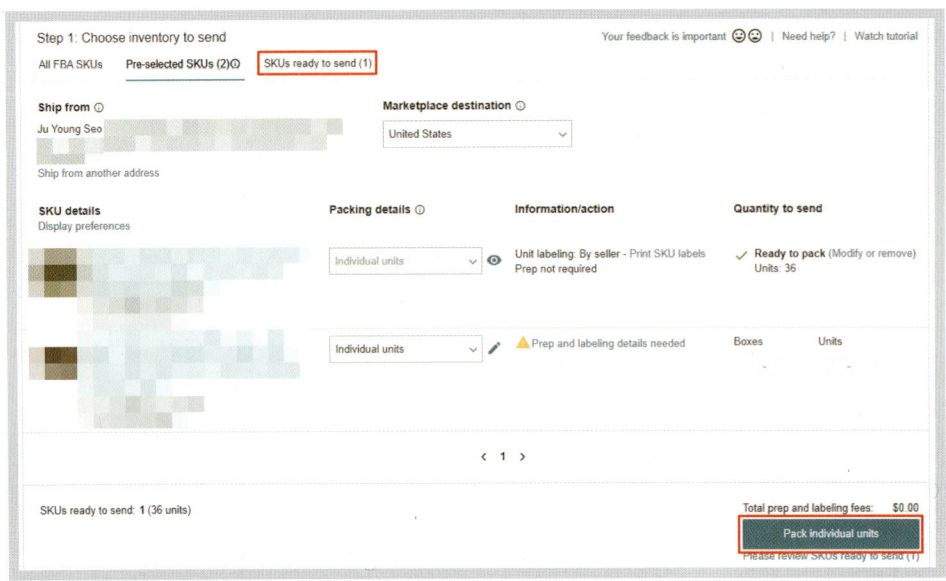

2 Step 1b - Pack individual units

[Pack individual units] 버튼을 클릭하면 'Step 1b – Pack induvial units' 단계로 이동합니다.

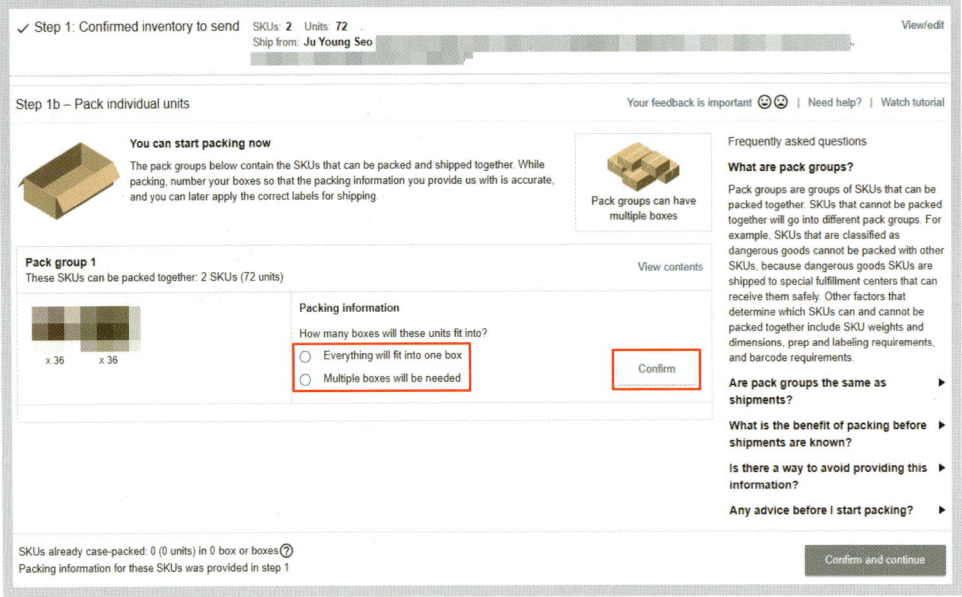

이 단계에서는 창고로 발송하려는 상품이 한 박스에 전부 들어가는지(Everything will fit into one box), 혹은 여러 박스를 보내는지(Multiple boxes will be needed) 둘 중 하나를 선택해야 합니다.

· 'Everything will fit into one box'를 선택하고 [confirm] 버튼을 클릭하면 박스의 크기

와 무게를 기재하는 화면이 나타납니다. 인치와 파운드 단위로 카톤 박스의 정보를 제공하고 [Confirm packing information]을 클릭합니다. 하단의 [Confirm and continue] 버튼이 활성화됩니다.

- 'Multiple boxes will be needed'를 선택하고 [confirm] 버튼을 클릭하면 박스의 크기와 무게 및 박스에 담기는 상품 정보를 엑셀로 다운로드받아 기재하도록 하는 화면이 나타납니다. 필자는 4박스라고 기재하고 [Generate Excel file]을 클릭하여 다운로드받아 보겠습니다.

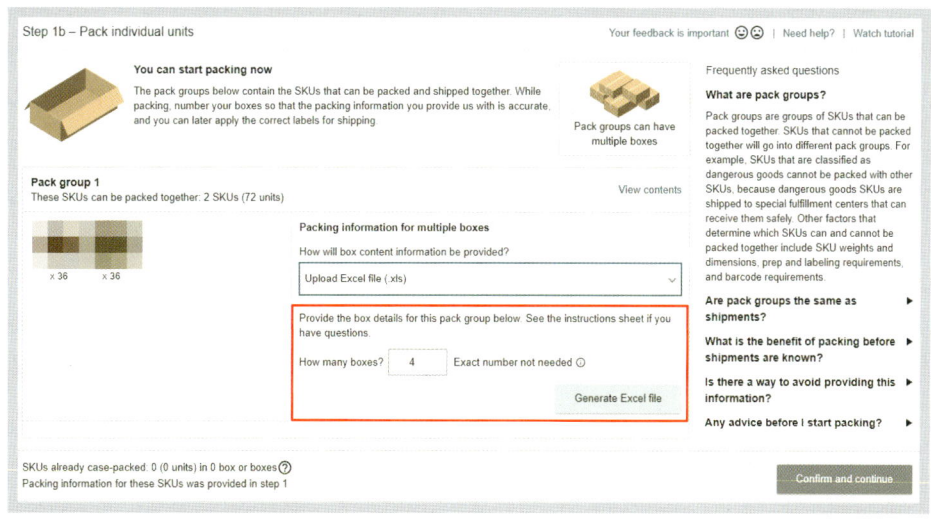

다운로드받은 엑셀 파일을 열어 박스별 각각의 상품이 담기는 수량을 기재하고, 박스별 무게와 크기를 파운드와 인치로 환산하여 기재한 후 저장합니다.

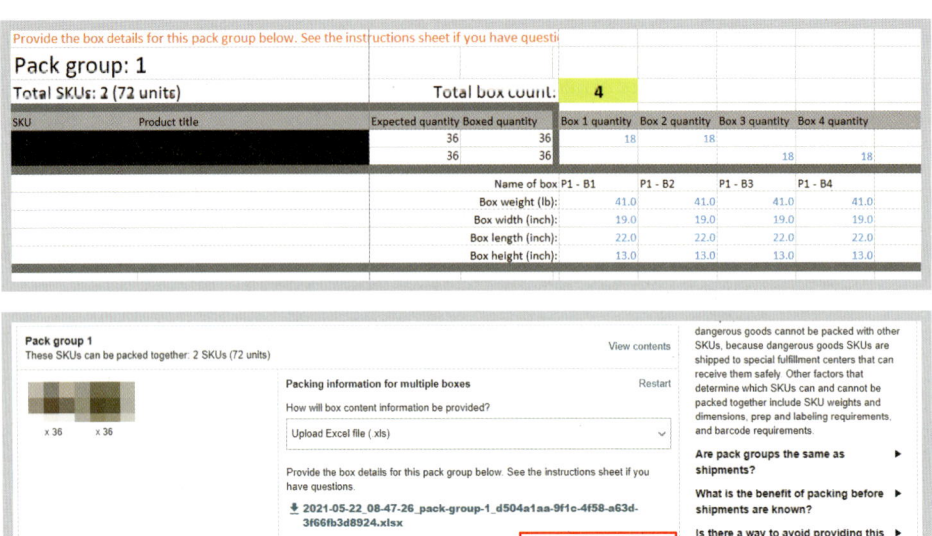

[Upload and validate file]을 클릭하여 엑셀파일을 업로드하면, [Confirm and continue] 버튼이 활성화가 되며, 'Step 2: Confirm shipping' 단계로 이동합니다.

그다음 단계부터의 처리는 Step 1 단계 ❼에서 어떤 방법을 선택했든 동일하므로, 이 단계의 설명은 잠시 멈추고, 'case pack template'을 생성했을 때는 어떻게 이 단계까지 도착하는지 먼저 살펴보겠습니다.

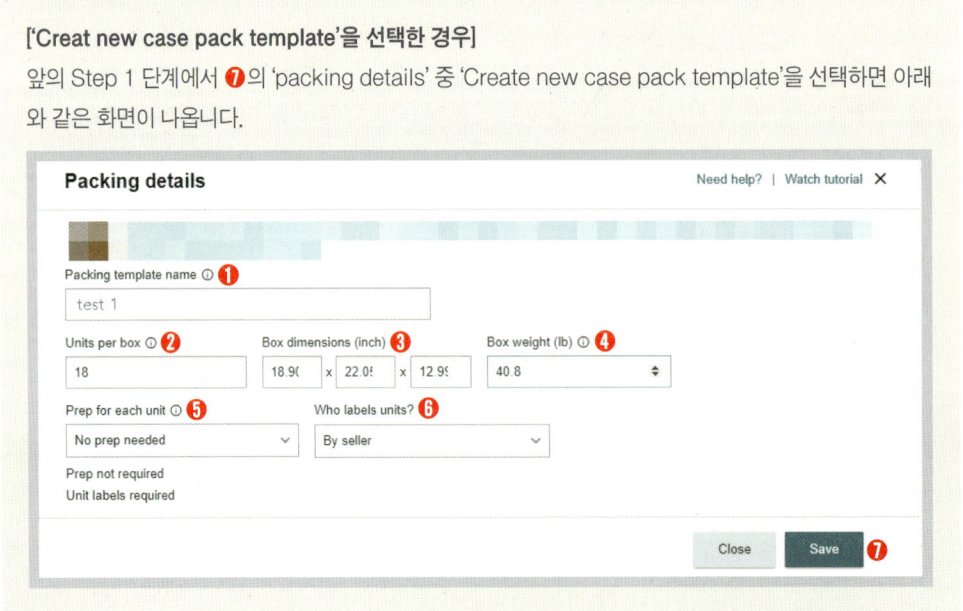

❶ 생성할 템플릿의 이름을 기재합니다.
❷ 박스에 담을 상품의 수량을 기재합니다.
❸ 박스의 크기 정보를 인치로 환산하여 기재합니다.
❹ 박스의 무게 정보를 파운드로 환산하여 기재합니다.
❺ 상품의 개별 포장 여부를 선택합니다. 자세한 설명은 226쪽 'individual units'에서 설명한 내용을 참조하십시오.
❻ 누가 상품을 포장할 것인지 아마존과 셀러 중에 선택합니다.
❼ [Save]를 클릭해 해당 템플릿을 저장합니다.

템플릿을 저장하면 아래와 같은 화면이 나옵니다.

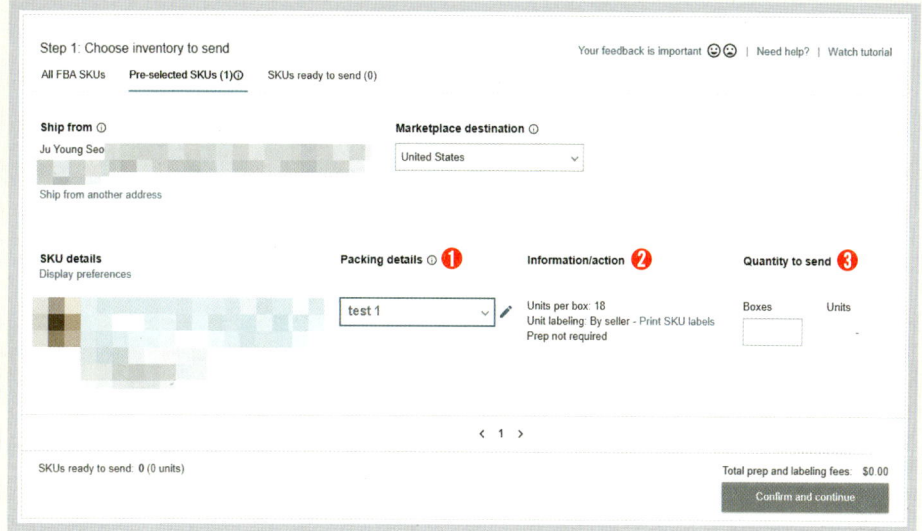

❶ 생성한 템플릿의 이름이 기재되어 보입니다.
❷ 'Information/action' 란에 'Units per box: 18(템플릿 생성시 기재했던 한 박스에 담기는 상품 수량), Unit labeling: By seller - Print SKU labels, Prep not required'라고 입력이 됩니다. 'Print SKU labels'를 클릭하여 FNSKU 라벨을 출력합니다. 출력에 대한 더 자세한 설명은 226쪽 'individual units'에서 설명한 내용을 참조하십시오.
❸ 몇 박스를 보내는지 기재합니다. 수량을 기재하면 아래에 새로 [Ready to send] 버튼이 나타납니다.

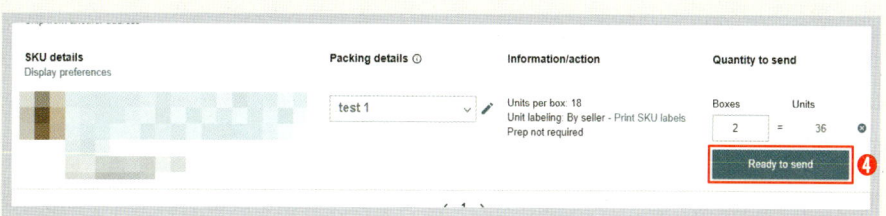

❹ [Ready to send] 버튼을 클릭하면 다음과 같이 [Confirm and continue] 버튼이 활성화됩니다.

❹ [Ready to send] 버튼을 클릭하면 다음과 같이 [Confirm and continue] 버튼이 활성화됩니다.

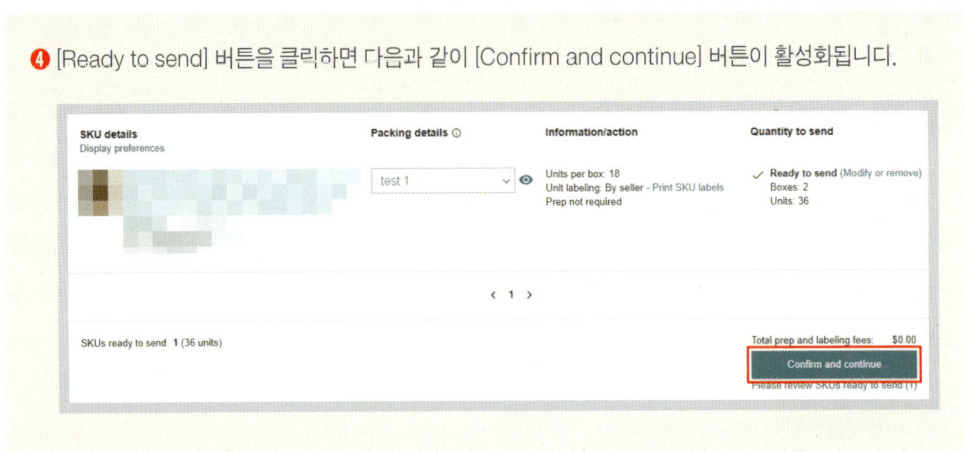

3 Step 2: Confirm shipping

· Ship date 선택

먼저 운송사에 발송할 일정을 정합니다. 'Ship date'에서 날짜를 선택하면 됩니다. 이 일정은 100% 정확할 필요는 없습니다. 발송할 수 있는 가장 근접한 날을 선택합니다.

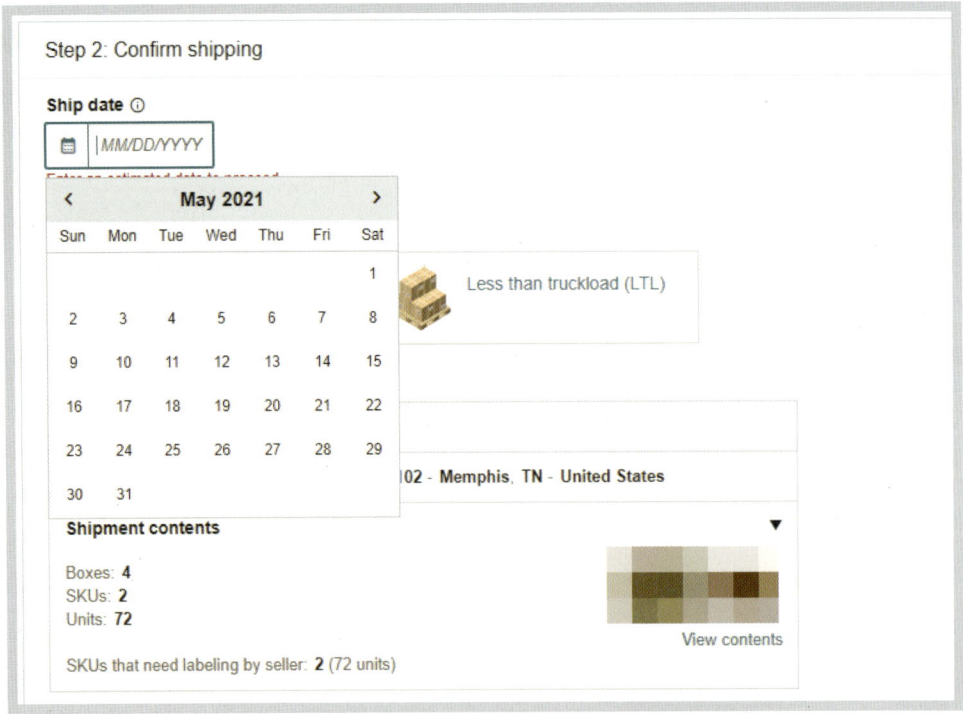

· Shipping mode와 carrier 선택

발송일을 정했다면 이제 선적 방법Shipping mode과 배송사shipping carrier를 선택합니다.

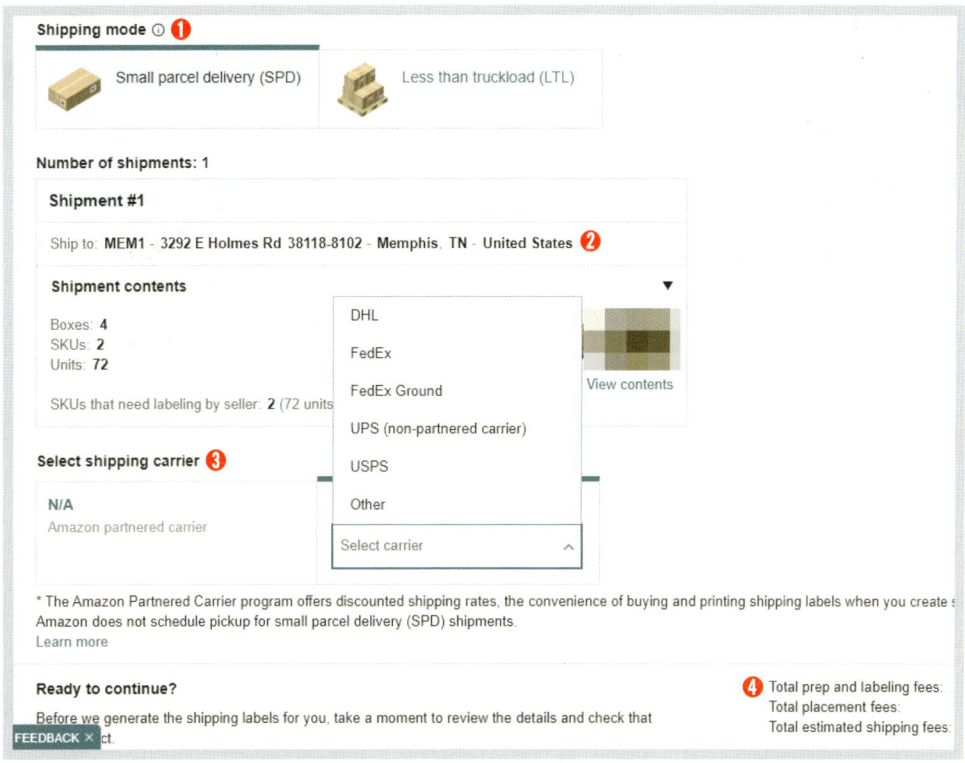

❶ Small parcel delivery(SPD)와 Less than truckload(LTL) 중 하나를 선택합니다. 일반적으로 박스로 발송할 때는 SPD를 사용하며, 박스는 최대 규격과 중량이 정해져 있습니다. 237쪽에 상세히 설명해 놓았으니 참고 바랍니다.

❷ 아마존이 임의로 아마존 창고 이름과 주소를 지정해 줍니다. 필자의 경우 창고 이름은 'MEM1'이고, 다행히 한 곳으로 배정을 받았지만, 이 단계에서 창고가 여러 곳으로 나뉘어 배정될 수도 있습니다. 나뉘는 경우, 박스를 각각의 창고로 발송해야 합니다.

만약, 여러 곳의 창고로 배정되는 것이 번거롭다면 'Setting > Fulfillment by Amazon Settings > Inbound Settings'에서 기본으로 설정되어 있는 'Distributed Inventory Placement'를 'Inventory Placement Service IPS'로 변경합니다. 그 이후 배송 계획을 만들면 창고가 한 곳으로 지정됩니다. 다만, 이것은 유료 서비스입니다. 자세한 내용은 9장 7절 'FBA 설정'을 참조하십시오.

❸ 배송사를 선택합니다. DHL, FedEx, UPS, USPS 등이 아닌 경우는 Other를 선택합니다. 상품이 출발하는 주소가 미국이 아닌 경우, Amazon partnered carrier는 사용할 수 없도록 N/A 처리가 됩니다.

❹ 비용이 나옵니다. IPS 등 유료 서비스를 사용하면 전체 비용에 추가되어 나옵니다. 다음과 같이 [Accept charges and confirm shipping] 버튼이 활성화됩니다.

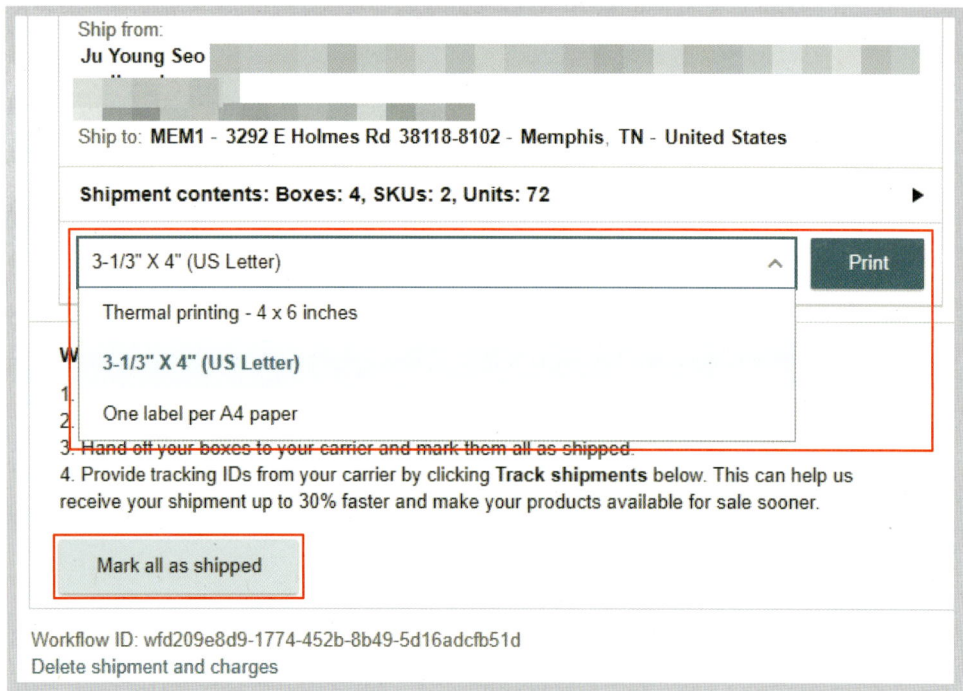

[Accept charges and confirm shipping] 버튼을 클릭하면 'Step 3: Print box labels' 단계로 이동합니다.

4 Step 3: Print box labels

· 라벨 용지 선택

라벨 용지를 선택합니다. 세 가지 크기 옵션이 있습니다. 원하는 크기로 선택하고 [Print] 버튼을 클릭해서 다운로드하십시오. 만약 OEM 생산을 하는 셀러라면 이 다운로드받은 박스라벨 파일을 제조업체에 보내 카톤박스 위에 붙이게 합니다. 필자는 작은 사이즈(US Letter)로 여러 장을 출력해서 박스의 상단이나 옆면에 부착할 것을 권합니다.

다음은 출력한 라벨의 예시입니다.

이렇게 박스 라벨까지 선택했으면 하단에 있는 'Mark all as shipped' 버튼을 클릭합니다.

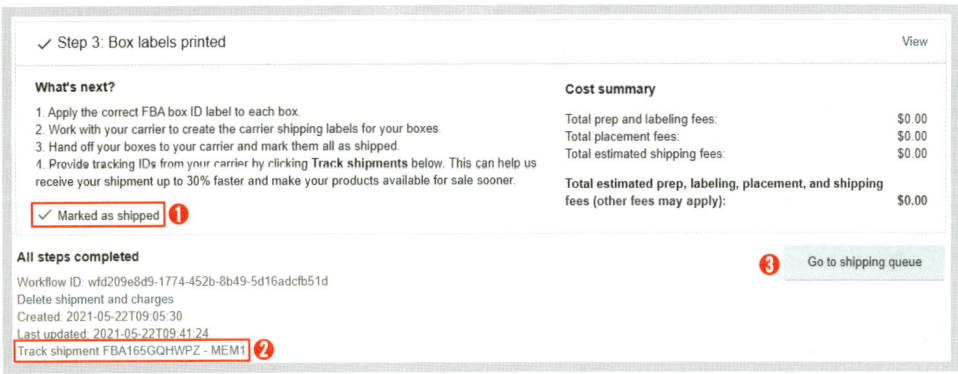

❶ [Mark all as shipped]를 클릭하면 'Marked as shipped'로 변경됩니다.

❷ 'Track shipment'를 클릭하여 운송장 번호 Tracking number를 기재합니다.

❸ 전체 배송 목록 화면으로 이동합니다.

· Track Shipment

이전 화면에서 'Track shipment'를 클릭하면 전체 배송의 진행 상황을 확인하는 'shipment events' 화면으로 이동합니다. 이 화면에서 옆 탭의 'Track shipment'를 클릭하거나 화면 중간의 'Upload here'를 클릭합니다.

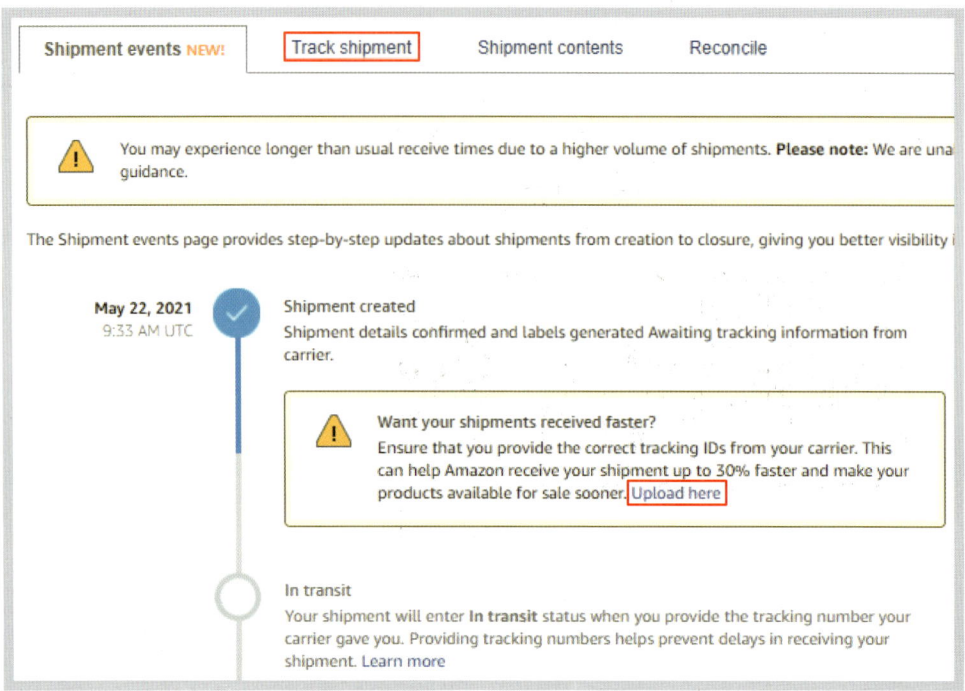

클릭하면 다음과 같은 화면이 나옵니다.

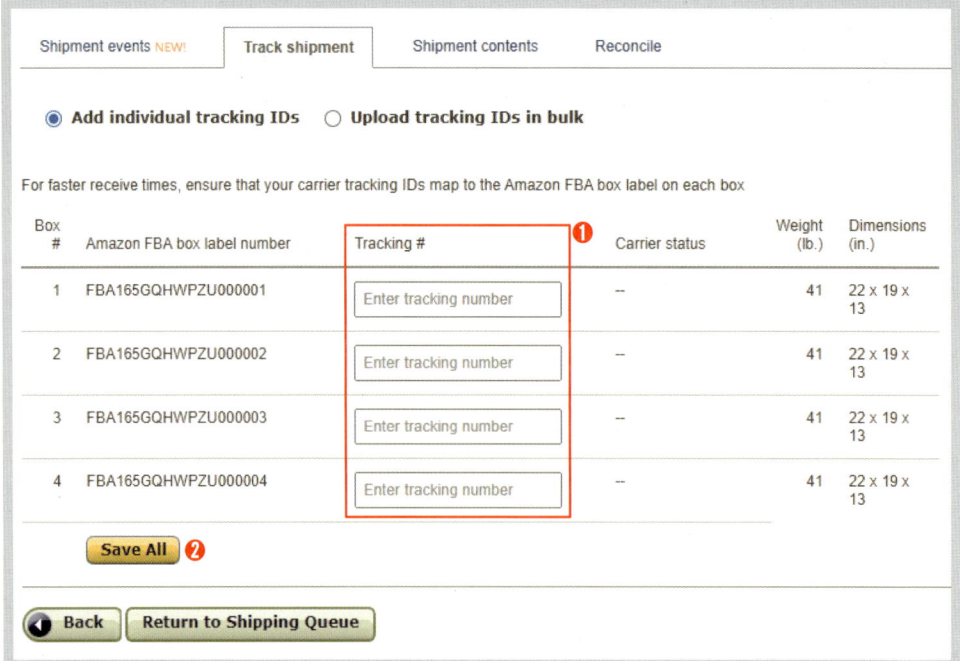

❶ 운송장 번호를 기입합니다.

❷ 다 기입하였으면 [Save All] 버튼을 클릭합니다.

[글로벌 셀러를 위한 포장 부자재를 구매할 수 있는 곳]

필자 역시 아마존 셀러로서 애용하는 FBA 포장 사이트를 소개하고자 합니다. 이셀러스디포라는 곳으로, 이 사이트는 제가 아는 한, 아마존과 이베이 라벨 포장재를 판매하는 유일한 전문 사이트입니다. 필자는 이곳에서 주로 FBA 질식 경고 문구가 인쇄된 포장용 비닐백, 경고 문구 스티커, 1장에 44개가 출력 가능한 FNSKU바코드 출력용 스티커 용지를 구매합니다.

아마존은 FBA 입고를 위한 포장 정책을 규정하는데, 평평한 상태에서 너비 5in(12.7cm) 이상의 개구부가 있는 비닐백은 질식 관련 경고를 백 자체에 인쇄하거나 라벨에 표기하여 부착하도록 하고 있습니다. 만약 질식 관련 경고를 적용하지 않을 경우 아이템을 재포장해야 할 수도 있기 때문에, 아마존의 규정을 지켜주는 것이 좋습니다. 그러나 우리나라에서 이런 경고 문구가 인쇄된 비닐 백이나 경고 문구 스티커를 찾기가 여간 어려운 것이 아닙니다. 또한 FNSKU 규격에 맞는 스티커 용지도 다른 곳에서는 찾지 못했습니다.

이셀러스디포라는 사이트를 알기 전에는 해외에서 구매를 했었습니다만, 이제는 늘 이곳을 애용합니다. 그러다 보니 이셀러스디포에서도 필자에게 무료 배송의 혜택을 주고 있는데, 아래 QR코드로 이셀러스디포에 회원 가입을 하면 회원 가입시 1000원의 적립금과 무료배송 쿠폰이 자동 지급됩니다. 이 방법으로 첫 구매 이후 무제한으로 필자가 받는 무료 배송 혜택을 그대로 받으실 수 있게 될 것입니다. 물론, 이렇게 가입하셔도 저에게는 아무런 혜택이 없음을 밝혀드립니다. 도움이 되시기 바라며, 아마존 정책을 준수하면서도 효율적으로 포장을 준비하시기 바랍니다.

실전강의

SPD, LTL

SPD란 'Small Parcel Delivery'의 약자로 박스로 발송할 경우 주로 이용을 하는 배송 방법이고, LTL이란 'Less Than Truckload'의 약자로 사이즈가 크거나 무게가 무거울 때 주로 이용하는 배송 방법입니다.

아마존은 SPD나 LTL을 이용하는 규정을 정해 두고 있습니다.

SPD

가. 상자 어느 한 변의 길이도 25in(63.5cm)를 초과할 수 없습니다.

나. 상자 무게가 50lb(22.68kg)를 초과할 수 없습니다.

- 단, 상자에 50lb를 초과하는 대형 품목이 하나만 있는 경우는 SPD를 이용할 수 있습니다.
- 50lb가 넘는 대형 품목의 경우는 상자 위쪽과 옆면에 여러 명이 들어야 한다는 팀 리프트를 명확하게 나타내는 레이블을 부착해야 합니다.
- 100lb가 넘는 대형 품목의 경우는 상자 위쪽과 옆면에 기계를 이용하여 들어야 한다는 기계식 리프트를 명확하게 나타내는 레이블을 부착해야 합니다.

다. 보석이나 시계가 들어 있는 상자의 경우는 40lb를 초과할 수 없습니다.

LTL

가. SPD를 이용할 수 없는 경우(25in 이상, 50lb 이상) LTL을 선택해야 합니다.

나. 단일 LTL 선적은 4999박스를 초과할 수 없습니다. 만약 5000박스 이상 보내고자 한다면 2번째 배송 계획을 만들어야 합니다.

다. LTL 발송은 반드시 팔레트 적재를 해야 합니다. 또한 팔레트는 다음과 같은 기준에 부합되어야 합니다.

- 40in × 48in 크기
- 나무 팔레트(약한 재료로 만들어진 팔레트는 사용 불가)
- 목재, 합판, 복합재 등 자재는 상관없으나 반드시 GMA 표준 B등급 이상
- 식품 및 식료품의 경우는 GMA 1A 등급 사용
- 건강 및 미용 상품의 경우는 GMA 1A 및 1B 등급 사용

3. 통관 바로 이해하기

아마존 셀러가 FBA를 진행한다는 것은 단순 판매를 의미하는 것이 아니라, 무역업을 영위하는 것과 같습니다. 무역에는 통관이라는 피할 수 없는 관문이 있고, 그래서 우리는 반드시 통관과 관세에 대해 정확히 알고 있어야 합니다. 물론 FBM에서도 통관이 필요하고, 관세가 발생할 수도 있습니다. 그러나 FBM의 경우는 대부분 목록통관이라는 형태로 진행이 되고, 관세 역시 미국으로 발송하는 경우 800달러까지 무관세 혜택을 보기 때문에 거의 발생하지 않는다고 봐도 무방합니다. 그럼 이제 통관에 대해 간단히 살펴볼까요? 이 책은 무역실무 책이 아니므로 깊이 들어가지는 않고 개념을 간단히 훑는 정도로만 하겠습니다.

1 통관의 개념

통관(通關)이란 관세법에 따른 절차를 이행하여 물품을 수출, 수입 또는 반송하는 것을 말합니다. 쉽게 말하면, 물품을 외국으로 수출하거나 수입하는 데 있어서 세관을 통관하는 절차를 의미하고, 우리 같은 글로벌 셀러는 한국에서는 수출통관을, 물품이 도착하는 국가(보통 미국)에서는 수입통관을 해야 하고, 수입통관은 한국의 관세법이 아닌 수입국의 법에 따라 진행이 됩니다.

• 한국 수출통관

수출통관이란 우리나라 물품이 관세선을 넘어서 외국으로 나갈 때, 수출하고자 하는 물품을 세관에 수출신고 한 후 세관장의 신고수리를 받아 물품을 외국 무역선이나 항공기에 적재하기까지의 절차를 말합니다.

수출신고는 화주, 관세사, 통관법인, 관세사법인 명의로만 할 수 있고, 우리 글로벌 셀러들이 화주가 됩니다. 수출신고는 일반적으로 상업송장 Commercial Invoice과 포장명세서 Packing List를 근거로 작성이 되고, 세관장은 심사를 통해 통관을 보류할 수 있지만, 보통 그런 일은 발생하지 않으며, 수출신고 물품에 대한 검사도 일반적으로 생략이 됩니다.

수출신고가 완료되면 세관장이 전자서명한 수출신고필증을 교부하고, 화주는 관세청 유니패스 사이트에서 다운로드받을 수 있습니다.(우리나라의 통관업무는 100% 전자화되어 있습니다.) 이런 수출신고에는 일반 수출신고인 정식 통관, 목록 통관, 전자상거래 간이 수출신고를 통한 약식 통관이 있습니다. B2B의 경우는 일반 수출신고가 주를 이루지만, 소액으로 많은 건을 수출신고를 하는 글로벌 셀러는 주로 전자상거래 간이 수출신고를 이용하게 됩니다. 전자 상거래 간이 수출신고는 수출 신고 장려를 위한 절차의 일환으로 '일반 수출신고' 절차보다 간소화된 수출신고이기 때문입니다. 하지만, 전자상거래 간이 수출신고는 수출신고 금액이 FOB 금액으로 200만 원 이하까지만 가능하기 때문에 대량으로 아마존 창고에 물건을 입고시키는 셀러라면 일반수출신고를 하셔야 합니다.

혹은 신규 셀러나 소량으로 창고에 보내는 셀러들은 FedEx, UPS 같은 특송사를 이용해 FOB 금액으로 800달러 미만으로 하여 목록통관을 하시는 경우가 많지요. 그런데 목록통관은 관세 환급, 반품재수입 감면이 불가하고, 수출실적으로도 인정되지 않으며 따라서 수출신고 필증도 교부되지 않습니다.(상품 발송 시 HS CODE를 기재하여 발송하는 경우는 수출실적으로 인정됩니다.) 그래서 800달러가 넘어가는 수출신고는 일반수출신고나 전자상거래 간이수출신고를 이용하시기를 권합니다.

구분	A. 일반 수출신고	B. 목록 통관	C. 전자상거래 간이 수출 신고
대상	제한 없음	휴대품, 탁송품 등 FOB 기준 $800 미만	전자상거래 판매 FOB 기준 200만 원 이하
신고 주체	수출자(셀러),관세사	특송 업체	수출자(셀러), 관세사
부가세 영세율	●	▲	●
구매확인서 발급	●	▲	●
관세환급	●	×	●
반품 재수입 감면	●	×	●
수출실적 인정	●	×	●
수출신고필증	●	×	●

· **미국 수입통관**

한국의 수입통관보다 미국의 수입통관 제도를 훑고자 하는 것은 FBA를 하기 위해 아마존 창고로 발송하는 모든 물건들이 미국 CBP(U.S Customs and Border Protection)의 수입통관을 거쳐야 하기 때문입니다. 물론, B2C 통관의 경우 B2B 일반 무역에서의 통관과는 약간 다른 점들도 있지만, 기본은 B2B 통관에 있으므로, 해상 운송 시 시행되는 기본적인 미국의 수입통관 정책을 이해하면 Ship-Back 처리 등을 당하지 않을 수 있고, 배송사와의 업무 진행도 훨씬 수월해질 것입니다. 그러므로 B2B 수입 통관을 간단히 먼저 훑고 글로벌 셀러의 미국 수입 통관에 대해서 소개하겠습니다. 미국과 한국의 통관 절차 중 가장 큰 차이점은, 미국은 수입자가 적하목록의 10개 항목을, 운송사가 2개 항목을 사전에 CBP에 제출하여 신고(24 Hour Rule이라고 합니다)한다는 것과 수입 시 Bond(관세 보증서, Customs Surety Bond)를 제시해야 한다는 것이라고 생각이 됩니다. 다음은 수입자와 운송사가 제출해야 할 총 12개 적하목록과 각각의 제출 시기에 대한 표입니다.

구분	전송 주체	제출 정보	제출 시기	비고
10	수입자(소유주, 구매자, 수하인, 관세사, 대리인)	1. Manufacturer (or supplier): 제조자 또는 공급자 2. Seller (or owner): 판매자 또는 소유주 3. Buyer (or owner): 구매자 또는 소유주 4. Ship-to party: 수취인 5. Container stuffing location: 컨테이너 적입 장소 6. Consolidator (stuffer): 혼재업자 7. Importer of record number/foreign trade zone applicant identification number: 수입자 번호 / FTZ 신청인 식별 번호 8. Consignee number: 수하인 번호 9. Country of origin: 원산지 10. Commodity Harmonized Tariff Schedule number: (HS 번호)선적 24시간 전	선적 24시간 전	벌크 Bulk 화물: 24Hour Rule 적용 (도착 24시간 전)
2	운송회사 (선박회사)	1. Vessel Stow plan: 화물 적재 계획서	출항 후 48시간	
		2. Container Status Message: 컨테이너 상태 메시지	선적 24시간 전	

이렇게 사전 제출을 하고 난 후, 실제 물품이 통관항에 도착하면 도착날로부터 15역일 이내 물품 신고를 해야 하는데, 이때 제출하는 서류는 적하목록 CBP form 7533, 물품신고서 CBP form 3461, 통관할 수 있는 권리의 증명서, 상업송장 Commercial Invoice, 포장 명세서 Packing List, 기타 물품반출 허가를 위하여 세관장이 요구하는 서류 등입니다. 이 서류를 토대로 물품 및 서류 검사가 진행됩니다.

이렇게 통관이 진행될 때 수입자 및 운송업체는 통관 시에 부과될 모든 관세, 조세 및 각종 비용의 납부를 담보하기 위하여 세관에 보증서 Bonds를 제공하는데, 일반적으로 반출허가를 받기 전에 미국 재무부가 정하는 보험회사에서 발행하는 보증증서를 제공합니다. 미국으로 상품을 수입하는 모든 수입 업체와 미국으로 수입된 상품을 미국에서 운송하는 모든 운송업체는 반드시 세관 채권 Customs Bond이 있어야 합니다. 이 보증서는 한 번의 물품신고에 대하여 제공되는 보증서인 일회성 채권 Single Bonds과 수입 횟수에 관계없이 유효기간 1년 내의 수입 건에 대하여 포괄적으로 제공되는 채권인 계속성 채권 Continuous Bonds으로 구분됩니다.

이렇게 보증서까지 제출이 완료되면 마지막으로 관세를 납부하고, 물품을 반출함으로써 통관 절차는 마무리가 됩니다.

2 글로벌 셀러의 미국 수입통관

일반 B2B 무역의 경우, 한국의 수출통관과 미국의 수입통관을 살펴보았습니다. 그럼 이제는 아마존 셀러들의 통관에 대해 살펴봐야지요. 아마존 셀러들의 미국 수입통관도 B2B의 경우와 거의 같습니다만, 약간의 차이가 있습니다.

• IOR(Import of Record, 수입업자 역할 대행)

첫 번째 차이는 바로 IOR입니다. 우리가 통관을 위해 제출하는 서류 중에는 C/I^Commercial Invoice 가 있습니다. C/I에는 수출자 정보, 수입자 정보, 수하인 정보, 물품의 도착지 정보, 상품 정보, 거래 조건 등이 기재가 되는데, FBA를 진행하는 경우, 수출자 정보에는 우리 자신의 정보를 넣으면 되지만, 수입자 정보에는 아마존을 넣을 수가 없습니다. 아마존은 어떤 FBA 재고 배송에 대해서도 수입업자^IOR 역할을 하지 않기 때문입니다. 그러나 불행히도, 미국통관을 위해서는 C/I상 IOR 명기는 필수입니다. 그래서 이 문제를 해결하기 위해 일반적으로 아마존 셀러는 IOR 역할을 해 줄 수 있는 파트너를 찾는 것이고, 보통은 아마존 전문 배송사들이 자사의 배송 서비스를 이용한다는 전제하에 수수료를 받고 이 역할을 맡아 주고 있지요. 물론 전문 배송사마다 각자의 배송 정책들이 있기 때문에 조금씩 다른 서비스를 제공하니 꼭 업체에 문의하시고 이용하기 바랍니다. 또한 이들과의 업무 진행을 위해서 수출자인 셀러들은 DDP^Delivered Duty Paid 라고 하는 관세 지급 인도 조건을 선택하여 발송하여야 한다는 것도 잊지 마십시오. 이는 미국에서 수입통관 시 관·부가세가 발생하면 셀러가 지불한다는 조건입니다. 자세한 사항은 4장 2절 5항 'PL 셀러를 위한 간단 무역 상식'을 확인하십시오.

• Foreign IOR(수출자 명의로 미국내 수입신고 하는 방법)

앞에서 아마존 FBA를 하는 셀러들은 수입자가 없기 때문에 해상 운송사들의 IOR 유료 서비스를 이용하여 미국 수입통관을 한다고 하였습니다. 그러나 이 경우 IOR 서비스는 매번 이용 시마다 수수료를 지불해야 하는데, 이 수수료가 최소 $100~150으로 그리 저렴하지 않습니다.

그래서 아마존 창고로 빈번히 $800 이상의 인보이스 금액으로 입고를 진행할 경우 필자는 Foreign IOR 제도를 이용하시라고 말씀드리고 싶습니다.

이는 한국 수출업체가 미국에 정식으로 수입자로 등록할 수 있는 제도로서 외국 수입자 자격으로 미국으로 수입을 하기 위해서 신청하는 것이기 때문에 미국에 법인이나 회사가 없는 경우 이 제도로 수입을 할 수 있습니다. 다만 이때 미국 현지 관세사를 신고대리인으로 지정하여 Foreign IOR Customs Assigned Number를 받게 되는데 이것을 세관지정 수입업자^CAIN 라고 하는 것입니다. 그러나 이 제도를 이용해도 최종 수하인^Ultimate consignee 은 미국에 거주하고 Tax ID가 있는 회사이거나 개인이어야 하고 물품을 받을 수 있는 주소는 반드시 필요합니다.

그리고 여기서 한 가지 더, 필자가 앞에서 미국으로 상품을 수입하는 모든 수입 업체와 미국으로 수입된 상품을 미국에서 운송하는 모든 운송업체는 반드시 세관 채권^Customs Bond 이 필요하고 1회성 채권과 1년 동안 사용하는 채권이 있다고 안내했습니다. 이 부분을 생각한다면 우리가 Foreign IOR 제도로 수입 업체가 되는 것이니 우리도 세관 채권이 필요해진다는 것도 이해가 되실 겁니다.

결론적으로 이 제도를 통해 CAIN을 발급받고, Bond를 구매하면 1년 동안 수입자란에 셀러의 정보를 기재하면서 정식으로 자유롭게 미국 수입 통관을 하실 수 있게 됩니다. 그래서 필자는 1년 채권을 구매해 이 제도를 이용할 것을 권장합니다. 현재 이 제도 역시 대부분 아마존 업무를 진행하는 해상 배송사에서 자신들의 해상 서비스를 이용하는 것을 전제로 발급 신청을 해 주고 있습니다.

다만, IOR 대행이나 Foreign IOR 신청이나 모두 해당 배송사를 이용해야 한다는 전제가 있기 때문에 선택에 제한이 있다는 아쉬움이 있습니다. 이에 선택의 폭을 넓혀 드리기 위해 자사의 미국 파트너사와 함께 IOR 대행이나 Foreign IOR 신청 서비스를 진행해 드리고 있습니다. 팸글로벌을 통해 IOR 대행이나 Foreign IOR 신청하신다고 해도 배송사는 여러분이 자유롭게 선택할 수 있고, 수수료 역시 국내에서 저렴한 수준으로 진행하고 있으니 필요하신 경우 팸글로벌 홈페이지 www.faem.co.kr에서 프라임 서비스를 신청하시거나, https://bit.ly/3xLfKei 링크를 통해 신청해 주시기 바랍니다.

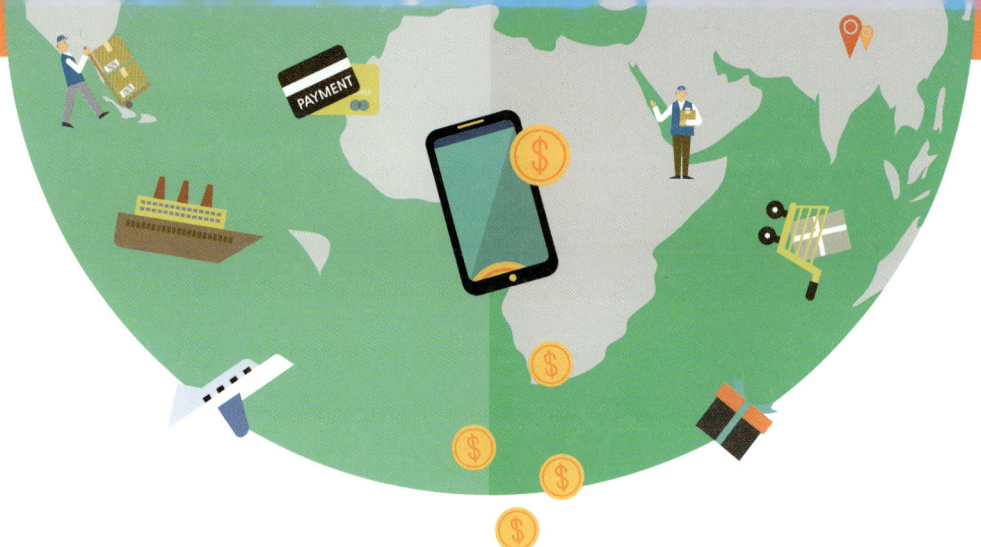

CHAPTER 7

판매 및 매출 확대를 위한
내 상품 홍보하기

01 캠페인(키워드 검색광고) 활용

1. 캠페인 개괄

한국 구매자들은 온라인 쇼핑을 할 때, 대부분 네이버, 다음 등의 포털 사이트를 이용해서 검색하여 최저가 판매금액과 판매처를 확인한 후 링크를 통해 해당 사이트로 이동하여 구매합니다. 그러나 아마존의 고객들은 브라우저 주소창에 아마존을 입력하고 들어와 아마존에서 검색을 하고 구매하는 경향이 높습니다.

그럼, 셀러 측면에서는 어떨까요? 아마존에서 상품을 등록하고 FBA를 이용하여 배송을 한다고 해서 나의 상품이 모두 잘 노출되고 있을까요? 꼭 그렇지는 않습니다. 아마존에는 수많은 종류의 상품들이 업로드되어 있고, 대부분의 셀러들이 모두 FBA를 이용하고 있기 때문입니다. 그렇기 때문에 어쩌면 나의 상품이 수차례 페이지를 넘겨야만 보일 수도 있습니다.

노출과 매출은 비례의 상관관계를 갖기 때문에, 만약 상품이 노출이 잘 안 된다면 매출이 증가할 수 없겠지요. 이런 고객의 구매 습성을 이용하고 상품을 첫 페이지에 노출되도록 하여 매출을 올리기 위해 키워드 검색광고가 필요합니다.

아마존에서 키워드 검색광고를 하는 것을 캠페인을 진행한다고 하고, 캠페인을 하는 상품을 'Sponsored products'라고 합니다. 이러한 상품들은 검색 결과에서도 상단에 뜨고, 상품 페이지에서도 별도의 Sponsored products 영역에 노출됩니다. 그러나 노출된다고 해서 광고비가 발생되지는 않습니다. 노출된 상태에서 그 상품을 클릭했을 경우에만 요금이 부과되는 CPC^{Cost Per Click} 방식을 채택하고 있기 때문입니다. 또한 해당 상품을 클릭했어도 캠페인을 진행하고 있는 셀러가 바이 박스를 차지하지 못한 상태라면 과금하지 않습니다.

다음 화면은 상세페이지와 검색 결과에서의 Sponsored products 노출 예시입니다.

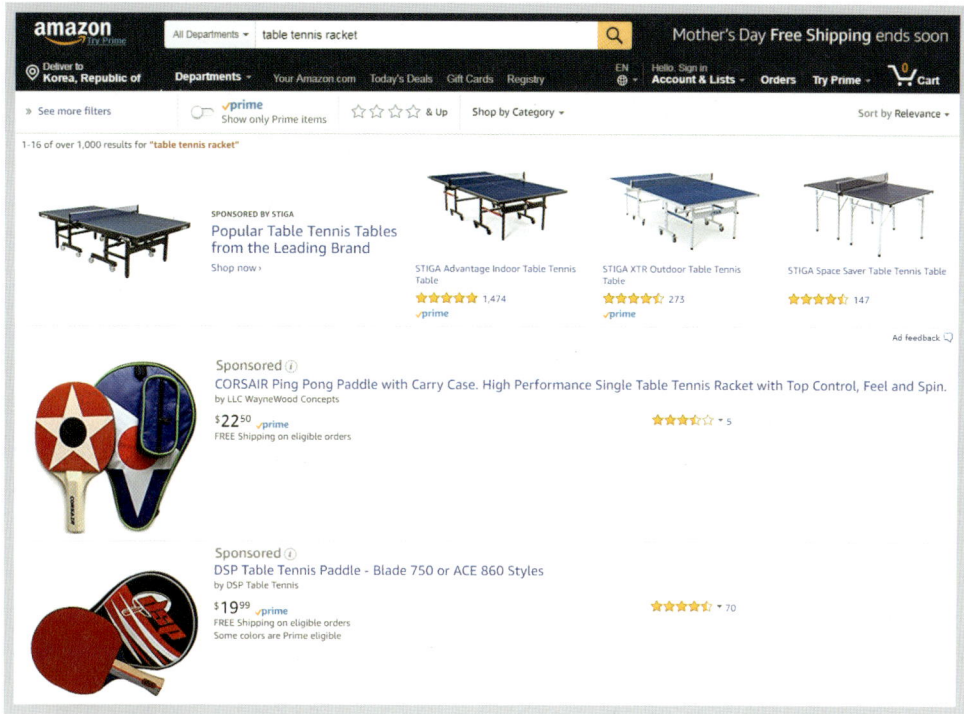

2. 캠페인 생성

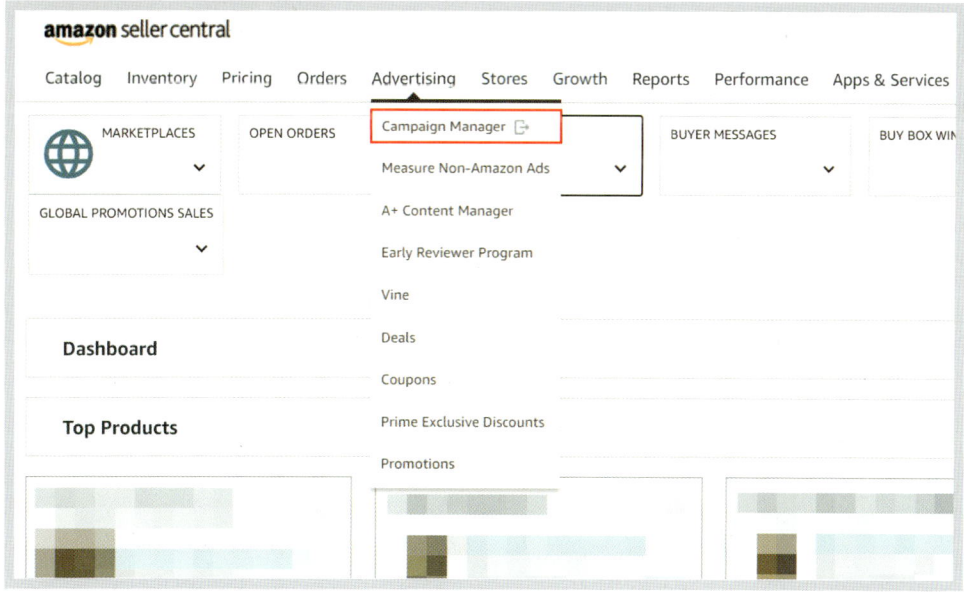

캠페인은 셀러 센트럴에서 'Advertising > Campaign Manager'를 클릭해 진행합니다.

검색광고를 처음 하는 경우라면 아마존이 $50를 지원합니다. 다음 화면에 보이는 [Create a campaign] 버튼을 클릭하면 바로 자동으로 지급됩니다.

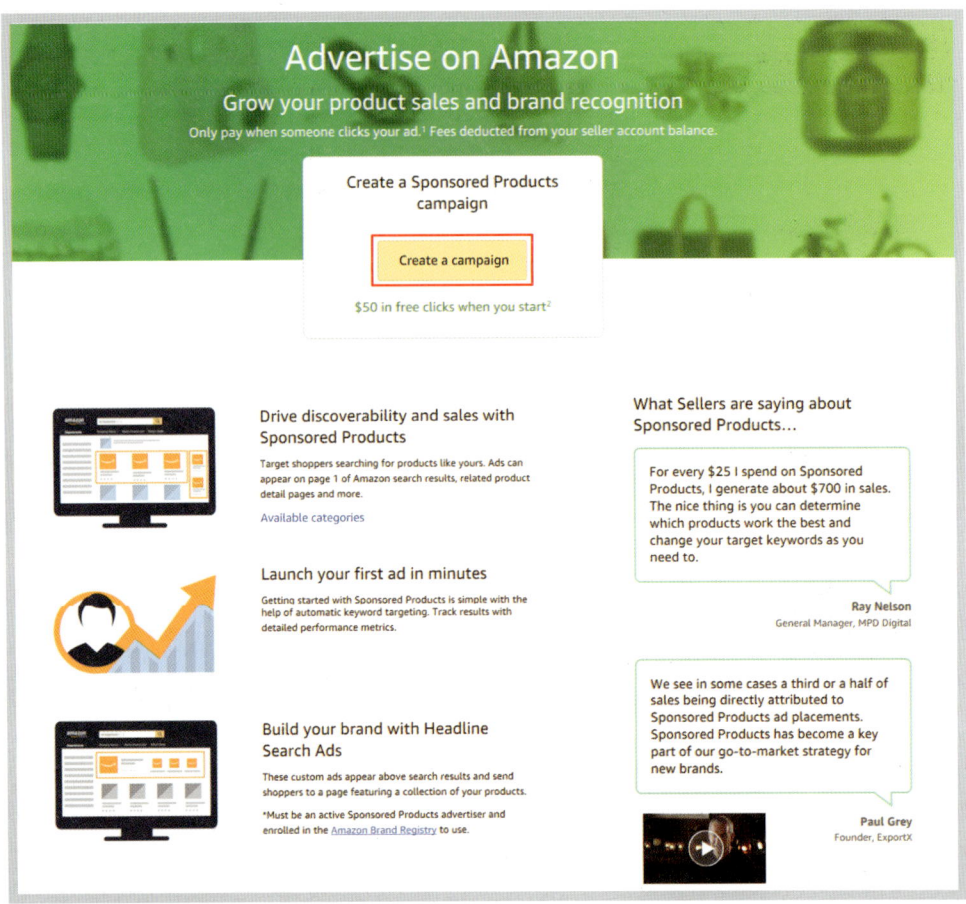

브랜드 등록을 한 셀러의 경우 [Create a campaign]을 클릭하면, 아래 이미지처럼 어떤 종류의 검색광고를 할 것인지 선택하는 화면이 보입니다. 'Sponsored Products'의 [Continue]를 클릭하여 캠페인 생성을 시작하십시오.

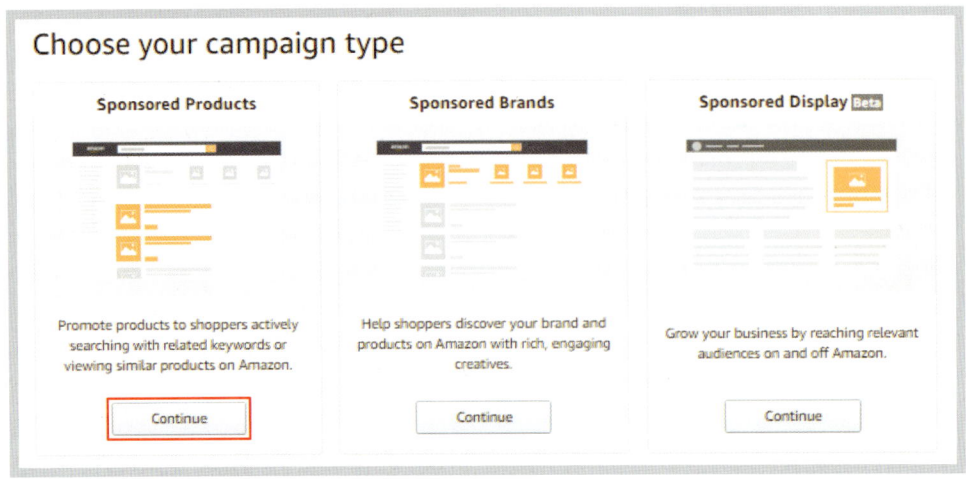

1 캠페인 예산, 기간, 타기팅 타입 결정

첫 단계에서는 캠페인의 이름과 일일 예산, 기간과 키워드를 선정하는 방법을 결정합니다.

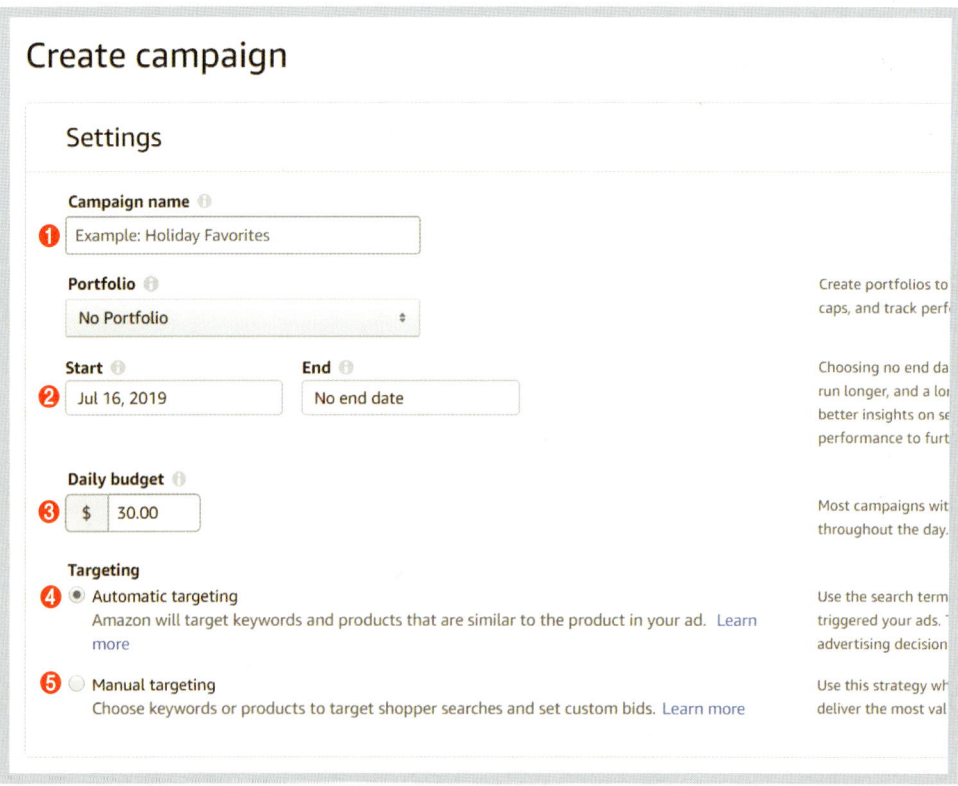

❶ 캠페인의 이름을 자유롭게 설정합니다.

❷ 캠페인의 시작일과 종료일을 지정합니다. 테스트용으로 캠페인을 생성하는 경우라면 기간을 2~4주 정도로 잡고 진행한 뒤 그 결괏값을 가지고 다시 생성하기를 권합니다.

❸ 하루에 사용할 일일 총예산을 설정합니다. 최소 $1부터 시작할 수 있으며, 셀러가 설정한 총예산에 도달하면 그날의 해당 캠페인은 자동으로 정지됩니다.

❹ 'Automatic targeting'은 광고할 키워드를 아마존 시스템에 의해 자동으로 선정하는 방식으로, 키워드 광고에 익숙하지 않거나 테스트를 하고자 할 때 선택합니다. 1~2회 시행한 후에는 판매자가 직접 키워드를 선정하는 것이 좋습니다.

❺ 'Manual targeting'은 광고할 키워드를 셀러가 직접 선정하는 방식으로, ❹ Automatic targeting 방식으로 테스트가 완료된 후 그 결괏값을 가지고 효과가 좋았던 키워드만을 선별하여 사용하기를 권합니다. 본 책에서는 'Manual targeting'을 기반으로 설명합니다.

2 Bidding

입찰 방법을 선택하고 기본 입찰가를 설정합니다.

Campaign bidding strategy

❶ ● Dynamic bids - down only
We'll lower your bids in real time when your ad may be less likely to convert to a sale. Any campaigns created before January 2019 used this setting. Learn more

❷ ○ Dynamic bids - up and down
We'll raise your bids (by a maximum of 100%) in real time when your ad may be more likely to convert to a sale, and lower your bids when less likely to convert to a sale. Learn more

❸ ○ Fixed bids
We'll use your exact bid and any manual adjustments you set, and won't change your bids based on likelihood of a sale. Learn more

❹ ∧ Adjust bids by placement (replaces Bid+)
In addition to your bidding strategy, you can increase bids by up to 900%. Learn more
Ⓐ Top of search (first page)   300 %   Example: A $1.00 bid will be $4.00 for this placement.
Ⓑ Product pages   100 %   Example: A $1.00 bid will be $2.00 for this placement.

---

❶ Dynamic bids-down only: 광고가 판매로 전환될 가능성이 적을 때 실시간으로 입찰가를 낮추는 것으로, 2019년 1월 이전에 생성된 캠페인은 모두 이 방식을 사용했습니다.

❷ Dynamic bids-up and down: 광고가 판매로 전환될 가능성이 높을 때는 실시간으로 입찰가를 최대 100% 높이고 판매로 전환할 가능성이 적은 경우는 낮추는 방식입니다.

❸ Fixed bids: 셀러가 입력한 입찰가를 고정하는 것으로, 판매 가능성에 따라 입찰가를 변경하지 않는 방식입니다.

❹ Adjust bids by placement: 기본 입찰가에 비율을 올리면서 게재 위치별로 다른 입찰가를 적용할 수 있습니다.

   Ⓐ Top of search(first page): 검색 결과 첫 페이지 상단에 스폰서 상품으로 게재됩니다.

   Ⓑ Product pages: 제품 상세 정보 페이지 안과 add-to-cart 페이지 같은 검색 결과 바깥 영역에 스폰서 상품으로 게재됩니다.

3 Create an ad group

그룹명을 기재하고, 해당 그룹 안에서 광고할 상품을 선택합니다.

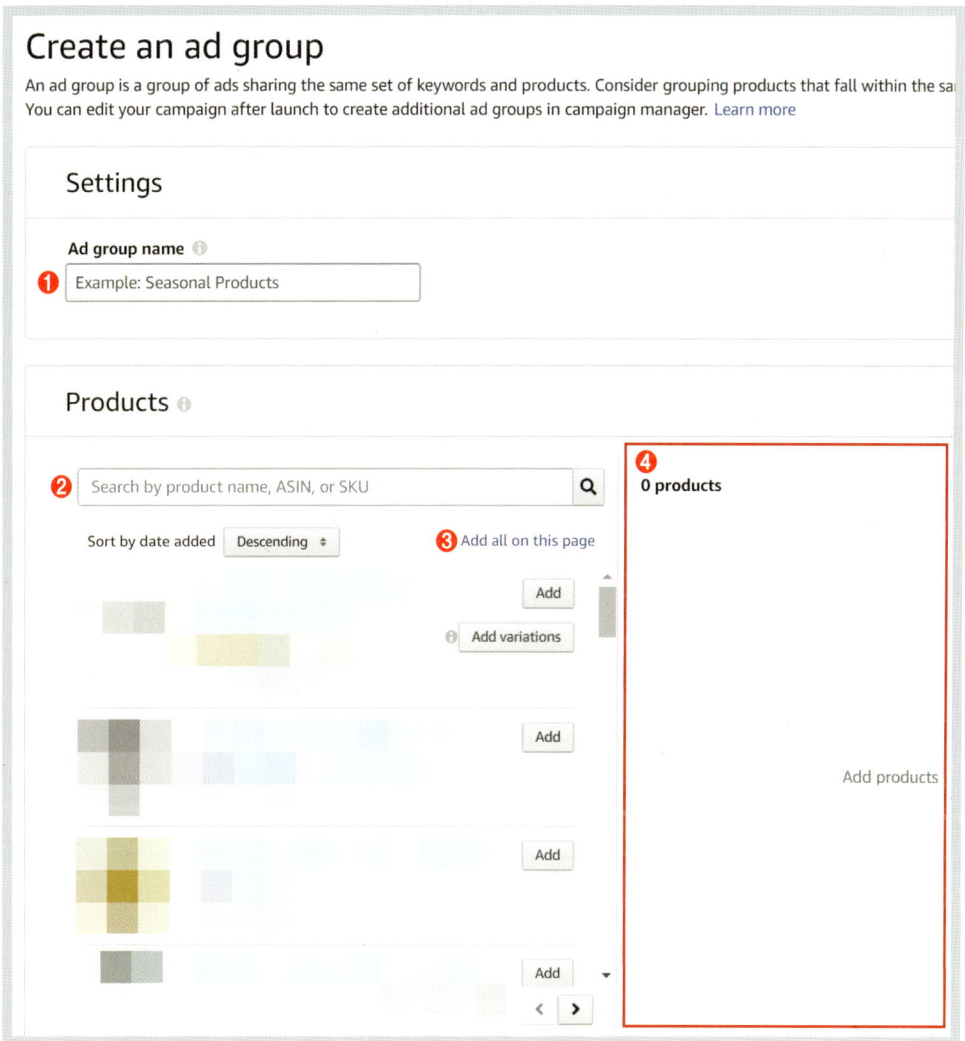

❶ 각각의 캠페인은 여러 개의 그룹을 생성하여 그룹별로 관리할 수 있습니다. 그룹명은 여러분이 원하는 대로 기입하면 됩니다.

❷ 광고를 진행할 상품을 선택합니다. 기본적으로 셀러가 업데이트한 모든 상품이 아래에 보여지지만, 업데이트한 상품이 많을 경우는 상품명 Product name, 상품식별 번호 ASIN, 재고관리 번호 SKU를 검색해 쉽게 찾을 수 있습니다.

❸ 'Add all on this page'를 클릭하면 현재 보여지는 화면의 모든 상품을 한번에 선택할 수 있습니다. 물론 각 상품별로도 선택이 가능합니다.

❹ 선택한 상품들의 목록이 보입니다.

4 Targeting

타기팅하고자 하는 방식을 선택합니다.

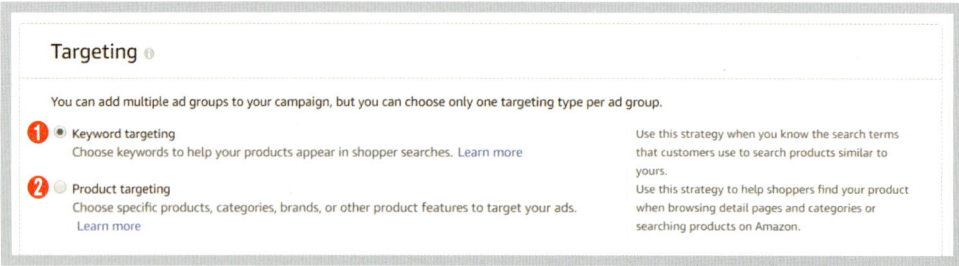

① Keyword targeting: 고객 검색 및 세부 정보 페이지에서 제품을 표시할 키워드를 선택하고, 고객이 해당 키워드로 검색을 했을 때 나의 제품을 노출시키는 방식입니다.

② Product targeting: 구매자가 세부 페이지 및 카테고리를 탐색하거나 Amazon에서 제품을 검색할 때 나의 제품을 노출시키는 방식입니다.

5 Keywords

위의 'Targeting'을 Keyword로 선택하면 아래 화면이 나타납니다. 여기서 키워드를 선택하거나 직접 입력하고 입찰가격을 설정합니다.

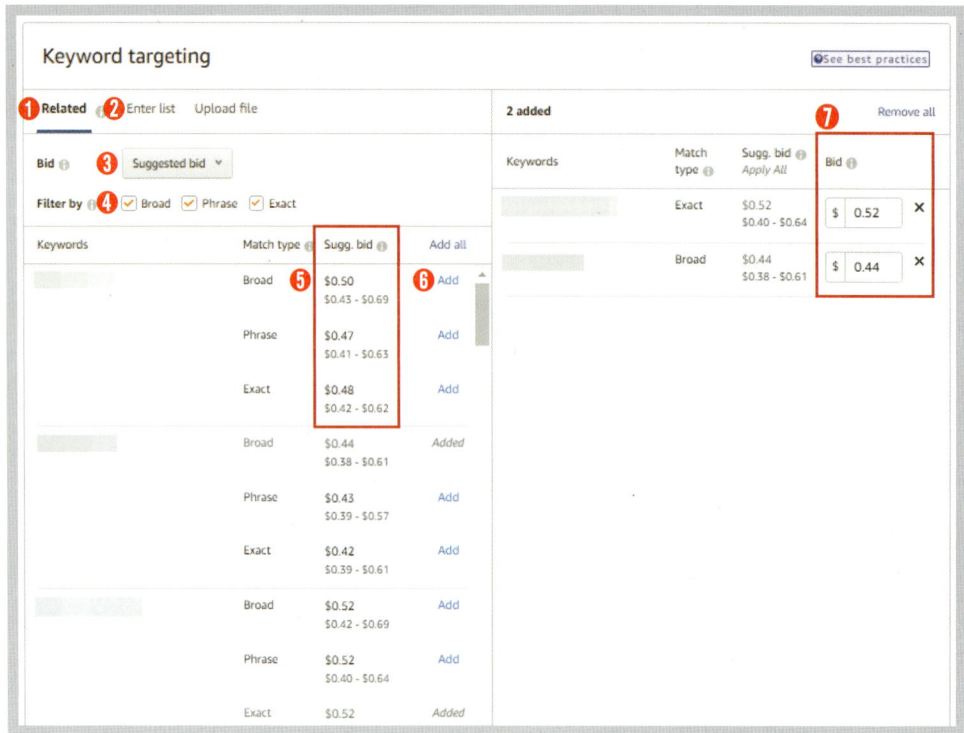

❶ Related: 셀러가 작성한 타이틀과 특징들을 기반으로 아마존이 추천하는 키워드입니다.

❷ Enter list: 셀러가 직접 키워드를 선정하고자 할 때 클릭하며, 클릭 시 화면이 다음과 같이 변경됩니다.

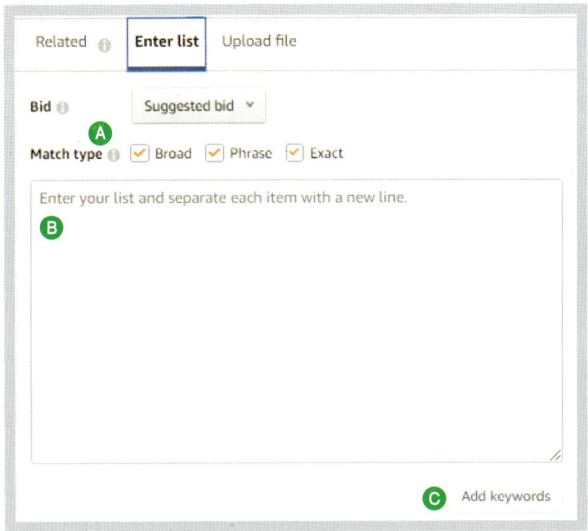

Ⓐ Match type: 키워드 검색 유형을 설정하여 검색어를 세밀하게 조정할 수 있습니다.

· Broad: 고객이 입력한 검색 키워드 혹은 동의어까지 포함한 광범위 매치

· Phrase: 고객이 입력한 어구나 입력 순서가 일치할 경우에만 매치

· Exact: 고객이 입력한 검색 키워드와 완전히 일치하는 경우에만 매치

Ⓑ 추가하고자 하는 키워드를 한 행에 하나씩 입력합니다. 열 개의 키워드를 추가하고자 한다면 열 줄이 되어야 합니다.

Ⓒ [Add keywords] 버튼을 클릭하면 해당 키워드들이 선택된 키워드 keywords added 에 나타납니다.

❸ 'Bid' 유형을 Suggested bid / Custom bid / Default bid 중 하나로 선택할 수 있습니다.

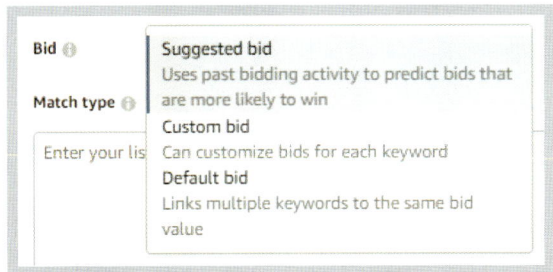

'Suggested bid'는 이길 가능성이 높은 입찰을 예측하기 위해 과거 입찰 활동을 사용하는

방식이고, 'Custom bid'는 각 키워드에 대한 입찰가를 설정하는 방식이며, 'Default bid'는 여러 키워드에 동일한 입찰가를 적용하는 방식입니다. 'Default bid'를 선택하는 경우는 기본 입찰가를 설정할 수 있게 됩니다.

❹ Filter by: 다음의 세 가지 필터를 이용해 보다 정밀한 타기팅이 가능합니다. 세 가지 필터를 모두 사용하여 각 필터별 제안 입찰가를 보고 선택하는 것이 좋습니다.
- Broad: 고객이 입력한 검색 키워드 혹은 동의어까지 포함한 광범위 매치
- Phrase: 고객이 입력한 어구나 입력 순서가 일치할 경우에만 매치
- Exact: 고객이 입력한 검색 키워드와 완전히 일치하는 경우에만 매치

❺ Sugg. bid: 추천 입찰가($0.50 등 상단 기재) 및 입찰가 범위($0.43~0.69 등 하단 기재)는 광고주와 유사한 광고에 대해 낙찰된 입찰가 그룹에서 계산되어 셀러에게 제시됩니다. 제안된 입찰가 또는 입찰가 범위 밖의 입찰가를 기재해도 무방합니다.

❻ 제시된 키워드를 모두 선택할 때는 'Add All'을 클릭하고, 개별로 선택하고자 할 때는 키워드별로 'Add'를 클릭합니다.

❼ 각 키워드로 광고가 게재 될 때 클릭당 지불할 최대 금액입니다.

⑥ Product targeting

· Categories

광고 상품과 관련성이 있는 추천 카테고리를 타기팅할 수 있고, 카테고리별로 검색하거나 검색 필드 아래에 나열된 카테고리를 탐색할 수도 있습니다.

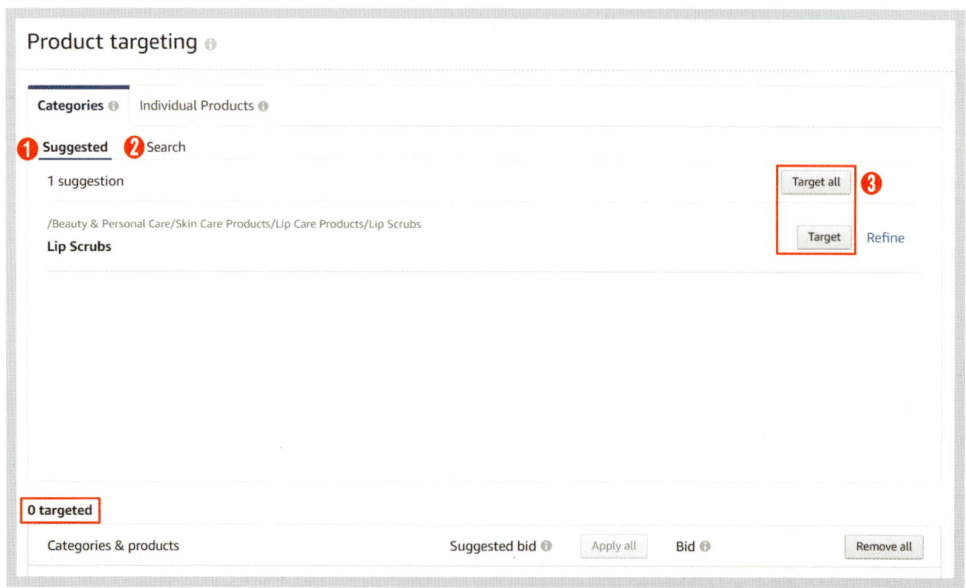

❶ 아마존이 나의 상품과 관련 있는 카테고리를 추천해 줍니다.

❷ 아마존이 추천해 준 카테고리를 선택하지 않고 여러분이 직접 카테고리를 찾고자 할 때 이용합니다.

❸ 제시된 카테고리를 모두 선택할 때는 [Target all] 버튼을 클릭하고, 각각 개별로 선택하고자 할 때는 카테고리별로 [Target] 버튼을 클릭합니다. 선택된 카테고리들은 아래 'Targeted' 영역으로 옮겨집니다. 키워드 선택 시와 동일하게 제시되는 입찰가를 보고 나의 입찰가를 선정하면 됩니다.

· **Individual Products**

나의 제품과 유사한 추천 제품에 타기팅하거나, 검색 필드에서 특정 제품을 검색하여 타기팅 할 수 있습니다.

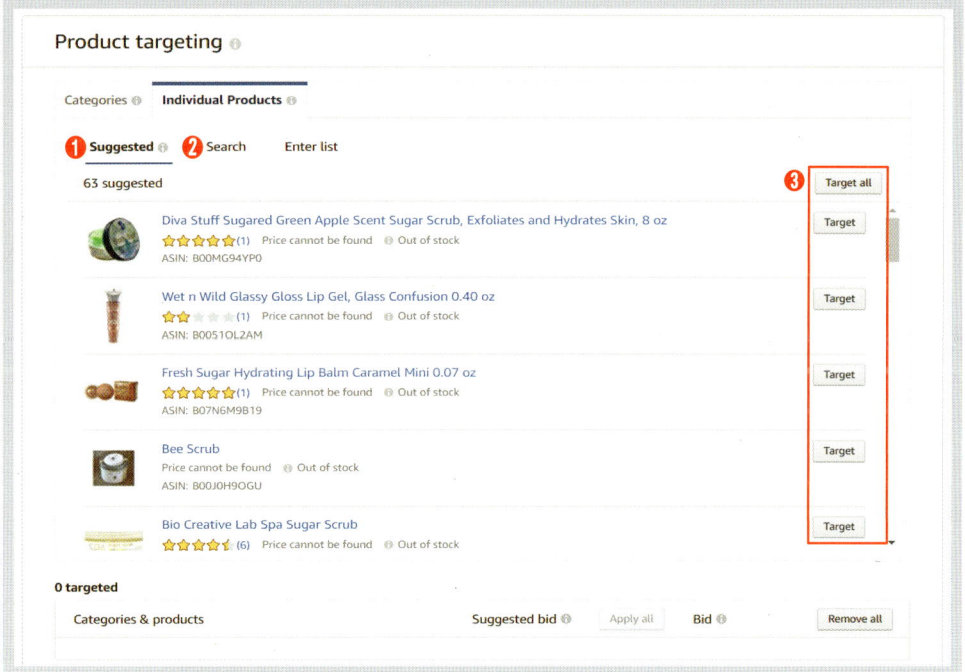

❶ 아마존이 나의 상품과 관련 있는 상품들을 추천해 줍니다.

❷ 아마존이 추천해 준 상품을 선택하지 않고 본인이 직접 상품을 찾고자 할 때 이용합니다.

❸ 제시된 상품을 모두 선택할 때는 [Target All] 버튼을 클릭하고, 각각 개별로 선택하고자 할 때는 상품별로 [Target] 버튼을 클릭합니다. 선택된 상품들은 아래 'Targeted' 영역으로 옮겨집니다. 키워드 선택 시와 동일하게 제시되는 입찰가를 보고 나의 입찰가를 선정하면 됩니다.

7 Optional: Negative product targeting

선택 사항으로, 구매자의 검색이 제외 상품 선택과 일치할 때 광고가 게재되지 않게 함으로써 관련성 없는 검색을 제외하고 광고 비용을 줄일 수 있습니다. 브랜드를 제외할 수도 있고, 특정 상품을 제외할 수도 있습니다.

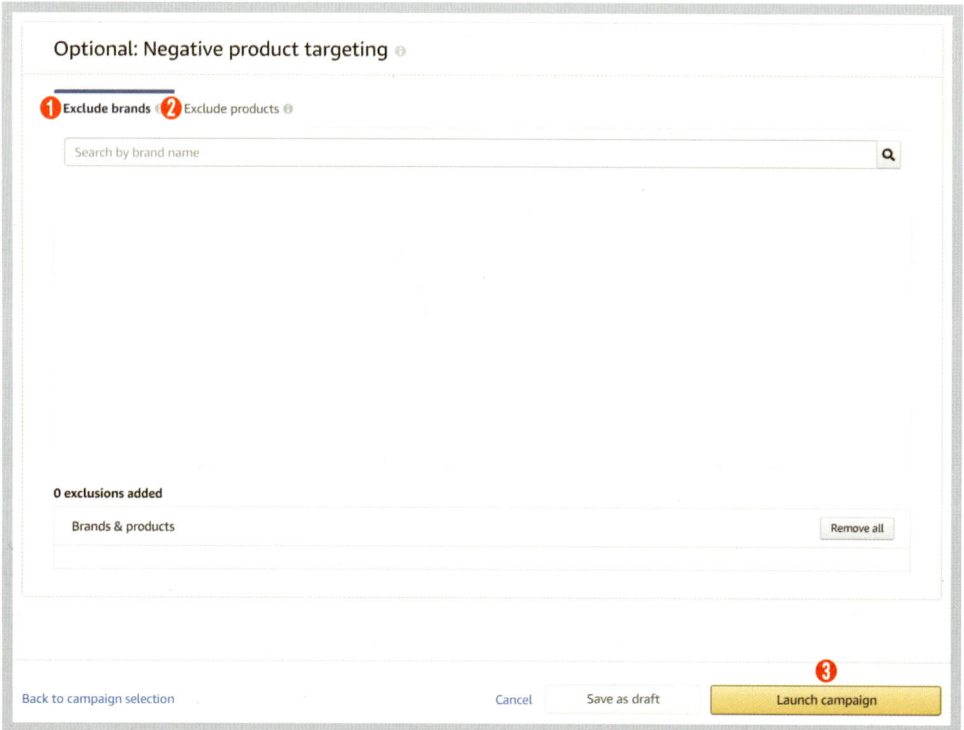

❶ 브랜드를 제외하고자 할 때 선택합니다.
❷ 상품을 제외하고자 할 때 선택합니다.
❸ [Launch campaign] 버튼을 클릭하면 모든 입력이 끝나고 캠페인이 시작됩니다.

3. 캠페인 설정된 내역 확인 및 진행 상황 체크

생성된 캠페인은 다음과 같이 관리할 수 있습니다.

1 캠페인 설정 내역 확인

캠페인을 생성 후에 메인 화면으로 오면 상단에 캠페인 결과에 대한 대시보드가 보이고, 하단에는 생성된 리스트가 보입니다. 먼저 상단의 대시보드부터 간단히 살펴보고 넘어가겠습니다.

상단의 통계는 운영 중인 모든 캠페인의 종합 결과를 보여줍니다. 이 결과들을 통해 현재 진행하고 있는 캠페인의 성과를 따져보고 분석할 수 있습니다.

❶ Spend: 전체 캠페인을 종합하여 광고로 사용한 금액입니다.

❷ Sales: 전체 캠페인을 종합하여 광고로 인해 발생된 매출액입니다.

❸ ACOS: Advertising Cost of Sales의 약어로 전체 캠페인을 종합하여 광고에 기인한 판매액 비율을 의미합니다.

❹ Impressions: 전체 캠페인을 종합하여 광고로 인해 발생된 노출 수입니다.

❺ Add metric: 클릭하여 Add metric 하단에 보이는 내용 중 한 가지를 선택해, Spend, Sales, ACOS, Impressions처럼 화면에 바로 보이는 디폴트 값으로 설정할 수 있습니다.

❻ Clicks: 전체 캠페인을 종합하여 광고로 인해 내 상품 페이지를 방문한 클릭 수입니다.

❼ Cost-per-click(CPC): Spend / Clicks와 같습니다. 전체 캠페인을 종합하여 얼마를 사용해서 클릭이 일어났는가, 즉 클릭당 비용을 의미합니다.

❽ Clickthrough rate(CTR): Clicks / Impression과 같습니다. 내 제품이 노출된 후 나의 상세 페이지로 사람들이 얼마나 클릭해서 들어왔는지를 보여줍니다.

❾ Orders: 전체 캠페인을 종합하여 광고로 인해 발생된 주문 건수입니다.

이제 하단의 리스트를 살펴보겠습니다.

❶ 현재 캠페인의 상태입니다. Running, Incomplete, Ineligible, Paused, Campaign paused, Archived, Campaign archived, Campaign scheduled, Campaign ended, Out of budget, Payment failure 등의 상태가 있습니다. 'Running'은 캠페인이 진행 중이라는 것을 의

미합니다.

❷ 키워드가 자동(Automatic) 추출되었는지, 수동(Manual) 추출되었는지를 표시합니다.

❸ 캠페인 시작일입니다.

❹ 캠페인 종료일입니다.

❺ 하루에 지불할 수 있는 총예산입니다.

❻ 캠페인의 총 클릭 비용입니다.

❼ 광고를 통해 일주일 이내 발생된 상품의 총 판매액입니다. 업데이트에 최대 12시간이 걸리므로 실시간 데이터는 아닙니다.

❽ Advertising Cost of Sales의 약어로 광고에 기인한 판매액 비율을 의미합니다. 사용된 광고비를 매출액으로 나누어 산정됩니다. 예를 들어, $4 광고비로 인한 $20 매출시 '4/20×100'으로 계산하여 ACoS는 20%가 됩니다. ACoS는 낮을수록 좋습니다.

❾ 캠페인 리스트의 각 항목을 더 늘리거나 줄일 수 있습니다.

❿ 결과를 Yesterday, Week to date, Last week, Month to date, Last month, Year to date, Lifetime, Customized로 구분하여 살펴볼 수 있습니다. 기본적으로는 'Lifetime'으로 설정되어 있습니다.

2 캠페인 그룹별 상세 결과

캠페인 리스트에서 이름을 클릭하면, 해당 캠페인의 각 그룹들을 확인할 수 있습니다.

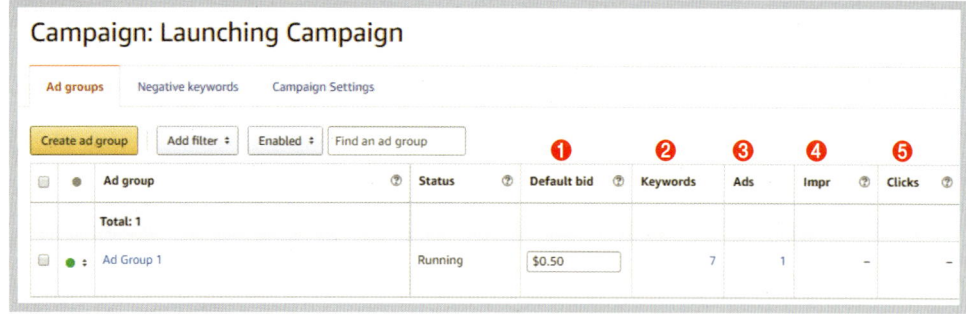

❶ 캠페인 생성 당시 셀러가 설정한 키워드를 클릭할 때마다 셀러가 지불할 의사가 있는 기본 금액입니다.

❷ 진행하고 있는 키워드의 수입니다.

❸ 해당 그룹 내에 광고를 진행하고 있는 상품의 수입니다.

❹ Impressions의 약어로 노출 수입니다.

❺ 노출된 광고를 클릭한 수입니다.

4. 캠페인 리포트

캠페인을 진행하면 키워드 검색 빈도와 시간 경과에 따른 검색량의 변화, 판매 현황 등 광고 실적에 대한 보고서를 확인할 수 있습니다.

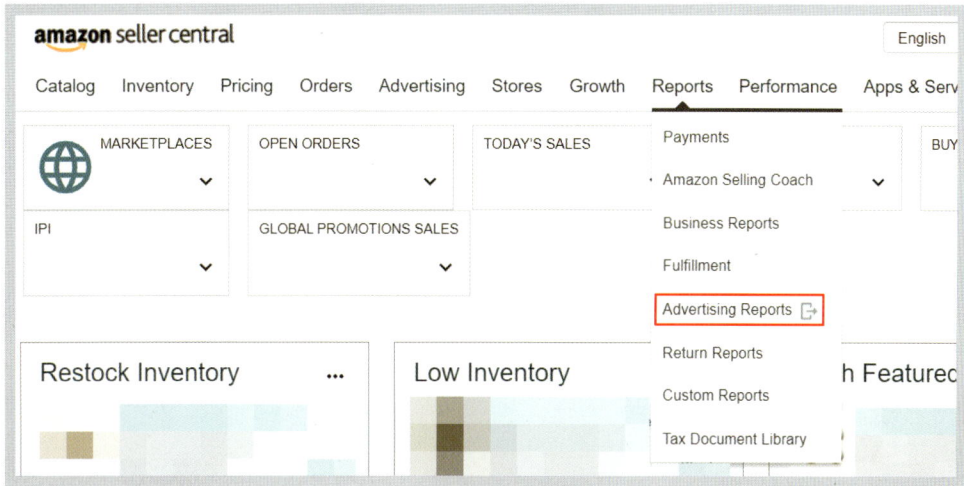

셀러 센트럴에서 'Reports > Advertising Reports'로 들어가면, 다음과 같이 단독 사이트로 이동합니다. 혹은 'Advertising > Campaign Manager'를 클릭하셔도 됩니다.

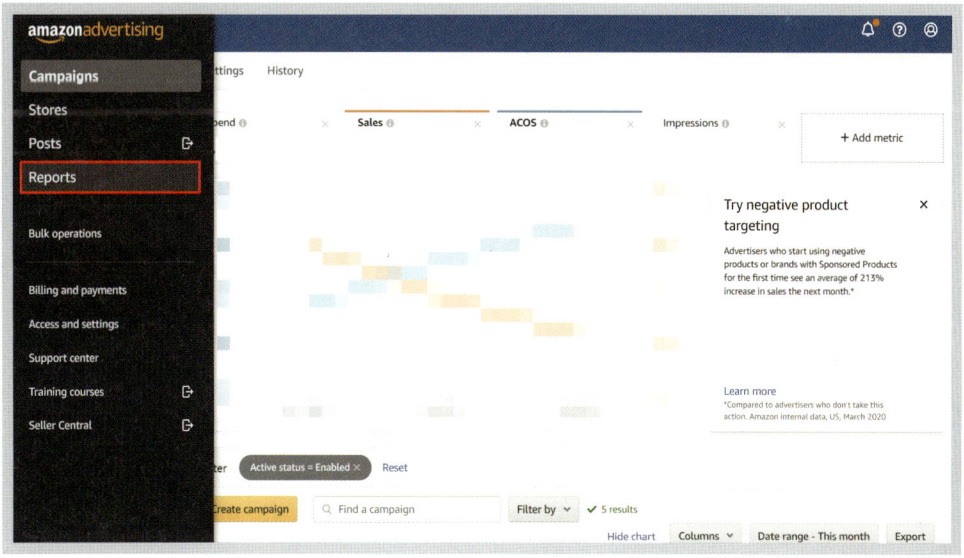

이 화면에서 'Reports' 메뉴를 클릭하면 다음 화면이 나옵니다.

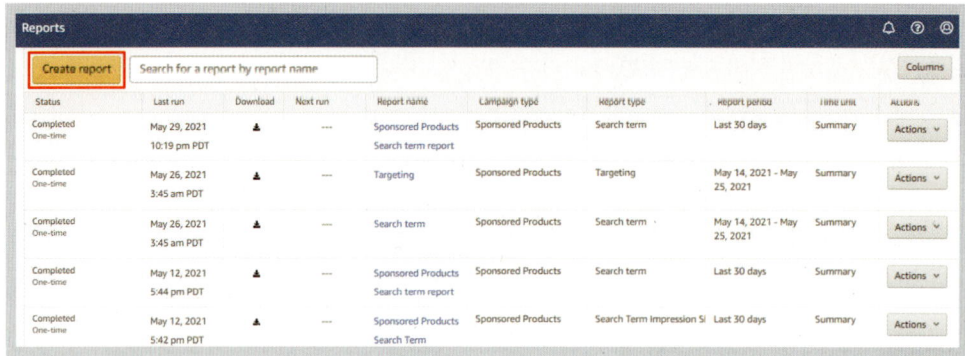

[Create report] 버튼을 클릭해 다음 화면으로 이동합니다.

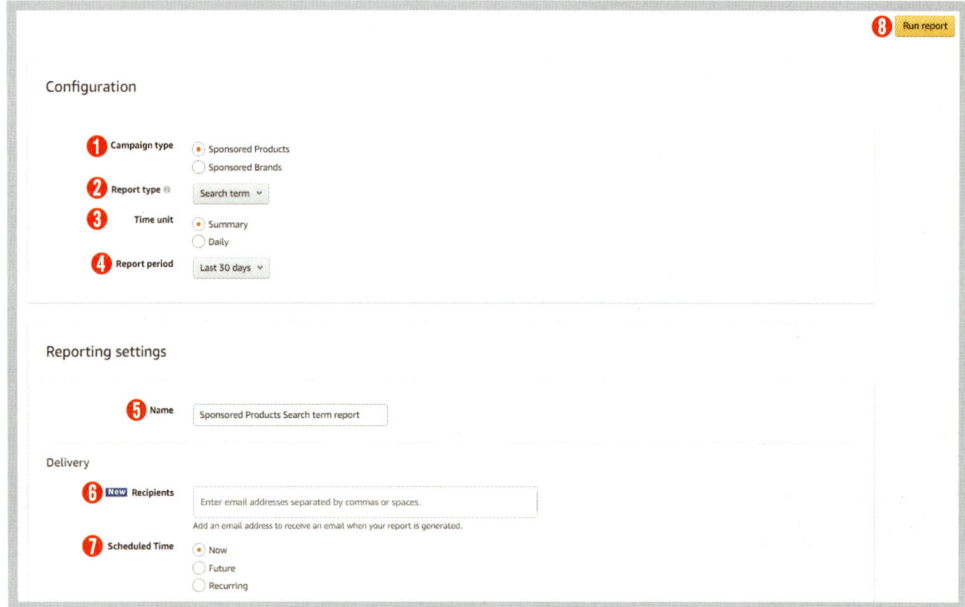

❶ Campaign type: 브랜드 등록을 하지 않았다면 Sponsored products만 나올 것입니다.

❷ Report type: Search term, Targeting, Advertised product, Campaign, Placement, Purchased product, Performance over time 등의 리포트를 선택할 수 있습니다.

❸ Time unit: Daily 혹은 Summary 중 필요한 것을 선택합니다.

❹ Report period: Today, Yesterday, Week to date, Last week, Month to date, Last month, Customized 등의 다양한 기간을 선택하여 리포트를 받을 수 있습니다.

❺ Name: 자유롭게 다운받는 리포트의 이름을 설정할 수 있습니다.

❻ Recipients: 보고서 생성 후 보고서를 받을 이메일을 기재할 수 있습니다.

❼ Scheduled Time: 다운받을 시기를 결정할 수 있습니다.

❽ [Run Report]를 클릭하여 문서를 다운로드받을 수 있는 화면으로 이동합니다.

'Completed'라고 뜨면, 보고서를 다운로드할 수 있는 버튼이 뜹니다.

02 딜

아마존에는 'Today's Deals'라는 메뉴가 있습니다. 하위 메뉴에 'Deal of the Day', 'Lightning Deals', 'Savings & Sales', 'Prime Early Access Deal' 등이 있고, 그 메뉴를 통해서 고객들은 상품을 저렴하게 구매합니다. 셀러들이 이 각각의 딜에 참여하기 위해서는 조건들이 있습니다. 이런 여러 가지 딜 중 셀러가 셀러 센트럴에서 직접 운영할 수 있는 딜은 'Lightning Deals'와 '7-days Deals'입니다. 두 개의 딜을 생성하는 방법이 같은 화면에서 선택 사항으로 주어지므로 간단히 소개하도록 하겠습니다.

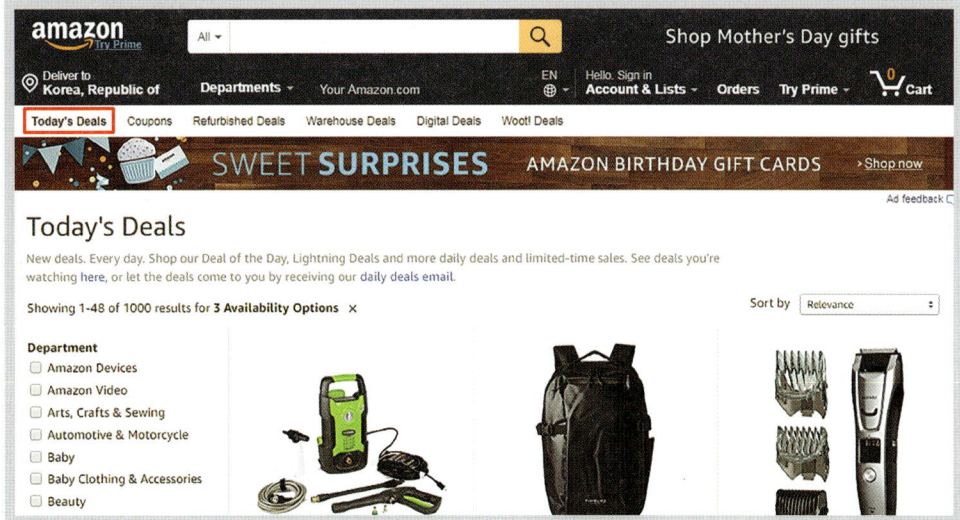

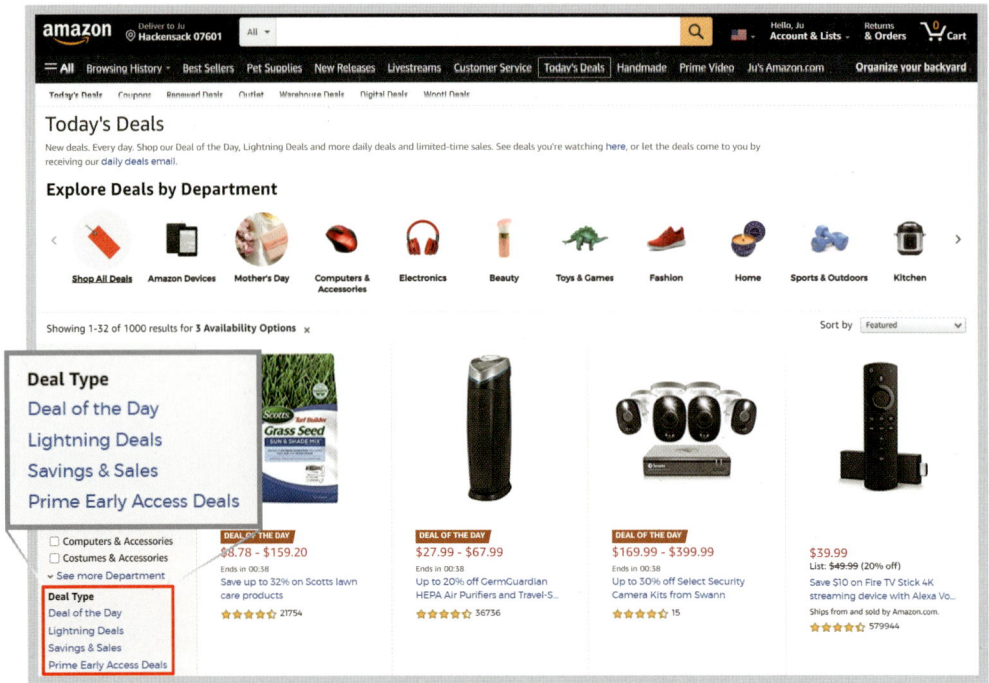

'Lightning Deals'는 아마존이 추천하는 리스팅에 한해 셀러가 셀러 센트럴에서 직접 신청할 수 있는 딜로 4~6시간 정도의 짧은 시간 동안에만 할인된 가격으로 상품을 판매하는 제한적인 프로모션입니다. '7-day Deals'는 7일 동안 진행하는 프로모션입니다. 프로모션이 진행되는 동안 아마존 딜 페이지에 해당 상품이 노출되고, 큰 폭의 할인율을 제공하므로 판매량이 급증하게 됩니다. 단, 참가를 위해서는 일정한 조건이 있고, 조건이 충족된 리스팅의 경우 신청을 하면 아마존이 승인을 하는 형태로 진행됩니다.

1. 참여 자격 및 요구 사항

딜 대상이 되려면 매월 5개 이상의 셀러 피드백 평점이 있고 전체 평점이 별 3.5개 이상인 프로페셔널 셀러여야 합니다. 또한 상품이 다음 기준을 충족해야 합니다.

- 아마존 스토어에서 판매 내역이 있고 별 평점이 3개 이상
- 가능한 많은 선택 사항 포함
- 제한된 상품 또는 공격적이거나, 불쾌감을 주거나, 부적절한 상품이 아님
- 모든 지역에서 프라임 자격 대상임
- 새 상품 상태
- 딜 빈도 정책 준수 : 동일한 ASIN의 'Lightning Deals'를 7일 이내에 다시 진행할 수 없고 동일한 ASIN의 '7-day Deals'를 28일 이내에 다시 진행할 수 없음

2. 신청하기

셀러 센트럴에서 'Advertising > Deals'를 클릭합니다

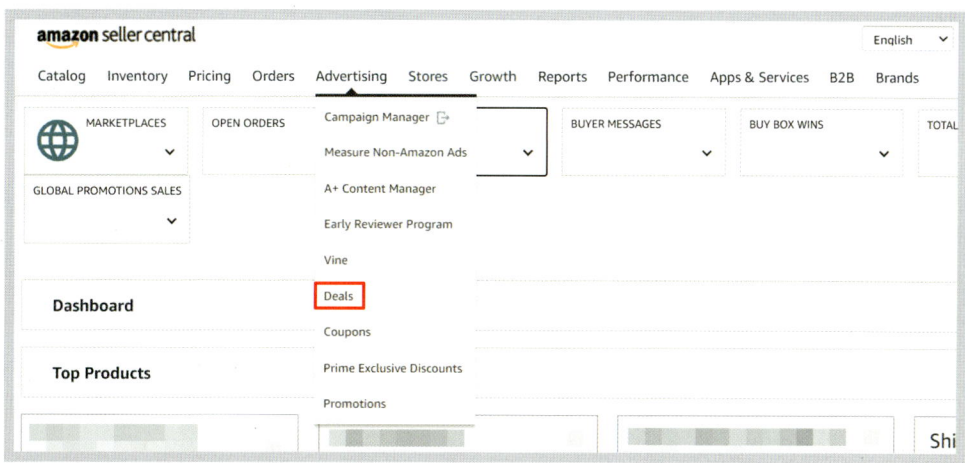

아래와 같은 화면이 보입니다. [Create a new deal] 버튼을 클릭하세요.

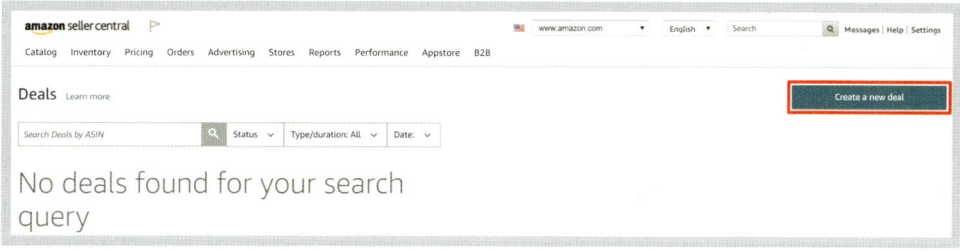

[Create a new deal]을 클릭했을 때 아마존이 추천해 주는 제품이 보이지 않는다면, 앞서 언급한 참여 자격 및 요구 사항에 부합하지 않는다는 의미이고, 딜을 생성할 수가 없습니다. 나의 제품이 보인다는 전제하에, 딜 생성은 4단계로 이루어집니다.

첫 번째 단계는 상품을 선택하는 단계입니다. 다음 쪽을 보면, 메인에 Show eligible products for 'Any deal type', '7-day Deals', 'Lightning Deals'가 있습니다. 기본은 'Any deal type'으로 되어 있는데, 화면에서 보시는 바와 같이 'Lightning Deal'을 할 수 있는 제품을 먼저 추천해 줍니다. 'Lightning Deals'의 수수료는 항목당 $150입니다. '7-day Deal'을 선택하는 경우 수수료는 항목당 $300입니다. [Select] 버튼을 클릭하여 딜을 하고자 하는 상품을 선택합니다.

'Discount per unit' 밑에 숫자들(76, 71)이 보입니다. 이 숫자는 딜 진행을 위해 셀러가 최소한으로 준비해야 하는 상품 수량입니다. 해당 수량보다 더 많은 수량의 딜을 진행하고 싶다면 그 이상의 값을 입력하면 됩니다. 다만, 딜 예정 날짜 기준 최소 7일 전까지 상품을 아마존

주문처리센터FC에 입고시켜 재고를 확보해 두어야 합니다. 딜 진행 예정 날짜 7일 전에 아마존 FC에 보관 중인 재고 수량이 딜 참여 수량에 미달될 경우 딜은 취소되며 진행되지 않습니다.

두 번째 단계는 일정을 선택하는 단계입니다. 이 단계부터는 '7-day Deals'와 'Lightning Deals'의 생성 방법이 같으므로, 이 책에서는 '7-day Deals'로 설명하겠습니다.

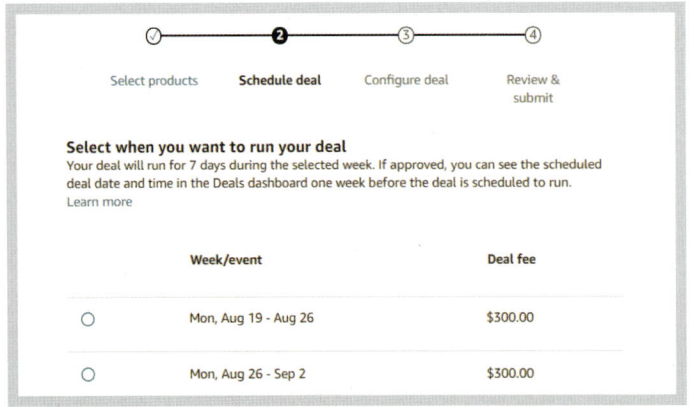

세 번째 단계에서는 할인 금액을 기재합니다. 만약 선택한 상품이 옵션 상품이라면 옵션 사항 모두를 다 진행하시기 권합니다.

기본적으로 아마존이 제시하는 할인 가격이 기재되어 있습니다. 그러나 아마존이 제시하는 금액 이하로 설정하면 더욱 좋습니다. 금액을 기재한 뒤에 [Continue to step]을 클릭하십시오.

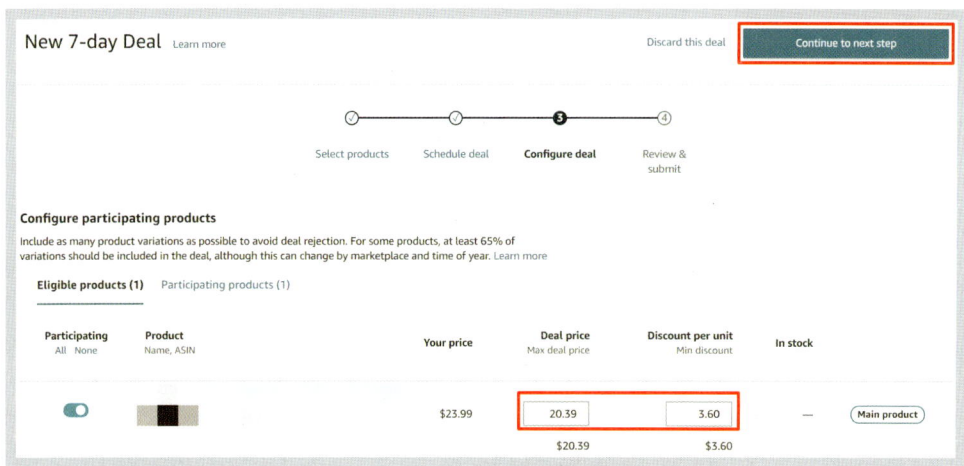

네 번째 단계는 리뷰와 제출하는 단계입니다. [Submit Deal]을 클릭하면 예약한 일정에 딜이 시작됩니다.

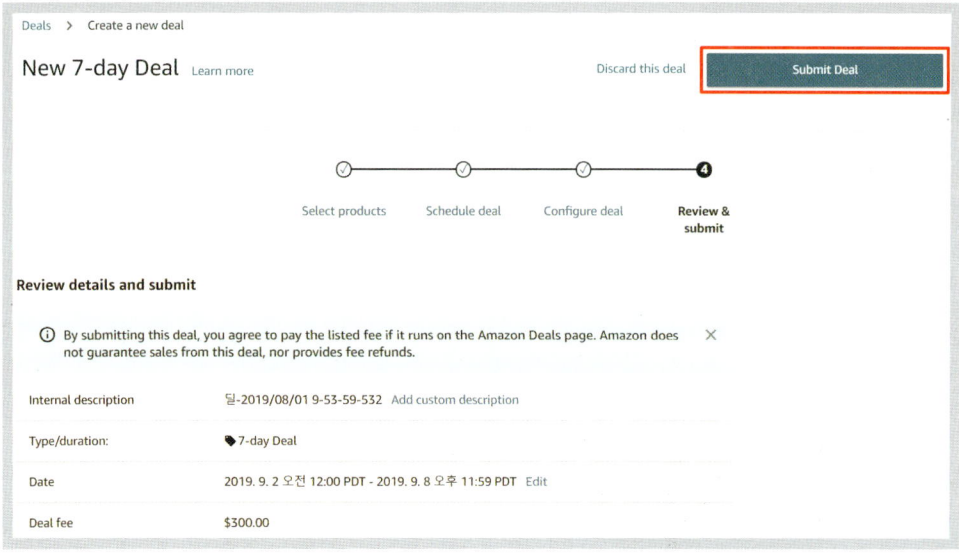

03 디지털 쿠폰

디지털 쿠폰은 고객에게 할인 쿠폰을 제공함으로써 더 많은 매출을 창출하도록 유도하는 기능을 가지고 있습니다. 특히 상품의 할인율 또는 할인 금액을 아마존 내 검색 결과 페이지와 상품 페이지에서 바로 보여주어 고객들의 눈에 잘 보이기 때문에 이용률이 높습니다. 셀러는 셀러 센트럴에서 할인 정보, 예산, 할인 일정을 지정하고 쿠폰을 쉽게 생성할 수 있으며, 쿠폰을 통해 제공할 수 있는 할인율은 최소 5%, 최대 80%입니다.

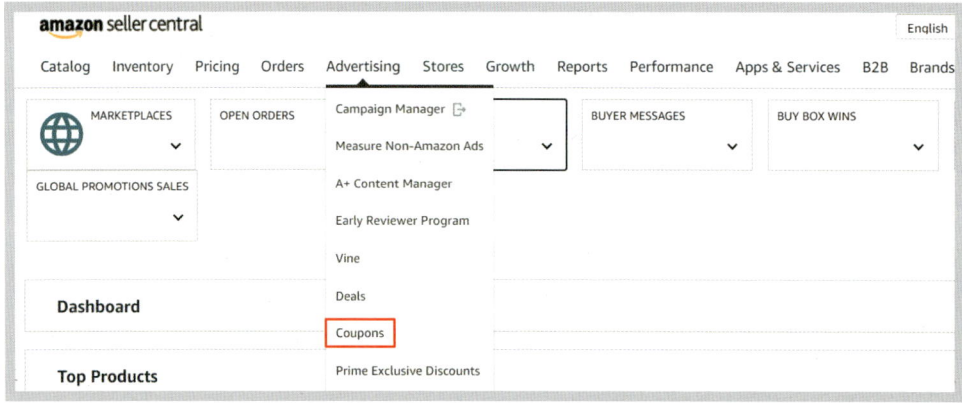

먼저 셀러 센트럴에서 'Advertising > Coupons'를 클릭합니다.

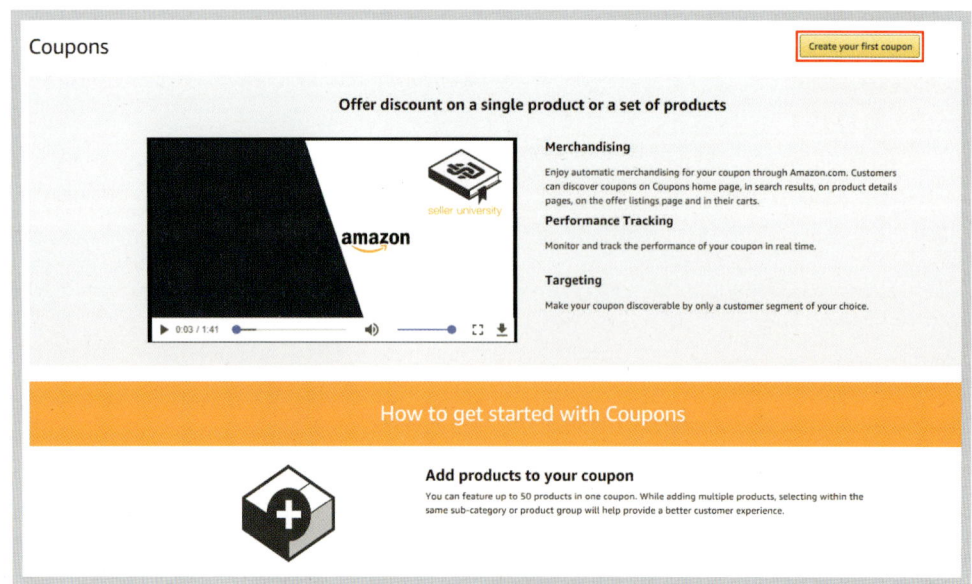

메인에서 간단한 아마존 소개 영상(영문)을 볼 수 있습니다. [Create your first coupon] 버튼을 클릭하여 쿠폰 생성을 시작합니다.

첫 단계로 쿠폰을 생성할 상품을 선정합니다. 최대 200개의 ASIN까지 선택할 수 있지만, 같은 서브 카테고리에 있는 상품들을 추가하는 게 좋습니다.

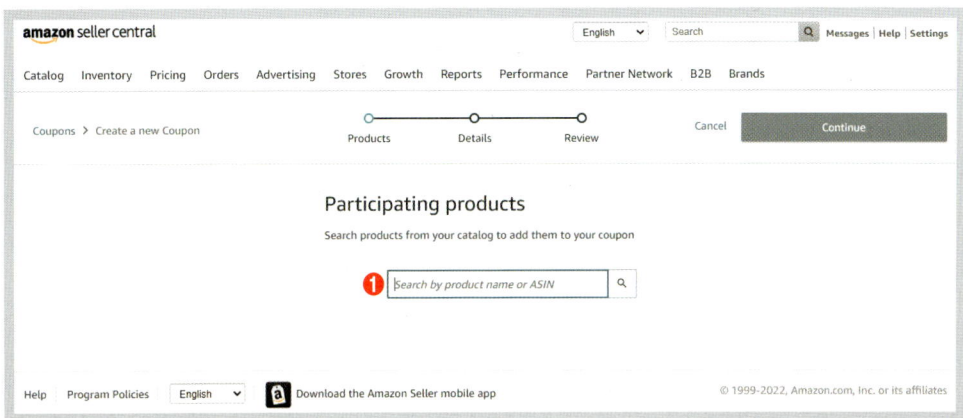

❶ SKU, ASIN, Keyword로 상품을 찾아서 추가할 수 있습니다. 상품을 추가하면 아래 화면처럼 상품 리스트가 보입니다.

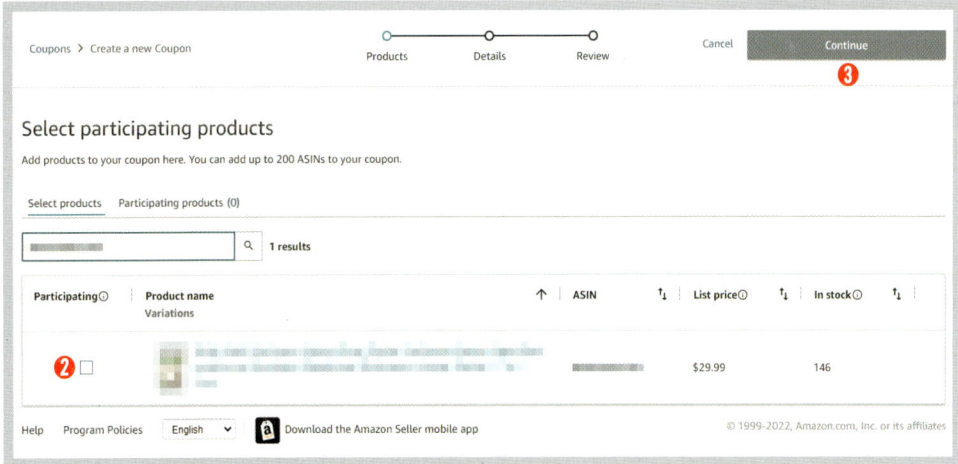

❷ 'Participating'의 네모 박스를 클릭하여 상품을 선택합니다.

❸ [Continue]를 클릭하여 다음 단계로 이동합니다.

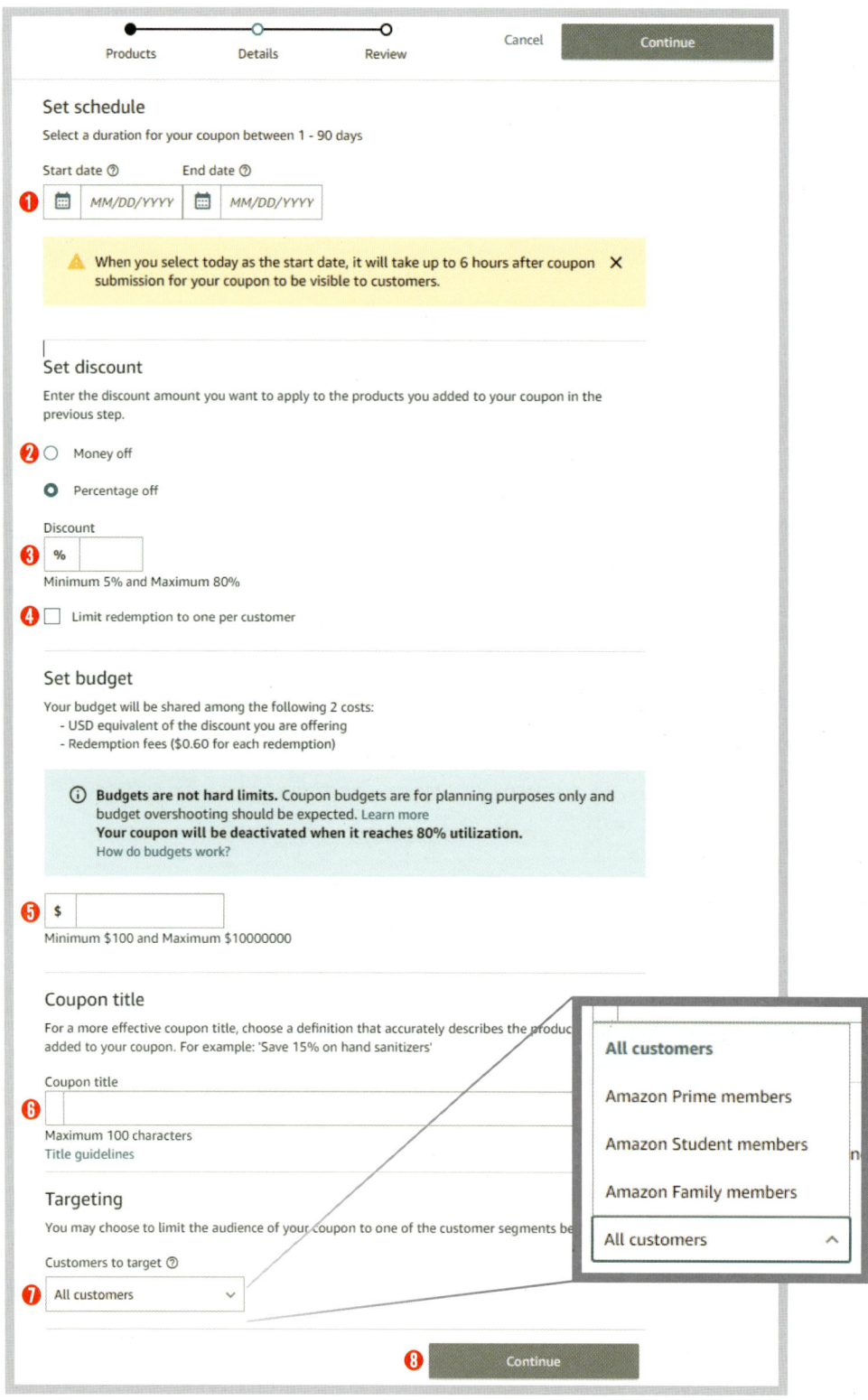

❶ 할인 쿠폰을 제공할 시작일과 종료일을 지정합니다. 쿠폰을 운영할 수 있는 기간은 최소 1일

에서 최대 90일까지입니다.

❷ 어떤 방식으로 할인을 제공할 것인지 선택합니다. 'Money off'는 일정 금액을 할인한다는 것이고, 'Percentage off'는 일정 비율을 할인한다는 것입니다.

❸ ❷에서 'Percentage off'를 선택한 경우 30일 동안의 가장 낮았던 가격에서 최소 5%에서 최대 80%까지 할인율을 설정할 수 있습니다.

❹ 쿠폰 사용을 고객당 1회로 제한할지 여러 번 사용하도록 할지 선택합니다. 네모 박스에 체크하면 한 번만 사용하도록 하겠다는 의미가 됩니다.

❺ 예산을 설정합니다. 설정한 예산은 고객이 쿠폰을 사용하면 활성화되고, 예산이 소진되면 비활성화됩니다. 제공하는 할인액당 수수료^{Redemption fee} $0.60가 책정됩니다. 예를 들어 $4.00 할인 쿠폰을 제공하고 쿠폰이 활성화된 첫날에 50명의 고객이 쿠폰을 사용(쿠폰 클리핑 후 쿠폰 적격 상품을 구입)했다면 비용은 다음과 같이 계산되며, 다음날 계산된 금액만큼 예산이 소진됩니다.

> Ex (제공하는 할인액의 USD 상당×환매 횟수) + (환매 수수료×환매 횟수) = ($ 4.00×50) + ($ 0.60×50)

❻ 쿠폰의 제목을 기재합니다. 추가한 상품 그룹을 정확하게 설명할 수 있도록 작성해야 효과적입니다. 단, 할인율 또는 이벤트(프라임 데이 또는 블랙프라이 데이 등) 입력은 금지됩니다. 이 규칙을 준수하지 않으면 아마존에 의해 쿠폰이 비활성화될 수 있습니다.

❼ 어떤 고객층에 노출을 시킬 것인지 선택합니다. 4가지 중에서 선택할 수 있습니다.

❽ [Continue]를 클릭해 다음으로 이동합니다.

앞에서 설정한 내용들을 모두 확인한 후 이상이 없다면 [Submit] 버튼을 클릭합니다.

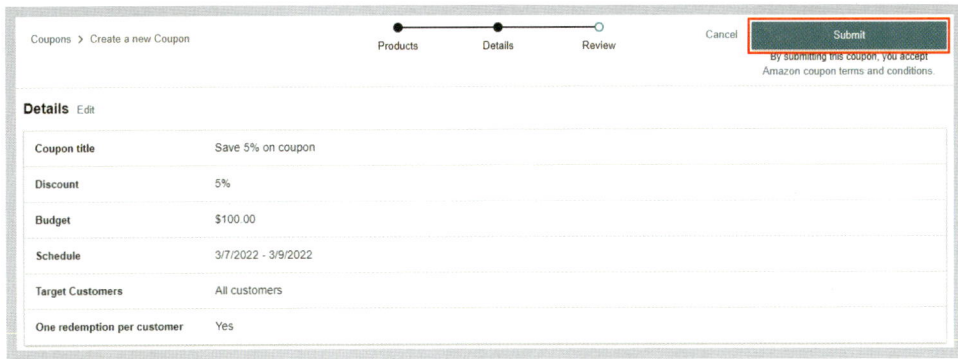

아래와 같이 제출되었다는 안내가 뜨고 아마존의 검토를 거친 후(대략 6시간 소요) 쿠폰이 활성화됩니다.

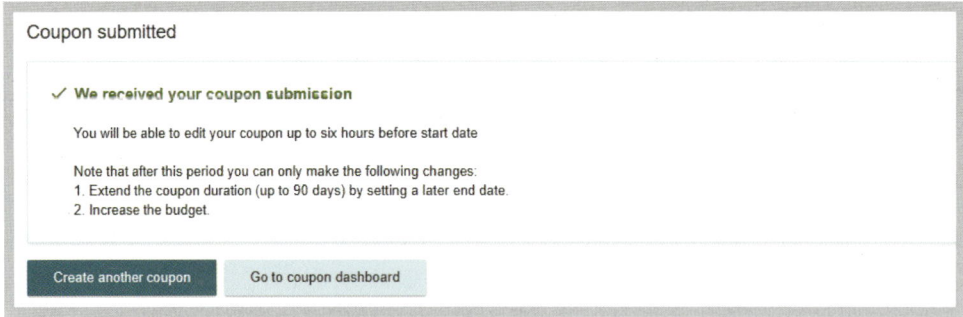

쿠폰이 만들어지면 다음과 같이 상품 목록과 해당 상품 페이지에 쿠폰이 반영됩니다.

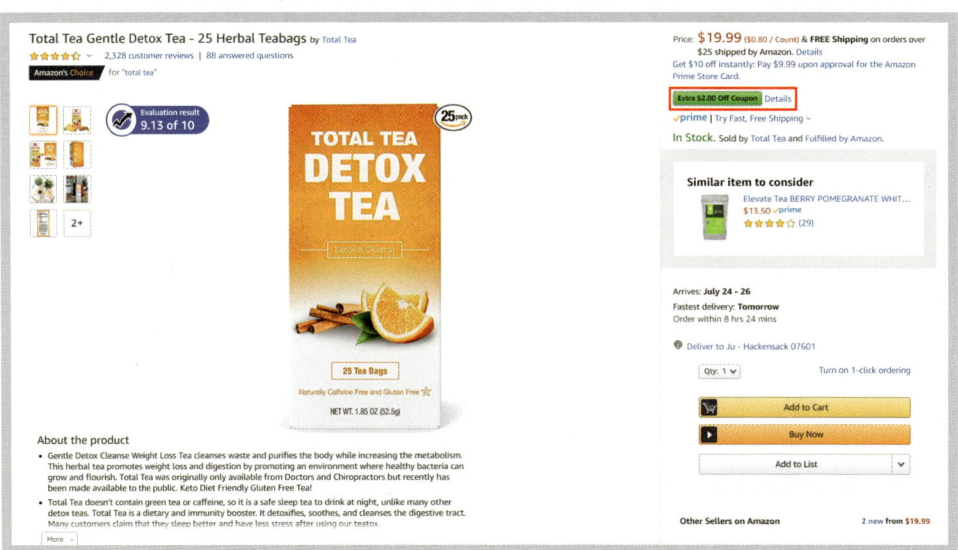

04 프로모션

아마존에서 프로모션 방법은 세 가지입니다.

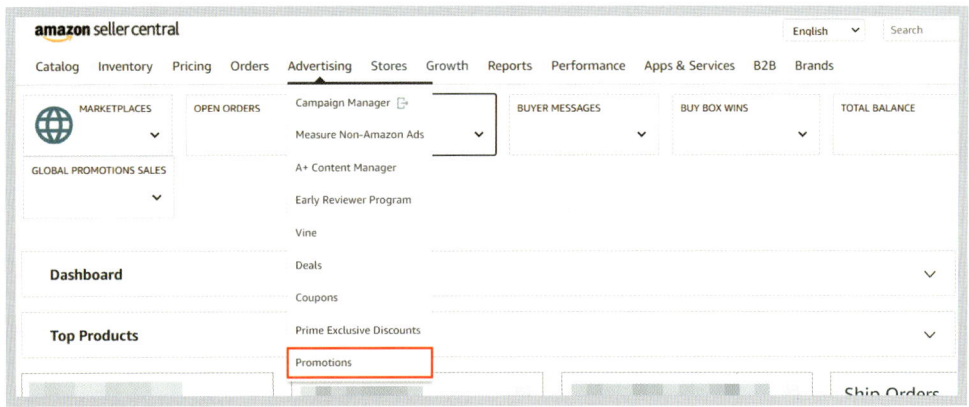

먼저 셀러 센트럴에서 'Advertising > Promotions'를 클릭합니다.

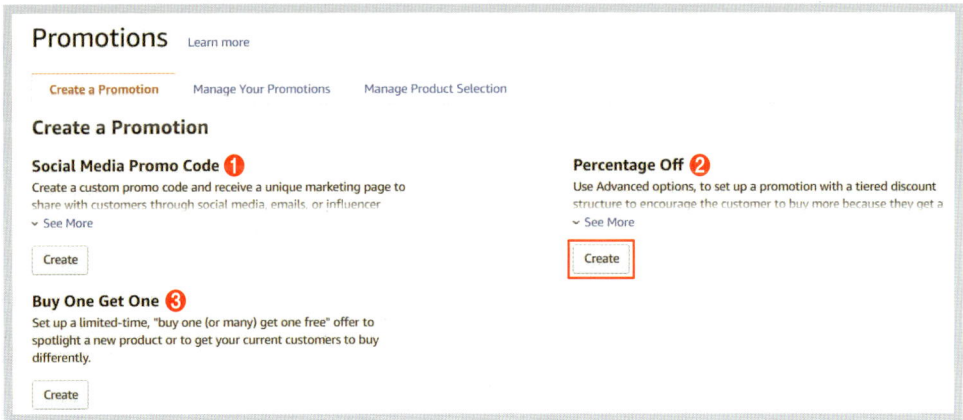

❶ 브랜드 등록을 한 셀러만 이용할 수 있는 프로모션 방법으로, 할인 상품을 소셜 미디어 채널에서 홍보할 수 있도록 URL을 공유합니다.

❷ 일정 기간 동안 일정 수량 구매 시 지정한 할인율로 할인합니다.

❸ 1+1 프로모션으로 일정 기간 동안 일정 상품을 구매 시 사은품을 제공합니다.

1. Social Media Promo Code

이 기능은 아마존에 브랜드 등록을 한 셀러이거나 일정 기준 이상의 긍정 피드백을 받고 있는 프로페셔널 셀러만 이용할 수 있습니다. 이 코드에서 제공할 수 있는 할인율은 최소 5%에서 최대 80%이며, 코드는 최대 30일까지 사용할 수 있습니다. 4시간 내에 승인되어 셀러 센트럴에서 마케팅 페이지 URL을 볼 수 있으며, 링크를 소셜 미디어, 이메일 등으로 공유해 판매를 유도합니다.

2. Percentage off & Coupon

'Percentage Off'는 'Buy one Get one'과 더불어 글로벌 셀러들이 오랫동안 애용해 온 프로모션 방법 중 하나이고, 생성 방법 역시 매우 유사합니다. 그래서 필자는 이 책에서 둘 중에 'Percentage off' 하나만 설명하도록 하겠습니다.

앞에서 본 'Promotions' 메인 화면에서 'Percentage Off'의 [Create] 버튼을 클릭하면 다음 화면이 나옵니다.

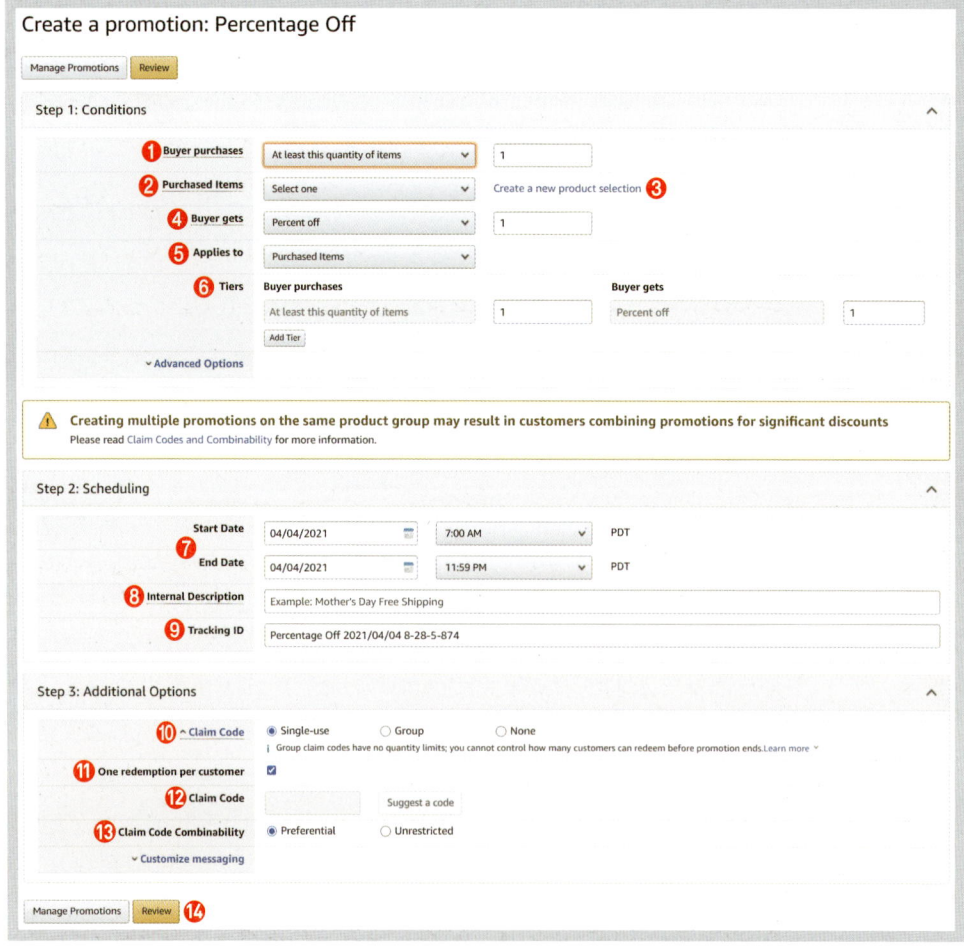

기본적으로 ❶~❽ 번까지만 입력하고 ⓮ [Review]를 클릭하여 프로모션 생성을 완료할 수 있

습니다. 특정인에게 할인된 쿠폰을 지급하고자 할 때는 ❿번 이후부터 모든 내용을 작성하여 프로모션을 생성합니다.

❶ Buyer purchases: 고객에게 제공할 할인율 기준을 설정합니다. 세 가지 기준이 있습니다.
- At least amount(in $): 최소 주문 금액
- At least this quantity of items: 해당 품목의 최소 주문 수량
- For every quantity of items purchased: 구매한 모든 품목 수량에 해당하는 항목으로, 이 기준을 선택하면 ❹ Buyer gets의 항목에서 'Percentage off', 혹은 'fixed price for all items(in $)' 중에 선택할 수 있습니다.

❷ Purchased items: 어떤 상품에 적용할 것인지를 선택합니다.

❸ Create a new product selection: 할인을 적용할 상품 리스트를 만들지 않은 경우 클릭하여 상품 리스트를 먼저 작성합니다. 'Promotions' 메인 화면에서 3번째 탭에 있는 'Manage Product Selection'을 클릭하여 할인을 적용할 상품 리스트를 먼저 작성할 수도 있습니다.

❹ Buyer gets: 할인율을 입력합니다.

❺ Applies to: 'Purchased Items'는 구매한 상품에 할인율을 적용하겠다는 것이고, 'Qualifying Item'은 나의 상품 리스트 중에서 지정한 상품 중 하나에 할인율을 적용하겠다는 의미입니다. 'Qualifying Item'을 선택하면 그 아래에 상품의 ASIN을 입력하는 창이 생깁니다. 그곳에 할인을 제공할 상품의 ASIN을 선택하여 입력합니다. 보통은 'Purchased Items'를 선택하지만, 둘 중 원하는 것을 선택합니다.

❻ Tiers: ❶~❺번에서 셀러가 선택했던 사항들을 정리해서 보여줍니다.

❼ Start Date, End Date: 프로모션의 시작일과 종료일을 지정합니다.

❽ Internal Description: 셀러만 볼 수 있으며, 프로모션의 성격 등 설명을 기재합니다.

❾ Tracking ID: 각 프로모션을 구별하는 아이디입니다. 수정하지 않는 것이 좋습니다.

❿ Claim Code: 할인을 제공하는 코드 번호로 세 가지 중 하나를 선택합니다.
- Single-use: 한 번만 사용합니다.
- Group: 여러 번 반복 사용합니다.
- None: 할인 코드 번호를 사용하지 않습니다.

⓫ One redemption per customer: 한 고객당 한 번씩만 코드를 사용하게 하려면 체크합니다.

⓬ Claim Code: ❿번에서 Group을 선택 시 자동 생성됩니다.

⓭ Claim Code Combinability: 다음 두 가지 중 하나를 선택합니다.
- Preferential: 고객이 여러 상품을 구매했을 경우 할인율이 높은 쿠폰을 적용합니다.
- Unrestricted: 모든 상품에 제한 없이 중복 할인 적용합니다.

⑭ [Review] 버튼을 클릭하면 셀러가 설정한 모든 사항이 보이는 화면이 나옵니다. 그 화면에서 검토 후 [Submit] 버튼을 클릭하면 4시간 후에 프로모션이 시작됩니다.

만약 특정 고객에게 지급할 단일 사용 프로모션 코드를 여러 장 발급하고자 한다면, 프로모션을 생성할 때 'Step 3: Additional Options' ⑩번에서 Single-use, ⑪번, ⑬번의 'Preferential'에 체크한 후 ⑭번을 클릭합니다. 그리고 다음 페이지에서 나올 [Submit] 버튼을 눌러 프로모션을 생성해 주십시오.

생성이 완료되면 아래와 같은 화면이 나타납니다. 이 화면에서 'View or modify your promotion'을 클릭하거나 아래의 'Manage Your Promotions'를 클릭하여 'View Promotion' 화면으로 이동합니다.

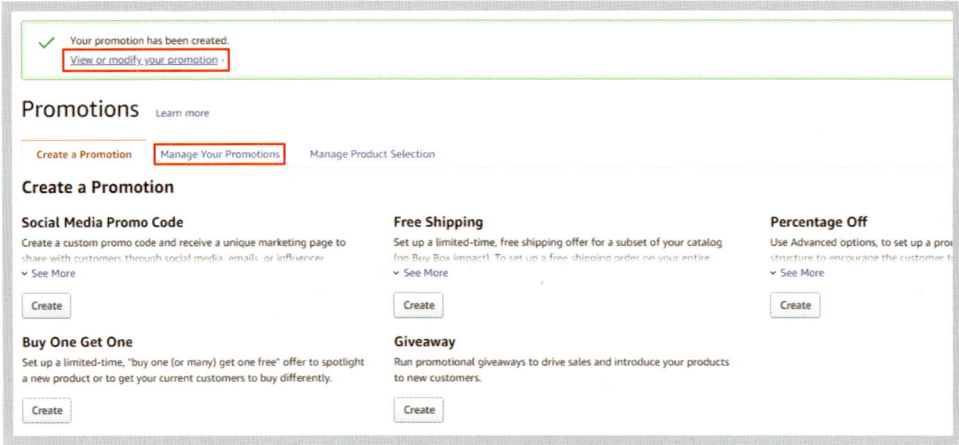

'View Promotion' 화면에서 'Manage claim codes'를 클릭합니다.

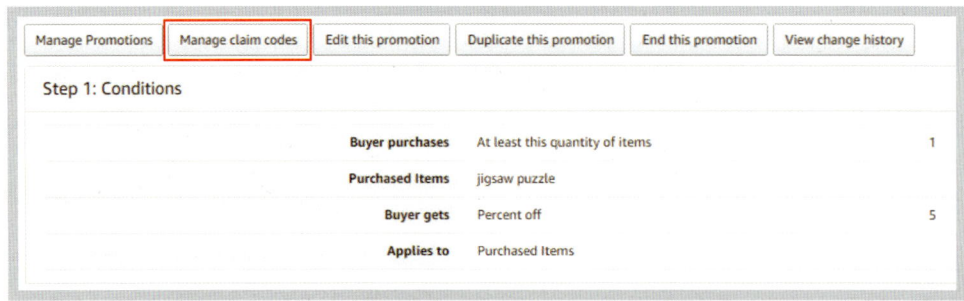

'Manage Claim Codes'에서 그룹명과 발급할 쿠폰 수량을 기재한 후 [Create]를 클릭하여 쿠폰을 생성합니다. 쿠폰 수량을 10장으로 적어 보겠습니다. [Create] 버튼을 클릭하면 아래에 [Download] 버튼이 생성됩니다.

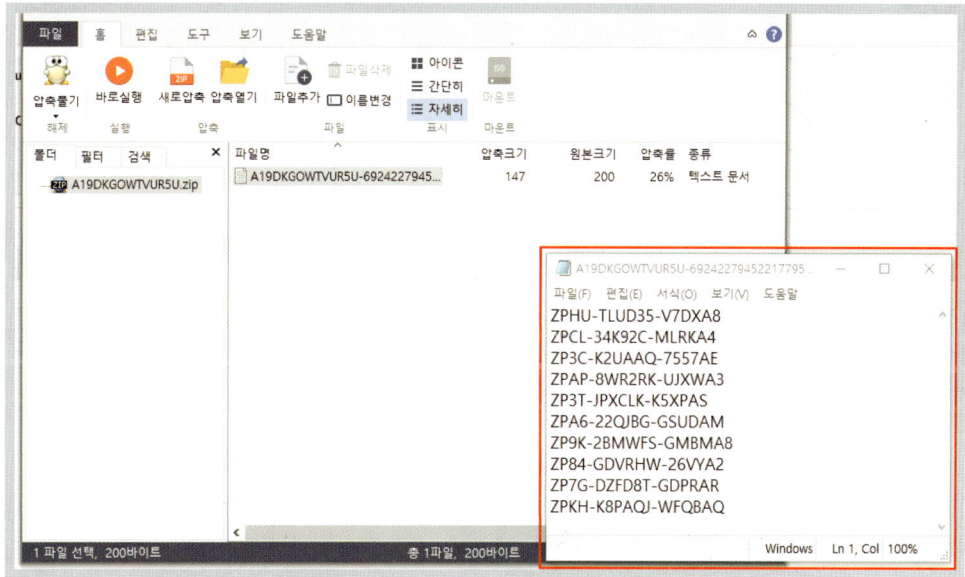

[Download] 버튼을 클릭하면 압축파일로 쿠폰이 다운로드되고, 압축을 풀면 메모장에 신청한 수량만큼의 쿠폰이 보입니다. 이 쿠폰 번호를 할인 혜택으로 주고자 하는 특정 고객들에게 보내주면 됩니다.

3. 외부 마케팅

몇 년 전까지만 해도 아마존 셀러들에게 외부 마케팅이라는 단어는 낯익은 용어가 아니었습니다. 거의 대부분의 셀러들은 아마존 내에서 여러 가지 마케팅 툴을 이용하여 홍보하는 것으로도 충분하다고 생각했기 때문입니다.

그러나 PL판매자가 늘면서 1페이지에 노출시키기 위한 아마존의 검색광고(캠페인)비가 예전과는 비교도 할 수 없을 만큼 오르자, 셀러들은 보다 효율적인 마케팅 방법을 찾기 시작했고, SNS 마케팅을 하나의 대안으로 보기 시작했습니다. 여러 SNS 중에서 아마존 셀러에게 최고의 마케팅 수단은 아직은 페이스북이라고 생각합니다. 그 이유 중 하나는 페이스북 마케팅이 상세 다기팅을 하여 광고 효과는 높이면서도 광고비는 줄일 수 있기 때문입니다. 그렇기 때문에 이제 아마존 셀러라면, 기본적으로 페이스북 마케팅 정도는 할 줄 알아야 한다고 필자는 생각합니다.

페이스북 마케팅에 대해서는 일반적인 이야기보다는 아마존 셀러가 SNS 광고를 하는 근본 이유라고 할 '1페이지 노출을 위한 광고'를 소개하겠습니다. 인스타그램의 경우는 페이스북에 통합되었기 때문에 페이스북에서 제공하는 광고 기능(위치, 인구 통계, 관심사, 행동, 유사 잠재 고객 타게팅 등)을 인스타그램 광고에 그대로 사용합니다. 따라서 인스타그램 계정을 페이스북 계정에 연동하는 방법에 대해서만 간단히 언급하도록 하겠습니다.

1 페이스북

미국 시장정보 조사업체인 비주얼 캐피털리스트Visual Capitalist에 따르면 페이스북은 세계에서 가장 많은 사용자를 확보한 소셜 미디어입니다. 2018년 8월 기준 월 실 사용자Monthly Active Users 의 수가 무려 22억 명에 달했고, 이는 세계 인구 3명 가운데 한 사람이 페이스북을 사용한다는 의미입니다. 페이스북은 기업들이 반드시 공략해야 할 대상이고, 아마존 셀러도 마찬가지입니다. 그러면, 페이스북에는 어떻게 광고를 해야 할까요?

2 기업 팬페이지 개설

페이스북 광고를 집행하기 위해서는 페이지가 있어야 합니다. 우선 페이스북에 개인 계정으로 가입을 한 후 기업이나 브랜드, 제품을 위한 페이지를 개설합니다. 팬페이지 개설은 아주 간단합니다. 먼저 팬페이지에 넣을 프로필 사진과 커버 사진이 필요합니다. 이 프로필 사진과 커버

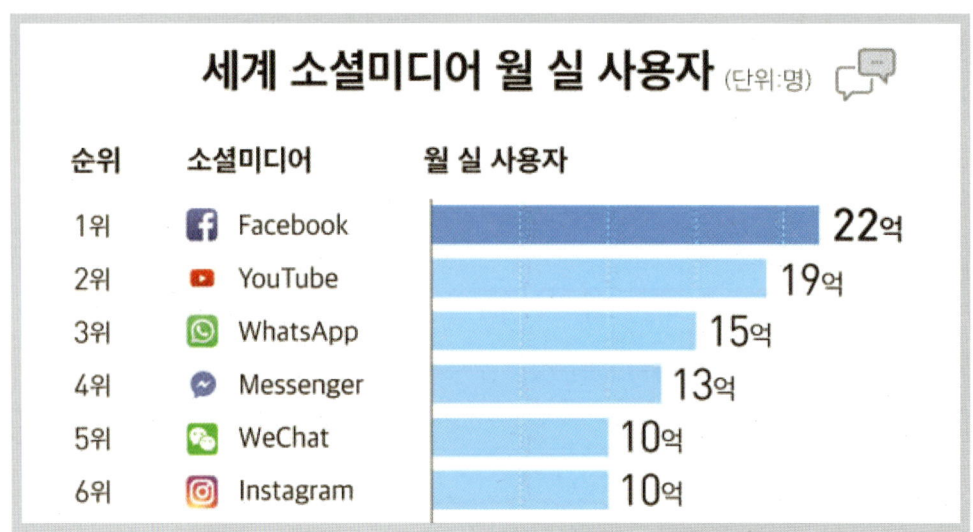

사진이 팬페이지의 정체성을 나타내기 때문에 보통 프로필 사진으로는 회사의 로고를, 커버 사진으로는 회사의 핵심 상품 사진 등을 사용합니다.

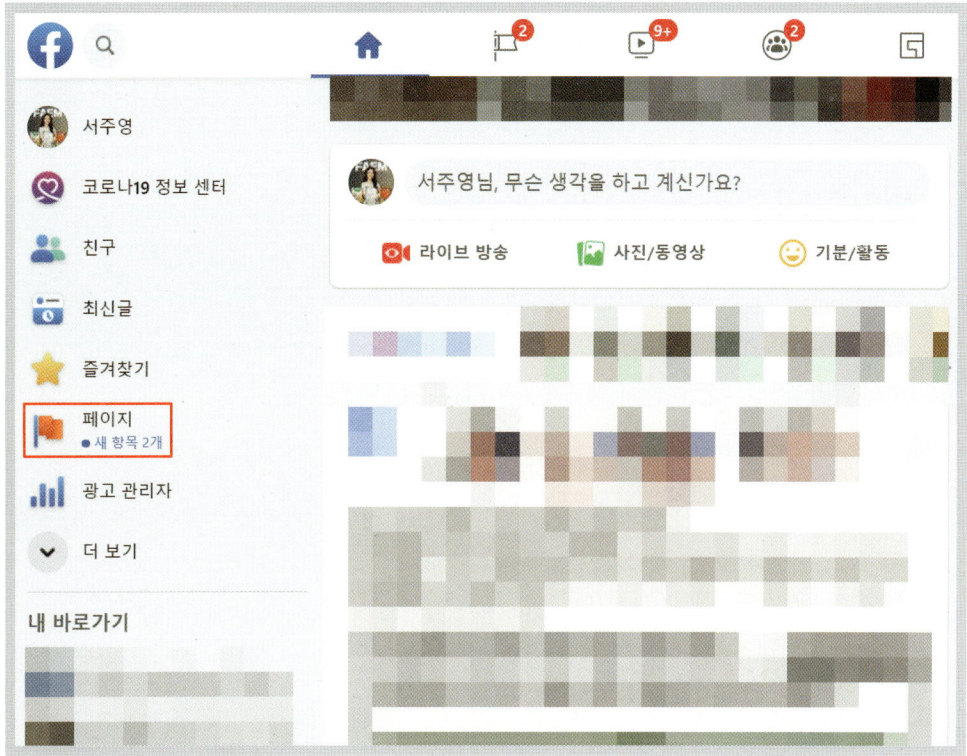

사진 준비가 되었으면, 페이스북 뉴스피드 화면에서 좌측의 '페이지'를 클릭합니다.

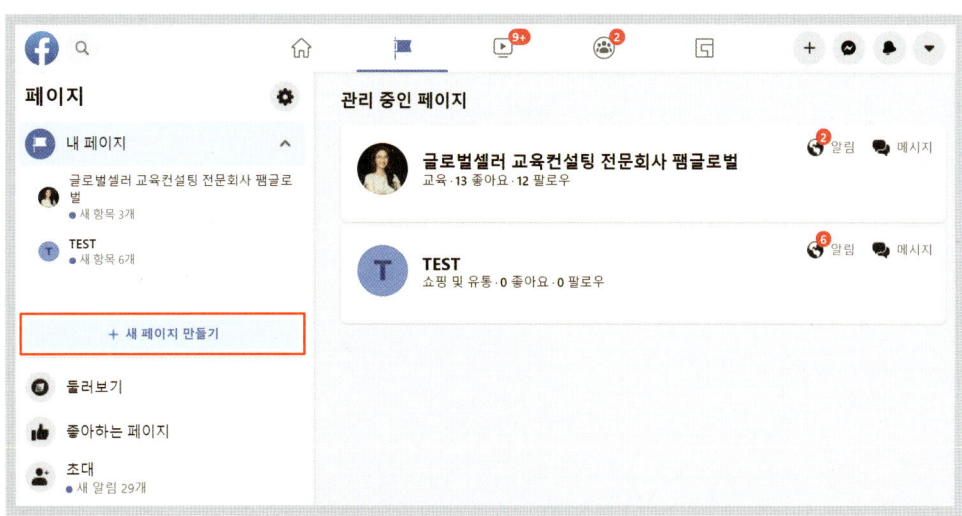

[+새 페이지 만들기] 버튼을 클릭합니다.

❶ 페이지 이름과 카테고리, 페이지 설명글을 작성합니다. 페이지 설명은 255자 이내로 써야 합니다.

❷ [페이지 만들기]를 클릭합니다.

이제 '페이지 설명' 화면으로 넘어가는데, 여기에서 앞서 준비해 둔 사진을 씁니다.

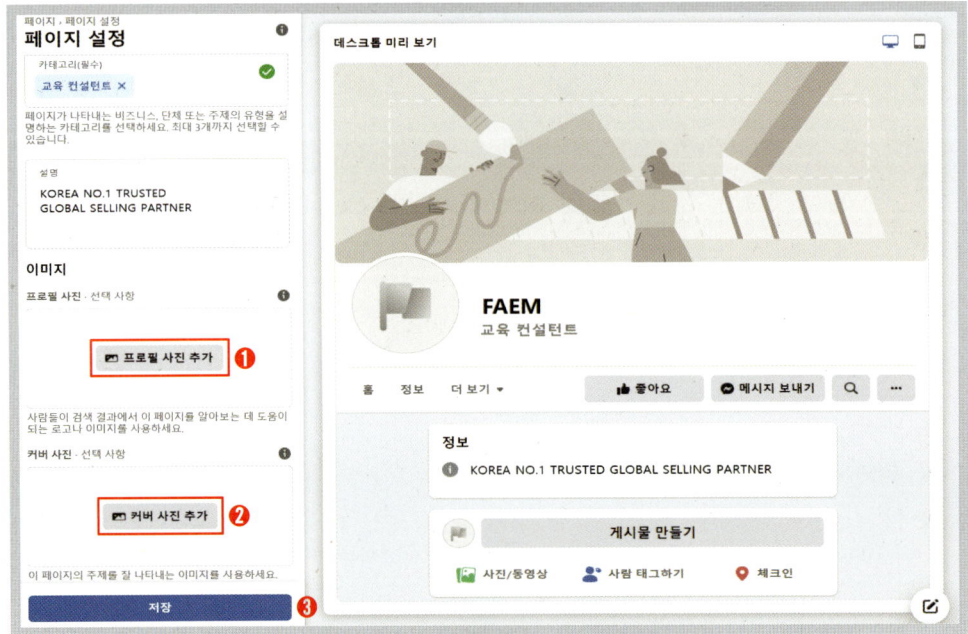

❶ 프로필 사진과 ❷ 커버 사진을 추가한 후 ❸ [저장]을 클릭하면 페이지 개설이 끝납니다.

3 팬페이지 운영

이렇게 팬페이지를 만든 뒤 셀러들이 바로 상품 광고를 진행한다고 해도 아무런 효과를 볼 수 없습니다. 광고를 만들기 전에, 시간적 여유를 가지고 먼저 페이지부터 운영하십시오. 바로 광고를 시작한다 해도, 광고를 통한 유입이 판매로 이어지기는 어렵습니다. 팬페이지에 콘텐츠도 별로 없고, '좋아요' 수도 적다면 해당 상품을 신뢰하기가 어렵기 때문입니다. 그래서 팬페이지를 개설한 후에는 반드시 먼저 꾸준히 텍스트, 사진, 영상 등을 포스팅을 하시고, 어느 정도 포스팅이 쌓이면, 그 후에 팬페이지 자체에 '좋아요' 클릭을 유도하는 '팬페이지 좋아요 광고'부터 진행하시기 바랍니다. 팬페이지에 '좋아요' 수가 많을수록 추후 상품 광고를 했을 때 더 큰 효과를 볼 수 있습니다.

4 팬페이지 좋아요 광고

· 이미지 만들기

광고를 생성하기 전에 이미지를 먼저 준비해 둡니다. 다음 내용에 주의해 이미지를 생성하세요.

- 비율: 1.91:1~1:1 (정사각형)
- 파일 형식: jpg 또는 png
- 텍스트 비율이 적거나 이미지와 텍스트가 겹치지 않아야 합니다.

· 광고 만들기

페이스북 뉴스피드 화면 왼쪽 하단에 있는 '광고 관리자'를 클릭합니다.

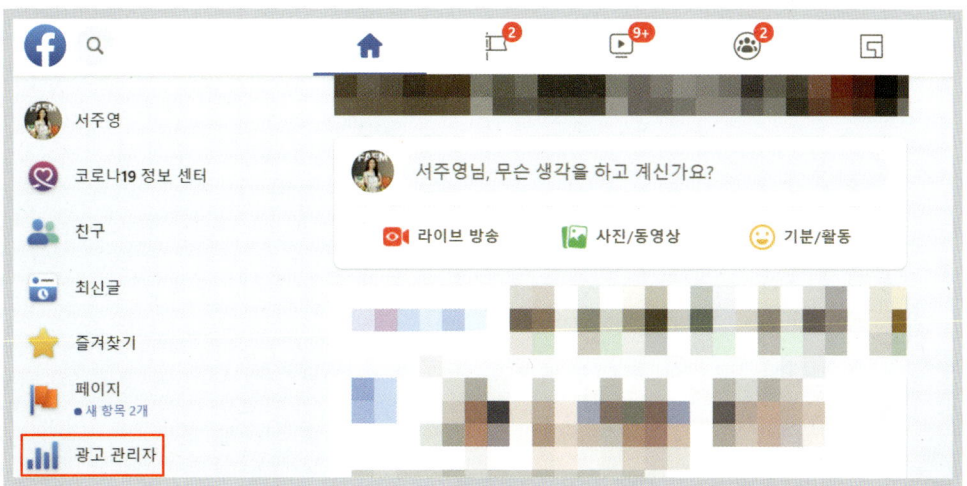

'광고 관리자 > 캠페인'에 들어가면 [+ 만들기]가 보입니다. [+ 만들기]를 클릭하면 아래와 같이 캠페인 목표를 선택하는 화면이 나옵니다.

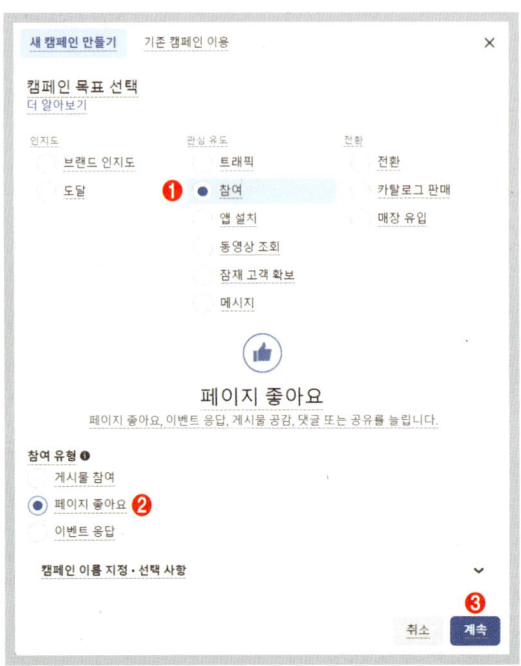

❶ '참여'를 선택한 후 ❷ '페이지 좋아요'를 선택하고 ❸ [계속]을 클릭합니다.

'캠페인 이름'을 정합니다. 나머지 항목은 굳이 수정하지 않아도 됩니다. 하단의 [다음]을 클릭하여 다음 단계로 넘어갑니다.

❶ 특별히 수정하지 않아도 되지만, 여러 광고 세트를 테스트할 때 분석하기 편하도록 보통 타깃 이름으로 정합니다.

❷ 만들어 놓은 팬페이지를 선택합니다.

❸ 일일 예산, 총예산 중 선택하고 예산 금액을 기재합니다. 금액은 달러 기준입니다. 일일 예산은 옆에 있는 일일 추산 결과 및 예상 일일 받을 수 있는 '페이지 좋아요' 수와 직결됩니다. '좋아요'를 얼마나 받고자 하는지에 따라 금액을 결정하시고, 기간 역시 오늘부터 계속 게재할 것인지 혹은 특정일을 지정할 것인지를 선택하십시오.

❹ 광고의 시작일과 종료일을 선택합니다.

❺ 설정하지 않습니다.

❻ 국가 및 도시 단위로 설정 가능하나 미국이나 영국 등을 설정하면 비용이 많이 듭니다. 영어를 사용하는 동남아시아권을 설정하는 것이 '좋아요'도 빨리 받을 수 있고, 비용도 저렴합니다.

❼❽ 연령이나 성별은 수정하지 않아도 됩니다.

❾ 상품 판매를 위한 광고가 아니고, 내 팬페이지가 한 명이라도 더 많은 사람들에게 노출될 수 있도록 하기 위한 광고이므로 설정하지 않아도 됩니다.

❿ 영어로 표시합니다.

⓫ 연결 관계는 설정하지 않아도 됩니다.

⓬ 이 타겟을 다른 광고에도 이용하려면 저장하고, 아니라면 저장하지 않아도 됩니다.

⑬ 노출 위치는 기본값 그대로 둡니다. 이 노출 위치는 여러 번 광고를 돌려 본 후 결정하시면 좋습니다.

⑭ 최적화 및 게재는 기본값 그대로 둡니다.

⑮ [다음]을 눌러 다음 페이지로 이동합니다.

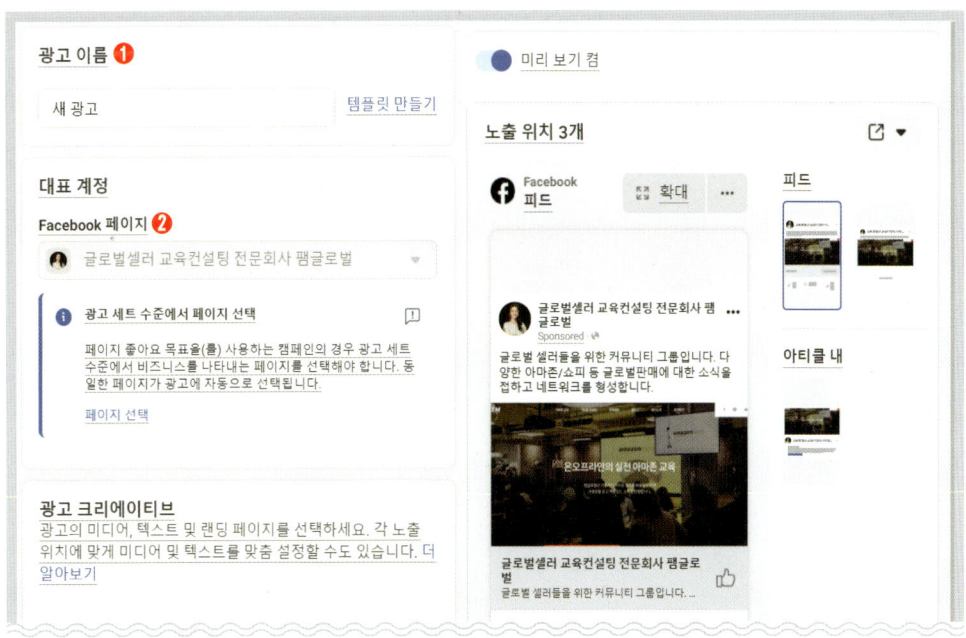

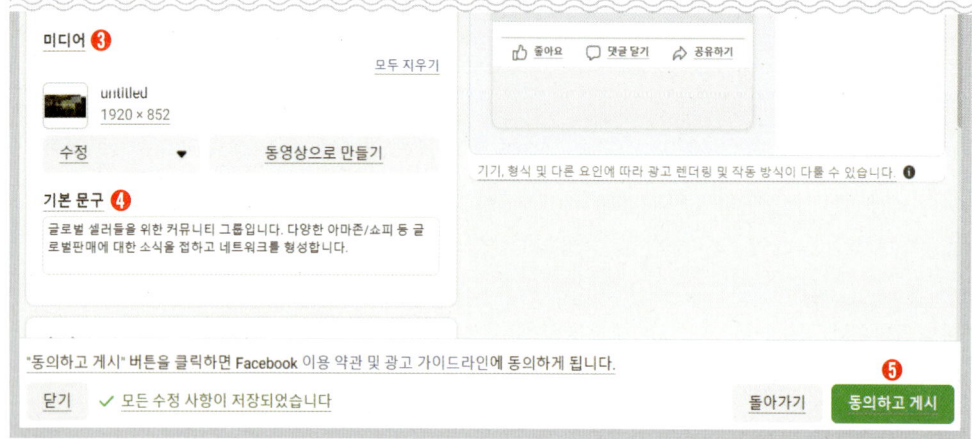

❶ 광고 이름은 변경하지 않습니다.

❷ 대표 계정은 만들어 놓은 팬페이지를 선택합니다.

❸ 광고를 어떻게 할 것인지, 단일 이미지, 영상을 올리거나, 동영상 혹은 슬라이드쇼로 진행할 것인지를 선택합니다. 필자는 팬페이지 생성 시 사용했던 커버스토리를 그대로 사용할 예정입니다.(커버스토리 이미지가 기본으로 보입니다.) 만약 새로운 이미지를 사용하고자 하면 '수정'을 클릭해서 새로운 이미지를 업로드하거나 '동영상으로 만들기'를 클릭해 이미지를 동영상으로 꾸밀 수도 있습니다.

❹ 원하는 문구로 작성합니다. 작성된 문구는 이미지 상단에 기재됩니다.

❺ [동의하고 게시]를 클릭하여 '팬페이지 좋아요' 광고를 시작합니다.

5 본격적인 상품 광고

'팬페이지 좋아요' 광고를 통해 나의 팬페이지에 '좋아요' 수가 늘어나면 이제 본격적으로 나의 상품을 홍보하기 위한 광고를 만듭니다. 진행하는 방식은 '팬페이지 좋아요' 광고를 만드는 것과 거의 같습니다.

· 광고 만들기

우선 '광고 관리자 > 캠페인'으로 들어갑니다.

❶ [+ 만들기]를 클릭하면 팝업창이 뜹니다.

❷ 팝업창에서 캠페인 목표를 선택할 수 있는데, 트래픽을 선택합니다.(아마존의 상품을 더 많이 노출시키기 위해서는 트래픽을 가져와야 합니다.)

❸ [계속]을 클릭합니다.

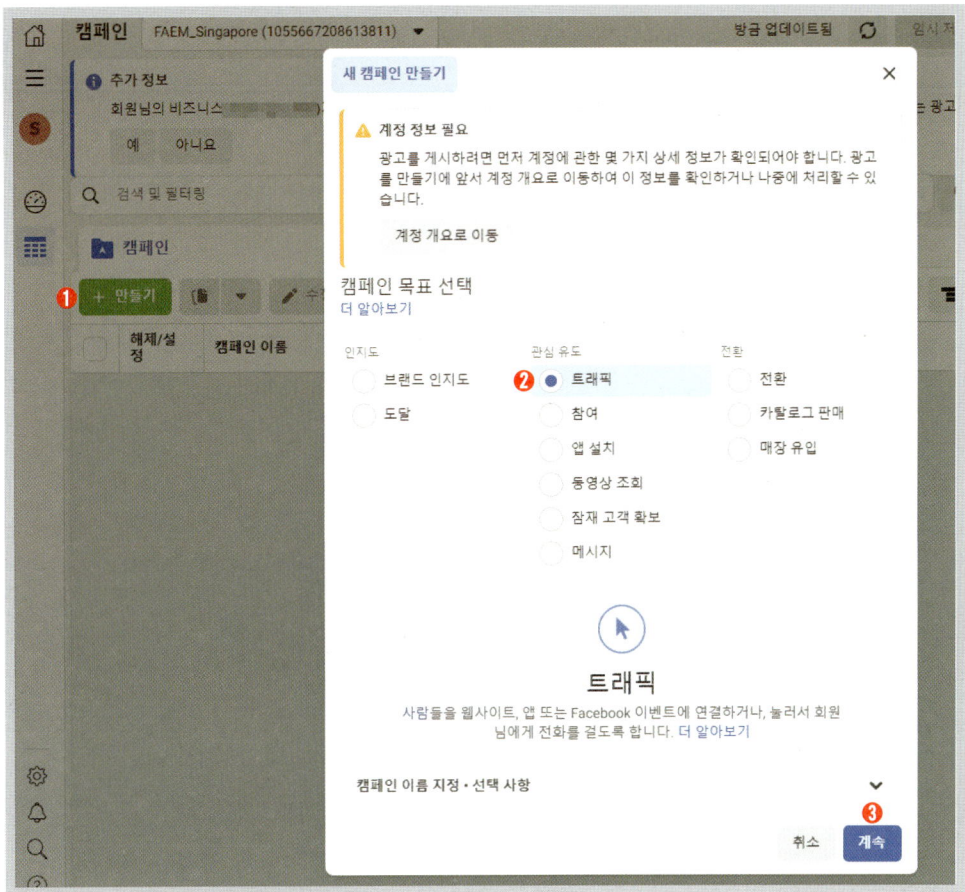

모두 기본사항으로 두고 [다음]을 클릭해도 되고, '캠페인 이름'을 원하는 이름으로 수정해도 됩니다.

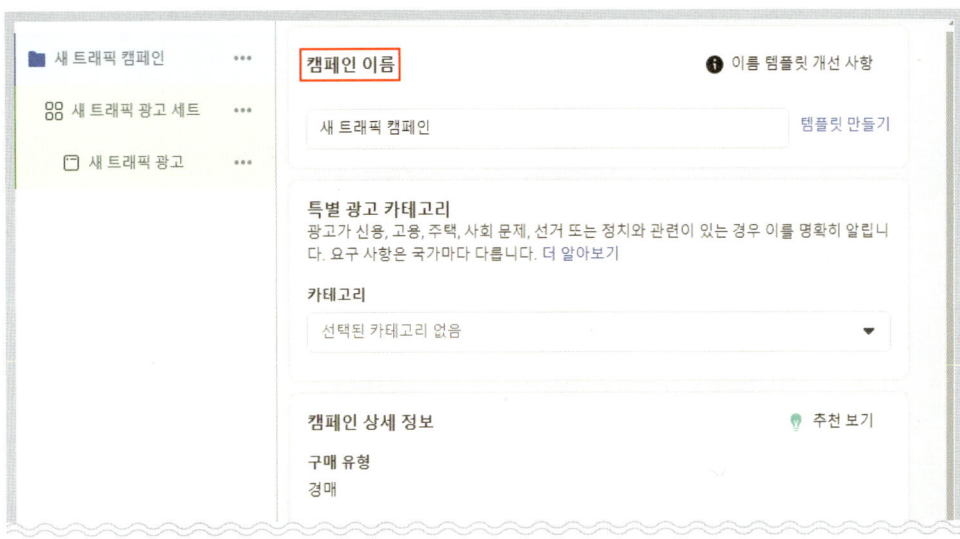

'트래픽' 위치는 웹사이트를 선택하고, '다이내믹 크리에이티브'는 해제 상태로 둡니다.

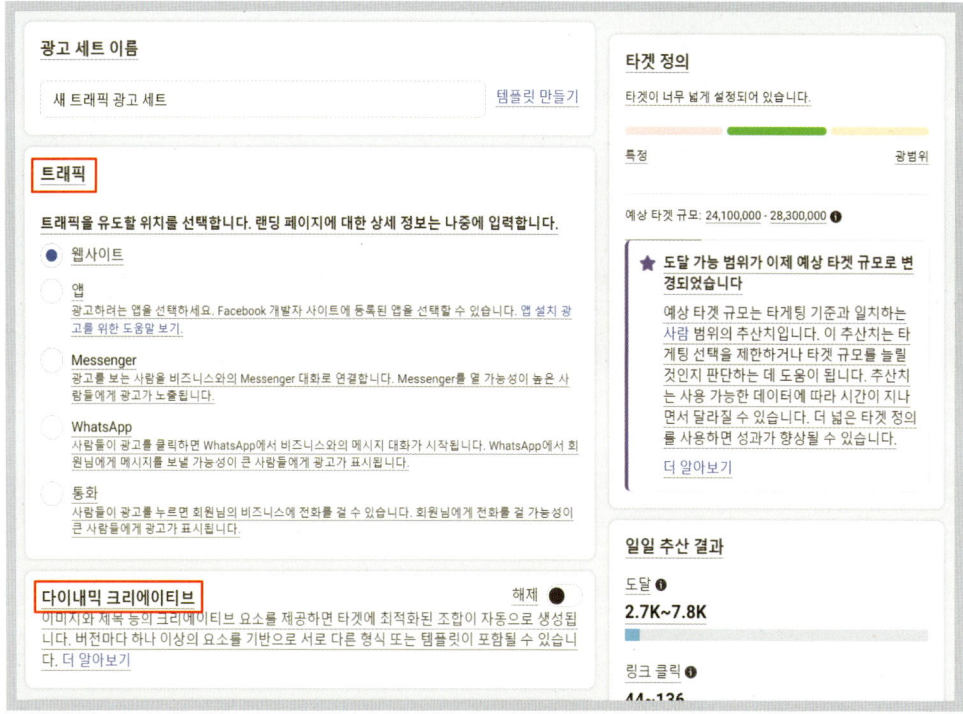

예산은 일일 예산과 총예산 중에 선택합니다. 필자는 일일 예산을 선택하여 진행합니다. 예산에 따라 도달과 링크 클릭이 달라지니 아마존 유료 분석 툴 등을 사용하여 1페이지 노출 상품들의 일일 평균 판매량을 보시고, 그 판매량에 전환율을 고려하여 어느 정도 노출시킬지 결정하시기 바랍니다.

❶ 예산은 자유롭게 설정할 수 있습니다.

❷ 시작일을 설정합니다.

❸ 체크하지 않으면 종료일 없이 계속 상시 광고를 진행하는 것이 됩니다. 박스를 체크하면 날짜를 입력할 수 있게 화면이 변경됩니다.

Chapter 7 판매 및 매출 확대를 위한 내 상품 홍보하기 **287**

'위치'는 미국으로 설정하고, 연령과 성별을 설정하되 셀러 상품의 주요 타겟층을 대상을 합니다. 그리고 그 아래 '옵션 더 보기'를 클릭하여 다음처럼 '언어'를 영어로 수정하고 '상세 타게팅'을 진행합니다.

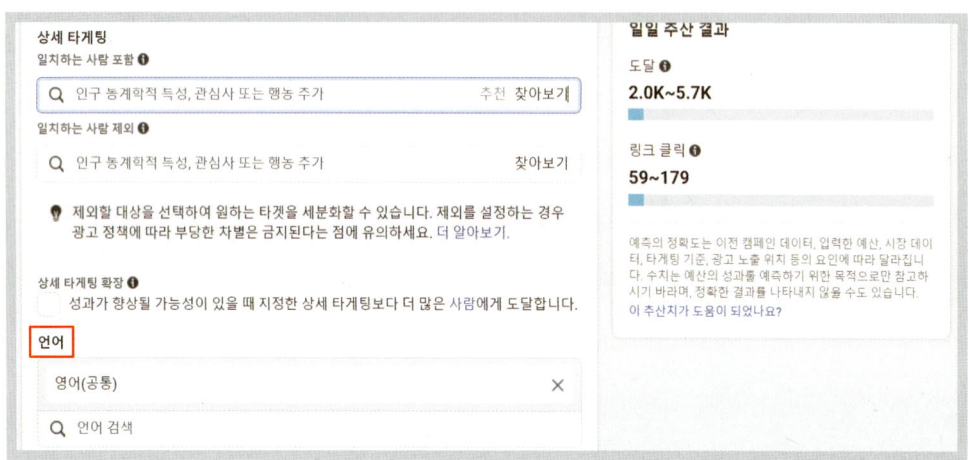

'상세 타게팅'은 먼저 '일치하는 사람 포함'과 '일치하는 사람 제외' 두 가지 영역으로 나뉩니다. 먼저 '일치하는 사람 포함'에서 '찾아보기'를 클릭합니다. 아래 이미지처럼 인구 통계학적 특성과 관심사, 행동이 보입니다. 이 3가지 단계를 모두 클릭하여 해당하는 항목에 체크합니다.

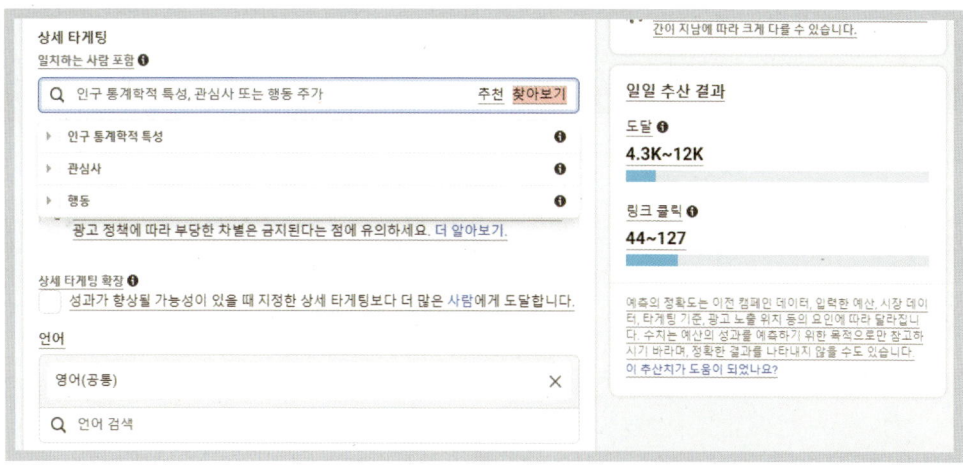

필자는 립스틱을 예시로 하여, 인구통계학적 특성으로는 기혼, 싱글, 대학교 졸업을 선택하고, 관심사로는 화장품, 온라인 쇼핑을 선택했으며, 행동으로는 구매에 관심을 보인 사람을 선택했습니다.

단, 이렇게 설정을 할 때 기억해야 하는 사항이 있습니다. '포함'이라는 개념입니다. 이는 'OR' 를 의미하는 것입니다. 즉, 필자가 설정한 모든 조건을 충족하는 사람에게 광고가 노출되는 것이 아니라 기혼 '또는' 온라인 쇼핑 '또는' 구매에 관심을 보인 사람 등의 방식으로 노출이 된다고 이해해야 합니다. '타겟 좁히기'를 클릭하여 '일치하는 사람 제외'에 입력했을 때의 의미는 'AND'로 보아야 합니다.

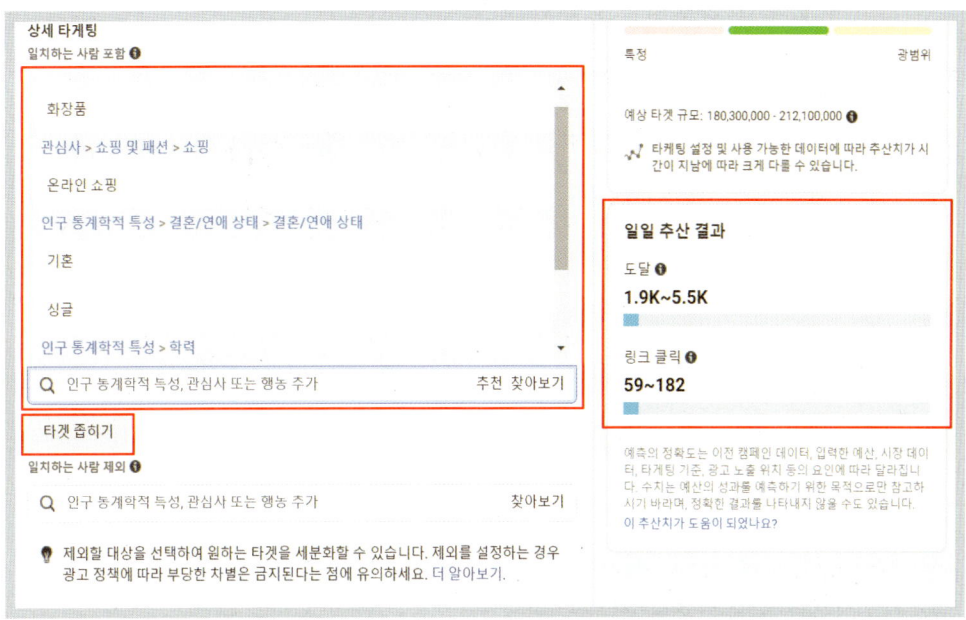

이렇게 상세 타게팅을 할 경우, 일일 $20을 지불한다고 설정했을 때의 일일 예상 도달 범위는 1.9K~5.5K명이고 예상되는 일일 클릭 수는 59~182으로 나옵니다. 이 일일 예상 클릭 수를 보고 광고비를 조정하시기 바랍니다. 위 이미지에서는 보이지 않지만, 위 화면의 하단에 있는 연결관계나 맞춤타겟은 특별히 변경하지 않아도 됩니다.

다음은 노출 위치 선정입니다. 노출 위치는 개인이 노출 위치를 조정해도 되지만, 처음 하는 경우라면 자동 노출을 권합니다. 다만, 최근 페이스북이 인스타그램과 연동을 장려하면서, 페이스북 계정에서 인스타 계정 연동이 안 되어 있을 경우 노출 위치를 '자동 노출'이 아닌 '노출 위치 수정'으로 선택해야 오류가 없습니다.

'최적화 및 게재' 부분은 랜딩 페이지 조회, 링크 클릭, 일일 고유 도달, 노출 중 링크 클릭을 선택합니다.

그 후 다음을 클릭하여 이미지를 올리고 웹사이트를 연결하는 작업을 합니다.

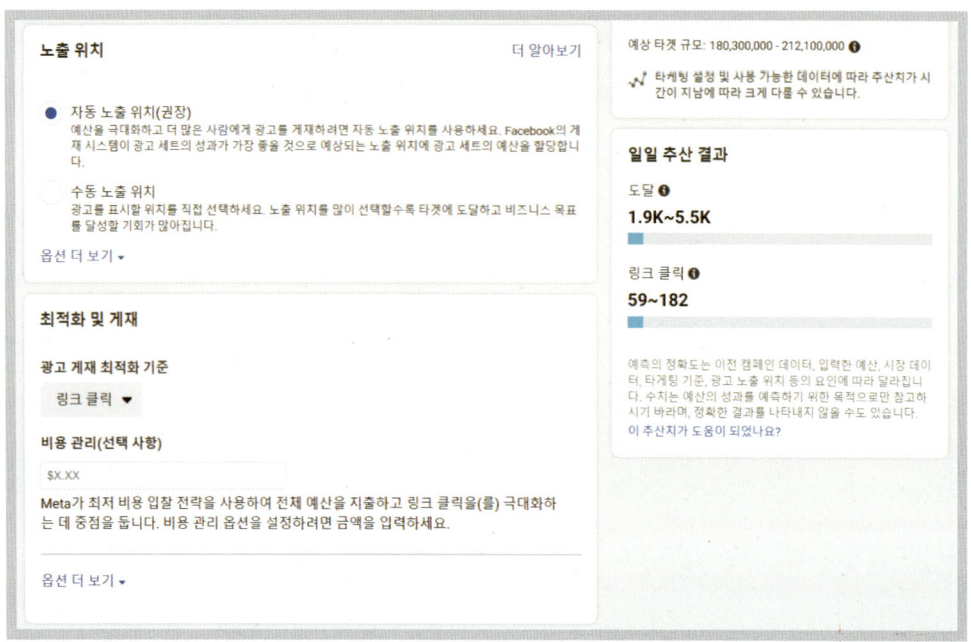

먼저 '광고 설정'에서 광고 형식을 이미지, 동영상, 슬라이드, 컬렉션 중 어떤 것으로 할 것인지를 선택합니다. 필자는 '단일 이미지 또는 동영상'을 선택하였습니다.

다음 화면에서는 '미디어'를 클릭하여 이미지 혹은 동영상을 추가할 것인지를 결정합니다. 필자는 이미지를 추가하겠습니다.

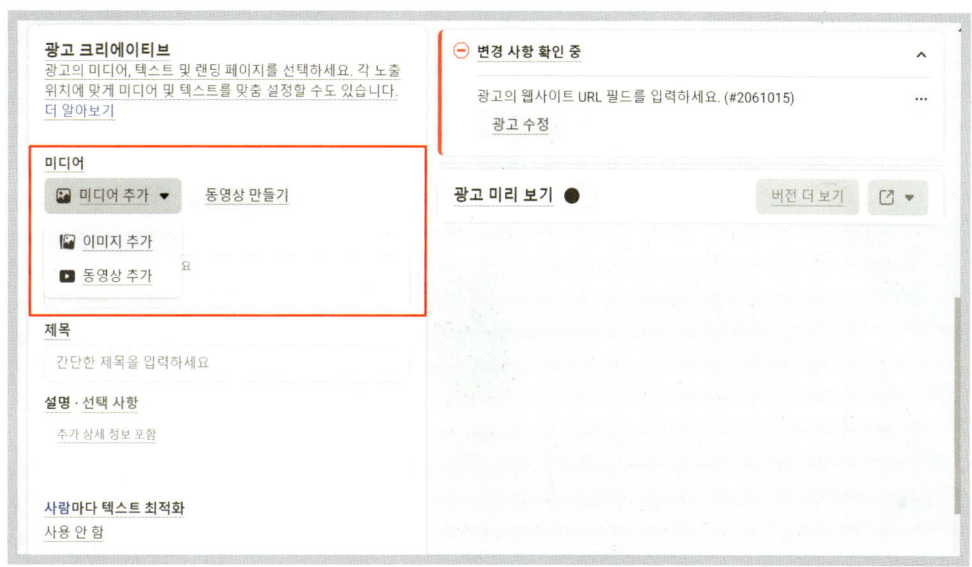

'기본문구'와 '제목', '설명' 등을 자유롭게 영문으로 기재합니다. 기재하는 내용은 이미지 상단과 하단에 각각 노출됩니다.

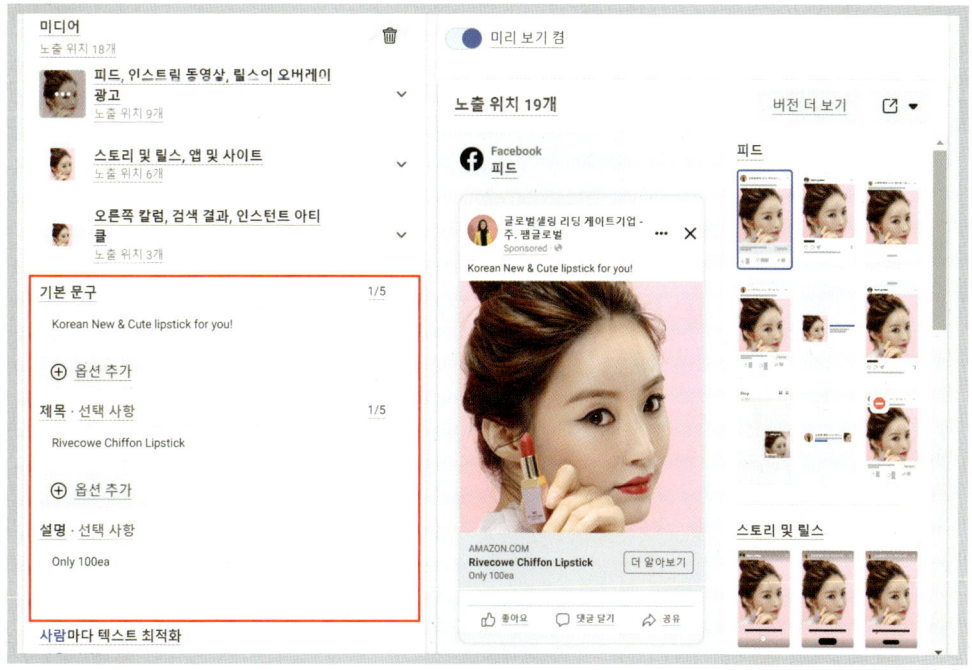

'랜딩 페이지'는 웹사이트를 선택하고, 아마존의 상품 상세페이지 URL을 입력해 줍니다. '표시

링크'와 '통화 연결'은 선택 사항으로 건너뛰어도 되며, '행동 유도'는 여러 항목 중 구매하기를 선택합니다.

[동의하고 게시]를 클릭하여 광고 설정을 마무리하고 제출합니다. 페이스북에서 검토 후 승인이 되면 광고가 시작됩니다.

이렇게 페이스북에서 광고를 하는 기본 방법을 소개했습니다. 다만 필자가 강의 때 하는 당부를 이곳에도 동일하게 언급하고 싶습니다. 마케팅에는 왕도가 없습니다. 이런 방식으로 했는데 결과가 좋지 않았다면, 또 다른 방식을 이용해 보고, 여러 가지 경우의 수를 바꿔 가면서 광고의 최적화를 찾아가야 하는 것은 셀러 여러분들의 몫입니다. 이 점을 기억해 두시면 좋겠습니다.

6 인스타그램

인스타그램 마케팅은 인플루언서 마케팅을 비롯하여 역시 이 주제 하나만으로도 책 한 권이 나올 정도로 많은 내용이 있습니다. 필자는 서두에 소개한 대로 인스타그램 계정을 페이스북에 연동하는 정도만 책에서 언급하고자 합니다. 다음의 순서대로 페이스북과 인스타그램을 연동하셔서 효과적으로 광고하시기 바랍니다.

먼저 페이스북 뉴스피드 화면에서 '광고 관리자'를 클릭합니다.

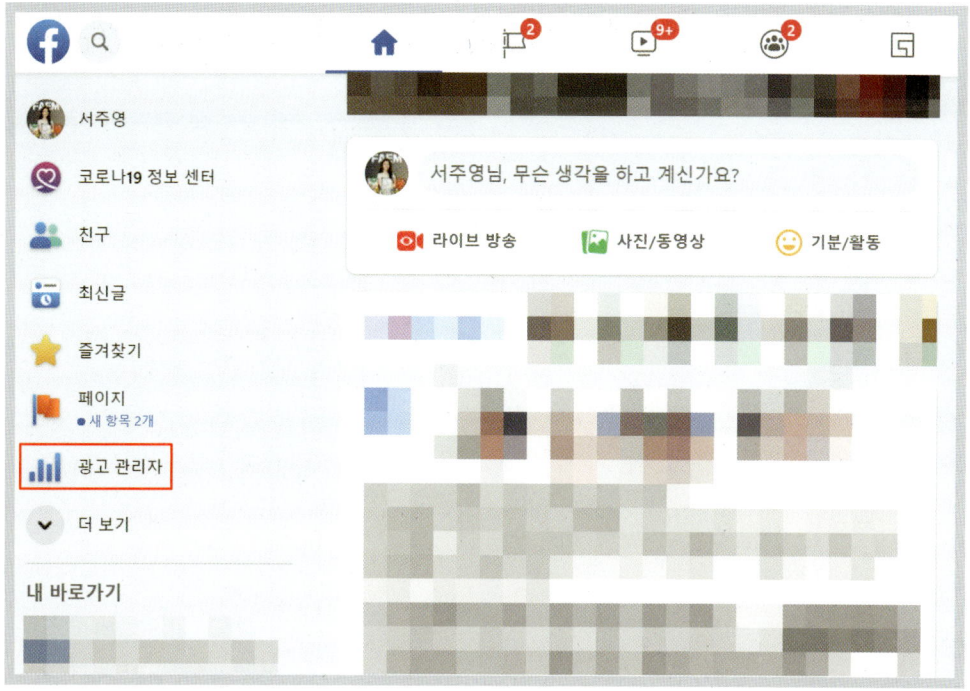

'광고 관리자'를 클릭하면 나오는 화면에서 톱니바퀴 모양(설정)을 누릅니다.

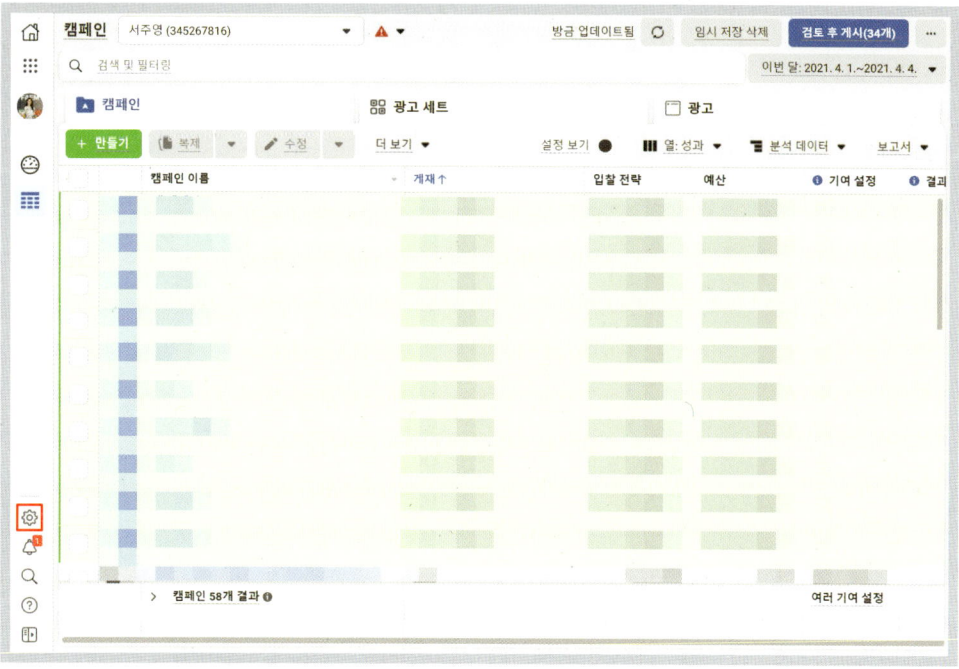

'페이지'를 누르면 내 페이지 목록이 뜹니다. 그중 인스타그램에 연동하고자 하는 페이지의 옆의 톱니바퀴 모양(설정)을 클릭합니다.

설정 화면에서 '인스타그램'을 클릭하면 'Facebook에서 Instagram 관리하기' 화면이 나옵니다. 'Instagram 계정 연결하기'의 [로그인] 버튼을 클릭합니다.

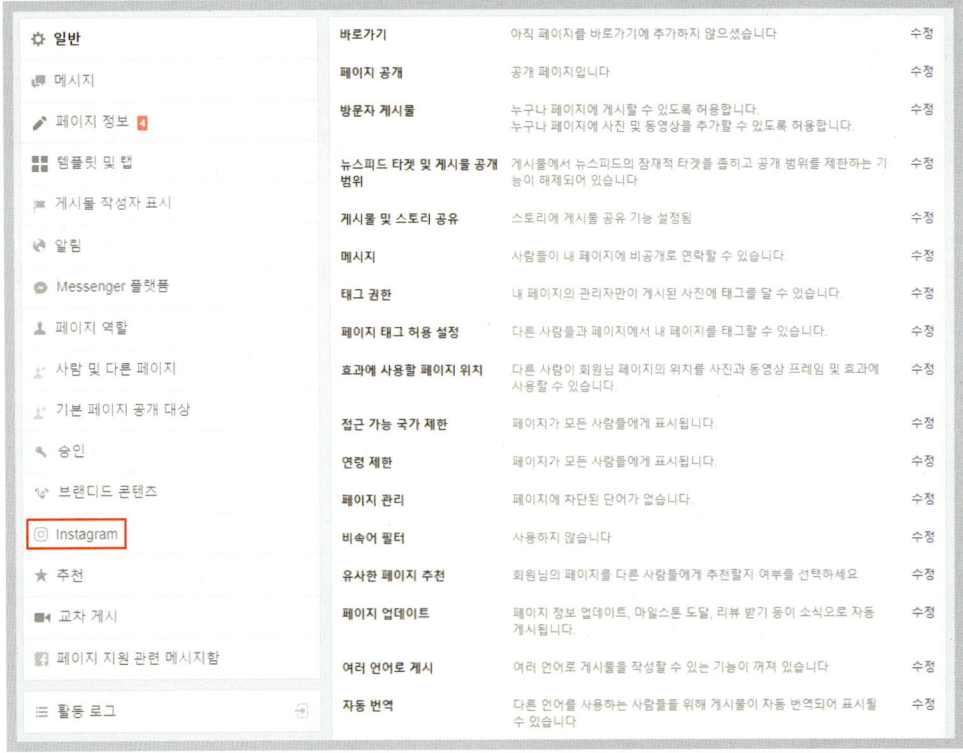

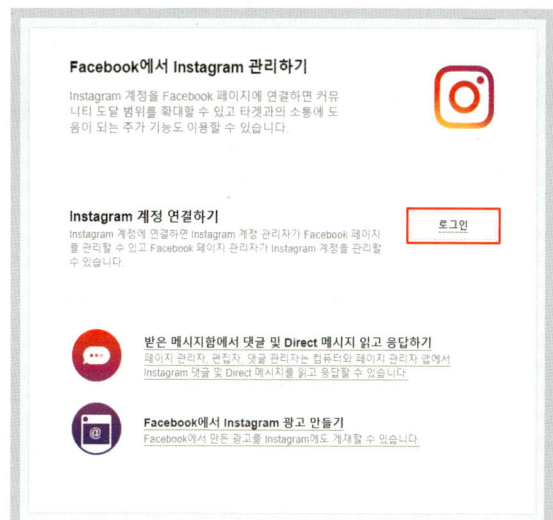 

위 화면에서 [로그인] 버튼을 클릭하면 연동이 완료됩니다. 이제 페이스북 페이지를 사용하여 광고를 만들면 인스타그램 계정을 통해서도 동일한 광고가 노출됩니다.

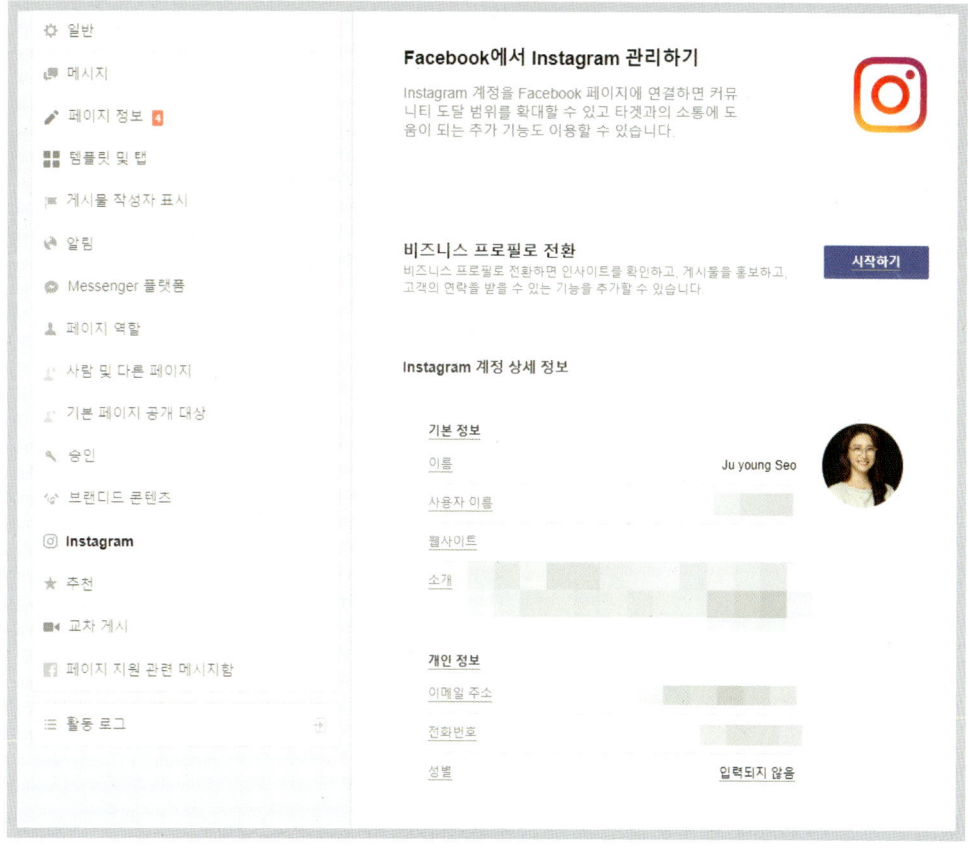

Chapter 7 판매 및 매출 확대를 위한 내 상품 홍보하기

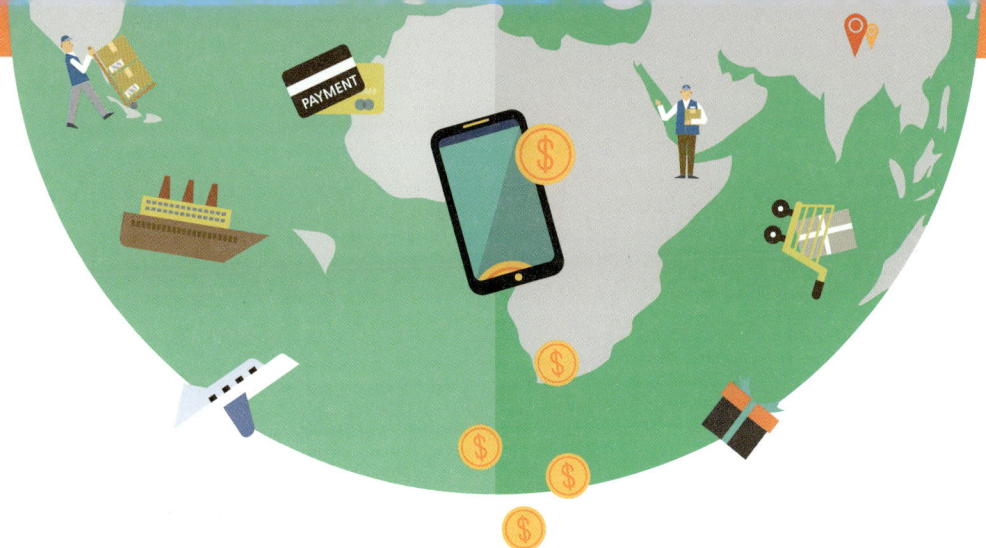

CHAPTER 8

전반적인 운영
A to Z 를 익히자

01 셀러 센트럴 메인 화면 및 대메뉴 이해

셀러 센트럴은 아마존 셀러로 가입하고 나면 접속하게 되는 관리자 포털입니다. 수시로 접속해야 하므로 즐겨찾기에 추가해 두면 매번 아마존 구매자 사이트에서 'Your account'를 클릭해서 접속하는 불편함을 줄일 수 있습니다. 셀러 센트럴의 메뉴는 셀러의 상태에 따라 보이는 메뉴들이 조금씩 다르고, 중복된 메뉴들이 많습니다.

1. 셀러 센트럴 메인 화면

2020년 들어, 셀러 센트럴 메인 화면은 기존에 텍스트 위주로 모든 정보를 고정 배치하여 보여주던 방식에서, 셀러의 상태에 따라 메시지 창이 생성되었다가 사라졌다가 하는 유동적 배치 방식으로 완전히 변경되었습니다. 막 가입한 셀러의 화면과 활발히 활동 중인 셀러의 화면은 다릅니다. 우선은 막 가입했을 때 보이는 메인 화면의 메뉴들에 대해서 설명해 드리겠습니다. 아마존 셀러 센트럴 사이트 sellercentral.amazon.com로 들어가 주십시오.

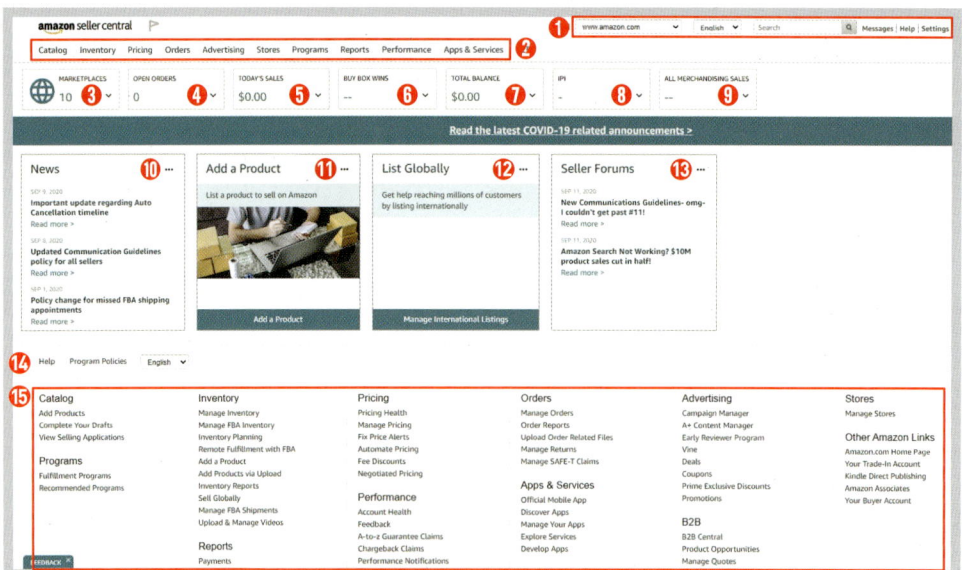

❶ 개설된 마켓플레이스, 언어 등을 선택할 수 있습니다. 검색 및 고객의 메시지를 확인하고 'Settings'를 통해 여러 가지 설정을 할 수 있습니다. 'Settings'의 내용은 9장 '모든 설정은 한 곳에서 간편하게'의 설명을 참조하십시오.

❷ 셀러 센트럴의 메인 메뉴들입니다. 메인 메뉴들에 대해서는 다음 항에서부터 각각 별도로 자

세하게 설명해 놓았으니 참조하시기 바랍니다.

❸ 판매할 수 있는 마켓플레이스를 보여줍니다.

❹ 판매하고 있는 모든 마켓플레이스에서 FBA, FBM으로 주문 받은 건의 총합입니다.

❺ 오늘의 전체 판매금액입니다.

❻ 현재 셀러가 바이 박스를 몇 퍼센트 차지하고 있는지 보여줍니다.

❼ 14일 동안 판매하여 셀러가 받게 될 전체 금액입니다.

❽ 재고 관리 점수입니다.

❾ 모든 마켓플레이스에서 딜 등 프로모션을 통해 판매되고 있는 금액을 보여줍니다.

❿ 아마존의 뉴스 및 공지사항입니다.

⓫ 'Add a Product'를 클릭하면 상품 등록 화면으로 이동합니다.

⓬ 아마존 일본, 유럽 등 타 마켓플레이스로 확장을 원할 경우 'Manage International Listings'를 클릭합니다.

⓭ 아마존의 모든 셀러가 판매하면서 생기는 다양한 경험, 궁금한 사항, 정보 등 각양각색의 상황에 대해 질의 응답 방식으로 공유할 수 있는 공간입니다.

⓮ 셀링 파트너 서포트팀에 문의할 수 있습니다.

⓯ 셀러 센트럴의 모든 메뉴들을 대메뉴별로 모아서 보여줍니다.

앞에서 셀러의 상태에 따라 메시지창이 생성되었다가 사라졌다가 하는 유동적 배치 방식으로 완전히 변경되었다고 말씀드렸습니다. 막 가입한 셀러의 메인 화면을 보았으니, 이제 활발하게 활동하는 셀러의 메인 화면을 보겠습니다. 셀러의 판매 상황에 따라 아래 화면처럼 새로운 메시지 창들이 나타납니다.

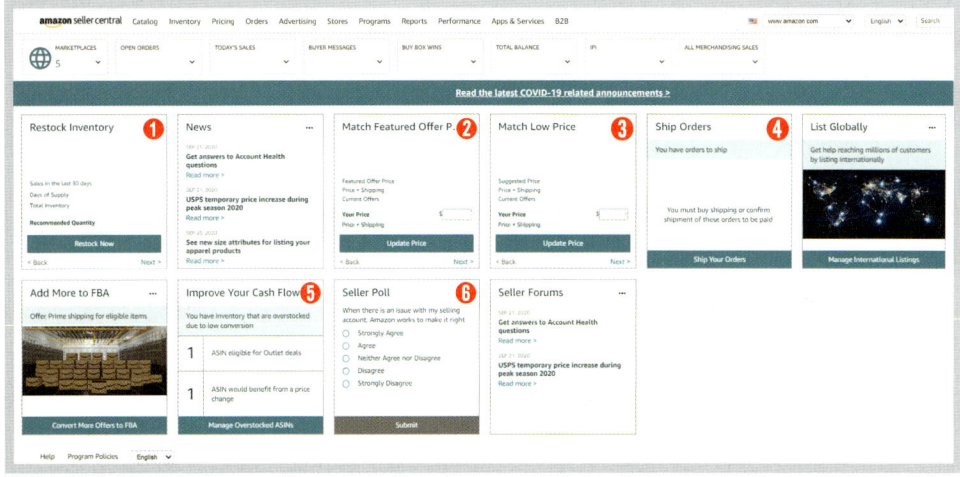

❶ 지난 30일 동안의 판매량과 현재 아마존 창고에 남은 재고 수를 보여주고, 다시 얼마나 재입고하면 좋을지 수량을 추천해 줍니다. 그러나, 반드시 이곳에서 추천한 수량대로 재입고할 필요는 없습니다.

❷ 주로 RA 셀러들에게 유용한 정보로, 현재 바이 박스를 차지하고 있는 상품 금액을 보여주며 셀러의 금액을 업데이트할 수 있도록 합니다.

❸ 주로 RA 셀러들에게 유용한 정보로, 현재 최저가 금액을 보여주며 셀러의 가격을 최저가 금액으로 맞출 수 있도록 합니다.

❹ FBM으로 주문을 받아서 배송해야 하는 주문 건수입니다.

❺ 아마존 창고에 있는 제품 중 프로모션 등을 통해 매출을 높일 수 있는 상품들이 얼마나 있는지 보여줍니다.

❻ 아마존이 진행하는 설문조사입니다.

2. Catalog

상품 등록과 관련된 메뉴입니다. 셀러 센터 메인 화면에서 상단의 'Catalog' 메뉴를 클릭합니다.

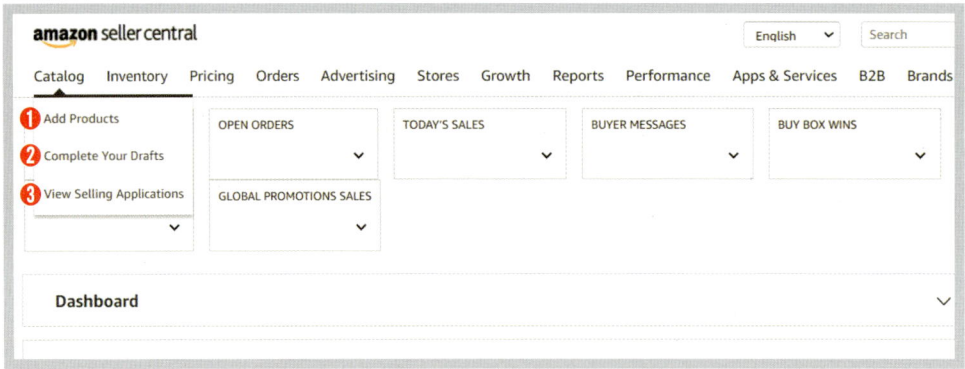

❶ 상품을 등록합니다. 'Inventory > Add a product'와 같은 메뉴입니다.

❷ 등록된 상품의 누락된 데이터를 추가하거나 초안에서 잘못된 데이터를 수정할 수 있습니다. 단, 이 기능은 상품을 새롭게 올리는 중간에 작업한 내용을 저장해 주는 기능을 수행하지는 않습니다.

❸ 카테고리나 브랜드 승인을 신청한 내역과 결과사항 등을 볼 수 있습니다.

3. Inventory

셀러가 가장 많이 클릭하게 될 메뉴가 바로 이 메뉴입니다. 이 메뉴를 통해서 재고 관리, 가격 관리, 상품 등록, FBA 상품 관리 등 기본적인 것이 모두 이루어지기 때문입니다. 각각의 하위 메뉴들에 대해 간단히 살펴봅니다.

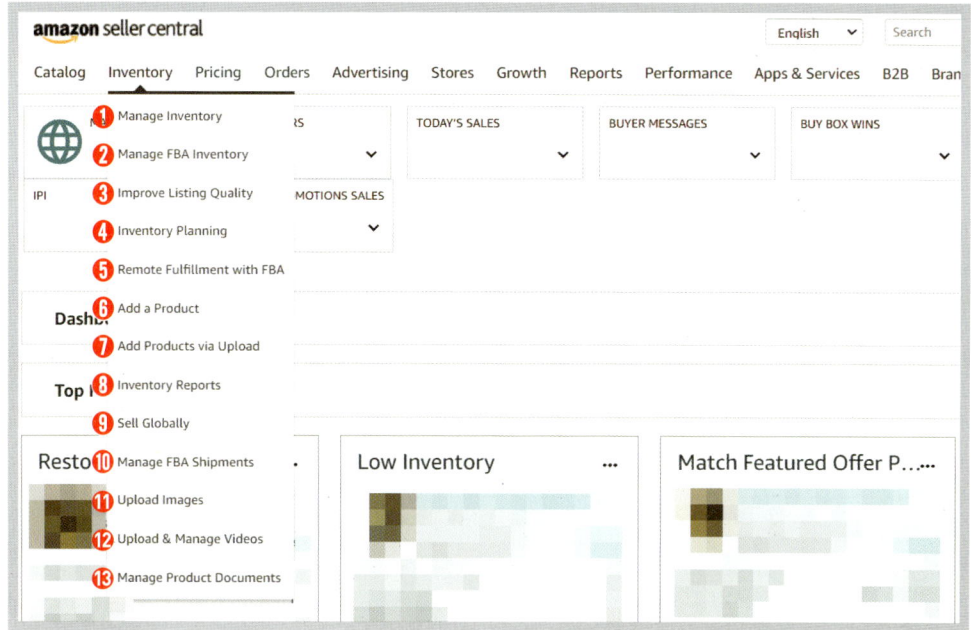

❶ 아마존에 업로드한 모든 상품(FBA, FBM 모두)을 확인할 수 있습니다. 기본적으로 이 메뉴에서 가격과 수량 조절이 별도의 화면 없이 가능하고, 'Edit'을 클릭해서 이미지 및 상품 설명 수정 등도 가능합니다.

❷ 아마존 창고에 입고한 FBA 상품들만 별도로 확인할 수 있습니다.

❸ 검색 용이성, 상세페이지 경험 및 고객 반품에 영향을 미치는 리스팅 문제를 파악하여 업데이트할 내용들을 모아 보여줍니다.

❹ 재고의 부족과 초과 등 전반적인 상태를 파악하고 조절하는 등 IPI를 관리합니다.

❺ 미국 아마존 창고에 있는 제품을 캐나다와 멕시코에서 판매할 수 있도록 설정합니다.

❻ 상품을 등록합니다.

❼ 엑셀을 이용한 대량 등록을 할 때 사용합니다.

❽ 재고를 여러 가지 형태로 구분하여 엑셀로 보고서를 다운받을 수 있습니다.

❾ 캐나다, 멕시코, 유럽, 일본, 인도, 중국 등 타 마켓플레이스에 쉽게 등록할 수 있도록 하며, 연동을 할 수 있습니다.

❿ FBA로 발송했거나 발송할 상품의 내역, 상태 등을 확인할 수 있습니다. FBA 작업 중 해당 Shipment를 승인 전까지는 'Shipping Plan' 탭에서 확인하여 자유롭게 수정하고 추가하는 등의 작업을 할 수 있습니다.

⓫ 이미지를 대량으로 올릴 수 있습니다.

❷ 아마존에 브랜드 등록이 되었거나 아마존에서 1년 이상 판매를 지속해 온 셀러들이 비디오를 업로드하고 관리하는 메뉴입니다.

❸ 상품에 관련한 문서들(인증, MSDS 등)을 업로드할 수 있습니다.

이상으로 'Inventory'에 있는 하위 메뉴들의 전체적인 개요를 살펴보았습니다. 이제부터 각 하위 메뉴들을 상세하게 설명해 드리도록 하겠습니다.

1 Manage Inventory

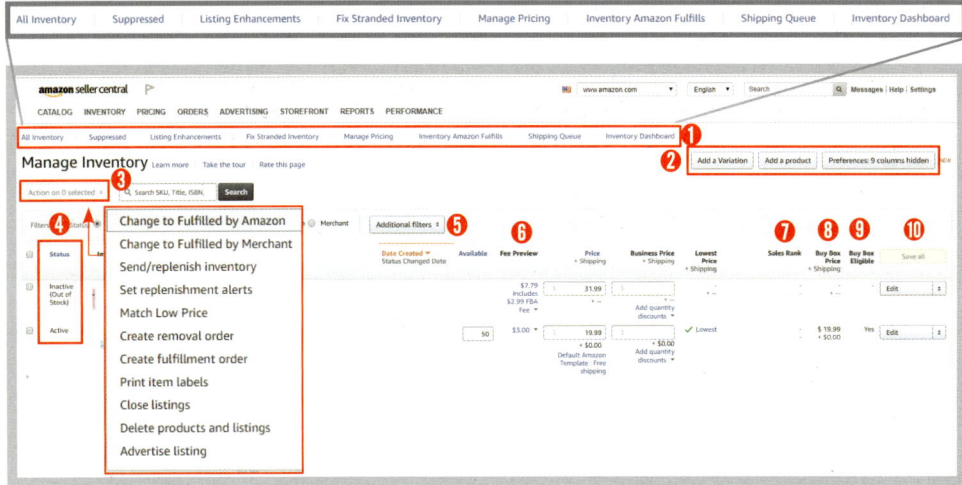

❶ 'Inventory'의 Third 메뉴들로 이 항목들은 셀러 상황에 따라 보여지는 항목이 다르며, 또한 대부분이 다른 항목들의 메뉴와 중복됩니다.

❷ 기존 단품이었던 상품에 옵션을 생성할 수 있고(Add a Variation), 새로운 상품을 등록할 수 있으며(Add a product), 'Inventory' 화면의 여러 항목들을 조절하여 셀러에 필요한 항목들만 노출되게 할 수 있습니다(Preferences). 'Preferences'를 눌러서 'Sales rank, Buy Box Price, Buy Box Eligible'을 선택·저장 후 나오면 'Manage Inventory' 메뉴 항목에서 ❼, ❽, ❾번의 내용이 추가됩니다.

❸ 인벤토리에서 상품을 선택하면 선택한 상품 수를 보여주며, 선택한 상품에 대해 다음의 일들을 처리할 수 있습니다.

· Change to Fulfilled by Amazon: 선택한 상품을 FBA 상품으로 전환합니다.

· Change to Fulfilled by Merchant: 선택한 상품을 Merchant 상품으로 전환합니다.

· Send / replenish inventory: FBA로 상품을 보내거나 재입고합니다.

· Set replenish alerts: 재고가 일정 수량에 도달하면 셀러에게 재고 보충을 안내하도록 설

정합니다.
- Match Low Price: 선택한 상품이 다른 셀러와 동일한 상품의 경우, 가장 낮은 판매가로 바꿉니다.
- Create removal order: FBA에 있는 상품을 창고에서 제거합니다.(폐기 또는 반품)
- Create fulfillment order: FBA 상품이 셀러가 운영하는 미국 내 타 사이트에서 판매되었을 경우 아마존 FBA 주문 건으로 만들어 아마존이 배송할 수 있도록 합니다.
- Print item labels: FBA에 입고된 상품의 라벨을 출력할 수 있습니다.
- Close listings: 상품이 판매되지 않도록 inactive 상태로 만듭니다.
- Delete products and listings: 선택한 상품을 리스트에서 삭제합니다.
- Advertise listing: 선택한 상품의 키워드 검색광고(캠페인)를 만듭니다.

❹ Additional filters: 상품의 상태로 Active 상태일 때만 고객에게 노출이 됩니다.

❺ Status: 각종 필터를 통해 원하는 상품만 확인할 수 있도록 조절합니다.

❻ Fee Preview: 아마존의 상품 판매 수수료와 FBA 수수료를 합친 금액을 보여줍니다.

❼ Sales Rank: 상품의 현재 BSR를 확인합니다.

❽ Buy Box Price: 바이 박스 가격을 확인합니다.

❾ Buy Box Eligible: 현재 셀러의 상품이 바이 박스를 차지할 수 있는 자격이 있는지의 여부를 확인합니다.

❿ 상품의 이미지, 설명 등 모든 내용을 수정할 수 있습니다.

2 Manage FBA Inventory

아마존에 업로드한 제품 중 FBA 제품은 이 페이지에서 별도로 관리할 수 있습니다.

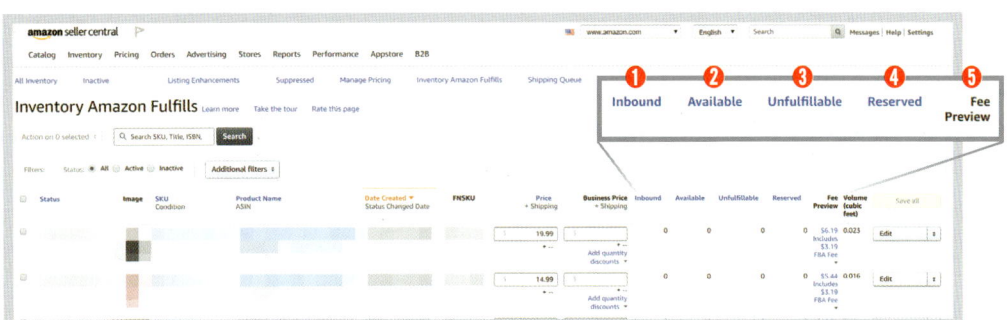

❶ 창고에 도착하지는 않았으나, 배송 플랜을 만들고 발송하겠다고 기입한 수량입니다. FBA 배송 계획 마지막 단계에서 'Mark as shipped'를 클릭해야 'Inbound'에 해당 수량이 나타납니다.

❷ 현재 창고에 있는 판매 가능 수량입니다.

❸ 손상 등으로 인해 판매할 수 없는 제품 수량입니다. 판매할 수 없게 되는 종류는 창고에 의한 손상, 운송사에 의한 손상, 고객에 의한 손상, 결함, 유통상의 손상 등이 있습니다. 각 상황에 따라 판매자가 제거 오더를 취해야 하는 경우가 있습니다.

❹ 고객의 주문 후 결제 대기 중이거나, 상품이 FC에 도착하여 확인을 기다리고 있거나, 다른 FC로 상품을 옮길 때의 수량이 표시됩니다.

❺ FBA 수수료입니다. 클릭하면 비용 구성 항목과 항목별 비용을 확인할 수 있습니다.

3 Improve Listing Quality

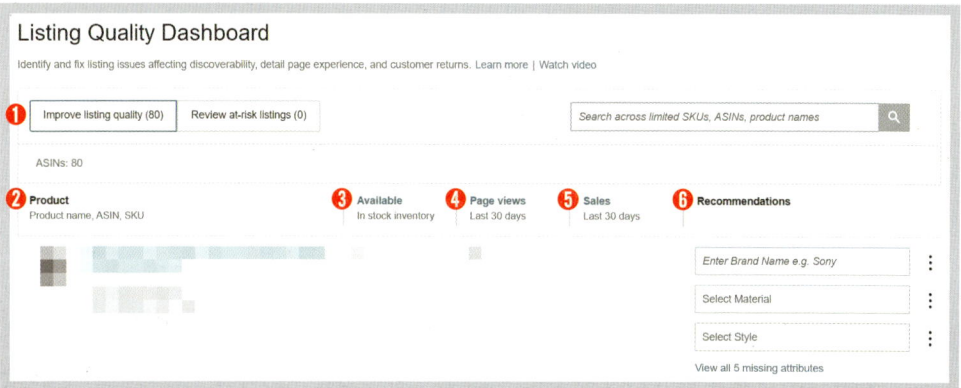

❶ 업데이트를 권고하는 리스팅과 위험한 리스팅으로 판단되어 검토한 상품을 보여줍니다.

❷ 해당 상품명입니다.

❸ 창고 재고 수량입니다.

❹ 지난 30일간의 노출 수입니다

❺ 지난 30일간의 매출액입니다.

❻ 업데이트가 권고되는 내역들입니다.

4 Inventory Planning

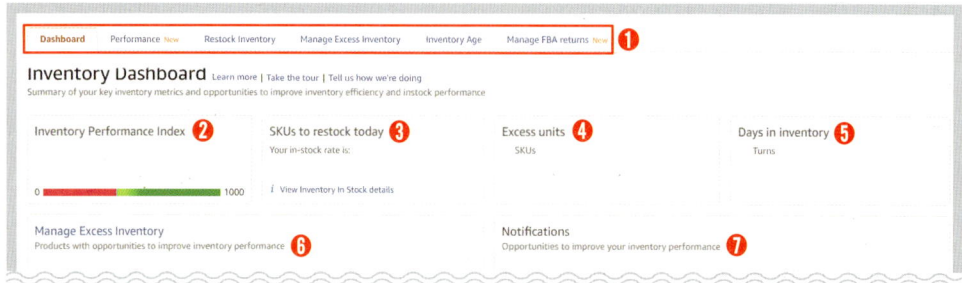

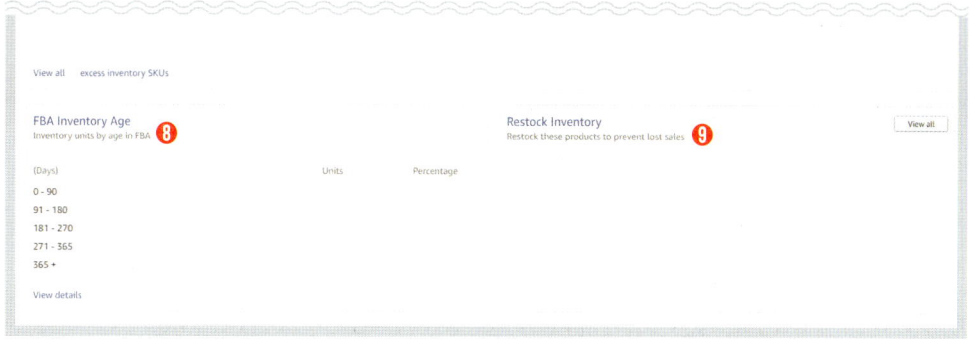

❶ 대시보드 상에 요약되어 보이는 모든 항목의 메뉴들입니다. 각 탭을 클릭하면 자세한 현황을 확인할 수 있습니다.

❷ 전반적인 재고 관리 현황을 1000점 만점으로 인덱싱하여 표시합니다.

❸ 재고 재확보가 필요한 목록들을 표시합니다.

❹ 건강한 재고 수준을 초과하는 FBA 재고 목록을 표시합니다.

❺ FBA 재고가 지속될 것으로 예상되는 일수를 말하며 아래의 Turns는 현재 재고와 판매율에 따라 연간 전환되는 횟수를 표시합니다.

❻ 초과된 재고를 확인하고 관리합니다.

❼ 재고에 대한 공지사항입니다.

❽ 아마존 창고에 입고된 상품을 3개월 단위로 분리하여 각 단계별 항목 수를 보여줍니다. 2018년까지는 6개월 이상부터 장기 보관 수수료가 책정되었으나, 2019년부터는 1년 이상부터 장기 보관으로 책정되어 장기 보관 수수료가 청구됩니다.

❾ 재입고가 필요한 항목들을 표시합니다.

5 Add a Products

상품을 등록합니다. 자세한 내용은 5장 4절 '상품 등록'의 설명을 참조하십시오.

6 Add Products via Upload

엑셀 파일을 이용해 대량으로 상품을 등록합니다. 자세한 내용은 5장 4절 4항 '엑셀 파일을 이용한 대량 등록'을 참조하십시오.

7 Inventory Reports

재고 전체 리포트, 현재 판매 중인 재고 리포트, 판매되고 있지 않은 재고 리포트 등 다양한 측면에서 재고에 대한 리포트를 엑셀로 다운로드받아 볼 수 있습니다.

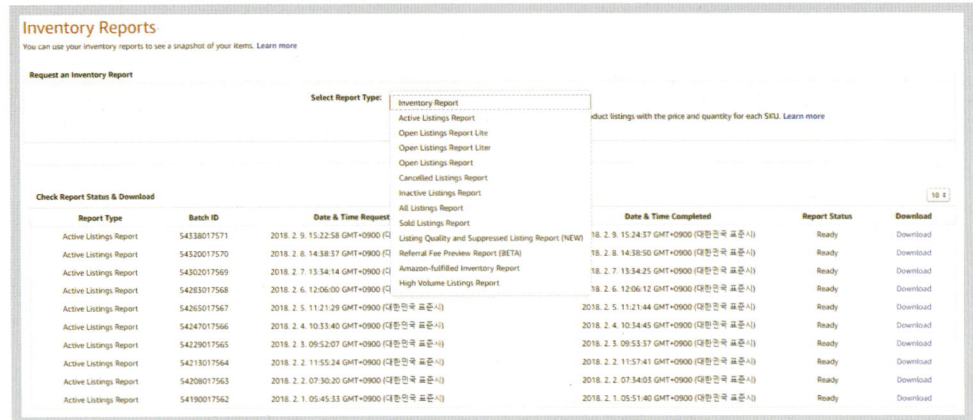

8 Sell Globally

진출할 수 있는 타 마켓플레이스를 확인하고, 각 마켓플레이스에 대한 가이드를 확인할 수 있으며, 판매자 아이디를 개설할 수 있습니다.

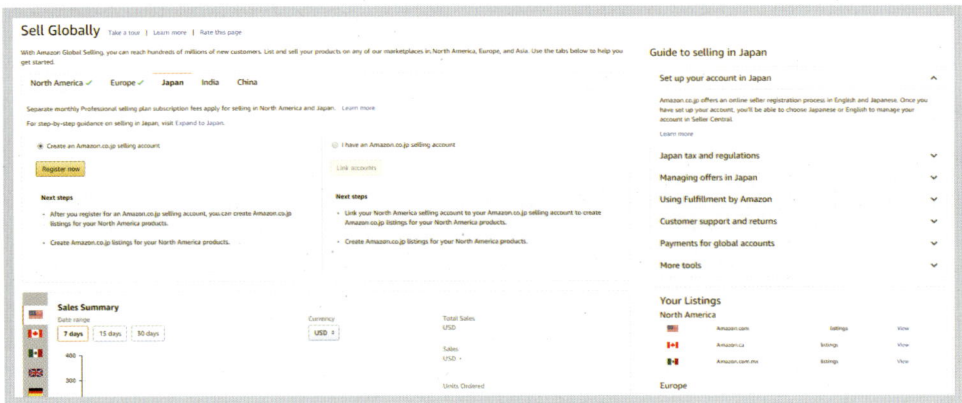

9 Manage FBA Shipments

FBA로 발송하는 각 계획들의 진행 사항을 확인할 수 있습니다. 처음 FBA 계획을 생성한 후 다시 접속할 때는 본 항목을 통해서 생성해 두었던 FBA 계획으로 접속합니다.

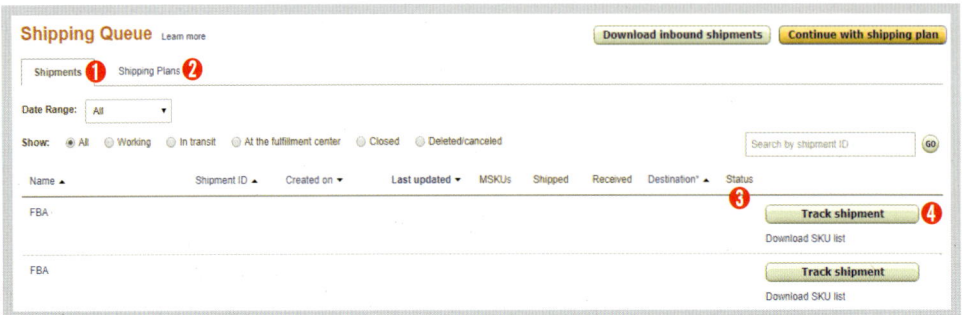

❶ 아마존 창고로 발송하는 배송 계획 단계에서 지정된 창고를 Approval하고 난 이후부터는 이 탭에서 확인이 가능합니다. FBA 배송한 물품의 트래킹 번호를 입력하지 않으면 'Ready to ship', 입력 후 배송이 진행 중 일 때는 'Inbound', 아마존 창고에 도착해서 입고 중일 때는 'Receiving', 해당 배송의 업무가 종결되면 'Closed'로 Status가 변경됩니다.

❷ 아직 배송 계획을 Approval하지 않은 상태에서 해당 계획에 재접속을 해야 할 때 'Shipping Plans'를 통해서 접속하여 나머지 단계를 진행합니다.

❸ 입력된 트래킹 번호와 배송사를 바탕으로 상품의 운송 상태를 추적할 수 있습니다.

❹ 발송한 상품의 목록을 확인하고 다운로드받을 수 있습니다.

10 Upload Images

상품의 이미지를 대량으로 업로드할 수 있는 기능입니다. 단, 이 기능을 이용할 때 파일명은 반드시 "ASIN + 변형 코드 + 파일 확장자"(Ex B000123456.MAIN.jpg)로 지정해야 합니다.

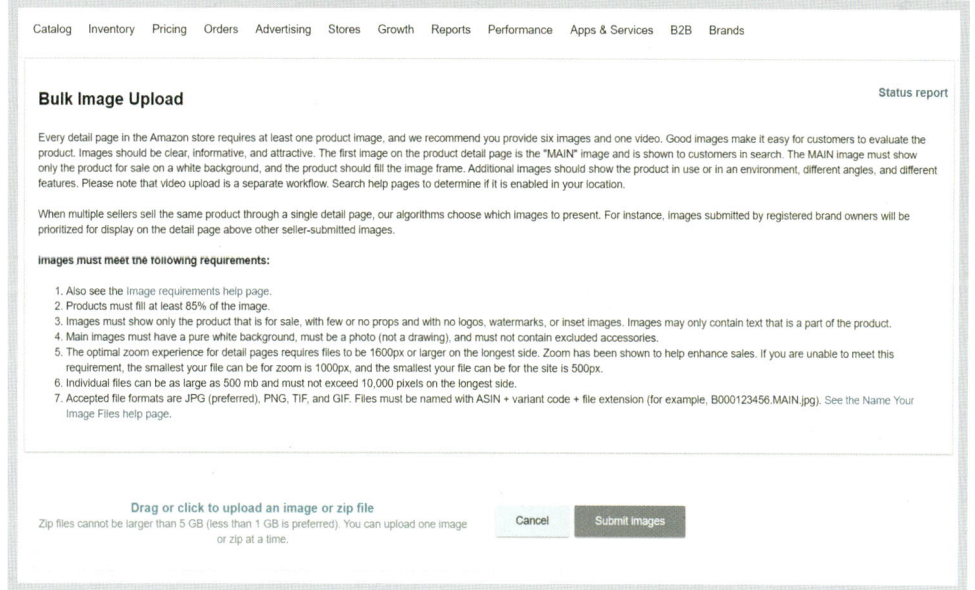

11 Upload & Manage Videos

비디오를 업로드하고 관리할 수 있는 메뉴입니다. 이 메뉴를 사용하기 위해서는 먼저 미국 USPTO에 상표권을 등록해야 합니다. 해당 등록번호로 아마존에 브랜드 등록을 완료한 후에야 비디오를 업로드할 수 있습니다.

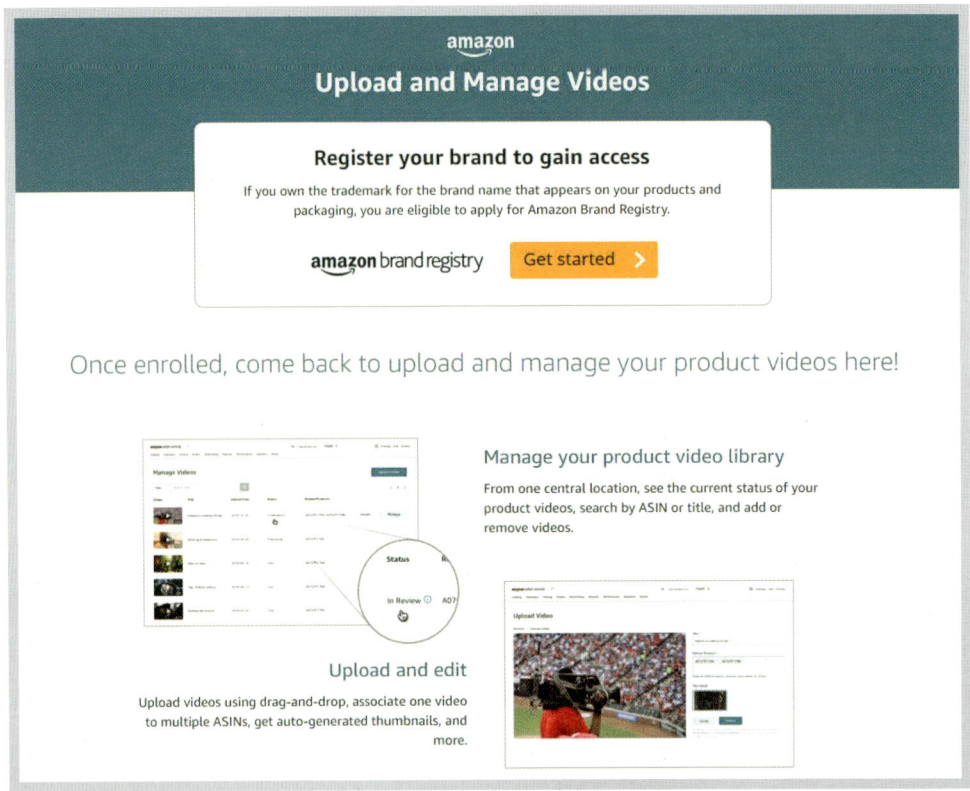

12 Manage Product Documents

상품에 관련한 여러 문서들(인증, MSDS, SDS, COA 등)을 업로드할 수 있는 메뉴입니다.

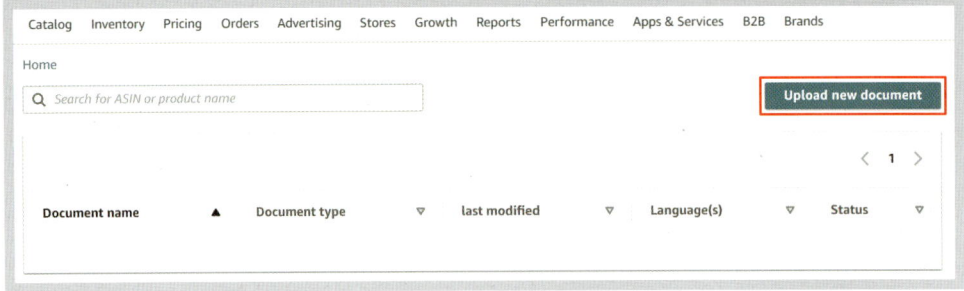

[Upload new document] 버튼을 클릭하면 다음과 같이 문서를 업로드할 수 있는 화면으로 이동합니다.

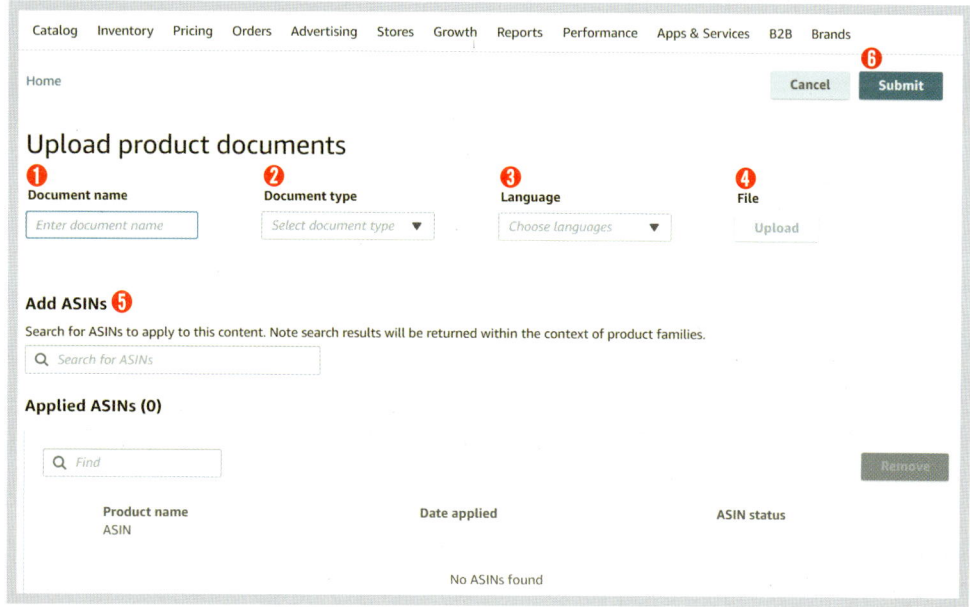

❶ 업데이트할 문서의 이름을 기재합니다.

❷ 문서의 타입을 선택합니다.(SDS, COA 등)

❸ 문서의 언어를 선택합니다.

❹ 파일을 업로드합니다.

❺ 업로드한 파일과 관련이 있는 상품의 ASIN을 기재합니다.

❻ [Submit] 버튼을 클릭하여 제출합니다.

4. Pricing

이 메뉴는 다른 메뉴들과 비교할 때 상대적으로 중요도는 좀 낮습니다. 하지만 대시보드를 통해 현재 내가 설정한 가격의 경쟁력 및 구매 전환율 등을 확인할 수 있어 가격 관리를 하는 데 도움을 받을 수 있습니다.

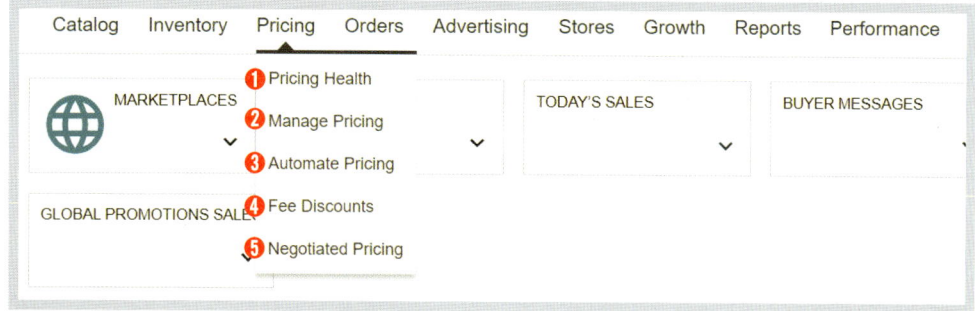

❶ 현재 아마존 이외의 다른 소매 업체(경쟁 가격)와 비교하여 상세페이지의 바이 박스를 차지

할 자격이 없다고 여겨지는 상품들의 리스트가 보입니다. 따라서 이 페이지에서는 내 제품이 보이지 않는 것이 좋습니다.

❷ 'Inventory' 화면에서 조정하기 때문에 사용도가 낮습니다.

❸ 가격을 자동으로 최저가나 바이 박스에 맞게 조정할 수 있도록 설정합니다.

❹ 아마존이 권하는 금액으로 판매하면 수수료를 할인해 주는 상품들을 확인할 수 있습니다.

❺ 특정 비즈니스 고객과 가격을 조정하는 메뉴지만, 신규 셀러에게는 보이지 않는 항목입니다.

5. Orders

주문 및 반품 관련한 업무를 할 수 있습니다. 자세한 내용은 3절 '주문 관리' 및 4절 '반품 / 환불 관리'를 참조하십시오.

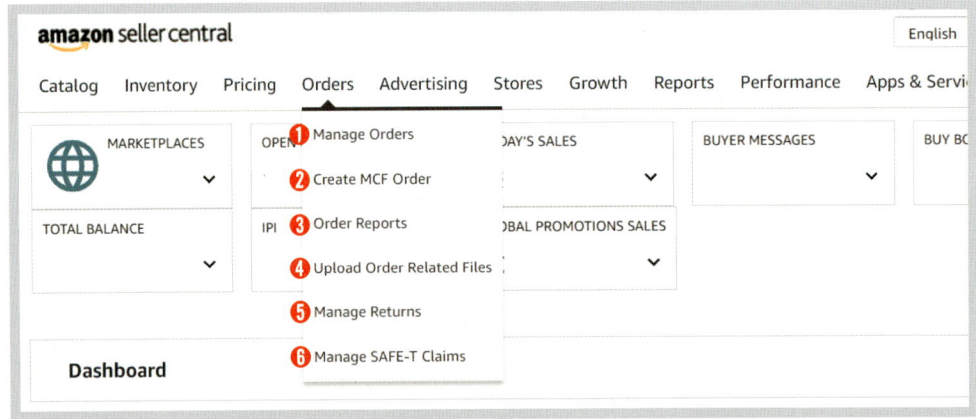

❶ 주문 목록을 확인합니다.

❷ 셀러가 미국 내 다른 온라인 마켓플레이스에서도 판매를 하고 있는 경우, 다른 마켓플레이스에서 들어온 주문 건에 대해 아마존 창고에서 배송되도록 주문을 넣을 수 있습니다.

❸ 선택한 일수(1~120일) 동안 받은 모든 주문 보고서를 다운로드합니다.

❹ 배송처리가 완료된 후 트래킹 번호를 엑셀로 대용량 업로드합니다.

❺ 고객이 신청한 반품 내역을 확인하고 대응합니다.

❻ 'SAFE-T'란 'The Seller Assurance for e-Commerce Transactions'의 약자로 셀러가 고객에게 환불을 처리하는 경우 아마존에 'SAFE-T' 프로세스를 통해 보상을 요청할 수 있는 제도입니다. 고객이 Automated prepaid label을 받은 경우만 해당하며, 다음의 경우에만 아마존으로부터 보상을 받을 수 있습니다.

· 아마존에서 해당 구매자가 아마존의 반품 또는 환불 정책을 악용한 것으로 판단되는 경우
· 아마존을 통해 반품 우편 라벨이 발행되었고 상품이 반품 과정 중 분실된 경우

- 셀러가 수신자가 서명을 하도록 하는 배송 서비스를 이용했고, 추적 정보에서 배송된 것으로 표시되지만, 고객이 패키지를 수령하지 못했다고 클레임을 제출한 경우

6. Advertising

모든 광고 및 홍보에 관한 메뉴입니다. 자세한 설명은 7장 '판매 및 매출 확대를 위한 내 상품 홍보하기'를 참조하십시오.

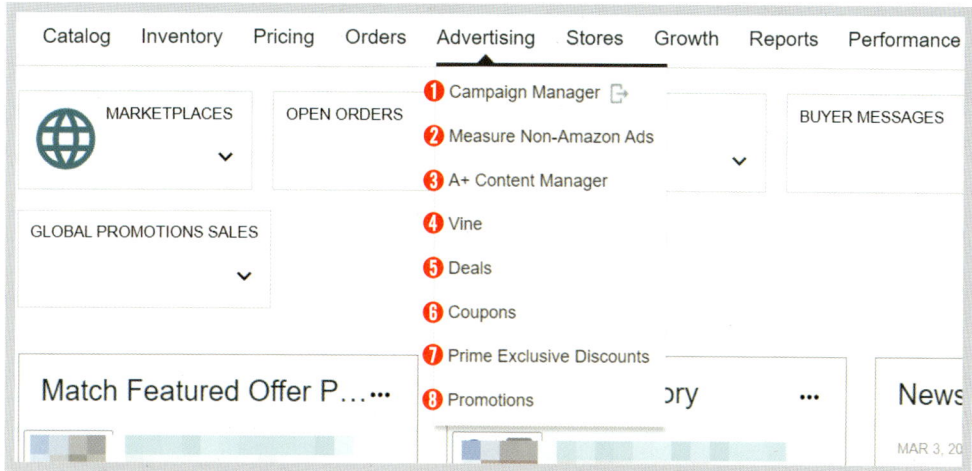

❶ 검색 키워드 광고를 만들고 관리합니다.

❷ 검색광고 이외에 소셜미디어 광고, 디스플레이 광고, 비디오 광고, 이메일 광고 등 다양한 광고를 관리할 수 있습니다.

❸ 브랜드 등록된 셀러에 한해 지원되는 항목으로, 상품 설명을 더욱 자세히 설명할 수 있습니다.

❹ 브랜드를 등록한 셀러만 이용할 수 있는 유료 리뷰 프로그램으로 'early review program'과는 달리 최대 30개까지 받을 수 있습니다.(사용 수수료: Parent 기준 SKU당 $200)

❺ 매출 향상을 위해 큰 폭의 할인율로 판매하는 4~6시간 동안 반짝 할인과 7일간의 할인을 신청합니다. 아마존 승인이 필요합니다.

❻ 디지털 쿠폰을 발행합니다.

❼ 프라임 회원들만 참여할 수 있는 할인 프로모션을 생성하고 관리합니다.

❽ '할인, 1+1, 경품' 등의 프로모션을 생성하고 관리합니다.

7. Stores

브랜드 등록 정책 2.0에 맞춰 브랜드 등록된 셀러에 한해 지원되는 기능으로 아마존 내에 독립된 자신만의 스토어를 만듭니다. 자세한 내용은 2장 13절 '브랜드 등록하기'를 참조하십시오.

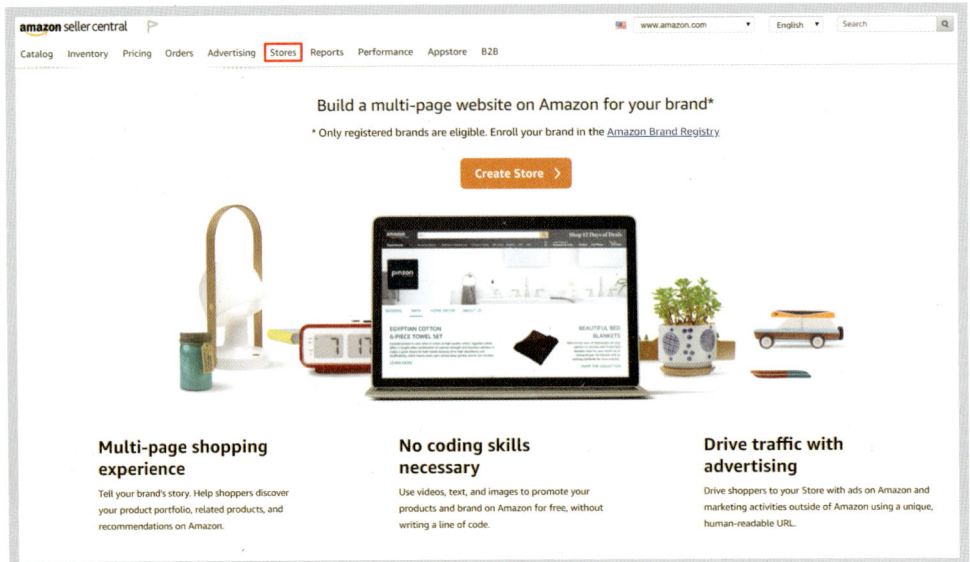

8. Growth

아마존 셀러들의 매출 향상에 도움이 된다고 판단하는 프로그램들을 모아서 소개해 주는 페이지입니다.

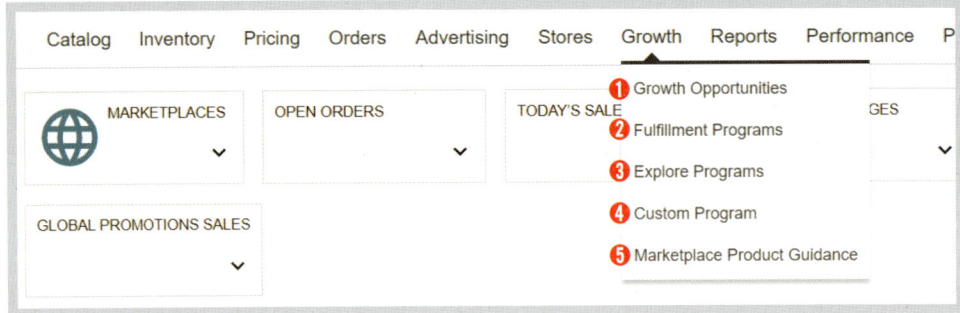

❶ 아마존이 셀러의 상품을 분석하여 비즈니스 성장을 위해 취할 수 있는 조치를 제안합니다. HV^High Value 와 HP^High Potential 로 구분하여 상품의 상황에 따라 어떤 작업을 추가 조치하면 좋을지를 안내합니다.

❷ 아마존의 Fulfillments를 소개하고 이용할 수 있도록 안내합니다.

❸ 아마존의 다양한 프로그램들을 주제별로 선정하여 이용할 수 있도록 안내합니다.

❹ 아마존 고객들에게 주문제작 및 맞춤형 상품을 제공할 수 있는 맞춤형 제품 판매에 대해 안내합니다.

❺ BIL^Build International Listing 과 동기화하여 전 세계적으로 더 많은 오퍼를 확장하도록 안내합니다.

9. Reports

아마존 내에서 이루어지는 정산, 판매, 트래픽, 광고 등 모든 내역에 대한 보고서를 다운로드받을 수 있습니다.

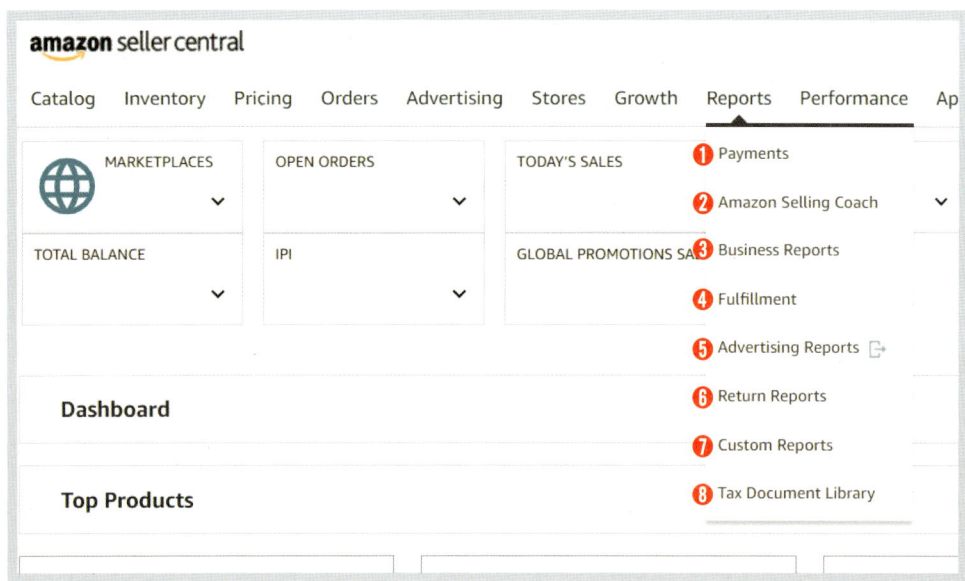

❶ 대금 정산 등 지급 관련한 내용을 확인합니다. 자세한 내용은 5절 '리포트 활용'을 참조하십시오.
❷ 재고, 상품 등에서 아마존이 추천하는 내역이 보이고, 아마존으로부터 받을 이메일의 범주도 설정할 수 있습니다.
❸ 상품별, 일별 판매와 트래픽 등을 확인하고 다운로드받을 수 있습니다. 이 부분 역시 자세한 내용은 5절 '리포트 활용'을 참조하십시오.
❹ FBA에서 발생하는 재고, 판매, 대금, 고객 서비스, 제거 관련 기록을 다운받을 수 있습니다.
❺ 노출 수, 클릭 수 및 지출을 포함하여 광고 실적에 대한 보고서 등을 확인할 수 있습니다. 자세한 내용은 7장 1절 '캠페인(키워드 검색광고) 활용'의 설명을 참조하십시오.
❻ 반품 내역을 다운로드받을 수 있습니다.
❼ 맞춤형 리포트를 생성합니다.
❽ 세금 관련 내역을 다운로드받을 수 있습니다. 글로벌 셀러에게는 적용되지 않는 항목입니다.

10. Performance

셀러의 판매 활동 점수, 고객 피드백, 클레임 등 고객 관련 활동들을 확인합니다. 자세한 내용은 2절 '셀러 퍼포먼스'를 참조하십시오.

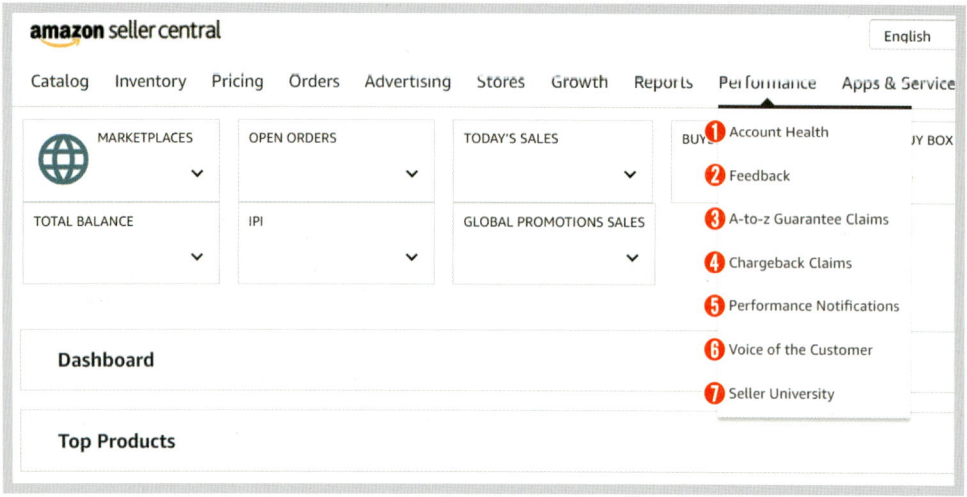

❶ 셀러의 퍼포먼스(전반적인 판매 활동 상태)를 확인합니다.

❷ 셀러에 대한 고객의 피드백을 확인합니다.

❸ 고객 클레임을 확인합니다.

❹ 고객이 카드사에 연락하여 매입 취소를 하는 클레임을 확인합니다.

❺ 셀러 활동에 중요한 공지사항 내역을 확인합니다.

❻ 내 상품 및 피드백에 대한 CX Customer Experience 상태를 파악하고 문제가 있는 경우 해결하기 위한 조치를 취할 수 있습니다.

❼ 아마존이 제공하는 것으로 아마존 정책, 각종 툴, 서비스 등 아마존 활동에 도움을 받을 수 있는 모든 교육 내용을 볼 수 있습니다.

11. Partner Network

아마존이 셀러가 판매를 하는 과정에서 도움이 될 만한 아마존의 협력사 및 유료 서비스 프로그램들을 모아서 소개합니다. 셀러가 이미 사용하고 있는 서비스의 경우는 관리할 수 있는 페이지입니다.

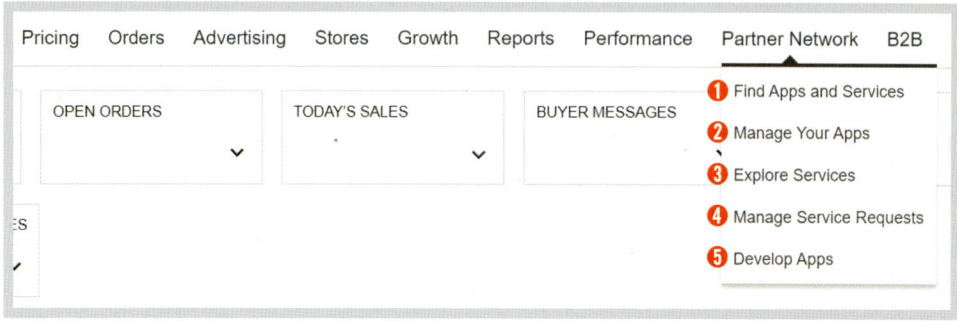

❶ 아마존이 승인한 여러 3rd Party사들의 앱 및 서비스를 한곳에서 살펴볼 수 있습니다.

❷ 셀러가 이용하고 있는 여러 데이터들에 대한 엑세스를 관리합니다. (Ex 페이오니아 등의 연동 승인 등)

❸ ❶번 'Find Apps and Service'와 비슷한 메뉴로 아마존 서비스를 제공하는 공급업체들을 찾아볼 수 있습니다.

❹ ❸번 항목에서 업체를 찾아본 후 해당 업체에 문의를 하는 경우 이 항목에서 관리할 수 있습니다.

❺ 개발자 등록을 한 후 셀러의 어플리케이션 고객을 위한 코딩 작업 등을 할 수 있습니다.

12. B2B

아마존의 B2B 거래를 관리하는 페이지입니다.

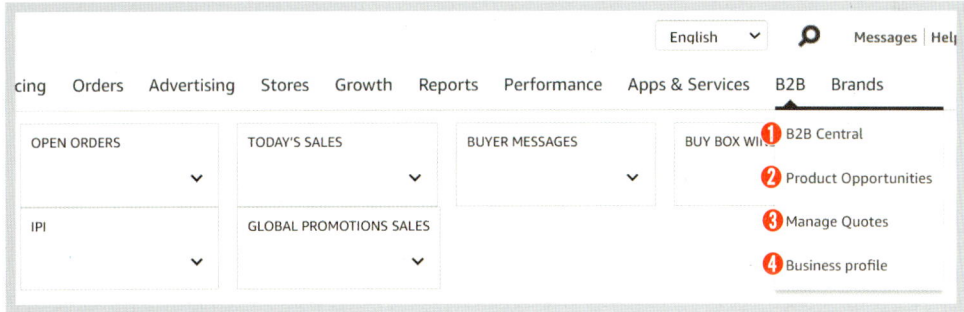

❶ B2B 거래에 대해 판매액, 고객층 분석 등 전반적인 사항을 보여줍니다.

❷ 아마존이 셀러에게 추천하는 B2B 상품들을 확인할 수 있습니다.

❸ 비즈니스 고객은 특정 ASIN에 대한 수량 할인을 요청할 수 있습니다. 이 견적 요청을 관리할 수 있는 화면입니다.

❹ B2B 거래를 위해서는 반드시 등록해야 할 사항들이 있습니다. 'Business profile'을 클릭하면 'Settings > Your Info & Policies' 화면으로 이동하여 작성하게 됩니다.

13. Brands

브랜드 등록을 완료한 셀러들에게만 나타나는 메뉴입니다. 그러나 브랜드 등록 완료 시 전체가 보이는 것이 아니라 셀러의 판매 실적 등 여러 기준에 따라 기능이 하나씩 열리므로 모든 기능을 이용하기까지는 상당한 시간이 소요될 수 있습니다.

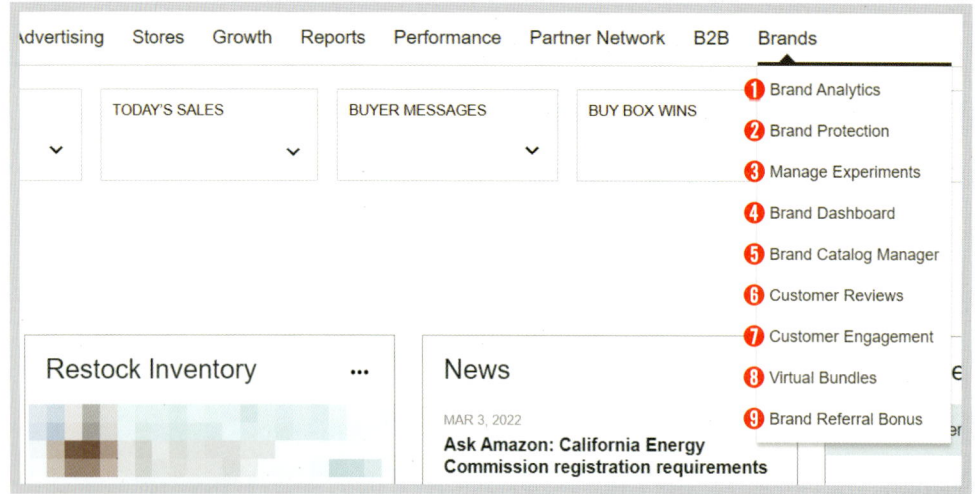

❶ 키워드 검색이나 고객 행동, 인구통계학적 분석 등 브랜드를 분석할 수 있는 메뉴들이 있습니다.

❷ 내 브랜드(상표)의 권리가 침해당했다고 판단될 때 쉽게 아마존에 신고할 수 있고 내 브랜드를 관리할 수 있습니다.

❸ A / B 테스트를 진행할 수 있습니다.

❹ 고객 리뷰 관리, 브랜드 분석, 가상 번들, 가격 경쟁력 등 셀러 브랜드를 보다 쉽게 관리할 수 있습니다.

❺ 아마존에 등록한 셀러의 브랜드 제품들이 전부 리스트되어 고객 리뷰, 셀러 수 등 현재 상태를 한눈에 파악할 수 있습니다.

❻ 내 상품에 대한 고객의 리뷰를 확인하고 관리할 수 있습니다.

❼ 내 브랜드의 팔로우 수를 늘려 이메일 마케팅을 할 수 있도록 관리합니다.

❽ 별개로 아마존 창고에 입고된 제품들을 하나의 상품으로 판매가 가능하도록 가상 묶음 상품 리스트를 만들 수 있습니다. 주문이 들어오면 아마존이 해당 제품들을 함께 배송해 주는 시스템입니다.

❾ 아마존 이외의 사이트에서 마케팅을 할 때 태그를 생성하여 성과를 측정할 수 있으며, 아마존은 외부 마케팅을 통해 구매가 일어난 경우 2개월 후 매출의 평균 10%를 보너스로 셀러에게 지불해 주는 프로그램입니다.

02 셀러 퍼포먼스

1. Account Health

아마존은 고객의 만족을 가장 중요하게 생각하는 마켓플레이스입니다. 고객 만족도는 아마존에서 셀러로서 얼마나 잘하고 있는지 판단하는 데 사용되는 중요한 성과 측정 방법 중 하나입니다.

셀러 센트럴 메인 화면의 'Performance' 메뉴에서 'Account Health'를 클릭하면 아래와 같이 대시보드가 보입니다.

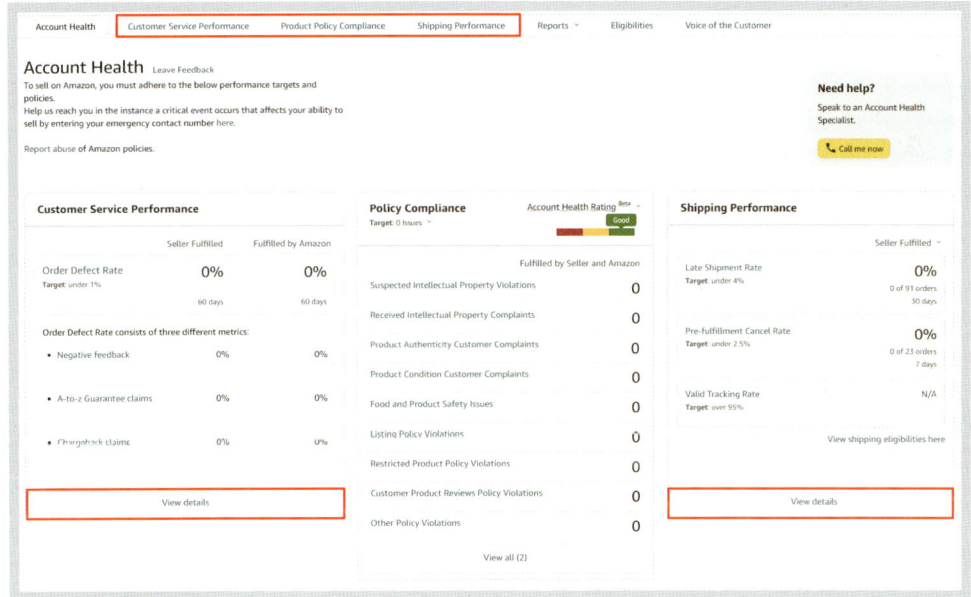

'Account Health'의 대시보드는 정책을 얼마나 잘 준수하고 있는지, 고객 만족과 관련하여 얼마나 고객을 만족시키고 있는지, 배송 관련해서는 기준을 잘 지키고 있는지 등의 요약 정보를 제공합니다. 각각에 대해 자세한 사항을 보고자 할 경우는 대시보드 하단의 'View details'를 클릭하거나 상단 'Account Health' 옆에 있는 'Customer Service Performance', 'Product Policy Compliance', 'Shipping Performance'를 클릭하면 확인할 수 있습니다. 이 3가지 항목에 대해 더 상세하게 알아보겠습니다.

1 Customer Service Performance

고객 서비스 측면에서 셀러를 평가하는 요소입니다. ODR(Order Defect Rate, 주문 결함 비율)

이 이 항목에 속합니다.

ODR은 'Negative feedback rate + A to z claim rate + Service chargeback rate'를 기준으로 평가하며 60일 동안의 거래에서 1% 미만으로 유지되어야 합니다. ODR이 1%를 초과하면 계정이 비활성화될 수 있는, 매우 중요한 평가 기준입니다. 또한 이 항목은 FBA, FBM 셀러 모두에게 해당되므로 FBA 셀러들도 신경을 써야 합니다.

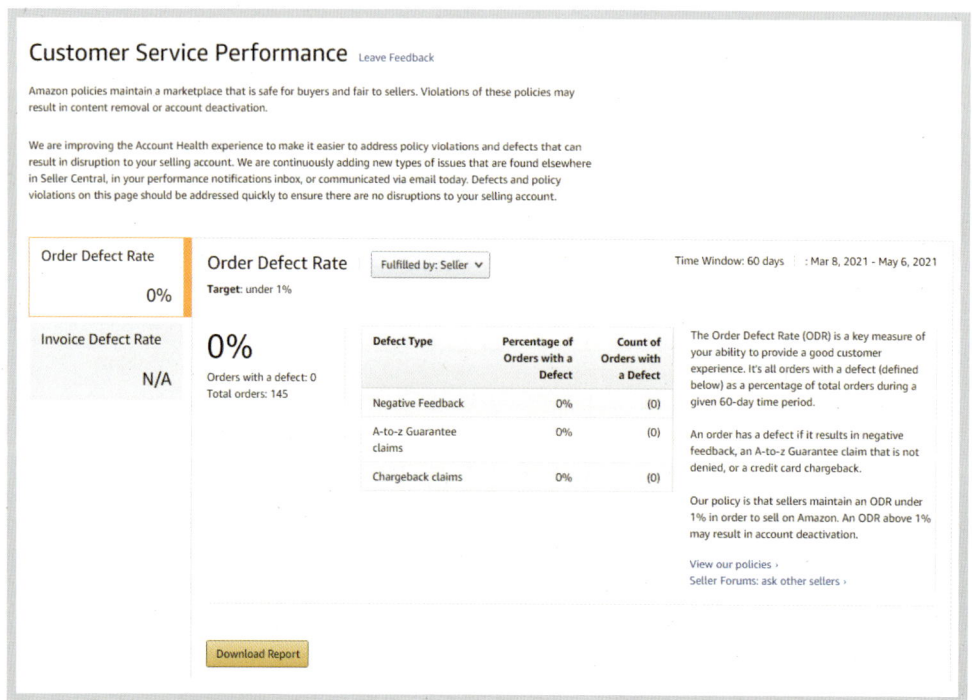

2 Product Policy Compliance

이전부터 제품 정책 준수 측면에 대해서 아마존은 매우 엄격했습니다. 최근에는 그 범위를 지적재산권 불만 사항, 제품 인증 고객 불만 사항, 제품 품질 불만 사항, 제품 안전 고객 불만 사항, 리스팅 정책 위반 사항, 제한 상품 위반 사항, 고객 상품 리뷰 정책 위반 사항 등 8개 항목으로 세분화여 6개월 단위로 평가합니다. 다만, 아마존이 AHR Account Health Rating이라는 새로운 모니터링 제도를 도입하여, 해당 문제가 발생했다고 해서 무조건 계정 정지가 되지는 않습니다. 여기에는 해당 시점에 계정의 해결되지 않은 정책 위반 수, 위반의 상대적 심각도 및 판매 활동을 통해 고객 경험에 긍정적인 영향을 주는 정도 등의 요인이 고려됩니다. 셀러의 AHR이 '위험' 또는 '위기' 상태인 경우, 계정이 비활성화될 수 있습니다. 일부 판매 정책은 여기에 반영되지 않았으므로, AHR과 별도로 계정 비활성화를 방지하려면 아마존의 약관, 정책 및 해당 법률을 전반적으로 준수해야 합니다.

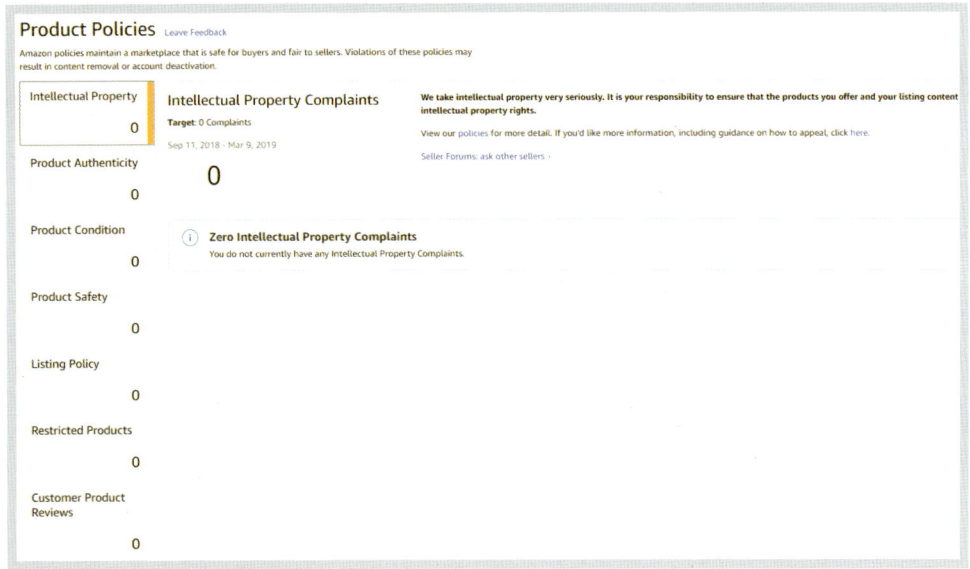

3 Shipping Performance

배송과 관련하여 셀러를 평가하는 것으로 'Late Shipment Rate', 'Pre-fulfillment Cancel Rate', 'Valid Tracking Rate', 'On-Time Delivery Rate'와 같은 4가지 항목이 있습니다. 이 항목들은 FBM 셀러들에게 해당됩니다.

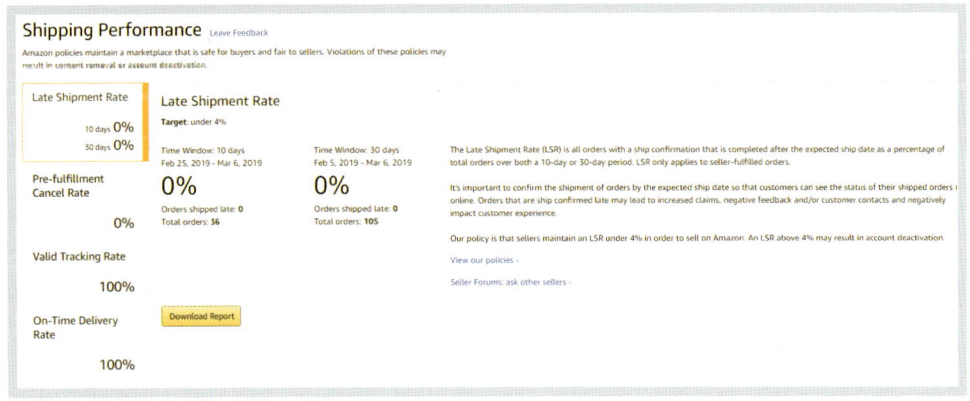

위에서 말한 4가지 항목에 대해 더 설명해 드리겠으니, FBM 셀러분들은 참고하십시오.

· **Late Shipment Rate**

핸들링 기간을 초과하여 배송한 비율로, 4% 미만으로 유지되어야 합니다. 이 평가 조항 때문에 상품 등록 시, 특히 RA를 전문으로 하는 셀러 중 재고를 가지고 있지 않는 경우 Handling time을 조정하기를 권한 것입니다.

· Pre-fulfillment Cancel Rate

배송 전 셀러 사유로 주문이 취소된 비율입니다. 대부분은 품절로 인해 상품 발송을 할 수 없는 상황 때문에 셀러가 주문을 취소하게 됩니다. 이 비율은 2.5% 미만으로 유지되어야 하고, 이를 초과하면 계정 정지로 연결됩니다.

· Valid Tracking Rate

아마존은 상품 배송 상태를 고객이 추적할 수 있도록 유효한 트래킹 번호를 95% 이상 제공해야 한다고 규정하고 있습니다. 아마존은 USPS, FedEx, UPS 및 DHL을 포함한 모든 주요 운송 업체의 배송 서비스 트래킹 번호를 인정하고 있으며, 한국 셀러들이 많이 이용하고 있는 K-Packet 트래킹 번호도 유효한 트래킹 번호로 인정하고 있습니다.

· On-Time Delivery Rate

아마존이 지정해 놓은 예상 도착일 안에 상품이 고객에게 도착이 되었는지의 여부를 평가합니다. OTDR은 97% 이상 준수되어야 하지만, 그렇지 못한다 해도 페널티는 없습니다.

4 Reports

365일 동안의 주문에 대한 취소, 배송 지연 또는 부정적인 피드백, A-to-z 보증 청구 또는 지불 거절 요청을 받은 사항을 그래프와 비율 등으로 요약하여 제공합니다.

· Orders with Defects

부정 피드백, 클레임, 사전 이행 취소(주문 취소), 늦은 배송 등에 대해 결함이 있었던 건을 그래프로 간단히 확인할 수 있습니다.

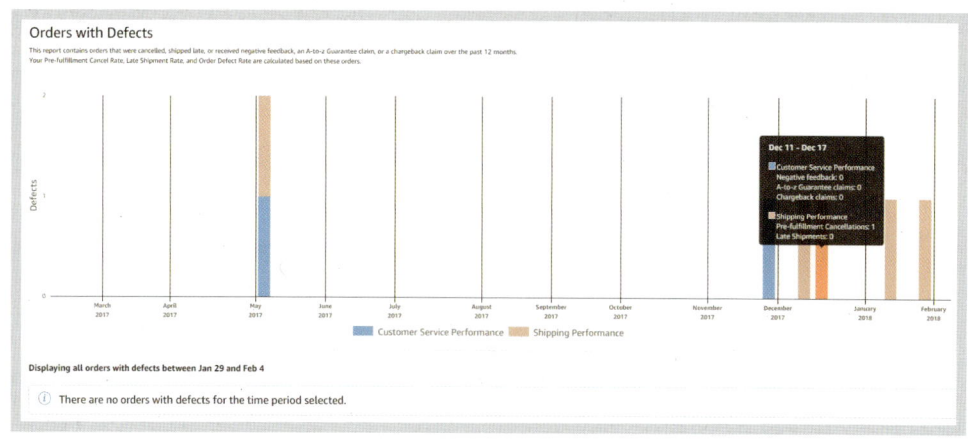

· Performance Over Time

사전 이행 취소 비율, 늦은 배송 비율 및 주문 결함 비율(부정적인 피드백, A-to-z 보증 청구 및 지불 청구로 구성)이 계산되어 보입니다.

2. Feedback

아마존은 고객들에게 상품 후기와 구별하여 셀러 피드백을 남길 수 있도록 하고 있습니다. 물론 아마존 고객들의 셀러 피드백율은 상품 후기에 비해 매우 낮은 편입니다. 그럼에도 불구하고, 피드백 관리는 셀러에게 중요합니다. 좋은 피드백 점수를 보유한 셀러의 상품은 주문으로 연계되므로 매출 향상의 중요한 요인이 됩니다. 또한 가장 중요하게 여기는 셀러 퍼포먼스인 'Order Defect Rate'와도 관련이 있기 때문입니다. 구매 고객은 구매 후 90일 이내에 피드백을 남길 수 있으므로, 셀러는 상품을 배송했다고 해서 거래가 완료되었다고 생각하면 안 됩니다. 완벽히 거래가 끝날 때까지 긴장하고 최선을 다해야 합니다.

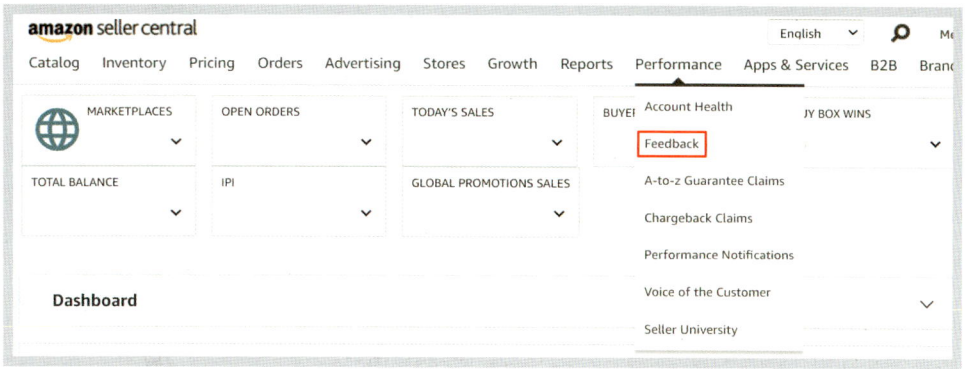

셀러 센트럴 메인 화면에서 'Performance > Feedback'으로 들어가면 다음과 같은 화면이 나옵니다.

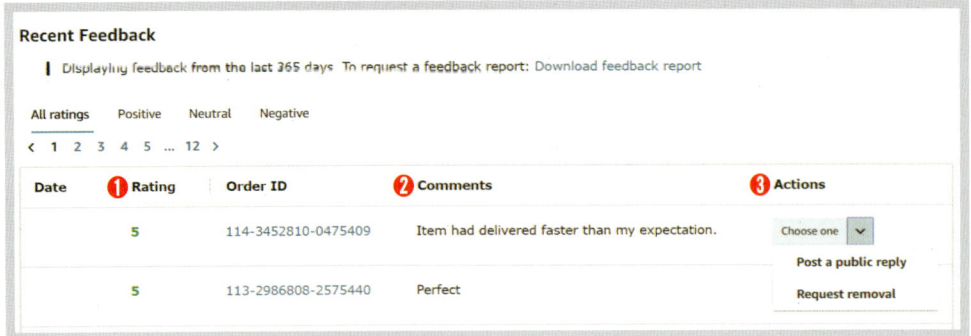

❶ 고객은 셀러에게 1~5점까지 피드백 점수를 남길 수 있습니다. 4~5점은 Positive긍정, 3점은 Neutral중립, 1~2점은 Negative부정 피드백에 속합니다. 1~2점의 부정 피드백은 앞서 설명한 바와 같이 ODR Order Defect Rate에 직결되므로 셀러의 매출 하락 요인이 됩니다. 따라서 반드시 고객에게 연락하여 고객이 해당 피드백을 삭제할 수 있도록 조치를 취할 것을 권합니다.

❷ 고객이 점수를 남길 때는 코멘트를 같이 남기게 되어 있습니다.

❸ 고객이 4~5점의 긍정 피드백을 남기면 'Post a public reply'와 'Request removal' 이렇게 두 개의 대응할 수 있는 옵션이 생깁니다. 그러나, 1~3점을 받은 경우는 아래와 같이 고객에게 연락할 수 있는 'Contact customer'까지 총 3개의 옵션이 생깁니다.

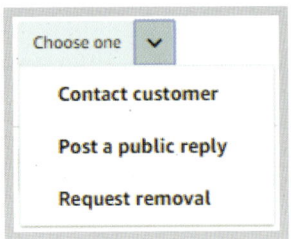

3. A-to-z Guarantee Claims

아마존은 주문 건에 문제가 있을 경우 고객이 메시지를 통해 셀러와 1차 접촉을 하도록 유도합니다. 하지만 고객과 추후에도 협의가 안 된다면, A-to-z 클레임으로 이어지게 됩니다. 클레임은 예상 배송일로부터 최대 90일 동안 청구를 제기할 수 있고, 주문 결함 비율에 반영되기 때문에 일단 발생되면 설령 그 문제가 해결이 된다 할지라도 매출에 영향을 미치게 됩니다. 그렇기 때문에 최대한 클레임이 발생하지 않도록 사전에 관리해야 하고, 발생이 된 후에는 2일 이내에 처리해야 합니다. 만약 2일 이내에 판매자가 응답하지 않으면 아마존이 구매자의 청구를 승인하고 청구액 전액이 판매자 계정에서 차감될 수 있습니다.

고객은 대부분 배송 지연, 상품 설명 불일치 혹은 오류, 반송 후 셀러의 환불 지연, 셀러의 반품 거절 등의 이유로 클레임을 제기합니다. 이러한 분쟁 방지를 위해 아마존은 아래의 사항들을 권하고 있습니다.

- 정확한 상품 설명, 선명한 이미지 사용
- 추적 번호가 있는 운송 방법 사용
- 고부가가치 상품에는 배달 확인서(서명 필요) 사용
- 철저한 재고 관리 및 신속한 대응

그럼 'A-to-z Guarantee Claims'를 어떻게 확인하는지 알아보겠습니다.

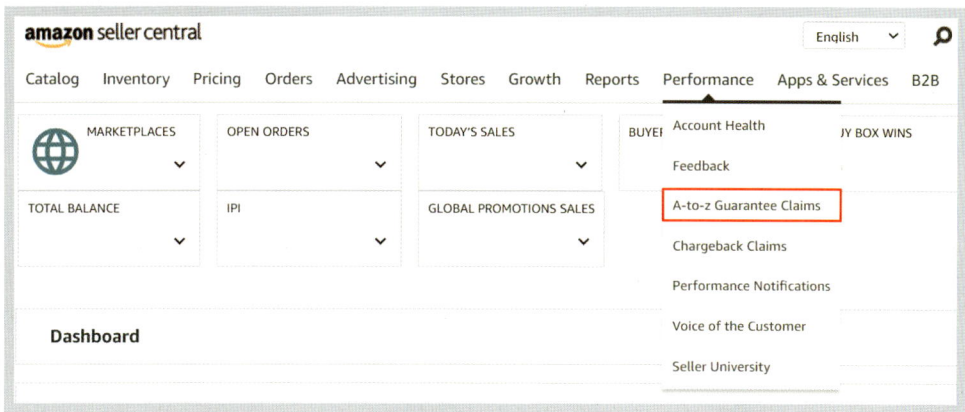

위 화면에서처럼 셀러 센트럴 상단 메뉴에서 'Performance > A-to-z Guarantee Claims'를 클릭하여 확인하거나, 셀러 센트럴 메인 화면의 'Performance' 탭에서 'A-to-z Guarantee Claims'를 클릭하면 다음과 같은 화면이 나옵니다. 여기에서 필요한 조치를 취하면 됩니다.

❶ 아마존에 해당 건에 대해 특별한 의견 개시를 하지 않고 고객에게 환불을 하고자 할 때 클릭합니다.

❷ 아마존에 어필하고자 하는 내용이 있을 경우 클릭하여 셀러의 의견을 개시합니다. 어필을 할 때는 최대한 작성할 수 있는 모든 내용을 기록하여야 합니다. 셀러가 어필을 완료하면 아마존은 셀러의 상품 설명, 트래킹 번호, 환불 여부, 어필 등을 고려해서 판단을 내립니다.

❸ 상세 주문을 확인하거나 고객에게 연락할 때 클릭합니다.

❹ 고객과 셀러가 주고받은 모든 메시지 내역을 확인할 수 있습니다.

4. Chargeback Claims

물건을 구매한 고객이 아마존이 아니라 결제를 진행한 신용카드 또는 은행을 통해서 해당 거래의 취소를 요청하는 경우를 의미합니다. 고객이 신용카드를 통해 국제 분쟁 신청을 하면 해당 카드사는 아마존에 입금 취소 요청을 하게 됩니다. 지불 거절은 '요금 분쟁'이라고도 하며 승인되지 않은 신용카드 사용을 비롯한 다양한 이유로 신고될 수 있습니다.(도난된 신용카드, 지불 사기 등) 이 클레임이 접수되면 아마존이 카드사나 은행에 대변할 수 있도록 셀러는 상품의 배송 날짜, 방법, 트래킹 번호 등의 정보를 제공해야 합니다.

이러한 분쟁 방지를 위해 아마존은 아래의 사항들을 권하고 있습니다.

- 아마존에서 제공한 배송 주소를 변경하지 말 것(다른 배송지로 보내는 주문에 대해 제기된 분쟁에 대해서는 100% 셀러 책임)
- 추적 번호가 있는 운송 방법을 사용
- 고부가가치 상품에는 배달 확인서를 사용(서명 필요)
- 추적 번호는 최소 6개월 이상 보관

그럼 'Chargeback Claims'를 어떻게 확인하는지 알아보겠습니다.

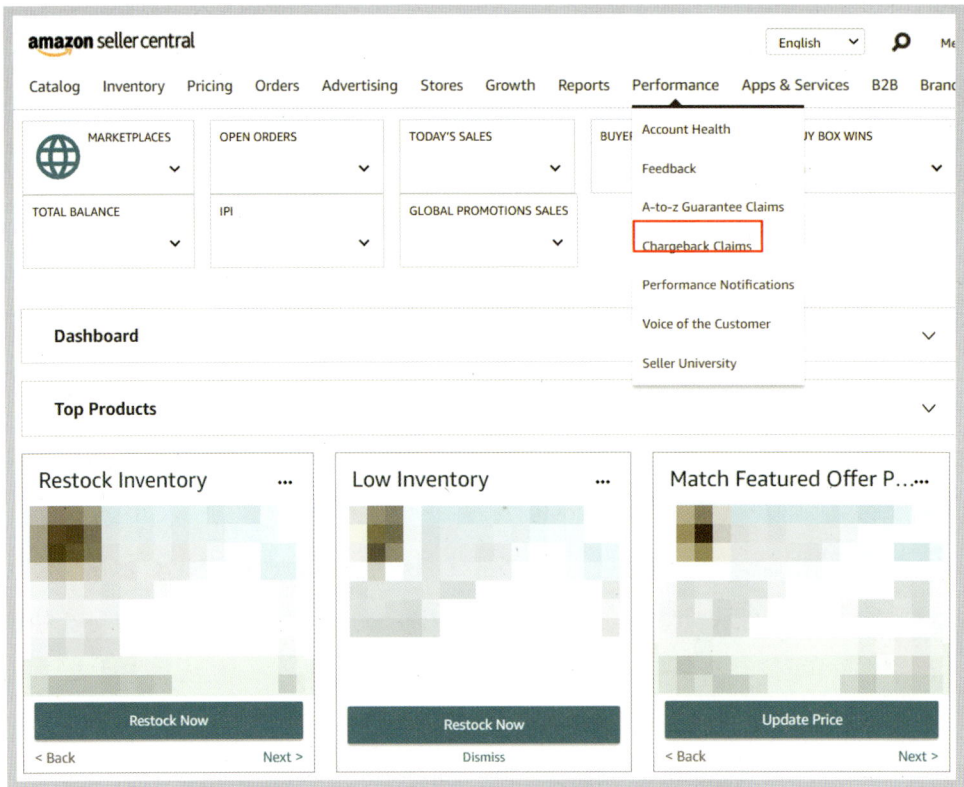

셀러 센트럴 상단 메뉴에서 'Performance > Chargeback Claims'를 클릭합니다.

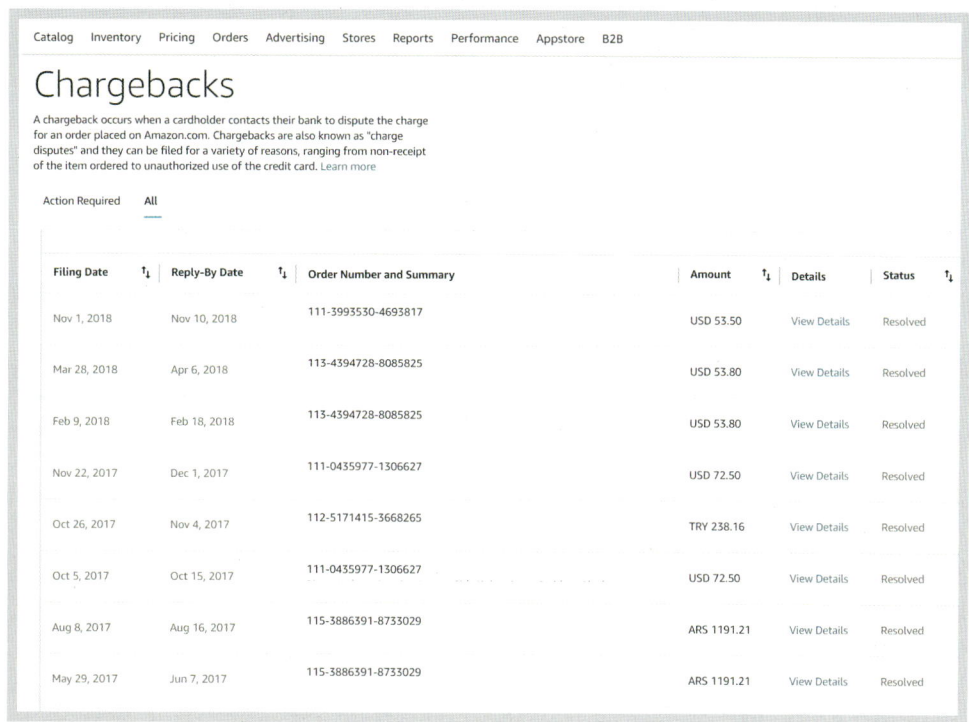

'Chargeback Claims'의 경우도 'A-to-z Guarantee Claims'와 동일하게 증빙자료들을 첨부하여 어필을 하고 나면 위 화면처럼 진행 현황들을 볼 수 있습니다.

03 주문 관리

고객으로부터 주문이 들어오면 셀러 센트럴 메인 화면 'Your orders' 중 'Unshipped'에 주문 수량이 표시가 됩니다. 그 숫자를 클릭하면 주문 내역을 쉽게 확인할 수 있습니다. 혹은, 셀러 센트럴 메인 상단의 'Orders > Manage Orders'를 클릭해도 확인할 수 있습니다. 두 버튼의 차이는 전자의 경우는 배송해야 할 주문만 확인할 수 있고, 후자의 경우는 주문이 들어온 모든 건을 확인할 수 있다는 것뿐입니다. 셀러 센트럴 메인 화면의 자세한 메뉴 설명은 1절 '셀러 센트럴 메인 화면 및 대메뉴 이해'를 참조하십시오.

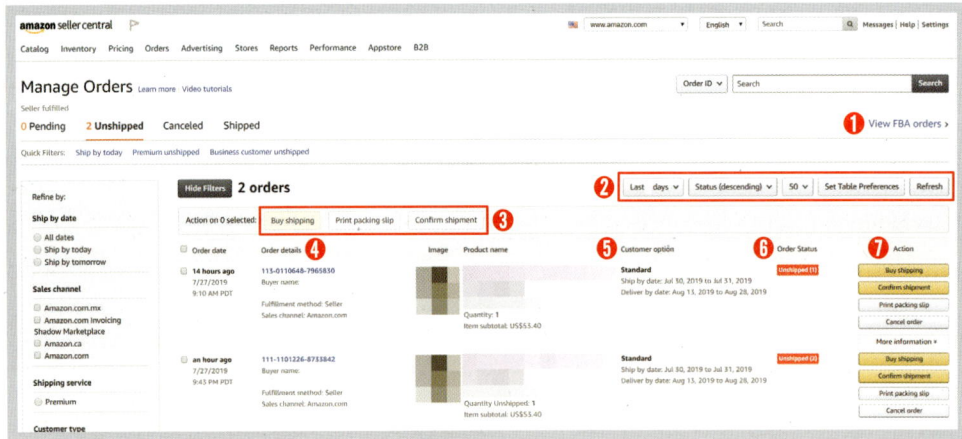

'주문 관리' 메뉴에서는 상품 발송, 배송 관리, 주문 취소 등에 관한 것을 설정할 수 있습니다. 설정을 위해 메인 화면에서 'Orders > Manage Orders'로 들어가 주세요.

1. 상품 발송

❶ 'Manage Orders' 화면에서 기본적으로 표시되는 주문은 FBM 주문입니다. FBA 주문을 보고자 할 때 클릭합니다.

❷ 확인하고자 하는 주문 조건(최근 주문부터, 예전 주문부터, 어제 주문, 7일 이내 주문 등)을 설정할 수 있습니다.

❸ 대용량 처리를 할 수 있는 옵션입니다. 여러 건의 주문 리스트가 있어서 한꺼번에 패킹 리스트를 출력하고자 하거나 배송 확정 작업을 하고자 할 경우 클릭합니다.

❹ 주문 아이디, 주문 받은 상품명, 수량, 고객 아이디 등이 표시되며, 파란색의 주문 아이디를 클릭하면 주문 상품 페이지로 전환되어 고객의 주소와 연락처 등 배송정보를 확인할 수 있습니다.

❺ 배송이 언제까지 이루어져야 하는지를 표시합니다.

· Standard: 표준 배송을 의미합니다.

· Ship by date: 상품이 언제까지 발송되어야 하는지 예상 날짜가 표기됩니다. 셀러가 지정한 핸들링 타임과 관계가 있습니다.

· Deliver by date: 상품이 언제까지 도착되어야 하는지 예상 날짜가 표기됩니다.

❻ 상품의 발송 여부를 보여줍니다. 'Unshipped'라는 것은 상품이 아직 발송되지 않았다는 의미입니다. 발송되면 'Shipped'로 변경되어 보입니다.

❼ 셀러가 취해야 하는 여러 가지 행동 버튼입니다.

· Buy shipping: 미국 내 셀러들만 이용할 수 있는 기능입니다.

· Confirm shipment: 배송을 완료하고 트래킹 번호(운송장 번호)를 입력하여 해당 주문의 배송이 이루어졌음을 아마존과 고객에게 알립니다. 이 버튼을 클릭하여 확정 처리를 하지 않으면 판매 대금도 입금되지 않으며, 셀러 퍼포먼스의 늦은 배송률에 체크가 됩니다.

· Print packing slip: 상품 포장 명세서로 상품을 발송할 때 이것을 출력하여 동봉하여 발송합니다.

· Cancel order: 주문을 취소하고자 할 때 클릭하여 진행합니다.

주문 아이디를 클릭하여 상품 페이지로 들어갑니다.

❶ 포장 명세서를 출력하려면 [Print packing slip]를, 해당 주문의 거래를 취소하려면 [Cancel order]를 클릭합니다.

❷ 고객의 주소 및 연락처 배송 정보입니다.

❸ 배송을 완료하고자 할 때 클릭하여 운송장 번호를 입력합니다.

❹ 미국의 세금은 있는 주가 있고, 없는 주가 있으며, 있는 경우 아마존이 고객으로부터 직접 세금을 수취합니다. 이 세금은 셀러에게 입금되는 금액에 포함되지 않습니다.

❺ 해당 고객이나 거래에 대해 기록하고자 하는 특이점이 있는 경우 기재합니다. 이 내용은 고객에게는 보이지 않습니다.

2. 배송 확정 처리

FBM 배송을 하는 경우, 배송을 완료했으면 배송 확정 처리를 합니다.

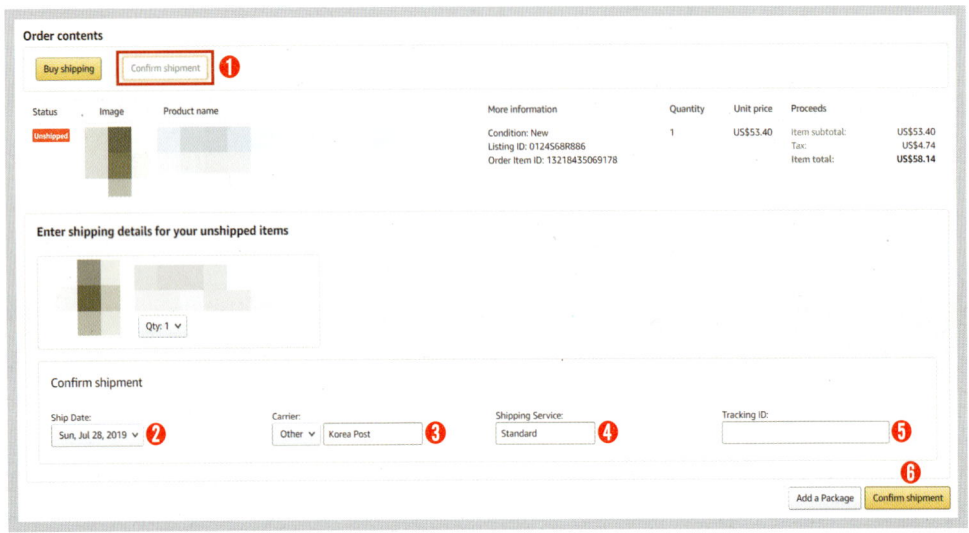

❶ Confirm shipment: 이 버튼을 클릭하면 하단에 운송 정보를 기재할 수 있는 부분이 표시됩니다.

❷ Ship Date: 배송일자가 입력됩니다. 만약 날짜가 다르다면 새로 선택합니다.

❸ Carrier: 배송사 선택 및 상세 배송사 이름을 기재합니다.

❹ Shipping Service: 표준 배송일 경우는 'Standard', 빠른 배송일 경우는 'Expedited'라고 기재하면 됩니다.

❺ Tracking ID: 트래킹 번호를 기재합니다.

❻ [Confirm shipment] 버튼을 클릭하여 확정 처리를 종료합니다.

3. 배송 조회

직배송FBM하는 상품을 구매한 고객들은 종종 자신이 주문한 물건이 어디까지 배송이 되고 있는지 문의를 합니다. 이때는 셀러가 이용한 각 배송사 사이트에서 해당 트래킹 번호를 이용하여 검색한 후 결과를 고객에게 공유하면 됩니다. EMS로 발송한 경우는 한국 우체국 사이트를 이용해서도 모든 경로가 추적 가능합니다. 하지만 우체국의 K-packet을 이용할 경우는 우체국에서 제공하는 사이트를 이용해서 국내에서 이동한 경로만 파악할 수 있습니다. 만약 미국에서 주문이 들어온 건이라면 이때는 다음의 사이트를 이용하시기를 권합니다.

1 미국 우정청

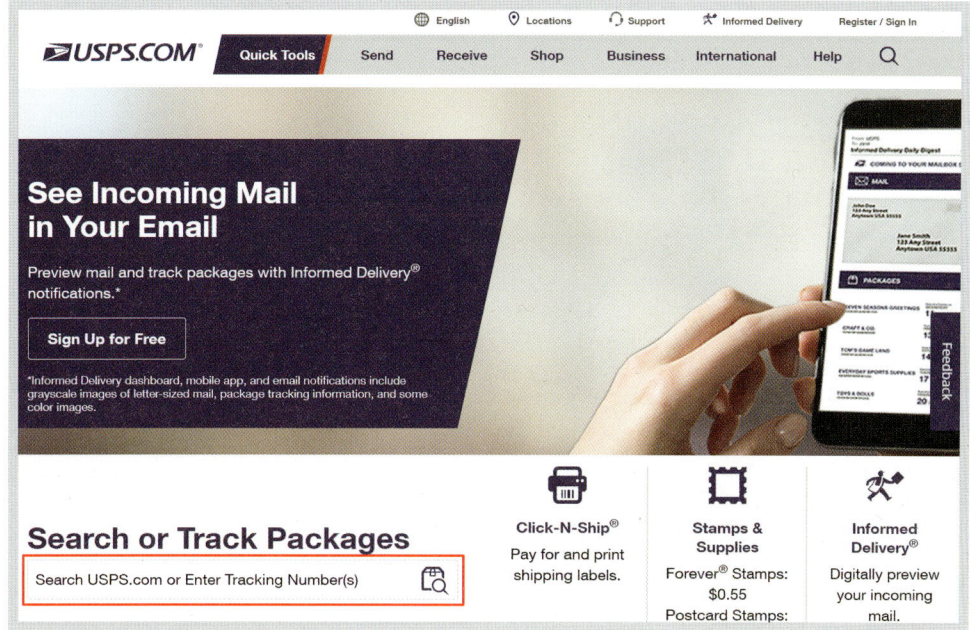

미국 우정청 홈페이지 www.usps.com 에 들어가서 'Search or Track Packages'에 트래킹 번호를 기입하면 배송조회를 할 수 있습니다.

2 17 Track

17Track www.17track.net 은 ALL-IN-ONE 패키지 추적 서비스를 제공합니다. 빨간 박스 안에 트래킹 번호를 기입하고 조회하면 됩니다.

4. 주문 취소

고객이 결제 후 주문을 취소해 오는 경우가 있습니다. 대부분은 메시지를 셀러에게 보내서 취소를 요청하는데, 만약 셀러가 아직 배송 전이라면 주문을 취소할 수 있고, 배송이 된 이후라면 주문 취소가 아닌 반품 / 환불 절차를 거쳐서 진행해야 합니다. 반품 / 환불에 대해서는 4절 '반품 / 환불 관리'를 참조하십시오.

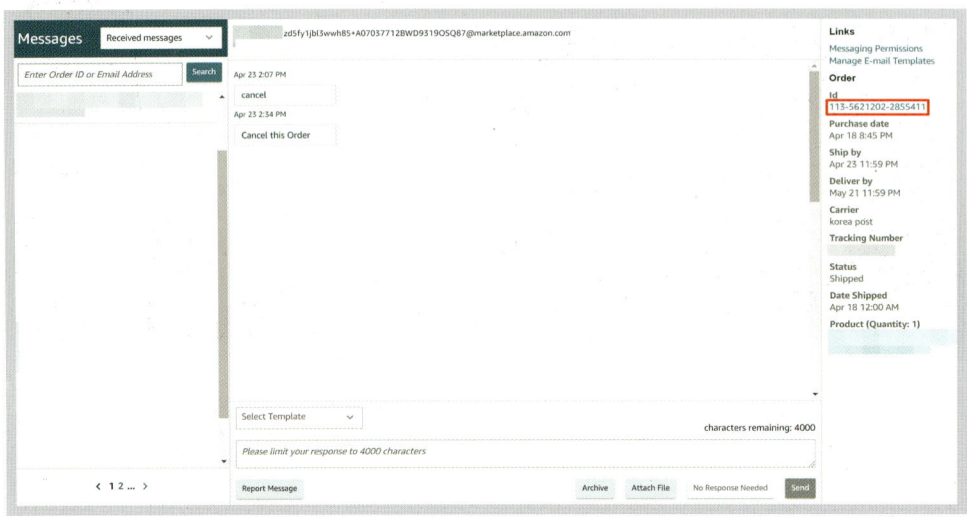

주문 취소는 주문 리스트에서 'Cancel order'를 클릭해도 되고, 고객이 보낸 메시지 우측에 있는 주문 정보에서 주문 아이디를 클릭해서도 가능합니다. 클릭하면 다음과 같은 화면이 나옵니다. 주문을 취소하는 이유를 선택한 후 제출하면 됩니다.

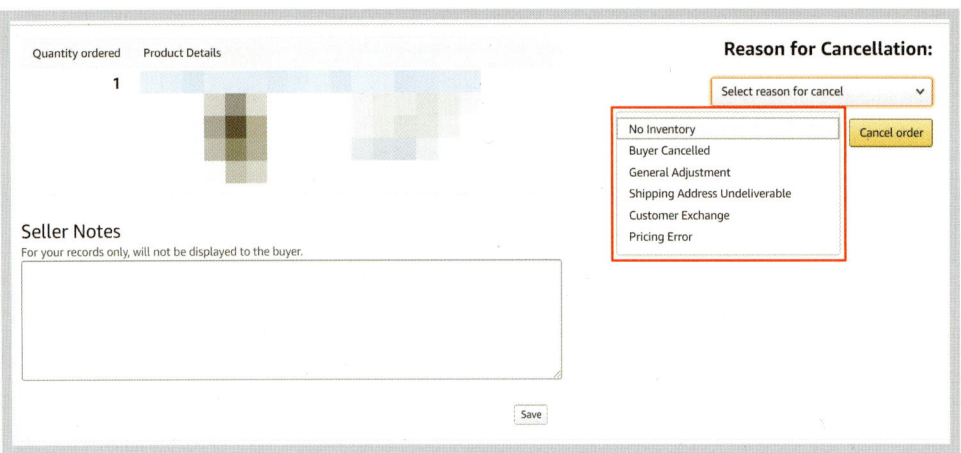

주문을 취소할 때에는 이유 선정을 잘 해야 합니다. 고객 요청에 의한 취소의 경우는 무관하지만, 다른 이유를 선택하여 취소를 할 경우는 셀러 퍼포먼스에 영향이 가기 때문입니다. 선택할 수 있는 취소 이유는 다음과 같습니다.

- **No Inventory**: 재고가 없어서 취소하는 경우
- **Buyer Cancelled**: 고객이 주문 취소를 요청한 경우
- **General Adjustment**: 고객과 합의하에 취소하는 경우
- **Shipping Address Undeliverable**: 배송할 수 없는 주소여서 취소하는 경우
- **Customer Exchange**: 고객이 주문한 상품이 아닌 다른 상품을 원해서 취소하는 경우
- **Pricing Error**: 가격 오류로 취소하는 경우

04 반품 / 환불 관리

반품 요청은 기본적으로 구매 후 30일 이내까지 가능하기 때문에 셀러가 겪는 흔한 일 중 하나입니다. 그래서 아마존은 반품을 줄이기 위해 다음의 사항들을 지킬 것을 권합니다.

- 상세한 상품 설명
- 더 많은 상품의 실물 사진
- 빠른 배송 서비스 이용
- 안전한 포장
- 배송 전 상품 품질 확인

그럼에도 셀러들은 반품 요청으로부터 자유로울 수가 없습니다. FBA를 하는 경우는 반품, CS 등 모든 것을 아마존이 처리해 주므로 셀러가 직접 관리할 일이 없습니다. 하지만 FBM의 경우는 셀러가 주도적으로 처리를 하던 것에서 아마존이 고객들의 편의를 위해 반품 요청을 자동으로 승인하고 셀러는 배송 서비스 구매를 통해 선불 반품 배송 라벨을 제공하도록 정책을 변경하였습니다.

아마존이 새롭게 변경한 정책은 미국 로컬 셀러와 해외의 글로벌 셀러 모두에게 동일하게 적용되는데, 이 정책의 중심에는 '아마존 선불 반품 라벨 프로그램'이 있습니다. 아마존은 프로페셔널 셀러의 경우 자동으로 이 프로그램에 등록이 되도록 하였습니다. 이 선불 반품 라벨 프로그램의 일환으로 아마존은 아마존 반품 정책에 해당하는 미국 반품을 자동으로 승인하도록 한 것입니다. 그렇기 때문에 FBM 셀러의 경우, 셀러도 모르는 사이에 반품이 진행되는 경우가 발생할 수 있습니다. 아마존이 정책을 변경한 후, 아마존 반품 정책의 범위를 벗어났거나 선불 반품에서 면제되는 반품 요청의 경우만 셀러에게 반품 사유가 기재된 이메일을 보내 알려주기 때

문입니다.(그 외에는 셀러가 기재해 놓았던 미국 내 반품 주소지로 바로 반품을 진행합니다. 반품 정보 설정에 대해서는 9장 4절 '반품 정보 설정'을 참조하시기 바랍니다.)

아마존의 반품 정책을 벗어난 경우는 일반적으로 반품 기한(30일)이 지난 후 반품 요청을 제출하거나, 반품이 불가능한 아이템이거나, 제조업체의 보증 관련 문제가 있는 아이템 등의 경우입니다. 만약, 선불 반품 라벨 프로그램에 해당되지 않는 반품 요청의 경우 아마존은 24시간 이내에 반품 요청에 응답할 것을 권장하고, 셀러는 반품을 수령한 날로부터 영업일 기준 2일 이내에 환불을 처리해야 합니다. 환불과 관련해 조치를 취하지 않으면 아마존은 대신 고객에게 환불한 후 셀러 계정에 해당 금액을 청구합니다. 반품 요구 사항에 대한 정책들을 다음 표로 간단하게 정리해 보았습니다.

구분	정책 또는 요구 사항
고객의 반품에 대한 기대치	아마존 반품 정책에 따라 프라임 아이템 반품을 요청하는 구매자는 즉시 반품 승인을 받게 되며 선불 반품 우편 라벨을 받게 됩니다.
반품 배송지	셀러 주문 처리 프라임 항목의 모든 반품은 셀러 센트럴의 'Settings > Account info' 페이지에 제공된 Return address^{반품 주소}로 배송됩니다. 반품 주소는 반드시 해당 국가 내의 주소로 지정해야 합니다
반품 배송 라벨에 대한 요금	셀러는 모든 품목의 반품 배송 라벨 비용을 부담해야 합니다.
환불 처리 시간	반품된 모든 프라임 품목은 판매자의 창고에 품목이 도착한 후 영업일 기준 2일 이내에 처리 및 환불되어야 합니다.
환불 금액	아래와 같은 예외를 제외하고, 일반적으로 고객에게 전액 환불을 제공해야 합니다. 하지만, 실제 업무에서는 아래와 같은 상황일지라도 100% 환불을 하는 경우가 많습니다. 구매자가 90일까지 피드백을 남길 수 있기 때문에 부정 피드백을 받을 가능성이 있고, 이는 ODR에 영향을 주어 매출에 영향을 미치기 때문입니다. 1. 반품 기간이 종료된 후 15일이 지나 상품을 수령한 경우 상품 가격의 최대 20%까지 연체료가 공제될 수 있습니다. 2. 손상되었거나, 부품이 누락되었거나, 원래 상태가 아니거나, 판매자 오류로 인한 것이 아닌 이유로 명백한 사용 징후가 있는 품목은 품목 가격의 최대 50%가 공제 될 수 있습니다. 3. 오픈 소프트웨어는 품목 가격의 최대 100%를 공제할 수 있습니다.
배송된 후 환불	구매자가 패키지 추적 정보에 '배송됨'이라고 표시되어 있어도 프라임 아이템의 배송을 받지 못한다고 불만을 제기하는 경우 아마존은 아마존 고객 서비스로 안내하라고 가이드하지만, 결국 이의 해결은 환불입니다. 공연히 증빙자료를 준비하는 데 시간을 소비하고 스트레스 받기보다는 환불을 해 주고 빠른 정리를 하는 것이 훨씬 좋다고 권하고 싶습니다.

다만, 옷, 쥬얼리, 신발, 시계, 베이비 상품들은 무조건 무료 반품 서비스를 제공해야 합니다. 이제 아마존 반품 정책의 범위를 벗어났거나 선불 반품에서 면제되는 반품 요청의 경우 처리하는 방법을 살펴보겠습니다. 셀러 센트럴 메인 상단의 'Orders > Manage Returns' 혹은 좌측 Your Orders의 'Return requests'를 클릭하여 확인합니다. 해당 메뉴를 클릭한 화면은 다음과 같습니다.

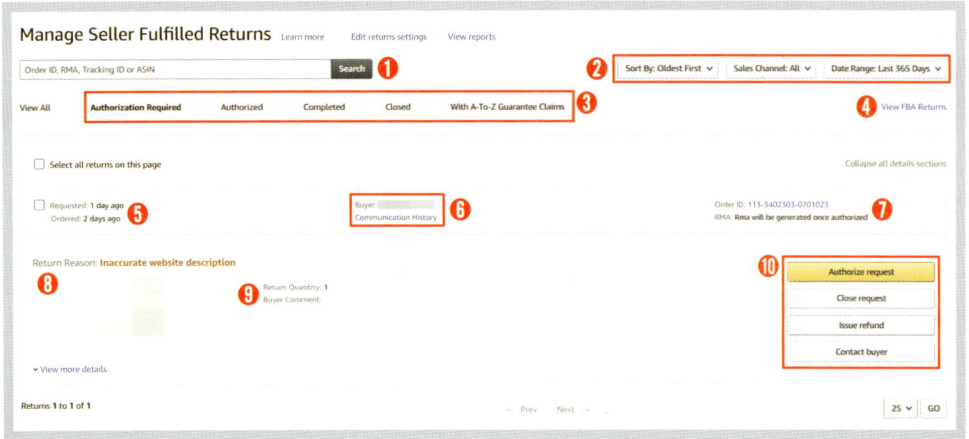

❶ ASIN, 주문 번호, RMA, 날짜, 트래킹 번호, 판매 채널 등 다양한 방법으로 반품 요청된 건들을 정렬하여 확인합니다.

❷ 환불 신청받은 순, 판매 채널 순, 기간 등을 선택하여 확인합니다.

❸ 반품 요청 건을 'Authorization Required', 'Authorized', 'Completed', 'Closed', 'With A-To-Z Guarantee Claims' 등으로 구분하여 확인합니다.

❹ View FBA Returns: FBA 제품의 반품 내역을 확인합니다.

❺ Requested / Ordered: 요청과 주문이 며칠 전에 발생했는지를 확인합니다.

❻ Communication History: 주고받은 메시지 내역을 확인합니다.

❼ RMA: Return Merchandise Authorization의 약자로 반품 상품 허가번호를 의미합니다. 반품 요청 수락 시 셀러가 지정하거나 아마존 시스템에 의해서 지정받을 수 있습니다.

❽ Return Reason: 반품하는 이유로 고객은 아마존이 제시해 놓은 리스트에서 선택합니다.

❾ Buyer Comment: 반품에 대한 자세한 이유로 고객이 직접 기재합니다.

❿ 반품 요청 건에 대해 셀러는 다음의 내용으로 고객에게 대응합니다.

· Authorize request: 설정된 반품 주소로 고객에게 반품 승인

· Close request: 다양한 이유로 해당 요청을 종료

· Issue refund: 환불 진행

· Contact buyer: 고객과 대화를 위해 연락

그러면 이제 각 항목별로 반품 요청에 어떻게 대응할 수 있는지 설명해 드리도록 하겠습니다.

1. Authorize Request

반품을 승인해 주는 항목입니다.

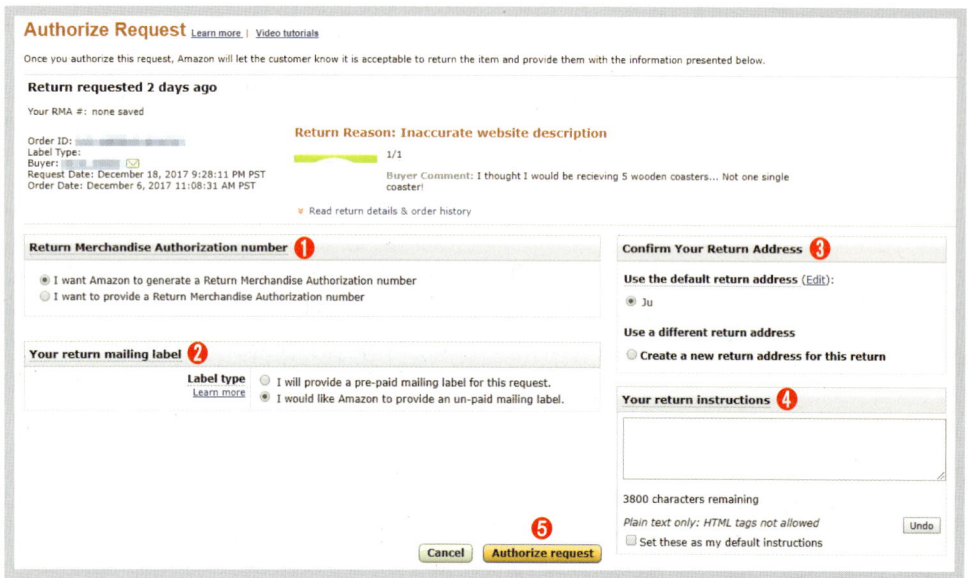

❶ RMA 번호를 누가 생성할 것인지 선택합니다. 일반적으로는 아마존이 생성하도록 'I want Amazon to generate a Return Merchandise Authorization number'를 선택합니다.

❷ 고객이 반품을 하기 위해서는 반품 라벨을 포장에 부착해야 합니다. 반품 라벨을 어떻게 제공할 것인지 선택합니다.

· I will provide a pre-paid mailing label for this request.: 셀러가 반품 우편 비용을 지불하고 라벨을 발행하여 고객에게 제공합니다. 상품의 하자가 있어서 반품하는 경우, 혹은 고객에게 좋은 서비스를 제공하는 경우 주로 이용합니다.

· I would like Amazon to provide an un-paid mailing label.: 아마존이 반품 비용이 지불되지 않은 라벨을 발행하여 고객에게 제공합니다. 우표는 없고 반송 주소만 라벨에 기재되고, 고객이 우편 요금을 지불해야 합니다. 고객이 단순변심으로 반품을 할 때 주로 이용합니다.

❸ 미리 설정한 반품지 주소를 선택하거나 새로운 반품지 주소를 입력합니다.

❹ 고객에게 반품 시 주의 사항이나 안내 사항을 전합니다. 반드시 기재해야 하는 것은 아닙니다.

❺ [Authorize request] 버튼을 클릭하여 승인 절차를 완료합니다.

2. Close Request

반품 승인을 하지 않고 요청을 마무리할 때 이용합니다. 반품 승인을 하지 않는 여러 이유 중 하나를 선택해야 하며, 반품을 받지 않고 환불만 해주는 경우(Refund without return)에도 이 항목을 클릭해 진행합니다.

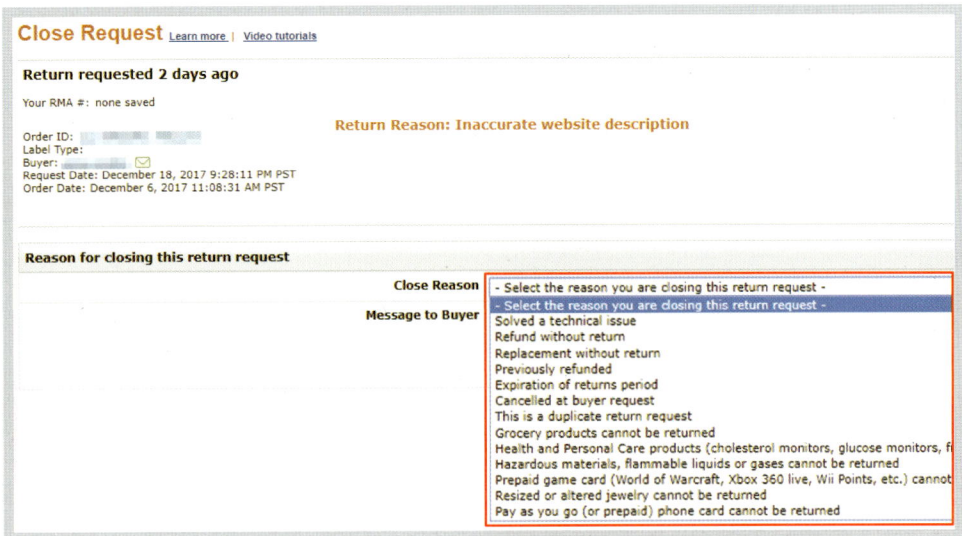

3. Issue refund

환불을 진행할 때는 'Refund order' 항목을 이용합니다.

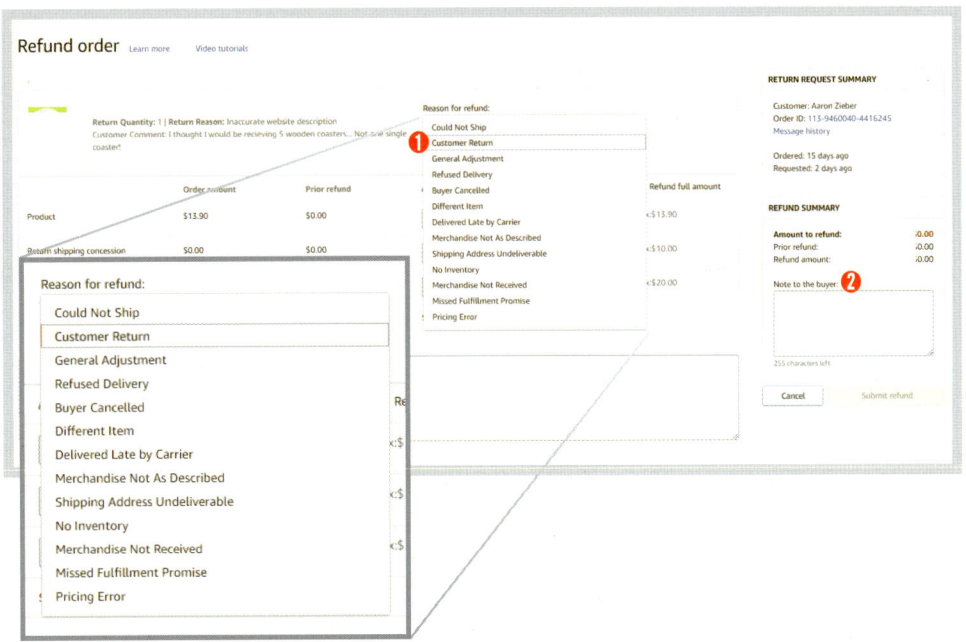

❶ 환불 이유를 선택합니다.

❷ 고객에게 환불과 함께 보낼 메시지를 작성할 수 있습니다.

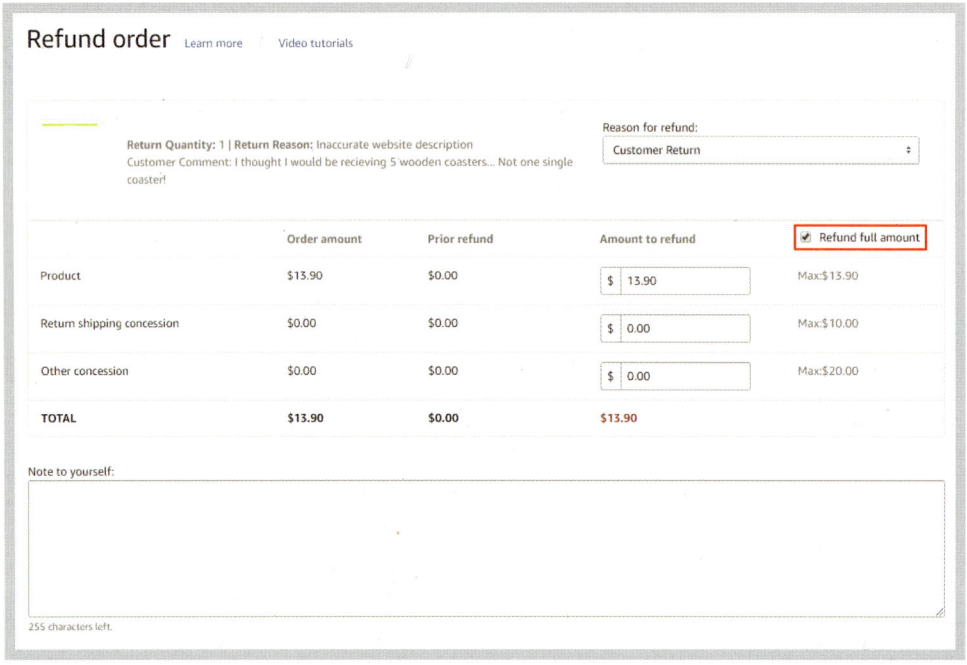

환불 시 'Refund full amount'를 체크하면 전액 환불을 하게 되고, 체크하지 않을 경우 환불할 금액을 직접 기재하여 부분 환불을 할 수 있습니다.

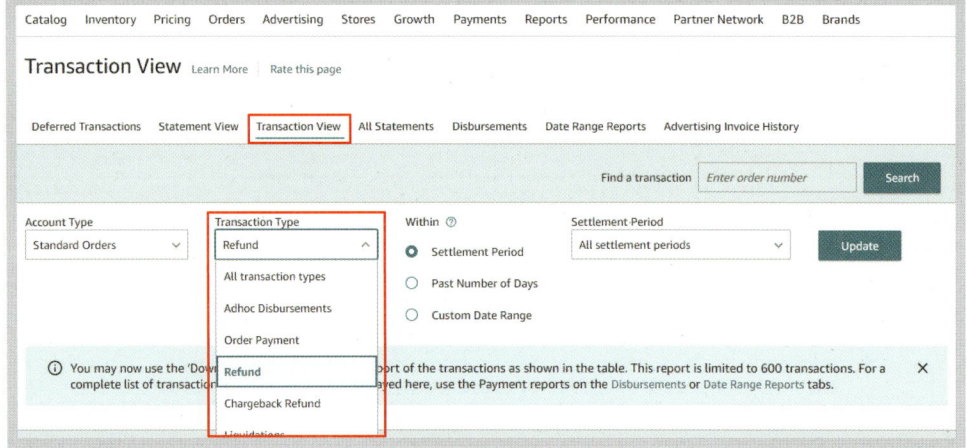

참고로, 셀러 센트럴 메인 화면에서 'Payments > Payment > Transaction View'를 클릭하고 'Transaction Type'을 'Refund'로 한 뒤 [Update]를 클릭하면 환불해 준 내역만 확인할 수 있습니다. 환불 리스트 중에서 하나를 선택하면, 환불 관련 상세 내역을 확인할 수 있습니다.

```
Transaction Details
Use this page to view details of this transaction.

Refund for Order 114-8515384-0274608 (view details of this orde

Transaction date: Feb 8, 2018

Shipping Address: -                                Billing Country
Esther Ahn                                          US


Product charges
                                                    Qty: 1                    -$50.00

Refund to Buyer                                                                -$50.00


Amazon fees
Referral Fee on Item Price:                                                     $7.50
Refund Administration Fee:                                                     -$1.50

Change to your seller account balance                                         -$44.00

Associated transactions
Date         Transaction type    Order ID              Product Details   Total product charges   Total promotional rebates   Amazon fees   Other     Total
Nov 26, 2017  Order Payment      114-8515384-0274608                     $50.00                  $0.00                       -$10.38       $0.00     $39.62
```

위의 예시 화면에서는 환불해 준 금액($50.00)과 환불로 인한 수수료 반환 금액($7.50)이 보입니다.

그렇다면 원칙상으로 셀러가 환불해야 하는 금액은 $50에서 수수료 $7.50를 제외한 $42.5입니다. 그러나 실제 셀러는 $44를 환불했습니다. 그 이유는 아마존은 환불이 발생하면 환불에 따른 조정 수수료인 'Refund Administration Fee'를 추가로 공제하기 때문입니다. 이 조정 수수료는 '{(상품가격 + 배송비)×15%}×20%'로 계산이 됩니다. 그래서 7.70×20%=$1.50를 포함하여 $44를 환불하게 된 것입니다.

05 리포트 활용

1. Payments

'Payments'에서는 아마존에서 발생한 비용 내역을 확인할 수 있습니다. 아마존 셀러 센트럴 메인 화면에서 'Reports 〉 Payment'로 들어갑니다.

1 Statement View

14일간 누적되는 판매 대금, 아마존이 공제하는 판매 수수료 등의 비용 등에 대한 요약 정보를 확인할 수 있습니다.

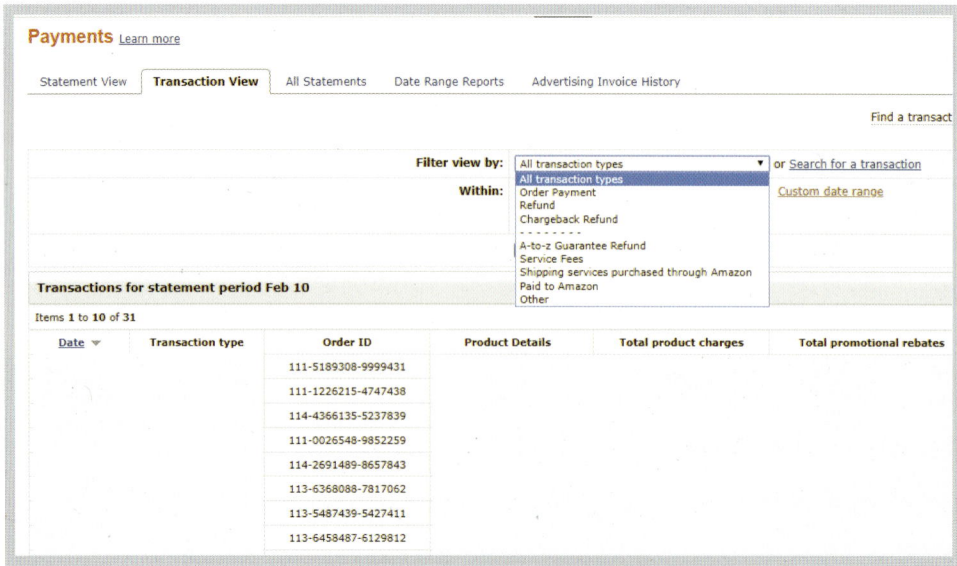

2 Transaction View

주문 건별로 상품, 매출액, 아마존 수수료, 순 입금액 등을 확인할 수 있고, 순 입금액을 클릭하면 더 자세한 내역을 확인할 수 있습니다. 또한 필터를 통해서 주문 건, 환불 건, 수수료 등 다양하게 검색하여 확인할 수도 있습니다.

3 Date Range Reports

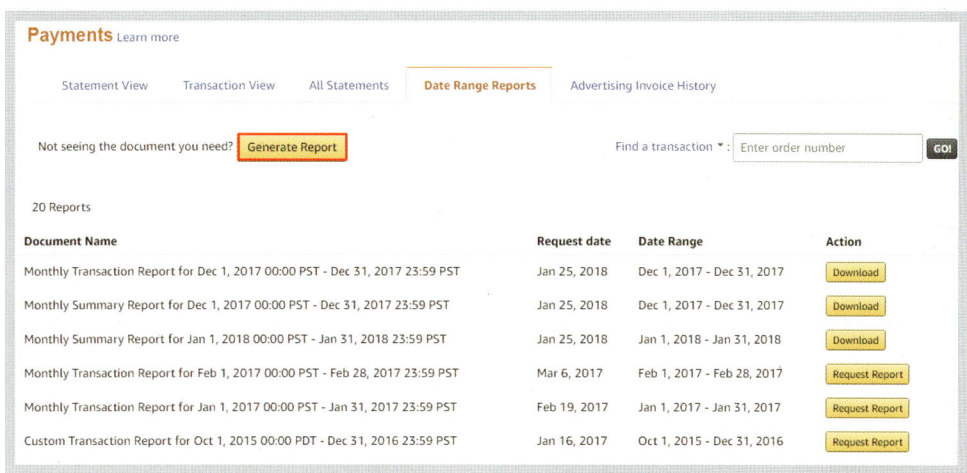

날짜를 지정하거나 월별로 거래 보고서를 요약본(PDF파일), 혹은 거래 건별(CSV파일)로 다운받을 수 있습니다. 이 항목은 특히 셀러들이 부가세 신고를 위한 매출액 서류 제출 시에 꼭 필요합니다. [Generate Report] 버튼을 클릭하면 다음 대화창이 보입니다.

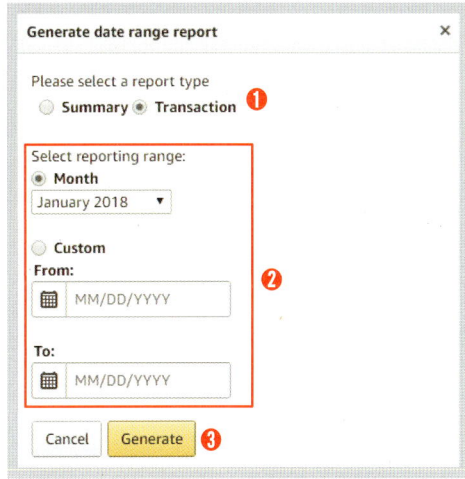

❶ 요약본을 생성할 것인지 거래 건별 보고서를 생성할 것인지 선택합니다.
❷ 날짜 범위를 지정합니다. 월별로 선택하거나 직접 지정할 수 있습니다.
❸ [Generate] 버튼을 클릭하면 보고서를 다운받을 수 있습니다.

4 Advertising Invoice History

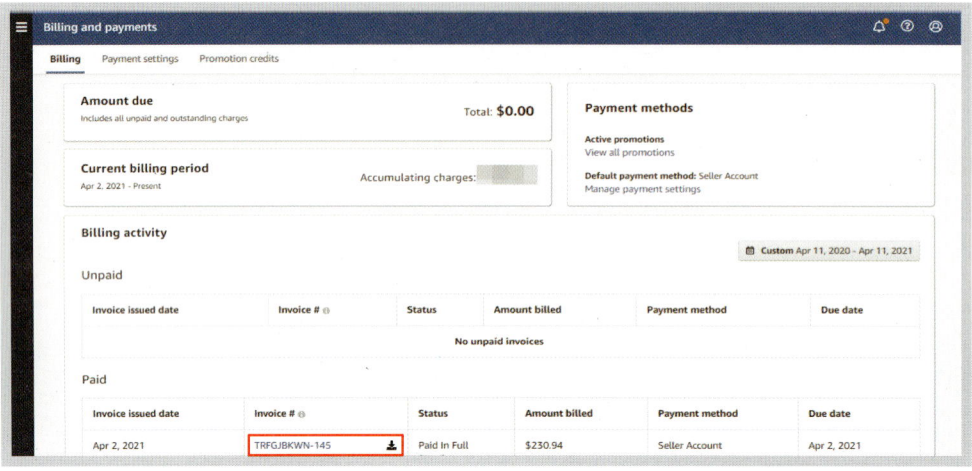

키워드 검색광고를 진행하면 월별 총비용을 확인할 수 있도록 본 메뉴가 생성이 됩니다. 'Invoice #'의 다운로드 이미지를 클릭하여 PDF로도 다운받을 수 있습니다.

2. Business Reports

전반적인 판매량, 상품별 퍼포먼스, 전환율, 트래픽을 확인할 수 있습니다. 'Sales Dashboard', 'Business Reports'로 구성되어 있고 데이터들은 최대 2년까지 이용 가능합니다. 아마존 셀러 센트럴 메인 화면에서 'Reports > Business Reports'로 들어가면 됩니다.

1 Sales Dashboard

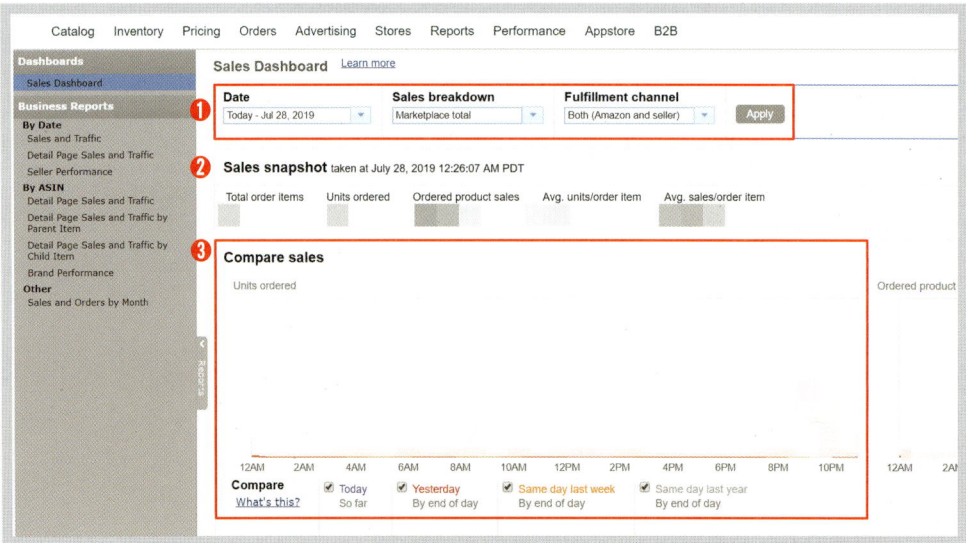

❶ 확인하고자 하는 조건을 선정합니다.
- Date: 당일, 1주일, 1개월, 1년, 날짜 지정의 기준으로 선택합니다.
- Sales breakdown: 비즈니스 바이어와 일반 바이어로 구분합니다.
- Fulfillment channel: FBA와 FBM으로 구분합니다.

❷ 당일의 판매 수량과 매출액를 확인합니다.

❸ 당일, 어제, 지난 주 같은 날, 작년 같은 날의 판매 수량과 매출액을 비교합니다.

2 Business Reports

일별과 상품별(ASIN)로 매출액과 트래픽을 확인할 수 있습니다. 셀러가 업데이트한 모든 상품을 확인하려면 'Detail Page Sales and Traffic by Child Item'을 클릭해서 확인하십시오. 이 리포트 분석을 통해서 노출이 적은 상품, 매출이 부진한 상품 등을 확인하고 그에 따라 검색광고, 가격 조정 등의 업무를 과학적으로 진행할 수 있기 때문에 Business reports 분석은 매우 중요합니다.

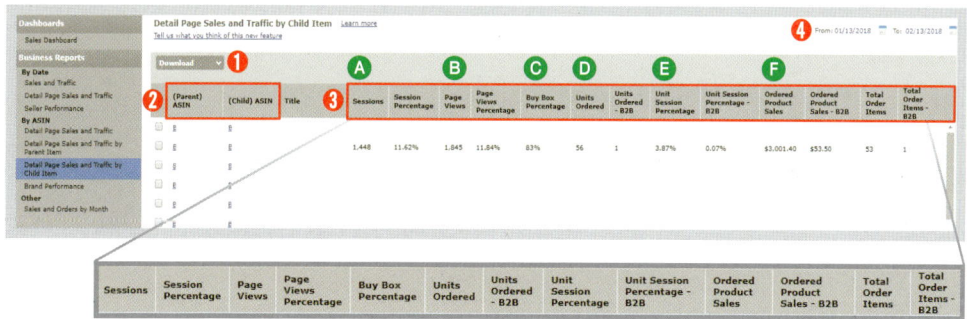

❶ 엑셀 CSV로 다운이 가능합니다.

❷ 각 상품별 ASIN입니다.

❸ 각 항목들을 통해서 판매, 트래픽, 구매 전환율 등을 확인합니다.
- Ⓐ Sessions: 24시간 동안 셀러의 상품 페이지에 방문한 방문자 수
- Ⓑ Page Views: 페이지 노출 수
- Ⓒ Buy Box Percentage: 바이 박스를 차지하는 비율
- Ⓓ Units Ordered: 주문 수량
- Ⓔ Unit Session Percentage: 구매 전환율. 지정된 기간 동안에 판매된 전체 상품 유닛 숫자를 전체 세션 숫자로 나눈 값
- Ⓕ Ordered Product Sales: 매출액

❹ 확인하고자 하는 날짜를 지정합니다.

3. Fulfillment

FBA로 진행되는 상품들에 대해 재고, 판매, 결제, 반품, 제거 관련으로 분류되어 보고서를 다운로드받을 수 있도록 제공합니다.

06 셀링 파트너 서포트팀의 도움 받기

운영을 하다 보면 아마존 고객센터의 도움이 필요할 때가 있습니다. 그때는 주저 말고 'Get support'를 통해 도움을 받으십시오. 특히 2017년 하반기부터 한국어 서비스가 시작되어 쉽게 도움을 받을 수 있습니다.

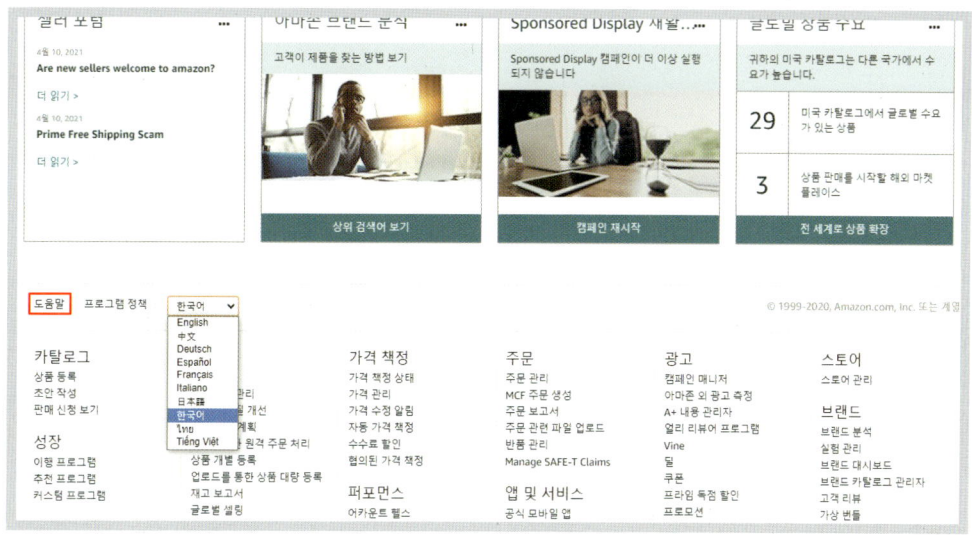

셀러 센트럴 페이지 하단의 언어를 한국어로 변경한 뒤 '도움말'을 클릭합니다.

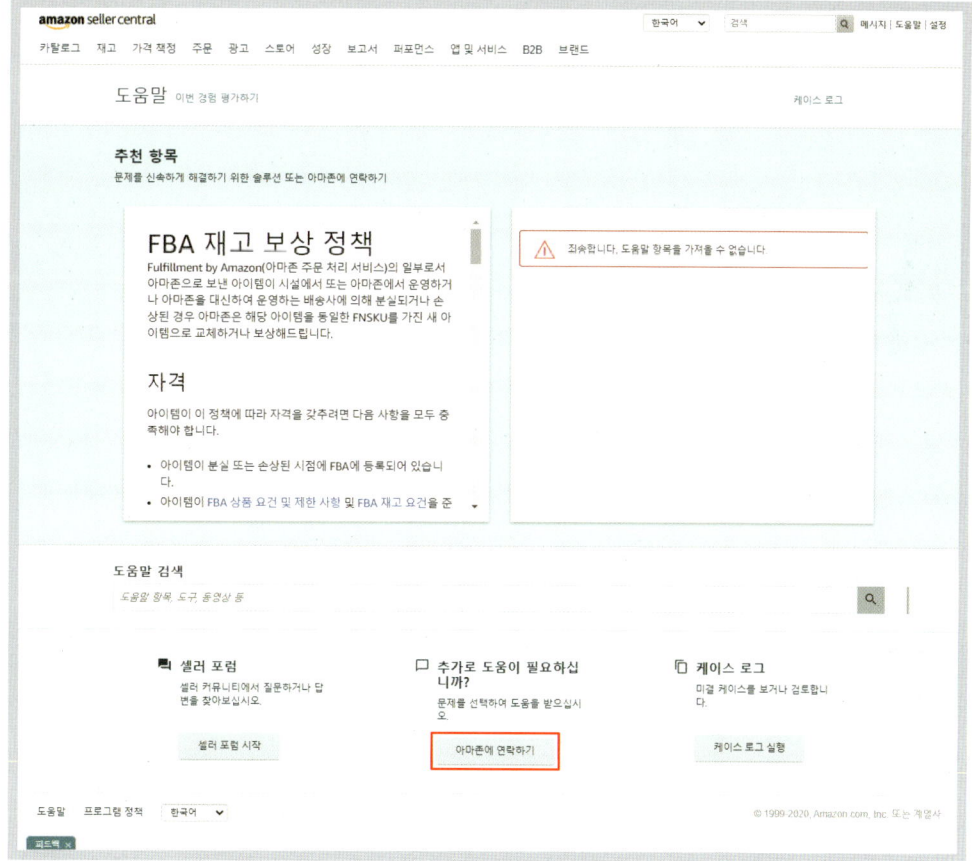

[아마존에 연락하기]를 클릭하여 문의를 시작합니다.

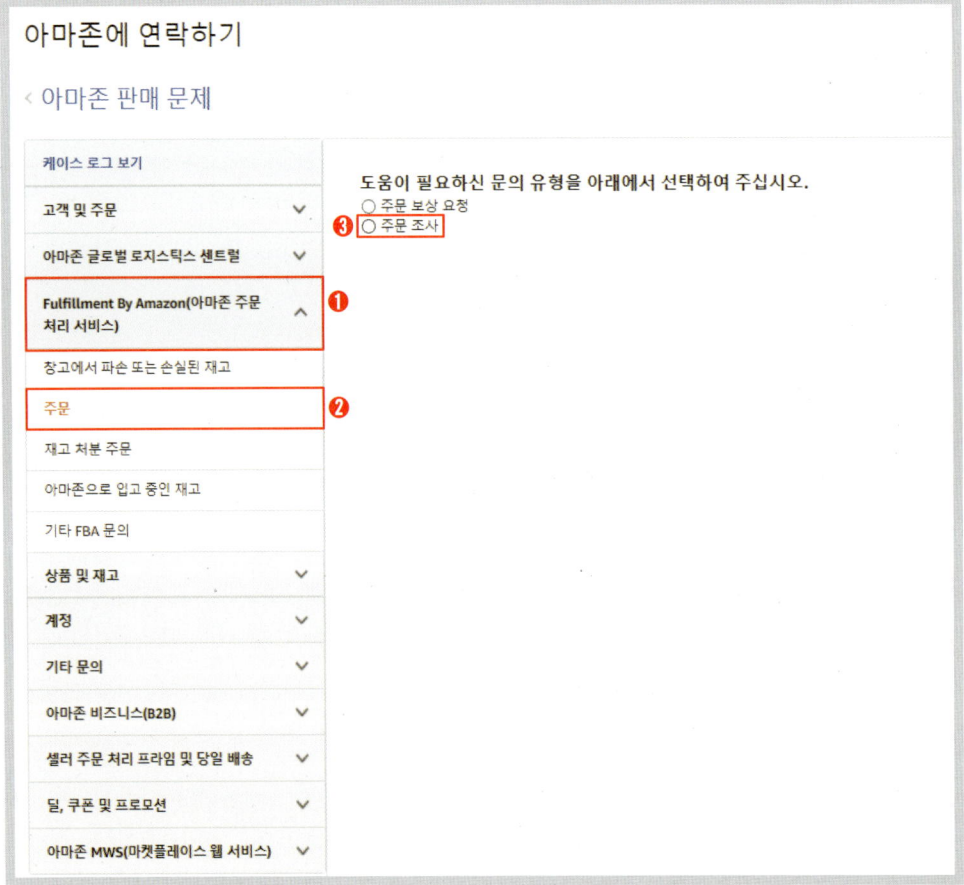

판매 관련일 경우는 '아마존 판매', 광고 관련일 경우는 '스폰서 상품'을 클릭합니다. 필자는 '아마존 판매'를 클릭해 보겠습니다. 다음과 같이 여러 주제로 항목이 분리되어 있습니다.

❶ 'Fulfillment By Amazon'을 클릭해 보았습니다. 그 아래 또 세부적인 주제들이 나뉘어 있습니다. 그중에서 한 가지를 선택합니다. 필자는 ❷ '주문'을 클릭한 후 ❸ '주문 조사'를 선택했습니다. 만약 내가 도움을 받고자 하는 영역이 없다면 '기타 FBA 문의'를 클릭하십시오.

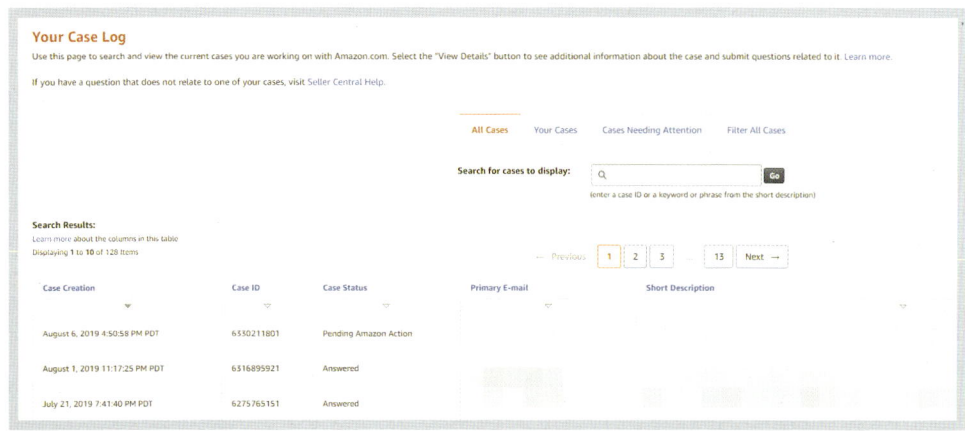

언어 목록에 만약 한국어가 없는 경우는 한국어 지원이 안 되는 것이니 영문으로 문의하시기 바랍니다. 문의 사항을 기재하고 [전송] 버튼을 클릭하면 케이스Case가 열리고, 다음과 같이 서포트팀에서 12시간 이내에 연락이 옵니다.

케이스가 오픈되면 셀러 센트럴 페이지 하단의 도움말을 클릭한 후 보이는 화면 우측 상단의 케이스 로그 Case log를 클릭하여(343쪽 화면 참조) 진행 상황 Case Status을 확인할 수 있습니다.

07 고객과 대화

상품 문의, 배송 조회 등 여러 가지 이유로 고객이 메시지를 보내올 때가 있습니다. FBA의 경우는 아마존이 CS를 담당하지만, FBM의 경우는 셀러가 CS를 해야 합니다. 고객은 셀러와의 메시지가 좋았는지의 여부를 평가하고 이것이 셀러의 퍼포먼스에 영향을 주기 때문에 셀러는 매우 정중하고도 친절하게 대응해야 합니다.

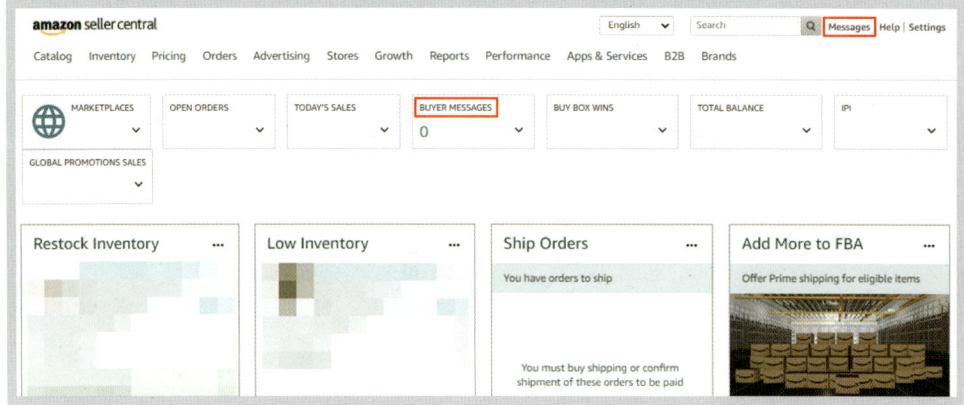

셀러 센트럴 메인 화면 우측 상단의 'Messages'나 상단의 'BUYER MESSAGES' 박스의 숫자를 클릭합니다.

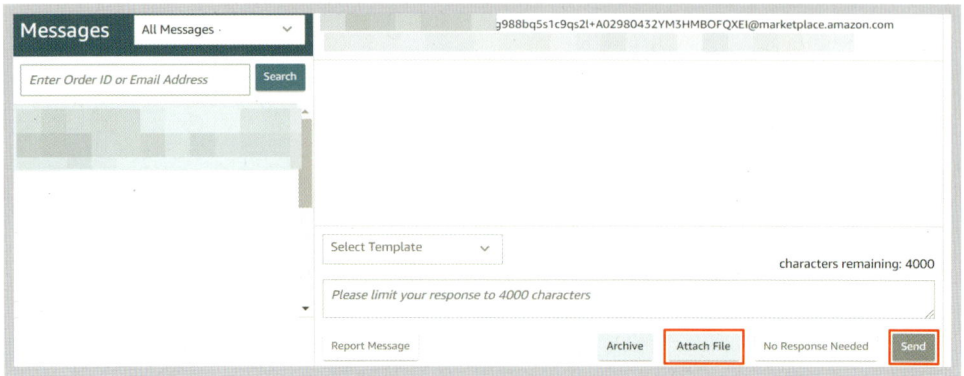

이곳에서 메시지를 작성하고 아래 [Send] 버튼을 클릭합니다. 첨부 자료가 있을 경우에는 [Attach File]을 클릭하여 첨부하고 [Send]를 클릭합니다. 메시지는 4000자를 초과할 수 없습니다.

08 계정 정지

계정 정지Suspension는 금지 상품 리스팅, 가품으로 의심되는 상품 리스팅, 지적재산권 침해, 중복 계정, 중고품을 새 제품으로 판매, 아마존의 여러 통지 이메일에 수차례 무대응 등 아마존의 정책을 위반한 경우, 셀러 퍼포먼스가 아마존이 지정한 기준 미만으로 떨어져 상태가 좋지 않게 된 경우에 발생하게 됩니다. 계정 정지를 받을 수 있는 수 있는 중요 퍼포먼스의 기준은 다음과 같습니다.

- 주문 불량률: 1% 미만
- 사전 이행 취소율: 2.5% 미만
- 늦은 발송 비율: 4% 미만

보통 셀러들은 아마존으로부터 계정 정지 이메일을 받으면 놀라고 당황해 제대로 된 분석 없이 바로 어필을 하려는 경향이 있습니다. 그러나, 셀러들의 이런 행위는 계정을 복구하는 데 절대 도움이 되지 않습니다. 먼저, 아마존의 규정에 위배된 요소가 무엇인지를 이해하고, 그에 대한 원인을 객관적으로 분석을 해야 합니다. 셀러가 계정 정지를 당할 때 억울한 케이스가 많습니다만, 그것을 고객 탓으로 돌린다거나, 몰랐다는 식으로 표현을 하는 것은 영구 정지로 한발 더 다가가는 행위이기 때문입니다.

지적재산권 침해나 가품으로 의심되어 계정 정지가 되는 경우는 무엇보다도 정식 공급 업체(제조사나 총판)에서 구매했다는 것을 증빙할 수 있는 인보이스의 제출이 중요합니다. 한국어로 된 거래명세서는 제출 가능하지만 영문 번역이나 주석을 달아야 하고, 인터넷(국내외 오픈마켓)에서 구매한 영수증은 인정되지 않습니다.

만약 제조사가 아닌 총판사로부터 구매한 경우라면, 총판사와 제조사가 거래한 내역도 같이 제출해야 합니다. 이 거래명세서에는 카테고리 승인을 받을 때 기재되어야 하는 정보(공급자과 공급받는 자의 이름, 회사명, 전화번호, 주소, 웹사이트, 이메일, 구매 품목, 수량 등)가 똑같이 기재되어 있어야 합니다.

이와 함께 POA Plan of Action를 제출해야 하며, 이 POA에는 왜 이런 일이 발생했는지의 원인과 현재 이 문제를 해결하기 위해 진행하고 있는 해결책과 향후 어떻게 운영할 것인지 복구·조치·운영·계획 등을 반드시 구체적 실행 방안과 함께 작성하여 제출해야 합니다. 보통 이 POA는 5~8장 정도 기재하고, 특정 양식은 없지만 처음 제출할 때 통과가 되는 것을 목표로 작성하시기 바랍니다. 다시 제출하게 될 때는 아마존이 더욱 깐깐하게 서류를 검토하는 경향이 있습니다.

또한 셀러 퍼포먼스 하락으로 계정이 정지된 경우에도 POA를 동일하게 제출해야 하고, 정지된 사항에 대한 어필을 하기 위해 증빙서류가 첨부되어야 합니다. 셀러 퍼포먼스 하락의 경우는 증빙서류가 다양하게 달라질 수 있습니다.

이러한 증빙서류와 POA는 17일 이내에 아마존에 제출해야 합니다.(17일 내 미제출 시 아마존은 셀러에게 소명의지가 없다고 판단하여 영구 정지 결정을 합니다.) 아마존은 수령 후 보통 48시간 전후로 결과를 회신합니다.

계정 정지가 발생하면 아마존이 보내주는 이메일이나, 'PERFORMANCE > Performance Notifications'를 통해서 내용을 확인할 수 있습니다.

다음은 금지상품 리스팅 경고 메시지의 예입니다.

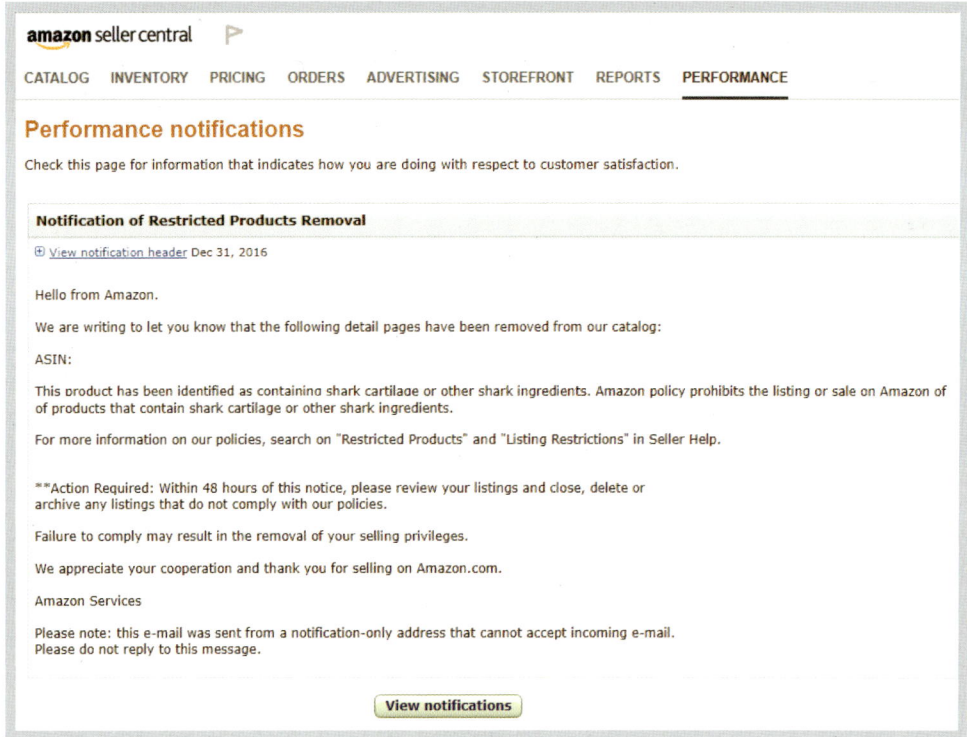

최종적으로 계정 정지 결정이 내려지면 대금 정산은 90일 동안 정지되고, 아마존 창고에 입고된 상품은 셀러의 비용으로 90일 내에 반출해야 합니다. 그 기간 안에 반출을 못하면 아마존이 직권으로 전량 폐기 처분하고, 폐기 처분 시의 비용도 셀러가 지불해야 합니다.

만약 셀러의 어필과 증빙자료가 인정되어 복구가 된다면 한 달은 계정 관리에 신경을 많이 써야 합니다. 아마존은 한 달을 두고 계정을 지속 관찰하고 언제든지 다시 계정을 정지시킬 수 있기 때문입니다.

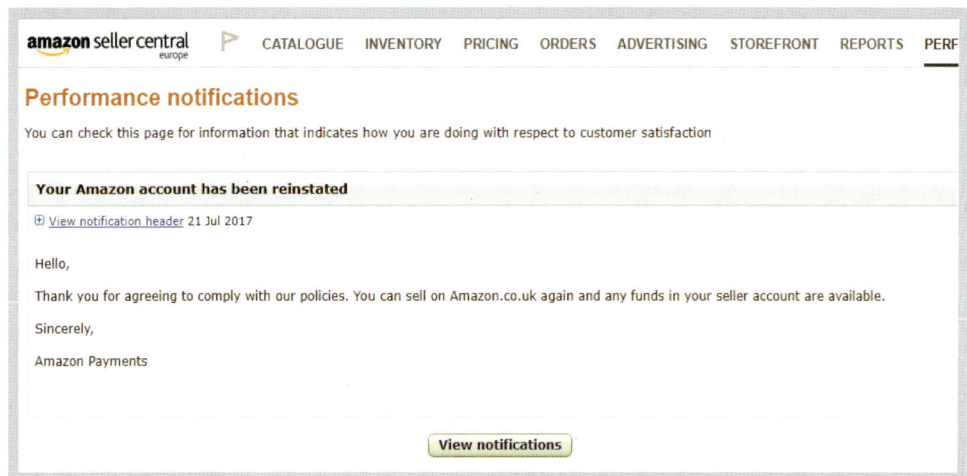

09 판매 대금 인출

1. 페이오니아

페이오니아는 한국어 서비스를 제공하고 있기 때문에 인출 방법이 매우 쉽습니다.

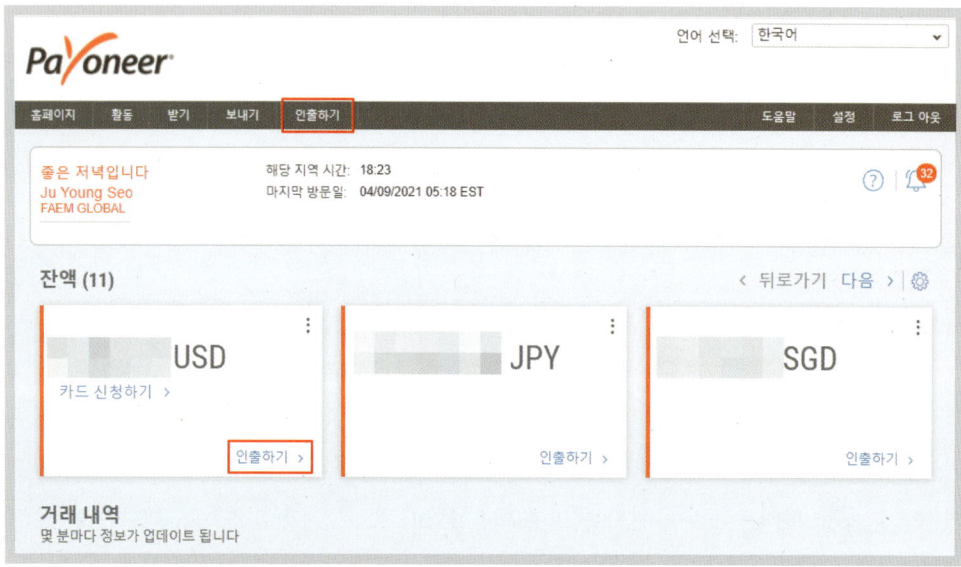

로그인 후 메인 화면에서 중앙의 '인출하기'를 클릭하거나 상단 메뉴 '인출하기 > 은행계좌로 인출'을 클릭합니다.

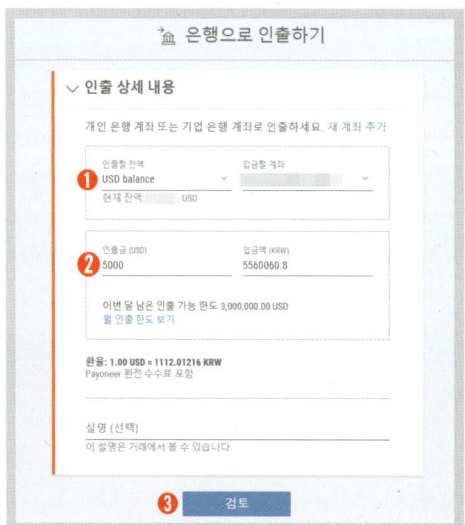

❶ 인출 받을 은행을 선택합니다.

❷ 인출 받을 금액을 기재합니다. 적용될 환율의 표시와 함께 환전된 금액이 자동으로 보입니다.

❸ [검토] 버튼을 누르면 다음 화면이 나옵니다.

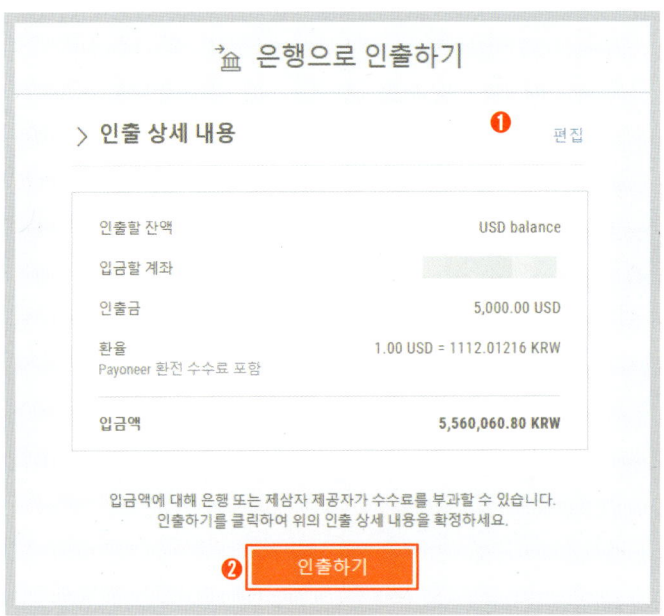

인출할 내용을 확인하고 수정하고자 하면 ❶ '편집'을 클릭하고, 동의하면 ❷ [인출하기] 버튼을 클릭힙니다.

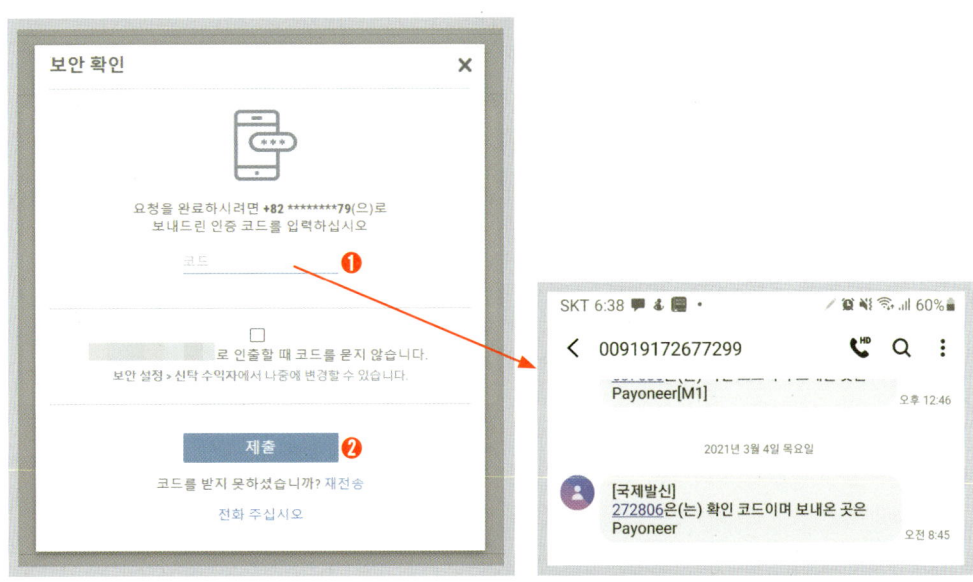

❶ 핸드폰으로 온 코드번호를 입력한 후 ❷ [제출] 버튼을 클릭하면 인출이 됩니다.

2. 월드퍼스트

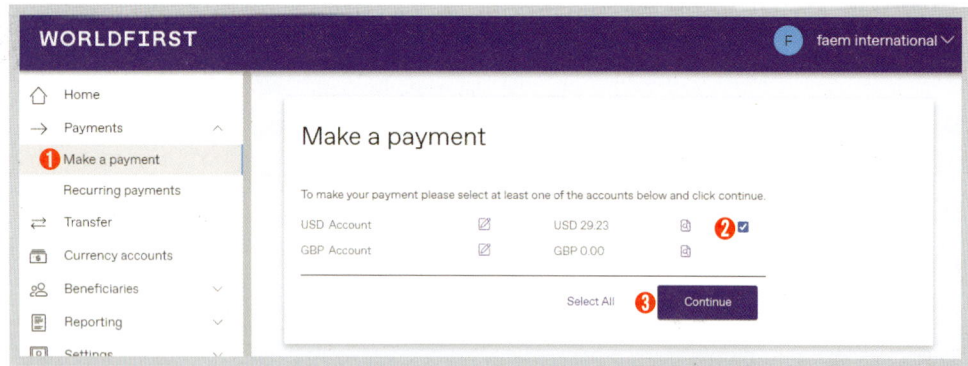

❶ 월드퍼스트에 로그인 후 메인 화면에서 좌측 'Payments > Make a payment'를 클릭합니다.

❷ 인출하고자 하는 어카운트 뒤의 박스에 체크하고, ❸ [Continue]를 클릭합니다.

이제 총 4단계를 통해 인출이 진행됩니다. 첫 번째 단계는 통장을 선택하는 단계입니다.

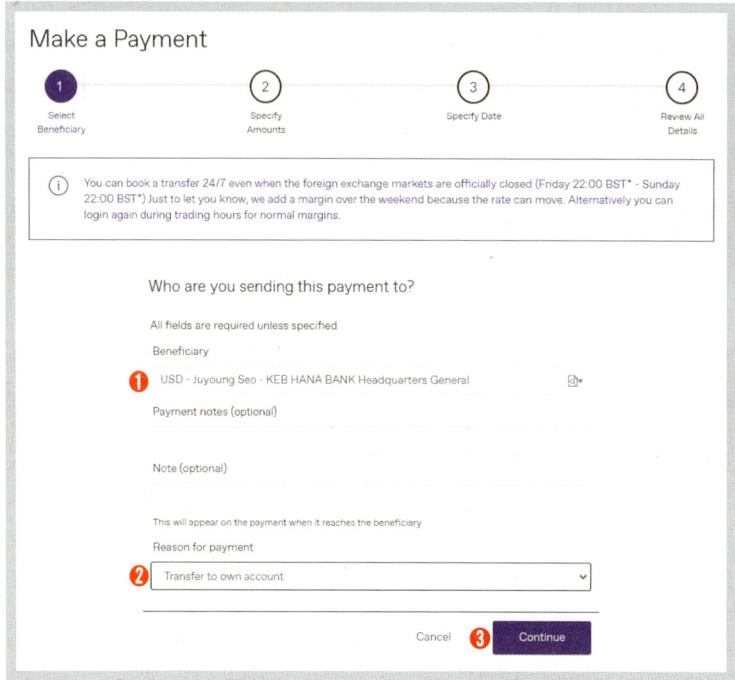

❶ 인출 받을 은행을 선택합니다.

❷ 인출하는 이유를 선택합니다. 'Transfer to own account'를 선택하면 됩니다.

❸ [Continue] 버튼을 누르면 다음 화면이 나옵니다. 참고로 'Payment notes'와 'Note'는 옵션 사항이므로 기재하지 않아도 됩니다.

두 번째 단계는 입금 받을 금액을 기재하는 단계입니다.

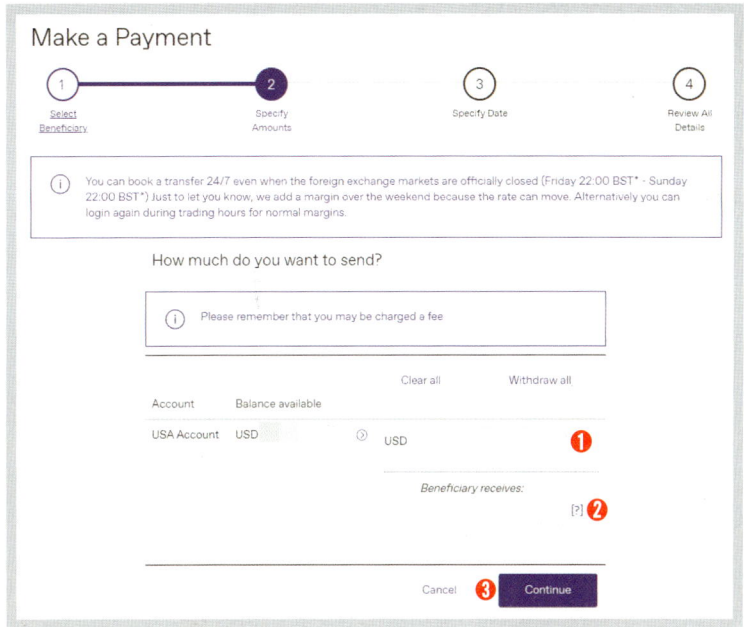

❶ 인출할 금액을 상단에 적을 경우 추후 받게 되는 금액은 월드퍼스트의 수수료 0.5%를 공제한 금액입니다. 예를 들어, $150 인출 시 수수료 $0.75를 공제한 $149.25가 한국의 외화 통장으로 입금이 됩니다.

❷ 정확하게 $150를 입금 받고자 하는 경우는 'Beneficiary Receives' 란에 $150를 기재합니다. 수수료 $0.75는 월드퍼스트 계좌의 잔액에서 공제가 됩니다.

❸ [Continue] 버튼을 누르면 다음 화면이 나옵니다.

세 번째 단계는 입금 받을 날짜를 선택하는 단계입니다.

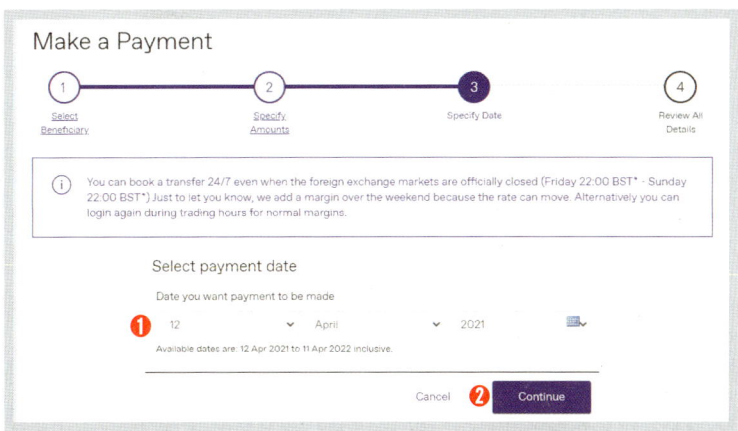

❶ 인출하고자 하는 날짜를 선택합니다.

❷ [Continue] 버튼을 누르면 다음 화면으로 이동합니다.

마지막으로 핸드폰 인증코드를 입력하는 단계입니다.

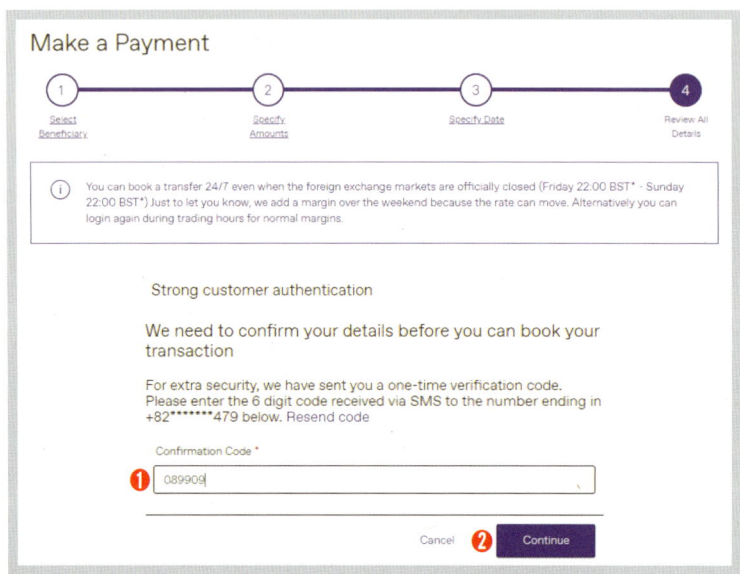

❶ 핸드폰에 도착한 인증코드를 입력합니다.

❷ [Continue] 버튼을 누르면 기재한 내용이 정리된 화면이 나옵니다.

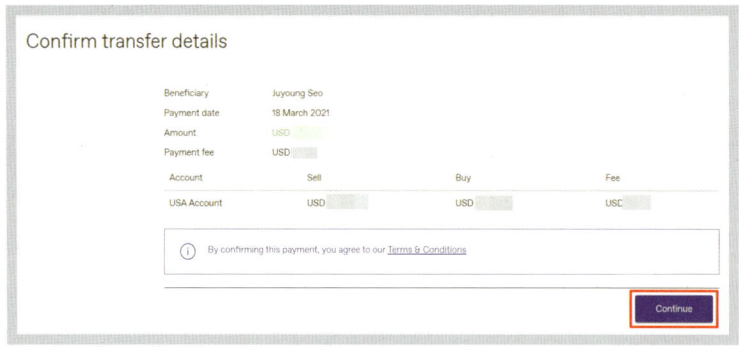

내용 확인 후 [Continue]를 클릭하면 인출이 완료됩니다.

10 FBM 셀러를 위한 배송 준비 기간(핸들링 타임) 조정

글로벌 셀러들은 한국과 미국의 공휴일이 다르기 때문에 한국 명절 때 배송하는 것에 어려움을 겪습니다. 물론 FBA로 100% 판매하는 셀러의 경우는 전혀 문제되지 않지만, FBM으로 판매하는 셀러라면 늦은 배송률로 인한 퍼포먼스의 감점을 받지 않기 위해서 미리 핸들링 타임을 변경해야 합니다.

판매 상품이 많지 않을 경우는 'Inventory'에서 각 상품별로 'Edit'을 클릭하여 핸들링 타임을 조정할 수 있지만, 많은 경우는 엑셀을 이용하여 변경할 것을 권합니다. 몇 분 만에 조정이 가능합니다.

1. Inventory Loader 엑셀 템플릿 다운로드

셀러 센트럴 메인 화면에서 'Inventory > Add Products via Upload' 메뉴를 클릭합니다.

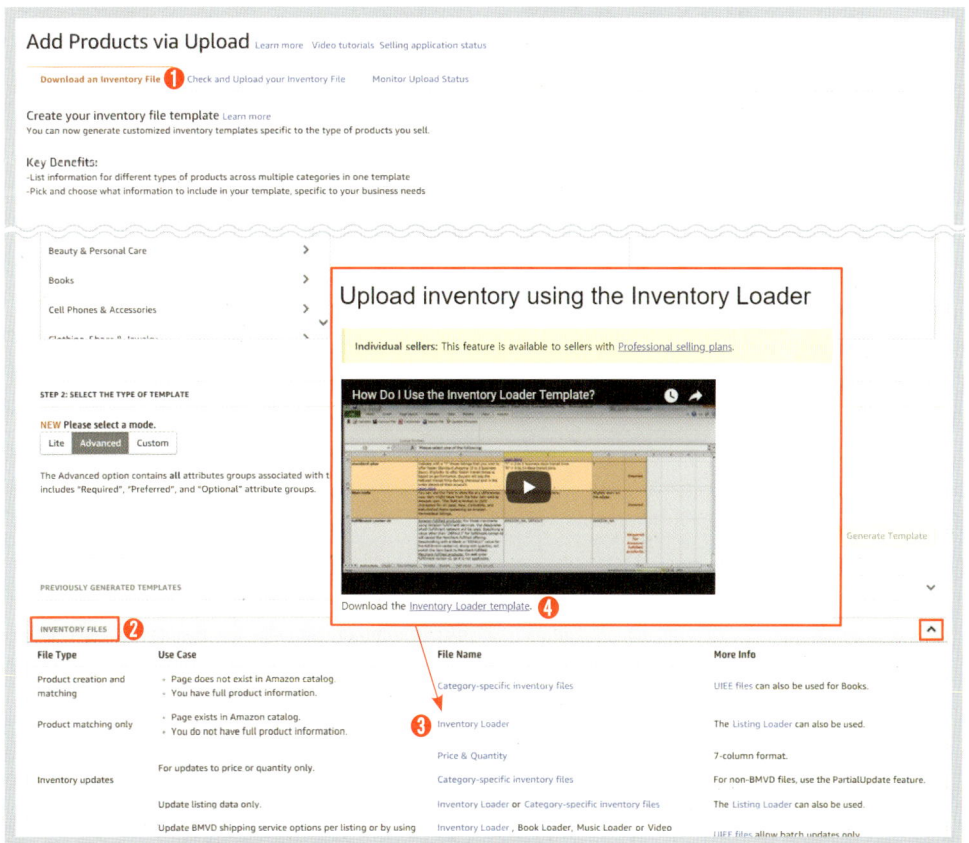

❶ 'Add Products via Upload'에는 3가지 탭이 있습니다. 먼저 사용해야 할 탭은 'Download an Inventory File'입니다. 이 탭을 클릭하십시오.

❷ 제일 하단의 'INVENTORY FILES' 항목을 찾습니다. 처음에는 상세 내용이 펼쳐져 있지 않습니다. 우측의 화살표[ᴧ] 클릭하여 항목을 펼치십시오.

❸ 'Inventory Loader'를 클릭하면 별도의 대화창이 뜨고 동영상이 보입니다.

❹ 동영상 바로 아래 'Inventory Loader template'을 클릭하여 엑셀 템플릿을 다운받습니다.

2. Active Listing Report 다운로드

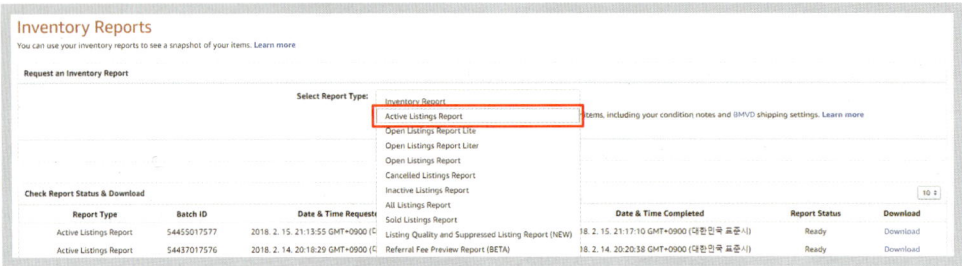

'Inventory > Inventory Reports'를 클릭하고, 리포트 타입을 'Active Listings Report'로 하여 리포트를 다운받습니다. 텍스트 파일로 다운로드가 되는데, 해당 파일을 열어 내용을 전체 복사하여 엑셀에 붙여넣기하면 내용을 쉽게 확인할 수 있습니다.

3. 엑셀 문서 작성 및 저장

우선 'Active Listings Report'의 내용을 옮긴 엑셀 파일을 열어 D열(seller-sku), F열(quantity), AA열(fulfillment-channel)을 참조합니다. AA열은 FBA인지 FBM인지를 표시하는데, FBA 상품은 핸들링 타임을 변경할 이유가 없으므로 필터 기능을 통해 Default(FBM을 의미함)로 되어 있는 것만 정렬시킵니다.

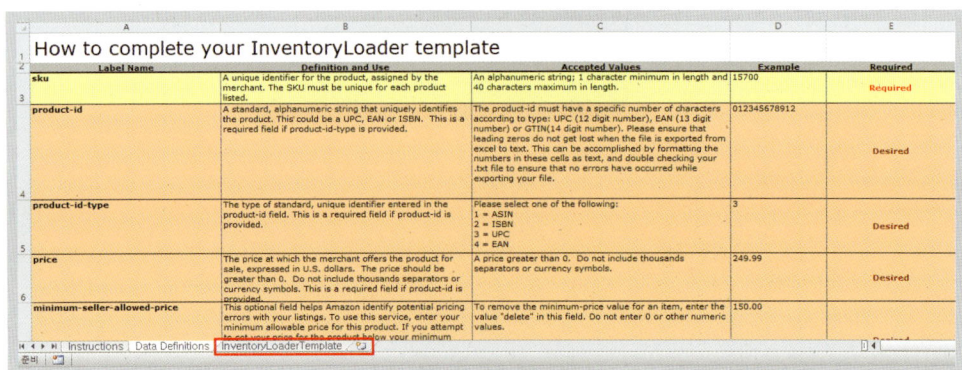

그리고 나서, 'Inventory Loader' 파일을 엽니다. 엑셀 하단에 세 개의 시트가 있음을 확인할 수 있습니다. 그중 'Inventory Loader Template' 시트를 클릭하여 작성합니다.

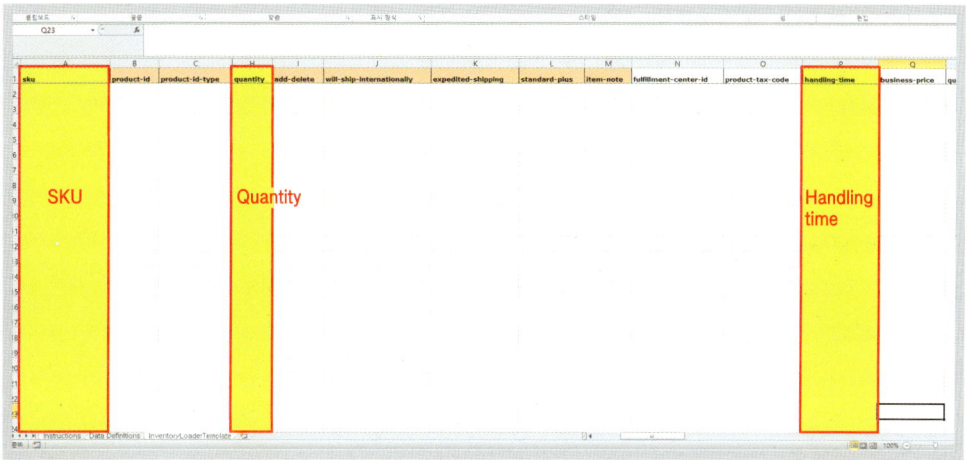

'Inventory Loader Template' 시트에서는 A열(seller SKU), H열(quantity), P열(Handling time)만 기재합니다. 이때 사용하기 위해 'Active Listing Reports'를 미리 정렬한 것입니다. Report에서 FBM하는 상품의 SKU와 Quantity를 그대로 복사하여 템플릿에 붙이면 간단하게 작성이 가능합니다.

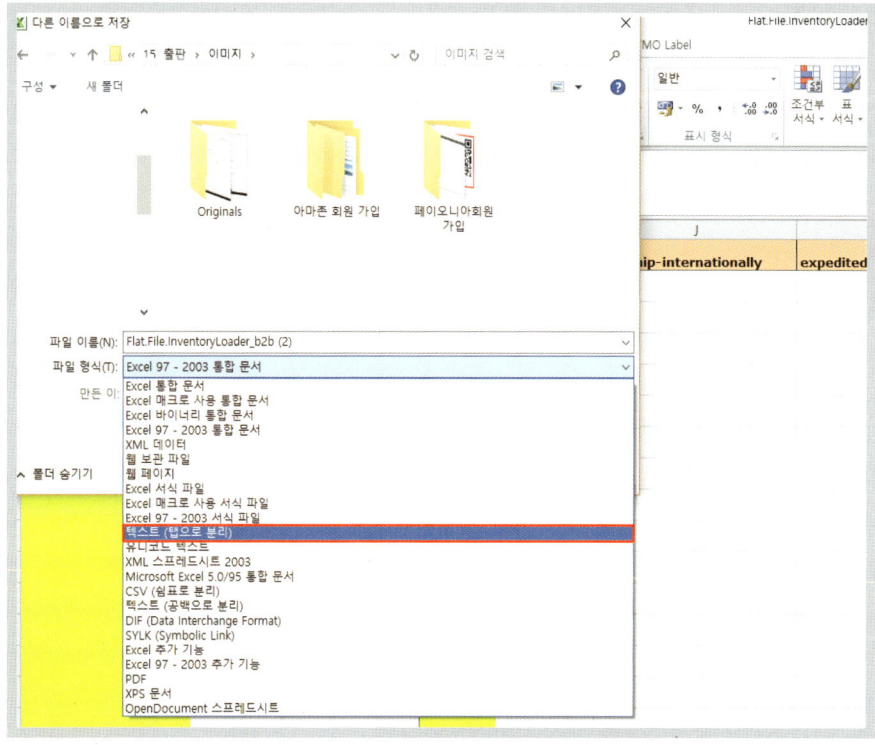

Chapter 8 전반적인 운영 A to Z를 익히자 **357**

작성을 마치면 '파일 > 다른 이름으로 저장'을 클릭하여 파일 형식을 '탭으로 분리하는 텍스트'로 지정 후 저장합니다.

4. 파일 업로드

작성한 텍스트 파일을 업로드하기 위해 다시 셀러 센트럴 메인 화면에서 'Inventory > Add Products via Upload' 메뉴를 클릭합니다.

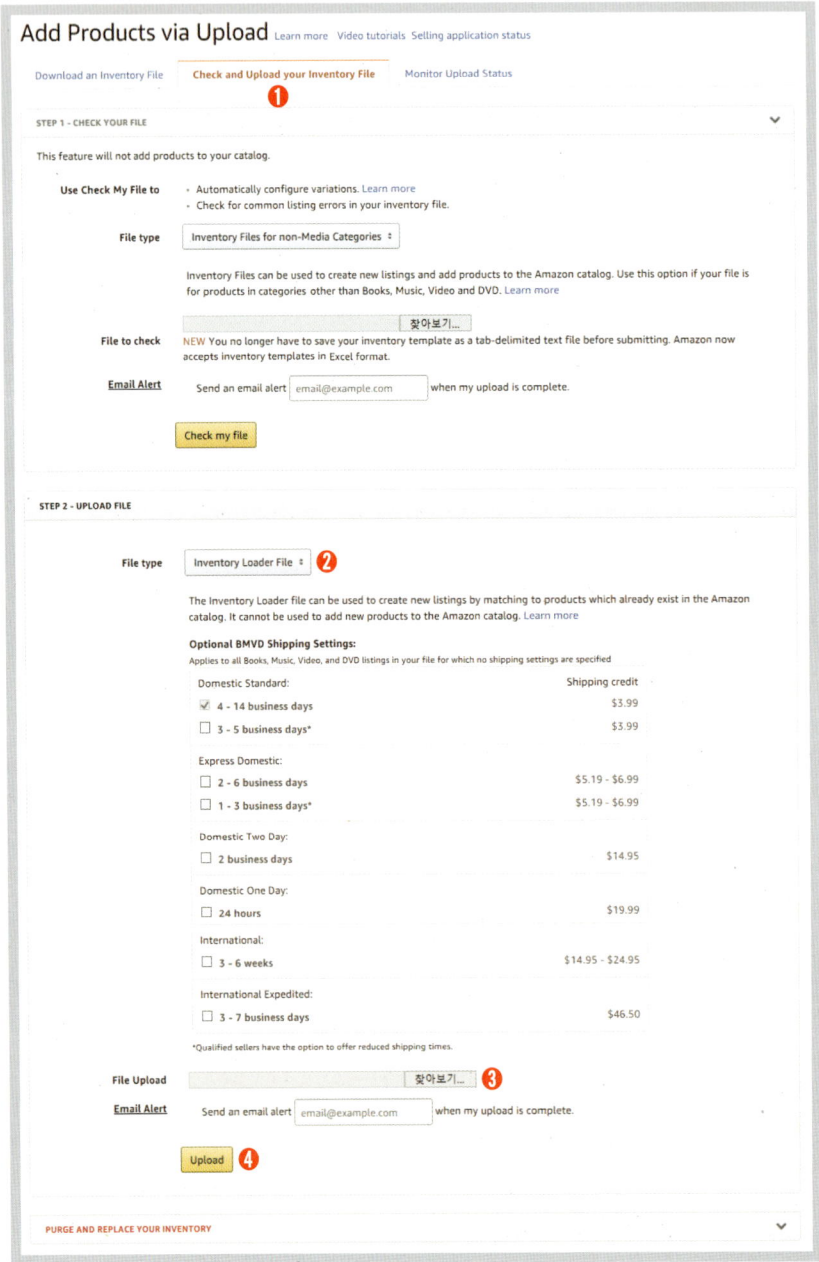

❶ 2번째 탭인 'Check and Upload your Inventory File'을 클릭합니다.

❷ STEP 2에서 파일 타입을 'Inventory Loader File'로 선택합니다.

❸ 저장한 텍스트 파일을 업로드합니다.

❹ [Upload] 버튼을 클릭하면 화면이 자동으로 3번째 탭인 'Monitor Upload Status'로 변경되고 아래와 같이 표시가 됩니다.

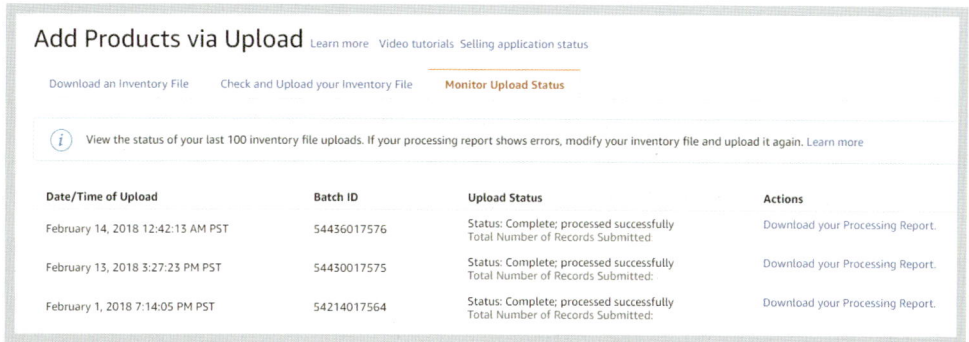

Tip. 주의 사항

명절이 끝나면 핸들링 기간을 다시 원 상태로 변경해야 하는데, 명절 중에도 판매되었으므로 수량의 변경이 있습니다. 따라서 'Active Listing Reports'를 다시 다운로드받아서 동일한 작업을 해 주어야 합니다.

11 MCF 오더

1. 개괄적 시스템 이해

MCF는 아마존 FBA 장점 중 하나입니다. 온라인 판매를 하는 셀러들은 한 마켓플레이스뿐만 아니라 여러 온라인 마켓에서 물건을 판매하는 경향이 있습니다. 이렇게 다양한 온라인 시장에서 판매를 하는 셀러에게 유용한 시스템으로, MCF는 아마존 창고에 보내 놓은 물품이 아마존만이 아닌 이베이나 엣시 등 다른 마켓에서 판매되었을 때, 한국에서 물품을 보내는 것이 아니라 아마존 창고에 있는 물품을 내보낼 수 있도록 조치를 취할 수 있는 시스템을 말합니다. 이 시스템을 이용할 경우 셀러가 별도의 배송을 하지 않아도 되기 때문에 업무의 효율성도 좋고, 재고 관리에 있어서도 부담을 덜 수 있습니다.

2. 수수료

MCF 서비스는 유료이며, MCF 수수료 및 크기 등급은 2022년 5월 9일자로 아래와 같이 인상되었습니다.

[멀티 채널 주문 처리 수수료]

(단위: $, 괄호 안은 2022년 5월 9일 이전 수수료)

배송 종류	크기 등급	주문 개수				
		1개	2개	3개	4개	5개
표준 3~5일	소형 표준: 2oz 이하	4.75(3.99)	3.00(2.75)	2.65(2.40)	2.08(1.89)	1.97(1.79)
	소형 표준: 2~6oz	5.35(5.29)	3.80(3.45)	3.29(2.99)	2.50(2.29)	2.30(2.09)
	소형 표준: 6~12oz	6.20(5.95)	4.50(4.20)	3.90(3.55)	3.30(2.75)	2.60(2.49)
	소형 표준: 12~16oz	7.45(6.20)	5.15(4.30)	4.45(3.75)	3.80(3.19)	2.70(2.79)
	대형 표준: 2oz 이하	4.75(3.99)	3.00(2.75)	2.65(2.40)	2.08(1.89)	1.97(1.79)
	대형 표준: 2~6oz	5.35(5.29)	3.80(3.45)	3.29(2.99)	2.65(2.29)	2.30(2.09)
	대형 표준: 6~12oz	6.20(5.95)	4.50(4.20)	3.90(3.55)	3.30(2.75)	2.60(2.49)
	대형 표준: 12~16oz	7.45(6.20)	5.15(4.30)	4.45(3.75)	3.80(3.19)	2.70(2.79)
	대형 표준: 1~2lbs	7.65(6.39)	5.22(4.35)	4.55(3.80)	4.00(3.35)	3.10(2.85)
	대형 표준: 2lb 초과	7.65+0.46/lb (6.39+0.38/lb)	5.22+0.46/lb (4.35+0.38/lb)	4.55+0.46/lb (3.80+0.38/lb)	4.00+0.46/lb (3.35+0.38/lb)	3.10+0.46/lb (2.85+0.38/lb)
	소형 크기 초과: 2~30lbs	12.50+0.46/lb (12.09+0.29/lb)	8.99+0.46/lb (7.48+0.38/lb)	7.65+0.46/lb (6.38+0.38/lb)	6.35+0.46/lb (5.28+0.38/lb)	5.00+0.46/lb (4.18+0.38/lb)
	소형 크기 초과: 30lb 초과	24.70+0.46/lb(20.59+0.38/lb)				
	중간 크기 초과: 첫 2lb 초과	20.20+0.51/lb(16.85+0.43/lb)				
	대형 크기 초과: 첫 90lb 초과	103.39+1.05/lb(86.15+0.88/lb)				
	특별 크기 초과: 첫 90 lb 초과	171.99+1.1/lb(143.30+0.92/lb)				
빠른 2일 배송	소형 표준: 2oz 이하	8.10(6.26)	4.65(3.99)	4.00(3.19)	2.80(2.45)	2.30(2.10)
	소형 표준: 2~6oz	8.15(6.26)	5.35(4.10)	4.00(3.35)	3.35(2.60)	2.35(2.20)

빠른 2일 배송	소형 표준: 6~12oz	8.40(6.48)	5.85(4.50)	4.49(3.59)	3.60(2.79)	2.79(2.39)
	소형 표준: 12~16oz	10.00(7.69)	6.35(5.30)	5.10(4.09)	4.20(3.25)	3.15(2.79)
	대형 표준: 2oz 이하	8.29(6.37)	4.65(3.99)	4.10(3.19)	2.89(2.45)	2.30(2.10)
	대형 표준: 2~6oz	8.29(6.37)	5.35(4.10)	4.15(3.35)	3.39(2.60)	2.35(2.20)
	대형 표준: 6~12oz	9.00(6.92)	5.85(4.50)	4.65(3.59)	3.60(2.79)	2.79(2.39)
	대형 표준: 12~16oz	10.00(7.69)	6.35(5.30)	5.10(4.09)	4.20(3.25)	3.15(2.79)
	대형 표준: 1~2lbs	10.00(7.69)	6.95(5.35)	5.25(4.29)	4.30(3.30)	3.70(2.95)
	대형 표준: 2lbs 초과	10.00+0.49/lb (7.69+0.38/lb)	6.95+0.49/lb (5.35+0.38/lb)	5.25+0.49/lb (4.29+0.38/lb)	4.30+0.49/lb (3.30+0.38/lb)	3.70+0.49/lb (2.95+0.38/lb)
	소형 크기 초과: 2~30lbs	14.49+0.49/lb (12.59+0.38/lb)	10.29+0.49/lb (8.58+0.38/lb)	9.65+0.49/lb (8.03+0.38/lb)	9.35+0.49/lb (7.87+0.38/lb)	9.05+0.49/lb (7.54+0.38/lb)
	소형 크기 초과: 30lbs 초과	30.69+0.49/lb(23.61+0.38/lb)				
	중간 크기 초과: 첫 2lb 초과	24.05+0.51/lb(18.49+0.43/lb)				
	대형 크기 초과: 첫 90lb 초과	122.99+1.14/lb(86.15+0.88/lb)				
	특별 크기 초과: 첫 90lb 초과	204.77+1.20/lb(143.30+0.92/lb)				
특급 1일 배송	소형 표준: 16oz 이하	16.64(12.80)	9.10(7.30)	6.85(6.30)	6.35(5.80)	5.10(4.30)
	대형 표준: 16oz 이하	17.95(13.80)	10.00(7.80)	8.15(6.80)	7.50(5.90)	5.20(4.80)
	대형 표준: 1~2lb	18.00(13.85)	10.20(7.85)	8.90(6.85)	7.75(5.95)	6.25(4.85)
	대형 표준: 2lb 초과	18.00+0.50/lb (13.85+0.39/lb)	10.20+0.50/lb (7.85+0.39/lb)	8.90+0.50/lb (6.85+0.39/lb)	7.75+0.50/lb (5.95+0.39/lb)	6.25+0.50/lb (4.85+0.39/lb)
	소형 크기 초과: 첫 2lb 초과	27.05+0.50/lb (20.80+0.39/lb)	14.69+0.50/lb (11.30+0.39/lb)	11.30+0.50/lb (8.70+0.39/lb)	10.70+0.50/lb (8.25+0.39/lb)	10.25+0.50/lb (7.90+0.39/lb)
	소형 크기 초과: 30lbs 초과	41.70+0.50/lb(32.11+0.39/lb)				
	중간 크기 초과: 첫 2lb 이상	32.68+0.51/lb(18.49+0.43/lb)				
	대형 크기 초과: 첫 90lb 초과	167.00+1.14lb(86.15+0.88/lb)				
	특별 크기 초과: 첫 90lb 초과	278.15+1.20/lb(143.30+0.92/lb)				

3. 주문 방법

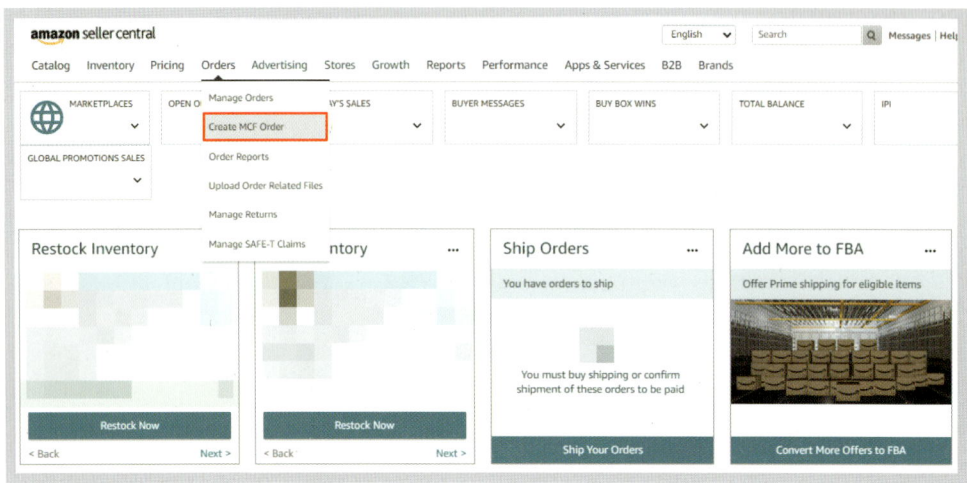

타 사이트에서 주문 받은 상품을 셀러 센트럴 메인 화면 'Orders > Create MCF Order'에서 선택하여 주문서를 작성합니다.

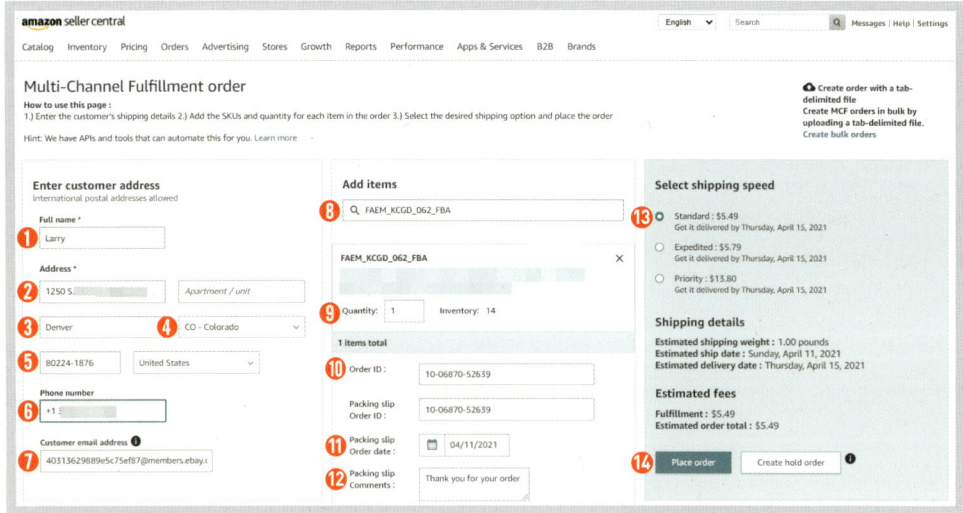

❶ 고객의 이름을 기재합니다.

❷ 고객의 street 주소를 기재합니다.

❸ 시를 기재합니다.

❹ 주를 선택합니다.

❺ 우편번호를 입력합니다.

❻ 고객의 전화번호를 입력합니다.

❼ 고객의 이메일 주소를 입력합니다.

❽ 아마존 창고에 있는 나의 상품 중 고객에게 발송할 상품의 Seller SKU, ASIN, FNSKU 중 하나를 기재합니다.
❾ 발송할 상품의 수량을 기재합니다.
❿ 타 사이트의 주문 번호를 입력합니다.
⓫ 포장명세서에 입력될 주문 날짜를 선택합니다.
⓬ 포장명세서에 기입하고자 하는 문구를 입력합니다.
⓭ 배송 방법을 선택합니다. 방법별 배송비가 상이합니다.
⓮ [Place order]를 클릭해 MCF 주문을 생성합니다.

12 FBA Export

미국 외의 다른 여러 국가에도 상품을 판매하고 배송하기를 원한다면 FBA Export 프로그램을 이용하는 것도 좋은 방법입니다. 아마존은 FBA Export를 통해 국제 배송뿐만 아니라 간소화된 통관절차, 배송 추적 기능을 제공합니다. 프로그램 가입 방법은 매우 간단합니다.

1. 개괄적 시스템 이해

FBA Export 옵션을 활성화하면 FBA를 통해 판매 중인 리스팅 중 FBA Export 옵션을 이용할 수 있는 리스팅만이 자동으로 선별되어 국제 배송이 가능한 상품으로 웹사이트에 표시됩니다. 만약 미국이 아닌 그 외 국가의 고객이 해당 상품을 주문할 경우, 아마존이 상품을 선별하고 포장하여 고객에게 직접 배송합니다.

결제 단계에서 미국 외 국가의 고객들은 상품 가격과 국제 배송비, 그리고 수입 관세 부과에 따른 보증금Import Fee Deposit Duty을 합산하여 결제합니다. 만약 미국 외 국가의 고객이 주문에 대한 질문을 했을 경우 일반 FBA 서비스와 마찬가지로 아마존 고객 서비스 측에 연락하면 됩니다. 고객이 반품을 원할 경우에도 마찬가지로 아마존 고객 서비스 센터를 통해 반품 안내를 받게 되며 아마존이 반품 절차를 처리합니다. 이 모든 과정들이 별도의 추가적인 비용 없이 가능합니다. 이렇듯 국제 배송을 포함한 복잡한 과정을 아마존이 추가 비용 없이 처리해 주기 때문에 셀러들이 매우 편하게 전 세계에 배송을 할 수 있는 좋은 방법입니다.

2. FBA Export 옵션 이용이 가능한 리스팅 확인

다음의 절차를 통해서 셀러의 FBA 이용 상품 중 FBA Export 옵션 이용이 가능한 리스팅이 무엇인지 확인이 가능합니다.

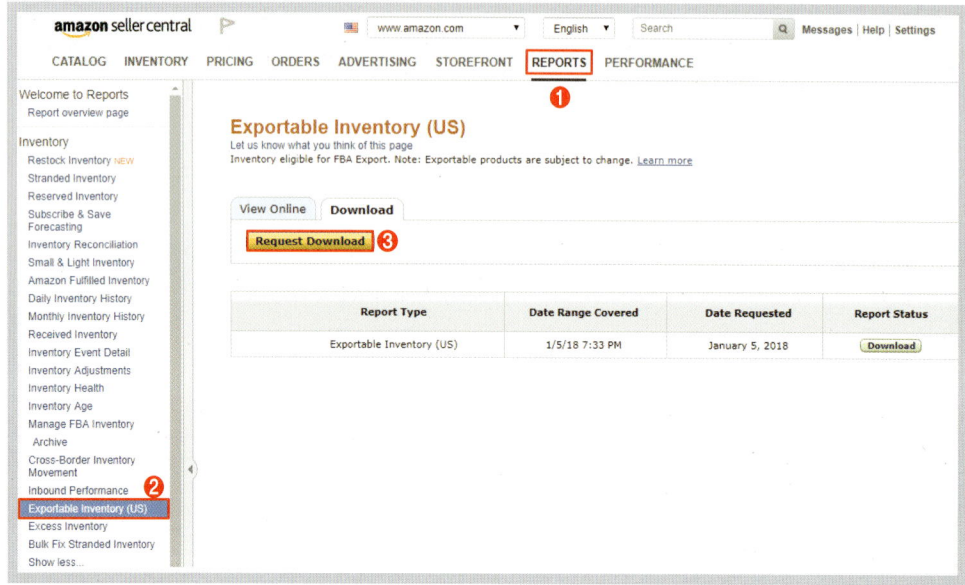

❶ 'Reports 〉 Fulfillment'를 클릭하여 좌측의 보고서 목록 중 'Inventory' 하단의 'Show more' 버튼을 클릭합니다.

❷ 확장된 보고서 목록 중 'Exportable Inventory'를 클릭합니다.

❸ [Request Download] 버튼을 누르면 텍스트 파일이 자동으로 다운로드됩니다. 이 텍스트 파일을 전체 선택하여 복사하고 엑셀에 붙여넣기하면 됩니다.

3. 국제 MCF 주문의 경우

국제 MCF 주문의 경우는, 책, 영화, 비디오 및 DVD(이하 BMVD)에서만 사용할 수 있습니다. BMVD의 경우는 MCF 주문 이행에 대해 Export 수수료가 적용이 됩니다. 다음의 가격 테이블을 참고하십시오. 선적 무게에는 10%의 포장 완충재 무게가 추가되어 계산됩니다.

(단위: $)

표준 크기 수량		Americas	Africa & Middle East	Asia & Oceana	Europe
Order Handling-Per Order: 주문 처리(주문 기준)		13.65	13.65	13.65	13.65
Pick & Pack-Per Unit: 선별 및 포장(단품 기준)		0.60	0.60	0.60	0.60
Weight Handling-Per lb: 중량 취급(1lb당)	첫 15 lb	2.40	3.60	3.00	2.20
	다음 16 ~ 20 lb	0.50	0.50	0.50	0.50

실전강의
FBA Export 옵션에서 제외시키고 싶은 리스팅이 있다면?

먼저 'Setting > Fulfillment by Amazon'을 클릭합니다. 이후 스크롤을 내려 'Export Settings' 섹션으로 이동 후 [Edit] 버튼을 클릭하면 다음과 같은 화면이 나옵니다.

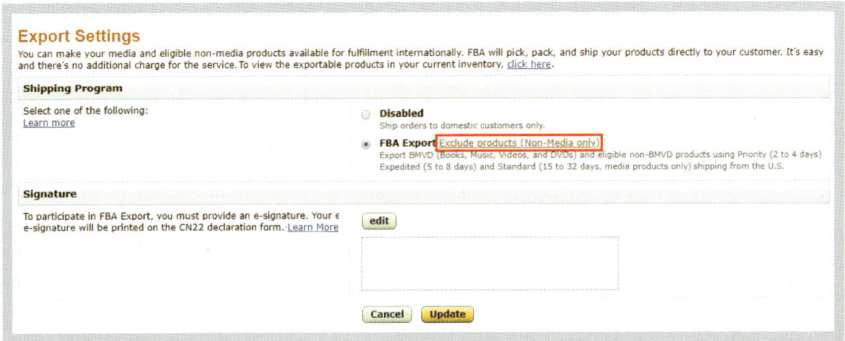

'Exclude products(Non-Media only)'를 클릭합니다.

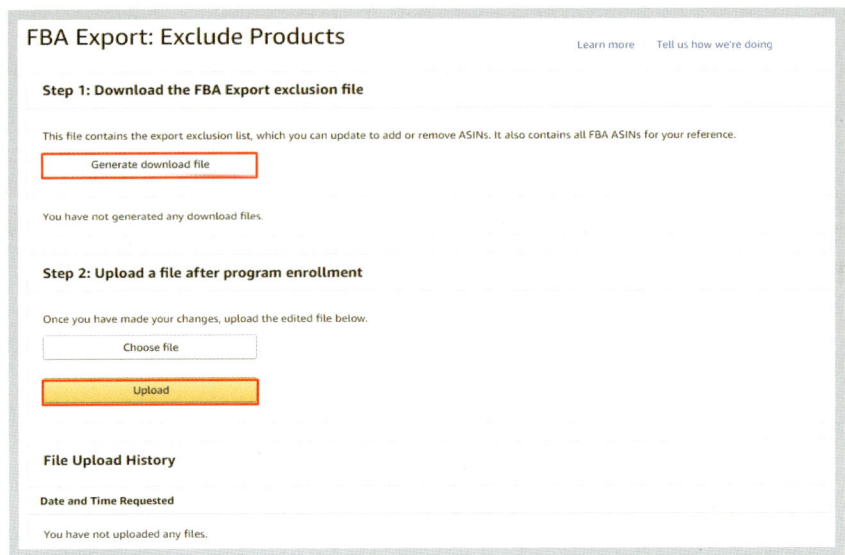

'Step 1'에서 [Generate download file] 버튼을 눌러 엑셀 파일을 다운로드받습니다. 이 엑셀 파일에 FBA Export 옵션에서 제외하려는 ASIN을 전부 기재하고 저장합니다. 이후 'Step 2'에서 [Upload] 버튼을 눌러 해당 엑셀 파일을 업로드하면 됩니다.

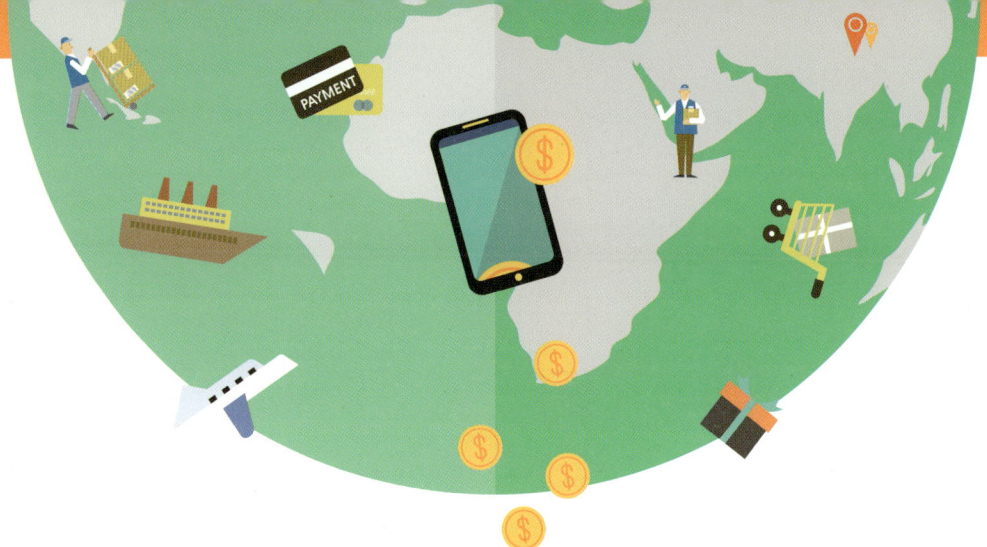

CHAPTER 9

모든 설정은
한곳에서 간편하게

아마존에서 셀러 계정, 반품 및 배송, FBA 등에 대한 모든 정보는 셀러 센트럴 메인 화면의 'Settings' 메뉴를 통해서 간단하게 설정할 수 있습니다.

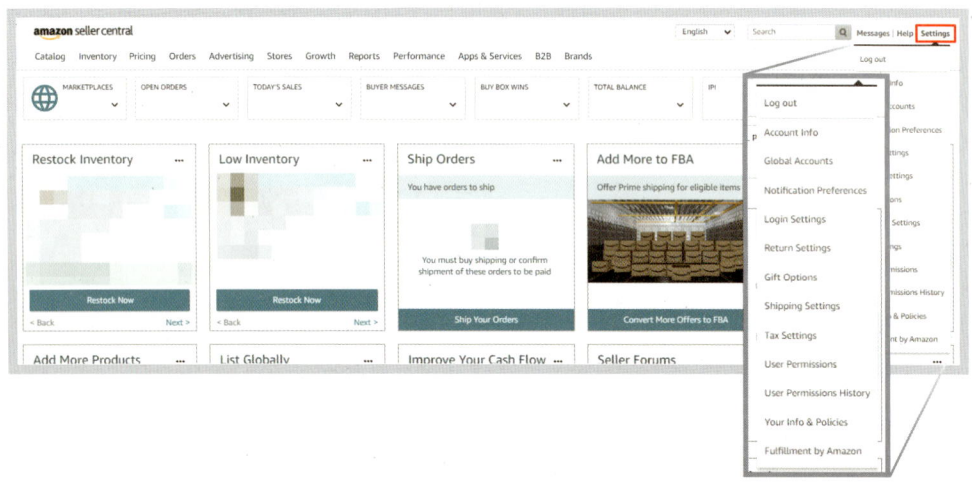

01 셀러 계정 설정

'seller central > Settings > Account Info'에서 아마존 셀러 멤버십, 은행계좌, 신용카드, 주소, 스토어명, 반품 주소 등 아마존 셀러로서의 기본적인 내용들을 설정 및 관리할 수 있습니다.

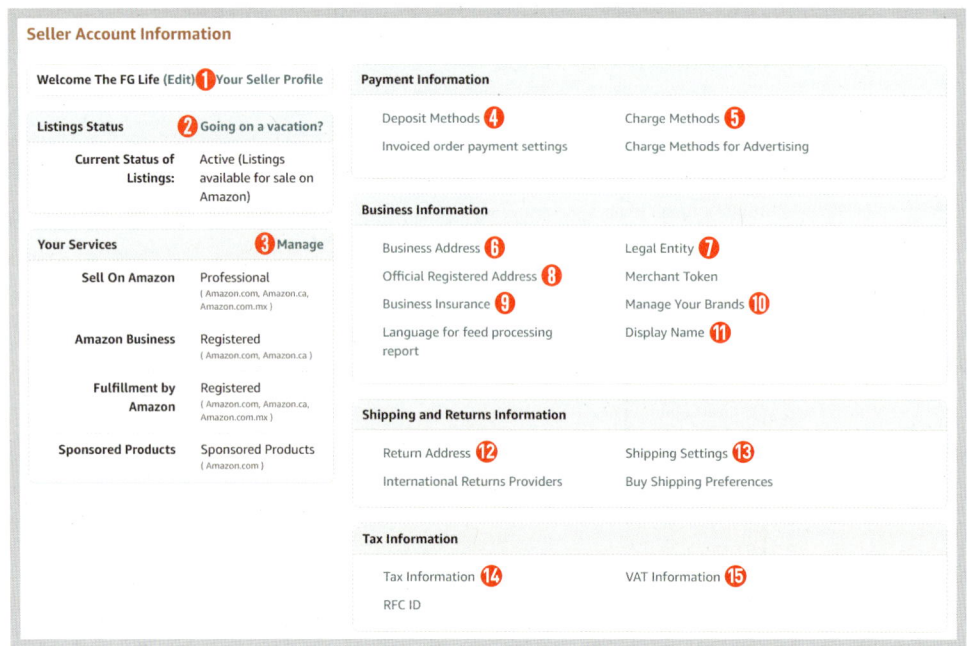

❶ 이메일 주소, 디스플레이 네임(상점명)을 설정, 변경합니다.

❷ 휴가 등으로 인해 판매, 배송을 할 수 없는 경우, 상태를 'Inactive'로 변경 설정합니다.

❸ 셀러의 멤버십 상태(Professional / Individual)를 변경합니다.

❹ 아마존으로부터 판매 대금을 받기 위해 은행계좌를 입력하는 곳으로, 페이오니아 혹은 월드 퍼스트 계상 계좌를 입력합니다. 아마존 계정과의 연동은 2장 3절 '아마존 셀러 가입하기'를 참조하십시오.

❺ 아마존 수수료 및 광고비 등을 지불할 수 있도록 신용카드를 등록합니다.

❻ 주소를 설정, 변경합니다.

❼ 셀러 실명을 확인하고, 만약 실명으로 되어 있지 않다면 택스 인터뷰를 업데이트하면서 실명을 정정합니다. 회사 명의 변경 등도 이 메뉴를 통해 진행합니다.

❽ 법적으로 등록되어 있는 회사의 주소 정보입니다.

❾ 아마존에서 매출액이 1만 달러가 넘어가면 PL 보험에 반드시 가입하고, 해당 보험 정보를 이 메뉴를 통해서 제출해야 합니다.

❿ 등록된 브랜드를 관리하기 위한 별도 페이지 brandregistry.amazon.com/로 이동합니다.

⓫ 구매자 페이지에 노출되는 셀러의 상점명입니다.

⓬ 반품에 관련된 정책과 반품 받을 주소를 설정합니다.

⓭ 배송 정책을 설정합니다. 자세한 내용은 5장 2절 'FBM 셀러를 위한 배송 방법 이해 및 설정'을 참조하십시오.

⓮ 처음 셀러 회원 가입시 진행했던 택스 정보를 제공하는 메뉴입니다.

⓯ 셀러의 국내 사업자 등록번호를 제공하는 메뉴입니다.

1. Your Seller Profile

셀러가 진출해 있는 마켓플레이스의 스토어명과 이메일을 'Edit'을 클릭하여 수정합니다.

2. Going on a vacation?

FBM을 이용하는 셀러가 여행 등으로 배송 및 관리를 할 수 없는 경우, 셀러 상태를 'Inactive'로 변경하면, 셀러의 모든 상품이 노출되지 않아 판매가 전혀 이루어지지 않습니다. 부담 없이 여행을 다녀올 수는 있으나, 매출 하락 등이 염려가 된다면, 필자는 길지 않은 여행일 경우는 'Inactive'로 변경하기보다는 핸들링 타임을 길게 변경하시기를 권합니다. 8장 10절 'FBM 셀러를 위한 배송 준비 기간(핸들링 타임) 조정'을 참조하십시오.

3. Manage

프로페셔널 셀러로서 활동할 수 없게 된 경우, 계정을 닫을 수도 있지만 추후에 또 어떤 변화가 있을지 모르기 때문에 셀러의 멤버십 상태를 'Individual'로 다운그레이드Downgrade하기를 권합니다. 상태 변경을 하면 월별 계정 사용료 $39.99가 신청한 다음달부터 지출되지 않습니다.

[Downgrade] 버튼을 누른 뒤, 아래 화면에서 [Proceed]를 클릭해 완료합니다.

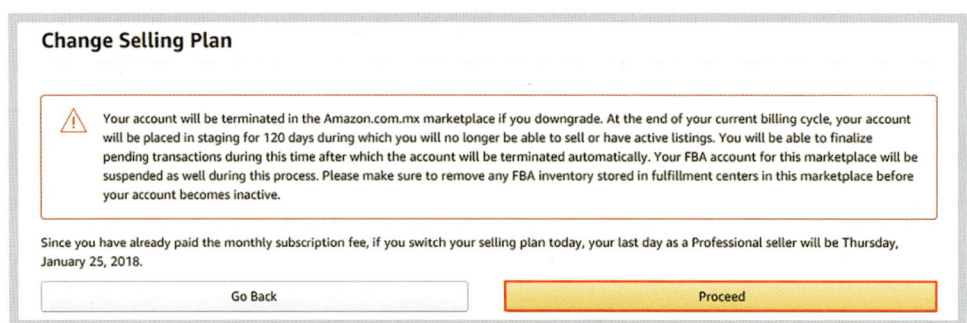

4. Deposit Methods

회원 가입할 때 이미 정산받을 페이오니아나 월드퍼스트 계좌 정보를 기입했기 때문에 계좌 변경을 할 때에만 사용합니다.

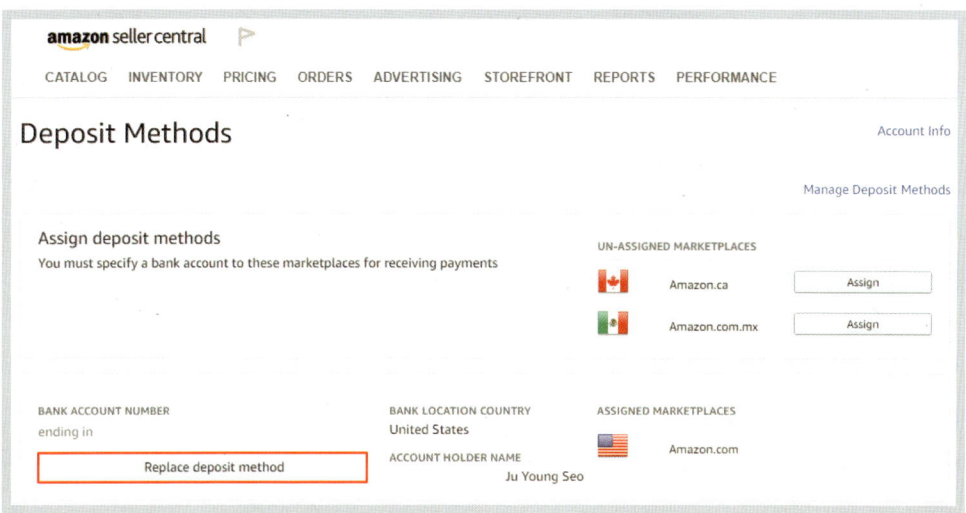

화면 하단의 [Replace deposit method] 버튼을 클릭하면 아래 화면이 나옵니다.

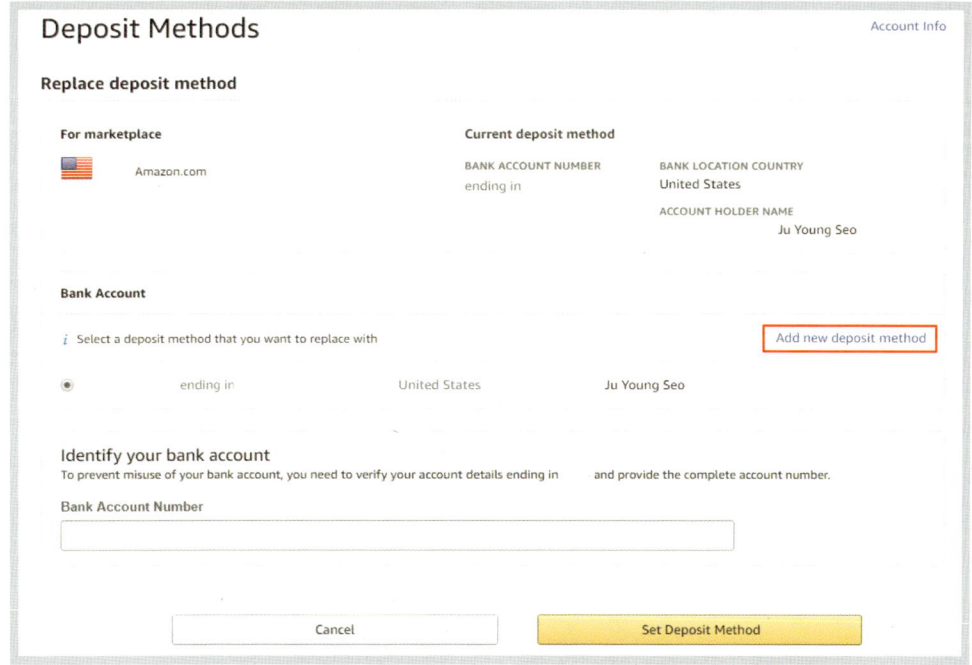

현재 등록되어 있는 정보의 일부가 보입니다. 우측의 'Add new deposit method'를 클릭하여 새 계좌 정보를 입력합니다.

Chapter 9 모든 설정은 한곳에서 간편하게 **371**

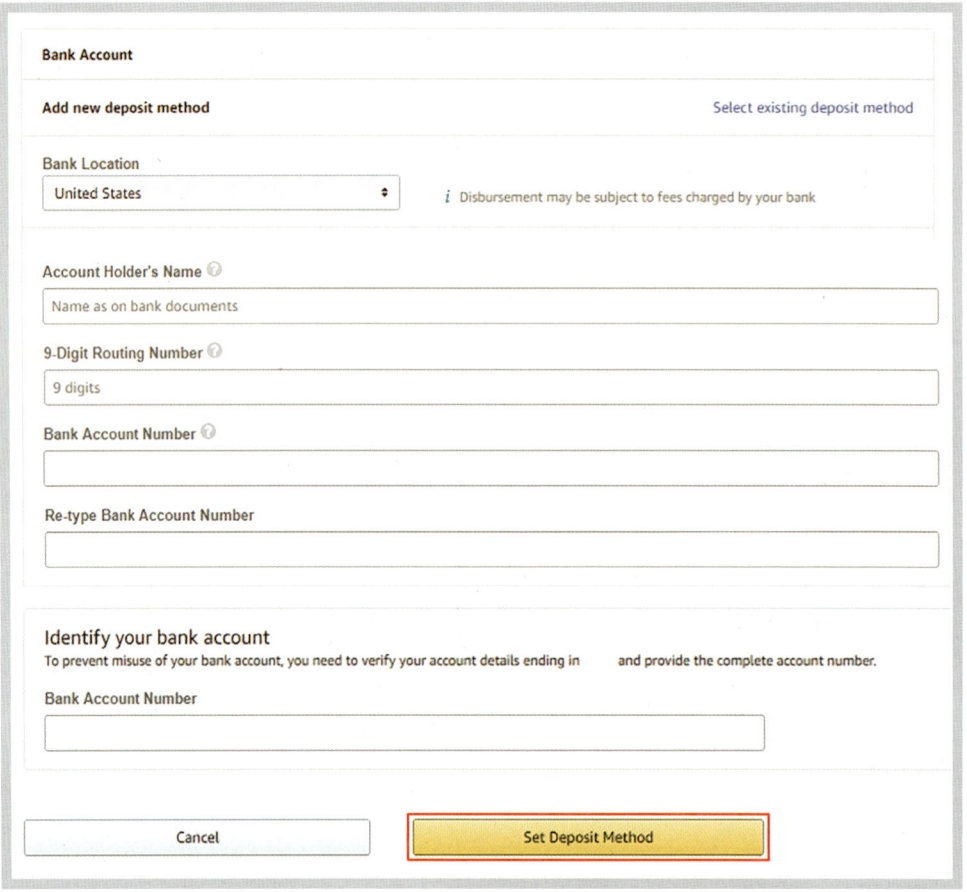

처음 기입했던 것과 같이 예금주, 라우팅 번호, 계좌 번호를 입력하고 [Set Deposit Method] 버튼을 클릭합니다.

5. Charge Methods

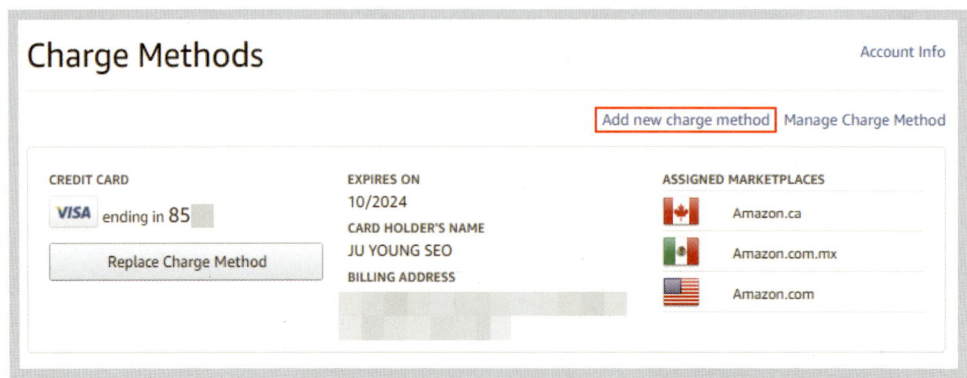

'Add new charge method'를 클릭하면 다음과 같은 팝업창이 뜹니다.

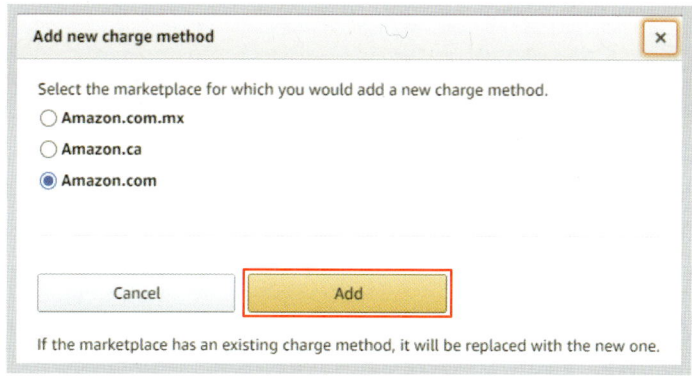

등록된 카드를 변경할 마켓플레이스를 선택하고 [Add] 버튼을 클릭합니다. 현재 등록되어 있는 카드 정보가 보일 것입니다.

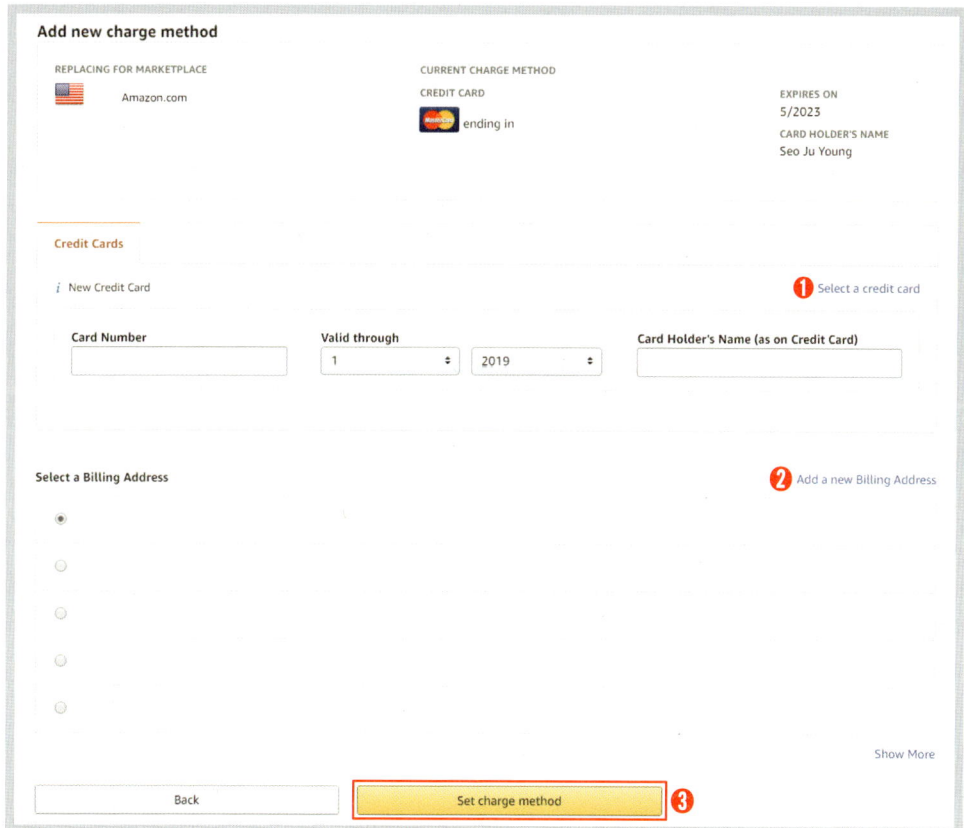

❶ 새 카드 정보를 입력합니다. 카드 번호, 유효기간, 카드 소유주 이름을 기입하고, 주소도 변경합니다.

❷ 'Add a new Billing Address'를 클릭합니다.

❸ [Set charge method] 버튼을 눌러 등록을 마칩니다.

Chapter 9 모든 설정은 한곳에서 간편하게 373

02 글로벌 계정 관리

여러분이 아마존 미국뿐만 아니라 일본, 유럽 등 아마존의 여러 국가에 계정을 오픈하게 되면 각 국가별 셀러 센트럴에 로그인을 해야 하는 번거로움이 생깁니다. 또, 각 국가별 멤버십비를 지불해야 하는 경우가 생길 수도 있습니다. 그런 불편함을 해결할 수 있는 메뉴가 바로 이 'Your Global Accounts' 메뉴입니다. 'seller central > Settings > Global Accounts'에서 설정할 수 있습니다.

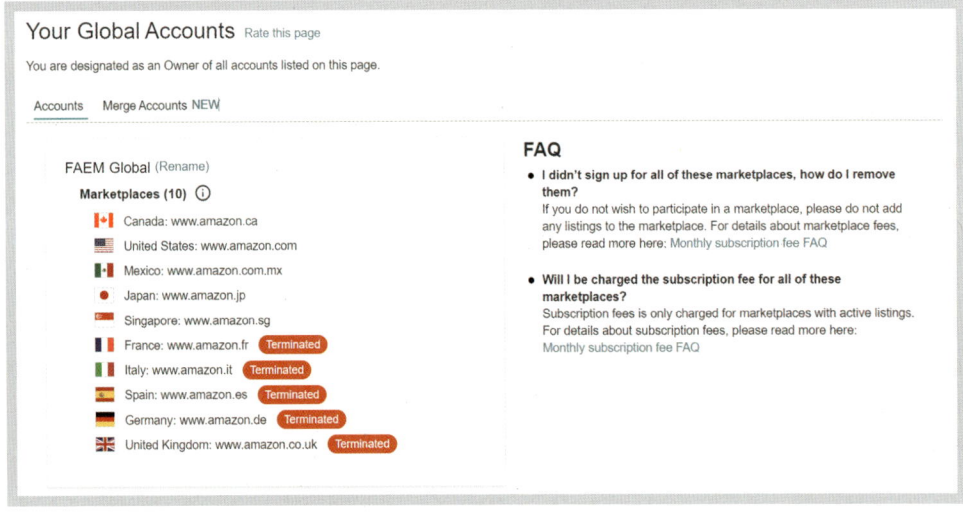

서로 다른 계정을 하나로 병합하면 로그인 한 번으로 계정을 관리할 수 있고, 멤버십비도 $39.99로 모든 마켓 플레이스에 지불이 됩니다.(병합을 하지 않으면 개별적으로 멤버십비 지불) 따라서 마켓 확장을 하고 나면 이 항목에서 꼭 병합을 진행하시기를 권합니다. 계정 병합은 두 번째 탭인 'Merge Accounts'를 통해 쉽게 진행이 가능합니다.

03 알림과 로그인 설정

'seller central > Settings > Notification Preferences'에서 주문, 반품, 클레임, 상품 리스팅,

보고서, 셀링 코치, 계정, 응급 사항, 비즈니스, 메시지 등 열 가지 항목에 관련하여 아마존에서 연락을 받을 메일 주소 및 연락처를 설정 및 변경할 수 있습니다. 다음과 같이 원하는 항목의 [Edit] 버튼을 클릭하여 변경합니다.

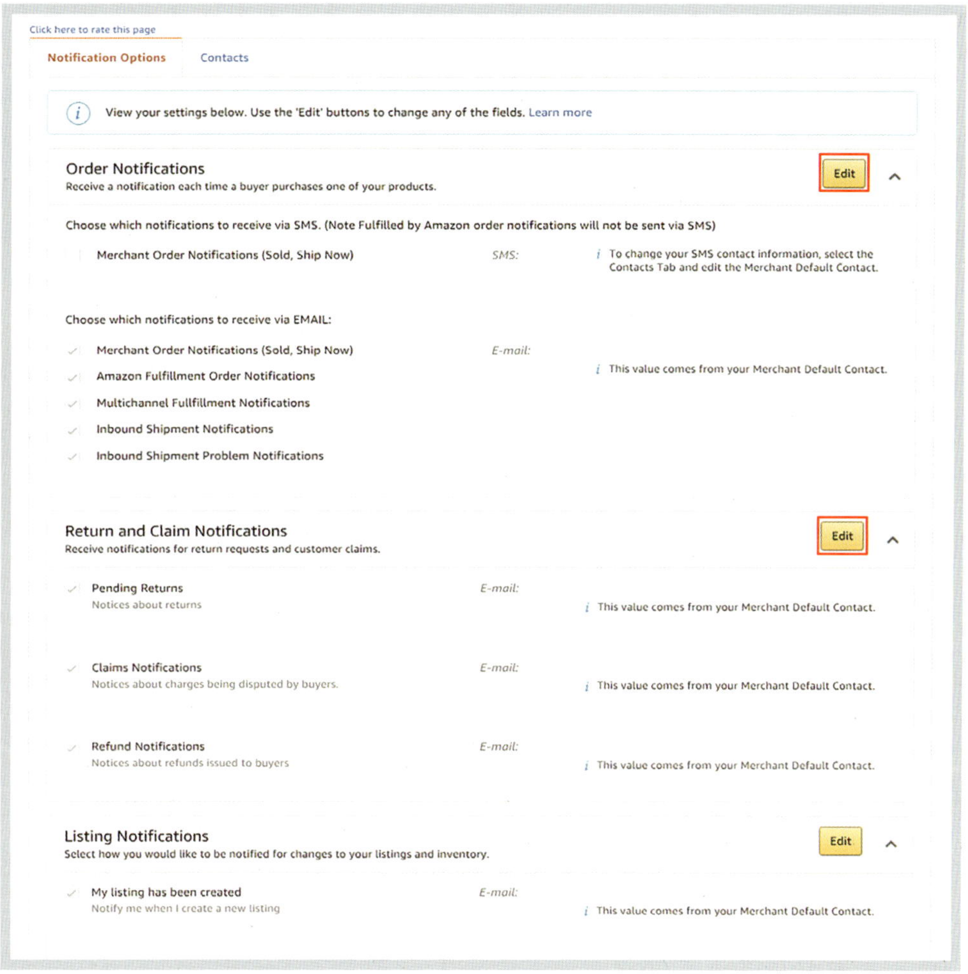

'seller central > Settings > Login Settings'에서 다음과 같이 이름, 이메일 주소와 비밀번호를 변경할 수 있습니다. 변경을 원하는 항목의 [Edit] 버튼을 클릭하여 변경합니다.

Chapter 9 모든 설정은 한곳에서 간편하게 375

04 반품 정보 설정

FBM으로 판매를 하는 경우, 'seller central > Settings > Return Settings'에서 반품에 대한 기본 정책과 반품 받을 주소를 설정합니다. 반품에 대한 기본 정책은 아마존이 설정해 놓은 상태를 변경하지 않는 것이 좋습니다.

1. General Settings

첫 번째 탭에서 국가별 반품과 관련한 사항을 개별 확인할 것인지, 반품 라벨은 누가 발행할 것인지, RMA 번호는 누가 발행할 것인지를 설정합니다. 자세한 내용은 8장 4절 '반품 / 환불 관리' 설명을 참조하십시오.

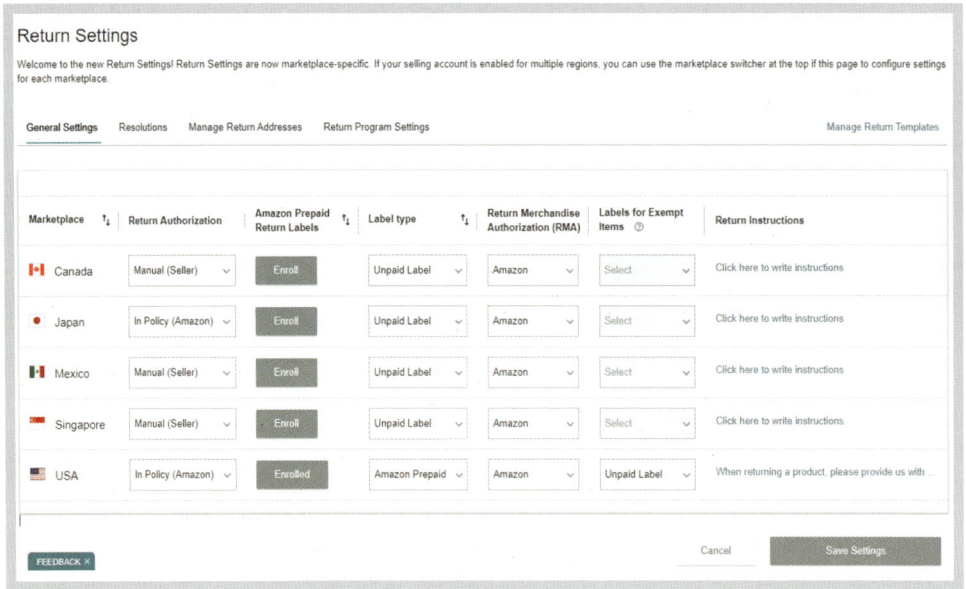

2. Resolutions

반품을 받지 않고 환불을 해 주고자 할 경우, 두 번째 탭에서 아래처럼 규칙을 미리 만들어 두면 해당 기준에 속하는 상품의 환불 요청의 경우 반품 없이 환불만 해 주는 것으로 진행할 수 있습니다.

[Create a Returnless Resolution Rule]을 클릭합니다.

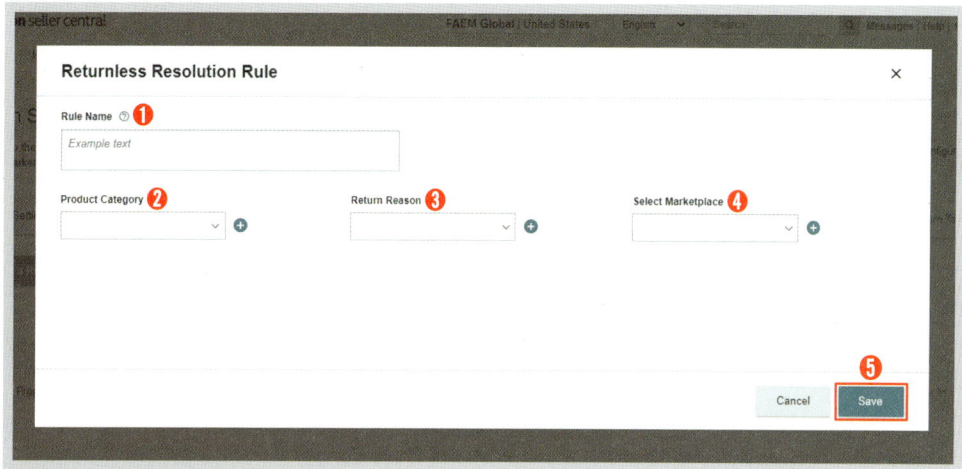

❶ 규칙의 이름을 임의로 설정합니다.

❷ 해당 상품의 카테고리를 선택 후 [+]를 클릭합니다.

❸ 반품 이유를 선택 후 [+]를 클릭합니다.

❹ 어느 마켓에 적용할 것인지 선택하고, 금액 기준을 기재 후 [+]를 클릭합니다.

❺ [Save]를 클릭합니다.

기재를 마치고 [Save]를 클릭하면 아래처럼 셀러가 설정한 규칙이 보입니다. 그러면 이후부터 해당 기준에 포함되는 반품 요청의 경우 반품 없이 환불을 해 줄 수 있습니다.

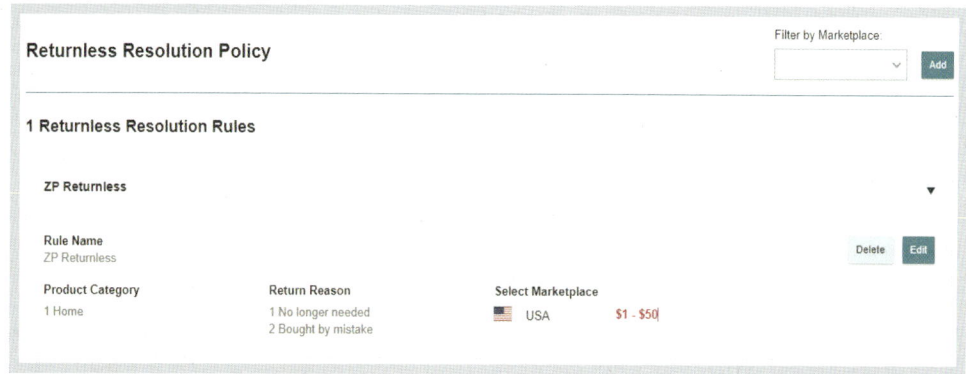

Chapter 9 모든 설정은 한곳에서 간편하게 377

3. Manage Return Addresses

세 번째 탭은 국가별 FBM으로 판매를 할 경우 반품 받을 주소를 등록하거나 변경할 때 이용합니다. 'Manage Return Addresses'를 클릭하여 새로 추가할 수 있습니다. 단, 이때 반품 받을 주소는 반드시 해당 국가 내 주소이어야 합니다. 한국 주소는 기재 불가합니다.

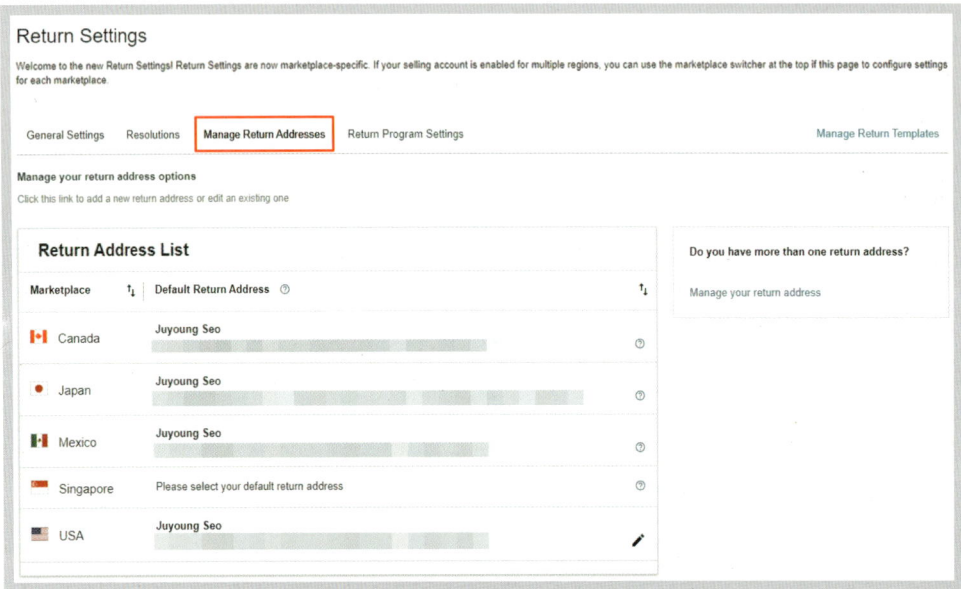

4. Return Program Settings

네 번째 탭에서는 반품 시, 모든 제품에 적용할 것인지, 일부에 적용할 것인지, 무료 반품을 제공하지 않을 것인지에 대한 기준을 선택할 수 있습니다.

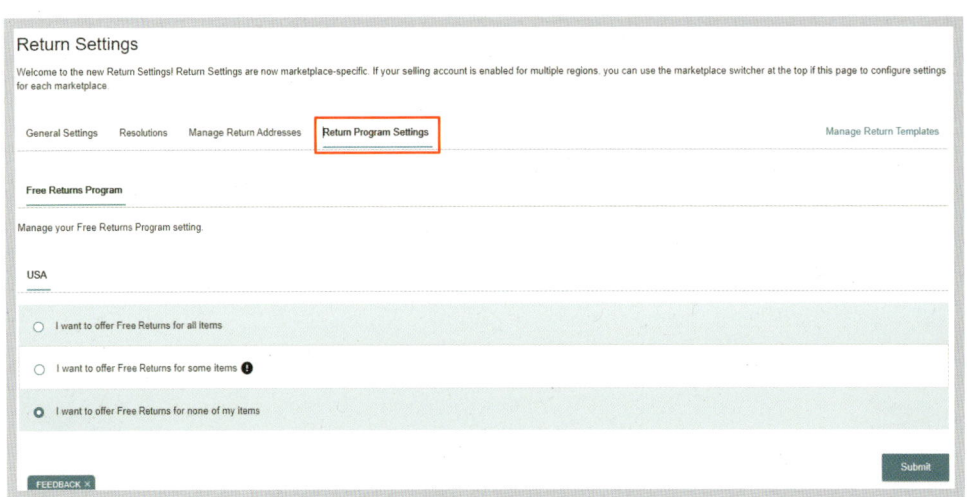

05 Your Information & Policies

이 설정을 사용하여 셀러 고유의 비즈니스 및 정책을 업데이트할 수 있습니다. 이 설정은 아마존 홈페이지에서 셀러 디스플레이명을 클릭하면 노출됩니다.

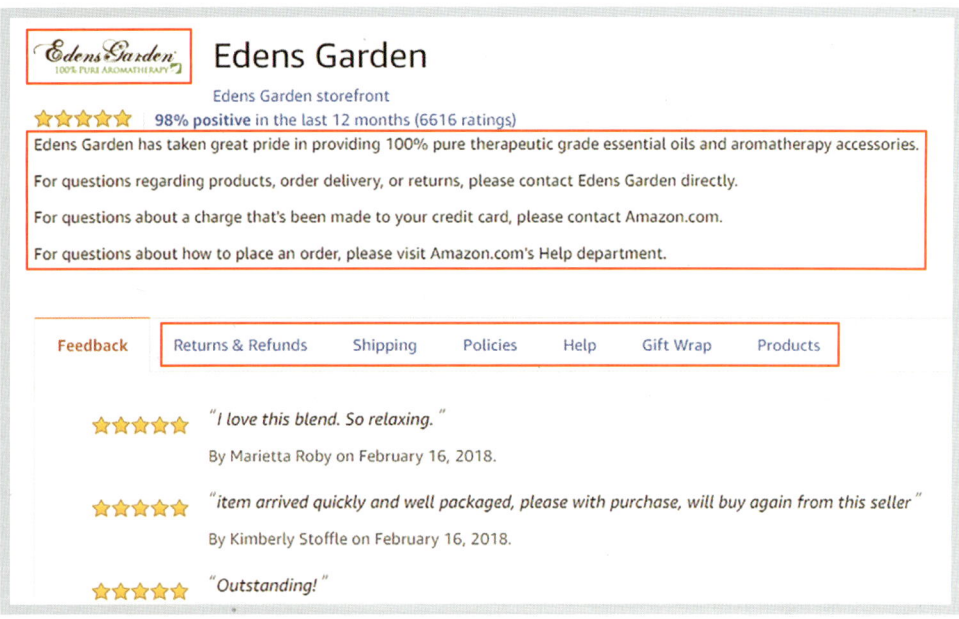

위 화면의 빨간 박스 안의 내용들을 'Your Information & Policies'에서 설정하는 것입니다.

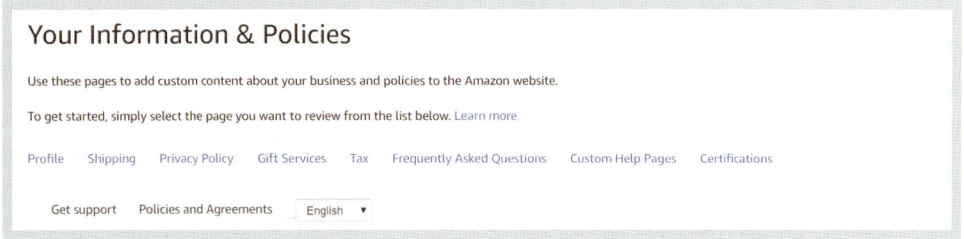

이뿐만 아니라 셀러의 프로필, 배송 정책, 개인 정보 정책, FAQ 등을 등록할 수 있습니다. 아마존이 요구하는 일정 기준을 준수하면 비즈니스 거래를 할 수 있습니다. 이때 'profile' 란이 반드시 기재되어야 합니다. 그렇지 않더라도 셀러에 대한 소개와 정책들이 고객에게 노출되면 신뢰도가 향상되므로 기재하시기 바랍니다. 셀러 센트럴 메인 화면에서 'Settings > Your Info & Policies'로 들어가면 다음과 같은 화면이 보입니다.

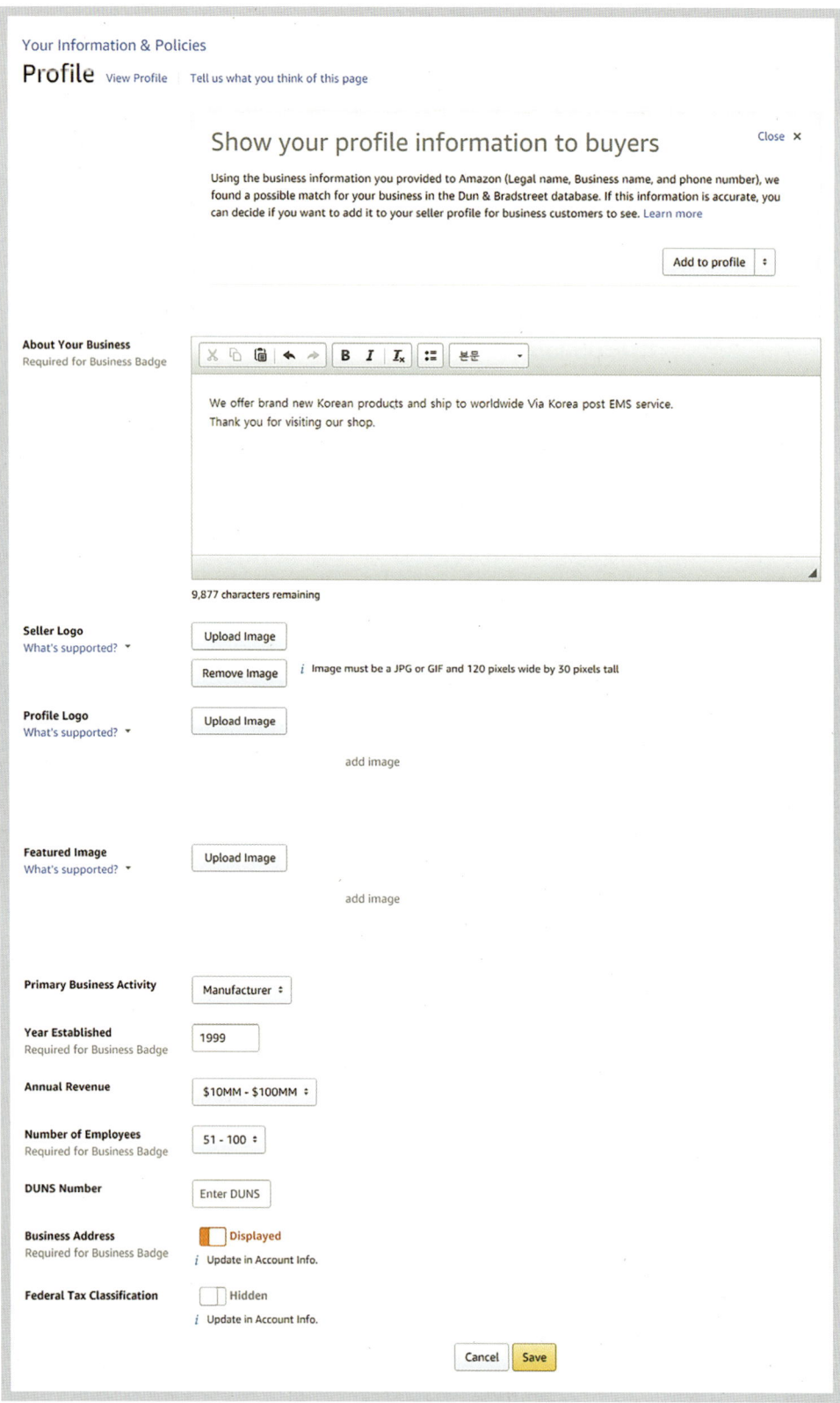

06 FBA 설정(Fulfillment by Amazon Settings)

FBA와 관련된 내용들을 모두 'seller central > Settings > Fulfillment by Amazon'에서 수정할 수 있습니다.

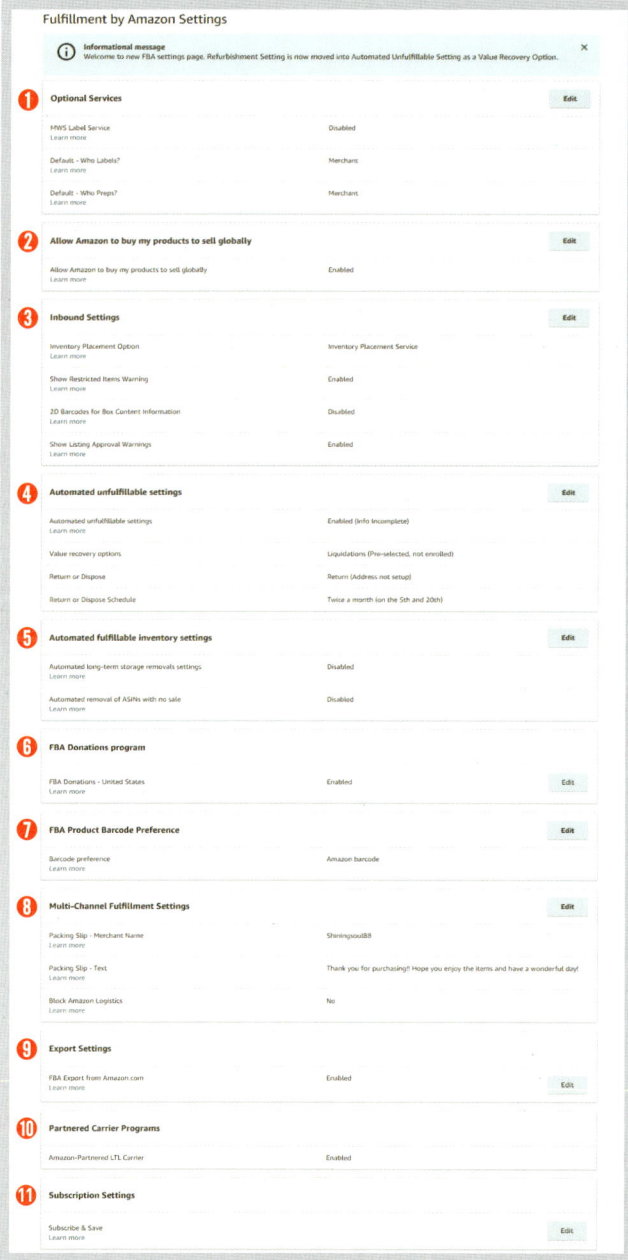

❶ Optional Services: 아마존의 라벨 부착과 개별 포장 서비스를 이용할 것인지의 여부를 설정합니다. 이용 시는 라벨 서비스의 경우 아이템당 $0.30의 수수료가 청구되고, 포장 서비스의 경우는 상품의 종류와 크기에 따라 가격이 달라집니다.

❷ Allow Amazon to buy my products to sell globally: 아마존이 셀러가 진출하지 않은 마켓플레이스에 내 상품을 리스팅하고 판매를 할 수 있도록 허용 여부를 설정합니다.

❸ Inbound Settings: 아마존 창고로 물건을 발송할 때 아마존이 지정하는 여러 곳으로 셀러가 직접 발송할 것인지(기본 정책), 셀러는 한 창고로만 발송을 하고 아마존이 임의로 창고 재배치를 하게 할 것인지(유료 서비스)를 선택합니다.

· Distributed Inventory Placement: 재고 분산 배치를 합니다.

· Inventory Placement Service: 하나의 아마존 물류센터로 입고하면 아마존 자체에서 분산 배치를 하는 유료 서비스입니다

표준 크기(아이템당)	
1 lb or less	$0.30
1-2 lb	$0.40
Over 2 lb	$0.40 + $0.10/lb above the first 2 lb

초과 크기(아이템당)	
5 lb or less	$1.30
Over 5 lb	$1.30 + $0.20/lb above the first 5 lb

❹ Automated unfulfillable settings: 재판매가 불가할 경우 자동으로 제거하는 방법을 설정하는 것으로 폐기 또는 반환을 설정할 수 있습니다.

❺ Automated fulfillable inventory settings: 장기 보관 재고나 안전하지 않은 재고의 경우 자동으로 제거하는 방법을 설정하는 것으로 폐기 또는 반환을 설정할 수 있습니다.

❻ FBA Donations program: 폐기하는 물품을 아마존과 협약을 맺은 곳에 기부하도록 할 것인지를 설정합니다.

❼ FBA Product Barcode Preference: Amazon barcode를 사용할 것인지, Manufacturer barcode를 사용할 것인지 결정합니다.

❽ Multi-Channel Fulfillment settings: 아마존 외의 미국 내 다른 쇼핑몰에서 판매된 상품의 배송을 아마존이 하도록 주문을 넣을 때 패킹슬립에 삽입할 이름과 텍스트를 입력합니다.

❾ Export Settings: FBA된 상품을 미국 외 국가로 배송할 수 있도록 설정합니다.

❿ Partnered Carrier Programs: FBA 진행할 때 아마존의 파트너 운송사를 이용하는 것으로 설정이 되어 있습니다.

⓫ Subscription Settings: 아마존 고객이 자주 구매하는 특정 상품을 고객이 원하는 주기에 따라 정기적으로 배송해 주는 프로그램으로 브랜드 등록 셀러만 이용 가능합니다.

CHAPTER 10

글로벌 셀러를 위한
간단 세무 지식

글로벌 셀러를 시작한다는 것은 해외 판매, 즉, 수출을 한다는 의미입니다. 우리나라의 경제는 수출에 의지하는 비중이 매우 높기 때문에 수출을 하는 기업에게 주는 혜택들이 상당합니다. 그런 혜택을 받으려면 우선 사업자 등록을 해야겠지요. 물론, 혜택만을 바라보고 사업자를 신청하는 것은 아닙니다. 사업자 등록을 한다는 것은 회사를 설립한다는 의미이고, 회사의 대표가 되는 것입니다.

개인 자격으로 소소하게 판매를 하겠다는 것이 아닌, 이것을 나의 전업으로 삼겠다는 의지요, 기업적 마인드를 가지고 전략적 접근을 하겠다는 선언이기도 합니다. 따라서, 회사를 영위하는 데 필요한 기본적인 세무 지식은 알아 둘 필요가 있습니다. 다만, 필자는 세무 전문가가 아니기 때문에 여기서는 개략적인 것들만 소개하고자 합니다. 더 자세한 사항이 필요한 경우는 주변 세무사 사무실에 문의하시기 바랍니다.

01 사업자 선택과 소득세 신고

처음으로 사업자를 신청하는 분들이라면, 글로벌 판매를 위해 사업자를 신청하려고 세무서에 가시거나, 홈택스 사이트에 로그인을 하고 난 후 어떻게 진행해야 할지 주저하게 될 수 있습니다. 이미 사업자를 발급해 보신 분들이라도 처음 시작할 때는 그러셨을 겁니다. 저 역시도 그랬으니까요. 그러나, 당황하지 마세요. 사업자 신청을 하는 것은 매우 쉬운 일입니다.

1. 업종 코드 선택

먼저, 사업자를 신청할 때 간이과세자로 할 것인지, 일반과세자로 할 것인지를 결정하여야 합니다. 다만, 글로벌 셀러들은 대부분 일반과세자로 신고를 합니다. 간이과세자는 영세율 적용이 되지 않아서 부가세 환급의 대상이 안 되기 때문입니다. 그래서 웬만하면 부가세 환급을 받을 수 있는 일반과세자로 시작하시기를 권합니다.

그리고 업태는 '도매 및 소매업(도소매)', 업종은 '전자상거래, 무역'이라고 하면 됩니다. 그런데 기재하시다 보면, 다른 것은 다 알겠는데 모르겠는 항목이 나옵니다. 바로 업종코드입니다. 업종에는 업종코드라는 것이 있는데, 이것을 설정하기가 다소 어려울 수 있습니다. 업종코드는 한국표준산업분류 KSIC에서 각 산업별로 업종을 대분류 / 중분류 / 세세분류로 구분한 6자리 숫자를 의미하고, 개인사업자 발급 시 해당 사업자별로 적용되면서, 해당 업종코드는 법인의 경우는 3월 법인세 납부 시, 개인회사의 경우는 5월 종합소득세 납부 시 세금을 산출하는 기준이 됩니다. 참고로, 이 업종코드는 홈택스에서 사업자 신청, 혹은 정정 화면에서 다운로드 받을 수 있습니다.

홈택스에서 '신청 / 제출 > 사업자등록신청(개인) 또는 사업자등록정정(개인) > 업종 선택'으로 들어갑니다.

❶ '전체업종 내려받기'를 클릭해 다운로드하면 아래처럼 엄청 많은 분류가 나옵니다. 좌측은 '2021년 귀속 업종코드'라고 하여 6자리 업종코드가 있고 대분류 / 중분류 / 소분류 / 세분류 / 세세분류로 나뉘어 있습니다. 마찬가지로 우측은 '표준산업분류'라 하여 5자리의 코드가 있고 동일하게 나뉘어 있는 것을 보실 수 있습니다. 이 연도별 귀속업종코드는 기준 경비율과 직결되는 부분이기 때문에 그 개념을 알아두시면 좋습니다.

(EX 프리랜서 업종코드 940909의 경우 2019년 귀속 기준경비율은 19.2%였으나, 2020년 귀속 기준경비율은 17.3%였습니다. 이렇게 귀속 연도에 따라 경비율이 달라집니다)

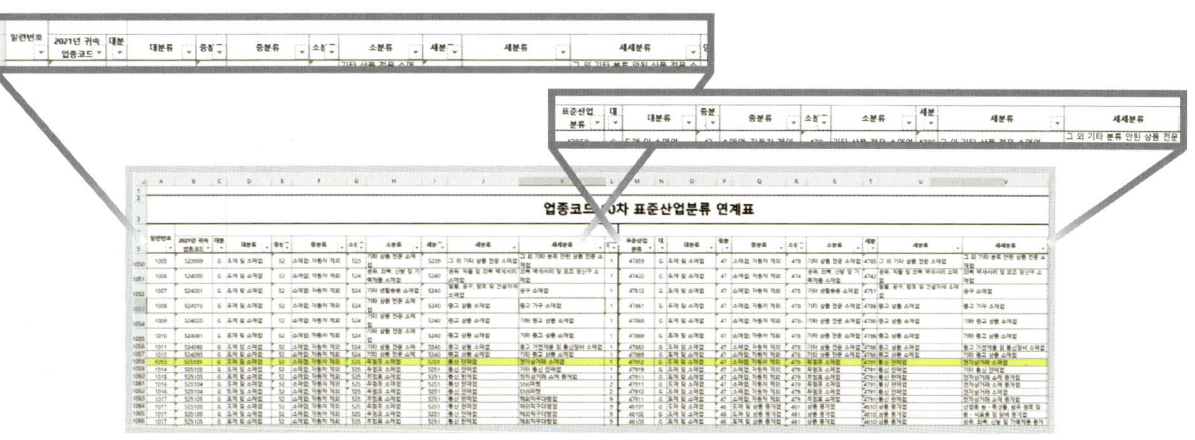

위 엑셀은 참고를 위해 미리 다운로드 해서 확인하시고 실제 입력을 하실 때는 홈택스에서 바로 찾아볼 수 있습니다. 예로, 전자상거래 업종을 신청해 보겠습니다.

❷ [업종 / 수정] 버튼을 클릭합니다. 그러면 다음과 같은 화면이 나옵니다.

팝업창에서 [검색]을 클릭합니다. 그러면 다음 화면이 나옵니다.

업종에 '전자상거래'라고 입력 후 셀러에게 가장 맞는 것을 선택합니다. 적용범위 및 기준에 마우스를 올리면 설명이 나와서 선택에 어려움이 없으실 겁니다. 필자는 설명을 보고 525101을 주업종코드로 정하고 [선택] 버튼을 클릭했습니다.

그런데 위 이미지에서 보면 업종구분에 주업종과 부업종이 있는 것이 보입니다. 부업종은 기재하지 않으셔도 되지만 주업종은 반드시 기재되어야 하는 부분입니다. 사업자등록신청서의 사업장현황 업종란을 보시면 주업태·주종목과 부업태·부종목의 기재란이 있는데, 주업태와 주종목에 해당하는 업종코드가 주업종 코드이며, 주업종 코드번호는 국세청이 세원관리 목적 등으로 별도로 부여하는 코드번호로서 기준경비율 또는 단순경비율을 결정되는데 이용되기 때문에 매우 중요합니다.

그럼 만약 신청자가 전자상거래와 수출입 모두를 50%씩 동등하게 진행한다면 어떤 것을 주업종으로 하는 것이 좋을까 하는 생각을 하게 될 수 있습니다. 원칙적으로는 회사가 주로 하는 업무가 주업종이 되어야 하기 때문에 50%씩 동등하게라는 단서를 달았습니다.
이럴 때 주업종과 부업종을 선택할 기준은 바로 경비율입니다.

2. 단순경비율, 기준경비율

1 단순경비율

전자상거래의 업종코드는 525101, 수출의 경우는 매우 다양하게 분리가 되나 "직수출·종합상품을 구매하여 직접 수출·대행(위탁) 수출·종합상품을 구매하여 수출업자를 통하여 대행(위탁) 수출"의 경우는 519111 로 구분하고 있습니다. 그 내용은 홈텍스 홈페이지에서 '조회 / 발급 → 기타조회 → 기준·단순 경비율(업종코드)를 통해서 확인하실 수 있고, 표로 정리해 보았습니다.

구분(2022년)	전자상거래	무역
귀속	2020	2020
업종코드	525101	519111
대분류	도매 및 소매업	도매 및 소매업
중부류	소매업(자동차 제외)	도매 및 상품중개업
세분류	통신 판매업	상품 종합 도매업
세세분류	전자상거래업	상품 종합 도매업
적용범위 및 기준	· 일반 대중을 대상으로 온라인 통신망(사회관계망서비스(SNS)채널은 제외한다)을 통하여 각종 상품을 소매하는 산업활동을 말한다. 〈예 시〉 · 상품 전자상거래 판매(오픈마켓 판매자 포함) 〈제 외〉 · 전자상거래 소매 중개 및 소셜커머스 (525103) · 제조 사업체가 전자상거래 방식으로 제조한 제품을 판매하는 경우에는 해당 제품 제조업으로 분류 · 도매 사업체가 전자상거래 방식으로 사업자를 대상으로 상품을 도매하는 경우 도매업으로 분류	· 직수출: 종합상품을 구매하여 직접 수출 · 대행(위탁) 수출: 종합상품을 구매하여 수출업자를 통하여 대행(위탁) 수출

	· 소비자를 대상으로 직접 소매하는 일정 매장을 운영하면서 전자상거래 방식으로 소매를 병행하는 경우 521·524로 분류 · 각종 정보 및 기타 서비스를 전자상거래 방식으로 제공하는 경우 서비스 유형별로 분류	
기준경비율(일반율)	10.6%	6.4%
단순경비율(일반율)	86%	94%

*2021 귀속은 2022.4월 이후 조회가 가능합니다.

단순경비율이 무역은 94%, 전자상거래는 86%으로 나와 있습니다. 그럼 이제부터 그 의미를 알아보겠습니다. 만약 처음 사업을 시작하시는 분이시라면 대부분 추계신고 대상자가 될 가능성이 높습니다. 추계신고란 장부 기장을 하지 않고, 사업자의 수입 금액에 국세청이 정한 업종별 경비율을 차감한 금액을 소득 금액으로 신고하는 방법으로, 기준경비율에 의한 추계신고와 단순경비율에 의한 추계신고 중 하나를 적용하게 됩니다.

그럼 어떤 경우에 기준경비율에 의한 추계신고를 하고, 어떤 경우에 단순경비율에 의한 추계신고를 할까요? 이 역시 업종별로 기준이 있습니다. '직전' 과세금액의 수입금액이 아래 기준에 미달하는 경우 단순경비율로 계산을 하게 됩니다.

업종	기장의무 판정 기준		추계신고 유형 기준	
	복식장부	간편장부	기준경비율	단순경비율
가. 농업 및 임업, 어업, 광업, 도매업 및 소매업(상품중개업 제외), 부동산매매업(비주거용 건물 자영건설업만 해당) 기타 나와 다에 해당되지 않는 사업	3억 원 이상	3억 원 미만	6천만 원 이상	6천만 원 미만
나. 제조업, 숙박 및 음식점업, 전기, 가스, 증기 및 수도사업, 하수 폐기물처리, 원료재생 및 환경복원업, 건설업(주거용 건물 개발 및 공급업 포함), 운수업, 출판, 영상, 방송통신 및 정보서비스업, 금융 및 보험업, 욕탕업, 상품중개업	1억5천만 원 이상	1억5천만 원 미만	3천6백만 원 이상	3천6백만 원 미만
다. 부동산임대업, 전문·과학 및 기술서비스업, 사업시설관리 및 사업지원서비스업, 교육서비스업, 보건업 및 사회복지서비스업, 예술·스포츠 및 여가 관련 서비스업, 협회 및 단체, 수리 및 기타 개인서비스업, 가구내고용활동, 부동산관련서비스업(부동산중개, 관리)	7천5백만 원 이상	7천5백만 원 미만	2천4백만 원 이상	2천4백만 원 미만

이 표에 의거하여 글로벌 셀러는 대부분 도매 및 소매업에 해당하므로 직전 과세금액의 수입금액이 6천만 원 미만이면 단순경비율을 이용해서 추계신고를 하게 되는 겁니다. 그러면 무역업과 전자상거래업에서 단순경비율에 의거한 소득 신고를 '5천만 원 매출, 소득공제는 본인인적공제 150만 원 적용'한다는 가정하에 따져 보면 다음과 같습니다.

항목	전자상거래	무역
수입금액	5천만 원	5천만 원
단순경비율	86%	94%
필요경비	4천3백만 원(5천만 원 × 86%)	4천7백만 원(5천만 원 × 94%)
소득공제	150만 원	150만 원
과세표준	550만 원(5000 - 4300 - 150만 원)	150만 원(5000 - 4700 - 150만 원)
세율	1천2백만 원까지 6%	1천2백만 원까지 6%
산출세액	33만 원(550만 원 × 6%)	9만 원(150만 원 × 6%)

다른 세액공제들도 있을 수 있겠지만, 일단 이것만 보면 산출세액이 전자상거래를 주업종으로 했다면 33만 원, 무역을 주업종으로 했다면 9만 원이 됩니다. 이렇게 단순경비율, 기준경비율 등에 따라 소득세가 달라지므로 주업종을 무엇으로 하느냐도 생각해 볼 필요가 있습니다. 다만, 이 예는 두 업종을 50%씩 동등하게 수행한다는 전제이므로, 만약 여러분들이 전자상거래 업무가 더 많다면 경비율을 떠나서 전자상거래업으로 주업종을 신고하셔야 합니다.

2 기준경비율

장부가 없는 사업자라도 일정 규모 이상이면 증빙서류를 제출해서 경비를 인정받고 나머지 비용은 정부가 정한 기준에 따라 소득세 기준 율로 계산을 하게 됩니다. 이것이 기준경비율입니다. 위의 표에서 도소매업의 경우 직전 수입금액이 6천만 원을 넘으면 기준경비율로 계산을 해야 한다고 했습니다. 그럼 단순경비율로 계산을 할 때는 단지 수입금액에 해당 경비율을 곱해서 필요 경비로 인정받고 나머지 부분에 대한 세금만 납부하면 되었는데, 기준경비율로 계산하는 공식은 어떻게 될까요? 그 공식은 다음과 같습니다.

> 기준경비율에 의한 소득계산 시 : 수입금액 - (매입비용, 인건비, 임차료) - (수입금액×기준경비율)

기준경비율을 적용하는 시점부터는 매입비용, 인건비, 임차료를 차감한 금액에 기준경비율을 곱해서 소득을 계산하기 때문에 지출 증빙자료를 잘 구비해야 합니다. 세금계산서, 현금영수증, 신용카드 등 주요경비에 대한 증빙이 안 되면 세금이 클 수밖에 없기 때문입니다. 그래서, 어떤 분들은 기준경비율에 의한 추계신고보다 간편장부 기장을 진행하는 분들도 있습니다.(기준경비율에서 인정해 주는 경비는 증빙이 된 매입,인건비,임차료뿐이지만 간편장부를 작성하면 실제 비용들을 인정받을 수도 있기 때문에), 더 자세한 사항은 세무사와 상의하여 결정하시기 바랍니다.

02 부가세 신고(부가세 환급 받는 방법)

일반과세로 사업자를 등록한 셀러는 개인의 경우는 일반적으로 1년에 2번, 법인의 경우는 1년에 4번 부과세 신고를 하게 됩니다.(매출이 많은 경우는 개인도 4번 신고할 수 있습니다.) 이때 글로벌 셀러의 판매 활동은 B2C 수출 활동으로 간주되어, 영세율을 적용 받아 부가세를 환급 받게 됩니다. 환급을 받기 위해 셀러가 준비해야 할 사항과 진행방법을 소개합니다. 먼저, 셀러 센트럴에서 월별 아마존 매출 내역을 다운로드받습니다.

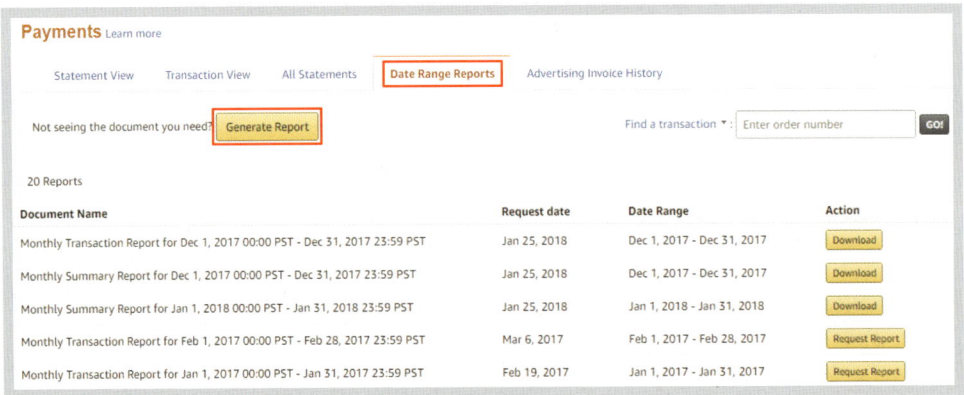

'seller central > Report > Payment'에서 'Date Range Reports' 탭을 클릭하고, [Generate Report] 버튼을 클릭하면 다음과 같은 팝업창이 뜹니다.

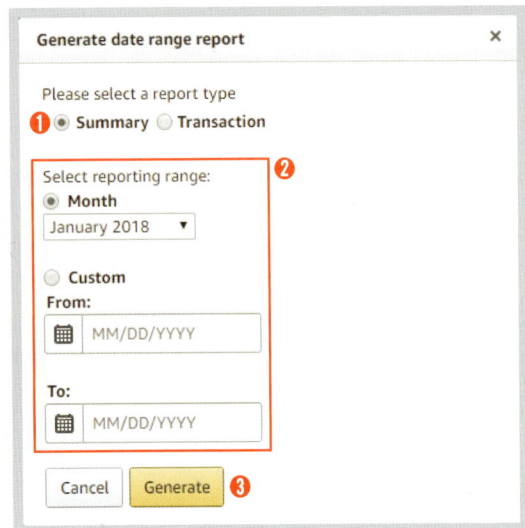

❶ 'Summary'를 클릭합니다.

❷ 날짜 범위를 지정합니다. 월별을 선택합니다.

❸ [Generate] 버튼을 클릭하면 보고서를 다운받을 수 있습니다.

이렇게 매출 내역을 받았으면, 이번에는 페이오니아나 월드퍼스트에서 거래내역서(페이오니아에서는 'Confirmation of transfer'라고 하고, 월드퍼스트에서는 'Trade confirmation'이라고 합니다)를 다운받습니다. 거래내역서는 가상계좌에서 한국의 통장으로 인출할 때 생성되는 문서입니다. 월드퍼스트는 인출 시마다 메일로 Trade confirmation을 발송해 줍니다.

페이오니아는 메인 화면 '활동 > 거래내역' 리스트에서 인출이 있을 때마다 해당 칸에 문서를 첨부해 놓습니다. 다음 화면과 같이 페이오니아 메인 화면의 '거래내역' 메뉴에서 해당 날짜 내역 오른쪽에 있는 아이콘을 클릭하면 문서를 다운받을 수 있습니다.

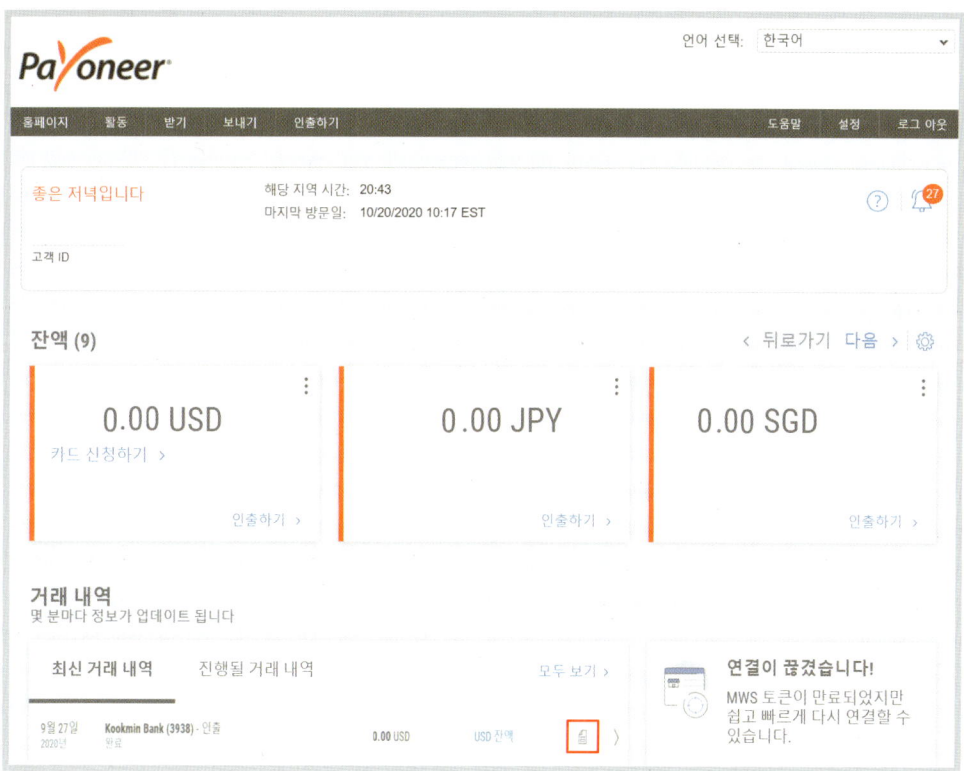

이렇게 매출 내역과 인출 내역을 준비하고 추가적으로 아래의 서류들을 준비합니다.

- 매입 세금계산서
- 신용카드, 체크카드 사용 내역서(단, 사업자 카드로 등록이 되어 있어야 합니다)
- 사업자 지출 증빙 영수증
- 수출 신고 시에는 수출신고필증과 수출이행 내역서(유니패스 관세청 사이트에서 다운로드)
- 해외로 배송한 소포 수령증 혹은 배송사 발급한 영수증(우체국 영수증 등)

이상의 서류들을 준비하여 세무사 사무실에 보내면, 세무사는 '영세율 첨부서류 제출 명세서'를 작성하고 위의 서류들을 첨부하여 국세청에 신고합니다. 신고가 완료되면, 관할 세무서에서 환급 내역 통지서를 발송한 뒤, 통지서와 신분증을 지참하여 은행 업무가 가능한 우체국에 방문하면 환급 금액을 받을 수 있습니다. 이것이 번거로우시다면, 홈택스에서 부가세 환급 계좌를 입력하면 됩니다.

단, 세무사 사무실과 계약을 할 때에는 B2C 해외 판매에 대한 업무를 할 수 있는 곳을 찾아서 계약을 하십시오. 아직 많은 세무사 사무실에서 이 업무를 잘 모르거나, 10~15만 원 선인 월 기장료에 비해 일이 많아서 기피하는 경향이 있습니다. 개인의 경우, 영세율 첨부서류 제출 명세서 작성이 6개월 동안 판매한 모든 내역을 작성하는 것이라 작업량이 상당하기 때문이죠. 그러니 신중히 선택하시기를 권합니다. 만약 세무사사무실을 찾지 못하시는 경우 팸글로벌 홈페이지 www.faem.co.kr에서 프라임 서비스를 신청해 주십시오. 글로벌 셀러와 크리에이터분들의 세무 회계를 전문으로 하는 세무사님을 소개해 드리겠습니다.

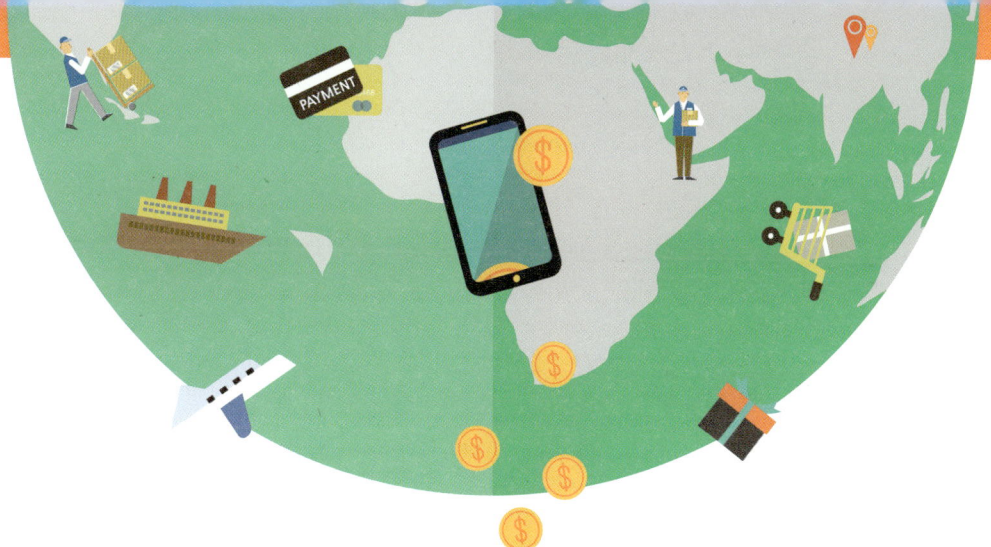

CHAPTER 11

수출자로서 받을 수 있는
혜택을 누립시다

01 수출이란

우리가 해외에 무언가를 판매하는 것은 '수출'입니다. 아마존 셀러인 우리는 '수출자'가 되는 것이죠. 그렇다면 수출이 무엇인지 그 개념부터 알아볼 필요가 있을 것 같습니다. 법률상 수출은 3가지 의미로 정의가 가능합니다. 대외무역법상의 수출, 관세법상의 수출, 부가가치세법상의 수출이 그것입니다.

대외무역법상의 정의는 '물품과 대통령이 정하는 용역 또는 전자적 형태의 무체물의 수출'을 의미합니다. 즉, 매매, 교환, 임대차, 사용대차, 증여 등으로 국내에서 외국으로 물품을 이동하는 것, 유상으로 외국에서 외국으로 물품을 인도하는 것, 전자적 형태의 무체물을 정보통신망을 통하여 전송하거나 컴퓨터 등 정보 처리 능력을 가진 장치에 내장한 상태로 반출한 후 인도하는 것 등의 행위가 대외무역법상 수출에 해당합니다.

관세법상의 정의는 '내국 물품을 외국으로 반출하는 것'을 의미하며, 일반적으로 선박 또는 항공기에 물품이 적재되었을 때 반출된 것으로 봅니다. 대부분의 사람들이 생각하는 일반적 수출이 여기에 해당합니다. 관세법상 수출 실적은 물품이 장치된 물품 소재지를 관할하는 세관에 신고된 것을 말하고, 수출실적 증빙은 한국무역협회에서 발급받습니다. 그래서 관세법상으로는 외국에서 외국으로 이동하는 것은 수출의 범위에 포함시키지 않습니다.

부가가치세법상의 정의는 '영세율이 적용되는 수출로 내국물품을 외국으로 반출하는 것(견본품 반출이나 원자재 반출은 해당하지 않음), 중계무역(수출할 것을 목적으로 물품 등을 수입하여 국내에 반입하지 아니하는 방식의 수출), 위탁판매수출(물품 등을 무환으로 수출하여 해당 물품이 판매된 범위

[세관 신고·미신고 금액의 수출실적]

항목	세관 신고 금액	세관 미신고 금액
수출실적 인정	세관에 신고된 금액 실적 인정 (FOB 금액)	세관에 신고되지 않았더라도 대외무역법에서 인정하는 거래의 경우 실적으로 인정
수출실적 증빙	수출신고증	외국환은행 입금액
실적확인 기관	한국무역협회	외국환은행(입/출금은행)
국가 통계	국가별 수출 통계에 환산됨	환산되지 않음
수출포상	포상 대상	포상 대상

에서 대금을 결제하는 계약에 의한 수출), 외국인도수출(수출대금은 국내에서 영수하지만 국내에서 통관하지 않은 수출물품 등을 외국으로 인도하거나 제공하는 수출), 위탁가공무역 방식의 수출' 등이 여기에 해당합니다. 그러므로, 글로벌 셀러는 관세법상과 부가가치세법상의 수출을 하고 있는 하나의 수출기업입니다. 따라서 수출실적을 인정받기 위해서 우리는 수출신고를 할 필요가 있습니다. 수출실적에 대한 내용, 그리고 수출신고 구비조건과 단계를 살펴보겠습니다.

1. 통관고유부호

통관고유부호는 수출이나 수입을 하려는 모든 기업이 반드시 받아야 하는 번호로 최근에 직구를 하시는 분들이 받는 '개인통관고유부호'와는 다른 것입니다.(성격은 같으나, 통관고유부호는 기업체에 발급하는 것입니다.) 기업들이 수출입실적을 인정받기 위해, 수출신고를 할 때 이 부호는 필수적으로 기재해야 하는 항목이고, 수출대행자, 수출화주, 제조자 모두 통관고유부호가 있어야 합니다. 이 번호는 사업장마다 하나씩만 신청이 가능하다는 것도 알아두십시오.

　통관고유부호는 유니패스 사이트 unipass.customs.go.kr에서 신청이 가능합니다만, 신청 전에 미리 사업자용 공인인증서를 받아두어야 하고, 유니패스에 회원 가입도 해야 합니다. 공인인증서 발급과 유니패스 회원 가입 두 가지가 준비되었다면 신청하는 방법은 간단합니다.

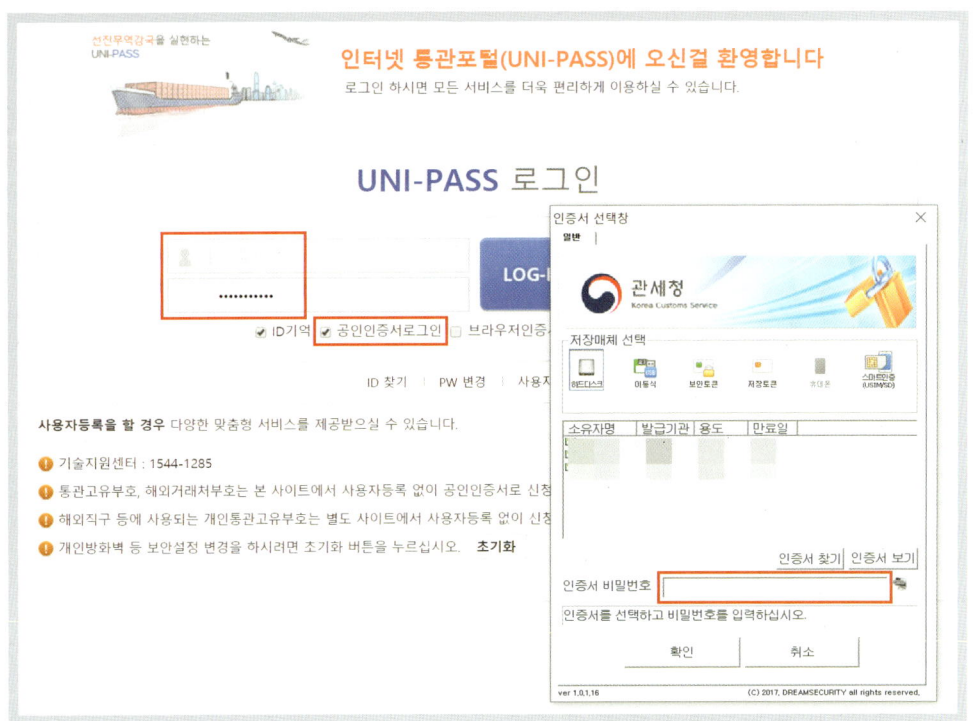

유니패스에 접속하여 아이디와 비밀번호, 공인인증서를 통해 로그인합니다.

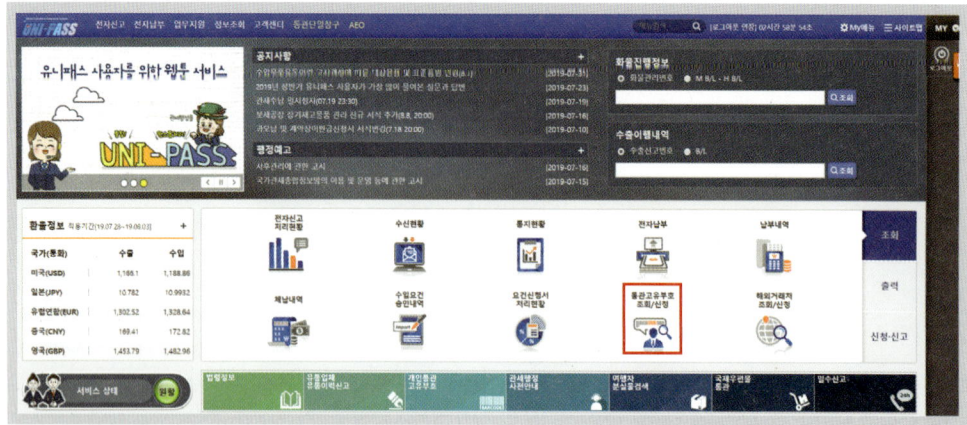

메인 화면에 있는 '통관고유부호 조회 / 신청'을 클릭하여 신청하고, 신청 시 사업자등록증과 주민등록증 사본을 첨부하여 제출해야 합니다. 이렇게 신청이 완료되면 1~2일 사이에 통관고유부호가 발급됩니다.

2. 신고인부호

통관고유부호 신청을 완료했으면, 이번에는 신고인부호를 신청해야 합니다. 신고인부호란, 관세청을 통해 수출입 신고를 할 수 있도록 신고인에게 부여하는 번호로, 관세법상 수출인신고는 화주(개인, 개인사업자, 법인사업자), 관세사의 명의로 하도록 규정되어 있고, 신고인부호는 다음과 같은 체계를 갖추고 있어 그것을 보면 누가 신고를 하는지 알 수 있습니다.

[신고인부호 부여 방법](관세사의 직무수행에 관한 고시)
1. 개인관세사무소: 1 + 자격증번호(4자리)
2. 합동관세사무소: 2 + 자격증번호(4자리)
3. 통관취급법인등: 3 + 자격증번호(4자리)
4. 관세법인: 4 + 자격증번호(4자리)
5. 화주직접신고
   가. 사업자: 8 또는 7 또는 6 + 일련번호(4자리)
   나. 개인: P + 일련번호(4자리)
6. 수출입신고지원센터: 9 + 일련번호(4자리)

[화주직접신고 신고인부호의 일련번호(4자리)]
0001 부터 ZZ99 까지. 영문자 2자리까지 포함하여 부여 가능
예) 69999→6A001~6A999~6AA01~6AA99…6ZZ99

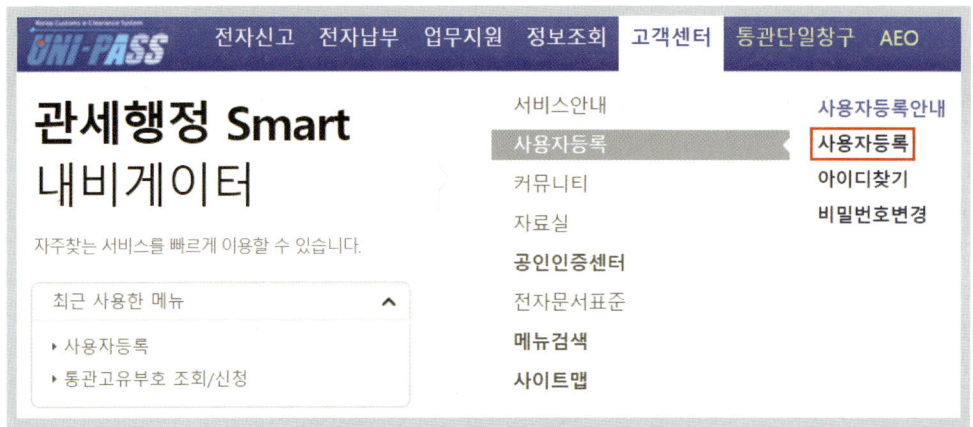

이 신고인 부호도 역시 유니패스 사이트에서 신청합니다. 로그인 된 상태에서 메인 페이지 상단의 '고객센터 > 사용자등록 > 사용자등록' 메뉴를 클릭합니다.

해당 메뉴에 접속하면 사용자 등록 유형이 3가지가 있습니다. '업체 및 대표자'를 선택하면 다음과 같은 화면이 보입니다. 약관동의 및 본인인증을 한 후, 차례대로 '사업자등록번호', '업체정보', '사용자 정보', '부호 및 서비스 신청', 'SMS 신청' 정보를 기재합니다.

수출신고를 위해 준비해야 하는 두 가지를 어떻게 준비해야 하는지 단계별 안내를 필자의 유튜브 채널 youtube.com/watch?v=HwBh_FTxBpQ&t=848s에 업데이트해 놓았습니다. 참고하시기 바랍니다.

3. 수출신고

FBA로만 판매를 하는 셀러의 경우는 수출신고를 하는 방법이 매우 쉽습니다. 이용하고 있는 배송사가 아마존 전문 배송사(5장 3절 참조)들이라면 아마존 창고로 물건을 발송 시 수출신고를 해 달라고 요청하고, 사업자등록증 사본을 맨 처음에 한 번만 제출하면 배송사와 연계된 관세사무실에서 수출신고를 해 주기 때문입니다. 수출신고를 완료하면 수출신고필증이라는 문서가 발행됩니다.

수출신고필증은 메인 화면에서 ❶ [출력]을 클릭한 후, ❷ '수출신고필증'을 클릭해 다운로드 받을 수 있습니다. 그러나, FBM으로 판매하는 경우 수출신고는 셀러가 유니패스 사이트에서 직접하셔야 하는데, 이는 매우 쉽지 않은 일입니다. 다음의 수출신고필증 이미지를 보시면 아시겠지만, 하나를 신고하기 위해서는 거의 110여 개의 항목을 기재해야 하는데, 하나라도 잘못 작성이 되면 또 수정 신고를 해야 하는 등 관련 지식이 없는 일반인들이 직접 작성을 한다는 것은 여간 어려운 일이 아닙니다.

그래서 한국무역정보통신 KTNET에서는 goGlobal이라는 사이트를 만들어 글로벌 셀러들이 쉽게 수출신고를 할 수 있도록 지원하고 있습니다. 많은 FBM 셀러들이 이 시스템을 이용하여 수출신고를 해 왔습니다. 2020년에 업그레이드되어 런칭된 Utradehub에 대해서는(가입, 수출신고, 수출신고 정정하는 법 등) 필자가 운영하고 있는 유튜브 채널 '서주영의 꼼꼼한 팸TV(bit.ly/3eX0Tax)'에서 설명한 내용을 참조해 주시기 바랍니다. 만약 유니패스 사이트에서 직접 신고를 하시고자 한다면, 다음 화면처럼 로그인 후 검색창에 전자상거래를 입력하여 엑셀을 다운로드받아 작성한 뒤 업로드하는 방식으로 수출신고를 진행하시기 바랍니다.

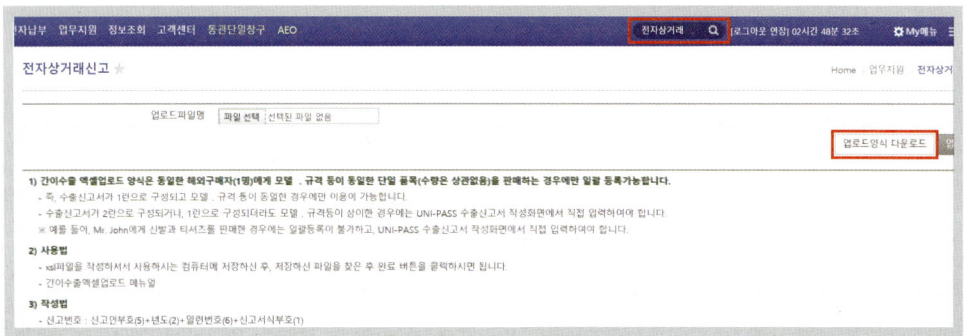

4. 수출신고 혜택

우리나라는 수출 장려 국가로, 정부의 각 부처에서 수출기업들에게 많은 다양한 혜택들을 제공합니다. 관세청에서는 수출물품 제조업체에게 관세 환급의 혜택을 줍니다. 또한 수출신고한 제품이 고객 반품으로 한국 재수입 시 반품 제품으로 처리하여 관세 대상에서 제외시켜 주고, 국세청에서는 영세율 적용으로 모든 수출 기업에게 부가세 환급의 혜택을 줍니다.

중소벤처기업부에서는 기업의 수출실적이 많을수록 가산점을 부여하여 각종 수출 지원 사업에 참여할 수 있는 혜택을 주고, 산업통상자원부에서는 수출탑 포상과 각종 지원제도가 있습니다. 한국수출입은행에서는 무역금융 지원과 우대 금리 혜택, 한국무역협회, 중소기업진흥공단에서는 무역기금 융자 등으로 수출기업들을 지원하고 있습니다.

이렇게 다양한 혜택들을 받을 수 있기에 수출신고를 해야 한다고 장려하지만, 이러한 혜택이 없을지라도 꼭 수출신고를 하실 것을 권장합니다. 국내에서 외국으로 물품이 반출되는데 신고 없이 나간다는 것은 그럴 의도가 없었을지라도 밀수출을 하는 행위와 다를 바 없습니다.

알아두면 쓸 만한 부록

01 아마존 용어 정리표

아마존에는 많은 낯선 용어들이 있습니다. 본문에도 기재를 해두었지만, 표로 정리하여 쉽게 확인할 수 있도록 하였습니다.

용어	설명
ASIN	Amazon Standard Item Number. 아마존이 아마존에 업로드된 모든 상품에 부여한 식별 번호. 영문+숫자 10자리로 구성.
SKU	Stock Keeping unit. 셀러가 자신의 상품에 대해 자체적으로 설정하는 상품 관리 재고 번호.
FNSKU	Fulfillment Network Stock Keeping Unit. FBA를 이용하기 위해 아마존 창고에 물건을 입고시킬 때 발급이 되는 번호로 아마존 창고 내 재고 및 배송 관리를 위해 부여하는 상품별 고유 식별 번호.
EAN	European Article Number. 미주 이외의 전 세계에서 사용되는 표준 상품 식별 번호. 13자리로 구성되어 있으며, 한국도 EAN 번호 체계를 사용.
UPC	Universal Product Code. 미국 및 북미에서만 사용하는 상품 식별 번호. 12자리 혹은 8자리로 구성.
ISBN	International Standard Book Number. 국제 표준 도서 번호로 책을 식별하기 위한 10자리 바코드
Inventory	재고를 의미하며, 셀러가 판매하는 모든 상품을 의미.
Sell yours	아마존에서 이미 다른 셀러들에 의해 판매가 되고 있는 상품을 본인도 판매하고자 할 경우, 새로운 상품 페이지를 만드는 것이 아니라 그 해당 상품에 자신의 가격과 판매할 수량만을 적어서 판매를 시작하는 제도. 주소 소싱을 위주로 하는 셀러들이 이용하며, 이는 RA Retail Arbitrage 판매에 해당.
FBA	Fulfilled By Amazon. 아마존이 셀러를 대신해 포장, 배송, 고객 서비스까지 대행해 주는 시스템으로, 아마존의 물류 시스템을 이용하여 프라임 Prime 고객들에게 미국 내 2일 무료 배송을 제공하는 것.
FBM	Fulfilled By Merchant. 혹은 MFN Merchant Fulfilled Network이라고도 하며, 셀러가 직접 배송하는 것.
PL	Private Label. 자체 개발 상품을 의미. 일반적으로 말하는 PB Private Brand와 같은 개념.
셀러 센트럴	셀러로 활동하기 위해 접속하는 포털. 상품 등록, 가격 조정, 재고 조정, 검색광고, 프로모션, 고객 서비스 등 모든 활동을 이곳에서 진행함.
Campaign	검색광고. 검색광고 하는 상품을 Sponsored product이라고 함.
Impression	검색광고를 통해 고객에게 보여진 노출 수.
ACoS	Advertising Cost of Sales. 광고에 기인한 판매액 비율. 사용된 광고비를 매출액으로 나누어 산정됨. $4 광고비로 인한 $20 매출 시: 4/20×100 = 20%(ACoS)

BSR	Best Sellers Rank. 상품 페이지 하단의 상품 정보에서 보여지는 해당 상품의 판매 순위. 아마존은 모든 카테고리에 대해서 상위 100등까지의 상품을 보여줌.
Buy box	상품 페이지 우측 상단에 있는 [Add to Cart] 버튼이 있는 존^{Zone}. 아마존 웹 사이트가 다른 쇼핑몰과 차별화되는 점 중 하나는 바로 동일한 상품을 여러 명의 셀러가 동시에 판매할 수 있다는 점이며, 만약 바이 박스 획득 자격을 가진 한 명 이상의 셀러가 동시에 같은 상품을 판매할 경우 이 셀러들은 바이 박스를 차지하기 위해 경쟁을 해야 함. 바이 박스를 차지하는가의 여부는 매출 증가와 직결됨.
Featured Merchant	바이 박스를 차지한 셀러.
Buy box percentage	바이 박스 획득 비율. 자신이 바이 박스를 획득 하고 있는 시점의 조회 수를 상품 페이지의 전체 조회 수로 나눈 값.
Page View	페이지뷰. 특정 기간 동안 상품이 고객에 의해 조회된 수. 한 명의 방문자가 특정 기간 동안 여러 번 오퍼를 조회할 수 있으므로 페이지 뷰는 세션 수보다 큰 값을 가지고, 검색이 아닌 카테고리 열람을 통해 방문한 경우는 페이지 뷰에 포함되지 않음.
Sessions	24시간 동안 셀러의 상품 페이지에 방문한 방문자 수.
Unit Session Percentage	구매 전환율. 지정된 기간 동안에 판매된 전체 상품 유닛 숫자를 전체 세션 숫자로 나눈 값.
Variation	옵션. 예를 들어 티셔츠가 한 가지 색이 아니라 무지개 색이 다 있을 때 상위 상품과 하위 상품을 연결해 주는 것.
Variation Theme	상품이 색상별로 구분되는지, 사이즈로 구분되는지, 색상과 사이즈로 구분되는지를 정하는 것.
Seller Performance	아마존이 셀러에게 요구하는 사항들을 아홉 가지로 구분하여 측정하는 것. 바이 박스를 차지하는 데도 영향을 미침.
Account Health	셀러 퍼포먼스의 기준에 의거 측정된 결괏값. Good / Fair / Poor 등으로 구분됨.
Fulfillment Center	아마존의 물류 센터. FBA 제도를 이용 시 셀러가 자신의 물건을 보내는 곳.
A to Z Guarantee Claim	고객이 셀러로부터 구매한 상품을 아예 받지 못했거나 주문한 상품과 완전히 다른 상품을 받았을 경우 고객을 보호하기 위해 설계된 보증 정책.
Brand Registry	상품을 제조하거나 본인 소유의 브랜드 상품을 판매하는 셀러를 위해 설계된 프로그램.
Unique Identifier	브랜드 레지스트리 등록 과정에서 필수로 지정해야 하는 상품 고유 식별 번호. UPC 혹은 EAN이 없는 브랜드 상품을 리스팅하려 할 경우 브랜드 레지스트리 등록 때 지정한 상품 고유 식별 번호를 상품 리스팅 시 입력해야 함. 상품 고유 식별 번호로는 통상적으로 Manufacturer Part Number 제조사 파트 번호, Model Number 모델 번호, Catalog Number 카탈로그 번호, Style Number 스타일 번호 등이 사용됨.

02 K-Packet 입력 방법

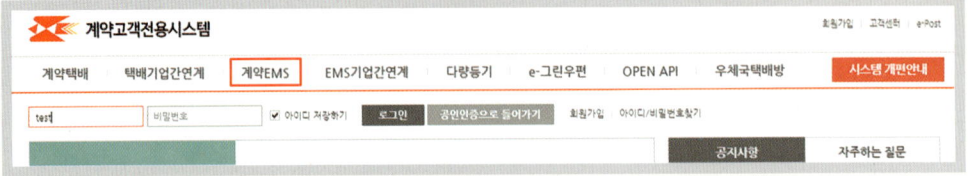

계약고객전용시스템 biz.epost.go.kr 에 접속하여 계약 체결 시 부여 받은 고객번호와 승인번호를 바탕으로 회원 가입을 하시고, 로그인 후 상단의 '계약EMS'를 클릭합니다.

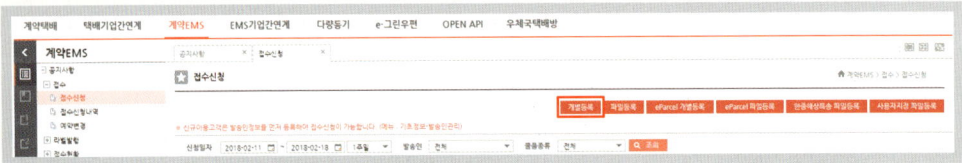

첫 화면으로 공지사항이 보입니다. 왼쪽에 '접수신청'을 클릭하면 위와 같은 화면이 보입니다. 상단의 [개별등록] 버튼을 클릭하여 접수를 시작합니다. 다음 주소로 물건을 발송한다고 가정해보겠습니다.

Hong Gil Dong
643 10TH ST APT 25 SAN JOSE, CA 95112-3856 United States
Phone: 1234567890

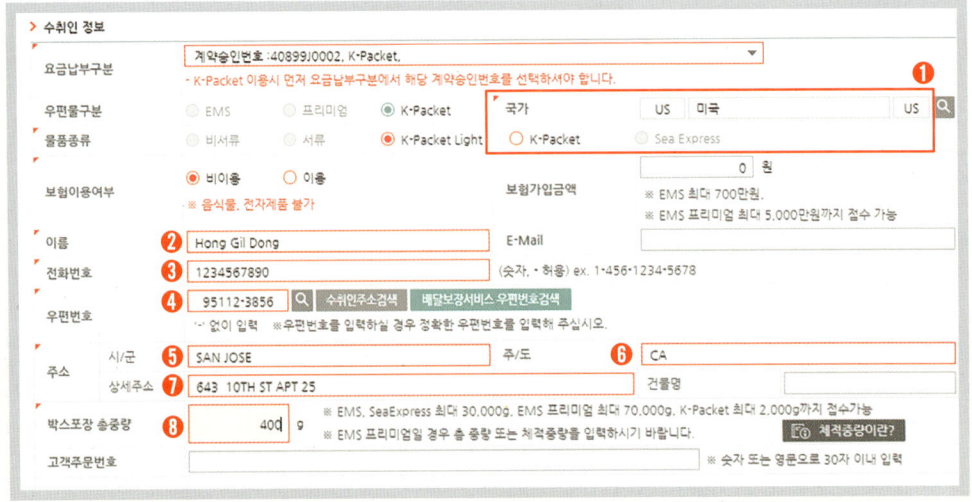

등록 화면은 국가를 미국으로 설정할 때와 그 외 국가로 설정할 때 주소를 기재하는 부분이 달

라집니다.

❶ 'K-packet Light'를 선택하고, 국가를 미국으로 선택합니다.

❷ 이름을 입력합니다.

❸ 전화번호를 입력합니다.

❹ 우편번호를 입력합니다.(어떤 곳은 5자리로 끝나기도 합니다.)

❺ 시 / 군을 입력합니다.

❻ 주를 입력합니다.

❼ 나머지 상세주소(거리주소)를 입력합니다.

❽ 박스 포장 무게를 포함한 총 무게를 기입합니다.

참고로, 주문인 정보, 관세청 수출우편물 정보제공, 관세청 수출이행 등록란은 모두 선택 기입 항목이므로 기재하지 않아도 됩니다. 미국으로 발송 시는 품명, 개수, 가격, 순중량, HS code, 구분이 모두 필수 항목이기 때문에 반드시 기재 해주어야 합니다. 그 외 지역으로 발송할 때는 품명, 개수, 가격, 구분 정도만 기재하면 됩니다. 스크롤을 내리면 아래와 같이 '세관신고서' 항목이 나옵니다.

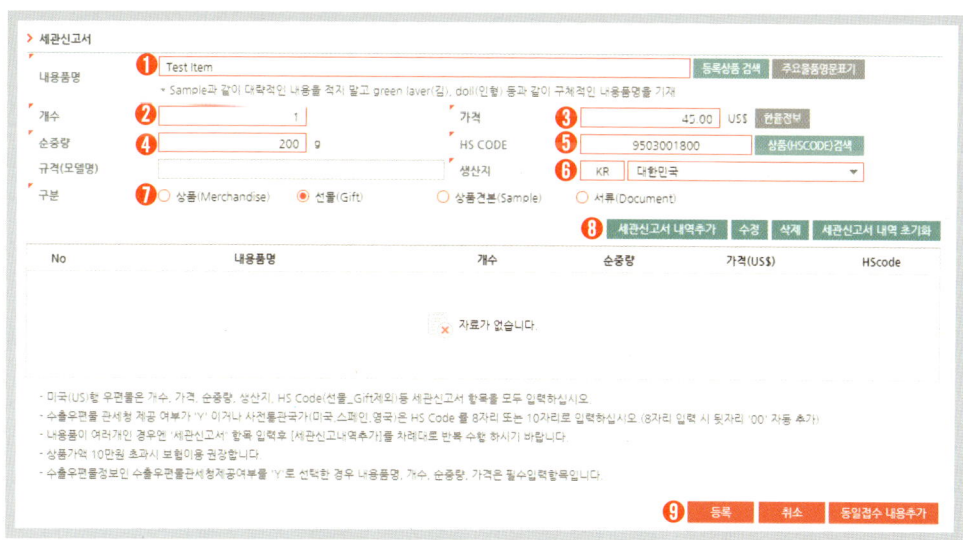

❶ 상품의 일반 품명을 기재합니다.

❷ 발송 수량을 기재합니다.

❸ 미화로 상품의 가격을 기재합니다.

❹ 포장 무게를 제거한 순수 상품의 무게를 기재합니다.

❺ 세번 부호로서, 미국으로 발송 시는 필히 기재해야 합니다.

❻ 한국을 선택합니다.

❼ 만약 수출신고서가 있다면 상품 을, 없다면 신물을 선택합니다. 상품으로 선택하면 수출신고서를 같이 제출하여야 합니다.

❽ [세관신고서 내역추가] 버튼을 클릭하여 상품을 리스트화합니다.

❾ [등록] 버튼을 클릭해서 등록을 완료합니다.

등록한 상품 정보를 확인하고 상단의 [라벨인쇄] 버튼을 클릭합니다.

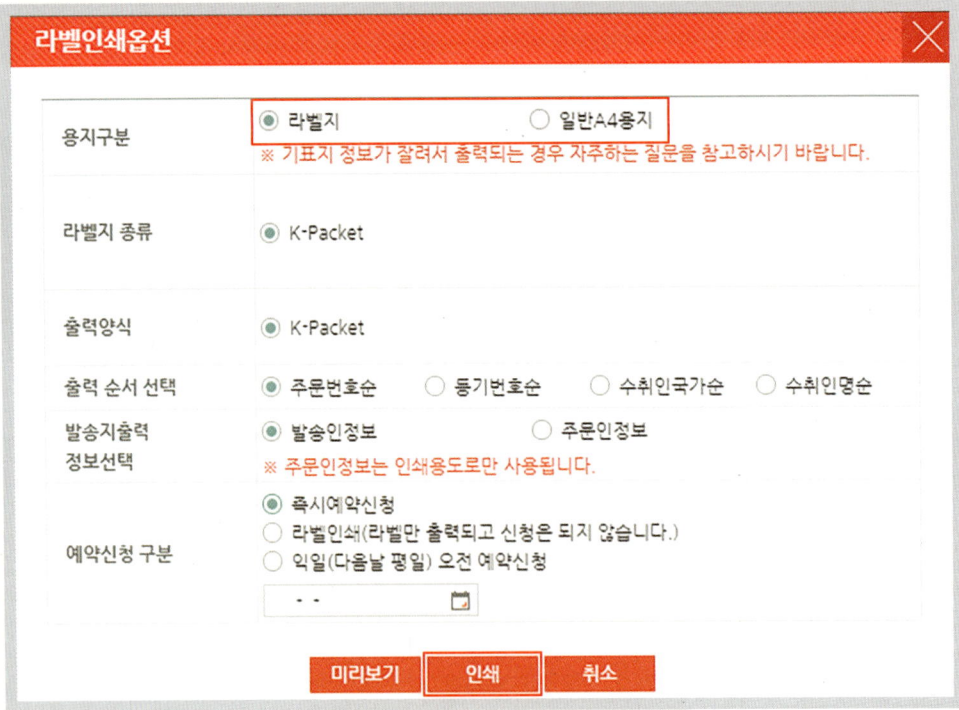

'용지구분'에서 '라벨지'를 쓸지 '일반A4용지'를 쓸 것인지만 선택하고 [인쇄] 버튼을 클릭합니다. 나머지는 기본 설정되어 있는 상태에서 특별한 사항이 아니면 수정하지 않는 것이 좋습니다. [인쇄] 버튼을 클릭하면 다음과 같은 라벨이 출력됩니다.

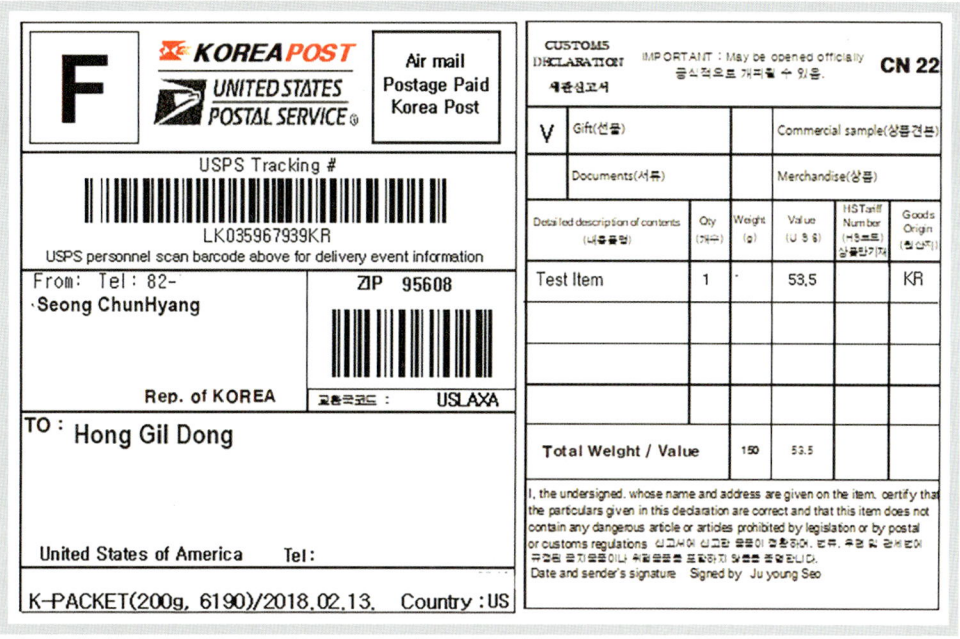

이것을 발송할 상품 박스 위에 붙여서 우체국에 접수하면 됩니다.

03 Hazmat(Dangerous goods) review

아마존은 아마존 창고에 입고된 제품들을 대상으로 불특정 다수 Hazmat review(Dangerous goods)를 진행합니다. 그래서 어제까지만 해도 잘 판매가 되고 있는 상품이 어느 날 자고 일어나면 Inactive가 되어 있고, 아마존은 리뷰를 위해 SDS(안전보건자료)나 Exemption sheet(면제시트)를 제출하라고 합니다.

아무리 이런 사실을 알고 있어도 막상 당하면 어이없고 당황하게 되고, 때로는 '도대체 내 제품이 뭐가 위험하다고 이러는 거야!', 화도 납니다. 왜냐하면, 일반적으로 사람들은 'Dangerous goods'라 할 때 부식성이 있거나 독성이 강한 제품이라고 생각하기 때문입니다. 하지만, 아마존이 말하는 위험물질은 '인화성이 있거나, 압축되었거나, 부식성이 있거나, 다른 유해한 물질을 포함하고 있어 보관, 취급 또는 운송 중에 건강, 안전, 재산 또는 환경에 위험을 야기할 수 있다고 판단되는 물질 또는 재질의 모든 것'을 의미합니다. 그래서 실제로는 수백만 명의 사람이 일상적으로 사용하는 소비자 제품인 노트북, 전화기, 가정용 세제 또는 화장품 등이 다 포함되는 것입니다.

그래서 아마존이 지정해 놓은 Hazmat review(Dangerous goods)에 속하는 상품들의 카테고리를 알려드리고자 합니다. 만약 내가 판매하는 제품이 이 카테고리에 속한다면 언제든지 이 Dangerous goods review에 걸릴 수 있다는 것은 알아두셔야 합니다. 그러니 미리 대비해서 SDS나 MSDS를 준비해 두시기를 권합니다. 물론 아마존에서 다운로드하는 양식인 Exemption sheet를 준비하셔도 됩니다. 실제 작성법은 필자가 운영하는 '글로벌셀링 유니버시티' 카페의 글 cafe.naver.com/faemkiss/3240 을 참고해 주십시오.

[카테고리별 Hazmat review 상품들]

카테고리	Hazmat review(Dangerous goods) 예시
Apparel	Hats and vests with rechargeable batteries, Hat stiffener, Apparel stain remover Automotive: Engine and tire care, Interior and paint care, Oils and fluids, Lead-acid batteries, Spillable and non-spillable batteries, Airbags
Baby	Baby grooming and skincare, Antibacterial products
Beauty and personal care	Spray deodorants, Hairspray, Hair colors, Perfume, Essential oils, Self-tanning lotions and sprays, Antiseptics and disinfectants, Verruca and wart treatments, Insect repellents, Aftershave treatments, Cleaning cartridges (electric shavers), Hair removal solutions and treatments, Shaving creams or foams, Nail polish
Books	Songbooks, Magazines with beauty product samples, E-books devices, e-readers Consumer electronics: Powerbanks, Cell phones, Chargers and batteries, Darkroom supplies, Speakers
Food and beverages	Aromatic essential oils, Products with high alcohol content, Foods in pressurized container / aerosol format (e.g., whipped cream), Spirits
Health and household	Cleansers and cleaners, Dishwashing liquids and powders, Laundry liquids and powders
Home improvement	Grills, Pest and insect control
Office	Cartridges and toners, Equipment cleansers, Tape, adhesives and glue, Markers, highlighters, pens and refills
Pet products	Ear and eye care, Flea, fly, mosquito, lice and tick control, Itch remedies, Deodorizers, Aquarium glass cleaners, Aquarium water treatments and test kits
Shoes	Light-up shoes, Sole and shoe stain remover, Shoe polish
Sports and outdoor	Airsoft supplies, Camp stoves, Hand warmers, E-bikes and e-scooters, Bike tools and equipment, Spillable and non-spillable batteries, Life-saving vests
Toys	Battery-operated toys, Arts and crafts, Building kits, Chemistry sets, Painting and repair kits, Kits with sprays, Crackers
Video games	Controllers, Wireless and Bluetooth headset, Gamepads

04 유료 툴 할인 쿠폰

본문에서 소개한 유료 툴의 할인 쿠폰을 모았습니다. 필자가 본사에 각각 요청하여 직접 받은 쿠폰으로, 이 쿠폰들을 사용하시면 비교적 저렴한 가격에 유료 툴을 사용하실 수 있습니다. 쿠폰들은 이 책을 보시는 아마존 셀러분들을 위해 따로 요청한 것으로, 이 쿠폰을 사용하셔도 저에게는 아무런 혜택이 없음을 밝힙니다.

1. Helium10

QR코드로 Helium10에 접속 후, 이메일을 적고 [SIGN UP FOR FREE]를 클릭하여 회원 가입을 합니다. 'Plans & Billing'을 클릭하면 쿠폰 코드(FAEM 10 혹은 FAEM 50)를 입력할 수 있는 창이 나옵니다. 필요한 코드를 입력하고 [Apply] 버튼을 누릅니다.

- FAEM10: 매 월 10% 할인 or 추가 연간 구매 계획(Yearly plan)의 10% 할인
- FAEM50: 첫 달 50% 할인 or 추가 연간 구매 계획(Yearly plan)의 10% 할인

※ 헬륨10 할인 쿠폰 코드 링크를 눌렀을 때 유해사이트 차단으로 접속이 안 되는 경우, 원인은 대부분 백신 프로그램입니다. V3나 알약(특히 AhnLab Safe Trasnsaction처럼 인터넷뱅킹을 위해 반강제로 설치된 프로그램 등)이 해당 링크를 유해사이트로 인식해 차단할 수 있습니다. 그러므로, 백신 프로그램을 잠시 꺼두거나 삭제하면 바로 접속이 가능합니다.

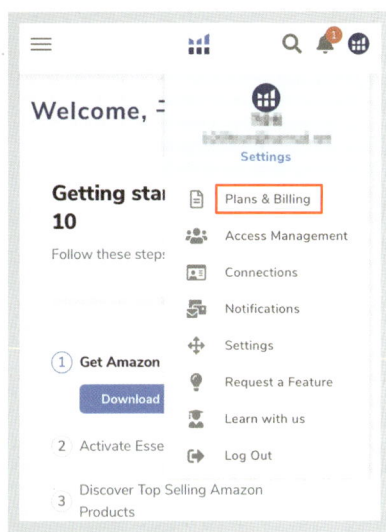
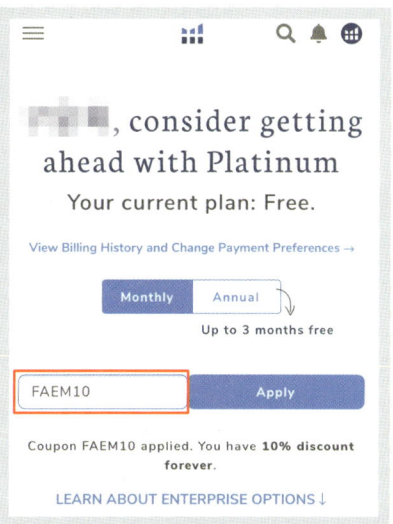

알아두면 쓸 만한 부록 411

2. Viral-launch

QR코드로 Viral launch에 접속하면, 화면 상단에 'Save 15% with code FAEM at checkout'이 보입니다. 이 쿠폰이 적용된 상태에서 [View Plans]를 누르면 15% 할인된 가격으로 결제할 수 있습니다.

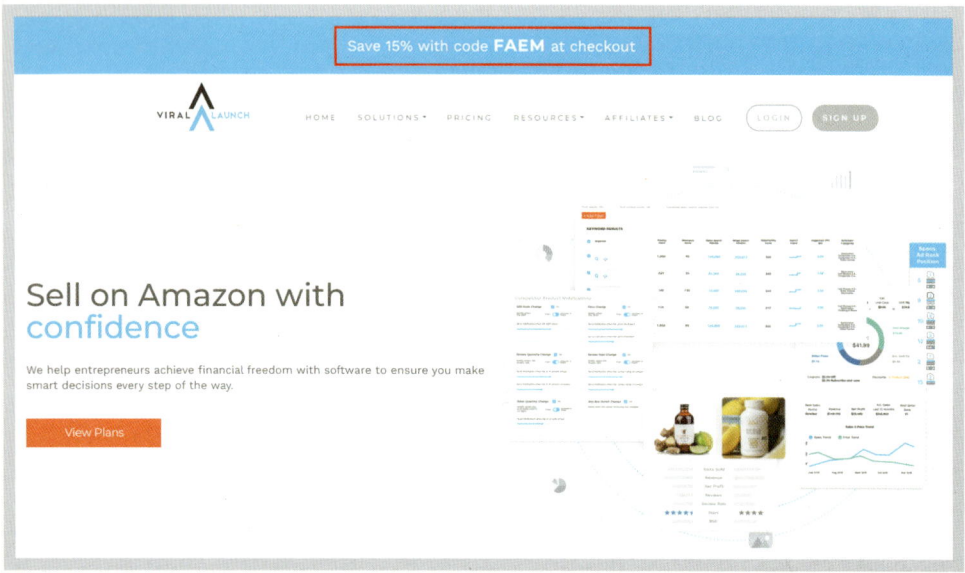

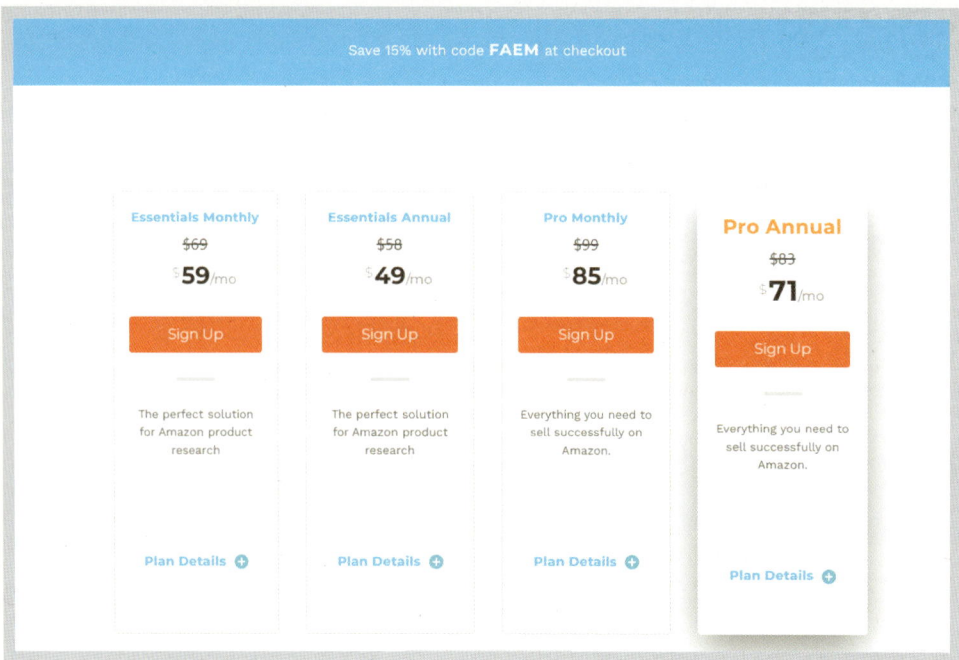

3. Merchantwords

머천트워드 월 $9.99

QR코드로 접속하면 매월 할인된 $9.99로 Merchantwords를 이용할 수 있습니다. 참고로 두 번째 화면은 할인이 적용되지 않은 일반 플랜입니다.

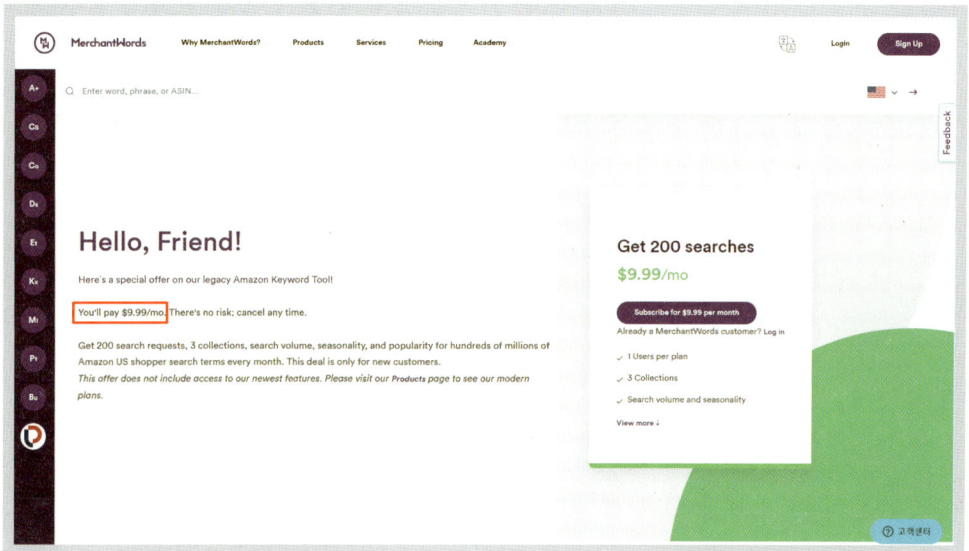

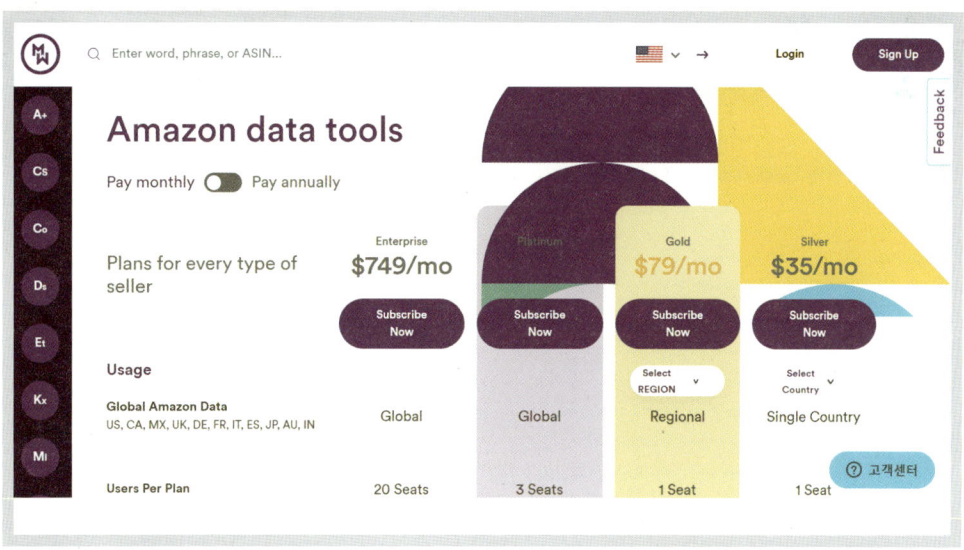

4. PickFu

필자가 준비한 혜택은 첫번째 설문조사를 진행할 때에 얼마가 나오든 해당 금액의 50% 할인을 지원해 드리는 혜택입니다. 그러니 첫 설문조사를 시작할 때에 50명보다는 200명, 혹은 500명에게 설문을 하시기를 권합니다.(50명: $25 할인, 200명: $100 할인, 500명: $250 할인이 되므로)

PickFu 웹사이트 https://bit.ly/3ttf4Kd에 접속한 후 회원 가입을 합니다. 원하는 설문 내용을 모두 기재한 후 Check out 단계에서 'Add promo code' 란에 필자가 제공해 드리는 코드 "FAEM"을 입력하면 자동으로 50% 할인이 적용됩니다.

05 저자 강의 소개

필자는 온라인 아마존 글로벌 셀러 교육과 오프라인으로 RA와 PL을 아우르는 '아마존 실전 교육'을 소수 정예 방식으로 진행해 왔습니다. 그러나 계속되는 코로나의 영향으로 오프라인 교육을 '온라인 웨비나' 교육 형태로 변경하였습니다. 이는 온라인 교육과는 다른 것으로 비대면 실시간 교육입니다. 아마존 판매 사업은 통째로 알아야 하기 때문에 상당히 빡빡한 일정으로 많은 양의 수업을 진행합니다.

먼저 온라인 웨비나의 경우는 총 7주 동안 약 33시간, 주 1회 5시간 30분 수업을 진행합니다.(회차에 따라 수업 시간은 다소 변경되고, 총 기간은 7주이나 3주에서 4주 사이에는 소싱을 위해서 한 주를 건너뛰기 때문에 교육은 6회차로 진행됩니다.)

온라인 교육은 온라인 웨비나 교육에 일정이 맞지 않아 참석이 어려우신 분, 해외 및 지방에 계시는 분, 반복 학습을 원하시는 분, 시간 활용을 원하시는 분 등 다양한 분들을 위해 개설된 교육으로, 온라인 웨비나 교육에서 수업하는 내용을 그대로 온라인 공간으로 옮겨 더 저렴한 가격으로 만나 보실 수 있도록 하였습니다. 다음 QR코드를 스캔하시면 수강료가 30% 할인된 온라인 교육 신청 사이트 화면으로 바로 이동합니다.(30% 할인 혜택은 오직 본 책의 QR코드를 통해서만 진행됩니다.) 온라인 웨비나 교육 신청은 온라인 카페 '글로벌셀링 유니버시티' 및 서주영 대표의 블로그, 팸글로벌 홈페이지에서 신청이 가능합니다. 기타 사항 및 아마존 정책 관련 업데이트 사항은 필자의 인터넷 카페와 블로그를 통해 수시로 고지되오니 확인하시기 바랍니다.

온라인 교육	온라인 웨비나 교육
공통 혜택	

1. 현직 아마존 셀러의 최신 정보와 노하우를 바탕으로 한 수업
2. 연간 2~3회 수강생 모임 참석/선배 셀러와의 교류
3. 저자 운영 글로벌셀링 유니버시티 온라인 카페 최고 등급 부여 및 카페의 최신 아마존 소식 정보 활용
4. 아마존코리아 매니저 우선 배정

온라인 교육 혜택	

1. 몰랐던 분야만 회차별 개별 강의 수강 가능
2. PC&모바일 인터넷만 된다면 언제 어디서든 수강 가능
3. 수출 바우처를 통한 국비지원으로 최대 70% 할인된 가격으로 수강 가능
4. 최대 6개월 동안 반복 수강 가능
5. 온라인으로 서주영 대표에게 질의 응답 가능
6. 수강 진도 관리
7. 교재 별도 제공
8. 현장감 넘치는 저자의 직강을 통해 집중 학습 가능
9. 소수 정예 교육으로 저자의 직접적 코칭 가능
10. 교재 별도 제공

회차	Chapter	Section
1	아마존은 누구이고 왜 우리는 아마존을 해야 하나?	아마존을 모르고 아마존 사업을 성공할 수 없습니다.
	가상계좌 개설과 셀러 가입 진행 상황별 대응	셀러 가입을 위해 알아야 할 사전 지식들
		가상계좌 및 아마존 셀러 계정 신청
		셀러 계정 신청 이후 상황별 대응
2	카테고리 승인 제도 이해 / 브랜드 등록 제도 이해 / 시장조사 방법	카테고리 승인 제도
		브랜드 등록제
		시장조사 없이 뛰어들면 망합니다.
3	국내외 상품 소싱 / 알아야 할 기본 무역 실무 / 전략적 상품 등록 방법	국내외 상품 소싱
		PL판매자가 알아야 할 기본 무역실무
		상품 등록도 전략입니다.
4	배송사 / / FBA 전 알아야 할 사항 IPI	특송 및 해상 배송사
		드디어 상품 등록합니다
		FBA 시작 전 알아야 할 사항
5	FBA 플랜짜기 / 아마존 광고 프로모션 / 외부마케팅	FBA 신청부터 발송까지
		광고의 기본은 Campaign: 검색광고 만들기
		CTR을 높이는 디지털 마케팅
6	효과적인 계정 관리 / 계정 정지 대응 / 부가세 신고 및 수출 신고	셀러 센트럴의 모든 것
		아마존에 물어보기와 치명적인 계정 정지의 유형과 대응 방법
		부가세신고와 수출신고
		마무리하며

※ 본 강의 내용은 수강생의 이해 정도에 따라 달라질 수 있습니다.
블로그: https://blog.naver.com/jonathan88
카페: https://cafe.naver.com/faemkiss
유튜브: youtube.com/c/faemglobal